라깡의
재탄생

라깡의 재탄생

김상환 · 홍준기 엮음

창비

라깡, 무의식의 시대를 열다

우리나라에서 정신분석학은 상당히 불행한 운명을 겪었다. 서양에서도 이 학문은 수많은 비난과 질시를 받으면서 그 길을 닦아왔지만, 여러 오해가 해소된 지금은 철학·문학·예술학·문화학·심리학·여성학 등 다양한 분야를 주도하는 기초학문으로 뿌리내렸다. 서양에서 이런 과정이 시작된 것은 벌써 100여년 전의 일이다. 우리나라의 경우 사정은 판이하게 달랐다. 정신분석학은 최근까지도 제대로 언급조차 되지 않은 학문이었다. 언급된다 할지라도 배척해야 할 사이비 학문의 사례로 그치거나 그저 구색을 맞추기 위해 간단히 지적되는 변두리 학문의 사례에 지나지 않았다.

다행히 상황은 서서히 변하고 있다. 국내에 자끄 라깡(Jacques Lacan)이 소개되었고, 더불어 무의식이론의 중요성이 인식되기에 이르렀다. 정신분석학이 더이상 남의 나라의 이야기만은 아니라는 점에 많은 이들이 공감하고 있으며, 그에 따라 깊이있는 연구성과들이 나오기 시작했다.

라깡은 망상증에 관한 학위논문을 출간한 1932년부터 1981년 사망할 때까지 50년 동안 프랑스 지성계의 핵심인물로 활동하면서 유럽의 사상사적 지형을 완전히 바꾸어놓았다. '프로이트로의 복귀'라는 말로 요약할 수 있는 그의 작업을 통해 정신분석학은 새로운 활력을 얻었고, 이 복귀를 통해 라깡 자신은 영원히 기억될 독창적인 업적을 남겼다. 라깡은 현대 프랑스 지성계의 산 중인이요 뇌관이었다. 1950년대 초 소수의 수련분석가를 대상으로 시작된 그의 쎄미나는 1960년대에는 싸르트르·야콥슨·레비스트로스 등 당대의 대표적인 지성인들이 참여하는 학문의 중심이 되었고, 탁월한 철학자·사상가·분석가·문인·예술인 등을 배출하는 지성의 산실이었다. 들뢰즈·크리스테바·바디우 등 수많은 사상가들이 이 쎄미나를 통해 중요한 영감을 얻었다는 것은 이미 널리 알려진 사실이다. 라깡은 그 이전의 모든 사상이 흘러들어가고 그 이후의 모든 것이 흘러나오는 분수령이었으며, 1966년 『에크리』(Écrits)의 출간으로 그의 영향력은 프랑스를 넘어 전세계로 확대되었다. 라깡을 통해서 바야흐로 무의식의 시대가 열린 것이다.

우리가 라깡에 관심을 갖는 이유는 여기에 있다. 무의식이론은 오늘날 기존 인문학의 기초개념과 원리 들이 새롭게 위계화되고 분배되는 구심점이다. 자명했던 관념들이 불확실해지는 위기의 지점, 따라서 선택과 배제의 시험을 거쳐야 하는 비판의 장소이다. 그런 의미에서 현대는 무의식의 시대라 할 수 있다. 라깡은 초인적인 노력을 기울여 프로이트 이후 소홀히 방치되었던 정신분석학의 기초를 재정비하였고, 그 과정에서 무의식이론과 확장일로(擴張一路)에 있던 인문학 사이에 다양한 연락망을 구축하였다. 무의식이론을 중심으로 인간 사유의 거의 모든 범주를 재해석할 수 있는 원격통신망의 근간을 마련한 것이다. 그 근간에서 뻗어나온 가지들 끝에서는 과거에는 생각할 수 없었던 이론적 상상력이 무성한 잎사귀를 펼치고 있고 또한 풍성한 열매를 맺고 있다. 무의식이론은 현대사상사의 가장 중요한 전환점이자 성장점에 해당하며, 라깡의 역사적 의미는 무의식이론을 그런 이중적 위치로 끌어올렸다는 데 있다.

사실 정신분석학 없는 현대 유럽사상사는 생각할 수 없을 것이다. 특히 현대 프랑스사상사는 무의식이론과의 밀접한 관계 안에서 형성되어왔다. 현상학과 해석학(메를로뽕띠·리꾀르)을 비롯해서 맑시즘(알뛰쎄르)·포스트맑시즘(지젝)·예술학(리오따르)·여성학(크리스테바)·영화(고다르) 등에서는 물론 푸꼬·데리다·들뢰즈·바디우 등으로 대표되는 탈구조주의에 이르기까지 무의식이론에 빚지지 않은 분야는 거의 없다 해도 결코 과언이 아니다.

물론 이 모든 사상가들이 명시적으로 라깡주의를 표방한 것은 아니다. 푸꼬나 들뢰즈처럼 정신분석학을 전면적으로 비판하는 데 앞장섰던 철학자도 있었다. 그렇지만 이들의 철학을 '은폐된 정신분석학'이라고 한다면 너무 지나친 표현일까? 푸꼬는 자신의 『성의 역사』가 프로이트의 『꿈의 해석』을 대신하는 '탈정신분석학적 정신분석학'의 저서로 통할 수 있기를 희망했다. 프로이트와 라깡에 가장 부정적인 태도를 보여준 들뢰즈는 가따리와 더불어 라이히(W. Reich) 계통의 무의식이론을 따르고 있다. 그러므로 이 대결 국면을 정확히 평가하려면 일단 그것을 정신분석학 내부의 갈등상황에서부터 다시 구성하는 과정을 거쳐야 할 것이다. 현대 프랑스철학 내부의 가장 중요한 쟁점 중의 하나인 철학·정신분석학 논쟁은 데리다를 통해서도 어떤 결정적인 전환점에 이른다. 언어·구조·해석 등의 주제를 놓고 서양인이 도달할 수 있는 가장 높은 사유수준을 표시하는 이 지점에서는 이런 문제가 대두하고 있다. 과연 철학의 역할은 정신분석(학)에 위임되어야 하는가? 이미 무의식의 시대가 열렸다면 철학은 어디에 위치해야 하는가? 무의식이론 앞에서 철학적 담론은 어떻게 변형되어야 하는가?

또한 현재 빠리에서 가장 큰 영향력이 있는 바디우를 언급하지 않을 수 없다. 그는 명시적으로 라깡주의를 표명하는 대표적인 철학자로서, 이 새로운 철학자를 통해서 무의식이론은 주체이론으로 변형되어 철학계에 새로운 힘을 발휘하고 있다. 현대 독일철학에서 예를 들면, 라깡과는 직접적인 관련은 없지만 이미 오래 전 국내에 소개된 바 있는 프랑크푸르트학파의 이론도 정신분석학과 맑시즘 그리고 독일 관념론을 결합하려는 시도로 다시 읽을 수 있다. 이런 결합의 시도는 오늘날 지젝을 통해서 좀더 정교하면서도 포괄적인 방식으로 전개되고 있는데, 실천의 문제뿐만 아니라 영화와 대중문화에까지 적극적으로 개입하는 그의 저작은 라깡 이론이 그 풍부성에 있어 포스트모더니즘을 능가할 수 있음을 보여주는 사례이다.

'라깡의 재탄생'이라는 시사적인 제목 아래 국내연구자들이 정성스럽게 준비한 글을 모아 한 권의 책으로 엮는다. 원래 이 책은 라깡 탄생 100주년인 작년(2001년)에 출판할 계획이었는데 가능한 한 완성도를 높이려다보니 예상보다 시간이 늦어졌다. 해가 바뀌었고, 그래서 이 책에 원래 부여하고자 했던 '라깡 탄생 100주년 기념'이라는 시의적 의미도 사라지고 말았다. 하지만 원래의 제목을 그대로 사용하기로 했다. 이 제목은 시간적 의미뿐만 아니라 우리나라에서 성취된 라깡의 재탄생이라는 공간적 의미도 포함한다고 생각했기 때문이다. 국내 연구자들의 힘으로 라깡을 한단계 높은 차원에서 다시 탄생시키고 자라나게 하는 것, 그것이 이 저작의 기본취지다.

그러므로 이 책의 목적은 단순한 소개의 수준을 넘어 라깡 이론의 정수가 만개(滿開)할 수 있는 활기찬 논의의 장을 마련하는 데 있다. 이를 위해 우리는 '어려운' 라깡 용어를 무의미하게 반복하는 데 그치지 않고 어떤 영향사(影響史)의 관점에서 라깡 이론을 다양한 분야의 이론들과 비교 연구하는 방식을 택했다. 그것이 라깡 이론의 형성배경은 물론 그의 독창성과 영향력을 동시에 보여주는 길이라 판단했기 때문이다. 아마 그것이 또한 학문적 객관성을 유지하면서 '라깡의 것을 라깡에게' 되돌려주는 방법일 것이다.

우리나라에서 무의식이론의 중요성에 대한 공감대가 형성되고 그에 대한 연구가 활발해지는 것은 바람직한 일임에 틀림없다. 그러나 서양에서 오랫동안 치밀한 토론을 거쳐 발달한 이 이론을 너무 갑자기 수입함으로써 '부작용'이 생겨날 염려가 있는 것도 사실이다. 정신분석학이 근간으로 삼았던 철저한 자기분석(자기성찰), 이론적·임상적 근거에 대한 학문적 성찰, 무의식이론이 담고 있는 윤리적 함축 등을 망각한다면 이 학문은 실용적인 응용의 도구로 전락할 것이다. 인문학의 패러다임을 바꾸고 실천의 개념을 뒤바꾸기에 이른 무의식이론의 '혁명적' 측면에 눈을 감는다면 정신분석학을 공부해야 하는 이유 자체를 잃어버리게 되고 말 것이다. 『라깡의 재탄생』을 이런 문제들에 대한 오랜 고심의 결실로 받아주기 바란다.

이 두툼한 책은 3부로 구성되어 있다. 제1부는 총괄적 성격의 글이다. 라깡 이론에 익숙하지 못한 독자들도 쉽게 이해할 수 있도록 쓴 글이지만 독자들은 이 글을 통해 이론과 임상의 양 측면에서 라깡 정신분석학의 핵심 내용과 개념을 전체적으로 조망하고 평가할 수 있는 폭넓은 안목을 얻게 될 것이다. 제2부는 라깡의 무의식이론이 현대사상사에 남긴 거대한 발자취와 그 미래적 가능성을 동시에 읽을 수 있는 글들로 구성되었다. 여기에는 철학·윤리학·정신분석학·언어학·여성학 등으로 나누어 볼 수 있는 사상사의 문맥에서 라깡 이론을 분석·검토하는 글들이 모여 있다. 데까르뜨·칸트·프로이트·싸드·키에르케고르·쏘쒸르·레비나스·알뛰쎄르·푸꼬·들뢰즈·데리다·보드리야르·클라인·버틀러·지젝 등을 준거점으로 놓는 이 글들에서 독자들은 라깡을 둘러싼 역사적·이론적 맥락과 핵심 쟁점들을 일목요연하게 파악할 수 있을 것이다. 제3부에는 문학·예술·영화비평 등에서 라깡이 어떻게 구체적으로 활용되는지를 보여주는 글들을 모았다. 여기에서 독자들은 흥미로운 응용정신분석학 사례들과 섬세하고 생동감 있는 문화분석의 구체적 실례들을 접하게 될 것이다.

모든 사상이 그렇듯이 라깡 정신분석학도 교리화하면 생명력과 매력을 잃어버릴 것이다. 우리는 이 책의 편집에서 어떤 특정한 해석을 고집하지 않았다. 오히려 정신분석학에 대한 비판을 포함하여 다양한 견해의 글들을 제한없이 함께 엮어내려고 애썼다. 하지만 무엇보다 라깡 연구의 연륜이 그다지 길지 않음에도 불구하고 결코 만만치 않은 연구성과들을 내놓은 국내 필진의 역량에 놀라움을 표시하고 싶다. 상당한 폭과 깊이를 갖춘 글로 편집의도에 응해주신 필자들에게 다시 한번 애정과 고마움의 뜻을 전하며, 이 책이 앞으로 라깡 연구와 무의식에 대한 생산적 토론의 장에서 중요한 이정표 역할을 할 것임을 감히 확신해본다. 끝으로 이 책의 계획을 독려하고 출간을 맡아준 창작과비평사와 적지 않은 분량의 원고와 씨름한 출판팀 여러분에게 감사드린다.

2002년 5월
편자

차례

제3부 라깡과 현대비평

일러두기

1. 외국의 인명과 지명 등은 현지 발음에 따라 우리말로 표기하고 괄호 안에 원어를
   병기하되, 우리말로 굳어진 경우에는 관용을 존중하였다.
2. 외국 인명의 경우, 독자의 이해를 돕기 위해 인명 찾아보기에서 full name을 밝혀
   두었다.
3. 인용문에서 인용자가 독자의 이해를 돕기 위해 첨가한 최초 어구에는 '인용자'라
   고 표시해두었다.
4. 국내에서 다양하게 해석되는 원어는 필자들의 의견을 존중하되, 통일적인 번역
   어를 병기해두었다.
5. 본문 중 단순인용의 출처를 밝힐 경우에는 가독성을 높이기 위해 참고문헌을 활
   용했다.

제1부
라깡 정신분석학의 기초

자끄 라깡, 프로이트로의 복귀

라깡 정신분석학의 기초

자끄 라깡, 프로이트로의 복귀
프로이트 · 라깡 정신분석학: 이론과 임상

홍준기

I. 들어가는 말

정신분석학이 철학 · 심리학 · 문화예술이론 · 여성학 · 정신의학 등을 포함, 금세기 우리나라의 주도적인 문화적 · 학문적 패러다임이 될 것이라고 전망한다면 이는 너무 지나친 일일까? 정신분석학에 대해 비판적인 사람들조차도 아마도 이러한 전망 자체에 대해서는 크게 반대하지 않을 것이다. 우리는 일상적 대화나 매스컴에서는 물론이고, 영화 · 문학 · 미술 같은 예술 분야와 철학 · 심리학 · 정신의학 등의 학계 논의나 책들에서 정신분석학적 담론의 비중이 점점 높아지고 있음을 목격하고 있다. 바야흐로 우리는 '정신분석학의 시대'에 살고 있는 것이다.

일반적으로 프로이트(S. Freud)와 브로이어(J. Breuer)의 공저 『히스테리 연구』(Freud/Breuer 1970)가 출간된 1895년을 정신분석학이 탄생한 해로 본다. 그렇다면 정신분석학이 탄생한 지도 벌써 100년 이상의 긴 세월이 지난 셈이다. 하지만 국내에서 본격적인 관심과 연구의 대상이 되기 위해서 정신분석학은 탄생 이후 100년이라는 긴 시간을 기다려야만 했다. 비록 때늦는 감은 있지만 이제 국내에서도 정신분석학은 더이상 남의 나라의 이야기만은 아니라는 인식이 높아지고 있다.

프로이트는 자신이 창립한 정신분석학을 코페르니쿠스(N. Copernicus)의 지동설, 다윈(C. R. Darwin)의 진화론에 버금가는 인류의 대발견에 비교한 바 있다. 서양에서도 한때 정신분석학은 모든 것을 성으로 환원해 설명하려는 '판쎅슈얼리즘'(pansexualism)에 불과하다는 오해와 비난을 받은 적이 있지만, 이러한 오해가 해소된 후 정신분석학은 서양인의 삶과 문화를 지배하는 가장 중요한 정신적 유산의 하나로 확고히 자리잡았다.

여기에서 서양의 문화적 지형에 대해 어느정도 식견을 갖고 있는 사람이라면 정신분석학의 국내 수용이 그렇게 늦어진 이유에 대해 의문을 가질 것이다. 독일에서 정신분석학이 탄생한 후 무려 100년이 지나서야 겨우 국내에서 본격적으로 관심을 갖기 시작했다는 것은 사실 우리의 문화적·학문적 역량이 그동안 매우 편협했음을 보여주는 하나의 예증이다. 하지만 '문화적 역량의 부족'이라는 말로 모든 것을 다 설명했다고 끝내버리기에는 충분하지 않다. '정신분석학 연구의 지연'이라는 현상 자체가 우리 한국인의 성격과 문화적 특성을 보여주는 의미심장한 문화현상은 아닐까? '정신분석학 수입의 지체'라는 현상 자체가 어쩌면 정신분석학적 설명을 요하는 심각한 문화적 증상 중의 하나는 아닐까?

국내에 정신분석학의 수용이 늦어진 것은 그것이 유교적·병영적 권위주의에 친숙한 우리의 정서에 잘 맞지 않았기 때문이라고 우선 가정해볼 수 있다. 그리고 문제를 끝까지 파헤쳐 합리적으로 해결하기보다는 '좋은 게 좋은 거야'라고 말하며 적당히 두루뭉술하게 넘어가는 것에 너무 익숙해져 있기 때문에 정신분석학 수용에 저항적이었다고 할 수 있다. 오이디푸스 콤플렉스·근친상간·부친 살해·형제간의 질투와 갈등·동성애·유아기 성, 그리고 신경증과 정신병 등 정신분석학이 던지는 대다수의 문제들은 가정과 직장, 사회에서의 화목과 외양을 중시하는 우리의 정신적·문화적 풍토 속에서는 은폐되어야 할 '악덕'에 지나지 않았다. 체면과 겉치레를 중시하는 유교주의적 사고방식이 철저한 자기분석을 요구하는 정신분석학과 어울릴 수 없었다는 것은 어쩌면 당연한 일이었는지도 모른다. 서구사회에서도 많은 사람들이 초창기에 정신분석학을 '건전한 미풍양속'을 해친다는 이유로 거부하지 않았던가?

우리의 일상적 삶에서는 물론, 철학·문화예술이론·사회이론, 그리고 심리학·정신의학 분야에 이르기까지 적어도 '인간의 문제'를 다루는 모든 영역에서 정신분석학의 영향을 받지 않은 곳은 거의 없다 해도 과언은 아닐 것이다. 그렇다면 정신분석학이 현대인을 그토록 매혹했던 까닭은 과연 무엇일까? **정신분석학은 의식으로부터 억압된 세계, 무의식의 영역에 주목할 것을 '원칙적으로' 요구하는 '유일한 학문'**이기 때문이다. 여기에서 억압은 두 가지 의미로 이해될 수 있다. 심리문제를 발생시키는 좁은 의미의 억압(임상적 의미의 억압)과, 넓은 의미의 억압(사회적 억압)이 그것이다. 프로이트가 입증했고 라깡(J. Lacan)이 다시 한번 확인했듯이 이 두 종류의 억압은 서로 긴밀히 연결되어 있다. 프로이트는 신경증의 치료는 심리적 저항을 극복하고 억압된 무의식을 의식화함으로써 가능하다고 보았다. 「가족소설로서의 정신분석학」(Freud 1970)에서 잘 드러나는 것처럼 프로이트는 '개인적' 억압은 '가족'이라는 '사회적 공간'에서 발생한다는 것을 간파했으며, 더 나아가 『문명 속의 불만』(Freud 1994i)에서는 개인적·심리적 억압은 단순히 개인적 차원에서가 아니라 문화와 사회라는 보다 넓은 영역에서 발생하는 것임을 역설한다. "사회가 사회의 문화적 이상에 봉사하도록 하기 위해 인간에게 부과한 억제(Versagung)의 정도를 견딜 수 없기 때문에 인간은 신경증자가 된다."(Freud 1994i, 218면)

프로이트의 생각을 보다 일반화해 라깡은 증상을 **'전능한(억압적인) 타자**에 대한 **주체의 무의식적 반응(방어)**, 혹은 전능한 타자 앞에서 주체가 **자신을 유지하는 방식**'으로 정의한다. 또한 라깡은 증상을 "스스로를 나타내 보이는 것"(se signale)[1]으로 정의하기도 한다(Lacan 1964~65, 1965년 5월 5일 쎄미나 참조).

---

1) 혹은 자신을 알리는 것, 이목을 끄는 것.

도대체 자신의 무엇에 대해 알리고 싶어하는가? 라깡에 따르면 증상은 무의
식의 세계에, 실재에 무언가 문제가 있다는 것을 알리는 신호이다. "증상이
라는 개념은 프로이트 이전에 맑스(K. H. Marx)를 통해서 도입되었는데, 그
것은 실재의 세계에서 무엇이 문제인지를 보여주는 신호이다."(Lacan 1975c,
96면)

　예컨대 싸디즘적 쾌락을 추구하는 타자(예를 들면 부모나 직장상사) 앞에
서 주체가 어떻게 신경증자가 되지 않을 수 있겠는가? 최악의 경우 이 주체
는 정신병자가 될 수도, 자살할 수도 있다. 정신분석학적 의미의 증상은 '타
자와의 만남'의 과정에서 '주체'에게 생겨나는 고통과 향유(享有, jouissance)
의 표현으로, 무의식의 세계에 무언가 문제가 있다는 것을 보여주는 신호이
다. 요컨대 정신분석학을 논할 때 개인과 사회의 차이를 무시하고 개인적
문제를 사회학의 문제로 모두 설명하려고 해도 안되겠지만, 개인과 사회를
과도하게 구분해 개인적 문제와 사회의 문제를 전혀 무관한 것으로 생각해
서도 안된다는 것이다. 이러한 이분법을 극복한 것이 프로이트·라깡 정신
분석학의 중요한 공헌 중의 하나이다.

　정신분석학에서 억압된 무의식의 세계에 주목한다는 것은 무엇보다도 개
별적 주체, '병리적 주체'의 특수성을 존중한다는 것을 의미한다. 필자는 이
러한 윤리적 입장이야말로 정신분석학이 우리에게 남긴 가장 위대한 유산
이라고 생각한다.

　잘 알려져 있듯이 정신분석학은 히스테리의 치료로부터 탄생했다. 프로
이트는 히스테리자와의 만남을 통해 인간의 무의식과 억압, 신경증의 본질
을 통찰할 수 있었다. 물론 프로이트 이전에도 히스테리에 관심을 가졌던
정신의학자·생리학자 들이 많았다. 하지만 이들은 히스테리자를 관찰하고
'과학적으로' 분류하는 것에만 주로 관심을 가졌다. 히스테리자는 의학적
지식의 관찰·분류 대상이었을 뿐 스스로 의사와 세계를 향해 말을 할 수
있는 기회와 권리를 얻지 못했다. 그들은 '불쌍한 존재'에 지나지 않았다.
프로이트는 이러한 당시의 정신의학적 관행을 뛰어넘었다. 프로이트에게

히스테리자는 단순한 관찰이나 분류의 대상이 아니라 억압당한 메씨지를 무의식 속에 담고 있는 고통받는 주체였다. 프로이트가 히스테리자에게서 본 것은 생물학적 결함·현실 부적응·지적 능력의 부족이 아니라 삶의 중압감·억압당한 성과 사랑·현실의 무게·불안과 고통이었다. 정신분석학은 이러한 히스테리자의 고통스러운 메씨지를 듣고 이에 대해 응답하려는 프로이트의 노력의 결실로 탄생했다. 프로이트는 이스라엘(L. Israël)이 말했듯이 히스테리자의 "전대미문"의 메씨지를 듣고 이 메씨지에 성실하게 응답했다. 그는 히스테리자를 환자로 분류하고 확립된 교과서적 지식에 바탕을 둔 권력자로 행세한 것이 아니라, 히스테리자로 하여금 억압을 극복하고 용기있게 자신과 세계에 대해 말하도록 한 사려 깊은 대화자였다. 프로이트의 이러한 천재적이며 동시에 인간적인 통찰이 없었다면 히스테리자는 자신을 괴롭히는 질곡으로부터 벗어날 수 없었을 것이다.

우리는 어떻게 억압된 무의식의 세계에 접근할 수 있는가? 무의식적 행위 혹은 증상을 설명해줄 수 있는 억압된 '원인'을 발견한다는 것은 과연 무슨 의미인가? 무의식적 원인이라는 것은 과연 존재하는가?

무의식적 원인이라는 말을 어떤 의미로 이해할 것인가? **과학적 사고방식**에 익숙한 사람들에게 무의식적 원인을 찾는다는 것은 '신경증자의 의식적 행위와 사고'를 구체적으로 설명해줄 수 있는 '확실하고 특정한 원인을 찾는다는 것'을 의미할 것이다. 어떤 사람이 히스테리에 걸렸다면 우리는 그 '결정적' 원인이 무엇인지 알고 싶어할 것이다. 물론 원인을 발견하려는 노력은 필요하며, 정신분석학도 '원인'이라는 개념을 결코 포기하지 않는다. 하지만 여기에서 중요한 문제는 인간의 **정신**, 무의식에 무언가 문제를 발생시키는 원인이라는 개념을 어떻게 볼 것인가 하는 점이다.

알기 쉬운 예를 하나 들어보자. 프로이트 당시 히스테리자들은 대부분 아버지 병간호에 많은 시간을 보냈으며, 프로이트가 분석 치료했던 여성들도 예외는 아니었다. 이러한 사실을 보면서 많은 사람들이 '아버지 병간호를 오래하면 히스테리에 걸린다'고 말하곤 했다. 바로 이러한 사고방식이 '특정한’ 원인을 찾으려는 사고방식이다. 즉 아버지 병간호라는 **원인**이 히스테리 발병이라는 **결과**를 낳는다는 ‘직선적 인과론’에 근거한 ‘단순한’ 사고방식이다. 프로이트는 이러한 생각을 비웃으면서 아버지 병간호를 했기 때문에 히스테리자가 된 것이 아니라, 히스테리자이기 때문에 병간호를 한다고 설명했다. 아주 단순한 예이지만 이는 프로이트 정신분석학이 전달하고자 하는 어떤 핵심적인 내용을 담고 있다. 단순한 과학적·상식적 사고는 어떤 ‘확실한’ ‘특정한’ 원인을 찾기를 원하므로 아버지의 병간호를 하다가 히스테리에 걸렸다고 말하지만, 정신분석학은 그들이 히스테리자이기 때문에 오랜 세월 동안 ‘매력적인 남성’의 구애를 뿌리치고 아버지 병간호를 할 수밖에 없었다고 뒤집어 말한다. 위의 예는 병간호라는 단순한 원인——혹은 어떤 다른 ‘특정한’ 원인이라도 마찬가지인데——에 의해 쉽게 설명할 수 있다고 보았던 히스테리가 사실 더 많은 설명을 필요로 하는 복잡한 상태라는 사실을 암시하고 있다. 프로이트는 인간의 문제를 이해하기 위해서는 **상식적·과학적 사고가 막연히 가정하는 ‘직선적 인과론’을 넘어서야 한다는 것을 강조하고 있다.**

정신분석가가 피분석자에게 ‘당신 증상의 원인은 이것입니다’라는 식으로 해석해주었다고 하자. 하지만 일반적인 기대와는 달리 이런 식의 ‘직접적’ 해석은 아무런 치료효과도 낳지 못한다. 이렇듯 ‘직선적 인과론’에 집착하는 분석작업은 이론적으로는 물론, 치료라는 실천적 목적을 위해서도 그다지 쓸모가 없다. 요즈음 심리치료사라는 직업을 갖기 위해 정신분석학에 관심을 갖는 사람들이 많아지고 있다. 하지만 직선적 인과론에 근거한 몇가지 손쉬운 지침이 담긴 심리치료 교과서로 정신분석학을 ‘쉽게’ 재구성하는 것은 프로이트 정신분석학의 본래 의도와 거리가 멀다. 그리고 분석작업이라는 실제 상황에서 이러한 ‘간략한 교본으로서의 정신분석 지침서’는 주체를 변화시키거나 치료할 수 없다는 점을 새겨둘 필요가 있다. 인간은 교과서보다 훨씬 복잡한 존재이기 때문이다.

하지만 다른 한편으로 이론의 여지가 없는 더 확실한 원인을 발견하기 위

해 생물학적·생리학적 요인을 과도하게 강조하는 것도 문제의 해결책이
아니다. 인간의 '심리' 문제의 원인을 '육체'에서 찾는 것만큼 인간을 황폐
하게 만드는 것은 없다. 조작 가능한 기계로서의 인간이라는 이데올로기가
얼마나 인간의 존엄을 유린했는지 우리는 역사의 교훈을 통해 잘 알고 있지
않은가? **정신분석학은 인간의 육체가 아니라 정신 혹은 심리에 관해 탐구하는** 학
문이다.

인간의 정신과 무의식이 어떤 '특정한 원인'으로 설명될 수 없는 이유, 달
리 말하면 어떤 특정한 과학체계에 완전히 포섭될 수 없는 이유는 무엇인
가? 인간은 보편자가 아니라 **개별자**이기 때문이다. 여기에서 라깡은 과학이
나 보편적 이론으로 환원될 수 없는 인간의 특수성·개별성을 강조하기 위
해 **주체**라는 개념을 도입한다. 라깡에게 주체는 근대의식철학에서처럼 과
학적 진리, 절대적·형이상학적 진리를 보증하는 '신적' 지위를 갖는 것이
아니라, 환원할 수 없는 인간의 특수성에 대한 다른 이름이다(홍준기 1999b, xii
면 참조). 바로 여기에 라깡 정신분석학의 독자성이 있다. 흔히들 라깡을 '주
체의 죽음'을 역설했던 포스트모던 이론가로 분류한다. 하지만 라깡의 독창
성은 오히려 정반대로 '주체의 죽음'의 시대에 주체 범주를 보존하려고 했
다는 사실에서 찾아야 할 것이다. 라깡은 주체 범주를 재도입함으로써 쎄미
나 청중들의 기대를 뒤집으며 이렇게 말한 바 있다. "무의식과 관련해 내가
주체를 언급한 것은 (…) 새롭게 보일 것입니다."(Lacan 1973a, 44면)

이는 또한 프로이트·라깡 정신분석학이 '형이상학적·독단주의적 철
학'을 비판하지만, 그렇다고 해서 정신분석학을 단순히 실증적 경험과학과
같은 것으로 간주해서는 안된다는 사실을 함축한다(Lacan 1973a, 12면 이하 참조).

따라서 프로이트·라깡 정신분석학을 공부한다는 것은 '이중의 거역'을
의미한다. 프로이트와 더불어 '전통철학'을 거부하며, 전통철학자와 더불어
'철학의 종언'이라는 이름의 '현대적 신화'를 거역한다는 것이다. 인간과 세
계의 '유한성'을 강조하는 정신분석학과의 만남을 통해 철학이 자신은 '절
대적 진리'를 알고 있다는 오만을 버려야 한다면, 반대로 정신분석학은 자

신의 담론의 정당성을 입증하는 과정이 곧 철학적 사유임을 인정해야 한다. 이 점과 관련해 정신분석가이자 철학자인 쥐랑빌(A. Juranville)의 말은 시사하는 바가 크다. "철학이 없다면 정신분석학은 '행위'라는 사기가 되고 말 것이다."(Juranville 1996, 앞표지)

요컨대 정신분석학은 실증과학이 아니라 '근대주체철학'의 '비판적 발전'이라는 것이다. 단순화의 위험을 무릅쓰고 간략히 정리하면, 정신분석학은 의식과 무의식으로 분열된 주체, 즉 '존재결여'와 '실존적 공허'에 시달리는 주체가 타자와 세계에 대해 맺는 관계방식에 대해 탐구한다. 그리고 이 관계 속에서 발생하는 병리적 결과와 그 원인, 그리고 이 병리적 결과를 벗어나기(치료되기) 위해서 주체가 취해야 할 자세 등에 관해 연구하는 학문으로, **타자와의 관계 속에 있는 주체**에 관해 탐구하는 '주체이론'이며 치료학이다. 그리고 주체와 타자 간의 '억압 없는, 비병리적인 이상적' 관계가 무엇인지를 탐구하는 윤리학이기도 하다. 정신분석학은 또한 심리질환을 치료하는 임상이론일 뿐만 아니라 동시에 정상적인 사람들을 이해하기 위해서도 필수불가결한 "새롭고 보다 철저한 영혼학(Seelenkunde)"이다(Freud 1994d, 73면).

주체 개념은 정신분석학과 철학, 과학 분야의 논의가 교차하는 핵심문제로, '이론정신분석학' 분야의 가장 중요한 주제 중의 하나이다. 필자는 이러한 문제들에 대해서는 이미 다른 곳에서 면밀히 토론한 바 있으므로,[2] 이 글에서는 다른 측면—— '좁은 의미의' 정신분석학——에 초점을 맞추어 논의를 진행하고자 한다.

앞에서 필자는 특정한 원인을 기계적으로 찾으려는 자연과학적·상식적 사고방식에 대해 말했는데, 이러한 사고방식은 공교롭게도 '미신적인 사고방식'과 통한다. 상세히 논할 여유는 없지만 우리는 여기에서 '과학자들의 자생적인 이데올로기'라는 알뛰쎄르(L. Althusser)의 표현을 생각해볼 수 있

---

2) 홍준기(1999b), 특히 머리말과 제3장. 그리고 프로이트 심리장치이론에 대한 라깡의 해석에 대해서는 제1장, 정신분석학과 사회이론(맑시즘)의 관계에 대한 논의는 제4장을 참조.

다. 알뛰쎄르의 이 표현은, 과학이라는 이름으로 학문성을 인정받는 많은 이론 중 상당수가 사실은 일반인의 상식적이고 막연한, 신비적이고 근거없는 '이데올로기적' 이해에 기반하고 있다는 것을 말하고 있다. 예를 들면 무의식을 탐구하는 것을 꿈이나 증상의 **상징적 의미**를 찾는 것과 동일시하는 경향이 많다. 가령 어제 꿈을 꾸었는데 그때 들고 다녔던 가방의 의미가 무엇인가라는 식의 질문에 '과도한' 관심을 갖는 사람들이 있다. 이러한 질문의 저변에는 가방의 '특정한' 의미만 발견하면 무의식의 의미를 확실히 파악할 수 있을 것이라는 기대가 깔려 있다. 이는 특정한 원인이나 의미를 찾으면 문제가 해결되리라는 사고방식이 미신적인 형태로 나타난 한 예이다. 이러한 잘못된 정신분석학적 실천관행은 특히 인문학적 소양이 없는 임상가나 임상가임을 자처하는 많은 사람들에게서 발견된다. 이러한 실천관행은 정신분석학적이라기보다는 미신적·신비주의적 종교에 가깝다. 페렌치(S. Ferenczi)는 이러한 태도를 "해석망상"이라고 표현한 바 있다. 라깡은 이러한 정신분석학적 실천관행을 비판하고, 프로이트 정신분석학을 신비주의적 태도로부터 분리하기 위해 프로이트 정신분석학이론이 지닌 **합리적 성격**을 강조한다(Lacan 1973a, 32면 참조).

라깡은 프로이트가 발견한 무의식을 특정한 종교적·정치적·문화적 가치를 정당화하는 특정한 세계관과 연결시켜 정의해서는 안되며, 또 모든 것을 포함하고 있는 어떤 신적 실체와 같은 것으로 파악해서도 안된다고 말한다. "프로이트의 무의식은 창조적인 상상력을 가진 낭만적 무의식이 결코 아니다. 그것은 신성한 밤의 장소가 아니다."(Lacan 1973a, 26면)

물론 꿈에 등장하는 상징의 의미에 전혀 관심을 가져서는 안된다는 말은 아니다. 정신분석작업을 할 때 특정한 상징의 의미를 발견해야 하는 상황도 많다. 하지만 정신분석작업에서 결정적으로 중요한 점은, 무의식은 주체의 결여의 장소——후기 라깡이 중시하는 용어로 말하면 향유(jouissance)의 장소——달리 말하면 의미의 장소가 아니라 **무의미의 장소**라는 것을 주체가 깨닫는 것이다. 이러한 맥락에서 우리는 라깡이 말하는 **정신분석치료의 끝**, 정신분석의 목표가 무엇인지 생각해볼 수 있다. 분석작업은 피분석자가 자신의 '무의식의 의미'가 아니라 '무의식의 무의미' '무의미의 의미', 달리 말하면 무의미가 우리에게 제공하는 진정한 해방감을 발견함으로써 종료된다. 즉 주체는 자신이 무의식적으로 향유하던 대상이 사실 아무런 의미가 없는 것임에도 불구하고 이 대상이 제공하는 무의미한 무의식적 향유에 집착하고 있었음을 깨닫고 자신(주체)으로부터 이 무의미한 대상을 분리시킴으로써 분석과정은 종료된다.[3]

라깡이 융(C. G. Jung)의 정신분석학을 비판하는 것도 이러한 맥락에서이다. 라깡에 따르면 융은 의식에 선재하는, 낭만적이고 신비적이며 실체적인 무의식 개념을 주장한 반면, 프로이트는 주체의 결여·의식적 담론의 단절·무의미·빈곳으로서의 무의식 개념을 제시했다. "(…) 낭만적 무의식이라는 용어의 중개자인 융이 프로이트에 의해 거절당했다는 사실은 정신분석학이 무언가 다른 것이라는 점을 우리에게 충분히 보여준다."(Lacan 1973a, 26~27면)

라깡은 프로이트가 무의식을 **실체적**으로 파악하지 않고 불연속, 단절과 같은 **형식적** 개념, 의미에 끝까지 저항하는 무의미로서의 무의식 개념을 주장했음을 강조한다. "따라서 불연속, 그것이야말로 무의식이 현상으로서 우리에게 나타나는 본질적인 형식이다."[4] 잘 알려져 있듯이 라깡은 프로이트의 이러한 무의식 개념을 보다 명확히 이론화하기 위해 '무의식은 언어처럼 구조지어져 있다'라는 유명한 명제를 제시했다.[5]

---

3) 하지만 이것이 향유 자체를 모두 포기해야 한다는 것을 의미하지는 않는다. 분석의 목표 (끝)에 관한 논의로는 *La Conclusion de la cure*(1994); Dunand(1995a); Dunand(1995b); *La Passe: effets et résultas*(2000) 참조.

4) Lacan(1973a) 28면. 프로이트 무의식 개념 해석에 대한 라깡의 더욱 상세한 이론적 논의로 홍준기 (1999b) 139~44면 참조. 그리고 프로이트와 라깡이 무의식 개념을 실체적·내용적으로가 아니라 형식적으로 정의했다는 말의 의미를 좀더 구체적으로 알아보려면 홍준기(2000c), 특히 1893면 이하 참조.

5) 이에 대해서는 이 글 85면 이하 참조.

왜 우리는 프로이트 · 라깡 정신분석학을 공부해야 하는가? 프로이트 · 라깡 정신분석학만큼 인간에 대해 철저하게 탐구했던 학문은 없기 때문이다. 따라서 하나의 독자적인 학문으로서 프로이트 · 라깡 정신분석학만큼 우리들의 삶과 학문 · 문화 등 모든 영역에 걸쳐 깊은 영향을 끼친 분야를 찾아보기 힘들다는 사실은 결코 우연이 아닐 것이다.

사실 서양의 문화적 · 학문적 토양에서 정신분석학은 학자나 예술가 · 임상가는 물론 일반인들의 끊임없는 관심의 대상이고 영감의 원천이었으나 우리나라에서 정신분석학은 불행하게도 오랜 세월 동안 '금기와 터부의 대상'이었다. 사람들은 보통 심리학과에서만큼은 정신분석학을 당연히 가르칠 거라고 생각하지만, 사실 국내 대학의 심리학과들 가운데 정신분석학을 본격적으로 가르치는 곳은 전무한 실정이다. 정신의학이나 철학 분야도 사정은 크게 다르지 않다. 서양에서 정신분석학이론이 다양한 학문 분야와 긴밀히 연결되어 탁월한 문화적 성과를 얻어냈다는 역사적 사실을 고려하면, 이는 우리나라 학문이 그동안 상당히 기형적으로 발전해왔음을 보여주는 심각한 현상이라고 하겠다.

현대 프랑스철학에서 예를 들어보면, 정신분석학을 철학적 작업의 중요한 대상으로 삼았던 알뛰쎄르나 바디우(A. Badiou), 리꾀르(P. Ricœur) 등의 이론은 말할 것도 없고, 심지어 프로이트 · 라깡 정신분석학에 대해 매우 비판적이었던 들뢰즈(G. Deleuze)나 푸꼬(M. P. Foucault), 혹은 데리다(J. Derrida)의 이론도 정신분석학에 대한 공부 없이는 제대로 이해하기 어렵다. 그만큼 정신분석학은 대부분의 현대 프랑스철학자들의 주요 관심사—논적 혹은 참조점—였던 것이다. 이는 독일철학의 경우도 마찬가지인데, 우리나라에 일찍이 소개된 바 있는 프랑크푸르트학파의 이론도 정신분석학에 대한 연구 없이는 올바로 이해될 수 없는 철학사상이다. 단적으로 프랑크푸르트학파의 이론은 맑스주의와 정신분석학의 결합을 목표로 삼은 철학체계라고 해도 크게 틀린 말은 아닐 것이다.

요컨대 정신분석학에 대한 공부 없이 현대 서양의 문화 · 학문을 제대로 수용했다고 말할 수 없다는 것이다. 영화 분야만 하더라도 정신분석학은 영화사의 초기부터 아주 광범위하게 원용되었다. 몇가지 예를 들면 무르나우(F. W. Murnau)의 「노스페라투」(Nosferatu, eine Symphonie des Grauens), 히치콕(A. Hitchcock)의 「싸이코」(Psycho) 같은 고전적 영화로부터 조든(N. Jordan)의 「푸줏간 소년」(The Butcher Boy), 「늑대의 혈족」(The Company of Wolves), 파커(A. Parker)의 「버디」(Birdy), 린치(D. Lynch)의 「블루 벨벳」(Blue Velvet), 「트윈 픽스」(Twin Peaks) 등에 이르기까지 정신분석학의 배경 없이는 이해하기 어려운 영화들이 많다. 뿐만 아니라 포스트모던 사상(리오따르J. F. Lyotard), 현상학(메를로뽕띠M. Merleau-Ponty, 드 왈러스A. De Waelhens), 여성학(크리스테바J. Kristeva, 버틀러J. Butler, 미철J. Mitchell) 등 인문학의 초미의 관심사가 되는 여러 분야의 논의를 심화시키기 위해서도 정신분석학이론을 공부해야 한다.

정신의학이나 심리학 분야도 마찬가지이다. 정신의학 분야나 심리학과에서 정신분석학이론을 제대로 공부하지 않는 것은 큰 문제라고 하지 않을 수 없다. 최근에 국내의 정신의학 분야에서도 프로이트가 활용되기 시작했으나 출판된 저작들을 살펴보면 사실 제목만 프로이트이지 내용은 전혀 프로이트와 상관없는 책이 대다수이다. 심리학 분야에서 프로이트는 이미 오래 전부터 국내에 소개되었으나 구색을 맞추기 위해 형식적으로 몇페이지 정도 지면을 할애해 도식적으로 소개할 뿐, 프로이트의 이론에 대해 진지하게 토론하는 심리학 책은 찾아보기 힘들다.

이러한 관점에서 볼 때 최근 우리나라에서 정신분석학에 대한 연구가 활발해지고 있는 것은 바람직한 일이다. 하지만 다른 한편으로는 서양에서 100년 이상 오랜 토론을 거쳐 성숙한 정신분석학이론이 너무 갑자기 '수입' 됨으로써 부작용이 생길 우려가 있다. 정신분석학의 본질에 대한 진지한 연구 없이 피상적으로 받아들임으로써 정신분석학이 근간으로 삼았던 철저한 자기분석(자기성찰), 정신분석학의 이론적·실천(임상)적 근거에 대한 진지한 학문적 토론, 정신분석학의 윤리, 비판과 저항의 미덕과 같은 중요한 점들을 망각하고 정신분석학을 '실용적인 응용의 도구'로 전락시켜버리거나, 정신분석학이 지닌 '혁명적' 측면을 사장시켜버릴 위험이 있다. 이러한 맥락에서 볼 때 우리가 라깡의 '프로이트로의 복귀'의 의미에 대해 다시 생각해보는 것은 필요하고 또 중요한 일이라고 하겠다.

　정신분석학은 광범위한 영역을 포괄하는 학문이므로 정신분석학과 관련해 논의되어야 할 문제의 범위는 대단히 넓다. 그러므로 필자는 이 글에서 특히 라깡의 '프로이트로의 복귀'에 초점을 맞추어 논의를 진행하고자 한다. 필자는 '프로이트로의 복귀'의 의미를 보다 쉽고 구체적으로 전달하기 위해 우선 프로이트와 라깡이 만나는 지점을 재구성하는 방식으로 논의를 이끌어나갈 것이다. 이를 위해 글의 앞부분에서 프로이트 이론에 대해 비교적 자세하게 설명할 것이다. 이러한 과정에서 프로이트의 텍스트를 라깡의 관점에서 해석하거나, 프로이트와 라깡의 이론이 연결되는 부분을 지적함으로써 독자의 이해를 돕고자 한다. 그리고 상징계·상상계·실재·욕망·향유·문자·아버지의 이름·정신병·성도착·신경증 등 라깡 정신분석학의 중요한 기본개념들에 대해 설명할 것이다. 정신분석학이론을 정확히 이해하기 위해서는 임상이론에 대한 이해가 반드시 선행되어야 한다. 라깡 정신분석학 임상이론 역시 매우 포괄적이어서, 이를 제대로 논의하기 위해서는 많은 시간과 지면이 필요하다. 따라서 필자는 정신분석학 탄생의 토양을 제공해주었던 히스테리 문제를 비교적 상세히 다루려고 하며, 신경증의 또다른 중요한 형태인 강박증과 공포증,[6] 그리고 성도착증에 대해서는 논의를 최소한으로 줄이고자 한다. 정신병의 문제는 아버지의 이름, 아버지 은유와 관련해 비교적 상세히 언급하겠다.

　히스테리를 보다 집중적으로 다루는 이유는 이미 언급했듯이 프로이트 정신분석학은 히스테리 연구를 통해 탄생했다는 역사적 사정 때문이다. 하

---

6) 공포증에 대해서는 홍준기(2002) 참조.

지만 이보다 더 중요한 이론적 이유는 프로이트가 히스테리를 신경증의 가장 기본적인 형태로 보았다는 사실에 있다. 프로이트에 따르면 다른 형태의 신경증은 히스테리의 "방언"(Dialekt), 즉 히스테리의 변형체에 지나지 않는다. 라깡이 다양한 신경증의 형태 중에서 히스테리만을 하나의 담론 형태 ─ 히스테리의 담론 ─ 로 제시한 것도 이러한 배경에서이다.[7] 라깡이 히스테리를 하나의 '담론 형태'로 제시한다는 것은 히스테리를 '탈병리화한다'는 것을 의미한다. 사람들은 보통 히스테리 '환자'라는 말을 많이 사용하는데, 프로이트 정신분석학이론에 따르면 히스테리는 '결손' '퇴화' '지적 혹은 생물학적 결함' 등과 같은 용어로 표현될 수 있는 '질병'이 아니다. 바로 이것이 프로이트·라깡 정신분석학이론이 갖는 '혁명적' 성격 중의 하나이다. 물론 히스테리적 주체가 심리적 고통을 겪지 않는다는 말은 아니다. 문제는 이 고통을 어떤 관점에서 파악할 것인가라는 점이다.

라깡의 이론에서는 욕망이라는 개념이 중요한 위치를 차지한다. 라깡은 욕망이라는 개념을 다름아닌 히스테리의 욕망에서 발견한다. 히스테리자는 '욕망을 만족되지 않은 상태로 유지하려는 주체'이다. 그러므로 라깡에게 인간의 욕망은 히스테리자의 욕망 그 자체이며, 무의식의 주체는 히스테리적 욕망의 주체에 다름아니다. 라깡 이론에서 욕망이란 결코 채워질 수 없는 결여를 뜻한다는 것을 생각하면 이러한 라깡의 생각을 쉽게 이해할 수 있을 것이다.

잘 알려져 있듯이 라깡은 후기로 갈수록 향유라는 개념을 강조한다. 이 글에서 필자는 향유·문자 등의 개념을 중심으로 전개되는 후기 라깡의 이론에 대해서, 그리고 이러한 후기의 이론이 욕망 개념을 중심으로 삼고 있는 초기의 이론과 어떻게 다른지에 대해서도 언급할 것이다. 이를 통해 필

---

7) 네 가지 담론이란 주인의 담론, 히스테리의 담론, 대학의 담론, 정신분석학의 담론을 말한다. 라깡은 Lacan(1991b)에서 네 가지 담론 형태에 대해 상세히 논의한다. 라깡의 담론이론에 대한 설명으로는 페터 비트머(2000) 제9장; Juranville (1996) 469면 이하; Firens (1999) 135면 이하 참조.

자는 초기에서 후기에 이르는 라깡 이론의 전체적 모습에 대한 밑그림을 그려보고자 한다.

II. 히스테리와 정신분석학: 의학적(과학적) 담론에서 정신분석학적 담론으로

1. 히스테리의 역사: 정신의학과 정신분석학

히스테리 현상에 대한 연구는 매우 오랜 역사를 가지고 있다. 히스테리에 대해 최초로 체계적인 저술을 남긴 사람은 히포크라테스(Hippocrates)였으며, 그뒤로 히스테리는 의학적 지식의 중요한 대상으로, 오랜 의학적 전통 속으로 체계적으로 편입되었다. 하지만 히스테리에 대한 인간의 관심의 기록은 이보다 더 오랜 옛날로 거슬러올라간다. 기원전 1500~2000년경의 고대 이집트의 파피루스에서도 히스테리와 이의 치료수단에 관한 언급을 발견할 수 있다(Regina 1992, 18면 이하 참조).

오랜 역사를 갖고 있는 것만큼이나 히스테리는 예나 지금이나 많은 흥미와 관심, 오해와 혐오감을 불러일으키는 현상 중의 하나이다. 예를 들면 '노처녀 히스테리'라는 말이 있다. 우리는 이 말에 '히스테리는 결혼하지 않은 처녀만 걸리는 병'이라는 전제가 깔려 있다는 것을 알고 있으며, 또 실제로 그렇게 생각하는 사람이 많다는 것도 부정할 수 없는 사실인 듯하다. 흥미로운 것은 히스테리의 역사를 살펴보면 실제로 이러한 '증명되지 않은 전제'가 히스테리 연구의 출발점을 이루었고, 이러한 편견은 지금까지도 하나의 '신화'로 존속하고 있다는 사실이다.

히포크라테스는 히스테리를 '자궁에 의해 생겨난 질식'(pnix hysterike)으로 묘사했는데, 우리가 알고 있는 히스테리란 '병명'은 바로 히포크라테스의 이러한 설명에서 유래한다. 그리스어의 히스테리아(hysteria)란 자궁을 의미한다. 히포크라테스는 히스테리를 주로 노처녀, 젊은 과부, 아기를 낳지 못하는 여성 들이 잘 걸리는 병으로 보았다. 그에 따르면 자궁 내의 습기 부족 혹은 월경의 단절이 히스테리 발병의 가장 중요한 원인이다. 성적 금욕으로 인해 자궁이 너무 건조해지면 자궁은 습기가 더 많은 신체의 부분들을 찾아 나선다(Regina 1992, 20면 참조). 즉 정액을 찾는다는 것인데, 정액이 존재하는 신체의 부분을 발견하면 신체의 습한 이 부분을 '물어뜯음'으로써 발작·마비 등 다양한 히스테리 증상을 유발한다(Kress-Rosen 1986, 25면 참조). 히포크라테스에 따르면 히스테리 증상은 자궁이 어디를 향해 움직이는가에 따라 다양한 형태로 다양한 신체 부위에서 나타난다.

플라톤(Platon)은 『티마이오스』(*Timaios*)에서 다음과 같이 말한 적이 있다.

> 자궁은 열심히 아이를 요구하는 동물이다. 사춘기가 지난 후에도 아이를 낳지 않으면 자궁은 분노해 몸 전체를 돌아다니고, 기도를 막고 호흡을 방해하며, 이런 방식으로 몸을 위험에 처하게 만들고 모든 종류의 질병을 일으킨다. 마침내 요구와 사랑이 남녀 결합해 마치 나무에서 열매를 따듯이 아이를 낳을 때까지.(Platon, 『티마이오스』 91c~d)

여기에서 우리는 적어도 히스테리에 관한 한 플라톤의 이론이 히포크라테스의 이론과 통하는 점이 있다는 사실을 간과할 수 없다. 근대 이후 자연과학의 발달과 더불어 히스테리의 원인을 건조한 자궁에서 찾았던 전통이론은 그 타당성을 상실한다. 예컨대 스코틀랜드의 생리학자인 휘트(R. Whytt)나 컬렌(W. Cullen)의 연구에서 잘 드러나듯이, 생리학자나 의학자들은 히스테리의 발생 원인을 **신경계**나 **뇌**에서 찾고자 한다.

근대적 의미의 정신의학은 프랑스의 임상가인 삐넬(P. Pinel)과, 컬렌의 제자였던 미국의 정신과 의사 러시(B. Rush)로부터 출발했다. 삐넬과 러시는 인본주의적 이념의 옹호자로, 당시 만연해 있던 정신질환자들의 학대·

감금 등의 잔인한 관행으로부터 이들을 보호하고자 정신병원 개혁운동을 주창했다. 삐넬과 러시는 정신질환의 원인을 생리적·생물학적 결함으로 간주하는 전통이론에 반대해 '도덕적·정신적 결함'을 그 원인으로 보았다 (Regina 1992, 31면 이하 참조).

　　신경증이나 정신병의 원인을 순수한 육체적·생물학적 결함으로 보는 것에 반대한 점에서 삐넬과 러시는 정신의학 연구에 커다란 공헌을 했지만, 이들 역시 특정한 도덕적 기준에 의해 질병과 정상을 구분한다는 점에서 여전히 프로이트의 통찰에 다다르지 못했다. 삐넬로부터 시작된 근대 정신의학 전통은 심리질환을 단순히 어떤 **결함**(déficit)의 상태로 파악했다는 한계에 머물러 있었다. 삐넬은 심리질환을 생리적·생물학적 문제가 아니라 '심리문제'로 파악하기는 했지만, 이의 진단과 치료를 위한 개념을 제대로 개발하지 못했다. 그래서 심리문제를 육체적·생물학적 문제로 환원시켜 설명하려는 경향은 여전히 불식되지 않은 채 남아 현재까지도 정신의학계를 지배하는 사고방식으로 강력한 영향력을 행사하고 있다.

　　따라서 우리는 다른 한편으로 삐넬이 '선과 악의 구분 기준'을 알고 있는 '지배자로서의 의사'라는 이미지를 확립시켰다는 문제점을 지적할 수 있다. '지배자로서의 의사'라는 전통의학적 사고에 따르면, 환자는 '자연적 상태' (건강한 상태)가 무엇인지 알고 있는 의사에게 다양한 육체적 기관들 사이의 부조화, 도덕적·정신적 결손을 치료받아야 한다.

　　프로이트의 스승 격이었던 샤르꼬(J. M. Charcot)의 경우는 어떠한가? 샤르꼬는 히스테리의 발병조건은 두 개의 **관념**의 갈등 혹은 충돌이라는 점을 간파했다. 예를 들면 히스테리자의 마비증세는 손과 발을 움직이도록 해주는 관념 자체가 없기 때문에 생겨나는 것이 아니라, 손과 발의 움직임을 막는 어떤 적극적인 관념 때문에 생겨난다. 이 점에서 샤르꼬는 히스테리의 원인을 단지 '지성의 결여'에서 찾는 자네(P. M. F. Janet)보다 히스테리의 본질에 더 접근했음에도 불구하고, 여전히 그도 과학적 사고방식을 완전히 벗어날 수는 없었다. 샤르꼬의 '히스테리를 불러일으키는 부위'(zone hystérogène)라는 표현에서 잘 드러나듯이 그는 히스테리를 일으키는 **신체 부위들**의 지형도를 작성했던 것이다. 이러한 학문적 상황에서 비극적인 사건이 하나 발생했다. 샤르꼬의 '히스테리를 불러일으키는 부위'라는 개념에 영향받은 정신과 의사가 '남자 히스테리'에 걸린 남자를 치료하기 위해 거세를 시켰던 것이다. 샤르꼬는 이 사건이 자기의 이론과는 무관하다고 발표했다. 물론 샤르꼬에게 이 사건에 대한 의학적·윤리적 책임을 물을 수 없다는 것은 당연하겠지만, 신경증 같은 심리적인 질환을 생물학적·생리학적 개념으로 설명하려는 과학적·의학적 사고방식이 갖는 위험성에 대해서만큼은 충분히 경고하고 있는 비극적인 사건이라고 하겠다.

19세기 말 프로이트에 의해 정신분석학이 탄생할 때까지 히포크라테스로부터 출발해 샤르꼬에 이르기까지 히스테리에 대한 왜곡된 이미지는 의학적 사고방식을 지배했으며, 이러한 의학적 사고방식을 통해 왜곡된 히스테리의 이미지는 일반인의 사고방식도 계속 지배해왔다.

지금까지 필자는 히스테리가 단순한 질병이 아니라는 점을 강조했다. 이는 '**정상과 비정상**'을 나누는 '**과학적·의학적 기준**'은 **없다는** 것, 즉 '**정상과 비정상**'을 **구분하는 권위적인 기준 자체에 대해 의문을 던진다**는 것을 뜻한다. 그리고 더 나아가 **우리 모두는 히스테리자**라는 사실을 함축한다. 우리 모두는 정상인 동시에 비정상이다. 프로이트에 따르면 신경증 증상도 정상인의 증상과 확연히 구분되는 어떤 특수한 병적 구조를 갖고 있지 않다. 꿈·말실수·농담과 같은 '정상적인 현상'도 무의식적 소원 성취와 이의 방어라는, 신경증 증상에서 발견되는 메커니즘과 똑같은 메커니즘을 가지고 있다. 라깡도 이러한 맥락에서 이렇게 말한 바 있다. "프로이트에 의해 정신분석학에 제시된 영역은 (…) 또한 증상의 영역으로 파악될 수 있다. 하지만 여기에서 증상이란 임상적 의미에서뿐만 아니라 가장 넓은 의미에서, 즉 정상인의 모든 역설적이며 주변적인 현상을 포함하는 것으로 파악되어야 한다. 착각·위장·실수·농담의 무장해제 기능을 포함하는 가장 넓은 의미로."
(Lacan 1988, 6면)

프로이트 정신분석학은 전통적 정신의학에 의해 단지 병리 현상으로 파악되었던 신경증 증상을 정상 현상으로 복원했으며, 이와 동시에 정상적인 것으로 간주되었던 '건강한' 심리 상태들을 신경증 증상과 같은 '병적인' 증상으로 격하시켰다. 병리 현상의 탈병리화, 정상 상태의 병리화, 프로이트 정신분석학 속에 내재해 있는 이러한 헤겔적 '변증법적 이행'[8]보다 더 강한 **윤리적 태도**를 취하는 임상이론이 과연 또 있을 수 있겠는가?

2. 히스테리의 정신분석

히스테리자는 무의식적 기억으로 고통받는다: 무의식적 기억과 언어

정신분석학의 출생지는 히스테리였다. 히스테리자의 고통스러운 호소를 **듣고** 그에 답하려는 프로이트의 진지한 노력이 없었다면 정신분석학은 결코 태어나지 못했을 것이다. 잘 알려져 있듯이 프로이트가 히스테리 현상을 본격적으로 접할 수 있었던 것은 선배인 브로이어의 환자 안나 O라는 여성을 통해서였다. 안나 O는 자신이 브로이어로부터 받는 치료를 '대화치료'(talking cure)라고 불렀다. 이로써 안나 O는 아직 정신분석학이 존재하지는 않았지만 앞으로 탄생하게 될 정신분석학과 정신분석학 치료의 본질을 가장 분명하게 표현한 최초의 히스테리자가 되었다. 안나 O가 자신이 겪었던, 그러나 기억으로부터 사라졌던 **사건들을 말로 표현하자 히스테리 증상이 사라졌던 것이다.**

프로이트는 "언어 속에서 인간은 행동의 대체물을 발견한다"고 했다(Freud/Breuer 1970, 11면). 뒤집어 말하면 이는 언어로 표현되지 않은 것이 무의식적 행위, 즉 **신체적 증상으로 전환**되어 나타날 수 있다는 것을 의미한다. 언

---

8) 「범죄학에서의 정신분석학의 기능들」이라는 글에서 라깡은 헤겔(G. W. F. Hegel)을 언급하면서 "변증법은 (…) 무의식의 법칙을 제공한다"고 말했다. Lacan(1966) 140면.

어로 표현될 수 없었기 때문에 발산(abreagieren)될 수 없었던 외상적 체험, 무의식적 기억은 신체적 증상으로 나타나는데, 바로 이것이 히스테리의 '고전적 증상'인 **전환히스테리**(Konversionshysterie)이다. 심리적 외상이 신체적 증상으로 **전환**되어 나타난다는 의미이다. 프로이트는 이러한 관찰을 통해 무의식과 언어의 상관관계에 대해 통찰할 수 있었다. **무의식은 단지 생물학적 본능의 집합이 아니라는 사실**을 간파한 것이다.

하지만 미국 정신분석학의 주요 분파인 자아심리학자들은 프로이트 정신분석학의 여러 개념들을 과학적·생물학적 용어로 해석하는 오류를 범했다. 안나 프로이트(A. Freud)·하르트만(H. Hartmann)·뢰벤슈타인(R. Löwenstein)·크리스(E. Kris)로 대표되는 자아심리학자들은 무의식을 생물학적 본능(instinct)의 소재지로 이해했다. 이것이 라깡이 자아심리학자들을 프로이트로부터의 이탈이라고 비판하는 중요한 이유 중의 하나이다(Lacan 1966, 495면 참조). **무의식은 언어처럼 구조지어져 있다**는 라깡의 '유명한' 명제는 프로이트의 후예들에 의해 오인되고 왜곡된 무의식의 의미를 재정의하려는 노력의 결실이었으며, 프로이트의 본래이론으로의 복귀와 히스테리에서 시작한 최초의 정신분석학적 경험으로의 복귀라는 이중의 의미에서 라깡이 '프로이트로 복귀'하는 출발점을 이룬다.

프로이트는 히스테리 같은 무의식은 억압된 생물학적 본능으로 이루어져 있는 것이 아니라 **상징적·언어적** 가치와 구조를 갖고 있음을 발견했다. **무의식적 기억으로 보존되어 있는 관념이나 언어의 작용으로 말미암아 히스테리 증상이 생겨난다**는 것이다. 예컨대 히스테리 발작은 상징적·언어적 가치를 갖지 않는 순수한 생리학적 작용 때문이 아니라, 관념이 불러일으키는 연상작용 때문에 생겨난다. 히스테리자가 자신의 무의식 속에 저장되어 있는 외상적 기억들을 연상시키는 유사한 체험을 새로이 하게 되면 히스테리 발작이 일어날 수 있다(Freud/Breuer 1970, 17~18면 참조).

안나 O의 관찰과 치료를 통해 얻은 이러한 통찰을 바탕으로 프로이트는 무의식과 언어의 관계에 대한 많은 설명을 남겼다. 1896년 12월 6일 플리쓰

(W. Fließ)에게 보낸 편지에서 프로이트는 "기억의 흔적들은 새로운 관계들에 따라 재배열·재기록(Umschrift)을 경험한다"고 썼다(Freud 1986, 217면. 강조는 인용자). 『꿈의 해석』은 무의식의 언어적 작업을 보여주는 대표적인 책이며, '유명한' 씨뇨렐리(Signorelli) 사례가 보여주듯이 『일상생활의 정신병리학』에서도 프로이트는 무의식과 언어의 관계에 대해 철저히 연구했다. '쥐인간' 사례에서 흥미로운 예를 하나 들어보자. 쥐인간은 어느날 갑자기 자신이 너무 뚱뚱하므로 살을 빼야겠다고 생각했고, 살을 빼려고 노력하면서 자살충동을 느낀 적이 있었다. 그 이유는 쥐인간이 사랑하는 여자가 있었는데 영국에서 온 그녀의 사촌이 그녀에게 관심을 쏟고 있어서 이 사촌에게 죽이고 싶을 정도로 강한 질투심이 생겼기 때문이다. 자기가 사랑하는 여자에게 관심을 보이고 있었던 그 사촌의 이름은 딕(Dick)이었다. 독일어로 딕은 '살쪘다' '뚱뚱하다'는 뜻이다. 쥐인간은 여자의 사촌에 적대감을 가진 것에 대한 자기처벌로서 자신에게 살을 빼라고 무의식적으로 명령했던 것이다.

히스테리의 발병원인: 무의식적 관념, 중층결정, 환상

프로이트는 1896년에 발표한 「히스테리의 병인론」이라는 글에서 히스테리의 발병원인에 대해 상세히 논의한다. 당시 프로이트는 성인에 의한 유아의 유혹을 히스테리를 발생시키는 가장 중요한 원인으로 보았다. 좀더 정확히 말하면 히스테리 증상은 유아기의 외상적 체험 때문에 발생한, **불쾌한 혹은 고통스러운** 무의식적 **관념**과 이것이 의식으로 등장하는 것을 막는 **방어** 사이의 **심리적 갈등의 산물**이다. 여기에서 프로이트는 그가 『히스테리 연구』에서 이미 논한 바 있는 **중층결정**(Überdeterminierung)이란 개념을 다시 한번 소개한다.

유아기적 장면이라는 [증상을 발생시키는] 결정적 힘은 너무나도 숨겨져 있어서 피상적으로 분석하면 밝혀지지 않는 경우도 있다. 그러므로 우리는 이렇게 생각한다. 즉 우리는 어떤 증상에 대한 설명을 나중의 장면들 중의 하나의 내용에서 발견했으며, 분석작업을 진행해나가는 가운데 유아기적 장면들 중의 하나에서 같은 내용에 부딪힌다고 생각한다는 것이다. 그래서 우리는 그 나중의 장면들이 증상을 결정하는 힘을 가질 수 있는 것은 그 나중의 장면들이 초기의 장면과 일치하기 때문이라고 말할 수밖에 없다. 이런 이유로 나는 나중의 장면들을 무의미한 것으로 그냥 내버려두지 않는다. 내가 히스테리 증상 형성의 규칙을 여러분에게 설명해야 할 과제를 갖고 있다면, 나는 이러한 규칙들 가운데 하나로 다음과 같은 사실을 인정해야만 할 것이다. 다양한 측면으로부터 동시에 일깨워지는 여러 계기들이 함께 작용하는 관념이 증상을 위해 선택된다는 것이다. 나는 이를 다른 곳에서 다음과 같은 명제로 표현하려고 시도한 바 있다. 히스테리 증상들은 중층결정되어 있다.(Freud 1989d, 76면. 이하 [ ]는 인용자)

우선 이 인용문에서 "다양한 측면으로부터 동시에 일깨워지는 여러 계기들이 함께 작용하는 관념"이라는 표현에 주목하자. 프로이트가 무의식적 관념을 신경증의 원인으로 보았다는 점은 이의 원인을 생물학적 결함에서 찾는 전통적인 정신의학의 사고를 넘어선다는 것을 의미한다. 앞에서 언급한 안나 O는 파펜하임(B. Pappenheim)이었는데 훗날 독일 최초의 여성 사회사업가가 되었을 정도로 매우 지적이고 따스한 마음씨를 가진 여성이었다. 이러한 사실을 통해 프로이트는 히스테리 같은 신경증의 원인을 **지능의 퇴화**나 **생물학적 결함**에서 찾아서는 안된다는 사실을 또한 간파할 수 있었다.

프로이트의 글에서 중층결정이란 용어는 다양한 의미를 갖고 있다. 위의 인용문에서 프로이트는 "여러 계기들이 함께 작용하는 관념"이라는 표현을 사용한다. 우선 증상으로 사용되는 관념은 무의식적 관념과 이에 대한 방어와의 타협의 산물이라는 의미에서 중층결정되어 있다고 할 수 있다. 또 증상은 다양한 요소를 원인으로 갖는다는 아주 일반적인 의미로 중층결정을 이해할 수도 있다.

더 나아가 우리는 라깡과 더불어 '부재하는 원인'이라는 훨씬 이론적인 관점에서 중층결정 개념을 파악할 수도 있다. 프로이트의 이 글에서는 이론적으로 토론되고 있지는 않으나 적어도 이 점을 암시하고는 있다. 피상적인 분석을 통해서는 유아기적 장면이 무엇인지 밝혀낼 수 없으므로, 프로이트는 나중의 장면에서 초기의 유아기적 장면과 똑같은 내용에 도달할 수 있다고 말한다. 그에 따르면 초기의 유아기의 장면에 도달할 수 없는 것은 분석이 피상적으로 이루어졌기 때문이다. 그러나 아무리 열심히 분석을 해도 도달할 수 없는 초기의 장면이 있다면 문제는 달라진다. 어느 누가 감히 분석을 통해 '원칙적으로' 모든 초기 장면을 발견할 수 있다고 주장할 수 있겠는가? 초기의 장면은 발견되는 것이 아니라 나중의 장면을 근거로 재구성된다는 것이 원칙적으로 옳지 않겠는가?

프로이트가 이듬해인 1897년 신경증의 원인이 되는 외상적 체험은 실제로 일어난 일이라기보다는 신경증자의 환상 속에 존재하는 사건이라고 말함으로써 자신의 이전 견해를 수정했을 때 그는 중층결정이 갖는 이론적 의미를 '거의' 완전히 파악했던 것이다. 최초의 경험은 나중의 경험을 통해 재구성되는 것이지, '있는 그대로' 남김없이 복원할 수는 없다. 그리고 그러한 최초의 시간이 실제로 존재했다고 무조건 단정해서도 안된다. 물론 분석이 피상적으로 끝났기 때문에 밝혀내지 못하는 것도 있을 수 있고, 또 그래서는 안되겠지만, 그렇다고 분석을 통해 최초의 사건을 있는 그대로 복원할 수 있다고 믿는 것도 잘못이라는 것이다. 이 점은 실제적인 분석치료 상황에서 신중히 고려해야 할 중요한 사항이다. 실제로 일어나지 않았던 사건을 마치 실제의 사건처럼 전제하고 피분석자에게 '고백'을 강요한다면 심각한 문제가 발생한다.

초기 유아기적 장면은 **사후적으로**(nachträglich) 재구성되는 것이다. 이러한 의미에서 최초 장면이라는 것은 존재하지 않는다고 할 수 있으며, 우리는 여기에서 '부재하는 원인' 혹은 '최초 원인의 부재'를 말할 수 있다. 즉 최초의 장면이라는 원인은 실제로 존재하지 않는 것으로서 원인의 역할을 할 수 있다는 것이다.

프로이트와 라깡의 중층결정이론은 또한 신경증의 원인을 생물학적 원인으로 환원시켜 설명하려는 과학주의를 비판한다는 의미가 있다. 인간은 육체를 가진 존재이므로 고통과 쾌락의 최종 소재지인 육체의 중요성을 부인할 수 없다는 것은 당연하다. 하지만 이미 여러차례 언급했듯이 정신분석학이 정신의학 전통과 구분되는 결정적인 점은 신경증이나 정신병 같은 **심리질환**의 원인을 **육체적·생리적** 결함으로 환원시키지 않는다는 것이다. 정신분석학에서 육체는 '부재하는 원인'이다.

전통적 정신의학자들은 심리질환을 발생시켰던 문제를 제거함으로써 그것을 치료할 수 있다고 보았다. 심리질환(**결과**)은 육체적·생리적 결함에 **원인**이 있으므로 이 원인을 발견하고 교정함으로써 치료할 수 있다고 본 것이다. 전통 정신의학의 이러한 사고방식을 **직선적 인과론**이라고 부르기로 하자. 다소 도식적인 감은 있지만 이상이 프로이트가 살던 시대의 정신의학계의 기본적 사고방식이었으며, 이는 당시의 지배적인 유물론적·자연과학적 사고방식의 한 표현이었다.

히스테리 증상은 불쾌나 고통을 유발하는 관념과 이를 억압하는 관념 사이의 갈등의 결과이다. 그렇다면 히스테리 증상, 예컨대 마비증세는 단순한 '꾀병'이나 '거짓말'이나 '연극'이 아니다. 우리는 여기에서도 **프로이트 정신분석학과 라깡 정신분석학이 어떻게 연결되는지**를 알 수 있다. 사람들은 '히스테리적 연극'이라는 말을 보통 거짓말 또는 꾀병의 의미로 많이 사용하지만, 프로이트에 따르면 이는 '객관적으로 존재하는 사실'이다. 이것이 라깡의 **상상적인 것**(l'imaginaire)이라는 개념이 갖는 하나의 의미이다. 상상적인 것, 상상적인 표상은 객관적인 근거를 전혀 갖지 못한 순수한 허구나 착각으로, '약간만 정신차리면' 쉽게 없앨 수 있는 주관적인 심리상태가 아니다. 정신분석학에서 말하는 상상적인 것은 '객관적인' 결과를 낳는 '사실적인' 힘이다.[9] 여기에서 라깡은 프로이트의 착상을 보다 정확히 표현하기 위해 **언어의 물질성**을 말한다(Lacan 1966, 495, 500면 참조). 물질과 관념이라는 이분법에 익숙한 사람들은 언어가 물질성을 갖는다는 라깡의 주장에서 혼란을 느낄지도 모른다. 하지만 히스테리자는 관념이나 언어에 의해 지배당하고 있는 주체라는 사실을 생각해보면, 언어 혹은 언어와 관련해 형성되는 관념이 사실적인 효과를 낳는다는 것을 그리 어렵지 않게 이해할 수 있을 것이다. 이러한 의미에서 언어는 물질적인 것이다. 「프로이트적 사물 혹은 정신분석학에서 프로이트로의 복귀로의 의미」에서 라깡이 "언어라는 물질"이라는 표현을 사용한 것은 결코 우연이 아니다(Lacan 1966, 414면). 라깡이 말하는 프로이트로의 복귀란 정신분석학에서 **언어가 주체에게 미치는 영향에 대한 연구로부터 출발**해야 한다는 것이다.

또한 상상적인 것은 모든 인간의 의식적·무의식적 사유 및 언어 활동 속에 내재하는 객관적인 힘이므로 아무도 여기에서 자유로울 수 없다. 우리가 상상적인 관념의 지배로부터 완전히 벗어날 수 있는 순간은 없다는 것이다. 우리 모두는 정도의 차이는 있겠지만 모두 히스테리적 주체이기 때문이다. 히스테리 증상은 거짓·꾀병·허위·상상적인 것이 진리를 구성하는 본질적인 요소라는 것을 보여주었다.

처음에 프로이트는 히스테리를 발생시키는 직접적인 원인을 유아기 때 성인으로부터 받은 성적·외상적 체험으로 보았다. 이 점에서 프로이트는 히스테리의 발병이 성적 체험과 밀접한 관계가 있다는 점을 인정할 수 없었던 브로이어를 넘어선 것이다.

모든 위대한 사상은 인정하기 힘든 진리와의 고통스러운 대면을 통해 출발하며 완성된다. 위대한 학문이라는 것도 사랑과 성이라는 진리에 대해 눈감음으로써 생겨나는 것은 아닌 듯싶다. 적어도 프로이트의 경우에는 '위대한 사상'과 '사랑의 역사'는 서로를 배제하지 않았다. 정신분석학은 인간의

---

9) 이것은 깊은 타격을 통해 유명론자와의 논쟁을 뒤엎기 위해서만이 아니라, 어떻게 기표(記票, signifiant)가 사실상 기의(記意, signifié) 속으로 들어가는지를 보여주기 위함이다. 달리 말하면 **비물질적이지 않기** 위해서 **현실** 속에서의 기표의 위치에 관한 질문을 던지는 형태로 기표가 사실상 기의 속으로 들어간다는 것을 보여주기 위함이다. Lacan(1966) 500면. 강조는 인용자.

역사는 고통스러운 사랑의 역사임을 알고 있는 사람에 의해 창립되고 발전되었다. 『쎄미나 제20권: 앙꼬르』(Lacan 1975b)에서 라깡도 자신은 스무살이 된 이후로 사랑의 주제를 연구하기 위해 철학자들을 탐구해왔다고 말한 바 있지 않은가?

브로이어는 안나 O의 전이사랑(Übertragungsliebe)[10]을 견딜 수 없어 안나 O의 치료를 중단했다. 어느날 저녁에 안나 O가 발작을 일으켜서 브로이어는 급히 안나 O에게 불려갔다. 안나 O가 브로이어를 사랑해서 상상임신과 분만을 한 것이다. "지금 나는 브로이어의 아이를 낳고 있어요"라고 안나 O는 환상 속에서 말했다. 브로이어는 이 상황을 보고 두려워서 안나 O의 치료를 완전히 중단하고 아내와 함께 이딸리아로 여행을 떠난다. 그래서 프로이트가 대신 그녀의 치료를 맡게 된다. 『전이』(Lacan 1991a)라는 쎄미나에서 라깡은 이 사건에 대해 다음과 같이 말한다. "작은 에로스는 브로이어를 놀라 도망가게 만들었고, 프로이트에게는 흥미와 놀라움을 낳았다." 히스테리는 "사랑의 역사"이며 "남자와 여자의 만남"이다.

프로이트도 처음에는 히스테리의 원인이 되는 외상적 체험이 **실제로** 어린 시절에 일어난 것으로 보았다. 하지만 1897년 프로이트는 이러한 '유혹설'을 포기하고 '환상설'을 취한다. 프로이트가 '원초적 장면'(Urszene)이라고 부른 성인에 의한 유혹, 거세위협, 부모의 성행위 장면 같은 유아기의 외상적 체험은 실제로 일어난 사건이 아니라 신경증자가 만들어낸 환상이라는 것을 발견한 것이다.

여기에서 우리가 염두에 두어야 할 중요한 것은 개인에 따라서 이러한 사건들이 실제로 일어날 수 있다는 사실을 부정하는 것은 아니라는 점이다. 실제로 그 사건이 일어났는가 일어나지 않았는가가 중요한 것이 아니라, 각 주체가 그 사건을 어떻게 받아들이느냐 하는 점이 신경증 발병에 결정적 요

---

10) 전이(轉移)란 어렸을 때 겪었던 경험이 현재 치료상황으로 이전되어 나타나는 현상이다. '전이사랑'은 예전에 부모에게 느꼈던 사랑이 현재의 치료자에게 전이되어 나타난 사랑이다.

인이 된다는 것이다. 실제로 그러한 사건이 일어나지 않았다 할지라도 주체가 **환상** 속에서 그것을 **실제로 발생한 사건으로 생각하는 것**이 신경증 발병의 원인이라는 것이다. 프로이트는 여기에서 **환상과 심리적 실재**(psychische Realität)의 중요성을 발견한다. 좁은 의미의 물질과 현실만이 물질성을 갖는 것이 아니다. **환상은 현실보다 더 현실적**이다. 뒤에서 별도의 항목으로 상세히 설명하겠지만 라깡의 실재는 프로이트가 강조한 히스테리자의 환상, 심리적 실재를 설명하는 개념이기도 하다. 라깡적 의미의 실재는 '존재하며 동시에 존재하지 않는 것'이다.

1897년 9월 21일 플리쓰에게 보낸 편지에서 프로이트가 '유혹설'에서 '환상설'로 견해를 바꾸어야만 했던 이유를 읽어볼 수 있다(Freud 1986, 283면 이하 참조). 첫째, 실제로 일어난 외상적 체험이라는 전제 아래 진행된 분석이 성공을 거두는 사례가 그다지 많지 않아 프로이트에게는 다른 방식의 설명이 필요했다. 둘째, 모든 히스테리가 아버지의 성적 추행으로 발생한다면 히스테리자가 성도착자보다 수가 많으며, 또 모든 히스테리자의 아버지는 성도착자라는 유쾌하지 못한 결론에 도달하게 된다. 하지만 이러한 결론은 타당하지 않다. 그리고 아버지로부터 성추행을 당한 사람이 모두 히스테리자가 되는 것도 아니다. 셋째, 프로이트는 무의식에는 현실기호(Realitätszeichen)가 없으므로 **그것은 진리와 허구를 구분할 수 없다**는 사실을 발견했다. 그는 "무의식에는 현실기호가 존재하지 않으므로 진리는 정서(Affekt)로 점령된 허구와 구분되지 않는다"라고 썼다(Freud 1986, 284면). 넷째, 정신병자는 자신의 과거에 대해 숨김없이 공공연하게 말하지만 어린시절의 비밀이 정신병자의 망상을 통해 밝혀지는 것은 결코 아니다.

프로이트는 다음과 같이 말한다.

> 나는 신경증의 완전한 해소, 그리고 유아기의 신경증의 병인에 관한 확실한 지식[11]이라는 두 가지 사실을 포기할 준비가 되어 있습니다.(Freud 1986, 284면)

　정신분석학을 어느정도 공부한 사람이라면 프로이트가 '유혹설'에서 '환상설'로 견해를 바꾸었다는 사실을 알고 있을 것이다. 하지만 프로이트의 이러한 견해 수정도 그냥 쉽게 받아들일 수 있는 문제는 아닌 듯싶다. 성인으로부터 받은 어린아이의 외상적 체험이라고 하지만 이것이 반드시 추행이나 유혹 같은 '아주 심각한' 사건만을 의미한다고는 할 수 없다. 성적으로 준비가 되지 않은 어린아이에게는 아주 사소한 성적 체험도 모두 외상적인 사건이 될 수 있다(Israël 1993, 247면 참조). 발기, 월경 피, 노출증 환자와의 대면, 부모의 성행위 장면, 친구들에 의한 성교육 경험 같은 것도 모두 외상적인 체험이 될 수 있다. 따라서 프로이트가 '유혹설'을 포기했다는 것이 어린아이들이 넓은 의미의 외상적 체험을 할 수 있다는 가능성을 완전히 배제하는 것은 아니라는 것을 알 수 있다. 그럼에도 불구하고 프로이트가 '환상설'을 취했다는 것은 정신분석학이론이 더욱 심화되었다는 사실을 의미한다. 어린아이가 오직 성인에 의한 유혹 같은 외상적 체험만으로 성에 대해 배운다고 말하는 것은 어린아이를 너무 순진한 존재로 취급하는 것이기 때문이다. 성에 관한 '지식'을 이미 갖고 있지 않다면 어떻게 어린아이가 성인들의 성적 유혹을 성적인 의미로 이해할 수 있겠는가? 「성에 관한 세 편의 논문」(Freud 1989c)에서 프로이트가 체계적으로 정리했듯이 인간은 유아기 시절에도 이미 성을 갖고 있다. 어린아이가 성적 환상을 갖고 있다는 것은 그가 성을 알고 있다는 전제에서만 가능한 일이 아니겠는가?

　성적 활동으로서의 환상은 '넓은 의미의 외상적 체험'을 통해 촉발된다. 이렇게 본다면 프로이트가 '유혹설'을 완전히 포기하지는 않았다고 해야 옳을 것이다. **모든 아버지를 '심각한' 성도착자로 만드는 '유혹설'은 설득력이 없지만, 어떤 의미에서 모든 아버지는 딸의 유혹자라고 함이 옳을 것이다. 모든 어머니가 아들의 유혹자인 것과 마찬가지로.**

---

11) 유아기의 외상적 체험에서 신경증의 유일한 원인을 찾으려 했던 자신의 과거의 견해를 말한다.

사실 모든 아버지가 딸을 '욕망'한다는 것에는 일말의 진실이 있지 않은가? 아마도 이러한 정신분석학적 주장이 사람들의 분노와 비난을 자아낼 것이라는 점은 수긍할 수 있다. 하지만 이 말이 심각한 근친상간이 항상 실제로 일어난다는 것을 뜻하는 것은 결코 아니다. 어린시절에 자신의 아름다움과 여성적 매력 때문에 아버지에게 사랑과 보호를 받은 기억이 여자로서의 자긍심과 자아정체성 형성에 얼마나 중요한 역할을 하는지를 생각해보면 이는 그다지 분노할 만한 주장은 아닐 것이다.

그렇다면 히스테리란 무엇인가? 히스테리는 자신을 사랑하고 돌보아주었던 아버지를 향한(père-version) 기억과 관련되어 있다. 히스테리자는 어린시절에 자신을 사랑하고 돌보아주었던 아버지가 성인이 된 후에도 계속 자신을 그렇게 완벽하게 사랑하고 돌보아주기를 원하는 주체이다. 히스테리자는 "아버지의 완전함", 완전한 아버지를 원한다(Israël 1993, 242면). 하지만 히스테리자는 그러한 완전한 아버지가 존재하지 않는다는 사실을 받아들일 수 없다. 일정한 나이가 되면 대부분의 아이는 아버지로부터 독립해야 한다는 것을 의식의 차원에서 받아들일 수 있고 또 실제로 그렇게 한다. 아버지도 이를 원할 것이다(하지만 진심으로 원하지 않는 경우도 많다). 그러나 무의식은 아버지로부터 독립해야 한다는 사실을 인정할 수 없다.

인간은 규범과 법의 세계 속에서 살고 있으므로 근친상간을 포기해야 하는데, 이러한 금지규범은 인간의 무의식에 '아버지로부터 버림받았다'는 치유하기 힘든 심리적 상처, 채울 수 없는 심리적 "틈"(Lücke)[12]을 남긴다. 히스테리자는 이 채울 수 없는 심리적 틈으로 인해, 이룰 수 없으므로 포기해야만 하는 완벽한 사랑으로 인해, 그리고 완벽한 사랑을 기대했던 파트너로부터 버림받았다는 환상 때문에 생기는 분노와 불안으로 인해 고통받는 주체이다. 하지만 히스테리자는 자신이 완전한 사랑이라고 여기는 '근친상간'이 이루어졌다고 해도, 심리적 틈과 결여는 결코 채워질 수 없다는 사실

---

12) 1895년 1월 1일 플리쓰에게 보낸 편지. Freud(1986) 178면.

을 받아들이지 못한다.

마침내 프로이트는 신경증자의 환상의 핵은 오이디푸스 콤플렉스임을 발견한다. 1897년 10월 15일 플리쓰에게 보낸 편지에서 프로이트는 이렇게 말했다.

일반적으로 가치있는 유일한 생각이 내게 떠올랐습니다. 나는 나에게서도 어머니에 대한 사랑과 아버지에 대한 질투를 발견했는데 지금은 그것들을 초기 유아시절의 보편적인 사건으로 간주합니다. (…) 그렇다면 (…) 왜 오이디푸스왕의 운명의 드라마가 그렇게 비참하게 종지부를 찍어야 했는지를 우리는 이해할 수 있습니다. (…) 모두가 그것의 존재를 자신 속에서 느끼고 있기 때문에 인정할 수밖에 없는 하나의 강제를 그리스의 전설은 받아들입니다. 그리스 비극을 듣는 사람은 모두 (…) 잠재적으로, 그리고 **환상** 속에서 그러한 하나의 오이디푸스입니다. 그리고 모든 사람은 현실 속으로 이끌려들어간 꿈의 충족으로부터 몸서리치며 도망갑니다. 자신의 오늘날의 상태와 유아적 상태를 분리시키는 억압을 총동원해서 말입니다.(Freud 1986, 293면. 강조는 인용자)

『정신분석학 입문을 위한 강의』에서 프로이트는 신경증의 원인을 다음과 같은 도표로 요약한다(Freud 1991, 346면).

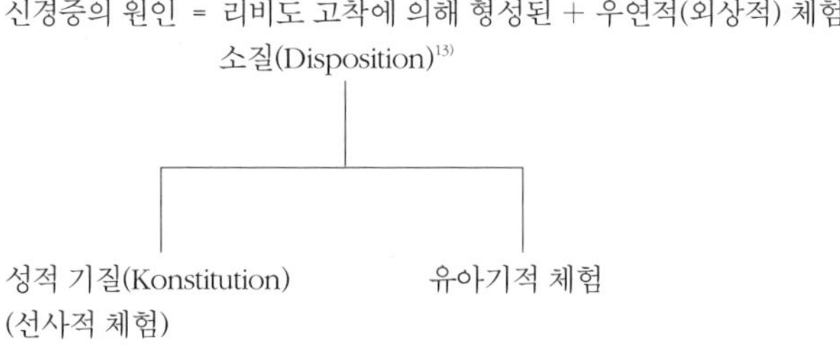

프로이트는 여기에서 "리비도가 자신의 나중의 위치로부터 쫓겨난 후에 퇴행적으로 유아기적 체험으로 돌아"갈 때 신경증이 발생한다고 말한다. 하지만 퇴행이 발생하기 이전에 유아기적 고착과 관련해 리비도 체험의 의미가 '처음부터' 존재했던 것은 아니다. 유아기 "당시에는 아무런 의미를 갖지 못했던 리비도 체험이 비로소 퇴행에 의해서 의미를 획득한다."(Freud 1991, 347면. 강조는 인용자) 리비도(libido)가 퇴행을 통해 자기가 포기했던 지점들을 다시 점령할 수 있는 것은 개인이 성장해감에 따라 '좌절'(거절, Versagung)을 겪게 되면, 이 리비도가 어린시절에 이미 포기했던 위치를 퇴행적으로 다시 점령하기 때문이다. 그러므로 리비도가 억압된 고착의 장소에 이르는 길을 발견하기 위해서는 단지 환상의 세계 속으로 되돌아가기만 하면 된다(Freud 1991, 356~57면). 이 환상의 핵심이 **오이디푸스 콤플렉스**로서 신경증의 궁극적 원인이다.

3. 오이디푸스 콤플렉스와 신경증

오이디푸스 콤플렉스란 어린아이가 부모에 대하여 느끼는 사랑의 욕망과 적대적 욕망의 총체이다. 우리가 오이디푸스(Oedipus) 신화를 통해 알고 있듯이 "오이디푸스 콤플렉스는 근친상간적 욕망을 실현하는 것을 방해하는 경쟁자인 동성의 부모를 죽이고 싶다는 욕망으로, 근친상간의 대상인 이성의 부모에 대해서는 성적 욕망으로 나타난다."(Laplanche/ Pontalis 1986, 351면) 프로이트는 바로 이 오이디푸스 콤플렉스를 정신분석학의 주춧돌로 보았으며, 신경증은 오이디푸스 콤플렉스를 극복하지 못하고 그것에 사로잡혀 있

---

13) 열린책들에서 나온 국역본 프로이트 전집에는 소질(Disposition)과 기질(Konstitution)의 구별 없이 모두 기질이라고 번역되어 있으나, 원문에는 리비도 고착에 의한 **소질**(Dispotion durch Libidofixierung)이라고 되어 있다. 이 차이는 중요하다. 기질은 생물학적 개념이고 소질은 외상적 체험과 유아기적 경험과 생물학적 체질이 복합적으로 작용하여 생긴 중층결정된 **심리적 성격**을 의미하기 때문이다.

기 때문에 발생한다고 생각했다.

하지만 신경증의 원인이 되는 환상의 핵이 오이디푸스 콤플렉스라는 프로이트의 주장은 여러가지 의문점을 낳는다. 오이디푸스 콤플렉스라는 것이 정말로 존재하는가? 사실 이 질문은 매우 중요하다. **정신분석학이 설득력을 갖느냐, 갖지 못하느냐의 여부는 오이디푸스 콤플렉스를 어떻게 해석하느냐에 달려 있기 때문이다.**

오이디푸스 콤플렉스 개념에 대한 통속적인 비판은 오이디푸스 콤플렉스라는 개념이 우리의 상식적인 도덕의식에 맞지 않는다는 사실로부터 비롯한다. 부모와 자식 간에 성적 욕망이라는 '파렴치한' 개념을 상정하다니! 하지만 성 또는 성적 욕망을 넓은 의미로 해석하면 이러한 오해는 불식될 수 있을 것이다. 성행위, 성적 결합이라는 좁은 의미의 성만이 아니라, 육체적 접촉 속에서 일어나는 모든 양육행위, 관심과 애정의 표현도 정신분석학적 의미에서 성으로 이해될 수 있다. 예를 들면 어린아이가 어머니의 젖을 빠는 행위는 '구순충동'의 표현으로서 넓은 의미의 성적 활동이며, 사랑스럽게 아이를 쓰다듬는 것 같은 부모의 애정 표현도 정신분석학적 의미에서는 성적 활동으로 이해될 수 있다. 시선과 목소리의 교환을 수반하는 의사소통, 똥 누이기, 심지어 몸의 어느 한 부분을 때리는 것도 마찬가지이다. 어린아이의 성적 '지식'은 성인들의 애정 어린 양육과 돌봄('유혹')을 통해 아이의 무의식과 육체 속에 각인된다.

또 오이디푸스 콤플렉스 개념은 인간을 과거에 고착되어 자유를 상실한 존재로 만든다고 비판할 수도 있겠다. 모든 것을 오이디푸스 콤플렉스로 설명하는 '통속적 정신분석학 설명'에 분개하며 그것이 무의미하다고 느끼는 것은 그런 의미에서 정당하다고 하겠다. 하지만 우리가 프로이트의 글을 잘 읽어보면 이러한 단순한 해석과 그것에 근거한 비판 모두가 잘못임을 알 수 있다. 우선 프로이트는 본능(Instinkt)과 충동(Trieb)을 구분한다는 점을 중시해야 한다. 본능은 순수한 생물학적 개념이다. 따라서 '프로이트가 남자아이는 어머니를, 여자아이는 아버지를 사랑하도록 결정되어 있는 본능을 가진 존재로 보았다'고 말하는 것은 프로이트에 대한 오해에서 나온 것이다. 프로이트 정신분석학은 본능이 아니라 충동을 말하고 있기 때문이다. 독일어는 본능과 충동을 구분하고 있으며, 프로이트는 의식적으로 본능이라는 단어를 피하고 충동이라는 단어를 사용했다. 그런데 프로이트의 책을 영어로 번역할 때 충동을 본능(instinct)이라고 잘못 번역했기 때문에 프로이트 이론이 갖는 중요한 점이 망각되었다. 그렇다면 본능과 충동의 차이는 무엇인가?

쉽게 말하면, 본능은 인간(동물)을 미리 정해진 **특정한** 행위로 이끈다. 목이 마르면 물을 마신다. 이것이 본능적 행동이다. 여기에는 어떤 예외나 상징적 의미도 있을 수 없다. 반면 충동은 본능에 기초를 두고 있지만 본능과는 달리 **상징적** 차원에서 작동한다. 목이 마르면 음료수를 마신다는 것은 당연하지만, 어떤 음료수를 마시는가에 따라 상이한 사회적·상징적 의미가 부여된다. 서양의 노동자들은 배가 고플 때, 블루칼라는 주로 바나나를, 화이트칼라는 사과를 먹는다고 한다. 본능만으로는 이러한 현상을 설명할 수 없다. 바나나와 사과는 블루칼라와 화이트칼라를 나누는 상징체계의 한 부분——라깡의 용어를 빌리면 기표——이다. 바나나 사과와 연관된 상징적 의미를 알고 있는 사람은 바나나를 먹고 싶은 경우에도 본의 아니게 사과를 선택**할 수 있다**는 것이다. 본능은 결정론적으로 작용하지만 충동은 상징계와 접하고 있으므로 **예외**와 **일탈**을 허용한다. 충동의 이러한 상징적 속성은 전환히스테리에서 가장 극명하게 드러난다. 전환히스테리에서 성적 의미를 지니지 않는 육체의 한 부분이 강한 성적 의미를 획득할 수 있는 것은 육체가 상징화되기 때문이다. 이러한 현상은 본능 개념만으로는 설명되지 않는다.

충동이 상징적 차원에서 작용한다는 것은 또한 충동의 대상이 궁극적으로 실제 대상일 필요가 없다는 점을 의미한다. 언어 혹은 상징적인 것은 사물과 본질적으로 다르기 때문이다. 왜 화이트칼라는 사과를 먹는가? 그가 먹고 있는 것은 사실 사과가 아니라 사과와 관련된 사회의(타자의) 승인 혹은 그가 타자의 승인이라고 **믿는 것**, 즉 자기의 **환상**이다. 금단의 사과를 먹은 아담이 벌을 받은 것은 사과를 먹었기 때문이 아니라 눈이 밝아져 신처럼 되고자 하는 자신의 환상을 먹었기 때문이다. 환상은 현실보다 더 현실적이다.

바나나와 사과의 예에서 볼 수 있듯이, 환상은 블루칼라와 화이트칼라가 위계적으로 구분되는 현실을 유지시켜주는 기능을 담당하지만, 환상이 '현실 자체'는 아니다. 환상은 '현실성'을 갖고 있지 않다. 하지만 '현실 자체'를 유지시켜주므로 환상은 현실보다 더 강력한 현실——'심리적' 현실——이다. 그리고 환상은 현실, 좁은 의미의 물질이 아니기 때문에 사후적으로 (nachträglich) 구성될 수 있다는 특징을 갖는다.

지금까지 언급한 내용을 오이디푸스 콤플렉스 개념에 적용하면 이렇게 말할 수 있다. 아버지의 거세위협으로 고통받고 있는 신경증자의 경우, 그 신경증자의 어린시절에 그의 아버지가 **실제로** 거세위협을 했다고 단정할 수는 없다. 물론 실제로 그런 일이 있을 수도 있지만, 대개의 경우 거세 콤플렉스는 이 신경증자의 환상 속에 존재한다. 거세 콤플렉스는 사후적으로 (재)구성된다는 것이다. 어떤 아버지가 정말로 거세위협을 하겠는가? 기껏해야 아버지는 자위행위를 하는 어린아이에게 '그다지 악의 없는 경고' 정도만을 했을 것이다. 그런데 어린아이는 성장하면서 아버지의 이 말을 '심각한 거세위협'으로 해석한다. 신경증은 그렇게 발생하는 것이다.

요컨대 거세 콤플렉스는 아버지의 실제적인 위협의 결과라기보다는 **아들의 환상** 혹은 환상적 해석의 결과이다. 이러한 의미에서 오이디푸스 콤플렉스는 '보편적 현상'이 아니라 '우연적 현상'이라고 할 수 있다. 신경증은 사후적으로 형성된 환상이 만들어낸 결과물이다. 더 정확히 말하면 오이디푸스 콤플렉스를 갖고 있다는 것과 신경증자가 되었다는 것은 같은 의미라고 할 수 있다. 이러한 의미에서 라깡은 오이디푸스 콤플렉스가 곧 (신경증) 증상이라고까지 말한다. 오이디푸스 콤플렉스가 있고(원인), 이것 때문에 주체가 신경증자가 된 것(결과)이 아니라, 오이디푸스 콤플렉스를 갖고 있다는 것 자체가 곧 신경증에 걸려 있다는 뜻이다. 정신분석학에서 말하는 인과관계는 직선적 인과관계가 아니다. 원인이 결과를 결정하는 것이 아니라 결과(증상)는 원인(오이디푸스 콤플렉스)과 시간적으로 일치한다. 그 둘은 같은 개념이다. 여기에서 우리는 정신분석학에서 말하는 오이디푸스 콤플렉스를 개인의 발달을 **미리** 결정하는 자연과학적 의미의 원인으로 간주하고, 이에 따라 정신분석학을 기계적 인과관계에 근거한, 즉 인간의 자율성을 완전히 박탈하는 학문으로 비판하는 것은 잘못이라는 것을 알 수 있다.

또 아버지가 실제로 거세위협을 했다고 하더라도 **아들이 반드시 신경증에 걸리는 것도 아니다.** 아들이 신경증에 걸리는가, 걸리지 않는가 하는 것은 '궁극적으로' 아들이 이를 어떻게 받아들이는가에 달려 있다. 외상적 신경증(traumatische Neurose)도 마찬가지이다. 외상적 신경증은 외부에서 받은 충격, 예컨대 전쟁중에 얻은 심리적 상처 등으로 발생하는데, 여기에서 정신분석학이 강조하는 중요한 점 중의 하나는 똑같은 심리적 상처를 받아도 신경증에 걸리지 않는 사람이 있을 수 있다는 것이다. 외적(현실의) 충격이 신경증의 원인이 된다는 것은 틀림없는 사실이지만, 결정적인 역할을 하는 것은 궁극적으로 주체의 무의식적 환상(심리적 현실)이다.

하지만 신경증자는 왜 아버지가 근친상간을 금지하고 있다고 생각하는가? 완전한 만족을 주는 어머니라는 대상이 존재한다는 '잘못된 믿음'을 유지하기 위해서이다.[14] 완전한 만족을 주는 대상은 사실 존재하지 않는다. 또한 어머니라는 대상과 근친상간이 이루어진다고 해도 결코 완전한 만족에 도달할 수는 없다. 오히려 주체에게 근친상간은 더 큰 불행일 수도 있다. 하지만 신경증자는 '근친상간 금지법'이 존재한다고 믿음으로써 그 법이 금하는 완벽한 대상이 존재한다는 착각을 스스로 만들어낸다. 근친상간 금지법

---

14) 비트머(P. Widmer)는 프로이트와 라깡의 오이디푸스 콤플렉스, 근친상간 금지 개념을 탁월하게 비교 분석한 바 있다. 관심있는 독자는 페터 비트머(2000) 제7장을 참고하기 바란다. 또 오이디푸스 콤플렉스와 관련해 프로이트와 라깡의 아버지 개념과 오이디푸스 콤플렉스에 내재하는 싸디즘·마조히즘 등 성도착의 문제에 관해서는 홍준기(2000a); 필리프 쥘리앵(2000)을 읽어볼 것을 권한다.

자체가 주체가 거세의 형벌 때문에 포기해야 하는 욕망의 대상을 만들어낸다(페터 비트머 2000, 159면). 흔히 사람들은 신경증자는 아버지의 금지명령과 거세위협으로 인해 고통받고 있으므로 아버지의 금지명령으로부터 벗어나기 위해 애쓰고 있을 것이라고 생각한다. 하지만 신경증자는 오히려 근친상간 금지명령을 욕망하고 있다. 완전한 충족을 줄 수 있는 대상(어머니)이 존재한다는 믿음은 그것을 금하는 경쟁자가 있다는 조건 아래서만 유지되기 때문이다. 이러한 의미에서 라깡은 상징적 거세를 받아들이느니 차라리 아버지의 금지명령 때문에 고생하는 것이 더 편하다고 말한다. 완전한 대상의 소유를 금하는 아버지가 존재한다고 착각하는 것이 자기의 실존적 공허를 견뎌야 하는 것보다 차라리 더 편하지 않겠는가?(페터 비트머 2000, 159~61면 참조)

4. 오이디푸스 콤플렉스와 아버지의 이름

라깡의 오이디푸스 콤플렉스 개념이 프로이트의 그것과 구분되는 점은 라깡은 오이디푸스 콤플렉스 개념을 **철저히 구조적**으로 파악한다는 것이다. 구조적 관점이란 무엇인가? 우선 구조적 관점은 **생물학적·역사적, 혹은 신화적 이해방식과 대립**되는 방식이라는 것으로부터 논의를 시작하자.

프로이트는 정신분석학이론을 전개하면서 자신이 욕구라는 생물학적 개념이 아니라 충동 혹은 욕망이 갖는 상징적·심리적 가치를 중시했다는 점을 강조했다. 하지만 말리노프스끼(B. K. Malinowski) 같은 인류학자들은 프로이트가 인간을 부모 중 한 사람을 사랑하고, 다른 한 사람을 증오하도록 **본능**적으로 결정된 **동물**로 보았다고 잘못 해석했다(Malinowski 1977, 176면 참조). 아버지의 거세위협이라는 사건이 실제로 존재할 필요가 없다는 점에서 **오이디푸스 콤플렉스는 역사적인 사건이 아니다**. 중요한 것은 그 사건이 실제적으로 발생했느냐, 아니냐가 아니라 아들이 어떤 환상을 갖고 있느냐이다. 그리고 오이디푸스 콤플렉스 개념을 **신화적 방식**으로 파악해서는 안된다는 것은 프로이트가 『토템과 터부』(Freud 1994a) 같은 곳에서 서술한 내용을 **문자적으로** 받아들여서는 안된다는 뜻이다.

근친상간 금지법의 기원을 설명하기 위해 프로이트는 『토템과 터부』에서 '원초적 아버지'의 지배를 받던 원시 군거집단 가설을 제시했다. 이 가설에 따르면 원초적 아버지는 모든 권력과 여자를 소유하고 있는 폭군이었으므로 모든 아들이 단결해 이 폭군 아버지를 살해했다. 하지만 아버지를 몰아내기 위해 단결했던 아들들은 아버지를 살해한 후 여자 때문에 서로 경쟁자가 되었고, 아버지처럼 여자를 독점하기를 원했다. 새로 생겨난 형제들의 조직체가 만인에 대한 만인의 투쟁으로 붕괴위기에 처한 것이다. 이를 막기 위해 아들들은 근친상간 금지법을 제정하고, 서로 남의 여자를 포기하기로 약속했다(Freud 1994a, 428면 참조). 아버지로부터 여자들을 빼앗기 위해 아들들은 아버지를 살해했지만 그들은 아버지가 만든 법(근친상간 금지법)을 초자아의 형태로 내면화해 도로 물려받은 것이다. 그들은 자신들의 권력욕과 성적 요구에 대해 커다란 방해자였던 아버지를 미워했지만 그와 동시에 그를 사랑하고 찬미하게 되었다. 죽은 자는 이제 그가 살아 있을 때보다 더욱 강해졌다(Freud 1994a, 427면).

프로이트는 다윈의 진화론의 신봉자였으므로 오이디푸스 콤플렉스의 근원을 이와 같이 설명하는 가운데 '과학주의적 오류'를 범했다. 어떤 사건의 근원을 찾으려는 시도는 항상 예외를 상정하게끔 되어 있다. 프로이트의 설명에서 근친상간 금지법은 모든 인간(아들)에게 적용되지만 원초적 아버지는 근친상간 금지법을 초월해 있는 예외적인 인물이다. 프로이트는 이 예외적인 인물로부터 출발해 인류 역사를 발생학적으로 설명하고자 했다. '개체 발생은 계통 발생을 되풀이한다'는 진화론적 명제를 직접 응용해 근친상간 금지법의 근원을 설명하려는 가운데 문제가 발생했다. 이러한 프로이트의 설명은 다윈의 진화론적 설명방식을 본뜬 '과학적' 설명이지만 동시에 '신화적'이다. 왜냐하면 마치 부친살해 같은 사건이 실제로 존재했던 것처럼 가정하고 있기 때문이다. **과학적 사고는 실제로는 존재하지 않으므로 결코**

파악할 수 없는 근원을 남김없이 파악할 수 있다고 믿는다는 점에서 신화적 사고 방식과 통한다. 라깡은 프로이트의 이러한 '과학적 신화'를 문자적으로 받아들이지 않으면서도 프로이트의 과학적 신화가 제공하는 정신분석학적 의미를 끄집어내기 위해 철저히 **구조적 설명방식을 취한다.** 구조적 설명방식에 따르면 모든 사람은 아버지이며 동시에 아들이다. 따라서 한번도 아들이 되어본 적이 없는 예외적인 인물을 상정하고, 이 인물로부터 **발생학적으로**, 혹은 **역사적으로** 오이디푸스 콤플렉스를 도출할 필요가 없다.

프로이트의 설명에 따르면 오이디푸스 콤플렉스는 아들이 아버지를 살해한 후 아버지를 내면화해 사랑하고 찬미함으로써 생겨났다. 프로이트의 과학적 신화는 바로 이 점에서 라깡의 구조적 오이디푸스 콤플렉스 해석과 연결된다. 오이디푸스 콤플렉스에 작용하고 있는 아버지는 살아 있는 아버지가 아니라 죽은 후에야 비로소 힘을 발휘하는 아버지이다. 현실적인 아버지가 아니라 이름으로 존재하는 아버지, 상징적 의미 속에 존재하는 아버지이다. 그렇다면 오이디푸스의 드라마를 통해 주체의 형성에 결정적인 영향을 미치는 아버지는 실제적인 아버지, '생물학적' 아버지 혹은 인격체로서의 아버지가 아니라, 하나의 순수한 기능의 구현체로서의 아버지, 요컨대 은유 혹은 기표로서의 아버지라고 할 수 있지 않겠는가? "**아버지, 그것은 은유이다.**"(Lacan 1998, 174면)

'아버지의 이름'의 기능은 무엇인가? 그것은 근친상간을 막는 기능을 한다. 일상용어로 말하면 아이로 하여금 어머니의 품으로부터 떠나게 하며, 역으로 어머니로 하여금 아이를 자신의 품으로부터 떠나도록 만드는 역할을 한다. **아버지의 이름은 어머니와 아이 모두에게 적용되는 개념이다.** 그리고 **아버지 자신에게도 적용된다.** 아버지도 한때는 아들이었으며, 지금도 동시에 아들일 수 있기 때문이다. 아버지도 자신의 아내 혹은 자녀와의 관계에서 근친상간적인, 상상적인 관계에 빠져서는 안되기 때문에 아버지 자신도 근친상간 금지법의 적용을 받아야 한다.

프로이트는 아버지를 신화 속의 주인공으로, 혹은 실제로 죽임을 당한 후 무의식 속에 자리잡은 것으로 설명한다. 라깡에 따르면 아버지의 이름은 어린아이가 인간적 주체로 성장하기 위해 받아들여야 할 필연적인 금지명령이다. 잘 알려져 있듯이 아버지의 이름(nom)은 또한 아버지의 금지(non)를 의미한다.[15] 그러나 금지명령은 구체적인 명령의 형태로 존재하지 않는다. 오이디푸스 콤플렉스는 아이와 어머니 그리고 아버지라는 모든 가족관계 속에, 아니 모든 인간관계 속에 존재하는 필연적인 '삼각관계', 즉 **구조적 사실**을 의미한다.[16]

어린아이는 어머니가 항상 곁에 있어주기를 원한다. 그런데 아이의 요구와는 달리 어머니는 항상 아이와 함께 있지는 않다. "어머니가 사라진다. 그녀가 다시 온다. 그녀는 없다. 마치 자의적이고 변덕스러운, 그래서 도저히 파악할 수 없는 법칙에 따르기라도 하듯 어머니의 부재와 현존의 교대라는 기표는 풀 수 없는 수수께끼이다. '엄마에게 나는 도대체 무엇이란 말인가? (…) 하루에 세 번 젖을 주고 기저귀를 갈아주어야 하는 것말고는 나는 그녀에게 아무것도 아닌 거야!"(필리프 쥘리앵 2000, 74면 참조) 아이는 어머니의 끊임없는 '오고감' '현존과 부재'의 교체를 경험한다. 그리하여 아이는 박탈감 속에서 스스로에게 묻는다. 왜 엄마는 항상 내 곁에 있어줄 수 없는 걸까? 나는 엄마에게 아무것도 아니란 말인가? 나를 사랑한다고 말하면서도 엄마는 왜 항상 내 곁에 있지 않는 것일까? 도대체 엄마가 원하는 것은 무엇인가?

라깡은 이를 팔루스(Phallus)로 설명한다. 어머니는 왜 팔루스를 욕망하는가? 아이와 마찬가지로 그녀 또한 결여된 존재이기 때문이다. 라깡에게서 팔루스란 주체의 결여·공허감을 채워준다고 가정되는 무엇에 대한 **상징**이다(하지만 궁극적으로 팔루스는 결여를 채워주는 것의 상징이 아니라 **결여 자체의 상징**이다). 어머니가 원하는 팔루스가 아이가 아니라 아버지라는 사실을 깨닫고 이를 받아들일 수 있게 되면 그 어린아이는 어머니와의 상상적

---

15) 프랑스어에서 이름(nom)과 금지(non)는 동음어이다.
16) 보다 상세한 설명은 홍준기(1999b) 제5장 참조.

인 이자(二者)관계에서 벗어날 수 있다. 하지만 아이가 스스로 어머니가 욕망하는 팔루스가 되려고 한다면, 그리고 어머니 역시 아이를 자신의 팔루스라고 생각한다면 아이와 어머니는 상상적 이자관계——근친상간 관계——에 빠져드는 것이다.

팔루스란 무엇인가? 라깡은 팔루스와 육체기관인 페니스를 구분한다. 이는 라깡 정신분석학, 그리고 라깡에 의해 재해석된 프로이트 정신분석학을 이해하기 위해서 반드시 염두에 두어야 할 매우 중요한 사실이다. 페니스가 육체적·생물학적 기관이라면 팔루스는 '차이' 자체를 상징하는 기표이다. 아기가 태어나면 그 아기가 남자인지 여자인지에 우선 관심을 갖는다는 의미에서 팔루스는 **남녀의 차이**를 지칭하는 상징이다. 그리고 여기에서 '차이'를 지칭하는 팔루스는 동시에 '결여 자체의 상징'이라는 점이 중요하다. 라깡의 이론에서 팔루스는 남녀의 차이만을 상징할 뿐, 팔루스의 유무가 곧 특권의 유무를 의미하는 것은 아니다. 더 나아가 남녀를 구분해주는 이 팔루스라는 상징은 궁극적으로 남녀라는 양성이 결코 이상적인 합일에 도달할 수 없음[17]을 암시하고 있다. 팔루스는 결여의 상징이다. 이러한 의미에서 (대문자) 팔루스(Φ)는 상징계에 속한다고 할 수 있다. 차이·결여 자체를 뜻할 뿐인 팔루스가 '모든 것에 의미를 부여하는 최종 근거'로 오해될 때 상상적(소문자) 팔루스(φ)가 된다.

남성중심 사회에서 페니스를 가진 남자는 이를 갖고 있지 않은 여자에 비해 더 중요한 존재로 여겨진다. 사람들은, 남성중심 사회에서 페니스를 소유하고 있는 사람은 팔루스(φ)를 갖고 있다고 '상상적으로' 생각한다. 여기에서 팔루스는 '페니스의 중요성'을 상상적으로 의미하는 상징이라고 할 수 있다. 육체기관으로서의 페니스를 갖고 있는 남자는 팔루스라는 '보증수표'를 갖고 있다고 비유적으로 표현할 수도 있다. 여기에서도 중요한 것은 페니스라는 생물학적 '사실' 자체보다는 팔루스가 상상적으로 의미하는 상

---

17) 이와 관련해 라깡은 '성관계는 존재하지 않는다'라고 말한다.

징이나 '의미'이다. 남자에게 '자신은 대단한 인물이라는 자부심'을 주는 것
은 페니스라는 육체기관 자체가 아니다. 팔루스는 페니스라는 생물학적 기
관과 관련이 있지만, '궁극적으로' 이 육체기관 자체와는 상관없는 어떤 허
구적·이데올로기적인 의미체계가 페니스에 가치를 부여한다. 이러한 이데
올로기적인 의미체계를 구성하는 최종 근거·보증이 바로 상징으로서의 팔
루스이다. "팔루스는 로고스의 역할이 욕망의 출현과 결합하는 저 표지의
특권적 기표이다."(Lacan 1966, 692면) 라깡이 팔루스라는 개념을 사용함으로
써 그가 남성 중심주의를 옹호하고 있다고 비판할 수도 있겠다. 하지만 이
러한 비판은 라깡 이론에 대한 오해에서 비롯한다. 라깡의 설명이 이것으로
끝나지 않기 때문이다. 지금까지 말한 것이 팔루스 개념의 전부라면, 라깡
이 남성 중심주의자라는 비난은 정당하다. 하지만 라깡이 팔루스라는 상징
은 '궁극적으로' 자신을 지탱해줄 아무런 근거도 갖고 있지 않다는 점을 동
시에 강조한다는 점을 간과해서는 안된다. 라깡 이론에서 팔루스는 페니스
의 이러한 **이중적 속성**을 동시에 표현하는 개념이다. 가부장적인 사회에서
페니스라는 육체기관을 가진 사람은 그렇지 못한 사람보다 '중요한 인물'이
라고 생각하지만 그것은 **착각**이라는 것이 라깡의 팔루스 개념이 함축하고
있는 핵심내용이다. 이렇게 '중요한 인물'이라는 느낌을 불러일으키는 의미
체계의 최종 근거가 되는 것이 상징으로서의 팔루스이다. 하지만 팔루스는
궁극적으로 어떠한 의미도 갖고 있지 않다. 남자를 지탱해주는 팔루스는
"기의를 갖지 않은 기표"이며, "의미에 관해서는 그 의미의 실패"를 상징하
는 기표, 즉 결여의 상징일 뿐이다(Lacan 1975b, 74면).

요컨대 라깡의 접근방식은 이중적이다. 한편으로는 팔루스라는 상징을
이용해 '생물학적 남자'가 사회를 지배하고 있음을 드러내고(현실적 측면),
다른 한편으로는 팔루스라는 상징이 '궁극적으로' 자신을 지탱할 어떠한 근
거도 갖고 있지 않다는 것을 밝히려고 한다(당위적 측면).

또한 라깡에게 팔루스는 넓은 의미를 갖는다는 점을 강조할 필요가 있다. 팔루
스는 성이나 육체기관과만 관련된 좁은 의미의 상징이 아니라는 것이다. **한**

주체에게 상상적인 만족감, 근거없는 충족감을 주는 모든 것, 자신의 결여를 채울 수 있다고 여겨지는 모든 것, 하지만 궁극적으로는 '무'일 뿐인 이 모든 것이 팔루스라는 상징 속에 포함된다. 여기에서 라깡은 근거없는 충족감을 주는, 상상적 작용을 하는 팔루스(φ)와, 궁극적으로 무를 지칭하는 순수기표, '논리적 계사'(copule logique)로서의 팔루스(Φ)를 구분한다.[18]

아이는 어머니의 욕망의 대상인 팔루스가 됨으로써 어머니의 결여를 채우려고 한다. 아이는 어머니의 결여를 채우고 어머니와 완전히 '하나가 됨'으로써 또한 자신의 결여로부터 벗어나려고 한다. 어머니도 자신의 공허감을 채우기 위해 아이에게서 자신의 팔루스를 찾으려 한다. 어머니와 아이가 서로에게서 자신의 팔루스를 찾으면 완전한 행복에 도달하는가? 정신분석학은 이러한 상태를 정신병의 상태로 정의한다. 아버지라는 제3자, 아버지의 이름이 없는 둘만으로 이루어진 세계가 정신병의 세계이다. 라깡은 이를 **아버지의 이름의 배척**(forclusion)으로 설명한다. 정신병자의 세계는 어머니와 아이 둘만으로 이루어진 폐쇄된 세계이며, 서로를 비추는 거울관계[19]로 이루어져 있다.

신경증자는 적어도 아버지의 이름을 받아들인 주체이다. 그러므로 정신병적 이중관계에서는 벗어날 수 있었다. 하지만 자신의 결여와 실존적 공허함을 견디지 못해 근친상간적 대상을 이상화하고 아버지와 경쟁관계에 들어간다면 그는 신경증자가 된다. 아이는 아버지의 이름(nom), 아버지의 금지명령(non)을 받아들임으로써 어머니의 품을 떠나야 하고, 어머니도 아버지의 이름을 받아들임으로써 아이를 자신의 품에서 보내야 한다. 아이가 자신은 어머니의 팔루스가 될 수 없다는 사실을 받아들이는 것, 즉 완벽한 만족을 포기하는 것이 **상징적 거세**이다. 그러므로 상징적 거세는 자녀들뿐만 아니라 부모에게도 적용되어야 한다. 신경증자는 상징적 거세를 받아들임으로써,

---

18) Lacan(1966) 692면 참조. 논리적 계사 혹은 연결사의 예로 '이다'와 같은 서술어가 있다. 논리적 계사에 대한 설명은 각주 40을 참조.

19) '거울단계'에 관한 논의는 페터 비트머(2000) 제2장 참조.

즉 자신이 어머니의 팔루스가 될 수 있다는 착각을 포기함으로써——애도작업(Trauerarbeit)을 수행함으로써——오이디푸스 콤플렉스를 극복하게 된다.[20]

상상적 팔루스에서 상징적 팔루스로의 이행을 라깡은 '존재'에서 '소유'로의 이행으로 설명한다. 어머니의 '팔루스가 됨'(팔루스임, être le phallus)에서 '팔루스를 소유하고 있음'(avoir le phallus)으로의 이행은 아버지의 이름을 받아들이고 아버지와 상징적으로 동일화함으로써 가능해진다. 비록 아이는 어머니의 팔루스가 '되는 것'을 포기해야 하지만 아버지와의 상징적 동일화를 통해 언젠가 아버지의 팔루스와 같은 팔루스를 '소유'할 수 있다는 기대를 가짐으로써 어머니의 품을 떠날 수 있게 된다.

지금까지 설명한 것을 다음과 같은 도식으로 정리할 수 있다.[21] 아이는 상상적 팔루스를 중심으로 이루어진 상상적 관계에서 상징적 팔루스 혹은 아버지의 이름을 중심으로 이루어진 상징적 관계로 나아가야 함을 이 도식은 보여주고 있다.

---

20) 그러나 과연 오이디푸스 콤플렉스의 완전한 극복은 가능한가? 여기에서 약간의 혼동이 생길 염려가 있으므로 몇가지 설명을 덧붙이고자 한다. 앞에서 언급했듯이 아버지의 이름을 받아들인 주체는 정신병 상태에서는 벗어난 주체이다. 하지만 아버지의 이름을 받아들였다는 것이 신경증 상태로부터 완전히 벗어났다는 것을 의미하지는 않는다. 아버지의 이름을 받아들여 정신병 상태에서는 벗어났다고 할지라도, 아버지와의 상상적 동일화를 통해 오이디푸스 콤플렉스에 빠질 수 있기 때문이다. 그리고 어떤 사람도 완전히 오이디푸스 콤플렉스를 벗어날 수는 없다는 점에서 모든 사람은 신경증자이다. 따라서 상상적 팔루스의 애도를 통한 오이디푸스 콤플렉스의 완전한 극복이라는 것은 도달하기 쉽지 않은, '불가능한', 일종의 이상적 상태라고 하겠다. 라깡은 이러한 점을 보다 잘 해명하기 위해 특히 『쎄미나 제4권: 대상관계』(Lacan 1994)에서 신경증을 유발시키는 아버지('상상적 아버지'père imaginaire)와 오이디푸스 콤플렉스의 극복이라는 '불가능한' 과제를 수행하는 아버지('실재적 아버지'père réel), 그리고 순수기표, 이름으로서의 아버지(상징적 아버지)를 구분한다. 이 점은 라깡의 오이디푸스 콤플렉스 개념을 이해하기 위해 중요한 것으로, 라깡의 세 가지 아버지 개념에 대한 상세한 설명으로는 필리프 쥘리앵(2000); 홍준기(1999b) 제5장, 특히 252면 이하를 참조할 것을 권한다.
21) 라깡의 『쎄미나 제5권: 무의식의 형성물』(Lacan 1998)의 도식과 R도식과 L도식을 참조해 변형한 것임.

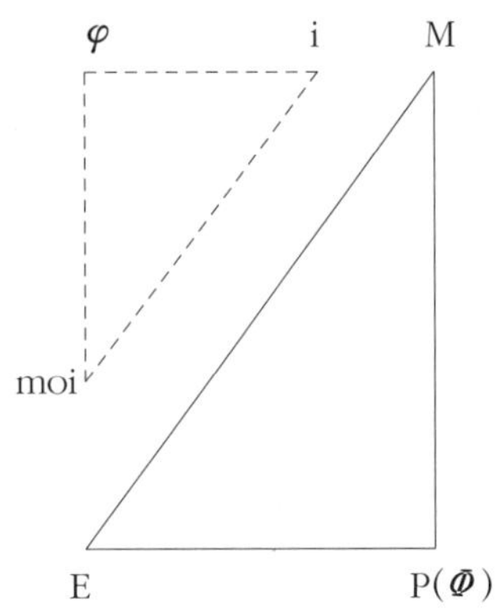

i : 이상적(상상적) 어머니 혹은 '이상적 자아'(Idealich)

moi : 이상적 어머니와의 동일화를 통해 형성된 상상적 **자아**. 어머니와 이중관계 속에 있는 어린아이.

M : 아버지의 이름을 받아들임으로써 상징화한 어머니(상징적 어머니).

E : '자아의 이상'(Ichideal)으로서의 어린아이. 아버지의 이름을 받아들이고 아버지와의 상징적 동일화를 통해 어머니와의 상상적 이중관계를 벗어난 어린아이. 욕망의 **주체**로서의 어린아이.

P : 아버지의 이름 혹은 상징적 아버지. 아버지의 이름이 상징적 팔루스(Φ)를 도입한다.

진정한 인간적 주체로 변화하기 위해서 어린아이는 어머니가 원하는 것, 팔루스는 자신으로부터 오는 것이 아니라 아버지로부터 온다는 사실을 깨달아야 한다. 여기에서 라깡은 아버지 은유(métaphore paternelle)를 이야기한다.

라깡은 한 기표를 다른 기표로 대체하는 것을 은유라고 정의한다. 라깡은 이를 다음의 공식으로 제시한다(Lacan 1966, 557면 참조).

$$\frac{S}{S'} \cdot \frac{S'}{x} \;\rightarrow\; S\left(\frac{1}{s}\right)$$

대문자 S는 기표를, x는 알려지지 않은 기의(의미)를, 소문자 s는 은유를 통해 생겨난 의미(기의)를 가리킨다. 여기에서 **아버지 은유**라는 말을 사용할 수 있는 것은 **어머니의 욕망의 기표**인 S′가 아버지의 이름, 즉 기표 S에 의해 **대체**됨으로써 은유적 의미(s)가 생겨나기 때문이다. 은유화가 성공적으로 일어나기 위해서는 위의 그림에서 볼 수 있듯이 S′가 삭제되고 생략되어야 한다(Lacan 1966, 557면 참조). 이를 알기 쉽게 세 단계로 나누어 다시 설명해보자.

첫째 단계. 어머니의 욕망의 기표(S′)가 발화된다. 이제 아이는 이 기표를 듣고 이 기표의 의미 혹은 기의에 대해, 달리 말하면 어머니가 욕망하는 대상이 무엇인지에 대해 질문한다. 어머니가 원하는 것은 무엇인가? 아이는 어머니의 욕망의 대상, 즉 x가 무엇인지를 규정한다. 만일 아이가 어머니의 욕망의 대상이 자신이라고 확신하고 자신을 어머니의 욕망의 대상으로 제공하면 이제 아이의 정신세계 속에는 어머니와 아이밖에 존재하지 않게 될 것이며, 이 아이는 정신병적 주체가 되고 말 것이다. 라깡에게 정신병이란 제3자, 즉 아버지의 이름이 배척되어 어머니와 아이의 이자관계만이 존재하는 세계이다. 이는 아이가 다음 도식에서 x의 자리를 차지하게 될 때 형성되는 관계이다.

$$\frac{S'}{x}$$

둘째 단계. 아버지의 개입·금지명령 때문에 아이는 어머니의 욕망의 대상이 자신이 아닌 무언가 다른 것임을 알게 된다. 어머니의 욕망의 기표에 우선하는, 어머니의 욕망의 기표가 작동할 수 있도록 해주는 다른 큰 틀, 다른 기표, 즉 상징적 세계가 있음을 아이는 깨닫는다. 어머니의 욕망의 기표를 작동시키는, 이 다른 기표는 아버지 기표(S)이다. 그러므로 어머니의 욕망의 기표는 분리선 아래로 내려가고(억압) 삭제된다. 아래 도식에서 횡선은 어머니의 욕망의 기표가 삭제된다는 사실을 보여준다. 하지만 어머니의 욕망의 기표는 완전히 사라지는 것이 아니라 분리선 위쪽에 삭제된 상태로 현존한다. 아버지의 이름 때문에 아이는 의식적으로나 직접적으로는 어머니의 욕망의 대상이 되기를 욕망할 수 없지만 무의식적으로는 여전히 어머니를 욕망할 수 있다.

$$\frac{S}{S'} \quad \frac{S'}{x}$$

셋째 단계. 다른 기표, 즉 아버지 기표(S)가 어머니의 욕망의 기표(S')를 대체함으로써 은유적 의미가 형성된다.

$$\frac{S}{S'} \cdot \frac{S'}{x} \;\rightarrow\; S\left(\frac{1}{s}\right)$$

어머니의 욕망의 기표가 아버지 기표로 대체된다. 즉 어머니의 욕망의 대상은 자신이 아니라 아버지라는 것을 아이가 깨닫는다. 이는 아이에게 '어머니의 욕망의 대상 = 팔루스 = 아이 자신'이라는 확고한 대응관계가 사라졌다는 것을 의미한다. 어머니의 욕망의 기표를 '아버지의 이름'의 기표가 대체함(은유)으로써 의미작용이 생겨난다. "은유란 무엇인가? (…) 그것은 한 기표가 다른 기표의 자리에 오는 것이다. 아버지는 다른 기표를 대체하는 하나의 기표이다. (…) 거기에 오이디푸스 콤플렉스 속으로의 개입이라는, 아버지의 원동력, 본질적인 (…) 원동력이 있다."(Lacan 1998, 174면)

S'가 S에 의해 대체됨으로써 새로운 의미가 만들어진다. 혹은 의미효과가 발생한다. 아버지 기표가 개입하기 전에는 어머니의 욕망의 대상 혹은 어머니의 욕망의 기표의 의미(기의)는 아이 자신이었다. 아버지의 이름의 기표의 개입으로 이제 아이는 어머니의 욕망의 대상의 자리를 박탈당한다. 이제

아이는 '문자적' '육체적' 의미에서가 아니라 **은유적 의미에서만 혹은 무의식적으로만** 어머니의 욕망의 대상이 될 수 있다. 문자적 의미와 다른 의미를 발생시키는 것이 은유이다. 어떤 표현이 문자적 의미가 아니라 은유적 의미를 가질 수 있는 것은 인간이 무의식을 갖고 있기 때문이다. 예컨대 '어머니의 품(= 조국)'이라는 표현을 생각해보자. 이 표현은 직접적(의식적)으로는 '어머니의 육체'와 상관없지만 간접적(무의식적)으로는 그것과 관련되기 때문에 은유적 의미가 생겨난다. 요컨대 은유적 의미란 '어머니의 육체'와의 연관성을 '간접적으로' 유지함으로써 생겨나는 의미이다. 육체적 의미가 '직접적으로' 표현된다면 인간의 의사소통은 불가능해질 것이다. 정신병자는 신경증자와 달리 은유적 의미를 알지 못하므로 '육체'를 '직접적으로' 지시하는 언어를 사용한다.

'육체적 직접성'을 억압함으로써 은유를 가능하게 하는 원동력이 아버지의 이름이다. 아버지의 이름 때문에 아이는 어머니의 직접적 욕망의 대상이 될 수 없다. 어머니의 욕망이 아이에게 의미했던 것, 어머니의 욕망의 대상으로서의 팔루스[22]는 아버지의 이름 때문에 분리선 아래로 억압되어 영원히 도달할 수 없는 것이 되어버렸다. 즉 아이는 어머니의 결여를 메워줄 팔루스로서 자신을 제공할 수 없다. 라깡에게 팔루스는 궁극적으로, '영원히 상실한 대상' 혹은 결여 자체의 상징이다.[23] 라깡은 팔루스의 의미작용이라는 표현을 사용한다. 이것은 팔루스가 의미작용(signification)의 원천 혹은 의미작용 자체라는 사실을 의미한다. 팔루스가 의미작용의 원천 혹은 의미작용 자체가 될 수 있는 것은 팔루스가 영원히 상실된, 도달할 수 없는 대상이기 때문이다. 인간은 표현될 수 없는 이 팔루스를 표현하기 위해 끊임없이 말해야 하며, 궁극적으로 표현될 수 없는 것이므로 항상 새로운 의미를 이

---

22) 혹은 어머니 속에 있는 결여의 상징으로서의 팔루스.

23) $\dfrac{\text{아버지의 이름}}{\text{어머니의 욕망}} \cdot \dfrac{\text{어머니의 욕망}}{\text{주체에게 의미되는 것}} \rightarrow \text{아버지의 이름}\left(\dfrac{\text{타자}}{\text{팔루스}} \right)$

   (Lacan 1966, 557면)

것에 부여한다. 요컨대 팔루스는 직접적으로가 아니라 은유적으로밖에 표현될 수 없는데, 이러한 사태가 발생하는 궁극적인 이유는 아버지의 개입 때문이다. 그러므로 라깡에게 아버지 은유는 또한 인간은 결여된 존재이며 욕망은 결코 완전히 충족될 수 없다는 사실을 의미한다.

III. 라깡: 프로이트로의 복귀—개관

라깡이 프로이트로 되돌아갔다는 것은 무엇을 의미하는가? 사실 이것은 간단한 문제가 아니다. 이를 정확히 이해하기 위해서는 프로이트·라깡의 텍스트는 물론, 프로이트 이후의 정신분석학의 발달에 대한 전체적인 조망이 필요하기 때문이다.

1955년 11월 7일 오스트리아 빈 대학병원에서 행한 강연에서 라깡은 자신의 '프로이트로의 복귀'의 의미에 대해 일목요연하게 정리한 바 있다. 이 강연은 특히 라깡이 초기에 프로이트로의 복귀의 의미를 어떻게 이해했는가를 보여준다는 점에서 언급할 필요가 있다. 하지만 이 강연에 나타난 라깡의 사상만으로 라깡 정신분석학의 전체적인 모습을 살펴보기에는 부족하다. 따라서 필자는 이 텍스트를 출발점으로 삼아 논의를 시작하되, 논의를 진행하는 가운데 후기 라깡의 여러 텍스트를 검토함으로써 라깡의 프로이트로의 복귀의 의미를 전체적으로 살펴볼 것이다.

프로이트로의 복귀는 두 가지 의미로 이해되어야 한다.

한편으로는 프로이트 읽기를 다시 시작하고 이것으로부터 지금까지의 **너무 피상적으로 행해진** 해석이 보지 못했던 것, 그냥 넘어간 것 혹은 망각한 것을 새롭게 작업해내는 것이다.

다른 한편으로는 정신분석학의 원래적 실천으로 돌아가야 할 필요성이다. 이는 복귀란 동시에 철저한 갱신이라는 의미에서이다. (…) 응용정신

분석학에 대한 최초의 연구에 이어서 (…) 퇴폐적인 연구가 수행되는데,
이 과정에서 정신분석학적 테크닉이 그 반대의 것으로 변해버린다. 따라
서 우리는 오늘날 최초의 테크닉으로, 그 본질과 근거에서 고유하게 경험
되고 파악된 테크닉으로 돌아가야 한다.(Lacan 1988, 5면)

잘 알려져 있듯이 라깡의 가장 중요한 비판대상은 미국 정신분석학의 대
표적 조류인 '자아심리학'(안나 프로이트, 하르트만, 뢰벤슈타인, 크리스)이
다. 라깡은 특히 자아심리학자들이 정신분석학을 발달심리학으로 환원시킨
것을 비판한다. 잘 알려져 있듯이 정신분석학은 인간의 발달기를 구순기(口
脣期)·항문기(肛門期)·남근기(男根期) 등으로 구분한다. 자아심리학에 영
향을 받은 환원주의적 정신분석학 책들을 읽어본 사람이라면 누구나 '발달
심리학적으로' 해석된 정신분석학이론에 대해 의구심을 품지 않을 수 없게
된다. 현재 인간의 상태를 설명하기 위해 항상 과거의 발달단계로 되돌아가
는 것은 인간의 개방성과 자유를 설명하지 못한다는 것을 잘 알고 있기 때
문이다. 또 발달심리학적 정신분석학, 즉 자아심리학은 인간발달의 핵심으
로 오이디푸스 콤플렉스 이론을 강조한다. 하지만 생물학적·신화적 방식
으로 이해된 오이디푸스 콤플렉스 이론이 인간의 성과 사랑, 욕망, 자유, 삶
과 죽음, 고통의 문제 등 다양한 인간의 측면을 설명할 수 있겠는가? 정신분
석학이론의 주춧돌이라고 할 수 있는 오이디푸스 콤플렉스 이론에 대한 비
판과 더불어 정신분석학에 대한 총체적인 거부, 정신분석학의 위기가 발생
했던 것은 결코 우연이 아니다. 라깡에 따르면 자아심리학은 직선적 인과
론, 생물학적 환원주의, 생식기 중심주의, 사회 순응주의에 근거하고 있
다.[24]

이러한 자아심리학적 정신분석학에 대해 이론적으로 반기를 들었던 정신
분석가로 클라인(M. Klein)이 있다. 라깡은 자아심리학의 초석을 쌓았던 이

---

24) 이에 대해서는 페터 비트머(2000) 23, 33면 이하 참조.

론가인 안나 프로이트를 신랄하게 비판하는 반면 클라인의 작업을 높이 평가한다. 그럼에도 불구하고 라깡은 클라인의 정신분석학 역시 인간을 유아의 발달단계로 환원한다는 점에서 자아심리학과 공통점이 있다고 본다. 클라인의 이론이 자아심리학과 구분되는 점은 유아의 발달과정에서 어머니의 역할을 중시한다는 점이다. 그녀가 어머니-유아 관계를 강조하는 것은 자아심리학자들이 오이디푸스 콤플렉스를 과도하게 강조하는 경향을 비판하는 긍정적인 의미를 가진다. 그러므로 후대의 사람들이 클라인의 이론을 전(前)오이디푸스 단계를 중시하는 이론으로 파악하는 것이다. 하지만 라깡은 자아심리학자들에 비해 클라인을 높이 평가하면서도 그녀의 이론에 내재하는 모순을 지적한다. 라깡에 따르면 클라인은 이미 전오이디푸스 단계에도 아버지의 페니스가 존재한다는 사실을 인식하였으므로, 클라인 이론을 전오이디푸스적 이론으로 해석해서는 안된다는 것이다(홍준기 1999b, 245면 참조). 라깡이 클라인과 구분되는 점은 어머니가 아니라 아버지를 강조한다는 것이다. 라깡은 어머니라는 대상, 혹은 어머니의 가슴의 상실을 발생시키는 장소인 오이디푸스 이론을 중시하며, 이를 생물학적 발달단계가 아니라 구조적 사실로 해석한다. 아버지의 이름, 법, 언어적 질서 속에서 어린아이는 어머니의 가슴을 상실해야만 한다. 그렇지 않으면 아이는 정신병적 상태로 빠져들어갈 것이기 때문이다.

라깡의 프로이트로의 복귀를 한마디로 표현하면 '무의식은 언어처럼 구조지어져 있다'는 명제로 요약할 수 있다. 이에 대해서는 앞으로 상세히 논의할 것이다. 또 앞의 강연에서 라깡이 지적하고 있듯이 이는 상징계·상상계·실재라는 세 범주를 가지고 프로이트의 텍스트를 재해석하는 것이다. 『R. S. I.』라는 후기 쎄미나에서도 라깡은 이와 관련해 다음과 같이 말하고 있다.

프로이트는 상상계·상징계 그리고 실재에 관해 내가 가지고 있는 개념을 갖고 있지는 않았다. (…) 그는 R. S. I.[실재·상징계·상상계라는 개념을 갖고 있지는 않았지만 그럼에도 불구하고 그것을 어렴풋하게나마 알고 있었다. (…) 나는 그의 담론으로부터 서서히 그리고 인내심을 갖고 나의 세 범주를 이끌어냈다. 나는 상상계로부터 출발하였다. 그리고 나는 나를 이끌었던, [하지만] **모든 것을 제공하지는 않았던** 언어학과 더불어 상징계의 역사를 곱씹어야 했다. 그리고 나는 매듭의 형태로 여러분에게 그 유명한 실재를 꺼내줌으로써 대단원의 막을 내렸다. (…) 프로이트는 라깡주의자가 아니었다. 그렇지만 **프로이트가 나의 세 범주──그의 발밑으로 미끌어져들어간 바나나껍질──를 어떻게 잘 처리하는지 보기 위하여 그에게 이 세 범주가 이미 있었다고 가정하는 것을 방해하는 것은 없다.**(Lacan 1975d, 102면. 강조는 인용자)

정신분석학은 인간의 심리와 정신의 문제를 다루는 것이므로 정신의학이 강조하는 생리학적·신경학적·생물학적 접근과는 구분되어야 한다는 점을 분명히했음에도 불구하고, 프로이트는 19세기에 풍미했던 자연과학적 사고방식, 즉 진화론의 영향을 강하게 받았기 때문에 자신도 모르게 과학주의적 사고로 되돌아가는 경우가 많았다. 세 범주의 도움으로 프로이트의 글을 다시 읽는다는 것은 알뛰쎄르가 '증상발견적 독해'(lecture symptomatique)라고 불렀던 방식을 사용하는 것이다. 달리 말하면 프로이트와 더불어 프로이트를 넘어섬으로써 정신분석학의 창시자 자신도 명확하게 깨닫지 못했던 정신분석학의 '본래적' 의미를 되찾는 작업이다. 증상발견적 독해는 알뛰쎄르가 맑스의 본래적 의미를 발견하기 위해 사용한 독해방식이다. 하지만 이는 사실 알뛰쎄르가 라깡의 프로이트 독해로부터 영감을 얻어 창안한 개념이다.

IV. 상징계 · 상상계 · 실재

라깡이 상징계 · 상상계 · 실재라는 자신의 독자적인 세 범주를 처음으로 언급한 것은 1953년이었다. 이미 1951~53년에 '도라' '쥐인간' '늑대인간' 같은 프로이트의 중요한 사례연구를 시작하면서 라깡은 프로이트로의 복귀를 사실상 수행하기 시작하는데, 이를 공식적으로 선언한 것은 '상징계 · 상상계 · 실재'라는 제목으로 행한 강연에서이다(Marini 1986, 48, 126면 참조). 라깡은 빠리정신분석학회(SPP)를 탈퇴하고, 라가슈(D. Lagache) 등에 의해 막 창립된 프랑스정신분석학회(SFP)에 가입한다. 이 강연은 프랑스정신분석학회가 창립된 이후 최초로 열린 학술모임에서 행해졌다는 점에서도 중요한 의미를 갖는다. 이미 언급했던 세 범주를 가지고 프로이트의 텍스트를 재해석할 것을 역설하며 외쳤던 '프로이트로의 복귀'라는 구호는 당시 국제정신분석학회(IPA) 소속이었던 빠리정신분석학회에 대한 정면도전을 의미하기 때문이다. 라깡에 따르면 정통 프로이트주의로 자처하던 국제정신분석학회, 그리고 그 산하에 있던 빠리정신분석학회는 프로이트의 정신을 '망각'하고 '배반'한 역사를 보여줄 뿐이라는 것이다. 이후 라깡의 프로이트로의 복귀라는 필생의 과업은 프로이트의 텍스트를 이 세 범주의 관점에서 다시 서술하는 것이라고 말할 수 있을 정도로, 이 세 범주는 라깡 이론의 핵심내용이다.

라깡의 이론에 익숙하지 않은 독자들에게 '상징계 · 상상계 · 실재'라는 범주는 상당히 신비롭게 들릴지도 모른다. 마치 어떤 특정 집단에 입문한 사람만이 깨칠 수 있는 비밀스런 주문처럼 느껴질 수도 있다. 하지만 프로이트 · 라깡 정신분석학은 어떤 신비한 통찰력을 가진 사람만이 이해할 수 있는 신비적이거나 비합리적인 이론이 아니다. 그것은 **합리적으로 사고하는** 사람이라면 누구나 이해할 수 있는 보편적 이론이다.

상징계 · 상상계 · 실재는 '말하는 존재'(parlétre)인 인간이 자신과 세계에 대해 말하고 생각할 때 반드시 가정해야 할 최소한의 전제조건이다. 말하고 생각하기 위해서는 최소한 세 가지 전제조건이 충족되어야 한다. 우선 말 혹은 언어(상징계)가 있어야 한다. 둘째, 말해지는 대상이 있어야 한다. 즉 무언가가 존재(실재)해야 한다. 셋째, 말해지는 내용 혹은 대상에 고정된 의미가 부여될 수 있어야 한다(상상계). 그렇지 않으면 인간은 고정되지 못하여 끊임없이 흐르는 언어 속에서 방향을 잡지 못하고 혼돈 속에 빠지게 될 것이다.

라깡의 세 범주 혹은 삼위체(triade)의 의미를 쉽게 이해하기 위해 간단한 사고실험을 해보자. 예컨대 사람이 무엇인지 설명해보자. 이를 위해서 우리는 언어, 즉 기표를 사용해야 한다. '사람이란 포유류이며, 합리적이고 이성적이며, 성과 욕망을 갖고 있고, 공격적이며 이기적인 동물이다'라고 설명했다고 하자. 우리는 이러한 설명이 임시방편적인 것임을 알고 있다. 얼마든지 더 많은 기표를 사용해 설명할 수 있으며, 또 그래야만 한다. 하지만 **편의상** 우리는 어디에선가 기표의 흐름을 중단시켜야만 한다. 그렇지 않으면 의사소통 자체가 불가능해지기 때문이다. 여기에서 말하기의 대상으로서의 사람은 실재에 해당하며, 사람을 정의하는 여러 기표, 즉 '포유류·이성적·합리적' 등과 같은 기표는 상징계에 해당한다. 그리고 사람을 정의할 때 무한한 수의 기표를 사용하지 않고 유한한 수에 제한시킴으로써 우리는 마치 사람에 대한 정의가 정확히 내려졌으며 어떤 고정된 의미에 도달한 것 같은 인상을 받는다. 바로 이러한 고정된 의미가 상상계에 속한다. 의미의 **정합성**(整合性)은 상상계의 정의 중의 하나이다. 그리고 '사람은 이러이러한 존재이다'라고 말했을 때 여기서의 '사람'은 대상으로서의 사람이 아니라 언어로 표현된 대상, 즉 **기표**로서의 사람이다.

실재를 정확히 정의하고 파악하기 위해서는 **원칙적으로** 무한한 수의 기표가 필요하다. 일정한 수의 기표만으로 사람에 대한 정의를 완벽히 내렸다고 말할 수는 없기 때문이다. 하지만 무한한 수의 기표를 사용해 실재를 설명하면 의미가 고정되지 않으므로 우리는 어디에선가 강제적·편의적으로 기표의 흐름을 중단시킬 수밖에 없다. 이렇게 해서 우리는 고정된 의미라는 착각 속에 빠지게 된다. 그런데 의미가 고정되었다는 것은 서로 의미가 달라 사실상 조화될 수 없는 두 개의 기표가 서로 조화된다고 암암리에 가정한다는 것을 뜻한다. 앞의 예에서 '합리적이고 욕망을 가진 인간'이라는 것은 그렇게 쉽게 조화될 수 있는 표현이 아니다. 욕망을 가진 인간은 경우에 따라 매우 비합리적으로 행동하기 때문에, '합리적'이라는 기표와 '욕망을 가진'이라는 기표는 서로 모순된다고 할 수 있다. 그럼에도 불구하고 많은 경우에 우리는 이 모순적인 기표들이 아무 마찰 없이 공존할 수 있다고 쉽게 생각함으로써 '사람'의 의미를 파악할 수 있다고 믿는다. 요컨대 의미의 고정 혹은 정합성에 도달하기 위해서는 모순적인 기표들의 공존을 받아들여야만 한다. 여기에서 우리는 라깡이 실재를 "불가능성" 혹은 "논리적 모순"이라고 정의하는 이유를 분명히 알 수 있다.

> 우리는 실재를 불가능한 것(l'impossible)이라고 정의할 것이다.(Lacan 1973a, 152면)

여기에서 불가능한 것이란 논리적 불가능성(P∩~P)을 의미한다(Lacan 1973~74, 1974년 2월 19일 쎄미나). 지금까지 살펴보았듯이 라깡의 실재 개념은 우선 크게 두 가지로 나누어 생각해볼 수 있다. 대상으로서의 실재 개념과 논리적 모순으로서의 실재 개념이 그것이다. 전자를 **존재론적 의미의 실재**, 후자를 **논리적 모순으로서의 실재**라고 표현할 수 있다.

라깡은 사물의 실재성을 부인하고 언어만으로 이루어진 세계를 주장하는 언어관념론자가 아니다. 존재론적 의미의 실재를 인정한다는 점에서 라깡은 유물론자이거나 실재론자이다. 하지만 라깡은 논리적 의미의 실재 개념을 주장함으로써 존재로서의 실재를 남김없이 파악할 수 있다고 생각하는 독단론적 지성주의를 비판하고 있다. 여기에서 우리는 존재론적 의미의 실재 개념과 논리적 모순으로서의 실재 개념은 서로 무관한 것이 아님을 염두에 둘 필요가 있다. 존재하는 실재를 완전히 파악했다고 생각하는 순간 인

간은 논리적 모순에 빠진다는 의미에서, 즉 언어를 뛰어넘어 사물에 도달할
수 있는 신적 직관을 갖고 있지 않은, **말하는 존재**인 **유한한** 우리 인간은 결
코 실재나 사물을 완전히 파악할 수 없다는 의미에서, 실재의 두 정의는 서
로 연관성을 갖는다. 존재하지만 파악될 수 없는, 즉 모순적으로만 파악될
수 있는 실재라는 것이다. 어떤 대상을 규정함에 있어 모순적 언어를 사용
할 수밖에 없다면 그것은 그 대상을 전혀 파악하지 못했다는 것과 다름이
없다!

그리고 앞에서 말했듯이 '사람은 이러이러한 존재이다'라는 표현에서 '사
람'은 대상으로서의 사람이자 기표로서의 사람이다. 실재는 표현되기 위해서
인간의 언어행위 속에서 반드시 기표로 등장한다. 이러한 의미에서 실재는
궁극적으로 고정된 의미에 도달할 수 없는 기표, 즉 **순수차이**라고도 할 수 있
다.[25] 실재가 반드시 모순적으로 표현될 수밖에 없는 까닭은 실재는 궁극적
으로 표현될 수 없는 것, 즉 순수차이·상징계를 벗어나는 것이기 때문이다.

---

25) 좀더 일반적으로 말하면 순수차이는 상징계의 구성요소라고 하는 편이 옳을 것이다. 하
지만 실재로서의 대상은 반드시 기표로 표현된다는 의미에서 실재를 역시 순수차이로 정
의할 수 있다. 라깡이 엄밀히 논증한 적은 없지만, 필자는 헤겔의 『논리학』(Hegel 1986)에
서 '순수차이'와 '논리적 모순'은 서로 분리된 것이 아니라 상호 관련되어 있다고 본다. 헤
겔 논리학이 모순의 중요성을 강조하는 것은 사실이지만, 헤겔 논리학을 잘 연구해보면
논리적 모순보다 더 선행하는 범주는 구분(차이) 자체 —— 순수차이 —— 임을 알 수 있다.
필자는 라깡과 헤겔의 논리적 의미의 실재 개념을 쏘쒸르(F. de Saussure)·프레게(F. L.
G. Frege)·헤겔·괴델(K. Gödel)·크립키(S. A. Kripke)와 관련해 "모순의 비대칭성" 개
념으로 정리한 바 있다. 이에 대한 상세한 논의는 필자의 학위논문 제3장을 참조하기 바란
다(Hong 2000). 헤겔의 경우 "모순의 비대칭성"은 다음과 같은 말에 잘 나타나 있다. "A가
언표된다. 그리고 非A, 즉 A의 순수타자[도 언표된다]. 그러나 그것[非A]은 <u>사라지기 위해
서</u> 자신을 보일 뿐이다. 따라서 이 문장에는 부정의 부정으로서의 동일성이 표현되어 있
다. A와 非A는 구분된다. 이 구분되는 것들은 동일한 A에 연관된다. 따라서 여기에서 동일
성은 **하나의 관계에 있는** 이 **구분으로** 혹은 그것들 자체의 **단순한 구분으로** 제시된다."
(Hegel 1986, 45면. 강조는 원문, 밑줄 강조는 인용자) "구분 자체가 이미 '즉자적 모순'
(Widerspruch an sich)이다. 왜냐하면 그것은 일자(一者)가 아닌 한에서만 존재하는 것들
의 통일성(Einheit) —— 자기 자신과의 관계에서 분열된 것으로만 존재하는 것들의 분열
(Trennung) —— 이기 때문이다. 긍정적인 것과 부정적인 것은 정립된 모순이다." (Hegel
1986, 65면)

상징계·상상계·실재의 의미, 그리고 이 세 범주의 관계에 대해 좀더 상세히 살펴보자. 어떤 체계 또는 질서를 구성하는 각 항목들이 서로간의 차이에 근거해 성립될 때 우리는 이를 상징계라고 부른다. 쏘쉬르 이래로 사람들은 의미는 단어나 상징 그 자체에 주어지는 것이 아니라 단어와 단어 또는 상징과 상징의 사이에 존재한다는 사실을 중시해왔다(Weber 1990, 3~4장 참조). 상징계를 구성하는 각 항목들의 의미나 동일성은 다른 항목들과의 차이, 즉 이들의 부재를 통해 주어진다.

두 개의 항목으로 구성된 상징계, 예를 들면 '은행나무'와 그밖의 '다른 나무들'로 구성된 상징계[26]가 있다고 가정해보자. 이때 '은행나무'는 다른 나무들과의 차이, 즉 그들의 부재를 전제하고 있다. 즉 은행나무가 무엇이냐고 묻는다면 우리는 궁극적으로, "은행나무는 '은행나무 이외의 다른 나무들이 아닌 것'이다"라는 대답보다 더 정확한 대답을 할 수 없다는 것이다. 은행나무가 무엇이냐고 물으면 우리는 "그것은 '은행나무 이외의 나무들이 아닌 것'"이라고 대답함으로써 다른 나무들을 지시하고, '다른 나무들'이 무엇이냐고 물으면 "그것들은 '은행나무가 아닌 것'"이라고 끊임없이 순환적으로 답할 수밖에 없도록 만드는 것이 상징계의 특징이다. 은행나무는 타자(다른 나무들)를 경유함으로써만 자기 자신에게 도달할 수 있으며, 다른 나무들 역시 은행나무를 통해서만 자신의 동일성에 도달할 수 있다. 그러나 이때의 동일성이란 사실 동일성의 부재에 불과하다. '은행나무' 그리고 '다른 나무들'이라는 말의 의미가 고정적으로 주어지지 않기 때문이다. "'은행나무'란 '은행나무가 아닌 나무들이 아닌 것'이다"라는, **내용이 없는** 대답만이 주어질 뿐이다. '은행나무'와 '다른 나무들'이란 두 개의 항목이 서로를 지시하지만 이 둘이 이루는 전체는 조화로운 전체가 아니라, 끊임없이 순환적으로 서로에 의존하는, 요동하는 전체, 즉 **비전체**(pas-tout)이다. 상징계를

---

26) '다른 나무들'이란 말은 복수이므로 사실 이 예는 두 개의 대립항으로 이루어진 쌍이 아니라 무수히 많은 항목을 가진 체계를 전제하고 있다. 그러나 여기에서는 설명의 편의상 '다른 나무들'을 묶어 하나의 항목으로 간주하기로 한다.

구성하는 각 항목들은 타자를 통해(타자를 지시함으로써) 자신의 존재결여(manque-à-être)를 채우려고(또는 의미를 고정하려고) 하지만, 자신의 존재결여를 채워줄 상대방 역시 존재결여에 시달리고 있다. 이러한 의미에서 상징계에서 각 항목은 상대방이 겪고 있는 존재결여를 체현하고 있을 뿐이며 따라서 그것은 상대방으로부터 자기 자신의 결여를 돌려받는다고 말할 수 있다(Žižek 1992, 82면 참조). 이를 달리 표현하면 단어나 상징들의 의미는 서로의 차이를 통하여 주어진다는 것이다. 기호들 간의 차이가 개별적 기호나 완결된 의미보다 **논리적으로 선행**한다. 그러므로 '차이(자체)'를 표현하는 상징(기호)은 존재하지 않는다. '차이'(차이 1)를 표현하는 기호가 있다 하더라도 그것은 다시 다른 차이(차이 2)에 의존해서만 차이(차이 1)를 표현할 수 있다. 틈은 끊임없이 틈을 만들 뿐 자신을 채울 수 없다.

상징계란 끊임없이 움직이는 불완전한 체계인데, 사람들은 왜 그것이 고정된 준거점을 갖고 있는 조화로운 체계라고 생각하는가? 언어가 확고부동한 고정점을 갖고 있지 않다는 것을 이론적으로는 알고 있음에도 불구하고 왜 우리는 그것이 고정된 의미를 제공한다고 생각하는가? 상징적 질서는 불완전한 체계임에도 불구하고 왜 훌륭하게(?) 작동하는가? 요컨대 비전체로서의 상징계가 조화롭고 모순없는 정합적인(consistent) 전체(상상계)로서 인식되는 이유는 무엇인가?

언어가 도달할 수 없는, 언어로 하여금 완전한 전체가 되는 것을 방해하는 '순수차이'를 **체현(가시화)함과 동시에 은폐하는** 실재가 있기 때문이다. 기의가 아니라 기표로 구성되어 있기 때문에 끊임없이 요동할 수밖에 없는 상징계가 고정점을 찾고자 한다면 이 '순수차이'——내부적 결여[27]——를 배제하는 수밖에 없다. 어떻게? 상징계가 겪고 있는 끝없는 순환을 강제적으로

---

27) '순수차이'는 언어가 성립하고 작동하기 위한 전제조건이지만 이 순수차이를 표현하는 기표는 존재하지 않는다. 언어의 성립 및 작용을 가능하게 하는 전제조건이 동시에 언어로 하여금 완전한 전체가 되는 것을 방해한다는 의미에서 순수차이는 언어의 외부에서 그것의 작동을 방해하는 한계가 아니라 언어의 내부에 존재하는 한계, 즉 내부적 결여라고 할 수 있다. Žižek(1992) 75면 참조.

고정시키는 방법으로. 'S₁→S₂→S₃→S₄……' 식으로 상징계에서 각 기표들의 지시관계는 원칙적으로 끝이 없다. 이제 어떤 기표, 예를 들면 Sn을 Sm에 고정시킴(Sn = Sm)으로써 끝없는 지시관계를 종결할 수 있다. 서로 다른 기표들인 Sn과 Sm을 같은 것(Sn = Sm = a)으로 봄으로써, 즉 '순수차이'를 a라는 대상, 다시 말해 **실재적 대상** 속에 체현함으로써 상징계에 내재하는 '순수차이'를 사라지게(은폐) 할 수 있다. 여기에서 대상 a는 서로 다른 기표들이 직접적으로 일치됨으로써 생긴 기표이므로, 논리적으로 도저히 납득될 수 없는[28] '무의미한'(non-sens) 대상이다. 그런데 이러한 비의미·넌쎈스로 인하여 불완전한 상징계가 완전한 전체로 탈바꿈한다.

상징계·상상계·실재의 관계에 대한 지금까지의 논의를 이렇게 정리할 수 있다. 불완전한 전체인 상징계는 자신의 내부적 결여(순수차이)를 체현하며 동시에 은폐하는 실재 때문에 조화로운 전체(상상계)로 구성된다.

하지만 라깡에게 실재는 순수차이를 은폐함으로써 상징계로 하여금 조화로운 전체가 되도록 하는 역할만을 하는 것은 아니다. 그것은 동시에 상징계를 파괴하는 역할을 한다. "실재는 (…) 상징화되기(symbolisation)를 절대적으로 거부하는 것이다."[29] 언뜻 생각하면, 실재의 이러한 속성과 위의 설명──실재는 순수차이를 체현·은폐함으로써 상징계를 조화로운 전체로 구성한다──이 상충되는 것처럼 보일 수 있다. 하지만 현상으로서의 현실을 위태롭게 만드는 낯선 현실로서의 실재, 즉 현실로 구성될 수 없는 여

---

28) '같으며 동시에 다른 두 기표'라는 표현이 '모순율'에 위배되기 때문이다. '어떤 두 기표는 같다'라는 명제를 P, '그 두 기표는 다르다(같지 않다)'는 명제를 Q라고 한다면, P가 참일 때 Q는 거짓이고 P가 거짓일 때 Q는 참이므로 이 두 명제는 동시에 참일 수 없다(즉 P ∩ Q는 항상 거짓이다). 그런데 상징적 질서가 어떤 준거점을 찾고자 한다면 어떤 두 개의 서로 다른 기표를 일치시켜야 한다. 이는 기표들의 망의 어느 지점에서 P ∩ Q가 참이 되어야 한다는 것인데, 전통논리학에 의하면 그것은 불가능하다. 하지만 상징계가 상상계로 고정되기 위해서는 불가능한 것이 사실상 '가능'해야 한다.

29) Lacan(1975a) 80면. "실재는 동화될 수 없는 것"(d'inassimilable)의 형태로──즉 외상(trauma)의 형태로 (외상은 자신이 발생시키는 결과들을 규정하며 그것에 우연적인 외양을 가진 근원을 부과한다) ── "자신을 드러낸다는 사실은 주목할 만하지 않은가?"(Lacan 1973a, 55면)

분으로서의 실재 개념을 염두에 둔다면, 실재는 상징화되기를 거부한다는 라깡의 표현을 잘 이해할 수 있을 것이다. 두 개의 서로 다른 기표가 직접적으로(unmittelbar) 일치됨으로써 생긴 모순적 기표인 대상 *a*는 실재적 대상(objet réel)이다. 실재란 인간의 사유가 상징계를 매개로 현실을 구성한 후에도 항상 자투리로 남아, 구성된 그 현실을 위태롭게 만드는 낯선 현실이고, 대상 *a*는 이 실재를 직접적으로 체현하는(incarner) 요소이다. 그러므로 대상 *a*(실재적 대상)는 은폐되어야 할 상징계의 전제조건이다. 그것이 은폐되어 있는 동안 상징적 질서는 훌륭히 작동한다. 그러나 대상 *a*가 실재를 체현하고 있는 모순적 대상임이 드러나면 지금까지 완전한 것으로 믿어왔던 그 상징적 질서는 와해되고 만다. 요컨대 실재가 상징화되기를 절대적으로 거부하며 상징계에 동화될 수 없다는 것은, 그것이 상징계의 은폐되어야 할 전제조건이라는 것을 뜻한다. 그러므로 실재 "앞에서는 모든 언어들이 정지하며 모든 범주들이 의미를 상실"한다(Lacan 1978, 196면). 왜? 실재란 조화로운 상징적 질서 속에 존재하는 '정상적인' 범주들을 비웃는 논리적 불가능성이기 때문이다. 실재는 순수차이의 체현에 불과하므로 "더이상 대상이 아니며" (이와 동시에) "본질적인 대상"이다(Lacan 1978, 196면).

V. 신경증과 욕망

1. 욕망 · 요구 · 욕구 · 환상 · 대상 *a*

욕망(désir) · 요구(demande) · 욕구(besoin)는 어떻게 다른가? 욕구와 욕망의 차이로부터 논의를 시작하자. 욕구는 인간이 가진 자연적 · 생물학적 본능에 상응하는 개념이다. 욕구는 순수한 육체적 생존을 위해 충족되어야 할 생물학적 필요성이다. 인간을 다른 동물과 구분시켜주는 것은 인간은 동물과 달리 욕구뿐만 아니라 욕망을 갖고 있다는 점이다. 인간은 배가 고플 때 밥을 먹고 목이 마를 때 물을 마신다. 이것이 욕구이다. 욕구의 대상은 자연적·물리적 사물이다. 반면 인간의 욕망의 대상은 '타자의 욕망'이다.

라깡은 "인간의 욕망은 타자의 욕망"이라고 말한다. 이 점은 라깡의 욕망 개념을 이해하기 위해서 아주 중요하다. 라깡의 이 명제는 우선 다음의 두 가지 의미로 이해될 수 있다.

첫째, 인간은 타자의 욕망의 대상이 되기를 원한다는 의미이다. 욕구의 대상이 자연적·물리적 사물인 반면 욕망의 대상은 타자의 욕망이다. 무엇보다도 인간은 타자의 성적 욕망의 대상이 되기를 욕망하며, 또 타자로부터 인정받기를 욕망한다. 헤겔은 『정신현상학』(*Phänomenologie des Geistes*)에서 이러한 인간적 욕망의 특징을 인정(승인)을 위한 투쟁으로 묘사한 바 있다. 라깡은 타자의 '완벽한 사랑'의 대상이 되기를 욕망하는 경우를 특히 요구라고 부른다. 어린아이는 단지 생물학적 필요의 대상으로서 젖을 욕구하지 않는다. 아이는 그것과 더불어 어머니의 완벽한 보살핌과 사랑을 요구하고 있다. 또 거꾸로 부모 역시 아이에 대해 무언가를 요구할 수 있다. 예를 들면 부모는 아이가 자신이 원하는 행동만을 하거나 자신이 원하는 직업을 갖기를 요구한다. 라깡에 따르면 모든 요구는 궁극적으로 완전한 사랑에 대한 요구이다. 부모든 아이든 무언가를 요구할 때 이 요구의 바탕에는 완벽한 사랑에 대한 기대가 깔려 있는 것이다.

둘째, 인간의 욕망은 타자의 욕망 속에서 형성된다는 의미이다. 인간의 욕망은 빈 공간에서 생겨나는 것이 아니다. 인간이 태어나서 처음으로 만나는 타자는 부모이다. 어린아이의 욕망은 부모(타자)의 욕망 속에서 형성된다. 인간의 욕망이 타자의 욕망을 통해 만들어진다는 사실은 주체의 형성에 중대한 결과를 낳는다. 라깡은 이를 **소외**(aliénation)라고 부른다. 스스로 자율적인 존재로 태어나고 욕망하는 것 같지만 인간의 욕망은 타자의 욕망에 의해 형성된다. 심지어 출생 이전부터 인간은 부모의 욕망(혹은 요구)에 의해 소외되어 있다. 예를 들면 부모는 곧 태어날 아이가 아들이기를 혹은 딸이기를 원한다. 인간은 이미 출생할 때부터 부모의 욕망 속에서 태어나는 것이다. 아들이기를 바랐지만 딸이 태어나는 경우, 만일 부모가 딸을 아들처럼 키운다면 이 여자아이는 '남자아이' 같은 성격을 갖게 될 것이며 심한 경우에는 정신병자·의복도착증자가 될 수도 있다. 정신병·성도착증·신경증 같은 병리적 현상은 주체의 욕망이 타자에 의해 소외되기 때문에 생겨난다.

타인의 욕망에 의해 소외되어 있는 한 주체는 아직 진정한 주체로 태어나지 못한 것이다. 소외를 극복하고 진정한 주체로 탄생하기 위해서, 혹은 소외된 욕망으로부터 형성된 병리적 결과를 치료하기 위해서, 주체는 타자의 욕망으로부터 **분리**(séparation)과정을 거쳐야 한다. 신경증자가 진정으로 자신이 원하는 것을 찾지 못하는 것은 타자의 욕망에 의해 소외되어 자신의 고유한 욕망을 발견하지 못했기 때문이다. 자신의 욕망을 포기하고 타자의 욕망의 포로가 된 것이다. 그러므로 그는 죄책감·열등감·수치심 등 때문에 자신이 원하는 일을 하거나 원하는 진정한 만족을 추구하지 못한다.[30] 분리와 소외, 분석의 종료 혹은 목표에 대한 논의는 뒤로 미루고 여기에서는 욕망·요구·욕구에 대해 좀더 자세히 살펴보기로 하자.

「팔루스의 의미 작용」이라는 글에서 라깡은 욕망·요구·욕구에 대해 길게 설명하고 있다.

요구 그 자체는 그것이 요청하는 만족과는 다른 것(autre chose)으로 이끌어간다. 요구는 현존과 부재에 대한 요구이다. 그것은 어머니와의 원초적 관계가 보여주는데, 그 관계는 저 대타자에 의해 임신하고 있으며 그 [대타자가 충족시켜줄 수 있는 욕구들의 **이쪽 편에**(en deca) 위치하고 있다. 그 관계는 욕구들을 만족시키는 '특권', 즉 욕구들을 만족시키는 바로 그것을 욕구들로부터 빼앗는 특권을 가진 것으로 대타자를 이미 구성하고 있다. 그리하여 대타자의 특권은 자신이 갖고 있지 않은 것, 즉 우리가

---

30) 소외와 분리에 대한 상세한 설명은 이 글의 결론 부분 참조.

대타자의 사랑이라고 부르는 것의 선물(증여, don)이라는 철저한 형태를 그리고 있다.

그리하여 요구는 허용될 수 있는 모든 것을 사랑의 시험으로 바꿈으로써 그것[허용될 수 있는 모든 것]의 특수성을 취소한다[지양止揚한다, aufhebt]. 그리고 욕구가 사랑의 요구의 분쇄에 지나지 않는 것으로 전락하게(sich erniedrigt) 됨으로써 요구는 욕구 만족 자체의 특수성을 취소(지양)한다. (…)

따라서 이렇게 폐기된 특수성이 요구 **너머에서**(au-delà) 다시 나타나야 할 필요성이 있다. 그것은 실제로 거기에서 다시 나타난다. 하지만 사랑의 요구라는 무조건성이 숨기고 있는 구조를 보존하고 있다. 순수한 상실의 힘이 부정의 단순한 부정이 아닌 전도(renversement)를 통해 말소의 잔여로부터 솟아오른다. 욕망이 요구의 무조건성을 '절대적' 조건으로 대치한다. 이 조건이 사랑의 시험이 욕구의 만족에 반역해 갖고 있는 것을 풀어준다(dénouer). 따라서 욕망은 만족을 향한 식욕도, 사랑의 시험도 아니다. 그것은 후자로부터 전자를 뺌으로써 생기는 차이, 즉 그것들의 분열(Spaltung) 현상 그 자체이다.(Lacan 1966, 690~91면. 강조와 독일어 표현은 원문)

앞에서 설명했듯이 욕구는 순수한 육체적 생존을 위해 충족되어야 할 생물학적 필요성으로, 생물학적 '본능'에 상응하는 개념이다. 이 인용문에서 라깡은 욕구가 그것에 고유한 **특수한** 대상에 의해서 충족될 수 있다는 성격을 갖는다는 점을 강조한다. 예컨대 배가 고플 때 물을 먹는 것은 욕구 충족을 위해 별로 도움이 되지 않는다. 다양한 욕구가 존재하지만 각 욕구의 대상은 그 욕구에 상응하는 **특수성**을 갖는다.

요구는 완벽한 사랑에 대한 요구이다. 요구는 "그것(요구)이 요청하는 만족과는 다른 것으로 이끌어간다." 어린아이가 어머니에게 요청하는 것은 표면상으로는 욕구의 대상이다. 어린아이는 배가 고프면 어머니의 젖을 원하며 이를 통해 욕구를 충족한다. 하지만 아이가 진정으로 원하는 것은 순수한 욕구의 충족이 아니라 어머니가 항상 같이 있어주는 것이다. 혹은 어머니가 '나쁜 어머니'라면 그녀가 사라져주기를 원한다. "요구는 현존과 부재에 대한 요구이다." 아이가 요구하는 것은 젖이라는 특수한 음식물이 아니라 어머니가 주는 젖을 통해 느낄 수 있는 어머니의 **절대적 현존과 사랑**이다. "요구는 허용될 수 있는 모든 것을 사랑의 시험으로 바꿈으로써 그것의 특수성을 취소(지양)한다." 어린아이는 순수한 욕구 충족을 원하는 것 같지만 사실 그 아이는 **요구**를 통해 어머니의 사랑을 시험하고 있다. 어머니가 제공하는 욕구의 대상 그 자체, 이것의 '**특수성**'은 **여기에서 별 의미가 없다**. 아이에게 중요한 것은 아이의 요청과 요구에 기꺼이 응답하는 어머니의 사랑이며, 아이는 욕구의 대상의 요구를 통해 어머니의 사랑을 요청하며 시험하고 있다. 이렇게 욕구의 대상의 특수성은 요구 속에서 특수성을 상실하고 **보편성**, 즉 완전한 사랑에 대한 요청으로 변화된다. 순수한 동물적 욕구는 이렇게 요구의 차원으로의 진입을 통해 '순수한 육체적' 의미를 벗어나 상징적·심리적 의미를 획득하게 된다.

이어서 라깡은 이렇게 말한다. "이렇게 폐기된 특수성이 요구 너머에서 다시 나타나야 할 필요성이 있다. 그리고 그것은 실제로 거기에서 다시 나타난다." 여기에서 라깡은 욕구에서 요구로, 그리고 요구에서 욕망으로의 이행을 헤겔 변증법 용어를 빌려 설명하고 있다. 위에서 보았듯이 요구의 차원에서 폐기되었던 특수성이 다시 나타나야만 하는데, 이것은 실제로 욕망의 차원에서 다시 나타난다. 왜 욕구의 차원에서 폐기되었던 특수성이 다시 나타나야 하는가? 인간은 보편자가 아니라 개별자이기 때문이다. 인간의 욕망은 '사랑이라는 보편성' 혹은 '요구'에 포섭될 수 없는 특수성을 가지며, 이러한 욕망을 갖는 한 인간은 인간적 주체가 될 수 있다. 즉 인간을 소외시키는 타자의 요구로부터 해방되어 자신의 고유한 욕망과 충동의 만족을 발견할 때에만 인간은 진정한 인간적 주체가 될 수 있다. 뒤에서 자세히 논의하겠지만 이는 소외의 극복, 즉 분리는 다름아닌 주체의 '특수성'을 발견하는 것으로부터 시작된다는 것을 말하고 있다. 욕망은 타자의 욕망 속에서 형성되므로 필연적으로 소외를 발생시키지만, 욕망의 '특수성'은 소외의 극복을 위한 출발점을 이룬다. 라깡에게서 주체의 욕망·특수성의 발견은 주체의 새로운 탄생을 위한 "절대적" 조건이다. 타자의 욕망에 의해 소외되어 발생하는 병리적 상태로부터 치료와 해방을 원한다면 주체는 소외된 욕망으로부터 벗어나 자신의 고유한 욕망을 되찾아야 한다. **라깡에게 욕망이란 또한 '자유'를 의미한다.** "언어의 영향은 (…) 주체는 대타자의 장(場)에 종속됨으로써만 주체일 수 있다는 사실과 항상 뒤섞여 있다. (…) 그러므로 주체는 떠나야 한다. 빠져나와야 한다."(Lacan 1973a, 172면)

여기에서 라깡이 욕망을 요구에서 욕구를 뺀 차이로 정의한다는 점에 주목하자. 라깡은 욕망을 욕구나 요구처럼 독자적인 개념으로 정의하기보다는, 달리 말하면 '적극적으로' '실체적으로' 파악할 수 있는 상태로서가 아니라 영원히 채워질 수 없는 결여의 관점에서 '부정적으로' '비실체적으로' 정의하고 있다. **욕망은 욕구와 요구가 완전히 일치할 수 없다는 사실로부터 발생하는 결여의 체험에서 생겨난다.** 욕망은 욕구와 요구를 통해서도 결코 충족될 수 없으므로 끊임없이 새로운 무언가를 찾아야 하는 주체의 결여 상태를 지칭한다.

"그리하여 요구는 허용될 수 있는 모든 것을 사랑의 시험으로 바꿈으로써 그것의 특수성을 취소(지양)한다. 그리고 욕구가 사랑의 요구의 분쇄에 지나지 않는 것으로 전락하게 됨으로써 요구는 욕구 충족 자체의 특수성을 취소(지양)한다."

여기에서도 라깡은, 욕망은 다름아닌 '욕구와 요구의 충돌'로부터 생겨나는 것임을 암시하고 있다. "요구는 허용될 수 있는 모든 것", 즉 욕구의 대상을 사랑의 시험으로 바꾼다. 아이가 장난감을 사달라고 할 때 어린아이가 원하는 것은 장난감 그 자체가 아닌 경우가 많다. 그는 장난감을 원하는 것이 아니라 이를 통해 부모의 사랑을 시험하고 있다. 반대로 부모가 아이에게 아무리 풍부한 '욕구의 대상'을 제공한다 해도 아이는 이를 사랑의 요구

의 분쇄에 지나지 않은 것으로 느끼는 경우가 있음을 이 인용문은 말하고
있다. 욕구 충족이 사랑의 요구의 만족을 대신하지 못한다는 것이다. 어머
니와의 따스한 시선의 교환, 대화를 경험하지 못하고 우유만 얻어먹은 어린
아이에게 욕구의 충족은 "사랑의 요구의 분쇄에 지나지 않는 것으로 전락"
한다. 아무것도 먹으려 하지 않는 거식증(Anorexie)에 걸린 어린아이에 대
해 생각해보자. 아무것도 먹으려 하지 않음으로써, 즉 무(無)를 먹음으로써
그는 어머니의 사랑을 요구하고 있다.

　인간의 욕망은 타자의 욕망이다. 하지만 동시에 인간의 욕망은 타자의 욕
망에 대한 주체의 응답으로서 발생한다. 라깡 정신분석학이 구조주의와 구
분되는 점은 그가 타자의 욕망으로서의 인간의 욕망이 형성되는 주체적인
공간을 중시한다는 점이다. 이것이 환상(fantasme)이다. 인간의 욕망이 타
자의 욕망 속에서 형성되기만 한다면 소외로부터의 해방·분리에 도달할
수 있는 여지는 전혀 없을 것이다. 그러나 인간의 욕망은 타자의 욕망에 대
한 **주체적** 응답인 **무의식적** 환상을 통해 형성된다. 그러므로 이 환상을 타파
할 때 탈출구가 열린다. 하지만 어떻게 무의식적 응답에 주체적 책임을 논
할 수 있는가? 이러한 역설이 정신분석학적 주체이론의 핵심내용을 이룬다.
우리는 무의식적 환상 속에서 타자의 욕망에 응답했으므로 이러이러한 '병
리적' 상태에 빠져들었다. 하지만 분석을 통해 이러한 소외로부터 해방될 수
있으며 또 해방되어야 한다. 이것이 정신분석학에서 말하는 주체의 의무이
다. 이러한 의미에서 정신분석학은 기억조차 할 수 없는 나의 무의식의 결
단에 책임질 것을 요구하는 윤리적 주체이론이다. "이드가 있던 곳에 내가
도달하는 것이 나의 의무이다." 라깡은 이를 '환상을 가로지르기'(traversée
du fantasme)[31]라고 표현한다. '환상을 가로지르기' '돌파'를 통해 소외된 주
체는 진정으로 욕망하는 주체와 향유의 주체로 다시 태어날 수 있다. 환상
을 가로지르기는 타자가 자신의 욕망을 마치 나의 욕망인 것처럼 나의 무의

---

31) 프로이트는 환상에 대한 '돌파작업'(Durcharbeiten)이라는 표현을 사용했다.

식 속에 각인시켰다는 사실을 깨닫는 것으로부터 출발한다. 환상을 가로지르기는 타자의 욕망과 향유에 의해 빼앗긴 나의 고유한 욕망과 향유를 되찾는다는 것을 의미한다. 이는 또한 타자 속에서 결여를 발견한다는 것을 뜻한다. 지금까지 타자는 자신의 결여를 메우기 위해 나의 무의식 속에 자신의 욕망(혹은 요구)을 각인시켰으며, 나는 타자의 이러한 요구에 순응해 환상 속에서 나를 타자의 욕망의 대상으로 제공했기 때문에 이러저러한 소외된 욕망을 갖게 되었음을 체험하는 것이다.

라깡에게 정신분석의 목표는 '환상을 가로지르기'에 다름아니다. 단순히 증상을 없애는 '실용주의적' 목표가 아니라, 자신의 환상에 대해 철저히 작업함으로써 새로운 주체로 탄생하는 것이 분석작업의 진정한 목표이며, 이러한 진정한 '주체화' 작업이 이루어졌을 때 분석은 종료된다.[32]

왜 인간은 환상을 갖고 있는가? 그것은 욕망의 차원에는 반드시 파악할 수 없는 '수수께끼' 같은 것이 존재하기 때문이다. 우리는 항상 타인을 만나며 산다. 그런데 타인의 시선, 음성 혹은 몸짓 하나하나는 우리의 환상을 자극하기에 충분하다. 그(녀)의 나지막한 목소리, 의미를 알 수 없는 몸짓과 눈빛. 왜 그(녀)는 나를 저런 눈빛으로 쳐다보는 것일까? 그(녀)가 내게 원하는 것은 무엇인가? 이러한 질문은 어린아이가 부모에 대해 스스로에게 항상 던지는 물음이기도 하다. 자주 다투는 부모를 둔 아이는 '엄마, 아빠는 왜 결혼했을까?' '싸움에 지나지 않는 결혼을 통해 생겨난 자신은 과연 어떤 사람일까?'라고 스스로에게 질문한다. 이 아이가 원초적 장면——부모의 성행위 장면——을 목격하게 되면 그는 성행위를 서로를 공격하는 싸움으로 해석한다. 환상이나 환상적 해석은 인간의 욕망 형성에 지울 수 없는 영원한 영향을 남긴다. 엄마는 나를 사랑한다. 그런데 왜 엄마는 나를 때리는 것일까? 어머니의 '처벌'을 어머니의 사랑과 인정을 얻을 수 있는 수단이라고 환상 속에서 결론짓고 이에 고착된다면 이 어린아이는 마조히즘적 성격을 가

---

32) 분석의 목표(끝)에 관한 논의로는 Dunand(1995a); Dunand(1995b); *La Passe: effets et résultas*(2000) 참조.

진 주체가 될 것이다.

"당신 때문에 아이가 이렇게 버릇이 나빠지는 거야!" 부모가 이러한 말다툼을 할 때 항상 일방적으로 아이 편을 드는 엄마를 보면서 아이는 아버지를 자신의 경쟁자로, 그리고 자신을 '아버지에 의해 박해받는' 어머니의 구원자로 생각한다. 신경증은 이렇게 시작되는 것이다.

요컨대 환상은 수수께끼와도 같은 타자의 욕망과 향유 앞에서 이 타자의 욕망과 향유의 의미를 파악하고 규정하고자 하는 주체의 반응 혹은 대답이다. 즉 환상은 무의식적 사고활동의 방향과 의미를 제시해주는 "조직자"이다(Israël 1993, 251면 참조).

환상은 타자의 욕망 혹은 향유에 대한 방어이기도 하다. 주체는 타자와 만날 때 타자가 궁극적으로 욕망하는 것이 무엇인지 모른다는 사실 때문에 불안함을 느낀다. 좀더 일반화해 말한다면 환상은 주체를 고통스럽고 불안하게 하는 심리적 외상, 실재, 타자의 향유, 그리고 타자의 가늠할 수 없는 욕망을 길들여 이것들을 '받아들일 만한 것'으로 변화시키려는 방어수단이다(Lacan 1973a, 100면 참조).

또한 환상은 원초적 장면——부모의 성행위 장면——과 같은 것에서 잘 드러나듯이 상실한 근원을 찾으려는 시도이다. 내가 나의 출생의 근원을 직접 볼 수 없다는 것은 너무 당연한 일이다. 그럼에도 불구하고 주체는 환상 속에서 자신의 근원을 직접 눈으로 보려고 한다. 주체의 상실감과 결여를 상상적으로 메우려는 것이다. 환상이란 "불가능한 시선"이다(Lacan 1973a, 71면 참조). 이와 관련해 라깡은 나를 바라보고 있는 나를 내가 보고 있다고 생각하는 것은 사기라고 말한다(Lacan 1973a, 71면 참조). 환상이란 이러한 '불가능한 시선'이 가능하다고 믿는 주체의 믿음이다. 이와 유사하게 환상은 주체의 상실, 즉 '사라짐'(아파니시스aphanisis)을 막기 위해 주체를 대상에 고정시킴으로써 자신을 유지하려는 시도라고 정의할 수 있다(Leclaire 1968, 72면 이하).

하지만 라깡이 강조하듯이 환상을 단순히 외상, 실재의 침입을 막는 상상적 장면, "스크린"으로만 간주해서는 안된다(Lacan 1973a, 59면 참조). 주체는 환상을 통해 외상과 실재의 충격을 완화하려 하지만 이것이 완전히 성공할 수는 없다. 주체는 환상 속에서 동시에 '쾌락원칙의 원활한 작동'을 파괴하는 실재의 침입을 경험하기 때문이다(Lacan 1973a, 53면 이하). "원초적 장면은 (…) 왜 그렇게 외상적인가?"(Lacan 1973a, 67면) 환상에서 보이는 것은 "작은 소음" "별것 아닌 현실"에 불과하다. 하지만 "그것이 별것 아닌 것은 아니다. 왜냐하면 우리를 잠에서 깨우는 것은 결여 뒤에 숨겨진 다른 현실이기 때문이다." 환상을 통해서도 결국은 길들일 수 없으므로 우리를 잠과 환상에서 깨어나게 만드는 다른 현실, 실재, "그것은 프로이트가 우리에게 말하듯이 충동이다."(Lacan 1973a, 59면)

라깡은 충동과 관련하여 향유라는 개념을 도입한다. 향유는 **육체**와 관련해 인간이 느끼는 **충동·정서**의 측면을 강조하는 개념이다. 라깡은 초기에는 욕망 개념을 중시했으나 후기로 넘어갈수록 충동·향유의 개념을 강조한다. 욕망은 영원히 채워질 수 없는 주체적 결여를 강조하는 개념이다. 인간은 하나의 욕망이 채워지면 또다른 욕망의 대상을 찾는다. 욕망은 상징계, 언어의 세계에 진입함으로써 발생한다. 라깡이 욕망이라는 말로써 **욕망**은 **결여**고 **상징계**에 속한다는 점을 부각시키려 했다면, **향유**는 **충동**을 가진 인간이 **육체**에서 체험하는, 그러나 결코 말로 표현될 수 없는 느낌, 즉 정서적인 면을 강조하는 개념이다. 하지만 충동이나 향유는 '순수한 육체성'이 아니다. 본능은 순수한 육체적 과정이지만, 충동은 육체적인 것에 바탕을 두고 있지만 심리적·상징적 가치를 갖고 있다. 그러므로 욕망과 향유를 철저히 구분해 라깡 이론을 재구성하려는 시도는 좀 무리가 있다고 생각한다(Lacan 1973a, 219~20면 참조). 프로이트는 충동을 육체의 "심리적 대리자"라고 말한 바 있다. '육체적 에너지'라는 것이 있어, 이것이 충동을 구성하는 **하나**의 요소라고 가정할 수 있다면, 향유란 이러한 육체적 에너지와 연관되어 있는 **심리적 과정**의 **역동적 측면**을 포함하고 있는 개념이다.

대상 a는 무엇인가? 대상 a는 환상을 통해 형성된 인간의 욕망이 추구하는 대상이자, 동시에 이 욕망을 발생시키는 원인이다. 라깡은 대상 a를 욕망의 대상–원인이라고 부른다.

우선 여기에서 중요한 점은 대상 a는 **현실적으로 존재하는 대상이 아니라는 것**이다. 주체는 항상 무언가를 욕망하지만 욕망하는 이유가 무엇인지는 자신도 모른다. 우리는 사랑에 빠지고 누군가를 욕망하지만 우리의 욕망은 현실이 아니라 환상 속에만 존재하는 대상──언젠가 나에게 완벽한 충족의 경험을 제공했던, 하지만 영원히 상실한 대상인 어머니의 가슴──을 향하고 있다. 쉽게 말하면 인간은 어렸을 때 자신을 잘 보살펴주던 어머니의 어떤 특성을 닮은 사람을 욕망의 대상으로 선택한다. 환상이란 현실적으로 존재하는 어떤 대상을 '모호한' 욕망의 대상으로 변형시키는 은밀한 장소이다.

욕망의 대상은 현실적으로 존재하는 것이 아니므로 우리는 이것이 무엇이었는지 분석을 통해 **사후적으로** (재)구성할 수 있을 뿐이다. 즉 대상 a는 **형식적·이론적** 개념이라고 할 수 있다. 여기에서 형식적이라는 말은 대상 a의 구체적 내용이 무엇인지 미리 말할 수 없으며, 따라서 분석을 통해 개별적·사후적으로 (재)구성될 수밖에 없다는 의미이다. 그리고 대상 a의 구체적 내용을 사전에 미리 규정할 수는 없지만 욕망의 대상 혹은 원인이라는 것을 이론적으로 상정하지 않을 수 없다는 의미에서 대상 a는 이론적 개념이라고 할 수 있다.

대상 a는 **부분대상**이다. 우리의 욕망을 자극하는 것은 어떤 사람의 부분적 특징이다. 그(녀)의 목소리·시선·손짓 등 부분적·실제적 특성이 환상의 공간 속에서 어느 곳에도 존재하지 않는 욕망의 대상으로 '승격'된다. 환상 개념을 달리 설명하면, 완전히 상실되어 사라진 **전체적**(절대적) 대상──어머니의 육체──을 **부분대상**으로 메우려는 시도라고 할 수 있다. 부분대상으로 주체의 결여를 메우려고 시도하면서 주체는 상상 속에서 전체적 대상, 그리고 그것이 제공하는 완벽한 향유에 도달했다고 믿는다. 라깡은 환상의 공식을 '$\$\diamond a$'로 표현한다. 상징계 속에는 완전함·전체·총체성 같은

것이 없다. 상징계 속에서는 모든 것이 조각나고 분열되어 파편으로만 존재
한다. 그러므로 주체는 부분대상, 대상 a를 통해 자신의 결여를 메우려고 시
도한다. 라깡은 대상 a의 예로 어머니의 가슴·시선·목소리·똥을 든다.
『에크리』(Lacan 1966)에서 라깡은 무(無)도 대상 a에 포함시킨다. 『쎄미나 제
10권: 불안』(Lacan 1962~63, 미출간)에서 라깡이 말했듯이 ◇는 '합집합' '교집
합' '~보다 크다' '~보다 작다'를 의미한다. 분열된 주체(8)는 부분대상을
갖고 자신의 결여를 메워 전체가 되려고 하지만 이는 불가능하다. 8와 대상
a를 연결시켜주는 ◇의 관계가 주체와 대상의 관계는 완전한 합일에 도달
할 수 없음을 암시하고 있다.

　라깡이 대상 a의 예로 어머니의 가슴·시선·목소리·똥을 제시한 까닭
은 무엇일까? 이러한 대상은 인간이 처음으로 만나는 충동——구순·시
각·청각·항문충동——의 대상이기 때문이다. 인간의 욕망은 충동의 만족
과 무관하지 않다. 라깡에게서 욕망과 향유는 서로 연관되어 있으면서도 강
조점을 달리한다. 앞에서 말했듯이 욕망은 상징적 차원을, 향유는 충동의
만족을 강조하는 개념이다. 하지만 욕망과 충동을 완전히 상충되는 개념으
로 보아서는 안된다. 욕망의 충족은 충동의 만족을 반드시 포함한다. 그리
고 '목표에 도달하지 못한 충동'이라는 프로이트의 표현에서 볼 수 있듯이,
결여도 경우에 따라서는 충동의 만족을 의미한다. 욕망은 궁극적으로 완전
히 충족될 수 없다는 점에서 라깡은 대상 a를 환유적 대상이라고 부른다. 주
체의 빈 공간을 채우는 원인·대상으로서의 그것은 주체를 욕망의 장으로
유혹하는 일종의 미끼(leurre)이지만, 궁극적으로 아무런 내용도 갖지 않으
며, 따라서 욕망의 완전한 충족은 이루어질 수 없다. 라깡은 또한 욕망의 대
상-원인인 대상 a를 **잉여향유**(plus-de-jouir)라고 부른다. 상징계 속에 거주
하는 인간에게 충동의 완벽한 만족은 불가능하다. 그러므로 이제 인간은 거
세당한 이후에 '여분' '나머지' '찌꺼기'로 남아 있는 향유로 만족할 수밖에
없다. 대상 a는 상징적으로 거세당함으로써 향유를 박탈당한 후에도 인간
에게 여분으로 허락되어 있는 나머지 향유, 즉 잉여향유이다. 잉여향유로서

대상 *a*는 **충동**이 응축되어 있는 대상인 충동의 대상이다. 인간은 대상 *a*에서 충동의 만족을 얻기 위해 끊임없이 방황한다. 인간은 궁극적으로는 아무 것도 아닌 순수한 충동의 대상, 즉 무(無)·어머니의 가슴·시선·목소리·똥 같은 대상을 욕망한다. 이러한 의미에서 대상 *a*는 **실재적 대상**이다. 하지만 주체에게 상상적 만족을 준다는 의미에서 대상 *a*는 **상상적 대상**이기도 하며, 대상 *a*를 통해 충동의 만족이 일어난다는 점에서 또한 **충동의 대상**이기도 하다.

2. 은유와 환유: 무의식은 언어처럼 구조지어져 있다

라깡의 욕망 개념을 이해하는 방법 중의 하나는 이를 프로이트가 말하는 소원(Wunsch) 혹은 소원성취(Wunscherfüllung) 개념과 비교하는 것이다. 프로이트의 초기 이론에 따르면 꿈은 "(억압된) 소원의 (위장된) 성취이다."[33] 라깡은 프로이트가 말하는 소원에 욕망과 요구라는 이중의 의미를 부여한다(Miller 1986, 67면 참조). 이미 언급했듯이 욕망은 영원히 충족될 수 없는 근본적인 '결여'를 **강조**하는 개념이고, 요구는 결코 충족될 수 없는 이 욕망이 '완전히' 충족될 것을 요구하는, 또는 완전히 충족되었다고 믿는 심리상태를 가리킨다. 그러므로 욕망은 상징계에 속하고, 요구는 상상계에 속한다.

완전히 충족될 수 없는 인간의 욕망은 끊임없이 새로운 대상을 찾는다. 라깡은 욕망의 이러한 작용방식을 **환유**(換喩)에 비교한다. 라깡에게 환유는

---

33) Freud(1989a) 175면. 『꿈의 해석』을 집필했을 당시 프로이트는 아직 '죽음의 충동' 개념을 알지 못했으므로 인간의 심리장치는 '쾌락원칙'에 의해 작동한다고 보았다. 쾌락원칙을 넘어서는 '죽음의 충동'을 발견한 후 프로이트 정신분석학은 획기적인 변화를 보인다. 라깡은 『쎄미나 제2권: 프로이트의 이론과 정신분석학 기술에서의 자아』(Lacan 1978)에서 프로이트 이론의 발달과정을 네 단계로 나누어 설명한다. 이 문제와 관련해 프로이트 이론의 발전단계 및 이의 정신분석학적 의미에 대한 상세한 설명은 홍준기 (1999b) 19~28, 49~68면 참조.

"단어에서 단어로"(Lacan 1966, 506면), '기표에서 기표로의 부단한 미끄러짐'을 의미한다. 끊임없이 새로운 대상을 욕망하는 것이다.

반면 요구는 '완전한 사랑'에 대한 요구이다. 하지만 인간을 영원히 충족시켜주는 완전한 대상과 완벽한 사랑은 존재하지 않는다. 법과 언어의 질서 속에서 태어난 어린아이에게 어머니는 금지된, '영원히 상실된' 대상이다. 라깡은 프로이트와 하이데거(M. Heidegger)의 용어를 빌려 주체에게 완전한 충족을 준다고 **간주되는**, 하지만 영원히 상실된 이 대상——어머니의 육체——을 사물(Ding, chose)이라고 부른다.

여기에서 우리는 라깡이 「무의식에서의 문자의 재촉 또는 프로이트 이후의 이성」에서 중상을 **은유**에 비교하는 이유를 알 수 있다. "은유의 (…) 메커니즘은 [정신]분석적 의미의 증상이 결정되는 메커니즘과 동일하다."[34] 라깡은 은유를 "한 단어를 대체하는 다른 단어"로 정의한다(Lacan 1966, 507면). 증상이 형성되는 메커니즘과 은유의 메커니즘이 같은 이유는 중상도 은유와 마찬가지로 '한 단어를 다른 단어로 대체함으로써 생겨나기 때문이다. 상징계에 거주하고 있는 주체에게 완전한 만족을 주는 대상은 영원히 상실되었으므로 주체는 이것에 도달할 수 없다. 따라서 주체는 이 대상을 대신하는 다른 대상'에서 대리적·은유적 만족을 찾아야만 한다. 알기 쉬운 '비학문적' 예를 들어보자. 나무에 관한 꿈을 반복적으로 꾸는 신경증자가 있는데, 여기서의 '나무'는 어머니를 지칭한다고 가정해보자. 이 사람이 '궁극적으로' 원하는 대상은 '어머니'이지만 이 사람은 어머니가 아닌 다른 것에, 예컨대 나무라는 기표에 만족해야 한다. 여기에서 어머니가 나무로 대체되는 현상은 '한 단어를 다른 단어로 대체함'이라는 은유 형성 메커니즘과 같다. 신경증자에게 중요한 것은 '나무'의 문자적 의미가 아니라 이러한 은유적 의미이다. 신경증자는 '나무'의 문자적 의미가 아니라 '다른 의미'(은유적 의미)를 무의식적으로 알고 이를 욕망하고 있다.

---

34) Lacan(1966) 518면. 그리고 「정신분석학에서의 말과 언어의 기능과 장(場)」에서 라깡은 "증상은 언어처럼 구조지어져 있다"고 말한다(Lacan 1966, 269면 참조).

잘 알려져 있듯이 라깡은 쏘쒸르·야콥슨(R. Jakobson)·레비스트로스(C. Lévi-Strauss) 같은 구조주의 언어학자나 인류학자의 이론을 원용해 무의식을 설명하고자 한다. 라깡의 이러한 작업방식을 많은 사람들은 프로이트 정신분석학으로부터의 이탈이라고 비판하기도 했다. 하지만 이러한 비판은 프로이트가 비록 쏘쒸르를 몰랐지만 무의식적 과정의 작용 메커니즘을 언어적 과정으로 설명했으며, 이를 통해 프로이트가 쏘쒸르를 앞질러 쏘쒸르적 언어학이론을 선취했다는 사실을 간과하고 있다.[35] 대표적인 예가 압축(壓縮, Verdichtung)과 전치(轉置, Verschiebung)라는 프로이트의 개념이다. 압축과 전치는 '꿈의 작업'의 대표적인 메커니즘이다. 꿈의 작업이란 꿈의 재료들을 꿈으로 변형시키는 무의식적 메커니즘을 말한다. 사실 이러한 과정은 꿈 형성에만 해당되는 것이 아니라 증상·농담 등 같은 모든 종류의 '무의식의 형성물'(formations de linconscient)에 적용되는 **일반적인 메커니즘**이다.

이제 여기에서 중요한 것은 왜 무의식적 사고가 **반드시** 압축·전치 같은 **왜곡과정**을 거쳐서만 꿈이라는 형태로 등장해 우리에게 의식되는가라는 점이다. 이 질문에 대한 대답은 우선 검열을 피해서 무의식적 소원을 성취해야 하기 때문이라는 것이다. 실제로 프로이트도 이런 식으로 설명했다. 그러나 프로이트 자신도 분명히 알고 있었듯이 더욱 중요한 점은 **구조적인** 이유에서 무의식적 사고는 예컨대 꿈이라는 형태로 의식되기 위해서는 반드시 왜곡과정을 거쳐야 한다는 사실이다.

라깡은 **무의식은 언어처럼 구조지어져 있다**고 말한다. 지금까지의 설명을 바탕으로 이 명제의 의미에 대해 살펴보도록 하자. 이 명제는 여러가지 의미로 해석될 수 있다. 우선 **형식적** 측면에서 생각해본다면, 이 명제는 **무의식과 언어의 구조가 같다**는 것을 의미한다. 언어가 빈곳을 중심으로 구조지어져 있듯이 무의식도 결코 채워질 수 없는 틈을 중심으로 구조지어져 있다.

---

35) 특히 초기 프로이트의 저작과 관련해 무의식과 언어에 대한 탁월한 연구는 Fehr(1987) 참조.

히스테리를 연구하면서 프로이트는 심리적 틈(Lücke im Psychischen)이라는 표현을 사용한 바 있다. 신경증자는 이 빈곳을 채우기 위해 노력하는 주체이다. **논리적** 관점에서 고찰하면 이 명제는 "언어는 무의식의 조건"이라는 말이다. 사람들은 보통 무의식이 언어에 선행해서 존재하고 무의식은 언어라는 '도구'를 활용해 자신이 말하고자 하는 바를 표현한다는 식으로 생각한다. 이러한 사고방식은 과학주의적 사고방식이라고 할 수 있다. 과학이 발달하면 그동안 밝혀지지 않았던 언어의 무의식적 의미와 언어의 생성과정을 모두 파악할 수 있다고 흔히 생각한다. 라깡에 따르면 이러한 사고방식에는 "무의식이 언어의 조건"이라는 전제가 깔려 있다. 라깡의 제자였던 라쁠랑슈(J. Laplanche)는 "무의식이 언어의 조건"이라고 주장하면서 라깡을 비판했다. 물론 설명의 **편의상** 무의식이 먼저 있었다고 말할 수는 있다. 하지만 설명의 편의라는 것이 이론을 대체할 수는 없다. 중요한 것은 이 무의식과 언어의 **논리적** 관계이다. 라쁠랑슈의 명제에는 선재하는 무의식이 언어의 의미를 다 설명할 수 있다는 현상학적·형이상학적·과학주의적 전제가 깔려 있다. 설명의 편의상 무의식이 먼저 있었다고 말할 수는 있지만, **중요한 것은 그 무의식이 언어의 도입으로 말미암아 조각났다는 사실을 간과해서는 안된다는 점이다.** 언어의 작용으로 말미암아 무의식은 이제 존재하지 않는 것, **빈틈을 중심으로 움직이는 것이 되어버렸다.** 앞에서 언급했듯이 프로이트가 말하는 진정한 무의식은 모든 것을 내부에 품고 있는 창조적·신적 질서가 아니다. 무의식이란 빈틈 자체이며, 해석될 수 없는 의미의 한계이다. 프로이트는 『꿈의 해석』에서 숨겨진 꿈의 내용이 무의식이 아니라, 진정한 무의식은 꿈의 작업이라고 말한다. 혹은 아무리 해석하려고 해도 해석할 수 없는 것을 프로이트는 '꿈의 배꼽'(Nabel des Traums)이라고 불렀고 이것을 진정한 무의식으로 보았다.

좀더 알기 쉽게 설명해보자. 꿈과 같은 무의식의 형성물에 등장하는 상징의 '내용'이 무의식인가? 무의식이란 무엇인가? 라깡은 프로이트를 따라, 무의식을 내용이 아니라 형식의 관점에서 정의해야 한다고 보았다. 예컨대 꿈속의 우산은 남근이다라는 식의 내용적 해석으로 무의식을 이론적으로 정의했다고 보아서는 안된다는 것이다. 진정한 무의식은 남근이 아니라 빈곳, 심리적 결여이다. 다시 말해 빈곳, 즉 '기표'의 관점에서 무의식과 심리적 과정을 사유해야 한다는 것이다. 라깡에 따르면 프로이트적 의미의 무의식은 '차이' 자체로,[36] '정의상 **영원히** 의식될 수 없는 것이다.[37] 지금 의식될 수 없어도 언젠가 의식될 수 있다면 그것은 무의식이 아니다. 과학이 발달하면 무의식을 모두 알 수 있다고 믿는 사람들은 정신분석학적 의미의 무의식을 영원히 이해할 수 없을 것이다.

무의식은 어디에 있는가? 사람들은 보통 공간 은유에 의존해 무의식의 위치를 설명한다. 또는 무의식은 의식 '아래'에 있다거나 혹은 무의식이라는 보다 큰 '그릇'의 '위' 또는 '속'에 의식이 있다고 막연히 말한다. 하지만 생각하면 생각할수록 공간 은유는 '논리적·철학적' 설명보다 더 이해하기 어렵다. 도대체 무의식이 나의 어느 '곳'에 있단 말인가? 지식과 상식이 풍부한 어른보다는 어린아이가 문제의 핵심을 찌른다. 어린이들은 "마음이라는 것이 도대체 나의 어디에 있나요?"라고 질문하지 않는가?

무의식이 의식으로 들어오기 위해서는 반드시 의식 혹은 의식이 제공하는 재료, 즉 (넓은 의미의) 언어의 도움을 받아야 한다. 따라서 꿈에서든, 증상에서든 일단 의식적 재료와 연관을 맺게 된 무의식은 이미 무의식 '자체'는 아니다. 말하자면 '진정한' 무의식은 '세계 바깥'에 있다. 무의식은 정의상 영원히 의식되지 않는다. 이런 의미에서 무의식은 세계 바깥에 있다고 할 수 있다. 이러한 '탈세계적인' 무의식이 세계 안으로 들어오기 위해서는 '필연적으로' 왜곡과정을 겪어야 한다. 이 필연적인 왜곡과정이 '압축과 전치'(프로이트) 혹은 '은유와 환유'(라깡)이다. 이것이 무의식은 꿈의 사고나

---

36) "무의식이라는 한계, 그것은 비개념이다. 개념이 아니라는 것이 아니라 결여의 개념이라는 것이다." Lacan(1973a) 28면.

37) 이 점을 분명히 하기 위해 프로이트는 '원초적 억압'(Urverdrängung)이라는 개념을 도입한 바 있다.

내용(왜곡되어 등장하는 내용)이 아니라 '꿈의 작업'이라는 말의 의미이다. 언어가 무의식의 조건이라는 말은, 무의식은 그 자체로 존재하는 실체가 아니라 빈곳 자체이므로, 반드시 언어적 왜곡을 통해서만 알려진다는 말이다. 설령 무의식이 실체로 존재했다고 가정해도 그것은 이미 언어의 침입을 통해 산산조각나버렸다.

이제 우리는 욕망이 완전히 실현될 수 없는 것은 구조적인 이유 때문이라는 라깡의 주장을 훨씬 잘 파악할 수 있다. 무의식은 왜곡과정 없이 순수한 형태로 자신을 실현할 수 없다. 이와 마찬가지로 (무의식적) 욕망도 자신을 '순수한 형태'로 실현할 수 없다. 욕망은 필연적으로 은유(증상)를 통해서만 자신을 실현할 수 있다. 그러므로 모든 주체는 신경증적 주체이다. 왜곡·은유의 과정을 거치지 않고 순수하게 욕망을 완성할 수 있는 주체는 없기 때문이다. 라깡은 "신경증은 실현되려고 하지만 실현되지 못한 것"이라는 표현을 사용한 바 있다. 이를 우리의 문맥에서 풀어서 설명하면 '신경증자는 자신의 욕망을 실현하려고 하지만 왜곡된 형태를 통해서만 이를 실현할 수 있는 주체이다. 혹은 신경증자는 존재결여에서 벗어나 자신의 존재에 도달하려고 하지만 증상을 경유해서만 존재에 도달할 수 있는 주체이다'라고 할 수 있다. 여기서도 우리는 무의식적 과정은 언어적 과정과 형식적 유사성이 있다는 것을 알 수 있다.

잘 알려져 있듯이 라깡이 쏘쒸르의 언어학이론을 원용해 무의식 개념을 설명하는 것은 그러한 이유에서이다. 쏘쒸르는 기표와 기의의 결합을 기호라고 부른다. 여기에서 기표(S)는 청각적 질료이고 기의(s)는 개념이다. '나무'라는 소리(청각적 질료)를 들으면 우리는 나무라는 이미지를 떠올린다. 쏘쒸르는 가치(차이)라는 개념을 알았지만 기호를 기표와 기의의 직선적 결합으로 다시 환원한다. 쏘쒸르는 나무라는 기호를 다음과 같이 설명한다 (Saussure 1967, 78면 참조).

라깡은 '증상의 수사학'을 위해 쏘쒸르 언어학의 문제점을 비판하며 이를 철저히 발전시킨다.

라깡은 쏘쒸르의 도식에서 기표와 기의의 위치를 바꾸는데, 그랬을 때 기의가 분리선 아래에 있는 것은 기의는 억압되어 영원히 도달할 수 없다는 것을 의미한다. 따라서 억압된 무의식적 내용, 즉 기의는, 즉 은유, 증상을 통해서 간접적으로만 도달할 수 있다. 라깡은 자신이 변형해 새로 만든 산술식을 주체를 나타내는 공식으로 사용한다. 또 라깡은 쏘쒸르 언어학이 전제하고 있는 기표와 기의의 단순한 직선적 결합을 해소하기 위해 기표와 기의를 결합시키는 원을 없앤다.

우리의 단어 '나무'에 대해 다시 생각해보자. (…) 성서의 히브리어로 파악된 그것[나무]의 모든 상징적 문맥을 이끌어들이면서 나무는 (…) 십자가의 그늘을 언덕 위에 세워놓는다. 그리고 그 나무는 나무, 즉 (…) 모든 계보학과 아무 상관이 없는 (…) 대문자 Y로 변화한다. 돌아다니는 나무, 소뇌를 의미하는 나무, 사투르누스(Saturne) 혹은 다이아나(Diane)의 나무, 피뢰침 역할을 하는 나무에서 생겨난 수정들 (…) 이것은 불에 던져진 거북이의 깨어진 등껍질에서 우리의 운명을 더듬어볼 수 있게 하는 당신의 모습이 아닌가? 혹은 언어라는 총체적 일자(一者) 속에서 무수한 밤으로부터 서서히 존재의 변화를 낳는 당신의 번개가 아닌가?"(Lacan 1966, 503~504면)

라깡은 은유와 환유를 다음과 같은 공식으로 표현한다(Lacan 1966, 515면).

$$\text{은유: } f(\frac{S'}{S})S \cong S(+)s$$

$$\text{환유: } f(S\cdots S') \cong S(-)s$$

은유공식에서 (+) 기호는 "의미(화)효과"(effet de signification)가 일어났다는 것을 말한다. 기의가 분리선을 넘어 문자적 의미가 아닌 은유적 의미를 발생시켰다는 것을 말한다. 반면 환유는 기표의 의미가 결코 고정될 수 없다는 사실, 즉 기의에는 영원히 도달할 수 없다는 사실을 함축한다. 그러므로 환유공식에서 기의는 계속 분리선 아래에 머물러 있으며, (−) 기호는 기의에 영원히 도달될 수 없다는 것을 암시한다. 그러므로 주체는 도달될 수 없는 기의를 표현하기 위해, 영원히 채울 수 없는 존재결여를 메우기 위해 기표에서 기표로 끊임없이 환유적으로 '미끌어진다.' 환유는 욕망의 수사학이다.

야콥슨의 은유·환유이론과 라깡의 은유·환유이론의 유사점과 차이점에 대해 간략히 살펴보자. 야콥슨에 따르면 언어는 두 개의 축을 중심으로 작동한다. 하나는 통사축(syntagmatisch)이고 또다른 하나는 범열축(paradigmatisch)이다. 통사축은 기표의 직선적 결합·인접성·환유·전치·현존과 연관되어 있고, 범열축은 기표의 대체(선택)·유사성·은유·압축·부재와 관련된다(Pagel 1991, 46면 이하 참조).

> 너는 ― 영화를 ― 본다.
> 우리는 ― 축구를 ― 한다.
> **나는 ― 밥을 ― 먹는다.**
> 영희는 ― 예쁜 ― 컵을 ― 갖고 있다.
> 어린이들은 ― 콜라를 ― 좋아한다.

예를 들면 고딕체로 쓴 문장에서 '나'는 '너' '우리' '영희' 같은 단어 대신 선택된 단어이다. '나는 밥을 먹는다'라는 문장 속의 각 단어는 직선적으로 결합되어 있으며, 서로 인접하고 있고, 각 단어는 문장 속에 현존한다. '나는 밥을 먹는다'라는 문장 속에 선택되지 않아 부재하는 단어는 예컨대 '축구' '본다' '예쁜' '컵' 등이다.

라깡이 야콥슨의 언어학이론을 원용해 프로이트의 압축과 전치 개념을 은유와 환유로 재해석했다는 사실은 잘 알려져 있다. 하지만 **라깡 정신분석학이론은 언어학 자체와 같은 것이 아니라는 점이 중요하다.** 따라서 라깡의 이론과 야콥슨의 언어학이론이 무엇이 다른지 논의할 필요가 있다. 1950년대에 라깡이 야콥슨을 원용해 프로이트의 개념들을 재해석했을 때 많은 사람들이 라깡 정신분석학을 언어학에 불과한 것으로 잘못 이해했을 뿐만 아니라, 지금까지도 라깡 이론이 야콥슨 이론에 대해 갖는 새로운 점들이 제대로 규명되지 못하고 있기 때문이다. 경우에 따라 사람들은 라깡이 야콥슨을 '표절'했다고 비난하기조차 했다. 라깡은 이 점에 대해 르메르(A. Lemaire)의 책 서문에서 다음과 같이 말한다.

> 그들은 나에 대해 이상하게 행동한다. 내가 언어의 구조로부터 시작해 프로이트가 무의식에서의 압축이라고 부른 것을 설명하기 위해 은유공식

을 제시하고, 전치의 동기에 대해 설명하기 위해 환유공식을 제시했을 때 그들은 내가 야콥슨을 인용하지 않았다고 분개했다(내가 그 이름을 밝히지 않았더라면 내 도당(徒黨)들은 그 이름조차 생각하지 못했을 텐데도 말이다).

그러나 그들이 마침내 야콥슨을 읽고 내가 말하는 환유가 야콥슨의 공식과 어느정도 다르다는 것을 알아차렸을 때(야콥슨은 프로이트의 전치를 은유에 의존하는 것으로 만들었다), 그들은 마치 내가 내 공식을 야콥슨의 공식으로 만들어버렸다는 듯이[38] 나를 비난했다.

한마디로 그들은 놀고 있다.(Lacan 1986b, xiv면)

여기에서 라깡은 야콥슨이 프로이트의 전치를 은유에 의존하는 것으로 간주했다고 한마디로 정리한다. 실제로 프로이트는 『꿈의 해석』 6장 「꿈의 작업」 중 압축작업에 대한 논의에서 전치가 압축의 목적으로 이용되는 것에 관해 말한다(Freud 1989a, 295면 이하 참조). 예를 들면 '이르마의 꿈'에서 '프로필렌'(Prophylen) 같은 단어이다. 프로이트는 '아밀렌'(Amylen), '프로필레엔'(Prophyläen) 같은 단어들이 전치과정을 통해 결합되었지만, 전치는 궁극적으로 다양한 꿈의 사고를 응집시키려는 압축에 봉사하고 있다는 점을 지적한다. 야콥슨의 실어증 연구와 프로이트의 『꿈의 해석』에서의 논의에 대해서는 상세히 설명할 여유가 없으므로 여기서는 라깡이 말하고자 하는 요지만을 간략히 정리하기로 하자. 라깡에 따르면 야콥슨은 프로이트가 말하는 무의식의 수사학을 제대로 규명하지 못했다고 한다. 「언어의 두 측면과 두 가지 유형의 실어증」에서 야콥슨은 다음과 같이 말했다. "개인의 내부적인 것이든, 혹은 사회적인 것이든 간에 모든 상징적 과정에는 환유적 표현방법과 은유적 표현방법 사이의 경쟁이 나타난다. 꿈의 구조에 관한 연구에서도 상징과 시간적 계기는 인접성(프로이트의 **환유적 '억압'**, 그리고

---

38) 달리 번역하면 "내 견해를 가지고 야콥슨의 견해라고 주장했다는 듯이."

제유적 '압축')에 근거하는가, 아니면 유사성(프로이트의 '동일화', 그리고 '상징주의')에 근거하는가라는 질문은 결정적이다."(Jakobson 1960, 69면. 강조는 원문) 야콥슨은 이렇게 문제제기를 했지만 설득력있는 대답을 제시하지는 못했다.

"프로이트의 환유적 억압" 혹은 "제유적 압축"이라는 표현에서 볼 수 있듯이 야콥슨은 "전치가 압축의 목적에 봉사하고 있다"는 프로이트의 설명을 반복하고 있을 뿐이다(Freud 1989a, 295면). 이외에도 라깡은 야콥슨의 은유 개념은 유사성 개념에 머무르고 있다는 점을 비판하고 있다고 해석할 수 있다. 라깡은 대체되는 기표와 대체하는 기표의 유사성을 강조하는 것이 아니라 그들의 비유사성, 즉 실재(모순)를 강조한다. 라깡은 은유효과는 무의미·모순으로부터 생겨난다는 점을 강조한다. "의미가 무의미로부터 생산되는 바로 그 지점에 은유가 자리를 잡는다."(Lacan 1966, 508면)

이 점 역시 프로이트가 이르마의 꿈을 해석하면서 강조했던 것이다. 라깡은 야콥슨과 달리 이러한 프로이트의 언급을 중시해 자신의 이론의 지침으로 삼았다. '이르마의 꿈'에서의 예를 다시 들면, '트릴메틸아민'이라는 단어에는 프로이트가 사랑하고 존경하는 빌헬름(Wilhelm)과 프로이트가 미워하는 오토(Otto)라는 **대립되는 표상이 모순적으로 결합**되어 있다. 두 개의 상반되는 표상의 모순적 결합, 무의미한 결합으로부터 "은유의 창조적 불꽃"은 타오른다. 라깡이 예로 들었던 "사랑은 햇빛 속에서 웃는 자갈"이라는 문장을 생각해보자. 여기에서 우리는 서술어——팔루스적 기표[39]——가 사랑과 자갈이라는 두 단어를 어떻게 **연결하고 동시에 서로 분리**하는가를 볼 수

---

39) 라깡은 '이다'와 같은 서술어, 더 정확히 말하면 논리적 계사를 팔루스적 기표의 대표적인 예로 간주한다. Lacan(1966) 692면; 페터 비트머(2000) 97면 이하 참조. '논리적 계사'란 말의 뜻은 다음과 같다. 두 개의 단어를 결합시킴으로써 은유효과 혹은 의미효과를 낳는 필수적인 문장 구성요소이지만, 자신은 아무런 의미도 갖지 않는다. 라깡적 의미의 팔루스도 정확히 이러한 의미를 갖는다. 팔루스는 남성 중심사회에서 의미를 발생시키는 기능을 하지만 자신은 아무런 의미도 갖지 않으며, 더 나아가 '의미의 실패' '무'를 지칭하는 표현이다.

있다. 사랑과 자갈이라는, 조화하기 힘든 두 단어가 결합됨으로써 사랑은 자갈로 정의되고, 동시에 이 결합이 보여주는 무의미로 인해 서로 분리된다 (페터 비트머 2000, 102면 참조).

하지만 은유는 단지 '한 단어를 다른 단어로 대체하는 것'만이 아니라, 그와 동시에 **대체된 단어, 혹은 숨겨진 단어가 나머지 기표들과 환유적으로 결합되어 기표의 연쇄 속에 현존**해 있을 때 생겨난다. "은유의 창조적 불꽃은 두 개의 이미지를 공존시킴으로써, 즉 동시에 구현된 두 개의 기표로부터 타오르지 않는다. 두 개의 기표 사이에서, 이때 하나의 기표가 기표의 연쇄 속에서 다른 기표의 자리를 차지함으로써 그 다른 기표를 대체하고, 숨겨진 기표는 [환유적] 연결을 통해 기표의 연쇄의 나머지에 현존해 있을 때 은유의 창조적 불꽃이 타오른다."(Lacan 1966, 507면)

"그[보아스]의 곡식다발은 탐욕스럽지도 고약하지도 않다"는 문장을 예로 들어 설명해보자. 여기에서 '보아스'는 '그의 곡식다발'이라는 단어로 대체됨으로써 기표의 연쇄로부터 사라졌다. 하지만 부재 속에서도 보아스는 '탐욕스럽지도' '고약하지도' 같은 나머지 기표들과 환유적으로 연결되어 기표의 연쇄 속에 여전히 존재한다. '그의 곡식다발'에 의해 대체되어 사라진 '보아스'는 '그의 곡식다발' '탐욕스럽지도' '고약하지도 않다'는 기표 때문에 이제 정반대로 탐욕스럽고 고약한 보아스가 되어 기표의 연쇄 속에 존재한다. "은유의 창조적 불꽃"은 보아스의 이러한 부재와 현존, 정의·선함과 증오·탐욕이라는 '모순적 사태'로부터 생겨난다. 부재하는 기표가 기표의 연쇄 속에 존재하는 다른 기표들과 결합해 새로운 의미를 창조함으로써 부재의 침묵을 뚫고 "의미효과"를 낳는 것이 은유이다(Lacan 1966, 515면). 여기에서 의미가 아니라 의미효과라는 라깡의 표현에 주목하자. 직접적 의미가 아니라 전도된 의미, 빗나간 의미를 낳는다는 뜻에서 라깡은 의미효과라는 표현을 사용하고 있다. 보아스는 가난한 룻이 곡식다발을 손쉽게 모을 수 있도록 미리 준비시켜놓은 '관대한' 사람이다. 이 관대한 보아스가 '그의 곡식다발'에 의해 대체되어 "어둠속으로" 쫓겨나는 순간 은유가 발생한다. 이

제 보아스는 정의로운, 하지만 '숨어서' 여자를 지켜보는 사람, 곡식다발이 라는 미끼로 여자를 유혹하는 탐욕스러운 인물이 된다. 그와 동시에 보아스 는 곡식다발의 풍요로움에 비하면 하잘것없는 인물로 나타난다.

> 만약 그의 다발이 보아스를 가리킨다면 (…) 이는 기표의 연쇄 속에서 그[보아스]를 대체하기 때문이다. (…) 그러나 **그의** 다발이 그[보아스]의 자 리를 빼앗게 되면 보아스는 다시 그리로 되돌아갈 수 없다. 그를 거기에 묶어놓는 하잘것없는 '**그의**'라는 가느다란 끈은 그를 탐욕과 증오의 품에 묶어놓는 소유권으로부터 돌아서는 것을 막는 추가적 장애물이다. 이른 바 그의 관대함(générosité)이라는 것은, 자연에 사로잡혀 있기 때문에 유 보와 거절을 모르며 (…) 우리의 기준에 비추어볼 때 놀랄 만한 것으로 남 아 있는 다발의 관대함(munificence)에 의해 무(無)보다도 못한 것으로 전 락한다.(Lacan 1966, 507면. 강조는 원문)

관대함과 탐욕, 그리고 다발로 상징되는 팔루스의 풍성한 출산력, 자연의 위대한 출산력 앞에서 무(無)로 화하는 팔루스의 공허함 등 은유는 다양한 의미를 압축적으로 표현한다. 그러므로 다양한 의미의 압축으로서의 은유 는 무의미이기도 하다.

앞에서 강조했지만 라깡의 은유이론에서 특히 주목해야 할 점은 "의미가 무의미로부터 생산되는 바로 그 지점에 은유가 자리를 잡는다"는 것이다. 이것은 정신분석학적 의미의 증상이 궁극적으로 해석되지 않는 의미의 한 계를 갖고 있다는 것을 가리킨다. 증상은 궁극적으로 해석될 수 없는 무의 미로서의 향유의 응집체이다. 라깡은 해석에 저항하는 무의미한 향유의 체 현으로서의 증상을 징후(徵候, sinthome)라는 개념으로 이론화한다. 라깡은 1950년대에는 아직 징후 개념을 명확히 설명하지는 않았지만 앞의 강연에 서 라깡은 문자라는 개념을 사용한다. 라깡에게 문자는 기표 혹은 말 (parole)과 달리 해석에 저항하는 향유의 집적체이다. 증상(symtôme)은 해독되어야 할 메씨지를 포함하고 있는 반면, 징후는 궁극적으로 의미에 저항하는 충동·향유의 응집체이며 '무의미'의 체현이다. 이에 대해서는 뒤에서 다시 언급하겠다.

신경증자는 오직 은유적으로만 어머니의 육체에 도달할 수 있다. 이것이 신경증자와 정신병자를 구분하는 중요한 차이점이다. 정신병자는 은유를 모르는 주체이다. 그러므로 그는 증상을 통해 '어머니의 육체'를 은유적으로 표현하지 않고 '글자 그대로' 이에 도달할 수 있다고 믿는다. 정신병자는 은유를 모르므로 그의 언어는 직접적이고 육체적이며 파편적이다. 반면 신경증자는 은유 구사능력을 갖춘 주체이다. 그는 아버지의 이름, 즉 아버지 은유를 받아들였기 때문이다.

지금까지의 논의를 바탕으로 '무의식은 언어처럼 구조지어져 있다'는 라깡의 명제의 의미를 다음과 같이 정리할 수 있다.

① 주체의 심리과정은 언어와 똑같은 형식적 구조를 갖는다. 언어가 빈 공간을 중심으로 구조지어져 있듯이 주체의 의식적·무의식적 심리과정도 빈곳을 중심으로 구조지어져 있다.

② 신경증이나 도착증, 정신병 같은 병리적 현상은 이러한 심리적 틈을 메우려는 주체의 실존적 태도와 연관지어 설명할 수 있다. 정신병은 결여 없는 삶을 위해 제3자, 즉 아버지의 이름을 완전히 배척하는 주체적 태도 및 위치를 의미한다. 신경증자는 결여를 받아들였지만 근친상간을 통해 이를 다시 상상적으로 메우려는 주체이다. 도착증은 '쉽게 말하면' 결여의 망각 정도가 신경증과 정신병의 중간에 해당하는 주체적 태도이다.

③ 오이디푸스 콤플렉스는 역사적·생물학적 사실이 아니라, 언어와 형식적으로 동일한 구조를 갖고 있는 구조적 사실이다. 모든 인간관계는 이중관계를 파괴하는 제3의 장소를 중심으로 구조지어져 있다. 이는 프로이트·라깡 정신분석학이 클라인이나 위니콧(D. W. Winnicott)의 이론과는 달리 주체의 형성에서 어머니가 아니라 아버지의 역할을 중시한다

는 것을 의미한다.

④ 상징계 속에 진입하는 순간 인간은 절대적 쾌락을 준다고 가정되는 어머니의 육체를 영원히 상실하며 욕망의 주체가 된다. 주체는 언어의 세계 속에 진입함으로써 형성된다. 주체는 상징계를 통해 발생하는 빈곳, 결여이다. 주체는 결여를 메워줄 수 있다고 생각되는 대상과의 동일화, 그리고 그 대상으로부터 벗어나려는 탈동일화의 부단한 과정을 반복한다. 주체는 기표와 기표 사이의 빈곳(탈동일화), 혹은 이 빈곳을 메우는 '여분의 기표'(동일화)이다. 주체는 자신의 존재결여를 메워줄 대상을 항상 필요로 하므로 '주체'는 곧 '대상'이라고 할 수 있다. 욕망은 결여를 받아들이는 주체의 '실존적 태도'를 의미한다. 욕망은 두 측면을 갖고 있다. 한편으로 욕망은 대상을 리비도적으로 점령하고 이를 통해 상상적 의미를 발생시키고(증상으로서의 은유) 자신의 존재결여를 망각하려고 한다. 다른 한편으로 욕망은 이미 형성된 고착된 의미로부터 벗어나는 결여 자체(환유)를 의미한다.(Brousse 1992, 78~79면 참조)

⑤ 인간은 생물학적 · 직선적으로 규정된 발달단계에 따라 성장하지 않는다. 인간은 구순기 · 항문기 등의 발달단계에 따라 생물학적으로 결정되어 있는 존재가 아니다. 주체의 (통시적) 발달과정은 상징계 속에서의 주체의 체험과 이 체험의 의미를 규정하는 (공시적) 질서를 토대로 사후적으로 (재)구성될 뿐이다.

"무의식은 언어처럼 구조지어져 있다"는 라깡의 유명한 명제는 위에서 말한 사실들을 함축적으로 표현하고 있다. 이것이 개략적으로 본 초기의 라깡 이론의 골격인데, 라깡은 초기에 언급한 문자라는 개념을 후기에 와서 더욱 정교히하고, 향유 개념을 도입함으로써 자신의 초기 이론을 수정 · 확대한다.

3. 향유와 문자: 무의식은 언어 '로서' 구조지어져 있다.

향유와 문자

향유(jouissance)는 인간이 도달하고 느끼는 다양한 종류의 만족 (satisfaction)을 의미한다. 라깡의 'jouissance'에 해당하는 프로이트의 용어 는 향유(Genießen, Genuß) 혹은 만족(Befriedigung)으로, 프로이트에게서 이 표현은 다양한 의미로 사용되었다. 우선 향유는 성적 만족을 뜻한다. 예 를 들면 『토템과 터부』에서 프로이트는 원초적 아버지에게는 "자유로운 성 적 향유"가 허용되었다고 말한다. 또 「성에 관한 세 편의 논문」에서는 '절대 적 성도착자'를 성행위에서 어떠한 "만족"(향유)도 얻지 못하는 사람으로 설명하고 있다(Viltard 1993, 193면 참조).

하지만 향유라는 개념이 좁은 의미의 성적 만족에만 국한되는 것도, 어떤 대상의 실제적인 사용이나 획득을 통해서만 도달될 수 있는 것도 아니다. 라깡은 프로이트의 견해를 따라, 충동의 만족은 대상이 완전히 상실된 경우 에나 대상이 존재하지 않는 경우에도 일어날 수 있다는 점을 강조한다. 이 와 관련해 프로이트는 "목표에 도달하지 못하도록 억제된(zielgehemmt) 충 동"이라는 표현을 사용한 적이 있다. 충동은 직접 대상을 획득하지 못해도 자신이 원하는 충족에 도달할 수 있다는 것이다. 라깡은 이를 명확히 설명 하기 위해 충동의 목표(goal)와 목적(aim)을 구분해 설명한다. 충동의 목표 는 성감대의 만족이다. 그리고 충동은 대상을 얻지 못해도 '일주운동' 그 자 체에서 만족, 즉 목적에 도달한다(Lacan 1973a, 162~63면 참조).

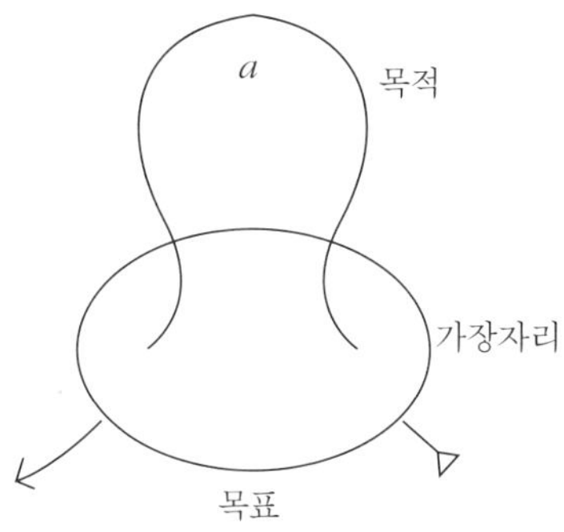

  이러한 라깡의 설명은 정신분석학에서 말하는 성·향유 개념을 이해하기 위한 핵심내용을 담고 있다. 인간적 의미의 성, 그리고 성과 관련된 향유가 탄생하는 순간은 대상을 획득하는 순간이 아니라 대상을 영원히 상실하는 순간이다. 아버지란 이름의 개입을 통해서 어머니의 가슴과 육체를 상실할 때 인간적 의미의 성이 출현한다. 아직 상실되지 않은 어머니의 가슴은 성적 대상이 아니라 욕구 충족이나 본능의 대상일 뿐이다. 상징계의 개입을 통해 순수한 욕구의 대상으로서의 어머니의 가슴이 영원히 상실되는 순간 이 욕구의 대상은 성적 대상으로 변화한다. **성은 영원히 상실되었으므로 기억 혹은 환상 속에서만 존재하는, 잃어버린 대상을 재발견하려는 시도**에 다름아니다. 그러므로 라깡은 성은 "박탈"의 관점에서만 파악될 수 있다고 말한다 (Lacan 1966, 685면 참조). 프로이트에 따르면 대상의 발견은 항상 '재발견'이다 (Freud 1994d, 375면 참조). 인간은 완벽한 향유를 준다고 가정되는 박탈당한 이 대상을 찾기 위해 끊임없이 성행위를 반복한다. 성은 '대상의 발견'이 아니라 상실한 대상을 되찾기 위한 부단한 '고통스러운 반복 자체'이다. 향유는 '박탈 속의 만족'이다.[40]

---

40) 이를 '박탈의 향유'(jouissance de privation)라고 표현할 수도 있을 것이다. 대상 a는 직접적인 향유를 박탈당한 후 주체가 환상 속에서 얻어야 하는 여분의 향유, 즉 나머지 향유를 의미한다. 따라서 잉여향유로서의 대상 a는 박탈의 향유이다(Fajersztajn 1988, 60면 이하 참조).

「마조히즘의 경제적 제문제」(Freud 1994e)에서 프로이트는 "고통 속의 쾌락"(Schmerzlust)이라는 표현을 사용한 바 있다. 라깡이 말하는 향유는 '고통 속의 쾌락'이라는 프로이트 개념의 번역(해석)이다. 고통과 불쾌는 서로 다른 개념이다. 「쾌락원칙을 넘어서」(Freud 1994f)에서 볼 수 있듯이, 프로이트 정신분석학에서 쾌락(Lust, plaisir)의 반대말은 불쾌(Unlust, déplaisir)이지 고통이 아니다. 불쾌는 쾌락과 같은 차원에 속하는 개념이다. 불쾌는 쾌락원칙을 연기하는 현실원칙에 속한다. 우리는 지금 쾌락을 즐기기 원하지만 필요에 따라 이 쾌락을 후일로 보류하기도 한다. 예를 들어 나중에 더 재미있게 놀기 위해 지금 도서관에서 공부해야 하는 '불쾌'를 받아들인다. 나중의 더 큰 쾌락을 위해 불쾌라는 '저금통장'에 쾌락을 '저축'한다. 그러므로 불쾌, 현실원칙은 쾌락원칙, 쾌락의 경제학의 연장선상에 있다. 반면 고통은 '쾌락-불쾌의 경제학' 그 자체를 파괴한다. 고통은 '쾌락원칙'을 넘어선다. 인간이 향유하는 존재라는 것은, 단순한 쾌락이 아닌 고통과 어우러진 쾌락, '고통 속의 쾌락'을 즐기는 존재라는 것이다. 「쎄비지 나이트」(Savage Night)라는, 실화에 근거한 영화에서 에이즈에 걸린 애인과의 사랑을 기꺼이 수락하는 여성처럼, 인간은 고통 속의 향유를 즐기며, 더 나아가 이러한 향유를 위해 죽을 수도 있다. 향유란 '죽음의 충동과 결합된 쾌락'에 다름아니다. 프로이트는 반복강박증, 외상적 신경증, 치료에 대한 부정적 반응 같은 임상경험을 통해 '고통 속의 쾌락', 즉 향유가 쾌락-불쾌의 원칙보다 더 근본적인 원칙이며, 이러한 향유의 바탕에는 '죽음에 대한 충동'이 놓여 있음을 발견했다.

　욕망과 향유[41]의 차이점은 무엇인가? 앞에서 언급했듯이 욕망은 충동, 육

---

41) 라깡은 『쎄미나 제20권: 앙꼬르』(Lacan 1975b)에서 향유를 법적 개념인 용익권(用益權)과 연관시켜 설명한 적이 있다. 즉 향유란 사용할 수는 있으나 완전히 소비해서 없애버려서는 안되는 것이다. 지금까지의 논의를 종합하면 'jouissance'의 번역어로 '향유'가 가장 적합하다고 본다. 국내에서는 향락·희열 등의 용어가 사용되고 있다. 향락·희열은 성적 뉘앙스를 담아낸다는 장점은 있으나 'jouissance'를 법적 개념(용익권)과 비교하고 있다는 점이 잘 드러나지 않기 때문이다. 그리고 향락·희열은 라깡에게 성적 오르가즘, 즉 팔루

체적 만족과 연관되어 있지만 이 충동의 만족이 상징적 차원에서 일어난다는 것을 강조하는 개념이다. 그러므로 욕망은 상징계의 빈곳, 다시 말해 주체적 결여에 초점을 맞추고 있는 개념이다. 반면 향유는 충동·육체·실재·정서를 강조하는 개념이다. 대상 a는 욕망의 대상–원인이지만 동시에 **충동의 대상이며 향유의 응집체**이다. 예를 들면 구순충동의 대상은 어머니의 가슴인데, 이때 어머니의 가슴으로서의 대상 a는 단지 대상으로서의 어머니의 가슴뿐만 아니라 구순충동 그 자체를 동시에 의미한다. 대상 a는 주체와 타자에게 동시에 속한다. 대상 a의 차원에서는 **주체와 타자의 구별이 사라진다**는 것이다. 더 정확히 말하면 대상 a는 주체와 타자의 구별이 생겨나기 이전의 미분화 상태, 완전한 만족의 상태로 돌아가기 위해 주체가 환상 속에서 만들어내는 대상이다. 인간은 주체와 타자의 구분을 알지 못하는 허구적 융합의 상태에서 완전한 만족을 경험하며, 이러한 상상적 만족 속에서 어머니의 가슴이 곧 자신에게 속하는 것이라고 생각한다. 이때 구순충동을 만족시켜주는 대상으로서의 어머니의 가슴과 충동의 만족은 같은 것이다.[42]

욕망 개념이 순수한 빈곳, 즉 결여를 강조한다면 향유는 주체가 이 빈곳을 리비도적 충동 만족으로 **채운다**는 사실을 강조한다. 하지만 결여 없는 완전한 만족이라는 의미는 아니다. 앞에서 언급했듯이 향유는 '박탈 혹은 고통 속의 충족'이기 때문이다.

그러므로 향유는 궁극적으로 이해와 해석, 의미를 넘어서는 어떤 것이다. 고통 속에서도 쾌락을 느끼는 현상을 우리는 정말로 이해할 수 있는가? 극단적인 예를 들면, 자해하면서 쾌락을 느끼는 사람에게, 아니 고통을 느끼지만 이를 행해야만 하는 사람에게 "우리는 당신의 증상의 '의미'를 알고 있

스적 향유를 넘어서는 다른 향유 혹은 여자의 향유라는 개념을 잘 담아내지 못한다는 단점이 있다. 성적 오르가슴을 넘어서는 승화된 여성적 향유, 그리고 경우에 따라서는 신비적인 종교적 체험과 무관하지 않은 만족을 향락이라고 번역하기는 어려울 것이기 때문이다.
42) 하지만 대상 a는 언어가 도입하는 결여, 즉 아이와 어머니 사이의 돌이킬 수 없는 간극을 메우는 '구실'로서 기능할 뿐이므로, 궁극적으로 대상 a는 주체와 대상 사이의 분리는 회복할 수 없다는 것을 또한 말하고 있다.

다"고 과연 말할 수 있을까? 어떠한 이론적 설명도 무의미하다고 말하는 편이 오히려 정직하지 않을까?

라깡은 '문자와 향유의 결합'에 대해 말한다. 라깡은 인간의 향유와 뗄 수 없이 밀접하게 결합되어 있는 언어의 측면, 즉 언어의 물질적 측면을 문자라는 개념으로 정리한다. 여기에서 우리는 언어와 향유의 존재론적 '일원론'이라는 표현을 사용할 수 있다. 무의식은 언어처럼(comme un language) 구조지어져 있다는 라깡의 명제는 언어와 무의식의 **형식적 구조가 유사하다**는 것이지, 무의식이 언어와 정말로 같다는 뜻은 아니다. 이제 향유와 언어의 일원론에 근거한 후기 라깡의 이론에 따르면 문자와 향유는 하나이므로 우리는 라깡의 이 명제를 '무의식은 언어**로서**(comme un language) 구조지어져 있다'고 옮길 수도 있다. "나는 '언어처럼(로서) 구조지어져 있다'고 말했다. 이는 아마도 약간은 과장일 것이다. 왜냐하면 하나의 구조의 존재를 가정하고 있기 때문이다. 하지만 하나의 구조가 존재한다는 것은 절대적으로 옳은 말이다. 무의식은 언어처럼(로서) 구조지어져 있다. 구조를 창조하는 것은 언어가 처음 인간에게 출현하는 방식이다라는 하나의 유보조건을 덧붙인다면."(Lacan 1975e, 13면) 이러한 맥락에서 라깡은 "언어유물론"(moterialisme)이라는 신조어를 만들기도 한다. "여러분이 나에게 다음과 같은 용어를 처음으로 쓰는 것을 허락한다면, 무의식화(무의식의 응고, prise de l'inconscient)가 거주하는 곳은 언어유물론에서이다."(Lacan 1985, 12면)

라깡은 이미 「무의식에서의 문자의 재촉 혹은 프로이트 이후의 이성」에서 문자에 대해 언급한 바 있다. 그에 따르면 문자는 "구체적인 담론이 언어로부터 차용해온 물질적 지주(support matériel)이다."(Lacan 1966, 495면) 「도난당한 편지에 관한 쎄미나」에서 라깡은 "문자[는] 쓰레기[이다]"라고 말한다(A letter, a litter). 문자는 왜 쓰레기인가? 문자는 곧 향유이기 때문이다. 이 표현에 대해 밀레(J. A. Miller)는 "문자 속에는 기표만 있는 것이 아니다. 문자는 메씨지이며 동시에 대상이다"라는 설명을 덧붙인다(Miller 1987, 10면). 라깡에 따르면 문자는 "구체적 담론으로부터 빌려온" 물질적 지주, 즉 기표이다. 기표란 언어의 물질적 측면이다. 쏘쒸르에 따르면 기표는 청각적 질료이다. 이러한 청각적 질료, 더 정확히 말하면 주체가 사용하는, 혹은 타인으로부터 들었던 **구체적인 언어**에서 유래하는 청각적 질료가 인간의 무의식적 향유와 하나로 결합한다. 어렸을 때 들었던 어머니의 목소리가 무의식에 각인되어 끊임없이 반복되며 주체의 삶과 향유방식을 규정한다. 물론 이때 어머니와의 접촉, 시선의 교환 등과 같은, 다른 충동요소의 교환이 함께 일어나고 있다는 사실을 배제하는 것은 아니다. 그렇다면 문자는 단순히 청각적 질료가 아니라 시각·접촉 등을 통해 생겨나는 향유의 흔적을 내포하고 있는, 넓은 의미의 물질이라고 할 수 있다.[43]

인간은 최초의 타자(어머니)를 통해 충동의 만족을 얻음으로써 삶을 시작하고 유지해나간다. 아이가 '최초의 만족 경험'을 얻을 때 어머니의 음성·손동작·시선 등이 아이의 그 경험과 불가분의 관계로 결합해 문자와 향유의 결합이 일어나며, 이러한 문자는 무의식 속에 기억된다.[44] 인간의 무의식은 최초의 타자로부터 오는 언어가 무의식적 향유와 결합하고, 이를 주체가 향유하는 방식이라고 정의할 수 있다.

여기에서 문자가 무의식에 기억된다는 것은 '최초의 만족'이 영원히 상실되었다는 사실을 의미한다. 최초의 만족 경험은 아이에게 앞으로 반복될 똑같은 경험에 대한 '기대'를 남기면서 영원히 '상실'된다. 문자는 완전한 향유(최초의 만족 경험)를 처음으로 아이에게 남기지만 이는 영원히 상실되어버렸다는 의미에서, 문자는 '순수차이'('박탈 속의 향유')를 처음으로 구성하고 이를 평생 동안 유지시킨다고 할 수 있다. 이러한 상실된 향유는 문자

---

43) 예컨대 어머니의 "손가락은 문자의 담지자"라고 말할 수 있다. Leclaire(1968) 72면.
44) 여기에서 문자가 우선인가 아니면 충동(의 만족)이 우선인가라는 질문은 무의미하다. 아이가 이미 충동을 갖고 있지 않았다면, 예컨대 어머니의 목소리가 충동과 결합하지 못할 것이라는 면에서는 충동이 문자보다 우선한다고 말할 수 있겠지만, 어머니의 목소리·시선·손 혹은 손가락에 의해 자극되지 않는다면 아이의 충동의 자극과 만족이라는 것도 있을 수 없다는 점을 고려하면 문자가 충동보다 선행한다고 할 수 있기 때문이다. 그렇다면 본능이라면 그렇지 않겠지만 본능과 구분되는 충동은 **타자로부터 유래하는 문자와 처음부터 항상 결합해서 존재**한다고 말하는 것이 더 옳을 것이다. 충동과 문자는 하나이다.

로서 무의식과 육체에 각인되어 주체의 삶을 통해 끊임없이 반복된다. 그러므로 정신분석학에서 말하는 반복은 똑같은 경험의 반복이 아니다. 반복은 최초의 만족 경험의 반복이 아니라 그것을 되찾으려는 '불가능한' 시도이다. "대상의 발견은 재발견이다"라고 프로이트는 말한다. 프로이트적 의미의 반복은, 똑같은 경험의 반복이 아니라 '똑같은 경험의 반복 불가능성'의 반복이다. "반복되는 유일한 것은 반복의 불가능성이다."(Kierkegaard 1991, 41면) 키에르케고르(S. A. Kierkegaard)는 『반복』(Die Wiederholung)에서 '미적 체험의 반복 불가능성'을 역설한다. 이 점에서 키에르케고르는 프로이트 · 라깡 정신분석학의 선구자이다. 하지만 여기에서 라깡이 직접 인용하는 철학자는 스피노자(B. de Spinoza)이다. "적절한 사유는 (…) 같은 것을 항상 회피한다." 문자는 아이에게 '최초의 만족 경험'을 발생시키고 아이의 성감대를 최초로 정립함으로써 아이로 하여금 육체의 향유에 접근할 수 있도록 만들지만, 동시에 '최초의 완전한 만족 경험'의 상실로서의 향유이기도 하다.

여기에서 **문자**와 **대상**을 더 정확히 구분할 수 있다. 주체는 상실한 향유, 즉 문자를 되찾고 고정시키기 위해 대상을 필요로 한다. 우연적이고 불특정한 다양한 대상에 차이, 즉 '박탈 속의 향유', 문자를 고정시키고 이것이 영원히 상실되는 것을 막음으로써 완벽한 향유에 도달하려고 한다(Leclaire 1968, 72면 이하 참조). 하지만 반복강박증자의 꿈과 환상에서 잘 드러나듯이, 문자의 '무의미한' 반복은 주체로 하여금 자신의 실재와 외상, 조각난 향유에 직면하도록 만든다.

이제 우리는 해석할 수 있는 지식 및 타자에게 전달하고자 하는 메씨지로서의 무의식과, 의미를 갖지 않는 불투명한 향유로 채워진 무의식이라는 두 가지 관점에서 무의식을 파악할 수 있다. 무의미한 · 불투명한 향유의 집적체로서의 증상, 즉 후자의 의미의 무의식적 향유를 포함하고 있는 증상을 라깡은 징후(sinthome)라고 부른다. 이는 분석이 불가능한 증상이다. 증상은 "무의식이 결정하는 바에 따라 각자가 무의식을 향유하는 방식"이다. 징후는 아무런 의미도 없으며, 말의 상대(타자)를 갖지 않는 증상이다. 그러므

로 정신분석가나 치료자는 징후으로서의 증상을 '폭력적으로' 없애려 해서
는 안된다. 분석가는 피분석자로 하여금 이 증상을 "네 몸같이 사랑"하게 함
으로써, 혹은 증상과 동일화하게 함으로써 분석을 종료해야 한다.

사례 분석: 한 강박적 히스테리자의 꿈

한 피분석자의 꿈 사례를 분석함으로써 문자와 향유를 좀더 구체적으로
살펴보자. 그는 누군가가 '미스안더스탠드'라고 말하며 자신을 계단 아래로
밀치는 장면에서 놀라 꿈에서 깨어났다. 여기에서 '미스안더스탠드'라는 기
표를 분석해보면 라깡이 말하는 향유와 문자의 결합이 무엇을 의미하는지
잘 알 수 있다. '미스 안더스텐드'라고 이 기표를 끊어 읽어보자. 이렇게 읽
으면 그 피분석자를 계단 아래로 밀친 사람이 그를 '수동적이고 복종적인
여자'로 만들고 싶어한다는 것을 알 수 있다. "아가씨, 알겠어?"라고 꿈속의
공격자는 그를 조롱하고 있다. 이 꿈을 꾼 피분석자는 남자이다. 하지만 그
는 자신을 모욕하고 부려먹는 사람 앞에서 자신은 복종적이고 수동적인 여
자라는 환상을 갖고 있다. '미스안더스탠드'라고 읽으면 이 말은 '오해'를
뜻한다. 그는 꿈속에서 완전히 폐허가 된 계단을 보았다. 그에게 폐허가 된
계단은 정당성을 상실한 '위계질서'를 의미한다. 그는 꿈속에서 정당하고
합법적인 위계질서로 이루어진 공정한 세계를 꿈꾸고 있는 것이다. 그런데
누군가가 갑자기 등장해 '오해'하지 말라고, 계단은 겉보기에는 허름해 보
이지만 사실은 견고하다고 일깨워주며 경고하고 조롱한다. 그리고 그를 계
단 아래로 거칠게 밀어버린다. 꿈속에 등장한 '지배자'는 "너의 자리는 계단
맨 아래에 있어. '아가씨' '오해'하지 마. 넌 아래에 서(안더-스탠드) 있어야
해"라고 말하고 있는 것이다. '안'은 또한 '안 해, 안돼'라는 표현에서 알 수
있듯이 거부·거절·저항의 기표이다. 자신의 의사와 상관없는 일을 하기
를 강요했던 타자에게 그 피분석자는 '안 해'라고 말하고 있다. '안'은 또한
'내외'라는 표현에서 볼 수 있듯이 '여자'를 의미한다. 그는 어떻게 해서 자

신이 여자라는 무의식적 환상을 갖게 되었는가? '미스'라는 단어 속에 있는 'ㅣ'라는 모음은 그가 어릴 때 어머니가 읽어주었던 동화책에 나오는 소녀 주인공 릴리에서 온 모음이다.[45] 피분석자는 여성을 의미하는 '미스'와 '안' 이라는 기표를 통해, 그가 여자아이기를 원했던 어머니의 욕망에, 어머니의 욕망이 그에게 가져다주는 불안에, 그리고 그를 여자처럼 굴종적인 사람으로 만들고 싶어하는 '지배자'에 저항하고 있다. 하지만 동시에 그는 자신을 '여자'로 규정하는 기표와 무의식적으로 동일화하고 '여성성'을 향유한다. '안' '미스', 그리고 궁극적으로 어머니로부터 어릴 때 들었던 'ㅣ'라는 기표가 그의 무의식의 향유와 결합되어 그의 삶 속에서 반복적으로 등장한다. 이 기표는 곧 그의 향유 자체이다. 그의 복종·절망·수치심·불안·거부·저항·희망⋯⋯. 그의 모든 감정·느낌·향유는 궁극적으로 'ㅣ'라는 기표와 하나이다. 여자가 되는 환상은 비록 그가 남자이지만 굴종적인 여자처럼 살아가야 하는 삶과 제도, 세계에 대한 거부와 혐오의 표현이다. 하지만 그는 공격적이지 않은 여성만이 평등한 세계를 이룰 수 있다는 무의식적 믿음을 동시에 갖고 있다. 그는 여자이기를 거부하는 여자라는 '불가능한 향유'를 추구하고 있다.

4. 히스테리란 무엇인가?

욕망과 소원 성취의 문제로 되돌아가보자. 앞에서 언급했듯이 꿈은 억압된 소원의 성취이다. 하지만 얼핏 생각하면 프로이트의 이 주장에는 석연치 않은 점이 있다. 이 명제로는 사람들이 실제로 소원성취와는 상관없는 꿈, 예를 들면 처벌받는 꿈이나 불안한 꿈을 꾸는 이유를 설명할 수 없다.

프로이트의 환자 중의 하나였던 여성이 실제로 그러한 반론을 제기한 적

---

45) '미스안더스탠드'라는 외국어 기표가 꿈에 등장한 것은 그가 어릴 때 들었던 동화책의
    주인공 이름이 외국어라는 사실에서 비롯한다.

이 있다. 이 여성의 꿈을 살펴보자(Freud 1989a, 162면 이하). 라깡은 이 꿈을 '아름다운 정육점집 부인의 꿈'이라고 불렀다. 이 부인은 만찬을 열고 싶었지만 일요일 오후라 상점이 모두 문을 닫아 부득이 그 소원을 포기해야 하는 꿈을 꾸었다. 이 부인의 반론에 프로이트는 이 꿈 역시 소원성취의 꿈이라고 해석한다. 그 부인의 남편이 좋아하는 여자(부인의 친구)를 초대하고 잘 대접해서 살찌게 만들고 싶지 않은 소원이 충족된 꿈이라는 것이다. 이 부인의 남편은 마른 여자보다는 조금 풍만한 몸매의 여자를 좋아한다. 프로이트는 정육점집 부인이 만찬을 열 수 없었던 꿈, 즉 소원 거부의 꿈을 통해 남편이 좋아하는 여자를 살찌게 하고 싶지 않은 소원을 성취한 것으로 보았다.

라깡은 프로이트의 다른 언급들을 참조하면서 이 꿈을 달리 해석한다. 라깡에 따르면 이 꿈은 소원성취의 꿈이 아니라 '만족되지 않은 상태로 욕망을 유지하려는' 꿈이다. 정육점집 부인과 친구는 각각 상어알과 훈제연어를 좋아한다. 하지만 프로이트가 지적하고 있듯이 이 두 여자는 모두 자신이 좋아하는 것을 먹으려 하지 않는다. 보통 사람들은 어떤 음식을 좋아하면 기꺼이 그것을 장만해서 먹으려 하지만, 두 여자는 그렇지 않다. 여기에서 라깡은 **히스테리자를 자신의 욕망을 만족되지 않은 상태로 유지하려는 주체로** 정의한다(Lacan 1966, 621, 622면; Lacan 1998, 363면 참조).

라깡은 "욕망의 욕망", 즉 "욕망에 의해 드러나는(의미되는, signifié) 욕망"과 "욕망을 대체하는 욕망"을 구분한다(Lacan 1966, 621면). '욕망의 욕망'은 '인간의 욕망은 타자의 욕망'이라는 명제에 상응하는 표현으로, 이 꿈에서는 '욕망을 만족되지 않도록 하려는 욕망'을 의미한다. 여기에서는 '상어알'이 바로 그 '욕망의 욕망'의 기표인데, 그것은 욕망을 만족되지 않은 상태로 유지하려는 욕망을 나타내므로 환유적 기표이다. 정육점집 부인의 꿈에 등장한 '훈제연어'는 '상어알'을 대체하는 기표이다. 훈제연어는 정육점집 부인의 여자친구가 좋아하는 음식이다. 꿈에 '훈제연어'가 등장하는 것은 그녀가 자기의 욕망을 친구의 욕망으로써 대체하기 위함이다. '훈제연어'는 '욕망을 대체하는 욕망'이므로 은유적 기표이다. 프로이트는 이 부인의 꿈속에 등장한 훈제연어가 부인의 친구가 좋아하는 음식임을 지적한 후 계속해서 히스테리적 동일화에 대해 언급한다. 이러한 맥락에서 라깡은 정육점집 부인의 욕망의 기표인 상어알이 친구의 욕망의 기표인 훈제연어로 대체되었다고 말한다. 친구와 상상적 동일화가 일어난 것이다.

왜 정육점집 부인은 자신을 친구와 상상적으로 동일화하는가? 그것은 남편이 좋아하는 자기 친구를 닮기를 원하기 때문이다(Soler 1996, 259면 참조). 라깡은 여기에 흥미로운 주석을 첨가한다. "만약 이 환자가 자신을 친구와 동일화한다면, 이는 그녀가 모방 불가능하기 때문이다." 여기에서 라깡이 말하고자 하는 바는 우선 상상적 동일화(친구와의 동일화)는 상징적 동일화의 틀 속에서 이루어진다는 것이다. 정육점집 부인이 친구와 동일화하는 것은 남편의 팔루스가 되기를 원하기 때문이다. 하지만 완전한 모방은 불가능하다. 꿈속에서 상어알이라는 기표가 훈제연어라는 기표로 대체되어 등장한 것에서 알 수 있듯이, 정육점집 부인은 오직 **한 가지 특징**(trait unaire)에서만, 즉 '만족되지 않는 욕망'이라는 점에서만 친구를 모방할 수 있을 뿐이다. 친구 역시 좋아하는 훈제연어를 잘 먹으려 하지 않는다. 왜 그 친구는 모방 불가능한가? 이는 프로이트가 지적했듯이 남편의 욕망에 이해할 수 없는 특이한 점이 있기 때문이다. 남편의 욕망의 의미를 정확히 파악할 수 있다면 정육점집 부인은 친구와의 동일화를 통해 남편의 욕망을 욕망할 이유는 전혀 없을 것이다. 남편과 부인 사이에는 아무런 문제가 없다. 남편은 부인을 사랑해서 부인이 원하는 것은 무엇이든지 들어주려고 한다. 부인이 원하기만 하면 언제라도 아낌없이 상어알을 사다줄 것이다. 그런데도 남편은 부인의 친구를 좋아하고 그녀의 장점을 칭찬한다. 남편은 풍만한 여자가 좋다고 말한다. 그런데 친구는 결코 풍만한 몸매가 아니다. 남편은 왜 자기를 만족시킬 수 없는 여자를 욕망하는가? 정육점집 부인은 대타자(남편)의 욕망에 대해 의문을 가지며, 이 의문의 해답을 찾기 위해 소타자(친구)와 상상적으로 동일화한다(Soler 1996, 259면 참조).

히스테리자는 타자의 욕망 속에 존재하는 풀 수 없는 수수께끼에 대해 질문하는 주체이다. 라깡이 말했듯이 "신경증은 하나의 질문이다." 히스테리자를 둘러싸고 벌어지는 모든 희비극적 드라마는, 타자의 욕망의 의미를 알 수 없다는 고통스럽고 우울한 사실로부터 생겨난다.

정육점집 부인은 (대)타자의 욕망의 대상이 되기를 욕망한다. 대타자의 팔루스가 되기를 원한다. 라깡에게 팔루스(∅)는 (대)타자의 욕망의 기표이다. 그녀는 대타자의 욕망의 기표(팔루스)의 의미를 찾고, 그 속에 존재하는 수수께끼를 풀기 위해 노력한다. 하지만 결코 해답을 찾을 수 없다. 남편도 결여에 시달리고 있으며 자신과 타자의 욕망에 대해 의문을 갖고 질문하는 존재이기 때문이다. (대)타자도 히스테리자가 원하는 해답을 갖고 있지 않다. 팔루스는 궁극적으로 (대)타자 속의 결여를 의미하는 것이다. 남편도 존재결여에 시달리고 있으므로 아내가 욕망하는 완전한 사랑의 요구를 충족시켜주지 못한다. 팔루스는 채워질 수 없는 욕망, 영원히 상실한 절대적 향유, 주체와 타자 속에 공통으로 존재하는 결여의 기표이다(Soler 1996, 261면 참조). 하지만 히스테리자는 이것을 알지 못한다.

"신경증은 하나의 질문이다." 그것은 주체가 존재결여에 시달리면서 던지는 '나는 누구인가?'라는 질문이다. 우리 모두는 자신에 대해 알고 싶어하며, 경우에 따라서는 알고 있다고 믿는다. 나는 선생이다. 나는 웹디자이너이다. 나는 공무원이다. 나는 정육점집 부인이다. 하지만 이렇게 확정된 나의 정체성에는 채워지지 못한 빈 공간이 있다. 나의 존재결여의 고통을 더욱 가중시키는 것은 나의 존재에 대한 질문이 타자의 욕망에 대한 물음과 얽혀 있다는 사실이다. '나는 누구인가?'라는 질문에는 내가 욕망하는 타자의 욕망에 대한 물음이 얽혀 있다. 나의 정체성에 도달하기 위해서는 내가 욕망하는 타자의 욕망의 의미를 알아야만 한다. 인간의 욕망은 타자의 욕망이다. 나는 정육점집 부인으로 타자의 욕망의 대상이 되고자 한다. 남편은 나를 사랑하고 나와 아무런 문제가 없다. 그런데 왜 남편은 내 친구를 좋아하는가? 도대체 남편은 무엇을 원하는가? 남편이 나에게 원하는 것은 무엇인가? 그렇다면 나는 누구인가? 신경증은 이러한 질문에 다름아니다.

더 나아가 라깡은 「전이에 관한 개입」『쎄미나 제4권: 대상관계』 등에서 히스테리를 팔루스적 질서를 넘어서는 사랑, 진정한 여성성에 대한 질문으로 해석한다(Lacan 1966, 215면 이하; Lacan 1994, 131면 이하). 도라(Dora)의 K 부인에 대한 동성애적 사랑은 타자(아버지)의 욕망과 여자로서의 자신, 그리고 여성성의 비밀(K 부인)에 대한 질문이다. "나의 아버지는 K 부인의 무엇을 사랑하는가?" 도라는 여성성의 비밀, '하얗게 빛나는 K 부인의 육체의 비밀'을 알기 위해 자신을 아버지와 동일화하고 K 부인을 욕망한다. 또한 라깡이 말한 아름다운 정육점집 부인처럼 도라도 어떻게 K 부인이 자신을 만족시킬 수 없는 사람(성불구자인 아버지)을 사랑할 수 있는지에 의문을 갖는다. 아버지의 사랑의 대상(K 부인)에 대한 관심, 타자의 욕망에 대한 질문 등을 통해 도라는 진정한 사랑[46]과 팔루스의 의미, 여성성 그리고 자신의 존재의미에 대해 묻고 있다(Lacan 1994, 136면 이하 참조).

히스테리자는 충족될 수 없는 욕망, 이룰 수 없는 사랑, 존재하지 않는 '완전한' 아버지와의 분리로부터 오는 아픔과 불안으로 인해 고통받는 주체이다. 한 피분석자가 필자에게 말했다. "난 플라톤적 사랑을 원했어요." 그녀에게 '플라톤적 사랑'은 욕망을 충족되지 않은 상태로 유지해주는 환유적 기표이다. 그녀가 환유적 욕망의 기표 속에서 충족되지 않는 욕망을 갖게 되는 이유는 '무능력한' 아버지를 사랑하기 때문이다. 그러므로 그녀는 아버지로부터 떠나야 한다. 히스테리 증상은 육체적 전환으로만 나타나는 것이 아니다. 사랑의 대상과의 분리, '성적 만족의 결여'로부터 오는 고통과 공허, 혹은 정반대로 '성적 유혹의 과잉', 자신을 성적 도구 또는 부분대상으로 만들고자 하는 타자의 욕망과 향유로부터 생기는 혐오감과 불안이 히스테리의 본원적 모습이다. 그러므로 히스테리는 인간의 모습 그 자체이다.

---

46) 라깡에 따르면 도라의 아버지는 도라에게 아무것도 줄 수 없는 사람이다. 왜냐하면 그는 팔루스를 갖고 있지 않기 때문이다(Lacan 1994, 139~40면 참조). 도라는 아버지가 자기에게 팔루스를 줄 수 없다는 바로 그 이유 때문에 그를 사랑한다."(Lacan 1994, 141면 참조) "따라서 그녀가 이 아버지에 대해 품고 있는 사랑은 아버지의 쇠퇴와 밀접한 관련이 있다."(Lacan 1994, 140면)

히스테리자는 최초의 사랑의 대상으로부터 분리되었지만 상실한 최초의 완전한 사랑을 대신해주는 다른 대상에 도달하지 못했으므로 결여로 고통받는 주체이다.

따라서 히스테리자는 타자를 유혹하는 주체이기도 하다. 그(녀)는 타자 역시 결여된 존재임을 발견하고 자신을 타자 속의 결여를 채워줄 대상으로 제공하기를 원한다. 그러나 유혹자, 성적 충동으로 가득 찬 요부로서의 히스테리자의 이미지만을 강조하는 것은 히스테리에 대한 오해이며 모독이다. 프로이트는 도라의 사례 분석에서 얻은 경험을 통해 히스테리에 대해 사람들이 갖는 통념에 대해 의문을 제기한다. 그는 우리의 일반적 기대를 뒤집으며 다음과 같이 말한다. "육체적 증상을 낳을 능력이 있든 없든 간에, 성적 흥분을 불러일으킬 수 있는 계기에 대해 (…) 불쾌감을 갖는 사람을 나는 히스테리자로 간주하고자 한다."(Freud 1989b, 106면) 통속적 견해와 달리 히스테리자는 그(녀)가 유혹하는 대상이 성적으로 응답해올 때 이에 대해 혐오감을 갖는다. "히스테리에 본질적인 이러한 특징[성에 대한 혐오감]은 피상적으로 관찰하면 히스테리의 두번째 기질적 요소의 존재에 의해, 즉 과도하게 형성된 성적 충동에 의해 감추어진다. (…) 과도한 성적 욕구와 철저한 성적 거부라는 반대되는 한 쌍을 확증함으로써 히스테리의 모순적인 수수께끼를 해결할 수 있다."(Freud 1989c, 73면)

아마도 프로이트는 또한 여기에서 '정액을 찾아 돌아다니며 깨무는 자궁'의 신화를 생각했을 것이다. '정액'을 찾아 돌아다닌다는, 히스테리에 대한 경멸적인 통념은 남자들의 환상의 산물이다. 여성의 자궁과 몸을 누르는 '고전적'인 히스테리 치료방법 역시 히스테리에 대한 남성적 오해의 산물에 불과하다.

히스테리자는 성적 만족의 결여로 고통받지만 과도한 성적 만족으로부터는 자신을 지키려 한다. "성과잉"(Sexualüberschuß)은 히스테리자에게 혐오감과 불안을 야기한다. 히스테리자는 타자가 자신을 단지 **성적 욕망의 대상, 도구적인 부분대상**으로만 받아들이기를 원할 때 혐오감을 느끼며 이를 거절한다. 그(녀)는 타자에게 자신을 부분대상, 팔루스적 향유의 대상으로 제공하기를 거부한다. 그(녀)는 부분대상이 아니라 **전체적 대상**으로, 그(녀)가 갖고 있는 **부분적인 특징**과 **장점**으로 인해서가 아니라 있는 그대로 사랑받기를 원하는 주체이다.

그러므로 히스테리는 자신을 성적 부분대상으로만 받아들이고자 하는 사람들의 성적 욕망의 대상이 되는 것에 역겨움·수치감을 느끼고 분노·절망·복수심을 품고 있다. 또 그녀는 자신이 타자의 구원자라는 환상을 갖고 있다. 신경증적인 아이 역시 자신이 어머니를 아버지의 박해로부터 구해주는 구원자라는 환상을 갖고 있다. 히스테리자는 자신이 사랑하는 '지배자'의 결여를 채워줌으로써 그의 아름다운 구원자가 될 꿈을 꾸고 있다.

히스테리자는 궁극적으로 '주인'의 '지식'이 아니라 주인의 욕망을 욕망한다. 그(녀)가 주인에게 관심을 갖는 것은 그에게 복종하기 위해서가 아니라 오히려 그의 구원자가 되어 그를 지배하고 그로 하여금 그의 과제가 끝나지 않았다고 말하기 위해서이다(페터 비트머 2000, 190면 참조). 히스테리자는 지배자인 주인을 유혹하고 그의 욕망에 관심을 가짐으로써 '보수적' 기능을 하기도 하지만, 지배자의 지식과 그것에 근거한 권력을 거부하는 진보적 기능을 할 수 있다(페터 비트머 2000, 200면 참조). 히스테리자는 자신을 잘 짜여진 교과서적 지식체계로써 '분류'하고 도덕적으로 열등한 사람으로 치부하는 주인·사회적 통념·이데올로기에 저항하는 주체이다. 히스테리의 역사를 통해 잘 볼 수 있듯이 히스테리는 과학적·의학적 담론에 대한 저항의 의미를 갖는다. 치료자로서의 의사는 환자에 대해 우월한 의학적 **지식**과 도덕적·정신적 건강이라는 기준을 갖고 환자에게 지배권을 행사할 수 있었다. 삐넬이 비난한 바 있었던, 환자에 대한 정신병원에서의 폭력적 학대, 감금, 사슬로 묶어놓기 등의 비인간적인 관행에 대한 '억압된 저항'이다. 히포크라테스의 '자궁의 신화'에서 잘 드러났듯이 히스테리의 정의를 내리는 과정은 곧 의학적 권력, 혹은 의학적 권력으로 상징되는 남성적 권력과 지식의 그물망 속으로 히스테리가 편입되는 과정이었다.

1896년 5월 17일 플리쓰에게 보낸 편지와 「방어 신경정신증에 관한 추가적 언급」 등에서 프로이트는 신경증(히스테리·강박증)·성도착·망상증(Paranoia)의 정의, 분류기준, 발생 메커니즘 등 임상이론의 핵심문제들에 대해 체계적으로 연구하기 시작했다. 프로이트는 우선 유아기 시절의 '과다한 성체험'이 유아에게 남긴 '느낌과 반응'을 정리함으로써 논의를 시작한다. 신경증은 유아가 체험한 "성과잉"에 그 원인이 있다(Freud 1986, 197면). 히스테리자는 유아기적 성체험을 불쾌감과 혐오감으로, 강박증자는 쾌락으로 체험한다. 일정 시기가 지나 어린아이에게 초자아가 형성되면 유아기의 성적 체험에 대한 방어기제가 발생하고, "유아기적 비도덕성"의 시기는 끝난다. 그후 최초의 체험을 쾌락으로 느꼈던 강박증적 주체도 이제는 그 체험을 더이상 순수한 쾌락으로만 느끼는 것이 아니라, 죄의식·불안 같은 고통스러운 체험으로 받아들인다. 방어기제가 형성된 후 그것을 통한 최초의 체험에 대한 억압('재해석')이 신경증 형성에 또 하나의 중요한 요인이 된다는 것이다. "성과잉만으로는 억압이 발생하지 않는다. **방어**가 함께 작용해야 한다. 하지만 성적 과잉이 없다면 방어는 신경증을 유발하지 않는다."(Freud 1986, 197면. 강조는 원문)

신경증의 발생에서 환상과 방어의 중요성을 발견한 뒤에 프로이트의 강조점은 성과잉에서 '성적 만족의 결여'로 옮겨간다(Soler 1996, 251면 참조). 이러한 맥락에서 라깡은 히스테리자의 "박탈의 향유"라는 표현을 사용한 바 있다. 히스테리자는 완전한 아버지, 완전한 주인을 원한다. 그러나 욕망은 충족될 수 없다는 욕망에 내재하는 구조적인 이유로 이 아버지를 소유할 수 없다. 완전한 대상은 영원히 상실되었으므로 어떠한 대상도 그녀를 완전히 충족시켜줄 수는 없다. 그(녀)는 '박탈의 향유'(jouissance de privation)를 향유하는 주체이다. 하지만 그(녀)는 자신이 박탈의 향유를 향유하고 있다는 사실을 알지 못한다.

VI. 라깡 정신분석학 임상이론의 기본 개념
: 정신병 · 성도착 · 신경증

1. 배척 · 부인 · 억압

프로이트 · 라깡 정신분석학은 인간의 '병리현상', 인간의 '세계 속에서의 존재방식'을 크게 정신병 · 성도착 · 신경증으로 구분한다. **정신병 · 성도착 · 신경증(히스테리 · 강박증 · 공포증[47])은 병리적 현상이자 동시에 인간주체의 실존적 존재방식**이기도 하다.[48] 프로이트 · 라깡 정신분석학은 병리현상——주체의 실존적 구조——을 논할 때 그것을 증상의 유무나 특징 혹은 빈도 등에 따라 단순히 분류하는 것이 아니라 **구조적** 관점에서 체계적으로 접근한다.[49] 구조적 관점을 취한다는 것은 '타자의 욕망과 주체의 관계' 혹은 '타자의 욕망에 대한 주체의 반응' '타자와의 관계에서 발생하는 결여와 이 결여를 메우는 방식'에 초점을 맞춘다는 것을 의미한다. 여기에서 더욱 중요한 것은 주체와 타자가 이자관계에 머물러 있는가, 아니면 삼자관계에 도달했는가의 여부이다.

예를 들어 설명해보자. 주체적 결여를 받아들일 수 없어 항상 타자를 자신의 욕망의 통제 아래 두려고 하는 주체는 강박증자이다. 그는 이미 '아버지의 이름'을 받아들였으므로 정신병자가 아니라 신경증자이다. 하지만 그

---

47) 뒤에서 논의하겠지만 공포증은 정신병적 불안을 벗어나 오이디푸스적(신경증적) 관계로 나아가는 중간과정에서 발생하는 현상이다. 라깡은 『쎄미나 제4권: 대상관계』(Lacan 1994)에서 한스(Hans) 사례를 중심으로 이에 대해 철저히 고찰한 바 있다. **구조적 관점에**서 고찰하면 이러한 공포증은 성도착증으로서 정신병적 구조와 신경증적 구조의 중간에 위치한다.

48) 이에 대해서는 Juranville(1996) 418면 이하; 페터 비트머(2000) 제10장 참조.

49) 라깡의 임상이론에 대한 입문적 소개는 페터 비트머(2000) 8, 10장 참조. 좀더 상세한 논의는 Julien(2000); Razavet(2000); Fink(1997), 전문적인 논의는 공동저작인 *Hystérie et Obsession*(1986); *Trait de perversion dans les structures cliniques*(1990); *Clinique différentielle des psychoses*(1988) 등 참조.

는 타자의 욕망이라는 '불확실성'을 견딜 수 없다. 욕망하는 타자에 직면해 강박증자는 이 타자를 자신의 명령과 통제 아래 두기 위해 타자의 죽음의 환상을 발전시키고, 또 자신을 죽은 타자와 동일화한다. 강박증자는 자신의 성적 즐거움을 방해하는 타자의 욕망과 이 욕망이 불러일으키는 '불확실성'을 제거하고 '확실성'에 도달하고자 한다. 이를 위해 강박증자는 욕망하는 타자의 죽음의 환상으로써, 그리고 이 타자와 동일화한 후 타자와 동일화된 자신의 죽음의 환상으로써 대응하는 것이다. 그러므로 강박증자에게 욕망은 '불가능'하다. 반면에 앞에서 상세히 논의했듯이 히스테리자는 자신의 욕망을 충족되지 않은 상태로 유지하려는 주체이다.

신경증과 정신병을 구분하는 결정적인 구조적 사실은 주체가 아버지의 이름을 받아들였는가의 여부이다. 아버지의 이름을 받아들이지 않은 주체는 어머니와의 이자관계의 구조 속에서 살고 있다. 어린아이가 최초로 만나는 타자(어머니)의 욕망과 향유에 답하여 자신을 어머니의 결여를 메워줄 팔루스로 제공하고 어머니와 완벽한 이자관계를 유지하려고 한다면, 아버지의 이름이 **배척**되어 아버지 은유가 형성되지 않는다면 이 아이는 정신병적 주체가 된다. 정신병은 주체적 결여, 상징적 거세를 조금도 받아들이려 하지 않는 실존적 태도, 즉 '결여의 결여' 상태라고 정의할 수 있다. 반면에 신경증은 아버지의 이름을 받아들임으로써 이자관계를 극복하고 삼자관계라는 구조를 형성할 수 있었지만, 이 삼자관계를 유지하면서도 아버지의 이름이 도입한 결여를 무의식적으로 메우려는 주체적 태도를 의미한다.

신경증과 마찬가지로 정신병 역시 근친상간의 문제와 연관되어 있다. 어린아이가 자신의 주체적 결여를 받아들이려 하지 않고 어머니에게 집착하거나, 반대로 어머니가 나르씨시즘적 자아만족을 위해 아이를 자신의 품에 묶어두려고 한다면 아이는 아버지의 이름을 받아들일 수 없어 정신병자적 주체로 전락할 위험이 있다. 아이는 어머니와의 이자관계에서 모든 것이 충족되는 유토피아를 경험하는 것이 아니라, 오히려 어머니에게 흡수되어버릴지도 모른다는 최악의 불안을 경험한다. 아이를 사랑하고 돌보는 것은 아름다운 일이지만 아이를 자신의 품에서 떠나보내려 하지 않는 어머니는 아이를 정신병자로 만들 수도 있다. 부재와 결여, 빈곳을 허용하지 않는 부모는 아이를 심리적으로 질식시킨다.

라깡은 정신병에 고유한 메커니즘을 '아버지의 이름'의 **배척**(Verwerfung, forclusion)이라고 부른다. 신경증 형성의 메커니즘은 **억압**(Verdrängung, refoulement)이고 성도착증의 메커니즘은 **부인**(Verleugnung, désaveu)이다. 1930년대 박사학위논문을 통해 정신병, 특히 망상증 연구를 수행한 라깡은 1950년대 이후로는 배척이라는 개념으로써 정신병에 고유한 메커니즘을 해명하고자 지속적으로 노력했다.

배척의 의미를 명확히 파악하기 위해서는 우선 억압의 개념과 비교해서 생각해보는 것이 필요하다. 억압된다는 것은 무엇인가? 쉽게 말하면 억압이란 고통이나 불쾌감을 주는 생각들을 의식으로부터 몰아내는 것이다. 그리고 신경증 증상이란 억압되었던 생각이나 이미지들이 다시 되돌아온 것이다. 이와 관련해 흔히들 '억압의 실패'에 대해 말한다. 그렇다면 억압을 완전히 성공시키면 신경증 증상이 사라지는가? 완전히 성공한 억압은 무엇을 의미하는가?

라깡은 프로이트가 「부정」(Verneinung)에서 언급한 내용을 출발점으로 삼아 논의를 시작한다. 위의 글에서 프로이트는 "억압된 표상이나 사고내용은 그것이 부정(verneinen)된다는 조건에서 의식으로 뚫고 들어올 수 있다"고 말한다(Freud 1994d, 373면). "당신은 꿈속의 그 사람이 누구냐고 물으십니다. 그 사람은 나의 어머니가 아닙니다."(Freud 1994d, 373면) 억압된 것은 '부정'을 통해 의식으로 들어온다. "사고의 내용을 긍정하거나 부정하는 것이 지적인 판단기능의 과제이므로, 우리가 앞에서 언급한 것들은 이러한 (판단)기능의 심리적 근원으로 우리를 이끌어간다. 판단 속에서 무언가를 부정한다는 것은 결국 '그것은 내가 정말로 억압하고 싶은 것이다'는 것을 의미한다."(Freud 1994d, 374면) 부정이란 "억압된 것을 인식하는 한 방식이다. 그것은 이미 억압의 지양이다. 하지만 억압된 것을 받아들인다는 것은 물론 아

니다."(Freud 1994d, 373면)

라깡은 프로이트의 이러한 견해를 더욱 철저히 구조적으로 해석해 다음과 같이 공식화한다. "억압은 억압된 것의 회귀와 구분되지 않는다."(Lacan 1966, 386면) 억압된 것은 "부정의 상징"(Freud 1994d, 377면)을 통해 다시 증상으로 되돌아오기 때문이다. 부정적 판단을 통해 의식으로 들어온다는 것은, 무의식적 상징화 작업, 즉 언어에 의한 매개를 거쳤다는 것을 의미한다. 억압된 생각이나 이미지는 의식에 대해 불쾌감 혹은 처벌의 위험을 야기하므로 반드시 상징적 작업, 즉 부정이라는 방어기제를 통해서만 의식에 떠오를 수 있다. 그렇다면 부정의 방어기제를 통해서도 의식에 떠오를 수 없을 정도로 너무나도 충격적인 사고내용이나 이미지는 어떤 운명을 겪게 되는가? 그것은 심지어 무의식의 세계에조차 자리를 잡지 못한다. 억압되었다는 것은 무의식 속에 저장되어 보존된다는 것을 의미하는데, 만일 어떤 사건이 너무나 충격적이라면 그것은 심지어 무의식의 세계에조차 자리를 잡을 수 없다. 즉 그것은 무의식으로부터 배척된다. 라깡은 자신이 이론화한 배척이라는 용어를 명확히하기 위해 프로이트가 「늑대인간」에서 배척이라는 용어를 어떤 뜻으로 사용했는지에 주목한다. 늑대인간은 "억압이라는 의미의 거세에 대해 아무것도 알려고 하지 않았다." "그 결과는 상징적 폐기이다." "그는 그것을 배척했다."(Freud 1994b, 199면; Lacan 1966, 386면)

부정의 상징을 통해 매개되지 못하고 완전히 억압된 것, 즉 배척된 생각이나 이미지들은 이제 실재에서 다시 등장한다. "상징계의 빛으로 도달하지 못한 것은 실재에서 등장한다."(Lacan 1966, 388면) 억압된 것과 달리 배척된 것은 언어를 통한 매개과정을 거치지 못한 것들이다. 따라서 그것은 '부정의 상징'을 통해서가 아니라 정신병적 환각(실재)으로 주체에게 되돌아온다. 프로이트는 정신병의 특징을 현실성의 상실이라고 말한 바 있다(Freud 1994c, 355면 이하 참조). 여기에서 우리는 환상과 환각의 차이를 알 수 있다. 정신병자에게도 환상이 없는 것은 아니지만 정신병자에 고유한 현상은 환상이 아니라 환각 혹은 망상(délire)이다. 환상과 환각의 차이는 무엇인가? 환상은 주체를 엄습하는 실재의 위협 또는 타자의 향유에 대한 주체의 응답이다. 그것은 주체를 절멸할 것 같은 타자의 향유에 대한 상징적 '거리두기'를 의미한다. 상징계에 의한 매개를 거치지 않은 것은 환각으로 등장한다. 주체는 환각적 내용을 현실 그 자체인 것처럼 지각한다. 그러므로 '완전히 성공한 억압'이란 잘못된 표현이다. 완전히 성공한 억압은 라깡적 의미의 배척에 다름아니다. 억압된 생각이나 이미지는 부정의 상징을 통해, 언어를 매개로 의식에 다시 등장한다. 배척된 것이 실재 속에서 다시 등장한다는 것은 언어에 의해 매개됨이 없이, 달리 말하면 주체의 환상, 즉 '거리두기'라는 응답을 통하지 않고 환각·환청으로 '직접' 다시 등장한다는 것을 의미한다. 정신병적 주체는 다시 등장하는 생각이나 이미지들이 언어와 환상에 의해 매개되지 않았으므로 현실성을 갖는 것으로 느낀다.

억압된 것과 억압된 것의 회귀는 구조적으로 볼 때 같은 개념이다. 어떤 것이 억압되었다는 것은 그것을 부정한다는 조건 아래에서 증상으로 다시 회귀한다는 것을 의미한다. 배척 개념을 정확히 규명하기 위해 라깡은 또한 프로이트가 원초적 억압(Urverdrängung)과 사후적 억압(Nachdrängen)을 구분한 사실에 주목한다. 사후적 억압인 이차적 억압이 가능하기 위해서는 원초적 억압이 이미 존재해야 한다. 이 문제에 대한 프로이트의 기본 생각은 이러하다. 특정한 사유나 이미지가 억압되기 위해서는, 즉 사후적 억압이 가능하기 위해서는 의식으로의 진입을 거부당한 "충동의 심리적 대표물"이 이미 존재해야 하며, 그와 더불어 고착이 발생해 있어야 한다(Freud 1994g, 109면 참조). 프로이트에 따르면 원초적으로 억압되어 있는 것, 즉 충동의 심리적 대표물이 이와 유사한 것을 잡아당김(anziehen)으로써 본래적 의미의 억압(사후적 억압)이 발생한다.

하지만 원초적 억압에 대한 프로이트의 설명에는 무언가 석연치 않은 점이 있다. 사후적 억압을 가능하게 하는 원초적 억압은 도대체 언제 이루어졌다고 보아야 하는가? 특정한 시기에 원초적 억압이 이루어졌다고 가정해도 우리는 이 원초적 억압을 가능하게 했던 제2의 원초적 억압을 또 가정해야만 한다는 문제가 발생한다. 발생적 관점으로는 문제가 해결되지 않으므로 라깡은 구조적 관점을 취함으로써 문제를 해결하고자 한다.

라깡은 원초적 억압을 상징적 질서 자체의 성립, 상징적 질서에 대한 절대적 긍정으로 재해석한다. 상징적 질서 속에는 표현될 수 없는 무언가가 반드시 존재한다. 따라서 라깡에게서 원초적 억압이란 발생적 관점에서 설명될 수 있는 역사적 사건이 아니다. 그것은 본래적 의미의 억압(사후적 억압)을 가능하게 하는 상징적 질서라는 구조 자체이다. 억압 현상이 발생하기 위해서는 억압 자체를 가능하게 하는 **구조**가 주체의 무의식 속에 형성되어 있어야 한다. 주체에게 상징적 질서가 이미 형성되어 있지 않다면 억압도 존재하지 않는다. 억압된다는 것은 언어로 표현될 수 없는 것이 존재한다는 것을 의미한다. 상징적 질서는 표현될 수 없음, 부재의 조건 아래에서 혹은 부정을 통해 무언가를 표현할 수 있도록 해주는 구조이다. 상징계는 순수한 부재나 현존이 아니다. 그것은 부재/부정의 기반 위에서 형성된 현존/긍정의 구조이다. 이러한 추론을 바탕으로 라깡은, 정신병에 고유한 메커니즘인 배척은 상징적 질서 자체에 대한 "원초적 긍정"의 배척에 다름아니라는 결론에 도달한다. "배척은 상징적 질서의 모든 현시, 즉 (…) **긍정을 잘라내는 것이다. 긍정은 (…) 실재로부터 어떤 것이 존재의 계시로 도달하기 위한 원초적 조건**이다."(Lacan 1966, 388면)

여기에서 중요한 점은 상징적 질서의 긍정은 "부정성"을 매개로 한 긍정이라는 것이다. 상징적 질서 자체를 긍정한다는 것은 주체의 무의식에 차이·결여가 자리를 잡았다는 것을 의미한다. 차이에는 여러 종류가 있다. 기표와 기표의 차이, 기표와 기의의 차이, 언어와 사물의 차이 등. 정신병자는 상징적 질서의 성립을 가능하게 하는 차이·결여·부정성을 알지 못하므로, 정신병적 주체에게 언어는 실재적 사물로 감지되며, 그는 '고정점'을 알지 못하는 혼란스러운 언어, 육체와 직접적으로 결합되어 있는 언어를 사용한다.

부정(négation)에는 두 종류가 있다(Maleval 2000, 48면 참조). "억압과 자아의 오인에 봉사하는” 부정(dénégation)과, 상징적 질서 자체의 긍정을 위해 필수적인 부정성(négativité)이 그것이다. 전자의 의미의 부정이 「부정」이라는 글에서 프로이트가 말한, ‘억압된 것을 인식하는 한 방식’이다. 두번째 의미의 부정은 상징적 질서의 근거가 되는 더욱 근원적인 부정성을 뜻한다. “상징적 질서에서는 빈곳이 채워진 곳만큼이나 중요하다.”(Lacan 1966, 392면) 상징계에 대한 원초적 긍정은 언어에 내재하는 부정성, 즉 차이에 대한 긍정에 다름아니며, 이러한 원초적 긍정이 원초적 억압이라는 구조적 사실을 형성한다.

「부정」에서 프로이트는 인간의 사고를 ‘속성판단’과 ‘존재판단’으로 구분해 설명한다. 최초의 판단작용은 ‘속성판단’으로, 프로이트는 이러한 판단작용의 발생과정을 ‘축출’(Ausstoßung)과 ‘흡수’(Einbeziehen) 과정으로 설명한다. 어린아이는 자기에게 유용한 것과 좋은 것을 흡수하고, 나쁜 것과 무용한 것을 밖으로 축출하는데, 이를 통해 어린 주체에게 내부와 외부의 개념이 형성된다. 프로이트는 ‘속성판단에 근거해’ 축출과 흡수 과정을 주도하고 내부와 외부의 구분을 만드는 심리장치를 “원초적 쾌락자아”라고 부른다. ‘존재판단’은 이렇게 내부로 흡수된 좋은 대상이 현실적으로 존재하느냐 존재하지 않느냐를 판단하는 사유기능으로, 이 기능을 주도하는 심리장치는 “현실자아”이다.

여기에서 알 수 있는 것은, 프로이트가 사용하는 축출(배척)과 흡수 개념은 주체의 형성 및 구조에 관한 설명이기도 하다는 점이다. 프로이트에 따르면 최초의 주체의 형성은 축출과 흡수라는 기본 메커니즘을 통해 이루어진다. 이제 우리는 ‘대상의 발견은 재발견이다’는 프로이트의 명제에 입각해 라깡적 의미의 배척 개념에 도달할 수 있다. ‘현실자아’가 현실에서 발견하고자 애쓰는 만족을 주는 대상이란 언젠가 경험한 적이 있었지만 영원히 상실되어 다시는 찾을 수 없는 대상이다. 프로이트는 ‘유용한’ ‘좋은’ 대상의 흡수 혹은 원초적 긍정과 나쁜 대상의 축출이 주체를 형성하는 기본 메커니즘이라는 사실을 간파했지만, 좋은 대상의 원초적 승인과 부재의 관계에 대해 상세히 설명하지는 못했다. 라깡은 대상의 발견은 재발견이다는 프로이트의 말에 입각해 프로이트를 재해석한다. '좋은 대상'의 발견은 재발견에 불과하다. 그런데 이는 언젠가 완전한 만족을 주었던 대상이 영원히 상실되었다는 것, 즉 원초적 억압, 상징적 질서에 대한 원초적 긍정을 전제한다. 인간은 이러한 원초적 상실을 바탕으로 해서만 욕망의 주체로 태어날 수 있다. 라깡이 헤겔을 인용해 강조했듯이 "말은 사물의 살해자이다." 상징계는 사물, 즉 절대적 만족을 주었던 대상(어머니의 육체)을 영원히 상실한 대상으로 만드는 법과 금지, 아버지의 세계이다.[50] 요컨대 정신병의 메커니즘인 배척은 상징적 질서에 대한 원초적 긍정의 거부, 아버지의 이름의 배척이다.

이제 성도착증의 메커니즘인 **부인**에 대해 살펴보자. 이 문제에 관한 가장 뛰어난 글은 프로이트의 「물신주의」(Freud 1994h)이다. 이 글에 따르면 물신 숭배자(성도착자)의 물신(Fetisch)은 페니스의 대체물이다.

성도착자는 정신병자와 달리 현실성을 완전히 상실하지는 않았지만 그럼에도 그는 현실의 일부, 예컨대 '여성이 페니스를 갖고 있지 않다는 사실'을 부인한다. 성도착자는 여성이 페니스를 갖고 있지 않다——거세되었다——는 사실을 알고 있다. 하지만 그는 이 사실을 인정하지 않는다. 그 이유는 성도착자는 '여성의 거세'를 부인함으로써 거세위협에 대한 승리감을 표시하고 방어하려 하기 때문이다(Freud 1994h, 384면 참조).

물신이 어머니의 페니스의 대체물이라는 프로이트의 주장은 별 설득력이 없어 보이지만, 사실 이만큼 문제의 정곡을 찌르는 설명은 찾아보기 힘들다. 여자는 페니스를 갖고 있지 않다는 사실을 성도착자가 부인하는 이유는 그 사실이 성도착자에게 거세의 가능성을 확인시킴으로써 거세불안을 야기하기 때문이다. 여기에서 알 수 있듯이, 성도착의 메커니즘을 해명하면서 프로이트가 '고전적인' 오이디푸스 콤플렉스 이론에 다시 의존하고 있음을

---

50) 여기에서는 지면 관계로 배척과 아버지의 이름, 정신병의 메커니즘에 대한 상세한 설명을 생략할 수밖에 없다. 이 문제에 대한 보다 면밀한 토론은 Maleval(2000) 참조.

볼 수 있다. 성도착자의 '부인'의 궁극적 원인은 근친상간적 욕망과 이에 대한 아버지의 거세위협에 있다.

라깡적 관점에서 프로이트의 설명을 다시 해석해보자. 앞에서 언급했듯이 결여를 전혀 받아들이려 하지 않는 주체, '결여의 결여'를 원하는 주체, 즉 아버지의 이름을 배척하는 사람은 정신병적 주체이다. 그리고 아버지의 이름과 근친상간 금지법, 삼자구조를 받아들였지만 이것이 주체에게 남겨놓은 결여를 견딜 수 없어 무의식적으로 근친상간을 욕망함으로써 결여를 다시 메우려 하는 주체는 신경증자이다. 쉽게 말하면 성도착자는 결여의 망각 정도가 정신병과 신경증의 중간에 위치하는 주체이다. '상상적 팔루스'(φ)와 '상징적 팔루스'(Φ)에 대한 라깡의 구분을 이용해 말하면 성도착자의 거세불안은 상상적 거세불안이라고 할 수 있다. 여성이 페니스를 갖고 있지 않은 것은 '실제로' 거세되었기 때문이 아니다. 그러므로 페니스를 갖고 있지 않은 여성이 존재한다는 사실이 언젠가 남자도 거세될 수 있다는 불안을 불러일으킬 이유는 전혀 없다. 하지만 성도착자는 거세의 사실적 가능성이라는 '상상적' 차원을 벗어나지 못하고 있으며, 그러한 이유로 그는 성도착자가 된다.[51] 성도착자는 상징적 거세를 받아들이지 못하기 때문에 성도착자가 된다. 여자도 남자도 거세당할 팔루스를 처음부터 갖고 있지 않다는 사실, 즉 인간은 모두 상징적으로 거세[52]당했다는 사실을 받아들이지 못하기 때문이다.

좀더 이론적으로 설명해보자. 라깡은 성도착증을 설명할 때 프로이트와 달리 어머니(타자)의 욕망과 향유의 측면을 강조한다. 성도착자는 자신을 어머니의 욕망과 향유의 대상으로 제공함으로써 어머니의 결여를 채우려 한다. 물신숭배자는 어머니의 결여를 보완하기 위해 자신을 어머니가 결여

---

51) 여성의 경우는 거세불안이 아니라 페니스 동경으로 설명할 수 있다. 여성도착자는 자신이 페니스를 갖고 있지 않다는 것을 알고 있지만, 그럼에도 불구하고 자신은 페니스를 소유하고 있다고 생각한다. 남성도착자와 유사하게 여성도착자도 '상상적' 페니스에 집착하고 있다.

52) 라깡은 상징적 거세를 마이너스 파이(— φ)로 표현한다.

하고 있는 팔루스, 즉 상상적 팔루스로 제공하기를 바라며 바로 이러한 이유로 어머니에 의해 ‘삼킴’과 ‘물어뜯김’을 당할지도 모른다는 불안이 발생한다. 성도착증에 고유한 메커니즘인 **부인**——어머니가 페니스를 갖고 있지 않다는 사실에 대한 부인——은 이러한 불안에 대한 무의식적 **방어**이다. 그리고 이 불안을 방어하기 위해 그는 어머니의 페니스의 대체물인 물신에서 어머니의 페니스를 발견한다(팔루스를 가진 어머니).

성도착자는 신경증자에 비해 어머니에 대한 고착이 더 강하므로, 어머니에 의한 거세불안을 신경증자보다 더 많이 갖고 있다. 성도착자들이 파트너와 지속적인 관계를 유지하지 못하는 이유도 궁극적 사랑의 대상으로서의 어머니에 대한 고착이 강하기 때문이다.

여기에서 라깡은 오이디푸스 콤플렉스의 중요성에 대해 언급한다. 성도착자가 느끼는, 아버지에 의한 거세불안은 어머니에 의한 거세불안으로부터 탈출하려는 시도이다. 라깡은 이 문제에 대해 『쎄미나 제4권: 대상관계』(Lacan 1994)에서 ‘한스 사례’를 재해석하면서 상세히 탐구한 바 있다.[53] 라깡은 다음과 같이 말한다.

> 만약 거세라는 것이 존재한다면 그것은 오이디푸스 콤플렉스가 거세인 한에서이다. 거세는 (…) 아버지와 관련이 있는 것만큼이나 어머니와도 관련이 있다. 어머니의 거세는 아이에게 삼켜짐과 물어뜯김의 가능성을 의미한다. 어머니의 거세가 선행하며 아버지의 거세는 그 대체물이다.
>
> (Lacan 1994, 367면)

성도착자는 신경증적 구조에 완전히 도달하지 못한 주체이다. 하지만 성도착증 자체는 이미 어머니의 향유 및 이로부터 발생하는 불안에서 벗어나려는 시도로 해석할 수 있다. 꼬마 한스가 느꼈던 말[馬] 공포증, 즉 말이 자

---

53) 홍준기(2002)의 사례 연구 참조.

신의 페니스를 물어뜯을지도 모른다는 불안은 어머니의 향유로부터 벗어나기 위해 무의식적으로 아버지에게 상상적 팔루스의 거세를 요청하기 때문에 생긴다. 하지만 한스는 동시에 자기를 '구원'해줄 말이 쓰러져 죽을까봐 두려워한다. 그러므로 라깡에 따르면 한스의 말 공포증은 성도착적 구조를 갖는다. 구조적 관점에서 성도착증을 해석한다면 그것은 혐오스럽고 괴기스런 성적 쾌락의 추구라기보다는 어머니의 욕망과 향유에 대한 무의식적 방어라는 관점에서 이해할 수 있다. 라깡이 말했듯이 오이디프스 콤플렉스는 이미 거세——어머니의 향유의 대상으로 자신을 제공하려는 유혹에 대한 금지——인 것이다.

2. 소외와 분리: 주체의 재탄생——결론을 대신하여

앞에서 필자는 정신분석학적 주체이론은 의식과 무의식으로 분열된 주체, 다시 말해 '존재결여'와 '실존적 공허'에 시달리는 주체가 타자와 세계에 대해 맺는 관계방식과 이 관계 속에서 발생하는 병리적 결과 및 원인, 그리고 이 병리적 결과를 벗어나기(치료되기) 위해서 주체가 취해야 할 태도와 자세 등에 관해 탐구하는 학문이라고 정리한 바 있다. 여기에서 중요한 점은 주체에 관한 논의에서 라깡이 **타자와의 관계**라는 관점을 중시한다는 것이다. 주체는 절대적 자유의 상태에서 태어나 '유아독존'하는 것이 아니라 타자, 타자의 욕망과 향유와의 연관성 속에서 출생하고 성장한다. 라깡은 욕망하고 향유하는 타자에 대해 취하는 주체의 반응, 주체의 위치에 따라 주체의 성격을 정의한다. 그러므로 라깡 정신분석학에서 주체이론은 곧 임상이론이기도 하다. 인간주체는 타자와의 관계에 대해, 그리고 그가 자기 자신과 타자 속에서 발견하는 결여에 대해 취하는 무의식적·실존적 태도 및 입장에 따라 신경증자나 성도착자 혹은 정신병자가 된다.

인간의 욕망은 빈 공간에서 생겨나는 것이 아니다. 스스로 자율적인 존재로 태어나고 욕망하는 것 같지만 그것은 타자의 욕망과의 만남을 통해 형성된다. 인간의 욕망이 타자의 욕망 속에서 형성된다는 사실은 중대한 결과를 낳는데, 라깡은 이를 **소외**라고 부른다. 심지어 출생 이전부터 인간은 부모의 욕망에 의해 규정된다. 예를 들면 부모는 곧 태어날 아이가 아들 혹은 딸이기를 원한다. 아들을 바랐지만 딸이 태어나는 경우, 만일 부모가 그 딸을 아들처럼 키운다면 이 아이는 남자아이 같은 성격을 갖게 될 수 있으며 심각한 경우에는 정신병자가 될 수도 있다.

타인의 욕망에 의해 소외되어 있는 한, 주체는 아직 진정한 자신, 진정한 주체로 태어나지 못한 것이다. 라깡은 소외된 욕망에서 유래하는 '병리적' 성격을 극복하고 진정한 주체로 탄생해야 할 필요성에 대해 말한다. 라깡은 타자에 의한 소외로부터 벗어나는 과정을 분리라고 부른다. 예를 들면 신경증자가 진정으로 자신이 원하는 일을 하지 못하는 이유는 타자의 욕망에 의해 소외되어 자신의 고유한 욕망을 발견하지 못했기 때문이다. 즉 소외란 주체가 자신의 욕망을 타자에게 양도한 것이다. 인간이 심리적으로 병드는 까닭은 자신의 고유한 욕망을 포기하기 때문이다. 신경증자는 무언가 자신이 원하는 일을 하려고 하고 진정한 만족을 추구하려고 할 때 죄책감으로 고통받는다. 그는 부모의 욕망을 받아들여 형성된 초자아의 비난과 요구로 자기 자신의 만족이 아니라 부모의 만족을 대리 수행하고 있는 것이다. 분리란 이렇듯 자신의 욕망을 타인에게 양도함으로써 소외된 주체의 상태에서 자신의 고유한 욕망과 만족 혹은 향유를 되찾고 해방과 자유를 다시 획득한, 즉 욕망하고 향유하는 새로운 주체로의 탄생을 의미한다. 따라서 이것은 정신분석작업 및 치료의 목적이기도 하다.

『쎄미나 제11권: 정신분석학의 네 가지 기본 개념』에서 라깡은 주체와 타자의 변증법을 다음과 같은 도표로 설명한다(Lacan 1973a, 192~93면).

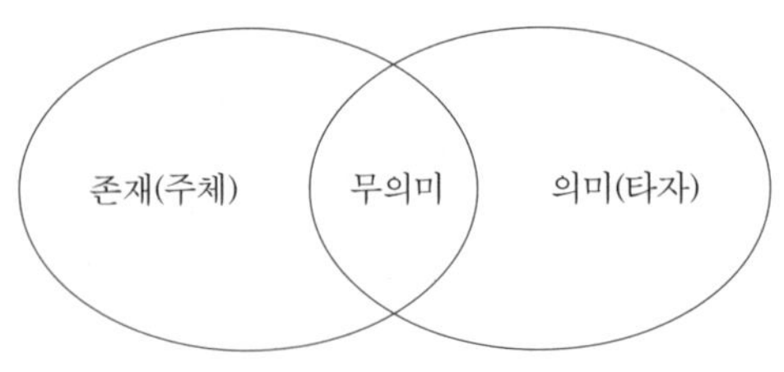

여기에서 라깡은 '돈이냐 목숨이냐'라는 예를 들어 소외의 개념을 알기 쉽게 설명한다. 강도가 침입해 '돈이냐 목숨이냐'라고 질문할 때 주체는 목숨을 선택할 수밖에 없다. 만약 그가 돈을 선택한다면 돈도 목숨도 다 잃을 것이기 때문이다. 상징계 속에 태어난 주체의 선택은 이렇듯 강요된 선택일 수밖에 없으며, 이 속에서 주체는 소외된 욕망을 갖게 된다. 목숨을 선택한 이상 주체는 도표의 교집합만큼 결여를 갖는다. 예컨대 특정한 직업을 원했지만 아버지의 욕망 혹은 사회적 분위기 때문에 다른 직업을 갖게 된 사람은 그만큼 '존재'를 상실한 주체가 될 수밖에 없다. 라깡은 타자에 의해 소외당한 분열된 주체를 8로 표현한다.[54] 주체는 타자로부터 유래하는 기표를 갖고 자신을 온전하게 표현할 수 없다는 의미에서 결여를 갖고 있는 분열된 주체인 것이다.

밀레는 소외와 분리를 다음의 도표로 좀더 정확히 정리한다(Laurent 1995b, 30면 참조).

---

54) 필자는 라깡의 소외 개념을 '사유와 존재의 불일치'라는 관점에서 데까르뜨(R. Descartes)로부터 후썰(E. Husserl)로 이어지는 근대철학의 주체 개념과 관련해 상세히 논의한 바 있다. 이에 대해서는 홍준기(1999b) 제2장, 특히 155면 이하 참조. 필자는 위의 글에서 라깡이 『쎄미나 제11권: 정신분석학의 네 가지 기본 개념』에서 논의한 문제의식을 넘어서는 관점을 발전시켰다. '사유와 존재의 불일치'라는 필자의 관점은 라깡이 『쎄미나 제14권: 환상의 논리』(Lacan 1966~67, 미출간)에서 논한 소외 개념과 일치한다. 사유(행위)를 하는 순간 주체는 자신의 존재를 상실하므로 '의식의 주체'는 사유(행위)를 포기하고 존재, 즉 의식의 연속성 혹은 의식이 제공하는 상상적 안정감을 선택한다(1967년 1월 11일 쎄미나 참조). 이러한 소외로부터 벗어나 분리의 과정에 들어가기 위해서 각 주체는 '정신분석적 행위'를 통해 '무의식의 주체'의 작용인 사유행위에 주목함으로써 '진리'와 만나야 한다(Blancard-Briole 1993, 112면 참조).

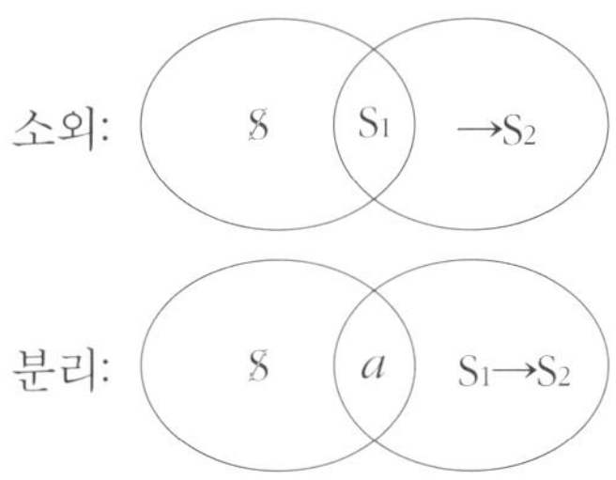

소외의 도표는 주체가 기표 S_1과 동일화함으로써 소외가 발생한다는 사실을 보여준다. 주체는 이해할 수 없지만 받아들여야만 하는 기표, 즉 타자로부터 유래한 기표에 의해 자신의 고유한 존재의 일정 부분이 박탈당함을 경험한다. 여기에서 주체가 취할 수 있는 반응은 '무의미한' 기표 S_1과 '완전히' 동일화함으로써 존재를 상실하고 '살아 있으나 사실은 죽은 자'가 되거나, 이 무의미한 기표(S_1)에 의미를 부여하기 위해 다른 기표들의 연쇄(S_2)을 참조하는 것이다. 하지만 후자의 경우에도 주체는 진정한 의미에 도달할 수 없다. 언어는 끝없는 기표들의 연속이므로 의미의 고정은 주어지지 않기 때문이다. 끊임없이 질문하고 방황하지만 자신을 지배하는 기표의 의미는 결코 파악되지 않는다. 요컨대 소외란 "화석화"와 "의미의 비결정성" 사이에서의 동요라고 할 수 있다. 소외된 주체는 기표에 의해 고착된 동일화와, 결코 발견할 수 없는 의미 사이에서 동요하는 주체이다(Soler 1995b, 48면).

상징적 질서 속에서 모든 주체는 필연적으로 소외를 겪을 수밖에 없지만 이제 그는 라깡이 분리라고 부르는 과정을 통해 진정한 욕망의 주체로 다시 태어날 수 있다. 라깡에 따르면 분리(séparation)란 "se parer" 즉 "자신을 산출하는 것" "자신이 굴복했던 기표를 자신이 취하는 것" '주체를 굴복시켰던 기표를 자기의 것으로 만드는 것', 즉 주체화 작업을 의미한다(Lacan 1966, 843면).

분리가 가능하기 위해서는 주체가 환상을 발전시킬 수 있어야 한다. 환상은 분리의 전제조건이다. 앞의 '강박적 히스테리자의 꿈' 사례 분석에서 알 수 있듯이 기표는 주체에게 향유를 발생시킨다. 그리고 이 향유는 기표에 의해 촉발되어 문자로 고정된다. 주체는 지배기표 S₁에 의해 소외되었지만 그는 이 기표가 제공하는 향유, 그리고 이 향유와 관련해 자신이 발달시킨 환상을 통해 심리적으로 '살아남는 법'을 배운다. 라깡적 의미의 환상이란 자신을 엄습하는 이해할 수 없는 '기표를 향유하고 욕망하는 나름의 방식'에 다름아니다. 기표가 주체에게 발생시키는 향유가 바로 대상 a인데, 라깡은 이를 또한 잉여향유라고 부른다. 주체는 이러한 잉여향유를 향유함으로써 자신을 소외시켰던 바로 이 기표와 최소한의 거리를 유지할 수 있다. 즉 환상 속에서 대상 a를 '주체적으로' 향유함으로써 "자신이 굴복했던 기표를" 다시 "자신이 취"하며, 이를 통해 그 기표와의 '안전거리'를 유지하고 기표의 공격으로부터 자신을 지킨다. "네 속에 있는, 너 이상의 것"인 대상 a(Lacan 1973a, 237면), 즉 '빼앗긴 들에도 찾아오는 봄'인 잉여향유를 자기의 것으로 취함으로써 소외의 극복은 시작된다.

물론 소외의 극복이 이렇게 간단하지는 않다. 분리는 끊임없는 분석작업을 통해 힘들게 이루어지는 지난한 과정이다.

각 주체가 분리를 체험하는 것이 쉽지 않은 경험인만큼, 라깡의 글이나 그밖의 라깡주의 문헌을 읽을 때 분리의 개념을 '머릿속에서' 이해하는 것도 그다지 쉽지는 않은 것 같다. 독자들은 소외의 개념은 어느정도 쉽게 이해되지만 분리의 개념은 상당히 혼란스럽다는 생각을 종종 했을 것이다. 필자는 이러한 '이론적' 어려움이 라깡의 분리 개념이 두 측면을 갖는다는 사실에서 비롯한다고 생각한다. 라깡에게 분리는 우선 정신병자가 되지 않고 '행복스럽게도' 신경증자(정신분석학이론에 따르면 우리 모두는 신경증자이다!)로 남을 수 있었던 모든 사람에게 적용되는 개념이다. 또한 정신분석 작업의 끝에서 체험할 수 있는 좁은 의미의 분리도 있다.

신경증자는 모두 타자 속에서 결여를 발견하므로 비록 '충분하지는 않지만' 이미 분리의 차원에 들어가 있다고 할 수 있다. 분리는 타자 역시 결여를 가진 존재라는 것을 발견함으로써 시작된다. 주체에게 한치의 숨쉴 공간도 허용하지 않는 '전능한, 완전한 타자'로부터의 분리가 가능하지 않다는 것은 당연하지 않은가? 신경증자는 타자 속에서 결여를 발견하고 질문하는 존재이다. 그리고 이 질문에 응답하기 위해 환상을 발전시킨다. 신경증자 역시 결여를 갖고 있으므로 욕망하는 타자 앞에서 "나는 타자의 욕망에 대해 어떤 대상인가?"라는 질문을 던진다. 그리고 환상 속에서 자신의 한 부분을, 즉 대상 a를 타자의 결여를 메우기 위해 제공한다. 대상 a는 타자가 상실한 부분이자, 동시에 타자의 상실한 부분을 메우기 위해 신경증적 주체가 제공하는 자신의 한 부분을 의미한다. 주체와 타자의 만남에서 무의식적으로 대상 a의 교환이 발생하는 것이다. 이것은 우리가 기억할 수 없는 아주 어린 시절에 발생한 사건이며, 동시에 현재에도 주체가 타자를 대면할 때 항상 반복적으로 일어난다. 주체와 타자는 대상 a를 향유함으로써 상상적으로 각자의 결여가 채워지는 무의식적 체험을 한다. 타자는 주체를 자신(타자)의 욕망의 대상으로 삼음으로써 자신의 결여를 채우며, 주체는 자신을 타자의 욕망의 대상으로 제공함으로써 공허감과 무의미로부터 벗어나려고 한다. 이러한 의미에서 라깡은, 신경증자는 "타자가 자기에게 무언가를 요구하기를 원한다"고 말한다. 이렇듯 대상 a는 주체와 타자의 결여가 겹치는 빈 공간을 채우는 대상이다. 신경증적 주체는 자신이 타자에게 제공하는 대상 a를 통해 환상 속에서 충동과 리비도의 만족, 잉여향유를 체험한다. 정신병자와 달리 신경증적 주체는 자신을 타자의 욕망과 향유의 대상으로 완전히 축소시키지 않는다는 점에서, 즉 신경증적 주체는 대상 a가 타자를 '유혹'하기 위해 자신이 던지는 '미끼'일 뿐이라는 사실을 '무의식적으로' 알고 있다는 점에서 대상 a와 '어느정도' 거리를 유지하고 있다. 그런 한에서 신경증적 주체는 정신병자가 도달하지 못한 분리의 최초 단계에 진입해 있다고 할 수 있다. 하지만 그는 비록 정신병자가 되지는 않았지만 아직 완전한 분리단계에 들어가지는 못했다. 그는 신경증자로 남아 있다. 여전히 그는 "타자가 자신에게 무언가를 요구하기를 원"하며, 따라서 소외된 욕망을 가지고 있다.

「라디오포니」에서 라깡이 말했듯이 잉여향유는 주체가 완전히 고갈되지 않기 위해서, 다시 말해 "기계가 돌아가기" 위해서 반드시 필요하다(Lacan 1970, 86면 참조). 하지만 이 잉여향유는 너무 많아서도 안된다(Skriabine 1998, 333면 참조). 잉여향유를 너무 많이 즐기는 주체, 즉 대상 *a*와 너무 밀착한 주체는 자신의 고유한 욕망과 충동의 만족을 포기하고 있기 때문이다. 예를 들면 자신을 대상 *a*와 동일화하고 '너무 많은' 잉여향유를 향유하는 사람, 즉 자신만의 독특한 욕망과 충동을 포기한 사람은 우울증에 걸리기 쉽다. 문화적 관점에서 본다면 우울증은 대상 *a*, 즉 잉여향유에 너무 밀착되어 있는 현대인의 증상이다. 현대인은 자신의 특수성을 포기한 댓가로 대중문화와 상품의 소비라는 잉여향유를 제공받는다. 이러한 잉여향유는 주체가 자신의 특수한 욕망과 충동을 포기한 댓가로 제공받는 '기성품적' 잉여향유이다. 주체의 **특수성**, 고유한 욕망의 충족을 포기한 댓가로 주어지는 **익명의**, **보편적인** 잉여향유 속에서 주체는 여전히 소외되어 있다.[55]

여기에서 우리는 '완전한' 분리, 즉 '좁은 의미의 분리'에 대해 생각할 수 있다. 이러한 두번째 의미의 분리란 병리적 상태로부터의 해방, 치료를 의미한다. 이를 위해 주체는 자신을 소외시켰던 기표(의 사슬)로부터, 그리고 그 기표가 낳은 잉여향유로부터 자신을 떼어내어야만 한다. 이는 주체가 스스로 동일화했던 이상적 대상이나 타자, 그리고 잉여향유로부터 가능한 한 충분한 거리를 유지하는 것을 의미한다. 이러한 분리가 가능하기 위해서 주체는 타자 역시 결여를 갖고 있는 존재이며, 따라서 타자의 궁극적인 관심사도 타자 자신의 결여를 매우는 것에 지나지 않는다는 사실을 깨달아야 한

---

55) 위에서 언급했듯이 여기에서 나타나는 소외의 '현대적 지표'는 우울증이다. 고유한 욕망 또는 충동의 만족 대신 상품 소비라는 보편적인 익명의 잉여향유를 추구하는 현대인은 우울증에 시달린다. 우울증은 과학주의적 '보편성'과 협조체제를 유지하고 있는 자유주의적 자본주의가 낳은 현대적 질병이다. '자유주의적 자본주의'는 인간을 권위주의의 질곡으로부터 해방시켰지만 그 댓가로 현대인을 우울(증)에 빠뜨렸다. 우울증에 대한 라깡주의적 임상이론, 그리고 우울증과 대중 소비문화 등에 관한 흥미로운 논의는 Skriabine(1998) 329면 이하 참조.

다. 타자 역시 결여를 갖고 있는, 욕망하는 존재라는 사실을 알게 됨으로써 주체는 타자가 제공하는 이상적 기표 역시 타자의 결여를 메우기 위한 구실에 불과했으며 이것에 대한 주체의 동일화는 소외 없이는 유지될 수 없었음을 체험한다. 분석을 통해, 주체에게 자신과 타자의 결여를 채우는 구실에 불과했던 숨겨졌던 대상 a가 표면에 등장한다. 주체는 기표로써 자신(주체)을 소외시킨 타자의 관심사가 궁극적으로 '이상'이 아니라 '음험한' 대상 a였다는 것, 그리고 대상 a는 주체와 타자가 갖고 있는 결여, 빈곳을 채우는 무의미한 대상에 지나지 않았음을 깨닫는다. 분리란 바로 이 대상 a를 자신으로부터 떼어내는 것을 의미한다. 과거에는 주체가 환상 속에서 자신을 타자의 욕망의 대상으로 제공했으나 이제 '환상을 가로지르기'(traversée du fantasme)가 일어나는 것이다.

한 망상증자가 분석시간에 필자에게 이렇게 말했다. "내 머릿속에서 커다란 못이 빠진 것 같아요." 지금까지 그녀의 정신세계를 좌지우지했고 그녀를 고통스럽게 만든 못, 그녀를 소외시킨 이 타자의 기표, 이것은 타자의 욕망의 대상(대상 a)으로 축소된 그녀 자신이 아닐까?

분석작업의 끝에서 주체는 분석가가 이상적 타자의 대리자, 그리고 궁극적으로는 대상 a에 지나지 않았다는 것을 깨닫고 분석가와 동일화한 대상 a를 자신으로부터 분리한다. 이를 통해 피분석자는 지금까지 주체를 소외시켰던 '안다고 가정되는 주체' '이상적 타자'가 "추락"(chute)함을 체험하며, 구실에 지나지 않았던 대상 a가 지금까지 자신을 지배해왔다는 것을 깨닫는다. 주체는 과거에는 분석가가 자신의 욕망을 촉발시키는 욕망의 대상–원인이었으며 자신을 매혹시키는 이상적이고 전능한 타자였지만, 이제 그는 대상 a에 지나지 않으며 따라서 자신은 더이상 분석가를 필요로 하지 않는다는 사실을 깨닫는다. 분석가의 추락경험을 통해 주체는 이제 그의 삶을 좌지우지할 이상적 타자가 아니라 진정한 자신을 되찾아야 할 필요성을 깨닫게 된다. 이제 주체는 스스로의 욕망과 충동의 주체가 된다. 라깡이 말했듯이 이드가 있던 곳에서 새로운 주체가 태어나는 것이다. 요컨대 분리란

‘병리적’ 주체에서 승화된 주체로의 이행, 즉 소외된 주체에서 자유로운, 해방된 주체로의 이행을 의미한다. 물론 이러한 분리의 상태는 영원히 지속될 수 없으며, 항상 반복적으로 추구해야 할 부단한 과정이다.

정신분석학은 무미건조한 이론의 총체가 아니며, 무의식에 감추어진 신비로운 혹은 신적인 계시를 찾는 비합리적 · 종교적 실천도 아니다. 정신분석학은 타자의 욕망과 향유 속에서 소외되어 자신을 망각하고 살아왔던 ‘병리적’ 상태에서 자신을 해방하는 실천적 작업이며, 동시에 이러한 실천적 작업을 뒷받침하는 이론이다. 해방과 자유에 대한 도전으로서의 정신분석학, 이는 우리를 매혹하기도 하며, 동시에 우리로 하여금 소외 속으로 도피하고 ‘거짓 안전’ 속에서 평화롭게 안주하도록 만드는 실존적 위협이기도 하다. 바로 여기에서도 ‘자신의 욕망을 포기해서는 안된다’는 라깡의 ‘욕망의 윤리학’ 그리고 ‘향유의 윤리학’의 의의를 다시 한번 발견할 수 있지 않을까?

참고문헌

Blancard-Briole, Marie-Hélène (1993) “Agir, L’angoisse”. *La Cause freudienne* 23. Paris.

Brousse, Marie-Hélène (1992) “De la Madone à sainte Agathe: Lacan, le désir et le réel”. De Cossé Brissac, Marie-Pierre/Dumas, Roland/Giroud, Françoise et D’autres. *Connaissez-vous Lacan?* Paris: Seuil.

Chemama, Roland ed. (1995) *Dictionnaire de la psychanalyse*. Paris: Larousse.

Dunand, Anne (1995a) “The End of Analysis (I)”. Feldstein, Richard/Fink,

Bruce/Jaanus, Maire ed. *Reading Seminar XI: Lacan's Four Fundamental Concepts of Psychoanalysis*. Albany: State University of New York.

—— (1995b) "The End of Analysis (II)". Feldstein, Richard/Fink, Bruce/Jaanus, Maire ed. *Reading Seminar XI: Lacan's Four Fundamental Concepts of Psychoanalysis*. Albany: State University of New York.

Fajersztajn, Rachel (1988) "L'hystérie, privation et jouissance". *Quarto* 33~34. Louvain.

Fehr, Johannes (1987) *Das Unbewußte und die Struktur der Sprache. Studien zu Freuds frühen Schriften*. Zürich: Zentralstelle der Studentenschaft.

Feldstein, Richard/ Fink, Bruce/ Jaanus, Maire ed. (1995) *Reading Seminar XI: Lacan's Four Fundamental Concepts of Psychoanalysis*. Albany: State University of New York.

—— (1996) *Reading Seminars I and II: Lacan's Return to Freud*. Albany: State University of New York.

Fink, Bruce (1996) *The Lacanian Subject: Between Language and Jouissance*. Prinston: Prinston University Press.

—— (1997) *Clinical Introduction to Lacanian Psychoanalysis*. Theory and Technique. Cambridge: Harvard University Press.

Firens, Christian (1999) *Logique de l'inconscient: Lacan ou raison d'une clinique*. Bruxelles: De Boeck & Larcier.

Freud, Sigmund (1970) "Der Familienroman der Neurotiker". *Psychologische Schriften*. Studienausgabe Bd. IV. Frankfurt am Main: Fischer. (1908년 발표)

—— (1975) "Widerstände gegen die Psychoanalyse". *Gesammelte Werke* XIV. Frankfurt am Main: Fischer. (1925년 발표)

—— (1986) *Briefe an Wilhelm Fließ. 1887~1904*. Frankfurt am Main: Fischer. (1887~1904년 집필)

───(1989a) *Der Traumdeutung*. Studienausgabe Bd. II/III. Frankfurt am Main: Fischer. (1900년 발표)

───(1989b) "Bruchstück einer Hysterie-Analyse". *Hysterie und Ansgt*. Studienausgabe VI. Frankfurt am Main: Fischer. (1901년 집필/1905년 발표)

───(1989c) "Drei Abhandlung zur Sexualtheorie". *Sexualleben*. Studienausgabe V. Frankfurt am Main: Fischer. (1905년 발표)

───(1989d) "Ätiologie der Hysterie". Studienausgabe Bd. VI. Frankfurt am Main: Fischer. (1896년 발표)

───(1991) *Vorlesungen zur Einführung in die Psychoanalyse*. Frankfurt am Main: Fischer. (1915~17년 발표)

───(1994a) *Totem und Tabu*. in: *Frage der Gesellschaft: Ursprung der Religion*. Studienausgabe Bd. IX. Frankfurt am Main: Fischer. (1912~13년 발표)

───(1994b) "Aus der Geschichte einer infantilen Neurose(Der Wolfsmann)". *Psychologie des Unbewußten*. Studienausgabe Bd. III. Frankfurt am Main: Fischer. (1914년 집필/1918년 발표)

───(1994c) "Der Realitätsverlust bei Neurose und Psychose". *Psychologie des Unbewußten*. Studienausgabe Bd. III. Frankfurt am Main: Fischer. (1924년 발표)

───(1994d) "Verneinung". *Psychologie des Unbewußten*. Studienausgabe Bd. III. Frankfurt am Main: Fischer. (1925년 발표)

───(1994e) "Das ökonomische Problem des Masochismus". Studienausgabe Bd. III. Frankfurt am Main: Fischer. (1924년 발표)

───(1994f) "Jenseits des Lustprinzips". Studienausgabe Bd. III. Frankfurt am Main: Fischer. (1920년 발표)

───(1994g) "Die Verdrängung". Studienausgabe Bd. III. Frankfurt am Main:

Fischer. (1915년 발표)

—— (1994h) "Fetischismus". Studienausgabe Bd. III. Frankfurt am Main: Fischer. (1927년 발표)

—— (1994i) *Das Unbehagen in der Kultur*. Studienausgabe Bd. XI. Frankfurt am Main: Fischer. (1930년 발표)

—— /Breuer, Joseph (1970) "Über den psychischen Mechanismus hysterischer Phänomene". *Studien über Hysterie*. Frankurt am Main: Fischer. (1892년 집필/1895년 발표)

Hegel, Georg Wilhelm Friedrich (1986) *Wissenschaft der Logik II. Werk* 6. Frankfurt am Main: Suhrkamp.

Hong, Joon-kee (2000) *Der Subjektbegriff bei Lacan und Althusser: Ein philosophischer-systematischer Versuch zur Rekonstruktion ihrer Theorien*. Frankfurt am Main/New York/Paris/Wien: Peter Lang.

Israël, Lucien (1993) *Die Unerhörte Botschaft der Hysterie*. München/Basel: Ernst Reinhardt.

Jakobson, Roman (1960) *Grundlage der Sprache*. Berlin: Akademie-Verlag.

Julien, Philippe (2000) *Psychose, Perversion, Névrose. La Lecture de Jacques Lacan*. Paris: Érès.

Juranville, Allain (1996) *Lacan et la philosophie*. Paris: Quadrie/Presses Universitaires de France. (1984년 발표)

Kierkegaard, Søren (1991) *Die Wiederholung/Die Krise und eine Krise im Leben einer Schauspielerin*. Hamburg: Europäische Verlagsanstalt.

Kress-Rosen, Nicolle (1986) "Das Geschlecht des Hysterischen". *RISS. Zeitschrift für Psychoanalyse* Nr. 2~3. Zürich: RISS-Verlag.

Lacan, Jacques (1962~63) *Le Séminaire X: l'angoisse*. (미출간)

—— (1964~65) *Le Séminaire livre XII: Problèmes cruciaux de la pyschanalyse*. (미출간)

—— (1966) *Écrits*. Paris: Seuil.

—— (1966~67) *Le Séminaire XIV: Logique du fantasme*. (미출간)

—— (1967) "Proposition du 9 octobre 1967 sur le psychanalyste de l'École". *Scilicet 1*. Paris: Seuil.

—— (1968) "De la psychanalyse dans ses rapports avec la réalité". *Scilicet 1*. Paris: Seuil.

—— (1970) "Radiophonie". *Scilicet 2/3*. Paris: Seuil.

—— (1973a) *Le Séminaire XI: Les quatre concepts fondamentaux de la psychanalyse*. Paris: Seuil.

—— (1973b) "L' Étourdit". *Scilicet 4*. Paris: Seuil.

—— (1973~74) *Le Séminaire XXI: Les non-dupes-errent*. (미출간)

—— (1974) *Television*. Paris: Seuil.

—— (1975a) *Le Séminaire I: Les écrits techniques de Freud*. Paris: Seuil.

—— (1975b) *Le Séminaire XX: Encore*. Paris: Seuil.

—— (1975c) *Le Séminaire livre XXII: R. S. I.* in: Ornicar? n° 2. Paris.

—— (1975d) *Le Séminaire livre XXII: R. S. I.* in: Ornicar? n° 3. Paris.

—— (1975e) "Conférences et entretiens dans des universités nord-américaines". *Scilicet 6/7*. Paris: Seuil.

—— (1978) *Le Séminaire II: Le moi dans la théorie de Freud et dans la technique da la psychanalyse*. Paris: Seuil.

—— (1981) *Le Séminaire III: Les psychoses*. Paris: Seuil.

—— (1985) "Conférence à Genève sur le symptôme". *Le Bloc-Notes de la Psychanalyse*. Genève: Librairie Le Parnasse.

—— (1986a) *Le Séminaire VII: L' éthique de la psychanalyse*. Paris: Seuil.

—— (1986b) "Preface". Lemaire, Anika *Jacques Lacan*. London/New York: Routledge. (1970년 발표/1986년 번역)

—— (1988) "Der Sinn einer Rückkehr zu Freud in der Psychoanalyse". *Wo es war.* Vol. 5~6. Wien: Hora Verlag. (1955년 발표)

——(1991a) *Le Séminaire VIII: Le transfert.* Paris: Seuil.

——(1991b) *Le Séminaire XVII: L'envers de la psychanalyse.* Paris: Seuil.

——(1994) *Le Séminaire livre IV: La Relation d'objet.* Paris: Seuil.

——(1998) *Le Séminaire livre V: Les formations de l'inconscient.* Paris: Seuil.

Laplanche, Jean/Pontalis, Jean-Bertrand (1986) *Das Vokabular der Psychoanalyse.* Frankfurt am Main: Suhrkamp.

Laurent, Eric (1995a) "Alienation and Separation(I)". Feldstein, Richard/Fink, Bruce/Jaanus, Maire ed. *Reading Seminar XI: Lacan's Four Fundamental Concepts of Psychoanalysis.* Albany: State University of New York.

——(1995b) "Alienation and Separation(II)". Feldstein, Richard/Fink, Bruce/Jaanus, Maire ed. *Reading Seminar XI: Lacan's Four Fundamental Concepts of Psychoanalysis.* Albany: State University of New York.

Leclaire, Serge (1968) *Psychanalyser.* Paris: Édition du Seuil.

Maleval, Jean-Claude (2000) *La Forclusion du Nom du Père.* Paris: Seuil.

Malinowski, Bronislaw (1977) *Geschlecht und Verdrängung in primitiven Gesellschaften.* Frankfurt am Main: Fachbuchhandlung für Psychologie Verlagsabteilung.

Marini, Marcelle (1986) *Lacan.* Paris: Pierre Befond.

Miller, Jacques-Allain (1986) "Von einem anderen Lacan". *Wo es war* Vol. 2. Ljubljana.

——(1987) "Préface". Auber, Jaques ed. *Joyce avec Lacan.* Paris: Navarin.

Pagel, Gerda (1991) *Lacan. Zur Einführung.* Hamburg: Junius.

Porge, Erik (2000) *Jacques Lacan, un psychanalyste. Parcours d'un enseignement.* Paris: érès.

Razavet, Jean-Claude (2000) *De Freud à Lacan. Du roc de la castration au roc de la structure.* Paris/Bruxelle: De Boeck Université.

Regina, Schaps (1992) *Hysterie und Weiblichkeit. Wissenschaftsmythen über die Frau.* Frankfurt/New York: Campus Verlag.

Saussure, Ferdinand de (1967) *Grundfrage der allgemeinen Sprachwissenschaft.* Berlin: Walter de Gruyter & Co.

Skriabine, Pierre (1998) "Des fautes morales qu'on appelle dépression". La Fondation du Champ Freudien ed. *Le Symtôme-Charlatan.* Paris: Seuil.

Soler, Colette (1995a) "The Subject and the Other(I)". Feldstein, Richard/Fink, Bruce/Jaanus, Maire ed. *Reading Seminar XI: Lacan's Four Fundamental Concepts of Psychoanalysis.* Albany: State University of New York.

—— (1995b) "The Subject and the Other(II)". Feldstein, Richard/Fink, Bruce/Jaanus, Maire ed. *Reading Seminar XI: Lacan's Four Fundamental Concepts of Psychoanalysis.* Albany: State University of New York.

——(1996) "Hysteria and Obsession". Feldstein, Richard/Fink, Bruce/Jaanus, Maire ed. *Reading Seminar XI: Lacan's Four Fundamental Concepts of Psychoanalysis.* Albany: State University of New York.

Viltard, Mayette (1993) "Jouissance". Kaufmann, Pierre ed. *L'apport freudien.* Paris: Bordas.

Weber, Samuel (1990) *Rückkehr zu Freud: Jacques Lacans Ent-stellung der Psychoanalyse.* Wien: Passagen-Verlag.

Žižek, Slavoj (1992) *Der erhabenste aller Hysteriker: Psychoanalyse und die Philosophie des deutschen Idealismus.* Wien/Berlin: Kant & Turina.

Clinique différentielle des psychoses. Paris: Navarin. 1988. (공동저작)

Hystérie et Obsession. Paris: Navarin. 1986. (공동저작)

La Conclusion de la cure. Paris: Ecolia. 1994. (공동저작)

La Passe: effets et résultats. Journées des A. E. 1999, Paris: Rue Huymans 2000. (공동저작)

Trait de perversion dans les structures cliniques. Paris: Navarin. 1990. (공동저
작)

페터 비트머 (2000)『욕망의 전복: 자끄 라깡 또는 제2의 정신분석학 혁명』. 홍준
기 · 이승미 옮김. 한울. (1998년 초판)

필리프 쥘리앵 (2000)『노아의 외투: 아버지에 관한 라깡의 세 가지 견해』. 홍준기
옮김. 한길사. (1998년 초판)

홍준기 (1999a)「자크 라깡: 인물과 사상」.『사회비평』 22호(1999년 겨울호). 나남
출판.

—— (1999b)『라깡과 현대철학』. 문학과지성사.

—— (2000a)「가족 소설로서의 정신분석학」. 필리프 쥘리앵.『노아의 외투: 아버
지에 관한 라깡의 세 가지 견해』. 한길사.

—— (2000b)「라깡의 성적 주체 개념:『세미나 제20권: 앙꼬르』의 성 구분 공식을
중심으로」.『현대 비평과 이론』 19호(2000년 봄 · 여름호). 한신문화사.

—— (2000c)「지제크의 라깡 읽기:『이데올로기의 숭고한 대상』을 중심으로」.『문
학과사회』 52호(2000년 겨울호). 문학과지성사.

—— (2001)「예술에 대한 부의식적 향유」.『월간미술』 제13권 8호(2001 August).
월간미술.

—— (2002)「라깡과 프로이트 · 키에르케고르: 불안의 정신분석 I」. 김상환 · 홍준
기 엮음. 창작과비평사.

제2부
라깡과 현대사상

라깡과 데까르뜨 / 라깡과 싸드 /

라깡과 프로이트·키에르케고르 / 라깡과 쏘쒸르 /

라깡과 클라인 / 라깡과 레비나스 / 라깡과 알뛰쎄르 /

라깡과 들뢰즈 / 라깡과 푸꼬·보드리야르 /

라깡과 데리다 / 라깡과 지젝 / 라깡과 버틀러

라깡과 데까르뜨
에고 코기토에서 무의식적 주체로

김상환

철학과 정신분석이 만나고 부딪치는 전선(戰線), 그 전선에서도 라깡(J. Lacan)이 서 있는 자리, 그 자리 중에서도 주체가 등장하는 지점, 바로 그곳에 초점을 맞추어보자. 왜냐하면 라깡 스스로 그 지점을 가리키고 있기 때문이다. "무의식이 문제일 때, 내가 주체를 끌어들인 것은 명실상부하게 새로운 듯하다."(Lacan 1973, 44면) 이렇게 말하는 라깡은 분명 자신의 독창성을 그 언저리에서 찾고 있다. 무의식이론을 주체이론으로 재구성한 것은 자신이 보더라도 새롭다는 것이다.

물론 주체의 문제는 정신분석의 주제라기보다 철학의 주제다. 그것은 데까르뜨(R. Descartes)의 '나는 생각한다, 고로 존재한다'(코기토 명제)에서 비롯하는 근대철학의 주제다. 헤겔(G. W. F. Hegel)은 데까르뜨가 그 명제를 철학의 제1원리로 선언하는 대목을 신대륙의 발견에 비유한 적이 있다. 그 명제가 의미하는 반성적 내면성이야말로 천년 이상 표류하던 서양철학이 비로소 닻을 내리고 도시를 건설할 수 있었던 육지라는 것이다. 이 철학의 도시에서는 "자기의식이 참된 것의 본질적 지반이다." 하지만 이 지반은 진리가 태어난 처음의 장소라는 의미에서 철학의 고향이다. 그러므로 육지의 발견에 비유할 수 있는 코기토 명제의 발견은 다시 귀향에 해당한다. "여기서 우리는 고향에 돌아온 것이며, 마치 사나운 바다 위에서 오래도록 표류하던 뱃사람처럼 '저기가 육지다!' 하고 외칠 수 있다."(Hegel 1971, 120, 123면)

프로이트(S. Freud)가 발견한 무의식의 세계 역시 또 하나의 신대륙이라 할 수 있다. 우리는 오늘날 근대사상사에 기원을 둔 많은 이론들이 무의식이라는 토양에 이식되어 새로운 성격의 열매들을 수확하고 있음을 여기저기서 볼 수 있다. 근대적 패러다임 안에 속했던 이론들이 무의식의 대륙으로 이주하고, 거기서 새로운 질서를 계획하고 있는 것이다. 이런 변화의 물결을 유도한 공로는 무엇보다 라깡에게 돌아가야 할 것이다. 라깡은 프로이트 이후 등한시해온 정신분석의 이론적 기초를 재점검하고 심화하는 과정에서 철학과 언어학을 비롯한 인문학 전반을 끌어들였다. 특히 정신분석과 철학 사이에 다양한 연락망을 구축하였다. 이런 노력은 무의식이 표상과 재현의 차원에 속하지 않는 사유, 따라서 일상적 언어나 평범한 개념적 장치로는 그 의미를 포착할 수 없는 사유라는 자각에 기초한다. 마치 선적(禪的) 사유가 그런 것처럼, 무의식적 사유를 삼단논법을 가지고 재단할 수는 없는 노릇이다. 무의식은 다른 종류의 학문보다 고차적이고 세련된 논리와 문법을 요구한다.

철학과 정신분석의 관계도 무의식의 이런 난해성으로부터 성립하며, 그 관계는 상호적이다. 우선 철학은 정신분석에게 무의식을 분석하고 조망할 수 있는 관점을 제공할 수 있다. 실제로 라깡은 하이데거(M. Heidegger)와 현대 프랑스철학에서 여러가지 개념적 장치와 해석의 기술을 차용하여, 이제까지 불명료하게 남아 있던 무의식의 본성을 독창적으로 규명할 수 있었다. 반면 정신분석은 철학의 시금석일 수 있다. 무의식을 감당하지 못하는 철학, 정신분석이 도달한 이론적 높이에 도달하지 못한 철학은 현대성을 결여하고 있는 것으로 평가되어 마땅하다. 실제로 데리다(J. Derrida)나 들뢰즈(G. Deleuze) 등의 현대철학은 무의식의 세계를 철학의 관점에서 포용하고 극복하려는 시도를 담고 있으며, 그런 의도에서 출발했기 때문에 그 폭과 넓이를 더해온 것이라 평가할 수 있다.

철학과 정신분석 사이의 이런 접점, 그 접점이 자리한 위치는 재현적 표상과 그 이하(혹은 그 이상)의 차원이 교차하는 지점이다. 여기서 다시 관계가 문제가 된다. 어떻게 재현 불가능한 것이 재현의 차원에 초재(超在)하면서 내재(內在)하는가? 이것이 하이데거·데리다·들뢰즈 등에게 공통된 문제, 현대철학이 도달한 최전방의 물음이다. 라깡은 다시 그 물음을 정신분석의 중심에 놓는다. 무의식은 어떻게 의식의 바깥이면서 안이고, 외부이면서 내부인가? 라깡은 이런 물음의 관점에서 데까르뜨적 전통의 철학, 특히 이 전통의 초석이 되어왔던 주체이론을 재편하는 데 힘을 기울였다. 이 재편의 당위성은 주로 두 가지 이유에 근거한다.

첫째, 정신분석의 핵심개념인 무의식은 아직 자명하지 않은 것이다. 그것은 아직 충분히 규명된 바 없다. 그러므로 무의식의 본성을 규명하기 위해서는 일단 프로이트가 무의식을 발견하던 지점으로 되돌아가볼 필요가 있다. 그런데 프로이트의 발견, 그 무의식의 발견은 데까르뜨가 자기의식적 주체를 발견한 이후에나 올 수 있는 사건이다. "프로이트적 영역은 데까르뜨적 주체가 출현한 이후 얼마간의 시간이 흐르지 않았다면 가능할 수 없었다."(Lacan 1973, 47면) 이는 데까르뜨적 내면성과 무의식이 서로 배타적 영역을 이루는 것이 아니라는 것을 뜻한다. 그 둘은 서로 떨어져 있는 육지가 아니라 서로 이어져 있는 대륙이다. 문제는 이 관계를 밝히는 데 있는데, 이때 라깡이 강조하는 것은 어떤 논리적 순서다. 데까르뜨적 주체가 프로이트적 무의식의 가능조건이라는 것이다. 그러므로 "무의식이 드러내는 것에 대한 모든 사색은 반드시 데까르뜨적 확실성의 주체를 출발점으로" 해야 한다 (Lacan 1973, 121면). 정신분석의 기초로 돌아가기 위해서 그것을 처음 정초(定礎)했던 프로이트로 돌아가야 한다면, 프로이트로 돌아가기 위해서는 먼저 데까르뜨로 돌아가야 한다.

둘째, 데까르뜨적 주체와 프로이트의 무의식 사이에 차이가 있다면, 그 차이는 무엇인가? 프로이트가 새롭게 발견한 것은 무엇인가? 그것은 데까르뜨적 주체의 본적지가 반성적 내면성이 아니라는 것, 그 안식처는 무의식이라는 사실이다. 이 점을 라깡은 이렇게 표현한다. "나는 프로이트가 이 세상에 주체를 끌어들였다고 말하지 않는다. (…) 주체를 끌어들인 것은 데까르뜨이기 때문이다. 그러나 나는 프로이트가 그 주체에게 다음과 같이 말을 건넨다고 말하고자 한다. 꿈의 영역, 바로 여기가 당신의 안식처야. "그것이 있었던 곳, 그곳에 나는 있어야 한다."(Wo es war, soll ich werden.) 새로운 것은 이것이다."(Lacan 1973, 45면) 다시 말해서 "무의식의 영역, 바로 여기가 주체의 안식처다."(Lacan 1973, 36면) 헤겔은 데까르뜨적 내면성이 철학의 고향이라 했지만, 라깡은 데까르뜨적 주체가 태어난 원래의 장소가 무의식임을, 그것이 프로이트가 발견한 새로운 사실임을 역설한다. 무의식적 주체는 데까르뜨적 주체 이후에 출현했지만, 데까르뜨적 주체가 돌아가야 할 뿌리, 복귀해야 할 고향은 다시 무의식이라는 것이다.

이런 독특한 신념 때문에 라깡은 데까르뜨의 코기토 명제를 반복적으로 재해석하고 거기에 독특한 주석을 남겨놓았다. 이런 전복적 계승을 통해서 데까르뜨적 주체는 죽는 동시에 부활하고, 기존의 주거지를 떠나서 새로운 터전으로 이동해야 할 운명을 맞는다. 그렇게 새로운 모습으로 부활하고 이주하는 주체, 그것은 주체를 언급하고자 하는 모든 철학에서 그 현대성을 판별하는 시험관이다. 그 주체는 미래의 철학적 주체이론을 인도하는 중요한 안내자일 것이다. 우리가 라깡의 주체이론과 그의 데까르뜨 해석을 다시 들여다보아야 할 이유는 바로 여기에 있다.

1. 프로이트의 데까르뜨적인 길

데까르뜨는 라깡의 거울이다. 1930년대부터 1970년대에 이르기까지 라깡은 여러단계의 이론적 변모를 보여주었으나 그때마다 끊임없이 코기토 명제에 새로운 주석을 붙였다. 그 주석은 그의 변화된 주체이론을 압축적으로 반영한다. 하지만 라깡이 데까르뜨를 그 어느 때보다 중시하고 '다시 데까르뜨로 돌아가자'고 외친 것은, 그가 국제정신분석학회(IPA)로부터 회원자격을 박탈당한 1964년인데, 그 당시의 강연은 『쎄미나 제11권: 정신분석의 네 가지 기본 개념』(Lacan 1973)으로 정리·출판되었다.

'정신분석의 네 가지 기본 개념'이라는 부제가 말하는 것처럼, 이 해의 강연은 정신분석의 기초를 문제삼는다. 기초의 재검토와 재구축, 그것이 파문에 대한 라깡의 응답이었다. 그 파문은 프로이트의 계승권에 대한 물음을 제기한 셈인데, 라깡은 자신의 정통성을 그런 방식으로 옹호하고자 했다. 다시 프로이트로 돌아가서 그와 자신 사이의 적자관계를 단단하게 조여놓고자 한 것이다.

이런 응답방식은 이미 데까르뜨적이다. 기초 혹은 토대로 돌아간다는 것은 전적으로 데까르뜨적인 계획이기 때문이다. 데까르뜨의 성찰은 "학문의 세계에 확고하고 불변하는 것을 세우고자 한다면, 일생에 한 번은 모든 지식을 철저하게 전복해서 최초의 토대에서부터 다시 시작해야 한다"는 결단의 산물이다(르네 데까르뜨 1997, 34면). 확고 불변의 학문적 토대를 발견하고자 하는 이런 시도에서 데까르뜨의 '방법적' 회의가 비롯한다는 것은 주지의 사실이다. 이 회의는 악령과 '속이는 신'을 끌어들이는 과장법적 회의로 이어지는데, 데까르뜨는 그런 과장법적 회의로도 파괴할 수 없는 명제, 따라서 절대적으로 확실한 진리로서 코기토 명제를 발견한다.

데까르뜨의 이런 토대론적 계획은 서양사상사에서 끊임없이 계승·반복되고 있다. 이에 대한 가장 좋은 사례가 후썰(E. Husserl)의 『데까르뜨적 성찰』(*Cartesianische Meditationen*)이다. 1929년 발표한 이 저서에서 후썰은 자신의 현상학을 신데까르뜨주의로, 데까르뜨주의의 핵심을 견고한 학문적 토대를 찾기 위한 발본적 회의로, 그리고 학문적 토대의 본성을 전제-없음(무전제성)으로, 다시 말해서 절대적 명증성으로 간주한다. 절대적으로 명증한 토대, 그것이 후썰이 생각하는 철학의 영원한 목표다. 그리고 그런 토대로 향한 회귀야말로 철학이 반복해서 걸어야 할 여정이다. 따라서 데까르뜨의 성찰은 모든 철학적 사색의 원형이다.

그런데 이 원형적 성찰은 어디서 토대를 발견하는가? 데까르뜨의 『성찰』 (*Meditationes de prima philosophia*)을 정확히 읽는다면, 그 토대가 신에 있음을 알 수 있다. 속이지 않는 신, 그것이 학문의 형이상학적 토대고, 코기토 명제는 그 최후의 토대로 가는 징검다리일 뿐이다. 그러나 독일 관념론자들이나 현상학자들은 이 점에서 데까르뜨를 교정하고자 했다. 그 토대는 코기토 명제를 선언하는 자아, 사유하는 자아 안에서 찾아져야 한다는 것이다. 그 결과 토대론적 회귀는 성찰하는 주체로, 그 주체 안의 순수한 자아로 돌아가는 자아론적 회귀로 이어진다. 이것이 칸트(I. Kant), 그리고 무엇보다 후썰의 초월적(transcendental) 사유가 지닌 중요한 특징이다. 데까르뜨보다 더 데까르뜨적이고자 했던 이 초월적 사유는, 데까르뜨의 철학에서 신을 폐기하고 그 신의 역할을 "사유하는 자아 안의 순수한 자아" "제2의 자아"에 돌린다(에드문트 후썰 1993, 38면). 철학에서 신학의 잔재를 청산하고 그 신의 자리에 초월적 주체를 설정하는 것, 그것이 데까르뜨의 발본주의를 발본적으로 계승하는 길이라는 것이다.

라깡이 '데까르뜨로 돌아가자' 할 때, 거기서 우리는 칸트-후썰의 그런 초월적 주체와 유사한 주체가 태동하고 있음을 확인할 수 있다. 분명 그 선언은 단지 정신분석의 토대를 재점검하자는 주장으로 그치는 것이 아니다. 거기에는 정신분석의 토대가 데까르뜨적 자아에, 그 자아 안의 제2의 자아에 있다는 주장을 담고 있다. 무의식적 주체는 데까르뜨적 주체의 이면이라는 것, 그것이 핵심이다. 마치 데까르뜨적 주체가 초월적 주체를 잉태하였으되 안타깝게 분만하지 못했다는 것이 칸트-후썰의 생각인 것처럼, 데까르뜨적 주체는 원래 무의식적 주체로 태어났어야 할 미완성의 주체, 그래서 "조산아 혹은 난쟁이" 같은 주체라는 것이 라깡의 생각이다(Lacan 1973, 129면). 그러나 라깡은 데까르뜨적 자아 안에서 망각된 제2의 자아를 말하기 위해서 칸트-후썰처럼 신을 폐기하지 않는다. 데까르뜨의 신, 거기서 무의식적 주체가 탄생하는 데 없어서는 안될 어떤 조건을 보는 것이다. 잠시 후 상론(詳論)하겠지만, 그 신은 모든 주체의 필연적 "상관항"인 대타자(Lacan 1973, 37면), 라깡적 의미의 대타자에 해당한다.

그러므로 라깡이 '데까르뜨로 돌아가자' 할 때, 그 선언은 단순히 코기토 명제로, 그 명제의 주체로, 그 주체 안에 숨어 있는 또다른 주체로 돌아가자는 주장으로 그치는 것이 아니다. 그것은 데까르뜨의 신, 속임수의 주체일지 모른다는 의심을 받으면서 처음 등장했던 그 신으로 돌아가자는 주장을 함께 담고 있다. 그러나 이것이 라깡의 선언이 담고 있는 내용의 모두는 아니다. 그것은 여전히 중요한 또 하나의 주장을 싣고 있는데, 그것은 "데까르뜨와 프로이트, 그 두 사람의 행보가 서로 가까워지고 합일하는 지점이 있다"는 것이다(Lacan 1973, 36면). 그 일치점은 주체의 발견이 문제인 지점이다. 라깡은 이렇게 말하는 것처럼 보인다. 프로이트가 무의식을 처음 발견했던 과정은 데까르뜨가 사유하는 자아를 발견하는 과정과 일치한다. 프로이트가 무의식을 발견하기까지 걸었던 길, 그 길은 데까르뜨적인 길이다. 무의식적 증상은 데까르뜨의 행보를 따라 발견되었다.

데까르뜨의 길, 그것은 무엇보다 회의의 길이다. 코기토 명제는 그 회의의 길 위에서만 발견할 수 있는 어떤 것이다. 그 명제가 있기 위해서 회의가 먼저 있었던 것처럼, 무의식을 처음 체험하기 위해서는 그와 유사한 회의가 있어야 했지 않을까? 무의식이 정신분석의 기초를 형성하는 가장 중요한 개념이라면, 그 기초로 가는 행보는 회의의 발걸음이 아닐까? 이것이 프로이트가 데까르뜨적인 길을 따랐다고 보는 라깡의 생각이다. 정신분석은 회의의 길을 통과하면서 그 실체를 얻은 학문이라는 것이다. 정신분석이 세상에 나오기 위해서 통과해야만 했던 회의의 길, 그것은 정확히 말해서 프로이트가 '꿈의 배꼽'에 이르는 길이다.

데까르뜨가 '사유하는 자아'의 확실성을 포착하는 것은 회의가 절정에 이를 때다. 코기토 명제의 '나는 생각한다'는 모든 생각과 관념이 그 지시대상을 상실하는 지점, 그래서 그것들이 모두 거짓된 것으로 부정되는 지점에서 확실성을 획득한다. 그것은 '나는 회의한다'로서 실행되는 사유행위며, 이

행위는 회의의 대상이 될 수 없다는 점에서 확실하다. 회의는 회의를 회의할 수 없다. 회의할 수 있더라도 부정할 수 없다. 데까르뜨가 이렇게 모든 사유가 불확실해지는 곳에서 확실한 사유를 발견하는 것처럼, "정확히 유사한 방식으로 프로이트는 자신이 의심하는 곳에서 —— 왜냐하면 '그의' 꿈이 문제이기 때문이며 처음에 그는 의심에 빠져들었기 때문이다 —— 어떤 사유, 즉 무의식이 거기 자리하고 있음을 확신한다. 이는 그 무의식적 사유가 부재하는 것으로 드러난다는 것을 뜻한다. (⋯) 요컨대 그 사유가 그의 '나는 존재한다'와는 전적으로 무관하게 거기 자리하고 있음을, 마치 누군가가 자신을 대신해서 생각하고 있음을 확신한다."(Lacan 1973, 36면)

이 인용문이 말하는 것처럼, 프로이트는 무의식을 '부재하는 사유'로서 발견한다. 대상적으로 현전하는 것, 따라서 의심할 수 있는 것은 무의식이 아니다. 이는 데까르뜨의 경우도 마찬가지다. 대상과 결부하거나 대상화할 수 있는 생각은 어느 것이나 회의의 대상이다. '나는 생각한다'는 모든 것을 대상화하되 그 자신은 대상화를 거부하는 것, 대상으로 정립할 수 없는 사유이다.[1] 프로이트가 부재하는 사유로서 발견한 무의식, 그것 또한 대상화가 불가능한 사유다. 그것은 대상처럼 현존하는 모든 것 가운데서는 부재하는 사유고, 그런 부재의 사유는 오로지 회의의 길에서만 확실한 것으로 체험될 수 있다. 그런 의미에서 그 확신의 체험에 이르는 "프로이트의 행보는 데까르뜨적이다. 그것은 확실성을 구하는 주체를 바탕에 깔고 앞으로 나아간다는 점에서 데까르뜨적이다. 문제는 확신할 수 있는 것, 의심할 수 없는 어떤 것에 도달하는 데 있다. 이런 목적을 위해서 행해야 할 첫번째 일은, 무의식의 내용을 암시하는 것은 어느 것이나 넘어서야 한다는 것이다. (⋯) 그것은 모든 곳에서 둥둥 떠다니는 것, 꿈의 모든 의사소통의 텍스트에 점을

---

1) 그러므로 데까르뜨 이래 코기토 명제는 점점더 "Cogito, ergo sum alibi"의 형태를 띤다. 라깡의 주체 개념의 핵심도 동일한 공식에 담을 수 있다. 즉 나는 항상 거기에(상상계 · 상징계)에 없다. 거기 없음으로 나는 있다. 보다 상세한 논의는 Borch-Jacobsen(1991) 295~314면 참조.

찍어대고 얼룩을 만들고 더럽히는 것을 극복하는 것이다. 나는 확신이 없다, 나는 의심한다. (…) 회의, 그것이 확신의 버팀대다."(Lacan 1973, 36면)

꿈의 기호는 외적 대상과 일치하지 않는다. 그것은 외적 대상의 재현도, 비유도 아니다. 그것은 그 자체로는 아무런 내용도, 의미도 없는 기호다. "꿈에서 겉으로 드러나는 것은 어떤 변장, 위장 속에서만 드러난다."(Lacan 1973, 36면) 드러나는 것은 드러나지 않은 것의 표현이되 왜곡이다. 드러남은 동시에 감춤이다. 그런데 대상으로 드러나는 것은 그 의미가 불확실하고 의심스럽다. 그 앞에서 '나는 회의한다.' 그러나 그 회의가 깊어질수록 회의할 수 없는 것이 있다. 그것은 그 의심스러운 현상을 의심스럽게 만드는 것, 불확실한 것을 끊임없이 불확실하게 만드는 것, 꿈의 텍스트를 끈질기게 읽을 수 없는 것으로 만드는 어떤 것이 있다는 사실이다. 왜 꿈은 읽으려 할수록 읽을 수 없는가? 어떻게 그런 방해가 일어나는가? 프로이트는 이런 물음 속에서 무의식을 확신하기에 이른다. 무의식은 꿈에서 확실한 어떤 것을 찾는 것이 전적으로 불가능한 것처럼 보이는 지점에서 처음으로 확실한 어떤 것으로 예감되었다.

그러나 엄격하게 말하면, '어떤 것'이라는 표현은 적절치 않다. 무의식이 어떤 '부재하는 사유'라면, 이는 그것이 적극적으로 존재하지 않는다는 것을 뜻한다. 프로이트가 도달한 새로운 확신의 차원, "그 프로이트적 영역은 본성상 자기말소적 영역이다."(Lacan 1973, 116면) 증발하고 소멸한다는 것, 잽싸게 숨는다는 것, 그것이 무의식의 내재적 본성이다(Lacan 1973, 44면). "따라서 무의식은 존재자의 차원에서 탈주하고 있는 어떤 것"(Lacan 1973, 33면), 존재론적으로 규정 불가능한 것, 그러므로 어떤 것이 아닌 '어떤 것'이다. 다시 말해서 "무의식은 존재론의 대상이 되는 일이 없다."(Lacan 1973, 31면) 존재론에 어떠한 빌미도 주지 않는다는 점에서 "무의식의 심연은 전-존재론적"이다(Lacan 1973, 31면). 무의식은 본질적으로 존재결여이자 결여존재며, 이 점에서 모든 형이상학, 존재-신학을 벗어난다(Lacan 1973, 254면). 이는 그것이 "존재하는 것도, 존재하지 않는 것도 아니기 때문이며, 다만 아직 실현되지 않은 것이기 때문이다."(Lacan 1973, 32면) 따라서 정신분석은 칸트-후썰의 초월론보다 한술 더 뜬다. 이는 신학만이 아니라 존재론적 사유의 잔재도 청산의 대상으로 설정하고 있기 때문인데, 이 점에서 라깡은 해체론과 동일한 것을 지향한다.

존재론을 벗어난다는 것은 재현과 표상을 넘어선다는 것을, 개념적 동일성을 결여한다는 것을, 그리고 인과적 질서를 벗어나 있다는 것을 의미한다. 무의식은 재현하거나 표상할 수 없다. 개념적으로 규정하거나 포착할 수도 없다. 무의식은 결코 말에, 명제에 담아놓을 수 없는 증발현상이다. 그렇다면 탈형이상학적 기체인 이 무의식을 프로이트는 어떻게 발견하였는가? 라깡이 데까르뜨의 행보에 주목하는 것은 이것을 설명하기 위해서다.

프로이트는 꿈을 통해서 무의식의 세계로 들어갔다. 그러나 꿈을 해석하면서 "그는 무의식에 대하여 무엇이라 했는가? 무의식은 의식이 불러들이고 때려눕히고 알아볼 수 있고 자신의 심층으로부터 뛰쳐나오도록 할 수 있는 것으로 구성되어 있지 않았음을, 다만 의식에게는 본질적으로 거부되어 있는 것으로 구성되어 있음을 말한다. (…) 의식을 넘어선 저편의 영역에 속하는 사유가 있는 것이다. 그리고 이 사유를 재현하는 것은 불가능하며, 가능하다면 단지 '나는 생각한다'의 주체가 '나는 의심한다'의 전개과정에 관계하면서 획득하는 규정성으로부터, 그 규정성에 따르는 동형(同形)관계에서부터 유비(類比)적으로 재현하는 길밖에 없다. 데까르뜨는 '나는 의심한다'로 실행되는 언표행위(énonciation)의 차원에서 자신의 '나는 생각한다'를 파악한다. 결코 회의의 대상이 될 지식 전체를 운반하고 있는 언표(énoncé)의 차원에서 파악하는 것이 아니다."(Lacan 1973, 44~45면; Lacan 1966, 800~801면 참조)

여기서 프로이트로 돌아가기 위해서 왜 굳이 데까르뜨로 돌아가야 하는지가 분명해진다. 프로이트가 발견한 무의식은 체험하고 확신할 수는 있으나 재현하거나 말로 잡을 수는 없는 자기은폐적 사건이다. 그것은 말실수와 착오를 일으키면서, 논리에 장애를 일으키면서 드러난다. 그러나 드러나되 동시에 숨는다. 무의식의 이런 이중적 성격을 구체적으로 현시(顯示)할 수 있는 가장 좋은 방법은, 데까르뜨가 회의를 실천하는 가운데 자기의식적 사유의 확실성을 체험하는 대목을 들여다보는 것이다. 바로 거기에서 프로이트가 무의식을 확신하는 과정을 특징짓는 동일한 형태의 구조가 드러나기 때문이다.

자기의식적 사유의 확실성, 그에 대한 데까르뜨의 확신은 '나는 회의한다'는 실천적 행위, 언표행위 안에서만 성립하는 체험이다. 이미 언표 안에 실리고 그 안에 고정되면 그 확신은 사라진다. 마찬가지로 무의식도 언표의 차원, 언어적 재현의 차원에서는 이미 증발해버린 어떤 것이다. 무의식은 언어적 행위를 통해서, 언표행위를 통해서 드러나고, 그 차원에서만 경험할 수 있는 어떤 것이다. 이는 무의식적 사유와 그 주체가 결코 대상화할 수 있는 위치에 있지 않다는 것과 같다. 무의식적 주체는 고정할 수 있는 대상, 거리를 둘 수 있는 대상이 아니다. 따라서 무의식적 주체에 대한 과학은 성립할 수 없다(Lacan 1966, 859면). 과학적 탐구는 그 대상을 한정하고 고정할 때만 가능하기 때문이다. 무의식적 주체는 대상화 자체를 거부하므로, 그에 대한 탐구는 추측의 범위를 넘을 수 없다. 그런 한에서 정신분석은 주체를 다루는 학문이되 추측의 과학이다. 그것은 "추측의 주체학"(science conjecturale du sujet)이다(Lacan 1973, 44면).

이는 정신분석이 엄밀한 학문이 아니라는 것, 다만 유사과학이고 사이비 학문이라는 것을 말하는 것은 아니다. 사정은 반대다. 정신분석은 과학 이하의 학문이 아니라 과학 이상의 학문, 과학의 저편을 향한 학문이다. 과학이 재현과 표상의 차원, 의식의 차원에서 성립한다면, 정신분석은 그 차원 저편의 무의식에 대한 학문이다. 이 두 차원의 대립은 앞에서 언급된 언표와 언표행위의 대립으로, 그리고 다시 지식(savoir)과 진실(vérité)의 대립으로 이어진다. 즉 과학이 명제에 담을 수 있는 지식을 구한다면, 정신분석이 구하는 것은 명제에 담을 수 없는 것, 명제의 차원을 넘어서는 진실이다. 이런 라깡의 이원적 구도에서 데까르뜨는 독특한 지위를 차지한다. 그 이유는 다음과 같이 세 가지로 정리할 수 있다.

첫째, 데까르뜨적 주체는 근대적 학문과 본질적 관계를 맺고 있다. 근대 과학은 데까르뜨적 주체와 더불어 태어났으며, 그 주체와 더불어 전개되어 왔다. 그런 의미에서 데까르뜨의 코기토는 "과학의 본질적 상관항"이다(Lacan 1966, 856면). 데까르뜨적 코기토는 과학의 가능조건이며, 그런 의미에서 과학의 주체다. "'나는 생각한다, 고로 존재한다'는, 과학의 조건들에 대한 반성이 역사적 정점에 이를 때 그 선험적 주체의 투명성이 그 주체의 실존에 대한 언명과 결합함으로써 성립하는 공식이다."(Lacan 1966, 516면) 과학이 있기 위해서 먼저 있어야 하는 조건으로서의 주체, 그것은 모든 경험적 내용을 객관적으로 지각하는 중성적 주체다. 그것은 투명한 주체, "극단적 순화"를 거쳐 "선험적 초월성의 성격"을 띠게 된 주체다(Lacan 1966, 516면). 과학의 상관항은 투명한 주체고, 그것은 데까르뜨의 철학을 통해서 세상에 등장했다. 데까르뜨의 회의는 그런 과학의 주체가 태어나는 실제적 과정, 극단적 순화의 과정이다.

둘째, 그러나 이 데까르뜨적 주체는 단순히 과학적 주체, 다시 말해서 언표의 주체로 그치는 것이 아니다. 그 주체는, 이미 말한 것처럼, '나는 의심한다'는 언표행위 안에서 태어났다. 이것이 데까르뜨적 코기토의 진실이다. 진실한 코기토는 명제 안에 있는 것이 아니라 회의의 형태로 실행되는 사유행위 자체에 있다. 데까르뜨는 '나는 생각한다'의 확실성을 그 실행행위 안에서 체험한다. "나는 있다. 나는 현존한다. 이것은 확실하다. 그러나 얼마 동안? 내가 사유하는 동안이다. 왜냐하면 내가 사유하기를 멈추자마자 존재하는 것도 멈출 수 있기 때문이다."(르네 데까르뜨 1997, 46면) 이렇게 선언되는 코기토 명제의 확실성은 언표행위의 차원에서 성립하는 수행적(performatif) 확실성이다. 그러나 언표행위의 차원에서 나타나는 자기확신의 주체, 그 주체의 자기확신은 순간적이다. 그것은 언표행위가 끝나자마자 사라진다.

데까르뜨의 오류, 라깡이 지적하는 오류는 여기에 있다. 그것은 언표행위의 차원에서 주체를 발견하였으되 그 언표행위의 차원을 잊는 데 있으며, 그래서 그 주체가 소멸적임을 모르는 데 있다. 언표행위의 차원에서 순간적으로 나타났던 자기확신의 주체를 항구적 실체로 여기는 것이다. 그것은 곧 그 주체를 언표의 차원에 묶어두는 오류다. "데까르뜨가 전적으로 사유행위를 지칭하는 '나는 생각한다' 안에서 성립하는 확실성의 개념을 선보일 때 (…) 그의 오류는 거기서 어떤 지식을 찾은 것이라 믿는 데 있다. 오류는 자신이 그런 확실성을 띤 어떤 것을 안다고 말하는 데 있다. '나는 생각한다'를 단순한 소멸의 지점으로 간주하지 않는 데 있다."(Lacan 1973, 204면) 진실한 주체는 소멸적이다. 데까르뜨적 주체는 그런 소멸적 주체의 역사적 탄생지점인 동시에 주체의 "말소현상"(fading)에 대한 망각이 일어나는 지점이다 (Lacan 1973, 189면). 데까르뜨는 최초로 주체의 진실을 체험하되 그 진실을 망각하였다. 그리고 그 자리에서 실체를, 그리고 그 실체에 대한 지식을 구하였다.

셋째, 이 망각은 다시 대표성을 띤다. 데까르뜨적 주체는 과학의 주체 자체이며, 과학의 주체는 무의식적 진실의 망각을 조건으로 존속할 수 있다. 그러나 역으로 무의식은 그런 망각을 범하는 데까르뜨적 주체 없이 존속할 수 없다. 무의식은 데까르뜨적 주체가 도달한 지점, 도달하자마자 잊고 지나치는 지점에서 처음 발생한다. 무의식적 주체는 데까르뜨적 주체가 이미 잉태한 것, 그 안에 품고 있는 어떤 것이다. 다만 데까르뜨적 주체는 그 잉태의 사실을 자각하지 못하고 있을 뿐이다.

의식은 이미 무의식의 씨앗을 수태하고 있다. 재현적 표상은 이미 표상할 수 없는 진실을 감추고 있다. 정신분석이 하는 일은 그렇게 수태된 씨앗, 그렇게 은폐된 진실을 드러내는 데 있다. 그것은 데까르뜨적 주체의 입을 열어 무의식적 주체가 말하도록 하는 것이다. 하지만 무의식적 주체는 그 스스로 말한다기보다 데까르뜨적 주체의 입을 빌려 말한다. 무의식적 주체는 표상과 재현의 주체가 말할 때 입을 여는 복화술(腹話術)의 주체다.

그러므로 데까르뜨적 주체 없이 무의식적 주체는 태어나지도, 말하지도 못한다. 그런 의미에서 "주체, 데까르뜨적 주체는 무의식의 전제다."(Lacan 1966, 839면) 표상과 재현, 언어와 지식 너머에서 그 진실을 드러내는 무의식은 표상과 재현, 언어와 지식을 전제조건으로 한다. 따라서 무의식은 의식의 단순한 바깥이 아니다. 그것은 의식의 안쪽에 있는 바깥이다. 다시 말해서 프로이트적 주체는 데까르뜨적 주체의 외심적(extime) 외부, 안이면서 동시에 바깥인 역설적 외부다.

2. 데까르뜨의 프로이트적인 길

데까르뜨적 주체는 과학의 주체이되 지식의 주체, 그리고 또한 언어의 주체다. 그것은 극단적 순화를 거친 언어의 주체다. 그러므로 무의식적 주체를 배태하는 자궁이 데까르뜨적 주체에 있다면, 데까르뜨적 주체를 배태하는 자궁은 언어의 질서에, 그 질서를 통해서 구현되는 제도적 질서 일반으로서의 대타자에 있다. 그러므로 무의식적 주체가 있기 위해서 먼저 있어야하는 것은 두 가지다. 그것은 데까르뜨적 주체와 대타자다(Lacan 1973, 185면). 그러나 엄격히 말하면, 대타자가 데까르뜨적 주체를 낳고 다시 이 주체가 무의식적 주체를 낳는 것은 아니다. 그 주체는 대타자와 데까르뜨적 주체 사이에서 수태된다. 이 점을 라깡은 이렇게 정리한다. "주체, 데까르뜨적 주체가 무의식의 전제다. (…) 대타자는 말(parole)이 그 진실을 드러내기 위해서 요구되는 차원이다. 무의식은 그 둘 사이에서 일어나는 단절이다."(Lacan 1966, 839면)

무의식을 낳는 이 단절은 두 단계의 과정을 거친다. 라깡은 그 두 과정을 각각 소외(aliénation)와 분리(séparation)라 부른다. 라깡이 무의식이론을 주체이론으로 재편하고 거기서 자신의 독창성을 찾았다면, 그의 주체이론은 이 소외와 분리의 개념을 주춧돌로 하고 있다. 그것이 '주체의 생성'을 야기하는 두 단계의 근본적 절차라는 것이다. "무의식이 드러내는 것에 대한 모든 사색은 필수적으로 데까르뜨적 주체를 출발점으로 해야 한다”는 라깡의 주장은(Lacan 1973, 121면), 그가 이 소외와 분리를 설명할 때 비로소 그 근거와 의미를 갖추게 된다. 이 두 과정은 데까르뜨적 주체가 대타자(신)와 관계하는 변증법적 절차다. 라깡은 데까르뜨적 주체가 실제로 이 변증법적 절차를 지나서 무의식적 주체로 탈바꿈한다고 본다. 데까르뜨적 성찰 자체의 여정이 그런 변증법을 구현하고 있다는 것이다. 그러므로 우리는 그 여정을 ‘데까르뜨의 프로이트적인 길’이라 부를 수 있다.

라깡에 따르면, “데까르뜨의 행보를 에삐스떼메(épistémè)에 대한 고대적 탐구와 구별해주는 것은 (…) 소외와 분리라는 이중적 기능”에 있다(Lacan 1973, 202면). 데까르뜨적 성찰이 접어든 새로운 길, 그 역사적 전환은 주체와 대타자(신) 사이의 변증법적 관계에 있고, 그 관계는 소외와 분리라는 두 단계를 거쳐 구축된다. 그 소외와 분리가 “역사상 처음으로 주체의 변증법을 구성하는 것으로 간주된 것은 데까르뜨적 행보 안에서다.”(Lacan 1973, 201~202면) 데까르뜨의 회의는 이 소외와 분리를 구현하는 최초의 담론적 사례다.

만일 프로이트로 돌아가기 위해서 먼저 데까르뜨로 돌아가야 한다면, 그것은 무의식이 “데까르뜨가 발견한 통로”에서 발생하기 때문이며(Lacan 1973, 203면), 그 통로는 다름아닌 소외와 분리로 이어지는 출구다. 데까르뜨가 확실한 것을 찾기 위해서 회의했다면, “그 확실성의 탐구는 소외에 이르고, 그 소외에서 벗어날 수 있는 탈출구는 하나밖에 없다. 오로지 욕망의 길밖에 없다.”(Lacan 1973, 203면) 확실성의 탐구(회의), 소외, 욕망의 생성(분리)으로 이어지는 여정, 그것은 데까르뜨적 성찰의 여정인 동시에 무의식적 욕망(증상)이 발생하는 과정 자체이다. 따라서 데까르뜨적 성찰의 여정은 그에게 사사로운 탐구의 과정이 아니다. 그것은 무의식적 증상의 발생궤적을 구현하는 보편적 과정이다.

이런 이유에서 무의식에 대한 탐구는 언제나 데까르뜨적 주체를 출발점으로 삼아야 한다. 물론 데까르뜨의 길이 무의식의 발생과정을 완벽하게 재현하거나 구현하는 것은 아니다. 그 길은 분명 어떤 욕망의 길(분리)로 나아가되 "대단히 야릇한 분리"로 귀착한다. 그럼에도 불구하고 그 여정은 "무의식의 탐구방법에서 여전히 살아있고 주도적인 역할의 기능, 비록 감추어져 있지만 여전히 본질적인 기능"을 함축한다(Lacan 1973, 203면). 데까르뜨가 지난 길은 무의식적 증상이 생성하는 실질적 과정, 소외와 분리라는 두 단계의 과정이며, 그런 의미에서 그것은 프로이트적인 길이다.

이때 소외란 "주체의 사실"(Lacan 1966, 840면), 주체가 처한 사실적 상황을 뜻한다. 라깡의 정신분석에서 그것은 주체가 존재결여(manque-à-être)를 겪으면서 어떤 분열의 상황에 처하게 되는 과정이다. 데까르뜨의 성찰에서 그것은 코기토 명제가 언명되는 지점에 대응한다. 반면 분리는 데까르뜨적 주체와 신의 관계가 문제인 지점, 신의 존재를 증명하고 언명하는 지점에 대응한다. 그것은 곧 대타자의 결여와 욕망을 발견한 이후 "주체의 생성이 마감되는 절차"다(Lacan 1966, 842면). 그것은 주체가 욕망하는 주체로, 그리고 다시 환상의 주체로 태어나는 단계, 요컨대 무의식적 코기토가 성립하는 사건이다. 이 소외와 분리는 서로 순환하는 관계에 있지만, 여기서는 단계별로 정리해보자.

(1) 소외와 주체의 존재결여: 라깡의 정신분석에서 가장 기본적인 주체의 사실은 두 가지다. 즉 주체는 '말하는 존재자'(parlêtre)라는 것, 그리고 말하는 존재자인 한에서 주체는 언제나 분열된 주체($)라는 것이다. 소외는 일단 언어의 질서에 위치한 주체의 예속상태다. 여기서 라깡이 강조하는 것은 세 가지다. 먼저 주체는 언어의 질서(상징계·대타자)에 편입되는 한에서만 주체로서 기능할 수 있다. 다음으로 이 언어 의존적 상황에서 주체의 사유와 주체의 존재가 필연적으로 쪼개질 수밖에 없다. 마지막으로 이런 분열 속에서 주체의 존재는 순간적으로만 존속할 수 있다. 다시 말해서 어떤 흔적이나 "유령"으로만 현상할 수 있다(Lacan 1966, 802면).

1950년대 이후 라깡은 지속적으로 무의식이 언어의 효과임을 주장해왔다. 1960년대 후반에도 이런 그의 신념은 확고하다. "만일 정신분석이 무의

160

식의 학문으로 자리잡아야 한다면, 무의식은 언어처럼 구조화되어 있다는
점에서 출발하는 것이 적절하다. 나는 거기서 어떤 위상학을 도출했는데,
그 위상학의 목적은 주체의 구성을 설명하는 데 있다."(Lacan 1973, 185면) 주체
의 구성, 그 구성의 첫 단계가 소외라면, 이 소외는 주체가 언어의 노예로서
겪는 운명이다. 그것은 곧 "주체에 대한 기표의 우선권"(Lacan 1966, 840면)과
지배권이 낳는 효과다(주체가 이런 예속을 거부한다면, 그는 소외도 겪지
않는다. 다만 정신병자로 남아 있어야 한다).

  라깡적 의미의 언어, 즉 대타자는 기표의 환유적 연쇄다. 주체는 언제나
이 기표의 그물망 안에 위치하고, 그런 조건에서만 주체일 수 있다. 그러나
문제는 주체가 언제나 한 기표에 의해서 대리·재현되는 한에서만 그 안에
위치할 수 있다는 것이다. 모든 것은 기표에 의한 이런 대리와 재현에서 시
작된다. "주체는 우선 대타자 안에서 출현하지만, 이는 제1기표, '단일한 기
표'(signifiant unaire)가 대타자의 영역에 등장하고 그 기표가 다른 하나의 기
표를 위해서 주체를 대리하는 한에서만 그런 것이며, 이 다른 하나의 기표
는 주체의 말소현상(aphanisis)이라는 효과를 낳는다. 여기서 주체의 분열이
귀결된다. 즉 주체는 어디에선가 의미를 띠고 나타날 때, 다른 어디에서는
소멸로서 혹은 사라짐으로서 현상한다."(Lacan 1973, 199면)

  하나의 기표에 의해서 대리되는 한에서 주체는 소외를 겪을 수밖에 없다.
이것은 기표의 의미작용 구조에서 비롯되는 필연적 결과다. 먼저 다른 기표
로부터 고립된 단일한 기표는 의미작용을 할 수 없다는 사실에 주목하자.
의미작용은 최소한 두 개의 기표 사이에서, 서로 짝을 이루고 관계를 맺는
기표들 사이에서 이루어진다. 여기서 첫번째 기표의 의미는 두번째 기표가,
두번째 기표의 의미는 세번째 기표가 결정한다. 주체를 대리하는 기표도 다
른 기표와 관계할 때만 의미를 얻는다. 그런데 그 다른 기표는 이미 주체의
존재와 무관한 위치에 있다. 따라서 기표의 연쇄가 이어질수록 주체를 대리
하던 기표는 의미를 획득할지 모르지만, 주체 자신은 그 존재를 상실한다.
주체는 그 기표의 연쇄(대타자) 안으로 엮여들어갈수록 질서(제도)에 부합

하는 의미와 가치, 이데올로기, 그에 바탕을 둔 이상적 자아상을 얻는다. 그러나 '의미의 주체'가 커갈수록 "아직 말을 지니지 않는 존재의 주체"가 자라난다(Lacan 1966, 840면). 기표가 대리하지 못하는 '존재의 주체'가 소외상태에 빠지는 것이다.

의미(언어·사유)의 주체와 존재의 주체 사이의 분열, 이 분열을 라깡은 "소외의 이접"(vel d'aliénation)이라 부르는데, 이는 아래의 그림으로 도식화할 수 있는 독특한 선택의 논리를 표시하기 위해서다(Lacan 1973, 192면).

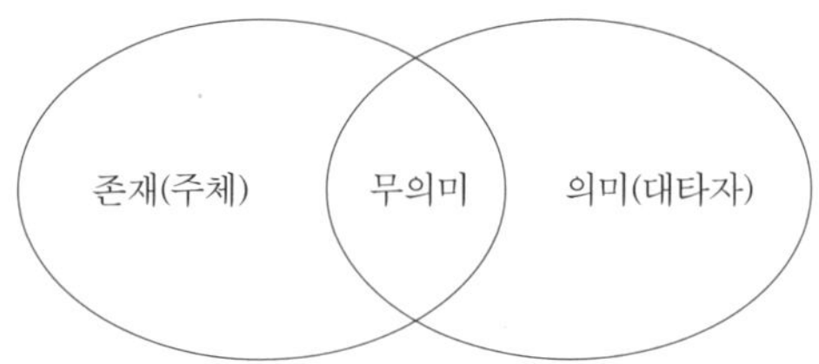

이 그림이 표현하는 것은 권리상 자유로우나 사실상 강압적인 선택, 강압적일 뿐만 아니라 훼손된 선택이다. 주체는 기표의 질서 안에 위치하자마자 어떤 선택지 앞에 서게 된다. 권리상 주체는 기표로 대리할 수 없는 자신의 존재를 선택할 수 있다. 그러나 그 존재는 말이 되지 않는 존재, 무의미한 존재, 혼돈스러운 존재, 광적인 존재다. 그 선택의 결과 주체는 미친 사람, 일관성이 없는 인간이 된다. 그러므로 그 선택지는 포기될 수밖에 없다. 차라리 일관성 있는 사유, 의미를 선택하는 것이 낫다. 이것은 총을 든 강도가 "돈을 내놓을래 목숨을 내놓을래" 할 때, 우리는 결국 돈을 내놓을 수밖에 없는 것과 같다. 목숨을 내놓으면 돈도 같이 잃게 되기 때문이다. "돈 아니면 목숨" "자유 아니면 죽음"이라는 선택지처럼(Lacan 1966, 841면), '존재 또는 의미'의 선택지는 우리에게 자유로운 선택권을 주는 동시에 하나의 선택을 강요하는 역설적 구조를 지녔다. 뿐만 아니라 강요된 선택은 다시 손해를 감수해야 한다. 목숨의 선택은 돈 없는 목숨, 자유 없는 생명으로 귀착한다. 마찬가지로 의미의 선택은 존재 없는 의미로 귀착한다.

존재 없는 의미, 존재 없는 사유, 이것이 라깡이 바라보는 코기토의 진상(眞相)이다. 코기토, 그것은 일관되게 사유한다는 것이며, 사유한다는 것은 언어의 규칙을 따른다는 것, 기표의 질서에 순응한다는 것이다. 그런 종속의 댓가로 우리 각자는 서로 의사소통할 수 있는 주체의 자격을 획득한다. 그러나 그렇게 자격을 갖춘 '의미의 주체'는 자신의 존재를 상실한다. 주체의 존재는 사라지는 존재, 흔적이 된다. 따라서 '나는 생각한다'는 '나는 존재한다'로 이행할 수 없다. 주체의 사유와 주체의 존재는 데까르뜨가 천명하는 것처럼 분리 불가능한 것, 동전의 양면처럼 하나를 이루는 것이 아니다. 그 둘은 서로 다른 영역으로 향한다. 사유는 의식의 영역, 의미의 영역으로, 반면 존재는 무의식의 영역, 무의미의 영역으로 돌아간다. 주체는 단일하고 투명하고 통일되어 있는 것이 아니라 균열을 겪고 있다. 상징계 안에서 한 기표로 대리되고 거기서 의미를 얻는 '사유의 주체'는, 기표로 대리할 수 없고 따라서 아직 합리적으로 규정할 수 없는 '존재의 주체'와 다른 장소에 있다.

그러므로 라깡은 데까르뜨의 코기토 명제를 이렇게 변용한다. "나는 존재하지 않는 곳에서 생각하고, 따라서 생각하지 않는 곳에서 존재한다. (⋯) 내가 내 생각의 장난감인 곳, 그곳에서 나는 존재하지 않는다. 내가 생각한다고 생각하지 않는 곳, 그곳에서 나는 내가 존재한다는 것을 생각하고 내가 무엇인지를 생각한다."(Lacan 1966, 571면) 1957년에 발표한 「무의식과 문자의 심급」에 나오는 이런 공식은 후에 이렇게 단순화된다. "나는 생각한다: '따라서 나는 존재한다.'"(Lacan 1966, 864면) 이 공식이 강조하는 것은 '나는 생각한다'가 '나는 존재한다'로 이행할 수 없다는 것, 둘 사이에 불연속 혹은 심연이 자리한다는 것이다. 후에 이 공식은 다시 이렇게 변용된다. "새로운 코기토: 나는 생각하지 않거나 나는 존재하지 않는다."(Lacan 2001, 323면)

이렇게 코기토 명제를 변용함에 따라 소외와 분리에 대한 라깡의 생각과 그것을 표현하는 도식도 변한다(Dolar 1998, 11~40면 참조). 그러나 그러한 모든 변화에도 불구하고 라깡의 주장은 일관적이다. 그것은 주체가 사유의 주체와 존재의 주체로 나뉘어 있다는 것, 사유의 주체는 '존재-결여'를 겪고 있다는 것, 주체는 분열된 주체(8)라는 것이다.

(2) 분리와 무의식적 환상: 소외가 존재를 결여한 사유의 주체가 태어나는 과정이라면, 분리는 이 사유의 주체가 다시 실체성을 획득하는 과정이다. 소외는 주체가 대타자에게 부름받은 주체, "호출된 주체"(sujet appelé)인 한에서 겪는 운명이다(Lacan 1973, 42면). 반면 분리는 그런 호출에 대한 주체의 응답, 어떤 질문을 갖게 된 주체의 응답에서 일어나는 사건이다. 그 응답이 무의식적 증상, 즉 환상(8◇a)이다. 그 증상과 환상은 주체를 구성하는 중요한 요소다. 왜냐하면 그것이 주체의 존재결여를 메우는 어떤 것, 그 결여를 대신하는 실체이기 때문이다(Žižek 1986, 68면 이하 참조).

라깡은 분리가 지닌 이런 여러가지 의미를 한 기표 안에 압축하기 위해서 라틴어 'separere'를 'se parere'로 나누어놓는다(Lacan 1973, 194면). 이렇게 나누어놓으면, 그 말은 '자신을 분만한다' '자신을 낳는다'는 뜻을 지니기도 하고, '자신을 방어한다' '자신을 보존한다'는 뜻을 지니기도 한다. 게다가 'pars'라는 라틴어는 '부분'을 뜻한다. 분리는 그 쪼개진 말의 의미 모두를 포함한다. 즉 그것은 주체가 자신의 존재를 잉태하는 과정이고, 그 과정은 기표로부터 자신을 보호하려는 태도에서 시작한다. "자신이 종속된 기표로부터 자신을 보호하기 위해서 주체는 기표의 연쇄적 질서를 공격한다. (…) 그 질서에 있는 간극의 지점을 공격하는 것이다."(Lacan 1966, 843면)

소외가 균열된 주체를 낳는다면, 분리는 그 균열된 주체가 대타자 안에서 어떤 간극과 균열을 발견할 때, 다시 말해서 대타자의 욕망을 발견할 때 일어난다. 그것은 주체의 욕망(결여)과 대타자의 욕망(결여) 사이에서 일어나는 사건이다. 그러면 주체는 어디서 대타자의 결여를 발견하는가? 그것은 기표가 어렵게 이어지는 곳, 이어지다가 끊기는 곳, 대타자가 더듬는 곳이다. 그곳이 대타자의 욕망이 드러나는 간극이다. "반복되는 간극, 기표의 연쇄를 가장 근본적으로 구조화하는 이 간극은 욕망의 전차인 환유가 출몰하는 지점이다."(Lacan 1966, 843면) 그 간극은 기표의 구조적 질서를 구성하는 일부고, 거기서 기표의 환유적 운동이 일어난다. 이 환유의 장소, "거기가 우리가 욕망이라 부르는 것이 기어가는 곳이다. 욕망은 거기서 미끄러지듯 지나가고 바로 거기서 족제비처럼 달아난다. 주체는 대타자의 욕망을 포착하되 대타자의 담론이 달라붙지 않는 곳에서, 그 담론의 결함에서 포착한다. 그리고 어린아이의 모든 '왜?'는 사물의 근거에 대한 갈망에서 오는 물음이라기보다는 어른을 시험하기 위해서 던지는 물음이다. 그것은 '왜 너는 나에게 그렇게 말하는 것이지?'라는 물음이며, 어른의 욕망이 그 심층에 감춘 비밀 때문에 계속 다시 야기되는 질문이다."(Lacan 1973, 194면)

주체는 대타자의 담론적 간극, 그 간극을 공격한다. 질문을 던지는 것이다. 그 질문은 원래 하나의 탐색이다. 주체는 대타자 안에서 자신의 존재를 동일시할 수 있는 기표를 찾고 있다. 그러나 그 기표는 결코 발견할 수 없는 것, 부재하는 기표다. 대타자가 더듬을 때, 그래서 대타자의 욕망이 노출될 때, 주체는 대타자를 의심하게 되고 이로써 불안에 휩싸인다. 자신의 기표를 찾을 수 없다는 불안에 빠지는 것이다. 그것은 돈독한 신자가 자신이 믿던 신이 불완전할지 모른다는 의문이 들 때, 혹은 열렬한 숭배자가 자신에게 희망을 주던 우상이 평범한 인물에 불과할지 모른다는 생각이 들 때 닥치는 불안이다. 그런 불안 속에서 어린아이가 대타자(부모)에게 던지는 처음의 질문은 자신의 소멸 가능성에 대한 물음이다. "그는 나를 잃어버릴 수 있을까?"(Lacan 1966, 844면), "그는 내가 없어지길 원할까?"(Lacan 1973, 194면). 어린아이는 이렇게 묻는다. 그리고 그렇게 스스로 던진 물음에 다시 스스로 답한다. 그 첫번째 응답, 질문 뒤에 나오는 응답은 "자신의 죽음, 소멸의 환상"이다(Lacan 1973, 195면). 어린아이는 자신의 희생을 통해서 자신이 없어지길 원하는 것처럼 보이는 대타자의 욕망에 부응하고자 한다. 대타자가 욕망하는 것을 스스로 욕망하는 것이며, 이 욕망의 욕망은 자신의 존재에 대한 부정도 감수할 정도다. 대타자의 욕망에 부응하기 위한 그 자기희생의 욕망, 그것의 이름은 사랑이다

임상의 차원에서 이런 욕망의 변증법은 분석주체(피분석자)와 분석자 사

이에서 일어난다. 거기서 주체가 던지는 물음, 의심에 찬 질문은 분석자의 능력을 공격한다. 혹시 그는 속고 있는 것이 아닐까? 나를 잘못 인도하는 것이 아닐까? 이런 질문을 통해서 주체는 대타자의 위치에 있는 분석자의 욕망과 처음 관계하게 된다(전이가 일어나는 것은 이 지점에서다). 이러한 의문과 질문은 다시 사랑으로 발전한다. 이때 사랑이란 대타자와 하나가 되어 있다는 기만적 착각이다. 대타자가 결여의 주체(A)라면, 주체는 그 결여를 자신의 희생을 통해서 메우고자 한다. 대타자가 욕망의 주체라면, 주체는 그 욕망의 대상(팔루스)이 되고자 한다. 대타자의 빈자리를 자신이 채우고, 이를 통해서 대타자와 하나가 되기를 원한다. 이로써 소외의 이접(vel)은 분리의 단계에서 의지(velle)로, 희생의 의지로 발전한다. 주체는 소외의 단계에서 겪었던 자신의 존재소멸을 다시 의지함으로써 대타자를 다시 건재한 상태로 복원하고자 한다. 그런 의미에서 "분리는 소외의 회귀를 나타낸다." (Lacan 1966, 844면) 분리는 주체가 자발적으로 처음의 소멸로 돌아가는 단계를 지나기 때문이다.

이 분리의 단계에서 '대타자의 욕망'은 이중적 의미를 지닌다. 그것은 먼저 대타자의 결핍, 그 결핍 때문에 일어나는 욕망이다. 다른 한편 그것은 대타자에 대한 주체의 욕망을 의미한다. 주체는 대타자의 욕망의 대상이 되기를 욕망한다. 주체는 대타자의 욕망의 대상이 됨으로써 대타자의 결핍과 자신의 결핍을 동시에 메우고 싶어한다. 주체는 자신을 통해서 대타자를 완전하게 만들고, 그 완전한 대타자를 통해서 자신을 완전하게 만들고 싶은 욕망에 빠진다. 그 결함 없는 대타자 안에서 자신이 찾고 있는 것, 자신이 갈구하는 기표를 얻고자 한다. 분열된 주체(8)가 불완전한 대타자(A)를 완전한 대타자(A)로 변모시키고자 한다면, 이는 자신이 완전한 주체(S)로 다시 태어나고자 하는 욕망 때문이다. 주체는 완전하다고 가정된 대타자의 욕망 안에서 자신의 잃어버린 기표, 존재의 기표를 꿈꾼다.

이 숭고한 욕망은 어떤 방어이자 회피다. 주체는 자신의 존재결핍을 인정하지 않으려 하며, 또한 대타자의 결핍과 불완전성을 직시하려 하지 않는다. 이런 방어적 회피, 그것이 라깡적 의미의 환상($\$ \diamond a$)이다. 환상의 주체는 대타자가 입은 외상의 자리에 스스로 생산한 어떤 대상(object a)과 마주해 있다. '욕망의 대상-원인'이라 불리는 그 대상은 상징계에 초재적인 동시에 내재적이다. 그것은 경험적인 동시에 선험적인 대상, 실재적이면서 다시 상상적인 대상이다. 무의식적 주체, 완성된 욕망의 주체는 환상의 주체다. 이 환상의 주체는 그 대상을 통해서 소외 이전의 실낙원으로 돌아간 듯한 착각에 빠지고, 거기서 대타자와 하나되는 향락을 향유한다. 환상의 주체는 향락의 주체다.

데까르뜨적 주체 또한 그런 환상의 주체다. 그의 대타자는 신이다. 그는 신의 존재 증명을 통해서 자신의 항구적 동일성을 근거짓는다. 그 증명은 대타자의 결핍을 말소하는 행위, A를 A로 만드는 과정이다. 데까르뜨적 주체는 그렇게 완전하고 선한 신을 끌어들여 자신의 명증한 직관이 거짓이 아님을 보증하려 했다. 사유와 존재의 일치를 담보하고자 했으며, 자신의 존재결핍을 메우고자 했다. 그러므로 데까르뜨적 주체의 오류, 주체의 소멸적 존재를 항구적 존재로 고착화시킨 오류는 단지 스스로 통과했던 언표행위의 차원을 쉽게 망각했기 때문에만 일어나는 것이 아니다. 그 망각은 궁극적으로 착각에서 온다. 대타자인 신이 자신의 결핍을 모두 메워줄 수 있다는 착각이 그 망각의 실질적 뿌리다. 요컨대 데까르뜨의 오류는 환상을 통과하지 못한 데 있다. '환상의 통과'(traversée du fantasme), 그것이 라깡이 데까르뜨에게, 철학자들에게, 분석자를 찾는 모든 사람에게 요구하는 최후의 주문이다. 그러나 데까르뜨적 주체는 이 환상을 통과하기 전에 먼저 통과해야 할 단계가 있다. 그것은 사랑의 단계다.

3. 주체의 거짓말과 애매한 대타자

환상의 통과는 분리의 완료인 동시에 분리 뒤에 오는 분리, 제2의 분리라

할 수 있다. 환상을 일으키는 욕망의 대상-원인이 대타자로부터 떨어져나오는 것이 첫번째 분리라면, 두번째 분리는 환상의 주체가 그 대상과 떨어지는 사건이다. 욕망의 대상-원인으로부터 해방되는 것, 그것이 환상의 통과다. 그러면 그 통과는 어떻게 일어나는가? 라깡에 따르면, 욕망의 대상-원인으로부터 해방되기 위해서는 다른 욕망의 대상-원인에 구속되어야 한다. 그러므로 환상의 통과는 환상과 작별한다는 것이 아니다. 그것은 욕망의 대상-원인을 바꾸고 그래서 환상을 바꾼다는 것을 뜻한다. 기존의 증상을 새로운 증상으로, 기존의 가상을 새로운 가상으로 바꾸는 것, 그것이 환상의 통과다.

여기에는 인간에 대한 중요한 통찰이 담겨 있다. 그것은 인간이 결코 무의식적 증상을, 그로 인한 환상을 넘어설 수 없다는 것이다. 인간은 누구나 무의식적 주체고, 무의식적 주체인 한 가상적 사유인 환상을 벗어날 수 없다. 벗어날 수 있는 것은 특정한 환상, 가령 고통과 불편을 초래하는 환상이다. 하지만 그런 환상을 벗어나기 위해서는 새로운 환상, 개인이나 사회에 문제를 일으키지 않는 환상으로 진입해야 한다.

하지만 이미 우리를 사로잡고 있는 욕망의 대상-원인에 거리를 둔다는 것은 어려운 일이다. 이 난해성은 정신분석이 치료의 현장에서 부딪히는 최대의 걸림돌이다. 프로이트 이래 이 걸림돌은 저항의 문제, 치료에 대한 분석주체의 저항이라는 문제로 부각되어왔다. 1920년 발표한 프로이트의 「쾌락원칙을 넘어서」에 나오는 다음과 같은 구절은 이 저항의 문제가 정신분석에서 차지하는 위상을 잘 표현하고 있다. "25년 동안 열심히 일한 결과 오늘날 정신분석의 기교가 당면한 목표는 처음 시작할 때의 목표와는 사뭇 다르다는 사실이 드러나고 있다. 처음에는 분석자가 할 수 있는 일은 고작 환자에게 감추어져 있는 무의식적 자료를 발견하고 합성하여 그것을 제때에 그에게 전달하는 것이었다. 그때의 정신분석은 무엇보다도 해석의 예술이었다. 이러한 것이 치료의 문제를 해결해주지 못했으므로 재빨리 또다른 목표가 등장했는데, 그것은 환자로 하여금 그 자신의 기억에서 분석자가 구성한 사실을 확인하도록 하는 것이었다. 이러한 노력 속에서 환자의 저항이 문제시되었다. 그래서 이제 분석의 기술은 가능하면 빨리 이 저항을 발견해내고 그것을 환자에게 지적해주며 인간적 영향력을 통해 —— 여기가 '전이'(Übertragung)라는 심리기제가 그 역할을 하는 곳이다 —— 환자가 저항을 버리도록 유도하는 데 있었다."(지그문트 프로이트 1997, 25면)

무의식이란 무엇인가? 이것이 정신분석에서 가장 중요한 물음인지 모른다. 왜냐하면 정신분석 자체가 그 물음의 인도 아래 성립했기 때문이다. 그러나 그 물음 안에서 정신분석은 '해석의 기술'로 그친다. 결코 '치료의 기술'로까지 상승하지 못한다. 그런 상승을 가로막는 것이 분석주체의 저항이다. 그 저항을 극복하는 관건은 분석주체와 분석자 사이에서 전이가 일어날 가능성에 있다. 전이를 통해서 저항을 해소하는 것, 그것이 치료의 기술로서 정신분석이 통과해야 할 최후의 관문이다.

이 저항과 전이의 문제가 얼마만큼 중요한지를 실감하기 위해서 다시 라깡의 파문을 떠올릴 필요가 있다. 라깡이 국제정신분석학회로부터 회원자격을 박탈당한 이유는, 무의식을 다른 사람과 다르게 설명하기 때문이 아니었다. 그것은 단지 상담시간에 관한 문제 때문이었다. 라깡은 상담은 분석자에 의해서 자유롭게 중단되어야 하고, 따라서 상담시간이 미리 지정되거나 언제나 같아서는 안된다고 생각했다. 왜 그렇게 생각했는가? 그것은 전이의 가능성을 극대화하기 위한 노력에서 나온 생각이다. 분석주체가 이해할 수 없는 방식으로 상담을 중단할 수 있어야 분석주체의 저항을 가장 효과적으로 제거할 수 있다는 것이다.

이런 생각은 저항에 대한 라깡의 독특한 이해에 근거한다. 전이를 가로막는 장애물, 저항의 실체는 무엇인가? 라깡은 말한다. 저항은 전이 자체 안에서 발생한다. 전이 자체 안에서 발생하는 저항, 그것은 사랑이다. 그것은 분석자에 대한 사랑인데, 이 사랑은 전이의 가능성을 열어놓되 다시 닫는 어떤 기만이다. 그것은 분석자에 대한 기만이되 동시에 분석주체의 자기기만이다. 이 기만으로서의 사랑은 무의식적 욕망과 증상의 환원 불가능한 구성요소다. 분석주체는 거짓말하는 주체고, 그 앞의 분석자는 속는 대타자다. 욕망 안의 이 거짓말과 속임수를 해소하지 않는다면, 전이와 이를 통한 환상의 통과는 기대할 수 없다. 환상의 통과를 의도하는 한에서 정신분석은 거짓말하는 주체와 속는 대타자 사이에 일어나는 현상을 정확히 파악해야 한다. 치료의 기술로서의 정신분석은 그 현상을 엄밀히 기술하는 "전이의 현상학"이어야 한다(Lacan 1973, 210면).

1964년의 강의에서 라깡은 이 전이의 현상학을 위해서 다시 데까르뜨로 돌아간다. 이는 전이의 현상학에서 중요한 위치를 차지하는 '속은 대타자'를 효과적으로 설명하기 위해서다. 그 설명의 출발점은 데까르뜨의 과장법적 회의에 나오는 '속이는 신,' 그리고 그가 신의 존재 증명을 통해서 다시 발견하는 '속이지 않는 신'이다. "데까르뜨의 경우, 처음의 코기토에서 '나는 생각한다'가 겨냥하는 것, 그것이 '나는 존재한다' 안에서 동요하는 한에서 겨냥하는 것은 현실적 세계다. 그러나 진실은 아직 저 바깥에 머물러 있고, 때문에 그 다음으로 데까르뜨는 무엇인가를 확신할 수 있어야만 했다. 그가 확신해야만 했던 것, 그것은 기만자가 아닌 대타자다."(Lacan 1973, 37면)

데까르뜨는 이성의 관점에서는 결코 의심할 수 없는 진리를 의심하기 위해서 이성의 존재론적 기원에 해당하는 신의 관점으로 이동한다. 만일 신이 기만자라면, 그래서 이성이 참이 아닌 사실을 참인 것으로 믿어 의심치 않는 본성을 지니도록 만들어놓았다면 어쩔 것인가? 데까르뜨적 주체는 그 근거를 무효화하기 위해서 신의 존재를, 존재하는 그 신의 선성(善性)을 증명한다. 이때 신의 선함은 그의 완전성에서부터 연역된다. 신이 완전한 존재자라면 기만자일 수 없는데, 이는 속임수가 불완전성의 징표이기 때문이라는 것이다.

반면 라깡이 말하는 무의식적 욕망의 주체는 데까르뜨적 주체와는 다른 대타자 앞에 있다. 정신분석의 대타자는 속이는 일도 없고 그렇다고 선을 베풀지도 않는다. 다만 그 자신이 기만과 속임수의 대상이다. "내가 지금 강조하고자 하는 것은, 주체의 상관항은 이제 더이상 '기만적 대타자'(Autre trompeur)가 아니라는 것, 다만 '기만당한 대타자'(Autre trompé)라는 것이다."(Lacan 1973, 37면) 왜 속은 대타자가 주체의 상관항인가? 그것은 전이가 일어나는 출발점에 있는 믿음, 대타자에 대한 주체의 믿음을 들여다보면 알 수 있다. 전이는 분석주체가 분석자를 어떤 전지전능한 주체로서 전제할 때만 일어날 수 있다. 그에게 대타자의 위치에 있는 분석자는 "모든 것을 안다고 가정된 주체"(sujet supposé savoir)다. 전이의 현상학에 따르면, 이 가상의 주체가 없다면 전이는 일어날 수 없다. 거꾸로 "안다고 가정된 주체가 어딘가에 있다면 전이는 생기게 마련이다."(Lacan 1973, 228면) 그런 의미에서 전이는 '안다고 가정된 주체'에 그 토대를 두고 있다(Lacan 1973, 211면).

그러므로 데까르뜨적 주체와 분석주체가 각기 대타자에게 요구하는 것 사이에는 공통점이 있다. 그것은 대타자가 모든 것을 안다고 가정된 주체여야 한다는 것이다. 데까르뜨적 주체는 어디엔가 현실적으로 모든 지식을 소유하고 있는 전지전능한 주체가 있을 때만 학문적 탐구가 가능하다고 믿는다. 그런 믿음이 데까르뜨의 신의 존재 증명을 끌고 가는 힘이다. 그 증명은 곧 "모든 학문적 탐구를 실제의 학문이 어딘가 존재한다는 사실, 신이라 불리는 현존의 존재자 안에 존재한다는 사실, 다시 말해서 신은 [모든 것을] 안다고 가정될 수 있다는 사실로부터 정당화하려는" 시도다(Lacan 1973, 204면. 이하 [ ]는 인용자).

이런 정당화의 배후에는 어떤 의심, 대타자가 자신을 끊임없이 속이고 있을지 모른다는 의심이 자리한다. 그러나 실제 분석의 현장에서는 반대의 현상이 일어난다. 분석주체는 혹시 자신이 분석자를 속이게 될까 해서 걱정한다. "주체가 가장 두려워하는 것, 그것은 [분석자인] 우리를 속이는 것, 우리를 잘못된 길로 인도하는 것, 더 간단히 말해서 우리가 속게 되는 것이다."(Lacan 1973, 37면) 데까르뜨의 과장법적 회의에서 신이 속일 수도 있다는 것이 학문의 가능성에 대한 최고의 위협이라면, 분석의 현장에서는 분석자가 속을 수 있다는 것은 주체의 확신을 깨뜨리는 최고의 위협이다(Lacan 1973, 211면). 그 위협이 도사리는 한 전이는 일어날 수 없고, 따라서 분석과 치료는 불

가능하다. 학문을 구하는 데까르뜨적 주체에게 대타자가 결코 기만자여서
는 안되는 것이라면, 분석주체에게 대타자는 결코 기만당해서는 안된다
(Lacan 1973, 121면). 그러나 분석주체는 오히려 그런 확고한 믿음 때문에 대타
자를 속인다. 대타자를 속지 않는 위치에 두기 위해서 그 대타자를 속이는
것이다.

이런 속임수의 배후에도 역시 어떤 의심이 자리한다. 분석의 현장에서 분
석자는 모든 것을 안다고 가정된 주체의 역할을 감당해야 한다. 하지만 분
석자는 신이 아니다. 신처럼 완전한 존재자, 무한한 존재자가 아니다(Lacan
1973, 209면). 이는 분석주체가 분석자에게 원하는 것과 상반된다. 분석주체가
원하는 것은 원래 자신에게 결여된 동일성이다. 분석주체가 대타자의 위치
에 있는 분석자에게 구하는 것은 자신이 찾고 있는 기표, 자신을 동일시할
수 있는 기표다. 환자는 그 기표를 얻고자 분석자를 찾아온 것이며, 그 기표
를 구하고자 분석자에게 의존하고 싶어한다. 그것이 분석주체의 갈망이다.
이런 갈망 속에서 분석주체는 분석자를 모든 것을 알고 있는 주체로 전제한
다. 분석주체가 두려워하는 것, 그것은 이 전제가 흔들릴 위험이다. 분석주
체가 거짓말을 하는 것은 오로지 이 위험에 대해서 방어하기 위해서다.

이런 방어적 태도에서 분석주체의 욕망은 '분석자의 욕망'으로, 분석자로
부터 욕망되기를 원하는 '욕망의 욕망'으로 발전한다. 분석주체는 자신이
분석자의 욕망의 대상이 되기를 갈망하기에 이른다. 이때 욕망의 대상이 된
다는 것은 빈곳을 채우는 대상, 욕망하는 주체를 완전하게 하는 보충물이
된다는 것과 같다. 그것이 곧 분석자에 대한 사랑이다. 전이의 현상학에서
라깡이 강조하는 것은, 이 사랑이 "전이의 가장 일반적 효과"라는 것이며
(Lacan 1973, 228면), 이 전이의 효과인 사랑은 어떤 기만적 행위라는 것이다.
"사랑은 여기서 어떤 본질적인 기능 속에서, 즉 기만의 기능 속에서 출현한
다. 사랑은 확실히 전이의 효과이되, 그러나 그 전이 안에서 성립하는 저항
의 얼굴이다. (…) 그 사랑 때문에 주체는 우리의 해석의 효과에 아무런 영
향도 받지 않게 된다. 그것은 곧 소외의 효과다."(Lacan 1973, 229면)

사랑은 왜 소외의 효과인가? 이는 그것이 타자의 욕망과 하나가 되려는 의지에서 비롯되기 때문이다. 사랑의 배후에는 "분석주체의 욕망과 분석자의 욕망을 하나로 묶으려는 태도가 있다."(Lacan 1973, 229면) 분석주체가 자신을 분석자의 욕망에 철저히 종속시키려는 욕망, 그것이 전이에서 일어나는 사랑이다. 그러나 그런 철저한 종속의 제스처는 기만이자 속임수이다. "분석자의 욕망에 종속된 주체는 이 종속을 믿도록 분석자를 속이고자 욕망한다. 분석자로부터 사랑받으려고 노력하면서, 그리고 그 자신이 사랑이라는 이 본질적 허위를 꾸며내면서 분석자를 속이고자 하는 것이다."(Lacan 1973, 229면)

어떤 철저한 종속을 의도하는 이 사랑은 스토아적 윤리의 핵심, 그리고 다시 기독교적 윤리의 핵심과 상통한다. 자신에게 "대타자의 욕망이 절대적으로 군림하도록" 원한다는 점에서 그것은 스토아적이다. 그리고 그것은 "당신의 뜻이 모두 이루어지기를!" 하고 외친다는 점에서 기독교적이다. 이런 종속에 대한 의지는 "희생의 열망"과 하나를 이룬다. 그리고 이때 "희생이란, 우리가 바라는 욕망의 대상 안에 대타자의 의지가 내재하고 있다는 증거를 찾으려고 노력한다는 것을 의미하며, 나는 그 대타자를 여기서 '애매한 신'이라 부르겠다."(Lacan 1973, 247면)

욕망의 주체는 대타자의 노예가 되기를 원한다. 어떤 희생을 댓가로 대타자의 사랑을 얻어내고자 한다. 그러나 대타자는 '애매한 신'이다. 불러도 대답하지 않는 신, 답을 주지 않는 신, 어떠한 지식도 진리도 담보하지 않는 신이다. 그럼에도 불구하고 욕망의 주체는 대타자가 모든 것을 알고 있고 모든 문제를 해결할 능력이 있다고 가정한다. "당신은 모든 것을 알고 있어요. 알고 있어야 합니다." 분석주체가 염려하는 일, 즉 분석주체가 속을지 모른다는 염려는 그런 소망에서 싹튼다. 그것은 분석자가 그런 전지전능한 위치로부터 이탈할지 모른다는 염려다. 분석주체는 자신의 가정과 어긋날지 모르는 분석자를 염려한다.

분석주체의 가정 안에서, 대타자는 모든 지식이 완벽하게 구비된 장소를 뜻한다. 그러나 실제로 그 장소는 "어떠한 앎도 존재하지 않는 절대적 지점이다. 그것이 절대적인 것은 결코 어떠한 앎도 아니라는 것 때문이다."(Lacan 1973, 228면) 그것은 앎이 불가능한 지점, 합리적 추론도 직관도 불가능한 역설의 지점이다. 욕망의 주체가 두려워하는 것은 그 역설의 지점과 마주치는 것이다. 대타자 안의 역설·약점·균열·불가능성. 욕망의 주체는 그 불가능성을 배제하고자 한다. 거짓말은 여기서 시작된다. 그리고 이 거짓말은 희생의 열망으로 발전한다. 대타자를 완전한 존재자의 위치에 두기 위해서 주체는 모든 것을 포기하기에 이르고, 이 희생의 열망 안에서 희생은 어떤 목적에 봉사하는 것이 아니라 그 희생 자체가 목적이 된다.[2]

이런 전이의 현상학에서부터 철학자의 신을 재해석할 수 있다. 전이의 현상학은 주체의 실체적 동일성이 어떤 기만적 착각에 근거한다는 결론에 이른다. 주체는 대타자의 비일관성과 결여를 은폐하는 한에서만 자신의 동일성을 확신할 수 있다. 거꾸로 그런 확신을 위하여 주체는 대타자를 결함 없는 존재자, 완전한 존재자로 가정한다. 그리고 그런 가정을 끝까지 유지하기 위해서 기만적 사랑에 빠진다. 라깡은 스피노자에게서 그런 기만의 논리를 발견한다. 스피노자의 사랑, "신에 대한 지적 사랑"(Amor intellectualis Dei)은 전이의 현상학에서 드러나는 기만적 사랑의 전형이며(Lacan 1973, 247면), 이는 주체의 욕망과 대타자의 욕망이 하나로 결합되기를 소망하는 욕망, 그 결합을 위해서 끝없는 자기헌신과 희생을 기꺼이 감수하는 의지의 표현이라는 것이다.

그렇다면 데까르뜨의 신은 어떤가? 그 신은 명석판명(明晳判明)한 지각, 본유관념(本有觀念), 영원진리 등이 참일 수 있는 근거, 다시 말해서 학문적 진리의 형이상학적 보증자다. 라깡의 관점에서 말하면, 이것 또한 전이의

---

2) 라깡은 나찌의 출현 배후를 논하면서 그것을 가능하게 한 조건으로 이런 주체의 (자기)기만과 희생의 열망을 지적한다(Lacan 1973, 246~47면). 이런 대목을 근거로 지젝(S. Žižek)은 이데올로기의 본성을 밝히는 데 라깡의 정신분석을 활용하여 커다란 호응을 얻은 바 있다. Žižek(1986) 47~49, 79~84면 등 참조.

효과다. 데까르뜨의 신은 '속은 대타자', 자신 안의 결여와 역설을 모르는 대타자에 해당한다. 신이 전지전능하다는 기만적 믿음이 없었다면, 데까르뜨적 주체는 결코 자신의 실체적 동일성에 도달하지 못했다. '나는 생각한다'에서 '나는 존재한다'로, 그리고 '나는 사유하는 존재자다'로 이행할 수도 없었다. 자신의 동일시 기표를 담고 있는 완전한 대타자가 있다는 가상적 믿음 때문에 그 주체는 자신의 사유와 존재를 일치시킬 수 있었다. 그가 획득한 실체적 동일성은 대타자의 결여를 감추었기 때문에 얻을 수 있는 보상이다.

다시 라깡의 관점에서 말하면, 그런 기만 이전의 대타자는 원래 '애매한 신'이었다. 이때 애매하다는 것은 역설적으로밖에 표상할 수 없다는 것을 뜻한다. 논리적 모순을 범하지 않으면서 설명할 수 없다는 것, 그것이 대타자의 애매성이다. 데까르뜨의 신도 그런 애매성 없이 출현할 수 없었다. 가령 그 신은 이 세계의 인과적 질서의 중심이되 그 질서로부터 벗어나 있어야 하는 중심, "그 원인을 물을 수 없는" 중심, 그래서 "자기원인"이라고밖에 표현할 수 없는 중심이었다(Descartes 1982, 184면 이하 참조). 그런 역설적 대타자에 대한 데까르뜨의 응답은 역시 "당신의 뜻이 모두 이루어지기를!"이며, 그가 1630년 메르쎈느(Mersenne) 신부에게 보낸 편지에서 펼쳤던 '영원진리 피조설'과 그것이 담고 있는 주의주의(主意主義) 신학은 그런 희생의 열망에 뿌리내리고 있다(Lacan 1973, 204면).[3]

데까르뜨의 신에 대한 이런 해석은 좀더 복잡한 논의를 요구하며, 철학사가의 입장에서 그 타당성을 면밀하게 검증받아야 하는 무거운 주제다.[4] 그러므로 여기서는 이런 문제는 건너뛰고, 결론을 위해서 라깡의 대타자가 지닌 특성을 다시 한번 부연하겠다. 이미 말한 것처럼 그 특성은 그 중심에 논리적 불가능성을 품고 있다는 데 있다. 만일 무의식이 언어처럼 구조화된다는 것이 라깡의 믿음이라면, 이 언어가 대신하는 대타자는 그 중심의 논리

---

3) Baas(1988) 68면 이하의 상세한 논의 참조.
4) Sipos(1994)는 그런 검증의 노력을 대표한다.

적 불가능성에 의한 균열로부터 구조화된다. 구조로서의 대타자는 "어떤 결여의 구조화하는 기능"에서 비롯된다(Lacan 1973, 31면). 그러므로 그 균열은 단순한 결여를 뜻하지 않는다. 그것은 오히려 생산하고 산출하는 결여, 구조를 낳는 결여, 따라서 모든 구조에 배꼽처럼 남아 있는 결여다. 왜냐하면 그 결여가 구조의 탯줄이기 때문이다. 그 결여는 움직이는 균열이고, 대타자는 "그 균열이 일으키는 박자에 맞춰 리듬을 타는 구조"다(Lacan 1973, 33면). 움직이는 구조, 그 구조의 움직임은 역설적인 중심의 운동에서 온다.

이런 구조는 구조주의적 구조와 사뭇 다르다. 그것은 탈구조주의적 구조, 가령 데리다의 구조에 가깝다.[5] 그러나 라깡은 탈구조주의자이기에 앞서 데까르뜨주의자다. 주체를 말할 때뿐만 아니라 대타자에 대해서 말할 때도 라깡은 데까르뜨적 주체와 그의 신 없이는 자신이 의도한 바를 효과적으로 설명하지 못했다. 라깡의 '전이의 현상학'은 그의 주체이론과 마찬가지로 데까르뜨의 회의를 반복하면서 앞으로 나아갈 수 있었고, 그런 의미에서 정신분석의 기초로 향하는 라깡의 행보는 언제나 데까르뜨적이다. 적어도 칸트나 후썰보다는 라깡이 더 데까르뜨적이라는 사실, 이 사실을 강조하고 싶다.

참고문헌

B. Baas, A Zaloszyc (1988) *Descartes et les fondements de la psychanalyse.* Paris: Navarin Osiris.

---

5) 김상환(2002) 참조.

Borch-Jacobsen, Mikkel (1991) "Les alibis du sujet". *Lacan avec les philosophes*. Bibliothèque du collège international de philosophie. Paris: Albin Michel.

Descartes, René (1982) *Réponses aux quatrièmes objections*. A.T.판 전집 IX-1권. Paris: Vrin.

Dolar, Mladen (1998) "Cogito as the Subject of the Unconscious". Žižek, Slavoj ed. *Cogito and the Unconscious*. Duham: Duke University Press.

Hegel, Georg Wilhelm Friedrich (1971) *Vorlesungen über die Geschichte der Philosophie III*. 전집 20권. Frankfurt am Main: Suhrkamp.

Lacan, Jacques (1966) *Écrits*. Paris: Seuil.

—— (1973) *Le Séminaire XI: les quatres concepts fondamentaux de la psychanalyse*. Paris: Seuil.

—— (2001) *Autres écrits*. Paris: Seuil.

Sipos, Joël (1994) *Lacan et Descartes: la tentation métaphysique*. Paris: Presses Universitaires de France.

Žižek, Slavoj (1986) *The Sublime Object of Ideology*. London: Verso.

김상환(2002)「라깡과 데리다: 기표의 힘, 실재의 귀환」. 김상환·홍준기 엮음. 『라깡의 재탄생』. 창작과비평사.

르네 데까르뜨 (1997) 『성찰』. 이현복 옮김. 문예출판사.

에드문트 후썰 (1993) 『데카르트적 성찰』. 이종훈 옮김. 철학과현실사.

지그문트 프로이트 (1997) 『쾌락원칙을 넘어서』(프로이트전집 14권). 박찬부 옮김. 열린책들.

라깡과 싸드

전복을 위한 몇가지 연산

맹정현

「싸드와 함께 칸트를」(Kant avec Sade)은 정신분석의 윤리학적인 함의와 정신분석의 탄생을 예고하는 일련의 장(場)들을 접속시키고, 그것들을 하나의 계보 속에 담아냈다는 점에서 라깡(J. Lacan)의 핵심적인 사유를 읽는 하나의 시금석이 될 수 있는 글이다. 여기에서 특히 라깡은 칸트(I. Kant)의 윤리학적인 전환을 싸드(Marquis de Sade)와 함께 읽으면서, 그것을 정신분석학 탄생의 조건과 연결시키고 있다. 그는 칸트가 윤리학의 영역에서 가져온 전환점과 더불어, 거기에 덧붙여져야 했던 싸드의 보충, 그리고 그러한 토대에서 마련된 과학 등을 프로이트(S. Freud)와의 암묵적인 연관성 하에서 언급한다. 라깡은 글의 초두에서, 정신분석학적 전복(顚覆)으로 이어지는 몇개의 연결고리를 분명하게 언급하고 있는데, 우리는 이를 라깡이 부여한 순서에 따라서 다음과 같은 일련의 문장들로 조합해볼 수 있다.

1) 칸트는 전복의 전환점이다.

2) 싸드는 전복의 첫걸음이다.

3) 싸드는 윤리학의 위치를 바로잡으면서 과학을 준비한다.

4) 프로이트의 길로 통행 가능하기 위한 길닦이 작업이 취미의 심층

(profondeur des goûts)에서 백년이나 진전되어야 했다.[1]

이 네 개의 문장 속에는 정확히 네 개의 장이 접속되어 있다. 칸트의 윤리학, 싸드, 과학, 프로이트의 길 등이 바로 그것인데, 이는 각기 정신분석의 탄생을 윤리학이라는 관점에서 준비하는 단계들이라 할 수 있다. 이는 라깡의 용어를 따르자면, "전복의 전환점" "전복의 첫걸음" '과학의 준비' "길 닦이 작업" 등으로 경로화된다. 우리의 작업은 라깡의 논의를 따라서, 이러한 경로를 하나의 지도 속에, 그리고 몇가지 연산 속에 담아보는 것이다. 또한 이를 통해 정신분석학적 전복, 그 혁명의 준비단계들이 어디로 귀착되며 어디에서 완성되는지를 살펴보는 것이 될 것이다. 물론 그러한 종착지들 앞에서 갈라지는 미묘한 교차점들을 간과하지 않는다는 조건에서 말이다.

1. 윤리학에서의 전환점

싸드가 "윤리학의 위치를 바로잡"았다고 할 때, 라깡이 염두에 두고 있는 것은 바로 칸트의 윤리학이다. 라깡에게 칸트가 전복을 위한 "전환점"이라면, 이는 그가 전통적인 윤리학과의 '단절'을 완수했기 때문이다. 칸트가 전환점을 마련하며 벗어날 수 있었던 기존의 전통적인 윤리학은 바로 아리스토텔레스(Aristoteles)의 윤리학을 말한다. 아리스토텔레스의 윤리학은 덕목들(vertus)에 기초한 중용의 윤리학이다. 그는 용기 · 관용 · 정의 등과 같은 덕목들을 작성한 후, 그것들을 실현하는 것이 최고선에 도달하는 길이라고 간주했다. 단적으로 말하자면, 이는 합산(合算)에 기초한 것으로, 몇가지 덕목들의 계열과 그 합산에 근거한 행복이 바로 최고선(最高善)이 된다는 것이다. 물론 이러한 합산이 최고선이란 결과를 산출해낼 수 있는 것은 그것이

---

1) J. Lacan, *Écrit*, Paris: Seuil, 1966, 765면. 이 글에서는 라깡의 『에크리』(*Écrit*)가 주로 인용되므로 이하 면수만 표기함.

지나침의 수위를 넘지 않는다는 조건에서이다. 이는 절도나 중용이 그러한 합산이 산출한 쾌락을 보호해줄 수 있는 최소한의 방어벽이 되어주기 때문이다. 결국, 쾌락원칙의 한계를 넘지 않는 만큼만 욕망하고, 이성의 한계 내에서 삶을 즐기는 것, 그것이 바로 행복이다. 이러한 발상의 전제는 쾌락과 행복을, 그리고 행복과 최고선을 동일시하는 데 있는데, 따라서 덕목들의 총계, 쾌락, 행복, 최고선 사이엔 다음과 같은 등식이 성립된다.

$$\alpha + \beta + \gamma \cdots\cdots = 행복(쾌락) = 최고선$$

이에 대해 칸트가 마련한 전환점은 그러한 연산과 그 전제들을 뒤집는 것이다. 라깡에 따르면 우선 칸트는 "언어학적인" 성찰에 근거해서 윤리학적인 전환을 성취한다(767면). 독일어에선 'Gute'와 'Wohl'이 구분된다는 점에서 그는 다른 철학자들보다 유리한 위치에 있다. 영어나 불어에선 하나의 단어가 선과 행복을 동시에 뜻하지만, 독일어에선 그 둘이 동일한 것이 아니다. 따라서 칸트에겐 최고선이 반드시 행복에 기초할 필요는 없다. 아니 오히려 종국에 가서는 반대가 될 수도 있다는 것이 칸트의 주장이다. 왜냐하면 행복은 물질적이고 유한한 대상들에 의해서 주어지는 것인 반면, 최고선은 그 대상을 현실 속에서 규정할 수 없기 때문이다. 최고선은 선한 대상들에 의해 만족될 수 없다. 선한 것과 법은 모든 이들에게 적용될 수 있어야 하는데, 여기서의 '모든'은 "일반성"이 아닌 "보편성"을 의미한다. 예외란 게 있을 수 없다는 것이다. 하지만 대상들은 예외를 포함하고 있다. "어떠한 현상도 쾌락과 항구적인 관계를 맺을 수 없다"는 것이다(766면).

따라서 선을 위한 보편율을 도출해내는 방법은 법(法)으로부터 대상을, 병리적인 대상을 빼버리는 것이며, 주체로부터 병리적인 것을 빼버리는 것이다. 이렇게 해서 남는 것이 선험적인 주체와 선의 의지이다. 만인에게 보편적인 대상은 있을 수 없지만, 만인에게 보편적인 의지는 있을 수 있으며 실제로 그래야 한다는 것이다. 외부의 선이 아니라 내면 안에 자리잡은 선의 의지만이 보편율이 될 수 있다. 이는 일종의 감산(減算) 작업이다. 우리는 이를 다음과 같이 표기할 수 있다. 여기서 J는 라깡에게선 향유(jouissance)를, 칸트에게선 병리적인 것(pathologique)을 뜻하며, S는 주체(sujet)를, 8는 S로부터 병리적인 것을 뺀 주체를 뜻한다.

$$선-대상 = 의지$$
$$S-J = 8$$

따라서 라깡이 말한 칸트의 전환점은 연산에서의 더하기(+)에서 빼기(−)로의 전환이며, 동시에 병리적 주체(S)에서 선험적 주체(8)로의 전환이다.

2. 싸드는 칸트의 진리이다

하지만 그럼에도 칸트는 진리를 말하지 못했다. 칸트는 전환점이 되었지만, 전복의 출발점은 되지 못했던 것이다. 라깡은 오히려 그 첫걸음을 칸트의 『실천이성 비판』(*Kritik der praktischen Vernunft*)이 출간되고 "8년 후에 출간된" 싸드의 『규방철학』(*la philosophie dans le boudoir*)에서 발견한다. 라깡은 그것이 "칸트의 진리를 제시한다"고 말한다(765면). 즉 싸드는 칸트의 진리가 된다는 것이다. 이는 무슨 뜻인가? 우리는 이를 두 가지 의미에서 풀이해볼 수 있다.

우선 그 명제를 하나의 은유로 생각할 수 있다. 싸드가 칸트의 진리라는 말은 칸트가 말하지 못한 것을 싸드가 말해주었다는 것, 혹은 칸트가 말한 것의 진의가 싸드에 의해 밝혀졌다는 것을 뜻한다. 그렇다면 칸트가 말하지 못한 것, 칸트가 빠뜨린 것, 그것은 무엇인가? 그것은 바로 칸트가 찾지 못한 대상(objet)이다. 칸트가 내면의 법을 대상으로부터 분리시켜 아무것에도 의존하지 않는 순수한 법을 완성했다면, 싸드는 그 내면의 법이 기대고 있는 마지막 보루를 잊지 않았다. 그 내면의 법은 오로지 "목소리"(la voix), 음성의 형태로만 나타날 수 있다는 것이다(772면). 내면에서 솟아오르는 법은 목소리라는 매체에 기대어서만, 즉 "기표에 근거해서만" 발화될 수 있다(770면).

라깡은 그렇게 명령을 내리는 목소리를 싸드의 『규방철학』에 삽입된 작은 팸플릿 속에서 끄집어낸다. "누군가 나에게 이렇게 말할 수 있으리라……" 물론 이러한 목소리는 물리적으로 들을 수 있는 것이 아니다. 그것은 마치 환각처럼 내면에 새겨진 목소리, 하지만 그것을 듣는 순간 그 물질성은 사라져버리고 남는 것은 오로지 그것의 "확실성"(certitude)밖에 없는 목소리이다. 라깡은 이러한 환원 불가능한 목소리, 이른바 라깡적 범주로 "실재"(le réel)의 목소리라 할 수 있는 것을 자신의 대상 *a*(objet *a*)의 목록에 포함시켰는데, 이를 프로이트의 용어로 표현하자면 바로 초자아(surmoi)가 된다. 라깡에게서 초자아는 하나의 대상, 즉 대상 *a*다. 그것은 주체가 상징적인 거세를 거치고 나서, 다시 말해 상징적인 것으로 입성한 이후에 남게 되는 잔여물(reste)이다. 라깡에게 있어 상징적인 거세(castration symbolique)란 생물학적인 기관의 박탈이 아니라 주체가 언어 속으로 들어옴으로써 자신의 육체성을 상실하게 되는 과정이다. 언어를 통해서, 병리적인 주체로부터 실재적인 향유를 빼내는 것이 바로 거세인데, 라깡에서 중요한 것은 바로 이러한 거세가 완전하게 이루어지지 않는다는 점이다. 그것은 항상 향유의 잔여물을 남기게 되는데 이것이 바로 대상 *a*이다.

$$S-J = \$ + a$$

칸트에게서 사라졌던 대상이 결국 싸드에게서(더불어 프로이트와 라깡에게서) 대상 *a*라는 모습으로 다시 나타나게 된다. 라깡은 칸트가 벌였던, 대상과의 "에로틱한" 숨바꼭질에 대해 언급한 바 있다(768면). 칸트는 그토록 찾아 헤매던 대상을 결국에는 포기하고 만다. 하지만 싸드는 그 대상을 포기하지 않았다. 물론 싸드는 칸트처럼 대상을 찾아 헤맬 필요가 없었다. 대상은 처음부터 거기에 있었으니까 말이다. 대상이 없다고 여겨졌다면, 이는 대상이 그 상실의 틈새, 다시 말해 사라짐의 흔적 속에 있었기 때문이다. 그것이 '명령'으로서 구현된 것이 바로 "양심의 목소리"이고, 초자아의 목소리이다(772면). 이는 감산이라고 할 수 있는 상징적 거세 이후에 남은 잔여물로서의 대상이라 할 수 있다. 이것이 바로 은유적인 측면에서 읽은 칸트의 진리로서의 싸드이다.

또한 우리는 싸드가 칸트의 진리라는 말을 "문자 그대로" 읽어볼 수 있다. 말 그대로 싸드가 칸트의 진리라고 말이다. 이를 위해서 우리가 주목해야 할 것은 바로 진리의 "위상학적인"(topologique) 위치이다. 라깡은 "진리란 무엇인가?"라는 고전적인 물음을 "진리란 어디에 있는가?"라는 물음으로 바꾸었다. 이것이 바로 라깡의 위상학이다. 이 물음에 대한 라깡의 대답 중의 하나는 진리는 언표(言表)가 아닌 언표행위의 차원에 있다는 것이었다. "나는 거짓말하지 않는다"는 고전적인 역설(참이 되면 거짓이 되고 거짓이면 참이 되는)은 바로 진리를 언표행위의 차원에 위치시킬 때에만 해소될 수 있다. 즉 이 명제의 가치는 이 명제를 말하고 있는 '나'와 이 명제에 담겨 있는 내용의 '나' 사이의 간극을 포착함으로써, 그리고 진리의 준거를 후자에서 전자로 옮겨놓을 때에만 정확히 자리매김될 수 있다. 이런 맥락에서 볼 때 싸드가 칸트의 진리라면 이는 칸트가 말한 것, 즉 칸트의 언표(énoncé)가 바로 싸드적인 언표행위(énonciation)로부터만 나올 수 있다는 것을 뜻한다. 칸트의 언표는 싸드적인 주체를 언표행위의 주체로 놓았을 때에만 가능하다는 것이다.

$$\frac{\text{언표행위의 주체}}{\text{언표의 주체}} = \frac{\text{싸드}}{\text{칸트}}$$

그렇다면 칸트의 언표란 무엇인가? 이는 앞에서 우리가 살펴보았듯이 칸트가 아리스토텔레스의 윤리학에 대해서 취했던 전환점을 말한다. 즉 "병리적인 것"의 감산과 그것에 의한 선험적 주체의 탄생, 수식으로 표기하면 S−J = $ 이다. 물론 이것은 칸트의 언표 차원에서 이루어진다. 그렇다면 언표 차원에서 이루어지는 그러한 감산을 명령하는 자는 누구인가? 칸트의 언표를 발화(發話)하는 자는 누구인가? 그는 바로 싸드이다. 더 정확히 말하면 싸드의 "즐겨라!"(jouis!)라는 명령, 즉 초자아의 명령이다(821면). 우리는 위의 공식에 근거해서 다음과 같은 식을 작성할 수 있다.

$$\frac{\text{언표행위의 주체}}{\text{언표의 주체}} = \frac{J}{S-J}$$

이는 향유의 감산을 명령한 자가 곧 향유 그 자체임을 뜻하는 것이다. 그런데 이는 향유에 대한 라깡의 정의와 정확히 일치한다. 향유란 쾌락원칙을 넘어선 쾌락, 다시 말해서 쾌락이 한계를 넘어서 고통으로 치닫게 되는 쾌락이다. 이는 쾌락을 배반하는 쾌락이란 점에서 역설적인 쾌락이다. 그런데 우리는 이런 맥락에서, 칸트에게서의 고통(douleur)이란 기호의 진의를 파악해볼 수 있다. 즉 『실천이성 비판』에서 칸트는 실천이성의 주체가 병리적인 것을 제거한 후에 가질 수 있는 유일한 감각에 대해 말하는데, 그것이 바로 "고통"이다. 우리가 내면의 법을 준수하고 의무를 다할 때 느끼게 되는 것은 쾌락이 아니라 오히려 고통이라는 것이다. 왜냐하면 쾌락이란 덤으로 주어지는 것이지, 그 자체가 선을 행한다는 것의 징표는 될 수 없으며, 오히려 내면의 의무를 다할 때 느끼게 되는 것은 고통일 수밖에 없기 때문이다. 칸트가 말하는 고통은 결국 프로이트가 "쾌락원칙을 넘어"라고 지목한 것에 대한 지표가 된다. 언표의 차원에서 산출된 고통이 언표행위의 차원에선 향유를 산출한다는 것이다. 이것이 바로 싸드가 칸트의 진리인 이유이다.

3. 싸드와 과학의 주체

여기까지가 바로 전복의 "첫걸음"이다. 그런데 이러한 첫걸음은 어떻게 과학을 준비했는가? 이 문제를 풀기에 앞서 한 가지 기억해야 할 것은, 라깡에게서 싸드가 과학을 준비한다는 것은 윤리학이 인식론을 정초(定礎)한다는 것, 윤리학이 과학을 앞선다는 것을 뜻한다는 점이다. 이는 초기부터 일관되게 견지해온 라깡의 근본입장이다. 그렇다면 윤리학에 의해 마련된 과학이라고 했을 때, 그 과학이란 무엇을 말하는가? 물론 라깡은 이러한 문제를 전도시켜, '과학이란 무엇인가'라고 묻기보다는 '그 과학을 누가 만들었는가'를 묻는다. 즉 과학의 주체 ── "과학의 상관물로서의 주체(sujet)" ── 에 대한 질문을 던지는 것이다(856면).

그렇다면 과학의 주체란 무엇인가? 여기서의 과학이란 물론 데까르뜨(R. Descartes)에 의해서 준비되어왔고, 18~19세기에 꽃피웠던 과학이다. 그리고 상식적인 수준에서의 과학이란 '대상화'를 말하는데, 이는 곧 사물을 객관적인 시선에서 기술해내는 것이다. 같은 맥락에서 보통 과학적이지 않다함은 객관적이지 않다는 뜻이다. 과학 그 자체에 대한 논의를 유보한다면 말이다. 그러한 개념은 과학이 주관성을 배제한다는 것인데, 그렇다고 해도 주체성을 배제할 수는 없다는 것이 바로 라깡의 주장이다. 과학이 가능하기위해선 주체가 사라져버렸음을 전제하는 주체를 상정해야 한다는 것이다. 마치 대상이 사라져버린 흔적을 통해 그 대상이 구성되듯이, 주체는 자신이 사라져버린 흔적을 통해서 주체로 성립된다. 이처럼 비워진 주체, 그것이 바로 과학의 주체이다. 라깡은 이를 8라고 표기했다.

그런데 이러한 과학의 주체가 어떻게 싸드의 윤리학에 의해서 준비되었다는 것일까? 다시 한번 라깡이 인용한 싸드의 팸플릿의 한 구절을 되새겨 보기로 하자. "'나는 네 육체를 즐길 권리가 있다. 나는 내가 만족시키고 싶은 가혹한 요구들의 변덕 속에서 어떠한 한계에도 구애받지 않고 그 원리를 이행할 것이다'라고 누군가가 나에게 말할 수 있다."(768~69면) 이 문장에서 강조되는 것은 "즐길 권리"(droit de jouir), 내가 누군가를 즐길 수 있는 만큼 당신도 나를 즐길 수 있다는 권리이다(769면). 그런데 이러한 즐길 권리는 바로 향유의 계산에 근거한 것으로, 이른바 향유의 영역에서 등가(等價)적 주체의 산출을 전제한 것이다.

주체가 8로 탄생한다는 것, 주체를 '보편적'이고 '등가적'인 것으로 산출해내는 것, 이는 민주주의의 강령이다. 하지만 싸드는 "프랑스 국민들이여, 조금만 더 노력하시길……"이라고 말한다(768면). 싸드는 멈추지 않는다. "즐겨라!"라는 그의 정언명령(定言命令)은 쾌락을 셈하고 공리화함으로써 당시에 공표된 프랑스대혁명 기저(基底)의 원칙을 보충한다. 나의 쾌락과 너의 쾌락을 똑같은 단위로 바꿀 수 있다는 것, 쾌락을 교환의 흐름 속에 집어넣을 수 있다는 것, 이는 프랑스대혁명 이후에 공표된 인권의 극한을 실현한다. 시장의 원리는 우리 앞의 대상들을 교환할 수 있다는 것이다. 싸디즘은 우리 안의 대상들을, 더 나아가 우리 자신까지도 대상으로 넣어버림으로써 시장 원리의 극한에 위치한다. 싸드는 역설적이게도 이러한 강령을 극단화하여 육체와 쾌락의 영역에 적용한 것이다. "모든 인간은 법 앞에 평등하다"와 마찬가지로, "모든 인간은 즐길 권리 앞에서 평등하다." 주체가 법적인 시민이 되기 위해선, 그의 향유까지도 계산 속에 넣어야 한다. 우리는 각각의 개인이 겪는 경험의 질과 감수성이란 이름을 빌려서 그러한 계산을 거부할 수 없다. 하나의 주체, "하나의 하나"(un un)가 가능하기 위해선 주체는 자신의 특질들을 비워내야 한다. 이것이 바로 과학의 주체이자 라깡이 말하는 상징적인 주체(8)이다.

4. 프로이트의 발견과 주체의 전복

칸트는 전통적인 윤리학에 대해 일종의 감산작업을 통해 선험적인 주체를 산출해냈으며, 그후 싸드는 칸트가 제시한 형식적인 법 개념에 대상을

186

되돌려주면서 프로이트로 이어지게 될 과학을 준비했다. 싸드에 관해 라깡이 주목한 것은 바로 그가 법을, "즐거라!"라는 '향유의 권리'를 부르짖는 목소리와 결부시켰다는 점이다. 칸트의 맹목적인 법은 싸드적인 초자아의 '외설적인' 목소리에 기초한다는 것이다. 다시 말해, 그 법을 발화하는 목소리의 잉여향유에 근거하고 있다는 것이다.

그런데 싸드의 이런 첫걸음은 어디까지 이어지는가? 그것은 전복을 완수했다고 볼 수 있는가? 이 글에서 라깡은 전복의 요체를 보여주기보다는 그러한 전복에 이르는 몇개의 길목을 보여주고 있다. 따라서 그는 프로이트의 발견, 그리고 그것에 대한 자신의 회귀에 대해 말하기보다는 전복의 발걸음을 내디딘 싸드가 봉착하게 되는 곳을 주목함으로써 프로이트의 발견의 음화(陰畵)를 드러낸다. 글을 시작하면서 라깡은 싸드가 전복의 첫걸음을 내디뎠다고 말했으며, 그 첫걸음을 내디딘 곳이 바로 '법과 향유가 묶이는 지점'임을 보여주었다. 그런데 이제 라깡은 싸드의 발걸음이 어떤 한계에 봉착했음을, 다시 말해 프로이트의 발견 이전에 멈추었음을 강조한다. 싸드가 다다른 곳, 그곳은 라깡의 말을 따르자면, "법과 욕망(désir)이 묶이는 지점"이란 것이다(789면). 법이 향유의 권리를 부르짖는 목소리란 점에서, 법과 향유의 매듭(법◇향유)에서 출발했던 싸드, 그가 도달한 곳, 아니 한계에 다다른 곳은 법과 욕망의 매듭(법◇욕망)이다. 그렇다면 법과 욕망이 묶이는 매듭이란 무엇일까? 더 정확히는, 법과 욕망이 묶이는 곳에서의 욕망의 형태는 어떤 것일까?

라깡은 우선 몇가지 역사적인 사건들을 환기시킨다. 처음에 "프랑스대혁명"이 있었다. 이는 "법의 자유"를 선포하는 것이다. 법의 자유란 법이 대상으로부터 자유롭다는 것을 뜻한다. 어떠한 조건에 의해서도 제한을 받지 않을 만큼 자유로운 "무조건적인" 법, 무제한적인 법은 자신을 지키기 위해서라면 죽음도 불사한다. 역사가 "단두대"를 피로 물들인 것은 바로 법의 탄생에 대한 댓가이다. 이렇게 병리적인 대상들을 척출시킨 "형식적" 법의 탄생은 우리가 칸트에게서 본 감산작업의 연속성 위에 있는 것이다. 그런데 이러한 법의 자유는 역설적이게도 곧바로 욕망의 자유를 산출해냈다. '자유롭게 욕망하라'는 것이다. 법을 위해서라면 어떠한 희생도 마다 않던 인간이 이제는 욕망을 위해서라면 죽음도 불사하겠다는 듯이 욕망을 외치게 된다(783면). 그런데 "법의 자유"에서 "욕망의 자유"로 넘어가는 이러한 이행은 우연적인 것이 아니라 구조적으로 예정된 것이라는 게 바로 라깡의 주장이다.

라깡은 이러한 법과 욕망의 역설적인 결합을 구조적인 것으로 파악했다. 법과 욕망은 금지와 위반의 기능으로서 하나로 결착되어 있다는 것이다. 이는 단순히 법이 금지를 낳고 금지가 욕망을 낳았기 때문이 아니라, 그 법을 위반하고자 하는 욕망이 그 법의 존재 자체의 정당성을 지탱해주기 때문이다. 욕망은 위반을 하면 금지된 것을 얻을 수 있으며, 자신이 하지 못하는 것을 할 수 있으리라고 여기는 것에 기초한다. 상징적 거세, 그 감산작업에 의해 남겨진 차액(대상 a)을 가지고 원래의 전체성이라고 '추정되는' 것을 구성해내는 것, 이는 환상이다($\$ \diamond a$). 그것이 현실이 아니라 환상인 이유는, 그러한 전체성이란 것이 원래부터 존재하지 않았기 때문이다. 전체는 존재하지 않는 것이다. 바꿔 말하면 "타자는 존재하지 않는 것이다."(820면) 주체는 언어의 주체로 분열되어 있을 수밖에 없으며, 그렇기 때문에 자신의 결여를 충족시켜줄 것 같은 대상과의 만남은 원래부터가 불가능하다. 금지는 그러한 '불가능성'(impossibilité)에 대한 하나의 해석에 불과하고, 위반은 그러한 '불가능성'을 '금지'(interdits)라는 알리바이로 바꾸어, 불가능한 것이 가능한 것처럼 보이도록 만드는 속임수이기 때문에, 이는 법을 넘어서는 게 아니라 법의 그늘 속에서 법을 지탱하는 것이다. 위반의 논리는 '타자는 존재하지 않는다'는 불가능성을, 그것을 금지하는 또다른 타자를 상정함으로써 '타자는 존재할 수 있다'는 것으로 바꾸는 것이다. 이를 도식화하면 다음과 같다.

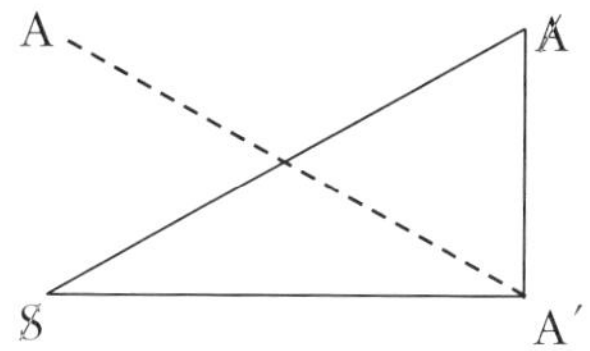

처음엔 A가 있을 뿐이다. 이는 주체가 ꞩ인 것과 상관적이다. 주체의 결여는 타자의 결여와 한 쌍이며, 주체의 결여를 충족시켜줄 타자는 존재하지 않는다. 그렇지만 위반은 ꞩ와 A 사이에 A′를 상정한다. 마치 A′가 ꞩ와 A 사이의 관계를 방해하고 금지한다는 듯이 말이다. 그리고 바로 이러한 금지 속에서 금지된 것에 대한 욕망이 탄생한다. 이 욕망 속에서 A는 A로 수렴하는 것처럼 '보이게' 된다. 또한 욕망은 바로 그 '타자가 존재하리라'는 환상에 근거해서 더 한층 가속화된다.

금지·위반·환상 이런 식으로 법과 욕망의 매듭이 구성된다. 싸드는 바로 이 매듭 앞에서 멈추었다. 그가 그 매듭 앞에서 멈추었다 함은 그것을 넘지 못했기 때문이다. 그는 욕망과 법이 묶이는 지점 앞에서 눈을 감아버렸다. 그는 그것을 제대로 보지 못했기 때문에 욕망에 대한 이론을 갖지 못했다. 따라서 욕망과 법의 관계를 오인(誤認)했고, 결국 신에 대한 "모욕"과 위반을 부르짖었다(788면). 그렇기 때문에 법과 욕망의 순환구조 속으로 다시 들어가버렸으며 그 속에서 "최상의 존재"를 복구해냈다(790면). 물론 이러한 욕망과 법의 결탁은 욕망이 탄생하는 과정에서 비롯된 필연성이지만, 이러한 필연성은 불가능성에 대한 하나의 해석, 불가능한 것을 상징적인 것 속으로 흡수하는 하나의 우연적인 방식일 뿐이다. 싸드는 다른 방식의 욕망을 상상할 수 없었다. 그러한 욕망을 고안하는 것은, 오이디푸스를 해독해냄으로써 욕망에 대한 이론을 완성하고 욕망과 법의 내연관계를 파헤친 프로이트와, 그것에 근거해 전혀 새로운 방식의 욕망, 즉 "정신분석가의 욕망"(désir du psychanalyste)을 고안해낸 라깡 자신의 몫이 될 것이다.

「싸드와 함께 칸트를」은 정확히 이 지점에서 멈춘다. 글은 싸드를 철학사

의 위인들과 대질시키는 곳으로부터 시작해서, 싸드 자신의 욕망에 대해 이
의를 제기하는 곳에서 끝을 맺는다. 싸드의 욕망이 한계에 다다른 곳, 프로
이트의 ‘발견’과 ‘주체의 전복’이 싸드의 오인의 행간 사이로 모습을 드러
내는 바로 그곳으로부터 다시 시작하기 위해서 말이다.

라깡과 프로이트 · 키에르케고르

불안의 정신분석 I

홍준기

1. 들어가는 말

불안은 우리 모두가 체험하고 있는 근본적인 심리현상이다. 불안으로부터 자유로운 사람은 아무도 없다. 울음으로 생명의 도래를 알리는 인간에게 탄생은 그 자체가 불안의 시작인지도 모른다. 어린아이는 어머니가 보이지 않으면 불안해하고 울며, 낯선 사람이 나타나도 이와 유사하게 행동한다. 사람들은 어둠 · 악몽 · 고독 · 이별 · 전쟁 · 천재지변 · 병 · 죽음 · 귀신 · 악마, 심지어 사랑에 대해서도 불안해한다. 이성 앞에서의 불안, 아내나 남편이 되는 것에 대한 불안, 여러 사람 앞에서 말을 할 때 느끼는 불안, 어떤 책임이나 지위를 맡아야 한다는 사실에 대한 불안, 동물에 대한 불안 등 우리가 일상적으로 느끼는 불안의 사례는 무수히 많다.

데까르뜨(R. Descartes)의 '확실성의 철학'을 뒤집으면서 라깡(J. Lacan)은 "불안, 그것은 속이지 않는 것이다"라고 말한다. 인간경험에서 가장 확실한 것이 있다면 그것은 불안이다. 불안은 태어나서 죽을 때까지 인간을 따라다니는 가장 확실한 동반자이다. 불안은 인간이라면 누구나 직면하는 인간존재의 근본조건이다. 하지만 그것은 동시에 우리를 고통스럽게 만드는 병리

현상이기도 하다. 이렇듯 불안은 인간에게 가장 친숙한 정서이지만 동시에 그것은 인간을 견딜 수 없는 고통과 번민으로 몰아넣는다.

불안현상은 단순하지 않다. 불안의 원인을 '과학적으로' 규명하여 단번에 그것을 제거할 수 있는 만병통치약이 없다는 사실은 우리를 더욱 불안하게 한다. 프로이트(S. Freud)는 불안이 단지 생물학적·육체적 현상이 아니라는 점을 잘 알고 있었다. 불안이 없어지는 경우에도 그것은 완전히 사라지는 것이 아니라 다른 종류의 불안으로 대체되어 다른 무대에서 등장하는 경우가 많다. 예를 들면 아버지의 거세위협으로부터 생긴 불안은 동물공포증으로 탈바꿈해 다시 등장할 수 있다. 심리적 방어기제를 전혀 작동시킬 수 없을 정도로 강한 불안을 야기했던 심리적 외상(外傷)은 심지어 주체의 무의식의 세계에조차 자리를 잡지 못한다. 심지어 무의식에 저장될 수 없을 정도로 강한 외상은 무의식으로부터 완전히 '배척'(forclusion)되고, 이렇게 배척된 심리적 외상은 정신병적 환각 속에서 다시 나타나 최악의 불안을 발생시킨다.

과학의 진보로 자연재해나 질병과 관련된 불안을 많이 극복했다고는 하지만, 그것은 또다른 불안을 야기한다. 핵전쟁으로 인한 총체적 파멸의 불안, 수질이나 대기오염의 불안 등을 그 예로 생각할 수 있겠다. 불안현상에서 볼 수 있는 또 하나의 역설적인 사실은 인간이 불안을 회피하면서도 이를 '즐기고 있다'는 것이다. 높은 곳에 올라갈 때 우리는 무서워하는 동시에 저항할 수 없는 매력을 느끼며 현기증이 일어나도 아래를 기꺼이 내려다본다. 귀신 악몽으로 잠에서 깨어나 불안해하는 어린아이는 귀신을 무서워하면서도 이에 매료되어 끊임없이 귀신과 악마에 대해 이야기한다.

좁은 의미의 병리적 불안이 있다. 이것에는 무엇인가 하지 않으면 누군가 죽을지도 모른다는 생각에 사로잡히는 강박증적 불안, 백화점이나 시장에 갈 수 없게 하거나 지하철을 탈 수 없도록 만드는 광장공포증 혹은 폐쇄공포증, 도착적 행위를 할 때 느끼는 성도착자의 불안, 그리고 '총체적 파멸'의 환각으로 고통받는 정신분열증자의 불안이 있다.

그렇다면 우리는 이같은 불안을 어떻게 정의하고 파악할 수 있는가? 불안의 원인과 대상은 무엇인가? 불안현상의 정신분석학적·인간학적 의미는 무엇인가?

2. 프로이트·라깡 정신분석학에서 불안의 위치와 의미

프로이트는 평생에 걸쳐 불안현상에 대해 지속적으로 관심을 보였으며 그것을 정신분석학적으로 해명하기 위해 끊임없이 노력했다. 프로이트는 플리쓰(W. Fließ)에게 보낸 편지(초안 B, E)에서 이미 이 문제에 대해 상세히 논의했으며(Freud 1986, 27면 이하, 71면 이하), 이러한 초기의 연구는 「신경쇠약증과 불안신경증이라는 특정한 증후군을 분리시키는 것의 정당성에 관하여」(Freud 1984)라는 글을 통해 구체화했다. 불안현상에 대한 프로이트의 연구는 무엇보다도 「억제, 증상 그리고 불안」(Freud 1971)에서 가장 체계적으로 정리되었다. 잘 알려져 있듯이 프로이트는 그 글에서 자신의 초기 견해를 전격적으로 수정하고 불안을 '위험(에 대한)신호'로 정의한다. 초기의 프로이트는 중단된 성행위, 금욕 등으로 인해 리비도(libido)가 방출되지 못하고 누적되면, 이 누적된 리비도가 불안으로 직접 전환된다고 보았다. 프로이트는 위의 글에서 자신의 이러한 초기 견해를 수정한다. 후기의 새로운 견해에 따르면 불안은 위험상태의 등장을 예고함으로써 이 위험상황을 효과적으로 피하거나 방어할 수 있도록 **자아**가 보내는 신호이다. 여기서 볼 수 있듯이 프로이트의 후기 불안이론은 심리장치를 자아·이드·초자아로 구분하는 두번째의 심리장치이론을 확립한 후에야 비로소 생겨날 수 있었다. 자신의 새로운 심리장치이론에 따라 프로이트는 자아를 "불안의 소재지"(Angststätte)로 보았다. 바로 이 자아가 인간주체를 위협하는 위험상황에서 이를 피해 도망가거나 이에 대처해 준비할 수 있도록 불안이라는 "위험신호"를 보낸다는 것이다.

프로이트의 후기 불안이론이 전기의 불안이론에 비해 갖는 장점은 무엇보다도 불안을 '자동발생적인 것'이 아니라 '심리적 현상'으로 파악했다는 것이다. 초기의 프로이트는 방출되지 못하고 누적된 성적 리비도가 자동적으로 불안으로 전환된다고 보았다. 한편 후기의 그는 불안을 육체적·생리적 자동과정으로 설명하는 것을 포기하고 자아에 의해 위험신호로 사용되는 것으로 본다. "불안은 억압을 통해 새로 생겨나는 것이 아니라, 이미 존재하는 기억 이미지에 따르는 정서의 상태로 재생산"된 것이다(Freud 1971, 239면). 성적 행위를 억압함으로써 누적된 리비도는 자동적으로 불안으로 전환되지 않는다. 주체가 경험한 적이 있었던 위험상황이 의식적·무의식적으로 상기되면 자아는 이러한 위험상황에 대비하도록 주체에게 위험신호를 보내는데, 바로 이러한 위험신호가 불안이다. 자아는 과거에 발생한 적이 있는 위험상황과 외상적 체험을 다시 반복하지 않도록, 즉 주체가 경악(Schrecken)의 상태에 빠지지 않도록 준비시키기 위해 불안신호를 발신한다.[1] 여기에서 알 수 있듯이 프로이트의 불안 개념을 좀더 정확히 파악하기 위해서는 경악과 불안(Angst)을 구분해야 한다. 『정신분석학 입문을 위한 강의』에서 프로이트는 "인간은 불안을 통해 경악으로부터 자신을 보호한다"고 말한다(Freud 1991b, 377면). 그리고 프로이트는 이와 관련해 "불안의 전개"(Angstentwicklung)와 "불안의 준비"(Angstbereitschaft)를 구분한다. 그에 따르면 "불안의 준비"(불안을 통한 준비)만이 "목적에 부합하는" 행위이다. 위험을 감지한 후 불안상태가 극에 달하면 주체는 도망이나 방어와 같은 기본적인 행위조차 할 수 없을 정도로 경악의 상태에 빠져버릴 것이기 때문이다.

또한 여기에서 프로이트는 '불안은 대상을 갖지 않는다'는 통속적인 견해를 따르지 않고 있다는 것을 알 수 있다. 앞에서 살펴보았듯이 프로이트에 따르면 불안의 대상은 '위험상황'이다. 이 점과 관련해 그는 이렇게 말한다.

---

1) 프로이트의 불안이론에 대한 전반적인 논의는 Laplanche(1980); Demoulin(1986); Kaltenbeck(1990) 참조.

"불안은 상태와 관련되며 대상을 고려하지 않는다."(~ sieht vom Objekt ab) 여기에서 '대상을 고려하지 않는다'는 표현이 '대상을 갖지 않는다'는 의미로 해석될 수도 있지만, 프로이트 이론의 전체 맥락을 고려해볼 때 불안의 대상은 '위험상황' 혹은 '외상적 상황'이라고 할 수 있다. 이렇게 본다면 '대상을 고려하지 않는다'는 표현은 대상의 존재가 의식 속에 분명하게 제시되지 않는다, 혹은 대상이 명확히 규정된 형태로 나타나지 않는다는 의미로 해석할 수 있다. 이런 맥락에서 라깡은, 불안은 "대상이 없지 않다"고 말한다(Lacan 1962~63, 1963년 5월 15일 쎄미나). 앞으로 더 논의하겠지만 라깡에 따르면 불안의 대상은 '타자의 향유' '타자의 욕망' 혹은 대상 a(objet a)이다. 프로이트는 불안을 야기하는 가장 위험스런 상황, 즉 불안의 대상을 거세위협으로, 따라서 불안의 원형적 형태를 거세불안으로 보았다.

프로이트가 자신의 견해를 수정하고 위험신호로서의 불안 개념을 체계화한 것은 「억제, 증상 그리고 불안」에서였지만, 그 이전에도 그는 산발적이나마 이러한 후기이론을 준비하고 있었다.[2]

위험신호로서의 불안이라는 견해는 또한 프로이트가 채 해결하지 못했던 메타심리학적 문제에 대한 해답이기도 하다. 신경증의 원인이 억압에 있다면 이러한 억압을 발생시키는 근본원인은 무엇인가?「억압」(Freud 1991a)이라는 글에서 프로이트는 억압을 야기하는 동인(動因)이 무엇인지 질문했지만 여전히 초기이론의 틀 속에 머물러 있었다. 그는 여전히 "충동이라는 심리적 에너지의 불안으로의 전환"을 말하고 있었다(Freud 1991a, 114면). 프로이트는 「억제, 증상 그리고 불안」에서 증상 형성의 원인으로서의 억압 메커니즘을 작동시키는 근본적 동인은 불안이라는 견해에 도달한다. 억압에서 불안이 생겨나는 것이 아니라, 반대로 불안이 억압을 발생시킨다(Freud 1971, 253면 참조). 이러한 견해는 신경증 증상이 불안으로부터의 도피라는 사실을 함축한다. 신경증 증상은 불안에 직면한 주체가 이를 감당할 수 없어 도피하

---

2) 앞에서 언급한 "불안의 준비"라는 개념이 이 점을 잘 보여준다.

기 때문에 생긴다. 주체는 불안에 직면해서 겪어야 하는 심리적 수고를 덜기 위해 신경증 증상을 발전시킨다. 신경증 증상은 "심리적 비용의 '절약'"에 다름아니다(Freud 1970, 130면).[3]

프로이트는 랑크(O. Rank)의 출생외상이론을 논박하면서 자신의 후기 불안이론을 발전시켰다. 랑크에 따르면 불안의 원형은 출생에 따른 외상이다. 랑크는 출생시 발생하는 불안이 이후의 모든 불안현상의 원형이라고 했지만 프로이트가 보기에 신생아가 느끼는 불안은 아직 심리적 의미를 획득하지 못했다. 물론 어린아이도 출생시 발생하는 육체적 상태변화 때문에 고통과 불안을 느끼기는 하지만 심리적 의미를 획득하는 단계까지는 이르지 못했기 때문에 출생외상을 불안의 원형적 형태로 보는 것은 생리적·생물학적 설명으로 되돌아가는 것에 불과하다는 것이다. 여기에서 프로이트는 단순한 자동적 반작용과 위험신호로서의 불안을 구분한다. 프로이트에 따르면 랑크의 출생외상에 대한 신생아의 반응은 육체적·생리적 **반작용**이지 위험신호로서의 불안이 아니다. 또 랑크는 어린아이들이 작은 동물들에게 두려움을 보이는 이유는 그 작은 동물들로 인해 태내의 행복을 중단시킨 출생경험을 떠올리기 때문이라고 한다. 하지만 랑크 식의 주장을 하기 위해서는 신생아가 출생시 이미 잘 분화된 지각능력을 갖고 있다고 가정해야 하는데, 프로이트는 출생시 신생아가 촉각과 일반적인 감각 이외에 어떤 다른 감각을 갖고 있다고 생각할 수는 없다고 랑크를 비판한다.[4] 따라서 랑크와 달리 프로이트는 거세불안을 불안의 원형으로 간주한다(Freud 1971, 274면 이하 참조). 프로이트는 랑크의 출생외상이론을 자신이 이미 포기한 생물학적 '자동발생적 불안론'에 상응한다고 보았다.

하지만 프로이트의 주장에도 뭔가 석연치 않은 점이 있다. 인간이 느끼는

---

3) 우리는 여기에서 라깡이 『쎄미나 제10권: 불안』(Lacan 1962~63)에서 인용한 바 있는 키에르케고르(S. A. Kierkegaard)를 따라 프로이트의 불안이론에 대한 실존(철학)적·인간학적 고찰을 시도할 수 있을 것이다. 이에 대해서는 이 글 제6절 참조.
4) 프로이트의 랑크 비판에 대한 좀더 상세한 내용은 Freud(1971) 289면 이하 참조.

모든 형태의 불안을 거세불안으로 환원하는 것은 문제를 너무 단순화시키는 것이며, 보편적으로 납득할 만한 설명이 아니다. 그리고 '이미 거세되었으므로' 거세불안을 느낄 필요가 없는 여성의 불안도 설명할 수 없다. 프로이트도 이러한 난점을 의식하고 있었던 것 같다. 따라서 프로이트는 거세불안에 단지 '생물학적 기관의 상실에 대한 불안'이 아니라 '사랑의 상실'에 대한 불안이라는 좀더 실존적인 의미를 부여한다. 페니스는 어린아이의 가장 귀중한 사랑의 대상인 어머니와의 결합을 가능하게 해주는 기관이다. 이렇게 본다면 거세불안은 사랑하는 어머니와 재결합할 수 있도록 해주는 중요한 기관의 상실을 의미하며, 궁극적으로는 사랑의 상실, 사랑하는 대상의 상실에 대한 불안이다.[5]

'기관의 상실'을 '사랑의 대상의 상실'이라는 관점에서 재해석함으로써 프로이트는 '생물학적 기관의 박탈'이라는 설득력이 약한 거세불안이론을 극복하고자 했다. 프로이트의 이러한 설명은 한걸음 진전된 이론임에 틀림없지만, 라깡은 이러한 프로이트의 설명에도 만족하지 않는다. 이 문제에 대한 라깡의 견해는 어떠한가? 불안이론에서 라깡이 프로이트를 넘어서는 점은 무엇인가? 이에 대해 살펴보자.

3. 불안, 욕망, 향유의 얽힘

불안의 대상

불안에 관한 논의를 진행하면서 프로이트는 불안신경증(현실적 신경증)

---

5) 프로이트가 랑크를 비판하는 논점 중의 하나가 출생시 어머니는 아이의 사랑의 대상이 아니라는 점이다. 출생시에는 사랑의 대상이 존재하지 않으므로 사랑의 대상의 상실에 대한 불안도 없다. 아이가 출생시 느끼는 것은 불안, 즉 자아가 보내는 위험신호가 아니라 출생시, 혹은 출생 직후 발생하는 신체적·환경적 변화에 대한 단순한 '신체적 반응'에 지나지 않는다. Freud(1971) 307면.

과 신경증적 불안의 차이점을 규명하고자 노력했다. 개략적으로 말하면 불안신경증이란 유아기적 갈등상황과 무관한 신경증으로 이것의 원인은 현재의 위험상황이다. 불안신경증과 신경증적 불안에 대한 프로이트의 논의는 다음의 표로 정리할 수 있다.

	대상	신호방식	구분
불안신경증	외적 대상/실재불안	기대불안/육체적(생리적)	합목적적
신경증적 불안	내적 내상/충동	심리적	비합리적

프로이트에 따르면 불안신경증에서 불안의 대상은 "기대불안" "불안한 기대"(Freud 1991b, 380면), 혹은 "실재불안"(Realangst)이다(Freud 1989, 71면). 신경증적 불안의 특징은 **외부적** 위험을 전혀 발견할 수 없음에도 불구하고 신경증자가 불안해한다는 것이다. 그래서 프로이트는 불안신경증의 (기대)불안을 외부의 위험에 대한 합목적적인 반작용으로, 신경증적 불안을 내부의 위험에 대한 비합리적인 반응으로 서술하기도 한다(Freud 1991b, 71면 참조). 프로이트는 논의를 진행하면서 이러한 이분법이 반드시 옳은 것은 아니라는 점을 때때로 암시한다. 하지만 바로 그 이유 때문에 프로이트의 불안이론을 이해하기는 어렵다. 한편으로 프로이트는 불안신경증과 신경증적 불안을 각각 내부와 외부의 위험에 대한 신호로 설명하지만 다른 한편으로는 "사람들이 두려워하는 것은 명백히 자신의 리비도"라고 말함으로써 외부와 내부의 구분을 다시 상대화하고 있다(Freud 1991b, 71면). 필자는 심리적 실재인 동시에 외부적 실재인 라깡의 실재 개념을 통해 이러한 프로이트의 개념적 혼동을 극복할 수 있다고 본다.

라깡은 프로이트의 '사랑의 상실의 불안'을 '타자의 욕망 혹은 향유에 대한 불안'으로 재해석한다. 프로이트에 따르면 불안의 대상은 궁극적으로 '충동의 요구'(Triebanspruch)이다. 이 점은 불안의 대상에 관한 논의에서 매우 중요한데, 라깡은 이러한 프로이트의 견해를 확대해서 불안의 대상은 타자의 욕망(désir) 혹은 향유(享有, jouissance)[6]라고 말한다.

라깡에 따르면 불안의 본원적 모습은 사랑의 대상의 상실에 대한 불안이 아니라 주체가 가늠할 수 없는 타자의 욕망, 그리고 주체를 위협하는 전능한 타자의 향유 앞에서 느끼는 정서(Affekt)이다. 『정신분석의 이면』(1969~70)이라는 쎄미나에서 라깡은 대상 *a*를 향유로 해석한다. 이렇게 본다면 불안의 대상은 대상 *a*라고도 할 수 있다.

불안, 타자의 욕망, 타자의 향유

라깡의 욕망 개념은 불안에 대한 논의에서도 중요한 역할을 한다. 인간은 욕망하는 존재이다. 욕망이란 무엇인가? 욕망은 결코 충족될 수 없다는 특징을 갖는다. 욕망은 충족되는 순간 이를 벗어나고 싶은 다른 욕망을 발생시킨다. 그러한 의미에서 욕망은 환유적 그물망이라고 할 수 있다. 인간의 욕망은 동물적 욕구와는 구분된다. 욕구(besoin)가 생물학적 필요에 따른 본능적 충족과 연관된 것이라면 욕망(désir)은 상징적 차원에 위치한다. '인간의 욕망은 타자의 욕망이다.' 궁극적으로 인간은 '물질'로서의 대상을 추구하는 것이 아니라 역시 욕망하는 존재인 타자를 욕망한다. 인간은 타자로부터의 인정을 욕망하며, 타자의 욕망의 대상이 되기를 욕망한다. 불안은 욕망하는 타자와의 만남에서 생겨난다. 왜 욕망하는 주체는 타자와의 대면에서 필연적으로 불안을 느끼는가? 주체는 욕망하는 과정에서 타자의 욕망과 향유를 '알 수 없는 상태'(무지)에 직면하기 때문이다. 인간은 타자를 통하지 않고는 자신의 욕망을 실현할 수 없으므로, 욕망을 추구하는 과정에서 반드시 '수수께끼'와 같은 타자의 욕망에 직면한다. 나는 타자에 대해 어떤 대상인가? 그리고 그가 원하는 것은 무엇인가? 그렇지만 궁극적으로 '그가 나에게 원하는 것은 무엇인가'라는 질문에는 대답이 있을 수 없다. 바로 여

---

6) 타자의 욕망과 타자의 향유의 차이, 그리고 그 내용에 대한 논의는 이 글의 이하 참조.

기에서 주체는 불안에 빠져들게 된다.

더 정확히 말하면 불안은 욕망하는 타자와 대면하고 있는 주체가 그 타자에 대해 자신이 과연 '어떤 종류의 대상'인지 알 수 없다는 사실로부터 생겨난다. 라깡은 『쎄미나 제10권: 불안』에서 사마귀의 예를 들어 이를 설명한다. 거대한 암사마귀가 어떤 사람에게 다가오고 있다고 가정해보자. 이 사람은 사마귀 가면을 쓰고 있으며, 자신도 그것을 알고 있다. 하지만 그는 자기가 쓰고 있는 가면이 수사마귀의 가면인지 아니면 암사마귀의 가면인지 확실히 알지 못한다. 라깡은 이 예를 통해 불안은 주체가 타자에 대해 자신이 '어떤 종류의 대상'인지를 확실히 알 수 없다는 사실 때문에 생겨난다는 것을 보여준다.

물론 불안은 자기가 쓰고 있는 가면이 수사마귀 가면이라는 것을 '확실히' 알 때 극에 달할 것이다. 이때의 불안은 정신병적 불안, 혹은 '경악'(Schrecken)이다. 반면 자신이 '어떤 종류의 대상인지 잘 알지 못함', 즉 '불확실성'에서 기인하는 불안은 신경증적 불안이다. 앞으로 더 설명하겠지만 신경증적 불안은 정신병적 불안(경악)에 대한 방어이기도 하다. 달리 말하면 욕망의 '불확실성'은 타자의 향유의 '확실성'에 대한 방어라는 것이다.

앞에서 필자는 편의상 불안을 신경증적 불안과 정신병적 불안으로 나누어 설명했다. 하지만 논의를 더 분명히 전개하기 위해서는 '자유의 가능성' 혹은 '억눌린 자유'(키에르케고르)로서의 '순수한 불안'(라깡)을 같이 고려해야 할 것이다. 앞으로 자세히 논의하겠지만 순수한 불안은 인간으로 하여금 '자유' 또는 '예속'으로의 결단을 촉구하는, 가장 원초적인 실존적 상황을 의미한다.[7] 인간은 이러한 순수한 불안 속에서 자신의 실존방식을 선택하는 것이다.

불안의 종류를 어떻게 '분류'하든 간에 여기에서 중요한 점은 불안이 욕망하는 주체에 필연적으로 내재하는, 회피할 수 없는 근원적 정서라는 것이

---

7) 순수한 불안이 신경증적 불안과 무관하게 따로 어딘가에 존재한다는 말은 물론 아니다.

다. 여기에서 데까르뜨의 코기토의 확실성은 불안의 확실성으로 전환된다.
"불안, 그것은 속이지 않는 것이다." 요컨대 라깡 정신분석학에서 욕망의
주체가 된다는 것은 불안의 주체가 된다는 것을 의미한다. 욕망과 불안의
관계에 대해 라깡은 이렇게 말한다.

> 욕망은 요구가 욕구로부터 떨어져나가는 가장자리에서 나타나기 시작
> 한다. 그 가장자리는 (…) 보편적 만족을 가질 수 없다는 가능한 결여
> (défaut possible)의 형태로서 요구가 열어주는[개방시키는] 가장자리이다
> (바로 그것이 우리가 불안이라고 부르는 것이다).
> 가장자리는 (…) 타자의 자의라는 코끼리의 짓밟음에 의해 덮이지만 않
> 는다면 자신의 현기증을 출현시킬 것이다. 그럼에도 그 자의는 주체가 아
> 니라 타자의 전능이라는, 타자의 요구가 자리잡는 곳으로서의 환상을, 그
> 리고 법으로써 그 환상을 구속할 필요성을 도입한다.(Lacan 1966, 814면. ( )는
> 원문, [ ]는 인용자)

우선 "가능한 결여"라는 표현에 주목하자. 욕망이란 '결여의 가능성'의
기반 위에서만 가능하다. 욕망이란 숨쉴 공간을 허용하지 않는 전능한 타
자, 즉 어머니의 자의적인 요구로부터 벗어나는 것을 의미한다. "어머니가
아이의 부름에 응답하지 않는다면 [혹은] 자의적으로 응답한다면 어머니는
실재적 어머니가 된다."(Lacan 1994, 68면) 여기에서 말하는 "실재적 어머니"란
『초안』(Freud 1986)에서 프로이트가 "옆에 있는 사람"(Nebenmensch), 혹은
"사물"(das Ding)이라고 표현한 어머니이다. 이 어머니는 갓 태어난 유아를
돌보는 사랑의 어머니이자 동시에 '권력'의 어머니이기도 하다. 어머니가
아이에게 '아버지의 이름'을 도입하지 않는다면 아이는 욕망의 주체로 자라
지 못한다.
　여기에서 우리는 크게 두 종류의 불안, 즉 '결여의 결여로서의 불안'과
"가능한 결여"가 도입하는 "현기증"으로서의 불안을 생각할 수 있다. 위에

서 라깡이 말했듯이 욕망의 차원에서 드러나는 불안은 결여의 가능성 때문에 생기는 불안이다. 상징계 속에 거주하는 인간은 절대적 향유라는 낙원으로부터 영원히 추방된 존재이다. 그러므로 여기에서의 불안은 보편적인 만족이란 존재하지 않는다는 사실 속에 내재하는 근원적인 정서이다. 이것은 또한 주체의 실존적 삶의 방식의 결정을 촉구하는 '원초적 사실로서의 불안'이다. "저 부재의 가능성, 그것이야말로 현존의 안정성이다."(Lacan 1962~63, 1962년 11월 14일 쎄미나) 인간에게 '이상적인' 안정성, 현존의 안정성이란 결여 없는 만족이 아니라, 부재 · 욕망 · 자유와 더불어 주어지는 '불안스러운' 안정성이다. 그러나 부재와 결여의 가능성, 부재와 더불어 주어지는 "현존의 안정성"을 견딜 수 없는 주체는 신경증으로 도피함으로써 결여를 메우려 한다.

정신병적 주체는 신경증자와 달리 어떠한 결여의 가능성도 받아들일 수 없다. 그는 '결여의 결여'에서 완전한 만족을 얻을 수 있다고 믿는 주체이다. 신경증자는 비록 결여를 다시 메우려 하지만 그래도 그 결여와 부재의 가능성을 어느정도 받아들인 주체인 반면 정신병자는 결여의 가능성을 완전히 거부하는 주체이다. 하지만 결여의 결여가 완전한 행복과 안전을 보장하는가? 불행하게도 결여 없는 충만함에서 삶의 안전을 추구하는 정신병자에게 타자는 그를 박해하고 삼키는 더 두려운 대상으로 환각 속에서 다시 등장한다.

주체의 삶을 다양한 방식으로 결정할 것을 촉구하는 '본원적' 의미의 불안으로부터 여러 종류의 불안이 파생된다. 모든 것은 가변적이고 언제든지 나를 떠날 수 있다. 친숙했던 것, 사랑하는 사람, 아름다웠던 어린 시절, 이 모든 것들은 꿈과 환상 속에서만 영원히 나의 것으로 남아 있을 수 있다. 이 모든 것이 인간을 불안하게 한다. 여기에서 안전, 영원한 사랑 등에 대한 병적인 요구, 그리고 그것이 결코 충족될 수 없을 것이라는 두려움, 자신의 품을 떠나는 아이를 바라보는 어머니의 불안과 우울 등이 생겨난다. "불안은 거짓 안전이라는 소망을 불러일으키는" 구실로 작용한다고 라깡은 말한다.

이러한 불안 때문에 주체는 신경증으로 도피한다. 「억압, 증상 그리고 불안」에서 프로이트가 말했듯이 억압된 리비도가 우리를 불안하게 만드는 것이 아니라 불안하기 때문에 근친상간을 욕망함으로써 신경증자가 되는 것이다.

앞에서 라깡은 불안을 현기증으로 비유했다. 높은 곳에서 아래를 내려다보는 사람은 불안과 현기증을 느낀다. 현기증은 주체에 대한 일종의 시험이며 도전이다. 불안을 느끼기 때문에 높은 곳에 올라가지 않고 살 것인가? 불안 때문에 이를 포기하는 것이 신경증으로의 도피이다. 하지만 비신경증자에 비해 신경증자가 불안을 덜 느끼는 것도 아니다. 의식의 차원에서는 덜 불안해할 수도 있지만 다른 형태의 불안이 그를 엄습한다. 불안은 일정한 방식으로 없앨 수 있는 단순한 현상이 아니다. 어머니로부터의 분리를 견딜 수 없는 신경증자는 그에 대한 댓가로 아버지로부터 거세불안을 되돌려받는다. 뿐만 아니라 어머니에게 흡수되어 자신을 완전히 상실할지도 모른다는 '최악의' 불안, '결여의 결여'의 불안, 정신병적 불안이 생길 수 있다. "불안을 발생시키는 것은 사람들이 어머니의 가슴이라고 부르는 것에 대한 동경이 아니라, 그것의 임박함이라는 것을 여러분은 알고 있지 않은가?"(Lacan 1962~63, 1962년 11월 14일 쎄미나)

바로 이것이 인간심리에 내재하는 놀라운 역설 중의 하나이다. 어머니와의 분리를 견딜 수 없어 불안하기 때문에 무의식적으로 어머니와의 합일·근친상간을 원하는 주체는 신경증적 불안 혹은 더 심각한 경우에는 정신병적 불안이라는 고통을 겪을 수 있다.

앞에서 라깡은 "타자의 자의" "타자의 전능" "타자의 요구" 등의 표현을 사용했다. 이를 달리 표현하면 타자의 **향유**이다. 타자의 향유란 주체에게 빈 공간·결여·자유를 허용하지 않는 요구를 의미한다. 그러므로 이때의 타자는 전능한, 분열되지 않은, 빗금이 쳐지지 않은 타자(A)이다. 숨쉴 공간을 조금도 허용하지 않는 이러한 타자의 향유로부터 벗어나고자 한다면 주체는 이 타자의 향유·요구·자의를 "구속"해야 한다. 정신병 혹은 신경증으로의 전락을 피하고자 한다면 주체는 자신이 만나는 타자가 전능한 타자라는 환상을 버려야 한다. 완벽한 타자(A)가 아니라 '구멍 뚫린', 빗금이 그어진 타자(A)임을 깨닫고 타자 속의 결여를 받아들여 욕망의 주체로 다시 태어나야 한다. 결여의 가능성, "가능한 결여"가 제공하는 욕망과 자유의 공간을, 그리고 이러한 욕망 앞에서 주체가 느끼는 실존적 불안을 받아들일 수 있어야 한다. 타자를 향유의 주체가 아니라 욕망의 **주체**로 받아들인다는 것은 "보편적 만족을 가질 수 없다는 가능한 결여"를 받아들인다는 것을 의미한다. 이를 통해서 주체는 타자의 향유·요구를 "구속"할 수 있다. 그리고 타자의 욕망 앞에서 생겨나는 실존적 불안과 직면하게 되며 진정한 인간적 주체, 욕망의 주체로 다시 태어날 수 있다.

향유 · 불안 · 욕망

우리는 앞에서 욕망의 차원과 불안의 차원이 공존한다는 점을 밝혔다. 이를 좀더 살펴보자. 『쎄미나 제10권: 불안』(Lacan 1962~63)에서 라깡은 욕망의 주체로의 탄생과정을 세 단계로 나누어 설명한다.[8]

우선 타자와 주체의 만남이 있다. 여기에서 타자와 주체는 언어 이전에 존재한다고 가정되는 '신비적인' 타자, 완벽한 만족을 제공한다고 여겨지는 어머니이다. 언어는 인간에게 결여를 도입하는데, 언어 속에 살고 있지 않는 타자와 주체는 없다는 의미에서, 그리고 완벽한 충족을 제공하는 어머니는 사실상 없다는 의미에서 완벽한 만족을 주는 타자는 존재하지 않는다. 그러므로 우리는 이러한 타자를 '신비적인'——실제로는 존재하지 않는—— 타자라고 부를 수 있다. 이는 주체가 최초로 만난다고 가정되는 분열되지 않은 타자이다. 주체는 이 타자를 통해 완벽한 향유를 획득하고자 한다.

라깡은 불안을 통해 향유의 주체에서 욕망의 주체로 탄생하는 과정을 나

---

8) 특히 Lacan(1962~63) 1963년 6월 5일 쎄미나 참조. 이에 대한 설명으로는 Dorner(1990) 65면 이하; Razavet(2000) 149면 이하; Safouan(2001) 245면 이하 참조.

늦셈의 비유로 설명한다(A/S). 우선 주체는 '신비적인 타자' 속에서 만족을 얻으려 한다. 하지만 이의 완벽한 실현은 불가능하고 반드시 나머지가 존재한다. 이 나머지를 라깡은 대상 a라고 부른다. 대상 a는 만족의 결여·빈곳을 의미하며 동시에 이 빈곳을 채우는 '구실'이고 '미끼'(leurre)이다. 이러한 의미에서 라깡은 대상 a를 욕망의 대상-원인이라고 부른다. 여기에서 중요한 점은 욕망의 주체로의 이행을 가능하게 하는 원동력이 불안이라는 사실이다. 전능한 타자의 향유대상이 됨으로써 주체는 행복의 낙원에 도달하는 것이 아니라 자신을 파괴하는 극단적 불안을 체험한다. 불안을 통해 주체는 완벽한 향유를 포기하고 결여를 받아들이며 분열된 주체(\$)로 이행한다. 불안은 전능한 타자의 향유로부터 주체를 단절시키는 역할을 한다. 라깡은 이 과정을 다음의 도식으로 요약한다.

A	S	향유
a	Ⱥ	불안
\$		욕망

　주체의 '발생'에는 세 개의 논리적 시간이 있는데, 각각의 시간에 향유·불안·욕망이 대응한다. 여기에서 불안은 분열되지 않은 "신비적인 향유의 주체"를 욕망의 주체로 변화시키는 역할, 즉 단절과 분리의 역할을 한다.

　지금까지의 논의를 바탕으로 불안은 크게 두 가지 의미를 지닌다는 사실을 확인할 수 있다. 불안은 '단절'의 역할을 한다. 불안은 완벽한 향유의 불가능성을 일깨우며, 그러한 의미에서 불안의 '성의 진리'라고 라깡은 말한다. 달리 말하면 "성관계는 존재하지 않는다"는 것이다. 완벽한 향유에 대한 소망은 주체에게 어머니의 향유에 완전히 흡수될지도 모른다는 불안을 발생시키는데, 이러한 불안이 아이로 하여금 어머니 품을 떠나 상징계, 욕망의 세계로 들어가게 한다. 하지만 다른 관점에서 본다면, 불안은 완벽한 향유, "보편적 향유"가 불가능하다는 사실로부터 발생한다. 앞에서 언급했듯이 이제 주체는 가늠할 수 없는 타자의 욕망에 직면해서 '당신이 내게 원하는 것은 무엇인가'라는 질문을 던진다. 불안은 상징계 속에 존재하는 주체라면 어느 누구도 피할 수 없는 근원적 정서이다. 불안은 '인간의 근원적 유한성의 계시'(하이데거)이며 '자유의 가능성'(키에르케고르)이다.

4. 사례 연구

　필자가 정신분석 치료를 했던 한 초등학생의 사례를 살펴보자. 초등학교 4학년이었던 이 아이는 가족에 대한 거칠고 공격적인 태도와 언행 때문에 정신분석 치료를 받게 되었다. 분석을 통해 이 아이의 공격성의 내면에 거세불안이 있음이 드러났다. 이 아이의 거세불안은 어머니로부터의 분리를 거부하는 무의식적 고착에 원인이 있었다. 치료시간에 이 아이는 자기의 손가락을 자르고 싶은 충동을 자신도 모르게 종종 드러냈으며, 그림형제의 동화 중에서 「손 없는 처녀」를 읽고 난 후, "아버지에게 효도해야 한다는 것을 배웠어요"라고 독후감을 말한 적도 있다. 분석치료를 통해 이 아이는 어머니에 대한 고착과 이로부터 유래하는 아버지에 대한 불안(거세불안)이, 자신이 느끼는 불안과 공격성의 원인이었다는 것을 알게 되면서 점차 어머니로부터 분리하는 경향을 보였으며 공격적인 태도도 많이 누그러졌다.

　어느날 이 아이가 '벌'에 대한 이야기를 꺼냈다. 이야기는 벌의 공격을 어떻게 막을 수 있는가로 집중되었다. 아이는 벌에 대해 자기가 아는 지식을 총동원해 이야기하고, 또 궁금한 것에 대해 모두 물어본 후 꿈 이야기를 꺼냈다. "며칠 전에, 산 속을 걷고 있는데 벌이 덤벼드는 꿈을 꾸었어요. 그때 배를 먹고 있었거든요. 벌이 그 배 때문에 나를 공격한다고 생각하고 배를 버렸더니 벌이 나를 떠났어요." 이 아이는 꿈 이야기를 꺼내기 전에, 벌이 공격하는 이유와 이에 대한 방어책이 무엇인지를 필자를 통해 먼저 확인하고 싶었고, 자신의 행동방식이 옳았음이 확인되자 편안한 마음으로 꿈 얘기를 꺼낸 것이다.

이 아이의 꿈에서 '벌'과 '배'가 갖는 의미는 너무 명백해서 오해의 여지가 없다. 배는 어머니의 가슴이나 육체, 자궁을 상징한다. 또한 우리는 벌이라는 말이 갖는 이중적인 의미를 간과할 수 없다. 벌은 '처벌'이라는 의미도 갖는다.

대타자로서의 분석가에게 전하는 이 아이의 말은 곧 자신이 매일 만나는 대타자인 아버지에게 무의식적으로 항상 하고 싶었던, 하지만 결코 할 수 없었던 억압된 무의식적 담론의 일부이기도 하다. "난 아버지에게 '효도'하고 싶어요. 난 배를 버렸어요. 그러니까 나를 공격하지 마세요. '손 없는 처녀'가 '효도'를 하니까 다시 손이 생기지 않았어요? 나도 이제 '효자'이니까 스스로 손가락을 자르지 않아도 되겠지요"라고 이 아이는 치료자를 통해 무의식적으로 아버지에게 말하고 있다. 이 아이는 이 '벌꿈'을 꿀 수 있는 심리적 변화를 이미 체험했다. 이 꿈을 꾸기 2~3주 전에 당당히 '독립선언'을 한 것이다. "시골 친척집에 놀러 갔어요. 배가 고파서 주방에서 밥을 혼자 먹으려고 했는데, 사람들이 와서 같이 먹자고 그러는 거예요. 싫었어요. 나도 혼자 밥 먹고 싶을 때가 있지 않겠어요?"

그러나 이러한 '욕망의 주체'로의 '성숙'은 단선적으로 진행되는 것이 아니라 항상 퇴행이 수반된다. 하루는 이 아이가 또다른 꿈을 꾸었는데 이번에는 처녀귀신이 나타나 가족과 동네 사람들을 해치려 했다. 무서워서 도망치다가 꿈에서 깨어났는데 다른 꿈속이었다. 이번에는 다리가 잘린 동생이 나타나서 할아버지의 무덤을 파헤치고, 시신을 찌르고, 친척과 자신을 죽이는 꿈이었다. 이 아이는 자신이 죽음을 당하는 순간 무서워서 꿈에서 깨어났다. 여기에서 주목할 것은 처녀귀신(엄마)이 다른 사람과 자신을 해치는 꿈이 '꿈속의 꿈'이라는, 이중적으로 은폐된 형태로 등장한다는 점이다. 표면적으로 본다면 꿈속에서 이 아이는 동생에 의해 죽는다. 이는 자기보다 더 똑똑해서 항상 사람들의 칭찬을 받는 동생에 대한 불안의 표현이다. 하지만 더 깊숙이 자리잡고 있는 불안은 어머니와 연관되어 있는 불안이다.

이것은 단지 어머니를 동생에게 빼앗길지도 모른다는 식으로만은 설명되지 않는다. 생각해보아야 할 중요한 문제는 왜 '이 아이가 가장 사랑하고 또 이 아이를 너무나 사랑하는 어머니'가 이 아이의 가장 중요한 불안의 대상으로 등장하는가라는 점이다.

다음 치료시간에도 이 아이는 처녀귀신과 죽음에 관한 환상을 계속 이야기했다. 이 환상을 통해 확인할 수 있었듯이, '꿈속의 꿈'을 통해 이 아이는 자신이 '진정으로' 불안해하는 대상은 어머니라는 것을 보여준다. 자신이 가장 좋아하는 어머니가 자신을 해치는 귀신으로 등장했다는 사실은 아이 스스로 인정할 수 없는 사실이므로, '꿈의 작업'은 '꿈속의 꿈'이라는 이중적 은폐막을 필요로 했던 것이다. 여기에서 우리는 이 아이와 어머니의 관계를 피상적으로 이해해서는 안된다. 예컨대 이제 그 아이가 더이상 어머니를 좋아하지 않는다거나, 어머니로부터 완전히 독립하고자 의도적으로 노력하고 있다거나, 그녀가 나쁜 어머니어서 아이를 학대한다는 식으로 말이다. 어머니가 아이를 사랑하며 아이도 어머니를 사랑한다는 사실에는 의심의 여지가 없다. 중요한 점은 **오히려 바로 그러한 이유로 인해** 아이에게 설명할 수 없는 의문·불안이 생기며, 아이가 느끼는 그러나 설명할 수 없는 이 불안을 꿈이나 환상을 통해서 표현하고 있다는 것이다. 이 아이가 느끼는 아버지에 대한 불안, 오이디푸스적 불안은 어머니와의 거울관계에 내재하는 더 큰 불안에 대한 '방어'이다. 어머니에 의해 '흡수'되어 자신을 상실할지도 모른다는 더 큰 불안을 방어하기 위해 자신을 거세해달라고 대타자(분석가와 아버지)에게 호소하는 것이다.

어머니와의 이자(二者)관계, 즉 거울관계 속에서 아이는 불안을 느끼고 있다. 그리고 아이는 자신을 어머니의 결여를 채울 팔루스(phallus)로 제공하는 것을 막기 위해서 자신의 남근을 거세할, 달리 말하면 "상징적 거세"를 도입해줄 "실재적 아버지"[9]를 찾고 있다. 이 아이의 사례에서 알 수 있듯이

---

9) 이 개념에 대해서는 Lacan(1994), 특히 제4장 참조. 그리고 Julien(1991); Dor(1989); 홍준기(1999) 제5장을 볼 것.

신경증자는 거세불안 속에서 거세를 욕망하는 역설적인 심리상태를 보여준다.

이 사례에서 보았듯이 오이디푸스적 거세불안은 전능한 타자(어머니)의 향유로부터 벗어나 욕망의 주체로 나아가는 것을 가능하게 하는 긍정적인 의미를 갖기도 한다. 실제로 이 아이는 꿈과 환상을 통해 어머니에 대한 불안을 표현한 뒤 그녀에 대한 불만을 강하게 표출한 적이 있다. 어머니와 백화점에 간 적이 있었다. 예전 같으면 즐겁기만 했을 텐데 "이것 사라, 저것은 사지 말아라"고 권하는 어머니 때문에 이번에는 "답답하고 화가 났다"고 아이가 말한 적이 있다.

이 사례를 통해 알 수 있듯이 라깡주의적 정신분석 치료의 핵심은 신경증자로 하여금 거세당할 팔루스를 처음부터 갖고 있지 않았다는 점을 깨닫게 하는 데에 있다. 기관의 상실이라는 상상적 거세불안을 겪는 것은 그가 거세되지 않은 팔루스를 갖고 있다고 믿기 때문이다. 라깡이 말했듯이 신경증자가 회피하는 것, 방어하는 것은 **기관의 상실로서의 거세가 아니다.** 그는 자신과 타자 속의 결여, 상징적 거세를 받아들이지 않는다. 따라서 그는 타자 속의 결여를 메우기 위해 타자의 요구와 향유에 응답해 자신의 상상적 팔루스를 타자에게 제공하고자 한다. 신경증자는 타자의 완전한 작동을 보장하려고 한다. 이로부터 상상적 거세불안이 생겨난다. 신경증자는 사람들이 자기에게 무언가를 요구하기를 바라지만 이에 대해 댓가를 지불하기를 거절한다. 그러므로 신경증자의 정신분석 치료는 그로 하여금 그 댓가를 지불하도록 만드는 데에 있다. 달리 말하면 그가 타자의 요구에 대한 응답으로 제공하는 상상적 팔루스가 사실은 '무'에 지나지 않는다는 사실, 달리 말하면 상징적 거세를 댓가로 지불하도록 하는 것이다. 상징적 거세를 거부하는 신경증자에게 불안은 타자를 붙잡아놓기 위한 일종의 유인물로서의 의미를 갖는다.

정신분석학적 의미에서 불안은 일종의 "중간규정"(키에르케고르)이라 할 수 있다. 불안은 주체로 하여금 욕망하는 존재가 될 것인가 아니면 타자에게 의존하는 존재가 될 것인가를 선택하게 하는 도전이며 유혹이다. 소타자에게 완전히 흡수되어 자신을 상실함으로써 이제 욕망하는 자유로운 존재로 '다른 곳'에서 다시 나타날 수 없을지도 모를 것 같은 불안(어머니에 대한 불안)과, 이를 벗어나기 위해 대타자의 개입을 호소하고 바로 이 호소 때문에 생기는 거세불안(아버지에 대한 불안)이 공존할 수 있는 것은 불안이 '중간규정'이라는 사실에서 연유한다. 공포증자에게 종종 서로 모순되는 증상인 폐쇄공포증과 광장공포증이 동시에 혹은 번갈아 나타나는 것도 이러한 관점에서 설명할 수 있다.

5. 리비도와 불안

프로이트의 초기 불안이론과 후기 불안이론에 대해 좀더 자세히 살펴보자. 앞에서 상세히 논의했듯이 프로이트는 위험신호로서의 불안 개념을 도입함으로써 초기의 이론을 극복했다. 하지만 프로이트 스스로도 분명히 인식하고 있었듯이 그가 자신의 초기이론을 후기이론으로 '완전히' 대체하려는 것은 아니었다. 「억제, 증상 그리고 불안」을 발표한 이후에도 여전히 프로이트는 초기의 '리비도 전환이론'은 불안신경증——현실신경증(Aktual-neurose)——에서의 불안을 설명하기 위해 여전히 유의미하며,[10] 후기이론은 신경증적 불안에 초점을 맞춘 설명이라는 전제 아래 논의를 진행하고 있다.

필자는 여기에서 프로이트가 해결하지 못한 문제에 대해 라깡의 문제제기 방식에 따라 답하려 한다. 여기에서 우리가 염두에 두어야 할 점은 프로이트가 자신의 두 가지 다른 불안이론의 공통점을 리비도에서 찾는다는 것이다. "사람들이 두려워하는 것은 명백히 자신의 리비도이다."(Freud 1991b,

---

10) 예컨대 Freud(1971) 281면 참조.

71면)

　『쎄미나 제10권: 불안』에서 라깡은 "후기 견해는 초기 견해를 완전히 버
린 것도, 완전히 새로운 것도 아니"라고 말한다(Lacan 1962~63, 1962년 12월 5일
쎄미나). 이 말을 어떻게 이해해야 할 것인가? 분명한 것은 라깡이 프로이트
의 두 개의 이론을 막연히 공존시키려는 것이 아니라 좀더 통일적인 메타심
리학적 설명을 시도하고 있다는 점이다. 필자는 라깡의『쎄미나 제10권: 불
안』『쎄미나 제4권: 대상관계』(Lacan 1994) 및 그밖의 라깡의 쎄미나들, 그리
고『에크리』(Lacan 1966)에서의 라깡의 논의를 고려하여 불안을 이렇게 정리
할 수 있다고 본다. **불안은 위험신호이고 대상을 갖는다.** 이러한 맥락에서 라
깡의 불안이론은 '불안의 대상은 무'라는 '막연한 견해'를 비판하고 있다고
하겠다. **그렇다면 불안의 대상은 무엇인가? 그것은 충동, 성의 과잉, 향유, 즉 실
재이다**(Kaltenbeck 1990, 30면 참조). 라깡에게 실재는 상징화되지 않는 것, 상징
화에 저항하는 것이다. 라깡은 궁극적으로 상징화가 불가능한 실재가 인간
의 불안의 본질적 대상이라고 말한다.[11] 논의를 계속하기 전에 불안에 대한
라깡의 견해를 정리하자.

　① 불안은 성의 과다, 궁극적으로 충동의 요구(프로이트), 혹은 향유 · 실재
(라깡)의 침입이라는 위험을 경계하라는 신호이다. 이제, 프로이트에게서 문
제점으로 지적되었던 내부와 외부의 구별을 상대화한다면 "자신의 리비도"
에 대한 불안을 타자의 향유 · 충동에 대한 불안으로 재정의할 수 있을 것이
다. 여기에서 타자는 자신의 숨겨진 향유 · 충동이자 좁은 의미에서의 타인
의 향유를 의미한다. 프로이트가 말했듯이 무의식은 "내부에 있는 외국"으
로, 내부와 외부라는 이분법적 구분을 넘어선다.[12]

---

11) "저 마지막 실재, 더이상 하나의 대상이 아닌 본질적 대상의 계시 그러나 그 앞에서 모든
　　말들이 멈추고 모든 범주들이 실패하는 어떤 것, 바로 그것이 불안의 진정한 대상이다."
　　(Lacan 1978, 196면)
12) 이에 대해서는 홍준기(1999) 제3장, 특히 179면 이하 참조.

② 불안의 대상은 궁극적으로 상징화가 불가능한 실재이다. 불안신경증에서 방출되지 못하고 축적된 리비도는 라깡적 의미의 실재이다.[13] 불안신경증자의 불안, 즉 "자유롭게 떠다니는 불안"(Freud 1984, 30면)이 생겨나는 것은 리비도가 직접 불안으로 전환되기 때문이 아니다. 불안은 리비도에 대한 "심리적 작업"(psychische Verarbeitung)의 결여 때문에 발생한다(Freud 1989, 281면 참조). 달리 말하면 불안은 언어와 환상을 통해 매개되지 못한 충동, 육체적 향유에 대한 반응으로 발생한다. 프로이트와 라깡에 따르면 주체는 이러한 상황에서 위험과 불안을 느낀다.[14] 여기에서의 논의는 정신병적 불안 현상에도 적용된다. 정신병적 불안은 상징화하지 못한 실재ㆍ충동ㆍ향유가 환각 속에서 주체를 위협할 때 발생한다. 불안신경증에서의 불안은 '상징화의 결여'로 발생한다는 점에서 정신병적 불안과 같은 구조를 갖는다.

③ 불안은 욕망하는 주체에 필연적으로 내재하는 현상이다. 불안은 주체와 타자 혹은 주체와 대상의 만남에서 반드시 등장한다. 욕망하는 주체는 타자의 욕망과 향유에 관해 의문을 갖기 때문이다.[15] 불안은 신경증적ㆍ정신병적ㆍ성도착증적 행위는 물론 욕망하는 행위가 수행되는 모든 곳에서 나타난다.

④ 가장 큰 불안은 어떠한 결여——(자유로운) 욕망의 공간——도 발견할 수 없는 곳에서 생겨난다(정신병적 불안).

⑤ 신경증자에게 불안(예를 들면 거세불안ㆍ분리불안)은 상징적 거세를 회피하고자 하는 수단이며 구실이다.

⑥ 신경증적 불안ㆍ공포증ㆍ성도착증 등은 정신병적 불안에 대한 방어로서 기능할 수 있다.

---

13) 이 글에서 상세히 언급할 수는 없지만, 『쎄미나 제10권: 불안』에서 라깡은 불안의 대상은 대상 *a*라고 말한다. 그는 이 쎄미나에서 '거울단계'에 관한 논의를 더욱 심화시켜 불안은 거울에 비춰서는 안될 것이 비쳐질 때 나타난다고 말한다.

14) 심리는 만일 자기가 **외부로부터** 다가오는 과업(위험)을 이에 상응하는 반응을 통해 처리할 능력이 없다고 느끼면 불안의 정서로 **빠져들어간다**(Freud 1984, 46면. 강조는 원문).

15) 이에 대해서는 이 글의 논의(3절) 참조.

⑦ 초기 프로이트 이론에서 중요한 역할을 했던 임상사례들, 예컨대 성적 금욕, 중단된 성행위에 의해 야기된 불안도 특별한 것이 아니다.(Gondek 1992, 130면)

맨끝에 언급한 내용을 좀더 자세히 살펴보자. '중단된 성행위' 혹은 금욕 등으로 인해 발생한다고 했던 불안신경증의 메커니즘을 어떻게 설명할 수 있을 것인가? 프로이트의 후기 불안이론은 전기이론의 완전한 폐기도 아니고, 완전히 새로운 것도 아니라는 라깡의 주장을 어떻게 좀더 잘 설명할 수 있을 것인가?

라깡에 따르면 불안신경증의 불안현상을 '리비도의 직접적 변환'으로 설명할 필요는 없다. 앞에서 언급했듯이 불안신경증의 불안도 신경증적 불안과 마찬가지로 '상징화되지 못한' 리비도, 실재 혹은 타자의 향유의 위협에 대해 자아가 보내는 위험신호라는 후기의 관점으로 잘 설명할 수 있기 때문이다. 결국 같은 내용이지만 이를 달리 설명하면 불안은 결여로부터 오는 것이 아니라 결여의 사라짐으로부터 발생한다. 상징화의 실패란 결여와 차이의 소멸에 다름아니기 때문이다. 주체에게서 결여·차이는 실체적으로 붙잡을 수 없는 것이므로 빈곳으로 남아 있어야 한다. 그런데 빈 공간으로 남아 있어야 할 이곳에 무언가가 등장할 때, 달리 말하면 결코 주체에게 나타나서는 안될 것, 즉 실재·대상 a가 등장할 때 불안이 발생한다. 불안은 결여의 사라짐, 즉 "결여의 결여"다.

불안 개념을 새롭게 정의함으로써 라깡은 초기 프로이트의 '리비도 전환' 이론을 동시에 비판하고 있다. 라깡에 따르면 불안을 오가즘(orgasme)의 실패나 빨리 끝난 성행위와 연관시켜 설명해서는 안된다. 반대로 오가즘에 접근함으로써 불안은 오히려 더 강해질 수 있다. 불안은 "성행위의 진리"이며 팔루스적 향유[16]에 필연적으로 내재하는 현상이다. 이러한 사실은

---

16) 팔루스적 향유와 다른 향유의 구분 및 그 내용은 홍준기(2000) 참조.

도이치(H. Deutsch)가 보고한 바 있듯이 오가즘에 도달한 후에 오히려 잠을 설치고 불안한 꿈을 꾸는 여성이 더 많다는 임상사실을 통해서도 확인된다 (Deutsch 1965, 358ff면).

라깡은 이렇게 말한다. "불안한 상황의 정점에서의 오가즘의 생산, 에로틱화의 가능성 (…) 오가즘의 기능이 저 탁월함에 도달할 수 있다면, 그것은 실현된 오가즘의 근저에 불안과 연결된 확실성이라고 내가 불렀던 어떤 것이 있기 때문이 아니겠는가? 오가즘이 모든 불안 중에서 실재적으로 완성되는 유일한 것일 수 있는 까닭은 오가즘은 불안이 참조점으로서, 그리고 확실성의 장소의 방향으로서 지시하는 것의 실현인 한에서가 아니겠는가? 오가즘에 그렇게 일반적으로 도달할 수 없는 것도 바로 그 때문이다. 그리고 단지 바보같은 형태로만 팔루스적 현실이 존재하는 성의 최종기능을 지적하는 것이 우리에게 허락된다면, 오가즘이 우리에게 철저히 수수께끼로, 가장 폐쇄적인 것으로, 아마도 최후의 본질에서 결코 진정하게 위치지울 수 없는 것으로 남아 있는 것도 바로 그와 같은 성(性) 때문이다."(Lacan 1962~63, 1963년 5월 15일 쎄미나)

성과 무관한 어떤 불안한 상황이 에로틱하게 느껴지는 것에서 알 수 있듯이 불안은 오가즘에서 완성된다. 역으로 오가즘에 도달하는 것이 그렇게 빈번하지 않은 이유는 오가즘에 도달하기 위해서 불안이라는 댓가를 지불해야 하기 때문이다. 또 라깡은 거세불안을 기관의 상실에 대한 불안이 아니라 오가즘 생성에 대한 불안으로 해석하기도 한다. 이로써 라깡은 거세를 생물학적 기관의 상실로 해석하는 경향을 보였던 프로이트의 견해를 넘어선다. 프로이트에게 거세불안이 생물학적 기관의 상실을 의미한다면 라깡에게 그것은 '더 일반적인 불안'의 한 표현방식이다.

"불안이란 무엇인가? 그것은 어떤 것이 잠에서 육체를 깨울 때, 그리고 육체에 고통을 가할 때 육체 내부로부터 생겨나는 것이다. 꼬마 한스(Hans)의 경우를 보라. 그가 공포증에 걸렸다면 그것은 (…) 그가 팔루스를 갖고 있다는 난처함[방해], 즉 그의 육체와 연결된 저 팔루스적 향유에 육체를 부여하기 위해서이다. 그 이후로 그는 다양하고 당황스런 일련의 팔루스 등가물을 발명했다. 그의 불안은 그의 공포증의 원리이다. (…) 그가 팔루스에 적응하도록 하기 위해서는 그에게 순수한 불안을 되돌려주어야 한다. 남자는 팔루스와 결혼했다. 그는 그것 이외에 다른 여자를 갖고 있지 않다."(Lacan 1975c, 1974년 12월 17일)

불안은 성적 만족의 결여에서 오는 것이 아니다. 오히려 불안은 이미 상징적 거세를 당한 육체적·팔루스적 향유에, 달리 말하면 "팔루스를 갖고 있다는 난처함"에 육체(실체)를 부여하는 역할을 한다. 쉽게 말하면 불안은 만족되지 못한 리비도의 축척에서 오는 것이 아니라, 구조적 이유에서 완벽한 성적 합일에 도달할 수 없는 육체가 리비도의 충족을 체험할 때 발생하는 현상이다. 이러한 체험을 위해 주체는 불안, '작은 죽음'이라는 댓가를 지불해야 한다. 성적 충동으로서의 리비도는 동시에 죽음의 충동이기도 하다. 불안은 육체적 만족을 의미하는 팔루스적 향유에 내재하는 본원적 현상이다.

지금까지의 논의를 요약해보자.

불안은 상징계 속에 거주하는 인간이라면 누구나 체험하는 정서이며, 이 상징계라는 구조 속에서 '팔루스적 향유'를 추구하는 사람에게 필연적으로 내재하는 현상이다. 이로써 라깡은 생물학적으로 해석된 거세불안에 구조적 의미를 부여한 것이다. 여러차례 언급했듯이 불안은 상징적 거세, 즉 결여의 사라짐이라는 위협을 경계하도록 해주는 위험신호이다. 그리고 불안은 의미를 알 수 없는 타자의 욕망, 즉 타자의 결여에 직면할 때 주체에게서 나타난다. "당신이 나에게 원하는 것은 무엇인가?" 상징계 속에 사는 인간에게 욕구와 요구, 욕망과 만족(향유) 사이에는 결코 채워질 수 없는 균열이 존재한다. 이러한 사실은 인간에게 가해진 저주라기보다는 오히려 축복이라고 할 수 있는데, 이는 인간이 결여와 부재, 자유 속에서만 진정한 만족과 안정감을 얻을 수 있기 때문이다. "부재의 가능성, 그것이야말로 현존의 안정성이다." 하지만 바로 이 부재의 가능성, 그리고 드라큘라의 이미지에서 볼 수 있듯이 타자의 결여, 고갈된 타자는 불안을 야기한다(Lacan 1962~63, 1963년 5월 15일 쎄미나 참조). 라깡은 이를 "불안점" "불안의 장소"라고 부르며 "욕망점"과 구분한다(Lacan 1962~63, 1963년 5월 15일 쎄미나). 욕망을 일으키는 원인과 욕망의 장소가 대상 *a*라면 불안점은 타자의 육체, 타자의 결여이다. 라깡은 불안점을 드라큘라의 이미지와 관련해 '어머니의 고갈'로 설명한 바 있다. 우리는 스토커(B. Stoker)의 『드라큘라』(*Dracula*)에 등장하는, 자루 속에 아이를 담아 오는 여자 드라큘라의 이미지에서 주체에게 불안을 야기 하는 '어머니의 고갈'의 이미지를 잘 볼 수 있지 않은가? 결여와 자유의 공 간을 허용하지 않는 타자의 향유만큼 주체를 숨막히게 하고 불안하게 하는 것은 없다. 이러한 의미에서 불안은 '존재의 집'인 상징계를 지키는 '경계신 호'이며, 상징계라는 건축물을 지탱하는 주춧돌이라고 표현할 수도 있다.

리비도의 증가와 불안의 연관성을 설명하기 위해 라깡은 불안의 발생지 인 육체와 관련해 논의한다. 상징계에 진입함으로써 완전한 향유를 박탈당 한, '비워진' 육체가 빼앗긴 완벽한 향유에 도달하려고 함으로써 불안은 발 생한다. 또 라깡은 불안점과 욕망점을 구별하고, 오가즘의 경우 불안점과 욕망점이 일치한다고 설명한다. 욕망의 완성으로서의 오가즘은 주체의 사 라짐(아파니시스), 즉 불안점으로의 수렴을 의미한다. 오가즘은 주체의 "작 은 죽음"이다(Allouch 2001, 181면 이하 참조).

그러므로 불안은 '성관계가 존재하지 않음'을 보여주는 가장 확실한 정서 이다. 달리 말하면 불안은 즉 "성의 진리"(Lacan 1962~63, 1963년 6월 5일 쎄미나) 이며 "결여의 진리"(Lacan 1962~63, 1963년 5월 15일 쎄미나)이다. 이러한 맥락에 서 라깡은 "불안은 [우리를] 속이지 않는다"(Lacan 1962~63, 1963년 3월 6, 13일 쎄 미나)고 말한다. 이러한 라깡의 주장이 다소 사변적으로 들릴 수도 있겠으나 앞에서 인용한 도이치의 임상사례를 생각해보면 그 의미가 더욱 구체적으 로 다가올 것이다. 어떤 사람이 자신의 오가즘 경험에 대해 이렇게 말했다. 오가즘의 정점에서 자신은 오가즘이 끝날 것을 두려워하는 동시에 오가즘 이후에 자신을 기다리며, 자신에게 발생할지도 모를 무언가에 대해 불안해한다고.

한스의 공포증은 팔루스적 향유가 완벽한 향유에 도달할 수 없다는 "난처함"의 한 표현으로 이 "공포증의 원리"는 "불안"이다. "남자는 기표일 뿐이다. 왜냐하면 그는 기표로 활동하는 곳에서 단지 거세로만, 즉 팔루스적 향유와 관계를 맺는 한에서만 활동할 수 있기 때문이다."(Lacan 1975b, 36면) 반면 여자는 팔루스적 향유가 아닌 '다른 향유'[17]에 남자보다 쉽게 도달할 수 있으며 그러한 한에서 팔루스적 향유에서 기인하는 불안으로부터 면제되어 있다.[18]

6. 불안의 실존적 · 인간학적 의미 : 라깡과 키에르케고르

라깡은 불안에 관한 쎄미나에서 이 주제에 관심을 가졌던 몇몇 철학자를 언급한 바 있다. 그 중에서 필자는 이 주제와 관련해 가장 중요한 철학자라고 할 수 있는 키에르케고르에 관해 논의하고자 한다. 여러 사상가를 인용하고 있지만 키에르케고르를 쎄미나의 첫부분과 마지막 부분에서 인용하고 있다는 사실로만 미루어보아도 불안이라는 주제와 관련해 라깡이 키에르케고르로부터 받은 영향이 적지 않음을 짐작할 수 있다. 라깡은 키에르케고르가 정신분석학이 탄생하기 이전에 활동했던 사상가이지만 불안현상에 대해 그 누구보다도 탁월한 통찰력을 가졌던 철학자로 평가한다(Lacan 1962~63, 1962년 11월 14일, 1963년 7월 3일 쎄미나 참조). 앞에서 상세히 논의했듯이 라깡에게 불안이란 향유의 주체로부터 욕망의 주체로의 변화를 낳는 근본정서이다.

---

17) 라깡적 의미의 남자 · 여자, 그리고 팔루스적 향유와 다른 향유에 대한 자세한 설명과 논의는 홍준기(2000) 참조.

18) 하지만 여자는 남자보다 불안을 더 느낀다고도 말할 수 있다. 이 경우 여성의 불안을 다음의 세 가지 경우로 나누어 생각해볼 수 있겠다. 첫째 "가면"으로서의 여자의 불안(Riviere 1994 참조), 둘째 분리불안 · 유기불안, 셋째 키에르케고르적 의미의 순수한 불안(키에르케고르 1999, 208면 이하 참조).

라깡에 따르면 키에르케고르는 정신분석학이론이 반드시 참조해야 할 '순수한 불안'의 모습을 설득력있게 제시한 철학자로, 그의 『불안의 개념』(쇠렌 키에르케고르 1999)은 불안정서가 갖는 인간학적 의의를 잘 드러내준 철학책이다. 불안에 관해 논의한 철학자로 하이데거(M. Heidegger) 또한 빼놓을 수 없다. 하이데거와 라깡의 관계에 대해서는 이미 서양학계에서 연구가 상당히 진행되었고,[19] 불안의 문제와 관련해서도 연구성과가 적지 않다(Baas 1990; Fischer 1990). 하지만 키에르케고르와 라깡의 관계에 대한 연구는 필자가 아는 한 아직 없다. 따라서 필자는 여기에서 라깡의 불안의 정신분석학과 키에르케고르의 관계에 국한해서 논의를 진행하고자 한다.

키에르케고르가 불안에 깊이 몰두한 것은 그 자신이 불안과 우울로 인해 고통받은 삶을 살았기 때문이다. 아마도 키에르케고르만큼 불안과 우울의 문제로 고통받고 고뇌한 사상가도 흔치 않을 것이다.[20]

나는 아무것도 설명할 수 없으며, 특히 내 자신을 전혀 설명할 수 없다. 내가 보건대 모든 존재는 죄로 물들어 있다. 그 중에서도 내 자신은 더욱 그렇다. 나의 슬픔은 엄청나며 끝이 없다. 오직 하늘에 계시는 하나님만이 그것을 아실 것이다. 아무도 나를 위로하려고 하지 않는다. 하늘에 계시는 하나님 이외에는 아무도 나를 위로할 수 없다. (…) 내 아버지가 나의 영혼에 채워넣었던 불안을, 아버지 자신의 무서운 우울을, 그리고 운명을 나는 여기에 적을 수도 없다. (…) 그런데도 그 불안에 저항할 수 없는 매력을 느꼈다![21]

---

19) 가장 포괄적인 연구로는 Lang(1996); Balmès(1999) 참조.

20) 키에르케고르 철학의 의의와 사상사적 맥락, 불안과 그의 철학의 관계에 대한 연구는 쇠렌 키에르케고르(1999) 옮긴이 서문 참조. 그러나 필자는 키에르케고르의 철학이 유신론과 연결시켜야만 의미를 지닐 수 있다는 옮긴이의 주장에는 동의하지 않는다. 필자가 이 글에서 밝혔듯이 키에르케고르 철학은 정신분석학적 맥락에서도 해명될 수 있으므로, 그의 철학이 반드시 유신론적 종교철학과 연결될 이유는 없다고 본다. 키에르케고르가 개인적으로 기독교인이었다는 '전기적 사실'과 그의 철학의 '정신분석학적' '실존적' 의미는 별개이기 때문이다.

『불안의 개념』 제1장의 제목인 '원죄의 전제이자, 원죄를 그 기원에 의거해서 역행적으로 설명해주는 불안'에서 이미 알 수 있듯이 키에르케고르는 불안 개념을 기독교적인 맥락 속에 위치시킨다. 이러한 키에르케고르의 접근방식이 인간학을 전통적 교의학(敎義學)으로 환원시키려는 의도라고 오해해서는 안된다. 오히려 키에르케고르는 그와 반대로 원죄교리에 근거해 기독교를 독단적인 종교로 만든 전통적 교의학을 비판하고자 한다. 『불안의 개념』에서 그는 원죄 개념으로부터 논의를 시작한다. 전통적인 원죄교리에 대한 그의 비판의 핵심은 무엇인가? 죄를 짓지 않은 사람도 아담으로부터 죄를 물려받아 모두 죄인이 되었다는 주장은 아담을 특수한 인간, 역사 외부의 인간으로 만드는 것이다. "오로지 아담에 대한 자신의 관계를 통해서만 원죄에 참여하는가? 만일 그렇다면 아담은 역사 바깥에 공상적으로 놓이게 된다."(쇠렌 키에르케고르 1999, 128면) 키에르케고르에 따르면 이러한 설명은 개인으로서의 인간의 현재적 죄성(罪性)을 설명하는 것이 아니라 아담의 죄의 결과라는 관점에서만 원죄를 설명하는 오류를 범하고 있다. 그는 아담의 원죄를 주관적 측면과 객관적 측면으로 나누어 설명해야 한다고 본다. 죄란 아담의 원죄의 주관적 측면으로, 질적·개별적 규정이다. 아담의 원죄의 객관적 측면은 죄성이다. 아담이 죄를 지음으로써 객관적인 세계의 죄성이 양적으로 증가했다는 것이다. 키에르케고르는 말한다. "아담을 설명하면서 원죄를 설명하지 않거나, 또는 원죄를 설명하면서 아담을 설명하지 않는"(쇠렌 키에르케고르 1999, 133면) 이론은 잘못된 것이다. 아담에게서처럼 모든 인간에게 최초의 죄는 개별적으로 들어온다. "일종의 교배 없는 생식을 통해서 (저절로, 자연발생적으로) 자신의 최초의 죄를 낳는 것처럼 그렇게 꾸미고 싶어하는 것은 실로 일종의 논리적이고 윤리적인 이단이다."(쇠렌 키에르케고르 1999, 139면. ( )는 옮긴이) 죄는 개별적으로 세상에 들어오지만 객관적인 죄성의

---

21) 쇠렌 키에르케고르(1999) 옮긴이(임규정) 서문 51~52면에서 재인용. 번역서에는 '하느님'으로 되어 있으나 필자가 '하나님'으로 바꿈.

양적 증가로 후대의 인간은 '구조적으로' 더 악한 세계 속에 살게 된다.

그렇다면 아담과 그 이후의 모든 인간에게 적용되는 질적 비약으로서의 '개인적' 타락을 어떻게 설명할 것인가? 여기에서 쉽게 생각할 수 있는 '종교적 설명'은 '하나님'의 금지명령을 어겼다는 것일 것이다. 그러나 키에르케고르는 금지명령을 타락의 '필요조건'으로 보아서는 안된다고 말한다. 요컨대 그는 타락, 즉 '왜 인간은 하나님의 금지명령을 어겨야만 했는가'라는 문제를 '교리'에도, '심리학'에도 의존하지 않고 설명하고자 한다(쇠렌 키에르케고르 1999, 171면). 키에르케고르는 정확히 여기에서 불안에 대해 언급한다.

금지명령의 위반은 타락을 설명하지 못한다. 성서에 따르면 선악에 관한 지식은 타락과 더불어 세상에 들어왔다. 선악의 차이를 모르는 최초의 인간이 어떻게 금지명령의 위반이 갖는 의미를 이해할 수 있었겠는가? 그렇다면 타락이란 불안에 대한 인간의 반응방식으로 설명되어야 한다.

아담의 상태는 선악의 개념 너머에 존재하는 순진함의 상태이다. 여기에서의 순진함이 도덕적·인식론적 의미로 이해되어서는 안된다. 아담의 상태는 모든 구분과 차이를 넘어서 존재한다는 의미에서의 순진한 상태이다. 선악을 알지 못하므로 죄의식도 없으며, 성 구분을 알지 못하므로 수치심도, 성적 욕망도, 시기도, 질투도 존재하지 않는다. "이런 상태에는 평화와 안식이 있다."(쇠렌 키에르케고르 1999, 159면) 평화와 안식 이외에 무엇이 있는가? 싸움·질투·시기·미움 그리고 성적 욕망과 같은 것은 없다. 그렇다면 무엇이 또 있다고 해야 할까? 그것은 무(無)이다. "그런데 무는 어떤 작용을 하는가? 무는 불안을 낳는다. 순진함은 동시에 불안이라는 사실, 바로 이 사실이 순진함의 심오한 비밀인 것이다. 꿈꾸면서 정신은 자기 자신의 현실성을 투영한다. 그러나 이런 현실성은 무이다. 그리고 순진함은 끊임없이 이런 무를 자신의 바깥에서 본다."(쇠렌 키에르케고르 1999, 159면)

"꿈꿀 때 그 차이는 일종의 암시되는 무가 되고 만다."(쇠렌 키에르케고르 1999, 160면) 달리 말하면 순진함의 상태에서 차이는 무가 되고 만다. 여기에서 차이란 무엇인가? 그것은 나와 타자, 주체와 객체의 차이이다. 순진함의 상태에서는 이 차이가 정확히 무가 된다. 그러므로 우리는 여기에서 '불안은 무에 대한 불안'이라는 통속적 견해를 포기해야 한다. 키에르케고르가 불안은 무에 대한 불안이라고 썼지만, 그 내용을 정확히 분석해보면 그것은 차이의 무화(無化)에 대한 불안, 차이의 무화로부터 생겨나는 불안이라고 해석할 수 있다. 차이의 무화에 대한 불안은 아무것도 없음에 대한 불안과는 분명히 다르다. 라깡이 정확히 간파했듯이 불안에는 "대상이 없지 않다."

　불안은 순진한, "꿈꾸는 정신"이 갖는 심적 상태이다(쇠렌 키에르케고르 1999, 159면). 꿈꾸는 정신이란 나와 타자 사이에 존재하는 "차이"를 없애고자 하는 정신이다(쇠렌 키에르케고르 1999, 159면). 깨어 있을 때 우리는 나와 타자 사이의 차이를 안다.[22] 이제 정신은 이 차이로부터 고개를 돌린다. 그러므로 꿈꾸는 상태에서 정신이 자신의 가능성을 붙잡으려는 바로 그 순간에 정신의 현실성은 사라져버린다. 차이의 무화를 통해 자신의 가능성을 찾으려는 꿈꾸는 정신의 시도는 원천적으로 불가능한 시도에 불과하다. 주체와 객체, 나와 타자의 차이를 없앰으로써 나를 정립하려는 시도는 결국 주체의 파멸과 죽음을 의미할 뿐이다.

　여기에서 우리는 불안의 정서가 갖는 정신분석학적·인간학적 의미를 발견할 수 있는데, 이 점에서 라깡은 키에르케고르를 정신분석학의 가장 탁월한 선구자 중의 하나로 간주한다. 키에르케고르에 따르면 불안은 "공감적 반감, 반감적 공감"이다(쇠렌 키에르케고르 1999, 160면). 정신은 타자 속에서 자신을 실현하고자 하므로 타자와의 차이를 무화하려고 한다. 타자로의 흡수 혹

---

22) 여기에서 '안다'는 말을 강조하면 다시 모순에 빠진다. 순진한 상태에서는 '인식으로서의 앎'이란 존재하지 않기 때문이다. 그러므로 깨어 있을 때 나와 타자 사이에 등장하는 차이를 '안다'가 아니라 '느낀다'고 해야 더 정확한 표현일 것이다. 이것이 불안이다. 불안이란 무엇에 대한 불안인지 알지 못하지만 내가 회피할 수 없는 본원적 느낌이다. 라깡이 말했듯이 이러한 본원적 감정으로서의 불안은 우리를 속이지 않는다. 데까르뜨가 말하는 확실성의 주체, 인식의 주체는 키에르케고르에 의해 여기에서 불안의 주체로 전환한다. 그러나 주체는 여전히 확실성 속에 존재한다. 자신을 속이지 않는 불안이라는 확실성으로 말이다.

은 타자를 자신에게로 동화시킴으로써 자유와 욕망이 낳는 공허·결여를 망각하고자 한다. 이를 위해 순진한 정신은 '꿈꾸는 정신의 상태'로 '퇴행'하지만, 이 퇴행을 통해 얻는 것은 낙원으로의 복귀가 아니라 불안이다. 여기에서의 불안은 아직 '자유'의 상태에 도달하지 못한 인간이 느끼는 본래적 정서로서의 불안——차이의 무화 가능성의 감지로부터 발생하는 불안——을 의미한다. 그러나 '꿈꾸는 상태'가 '실존의 망각' '완전한 부자유'의 상태는 아니다. 꿈꾸는 상태에서 인간이 불안을 느끼는 것은 막연하게나마 '자유'와 '욕망'을 알고 있기 때문이다. 막연하게나마 자유와 욕망을 감지하고 있지 않다면 어떻게 인간이 꿈꾸는 상태에서 생겨나는 불안을 불안으로 느낄 수 있겠는가?

요컨대 꿈꾸는 상태란 '성인'이 된 인간이 실존의 공허함을 견딜 수 없어 '퇴행'한 상태——최초의 신화적 상태——혹은 모든 인간이 성장하고 '자유'를 획득하기 위해 필연적으로 거쳐야 할 '시련과 고난'의 상태로 해석할 수 있다. 꿈꾸는 상태란 키에르케고르가 '고안한' 일종의 '신화적' 상황으로, 자유 혹은 속박으로의 이행 이전에 존재하는, 둘 중 어느 하나의 상태로의 이행의 결단을 촉구하는 원초적 상황을 의미한다고 볼 수 있다. 이 원초적 상황 속에는 필연적으로 불안이 있다. 인간은 이러한 불안 속에서 자유 혹은 속박으로의 결단을 촉구받는 것이다. 정신분석학적으로 말하면 속박의 상태란 신경증 혹은 정신병과 같은 병리적 상태를 의미한다. 무력한 유아의 상태에서 인간은 자신을 돌보는 사람에게 절대적으로 의존하는 상태에 있다. 이 상태는 키에르케고르가 말하는 꿈꾸는 상태나 라깡적 의미의 '거울단계'에 정확히 상응한다. 이러한 원초적 불안의 상황에서 인간주체는 타자 및 세계와 자신의 관계를 **무의식적**으로 선택한다. 인간은 이러한 **무의식적 결단**을 통해 병리적 주체 혹은 욕망하는 주체로 태어난다. 달리 말하면 꿈꾸는 상태에 필연적으로 내재하는 불안 속에서 인간은 '순진한' 낙원의 상태로부터 진정한 실존으로 자신을 내던질 것을 촉구받는다. 물론 이를 거부하고 순진한 상태나 꿈꾸는 상태에 안주할 수도 있다. 키에르케고르는 후자를 '타락'으로 본다.

왜 꿈꾸는 상태는 평화와 조화가 지배하는 낙원이 아니라 불안의 상태인가? 꿈꾸는 상태란 타자 속에서 자신을 찾으려 한다는 것을 뜻하고, 이는 동시에 타자를 무화한다는 것을 의미하기 때문이다. 앞에서 살펴보았듯이 욕망하는 타자가 존재하는 한, 그리고 타자의 욕망이 궁극적으로 파악 불가능한 수수께끼와도 같다면, 주체는 타자에게서 '위안'과 '안식'을 얻을 수 없기 때문이다. 주체는, 역시 결여를 가지고 있으므로 욕망하고 향유하는 타자 앞에서 불안을 느끼는 존재이다. 그러므로 주체는 모순적 상황에 빠져들게 된다.

한편으로 '꿈꾸는 상태'에서 자신과 타자의 결여를 채우기 위해 타자와의 합일을 추구하지만, '고갈되었으므로' 욕망하는 타자는 주체를 불안하게 한다. 다른 한편으로 합일의 요구는 욕망하는 타자를 묶어두고, 심한 경우에는 무화, 즉 제거하고 싶은 욕망을 불러일으킨다. 하지만 인간의 정신은 타자를 무화할 수도 없다. 절대적 의존의 상태를 벗어나지 못한 주체에게 타자는 자신의 존재조건이기 때문이다. 그러므로 인간의 정신은 모순 그 자체이다(쇠렌 키에르케고르 1999, 163면 참조). 따라서 인간의 정신은 불안하다. 불안이란 키에르케고르가 말했듯이 "공감적 반감이며 반감적 공감"이다. 인간은 이 불안을 회피하려 하지만 회피할 수 없으며, 오히려 이 불안을 사랑한다. 불안이 없다면 인간은 타자와의 합일이라는 이룰 수 없는 희망 속에서 자신을 망각하고 비본래적인 주체로 전락할 것이기 때문이다. 바로 여기에서 우리는 키에르케고르가 불안을 자유의 가능성 혹은 억눌린 자유로 정의하는 이유를 알 수 있다(쇠렌 키에르케고르 1999, 160면).

『쎄미나 제10권: 불안』의 마지막 부분에서 라깡은 이렇게 말한다. "타자가 명명될 때에만 불안을 극복할 수 있다."(Lacan 1962~63, 1963년 7월 3일 쎄미나) 우리는 여기에서 라깡이 '불안의 완전한 극복'이 가능하다고 순진하게 주장하고 있다고 보아서는 안된다. 여기에서 라깡이 말하고자 하는 바는 불안은 '불안의 너머'를 지향하는 '순수한' 정서로 체험될 때 긍정적 측면이 있다는 것이다. 그러한 의미에서도 불안은 인간이 체험하는 가장 모순적인 정서이다. 불안 속에서만 인간주체는 '불안의 너머'를 지향할 수 있으며, 불안 너머에 존재하는 순수한 타자가 명명될 때만 불안은 자유와 욕망을 지향하는 숭고한 정서로 다가온다. 인간은 정신으로 구성되어 있기 때문에 불안하며, 불안하기 때문에 불안의 너머, 자유와 결여를 욕망한다.

정신은 어떻게 자신과 관계를 맺고 있으며, 또 어떻게 자신의 조건과 관계를 맺고 있는가? 정신은 불안으로 이어져 있다. 정신은 자신을 없앨 수 없다. 정신이 자신을 자신의 바깥에 두고 있는 한, 정신은 자신을 붙들 수도 없다. 인간은 식물적인 것에 잠길 수도 없다. 왜냐하면 인간은 정신으로 구성되어 있기 때문이다.(쇠렌 키에르케고르 1999, 164면. 번역은 인용자가 약간 수정)

이렇게 다시 정리하자. **불안은 자유의 인식근거이며 자유는 불안의 존재근거이다.**

7. 맺음말

현대사회의 삶이 복잡해짐에 따라 현대인이 직면하는 삶의 문제들도 더욱 다양해지고 심화되고 있다. 현대인은 날이 갈수록 가중되는 개인적·사회적 과제에 짓눌려 자신의 정체성을 잃고 정신적·심리적으로 방황하며 크고 작은 심리질환에 시달리고 있다. 앞에서 살펴보았듯이 불안은 인간의 본원적인 심리현상이자 모든 심리질환에 공통적인 가장 근본적인 병리현상이기도 하다. 프로이트는 이러한 불안현상을 '위험신호'로 정의했다. 이렇듯 '위험사회' 속에 살고 있는 현대인의 상당수가 불안을 경험한다는 것은 결코 우연이 아니다. 불안현상은 심리적·개인적 현상이지만 동시에 사회적 현상이기도 하다.

불안은 모든 심리질환에 공통적으로 나타나는 현상이다. 프로이트나 라깡에 따르면 불안은 병리적 현상이며, **동시에** 완전히 제거할 수 없는 '본래적 현상'이다. 앞에서 살펴보았듯이 불안은 자유 혹은 속박에의 결단을 촉구하는 가장 본래적인 정서이다. 이 점에서 프로이트와 라깡은 불안을 회피할 수 없는 본원적 정서로 간주했던 아우구스티누스(A. Augustinus)·키에르케고르·후썰(E. Husserl)·하이데거로 이어지는 사상사적 흐름 속에 위치한다.

이 글은 또한 불안처럼 가장 본원적인 심리현상 및 이로부터 파생되는 여러 증상의 치료상황에서 '임상가'가 염두에 두어야 할 실제적인 문제는 물론, 좀더 근원적인 문제들을 논의했다는 의의를 갖는다. 우리는 정신분석학 및 철학이론에 대해 깊이 숙고하지 못한 임상가들이 '순수한 경험주의적' 혹은 '교육자적' 관점 및 태도를 취함으로써 문제를 해결하고자 하는 것을 종종 볼 수 있다. 하지만 불안현상이 갖는 정신분석학적·인간학적 의미에 대한 고찰 없이 단순히 증상치료에만 몰두하면, 치료효과도 전혀 없을 뿐만 아니라, 오히려 증상을 악화시킬 수도 있다. 그리고 심리치료가 단순히 증상치료에 머물 것이 아니라 원인을 규명하는 본질적인 치료가 되어야 한다면, 임상심리학과 정신의학은 반드시 불안에 대응하는 개념이 자유 혹은 욕망이라는 라깡과 키에르케고르의 이론을 깊이 숙고해보아야 한다. 신경증이나 정신병, 혹은 도착증이란 불안 속에서 욕망과 자유를 포기하고 '병으로부터 얻는 이득'으로 도피하는 것이다.

키에르케고르는 이렇게 말한다. "심리학이 불안으로 끝나는 순간, 이제 불안은 교의학으로 넘겨진다."(쇠렌 키에르케고르 1999, 409면) 이렇게 다시 표현하자. 심리학이 불안으로 끝나는 순간, 이제 불안은 정신분석학과 철학으로 넘어간다.

참고문헌

Allouch, Jean (2001) *Le Sexe du maître: L'érotisme d'après Lacan.* Paris: Exils.

Baas, M. M. Bernard (1990) "L'angoisse et la vérité". Baas, M. M. Bernard/ Zaloszyc, Armand ed. *L'angoisse.* Strasbourg: Presses Universitaires de Strasbourg.

——/Zaloszyc, Armand ed. (1990) *L'angoisse.* Strasbourg: Presses Universitaires de Strasbourg.

Balmès, François (1999) *Ce que Lacan dit de l'être.* Paris: Presses Universitaires France.

Demoulin, Chritian (1986) "Actualité de Freud: l'angoisse". *Quarto* 25.

Deutsch, Helen (1965) *Neurosis and Character Types.* New York: International University Press.

Dor, Joël (1989) *Le Père et sa fonction en psychanalyse.* Paris: Point Hors Ligne.

Dorner, Christiane (1990) "De l'angoisse, du sujet". Baas, M. M. Bernard/ Zaloszyc, Armand ed. *L'angoisse.* Strasbourg: Presses Universitaires de Strasbourg.

Fischer, Francis (1990) Baas, M. M. Bernard/Zaloszyc, Armand ed. *L'angoisse.* Strasbourg: Presses Universitaires de Strasbourg.

Freud, Sigmund (1970) "Der Witz und seine Beziehung zum Unbewußten". Studienausgabe. Bd. IV. Frankfurt am Main: Fischer. (1905년 발표)

——(1971) "Hemmung, Symptom und Angst". Studienausgabe. Bd. VI. Frankfurt am Main: Fischer. (1926년 발표)

——(1984) "Über die Berechtigung, von der Neurasthenie einen bestimmten Symptomenkomplex als Angstneurose abzutrennen". Studinausgabe. Bd. VI. Frankfurt am Main: Fischer. (1895년 발표)

──(1986) *Briefe an Wilhelm Fließ 1887~1904*. Frankfurt am Main: Fischer. (1887~1904년 집필)

──(1989) "Angst und Triebleben". *Neue Folge der Vorlesungen zur Einführung in die Psychoanalyse*. Frankfurt am Main: Fischer. (1932년 발표)

──(1991a) "Verdrängung". Studienausgabe. Bd. III. Frankfurt am Main: Fisher. (1915년 발표)

──(1991b) "Die Angst". *Vorlesungen zur Einführung in die Psychoanalyse*. Frankfurt am Main: Fischer. (1916~17년 집필/ 1917년 발표)

Gondek, Hans-Dieter (1992) "Die Angst als 'das, was nicht täuscht". Taureck, Bernhard H. F. ed. *Psychoanalyse und Philosophie*. Frankfurt am Main: Fischer.

Julien, Philippe (1991) *Le Manteau de Noé: Essai sur la paternité*. Paris: Édition Desclée Brouwer.

Kaltenbeck, Franz (1990) "Freud 1894~1925: Deux théories divergentes de l'angoisse". Baas, M. M. Bernard/Zaloszyc, Armand ed. *L'angoisse*. Strasbourg: Presses Universitaires de Strasbourg.

Lacan, Jacques (1962~63) *Le Séminaire livre X: L'angoisse*. (미출간)

──(1966) *Écrits*. Paris: Seuil.

──(1975a) *Le Séminaire livre I: Les écrits techniques de Freud*. Paris: Seuil. (1953~54년 발표)

──(1975b) *Le Séminaire livre XX: Encore*. Paris: Seuil. (1972~73년 발표)

──(1975c) *Le Séminaire livre XXII: R.S.I. in: Ornicar?* n° 2~5. Paris. (1974~75년 발표)

──(1978) *Le Séminaire livre II: Le moi dans la théorie de Freud et dans la technique de la psychanalyse*. Paris: Seuil. (1954~55년 발표)

──(1994) *Le Séminaire livre IV: La relation d'objet*. Paris: Seuil. (1956~57년 발표)

Laplanche, Jean (1980) *Problématiques I: L'angoisse*. Paris: Quaridge/Presses Universitaires de France.

Lang, Hermann (1996) *Die Sprache und das Unbewußte*. Frankfurt am Main: Suhrkamp. (1973년 초판)

──/Faller, Hermann ed. (1996) *Das Phänomen Angst: Pathologie, Genese und Therapie*. Frankfurt am Main: Suhrkamp.

Michel, A. (1998) "Angst, Zeit und psychische Struktur". *RISS*.

Rank, Otto (1988) *Das Trauma der Geburt*. Frankfurt am Main: Fischer.

Razavet, Jean-Claude (2000) *De Freud à Lacan. Du roc de la castration au roc de la structure*. Paris/Bruxelles: De Boeck & Larcier.

Riviere, Joan (1994) "Weiblichkeit als Maskerade". Weissberg, Liliane ed. *Weiblichkeit als Maskerade*. Frankfurt am Main: Fischer.

Safouan, Moustapha (2001) *Lacaniana*. Paris: Fayard.

Tailandier, Gérome (1998) "Jacques Lacans Seminar über die Angst". *RISS*.

Weber, Samuel (1990) *Rückkehr zu Freud: Jacques Lacans Ent-stellung der Psychoanalyse*. Wien: Passage-Verlag.

RISS, Zeitschrift für Psychoanalyse. Freud Lacan. Vol. 42. Wien: Verlag Turia+Kant, 1998.

쇠렌 키에르케고르 (1999)『불안의 개념』. 임규정 옮김. 한길사.

필리프 쥘리앵 (2000)『노아의 외투: 아버지에 관한 라캉의 세 가지 견해』. 홍준기 옮김. 한길사.

홍준기 (1999)『라캉과 현대철학』. 문학과지성사.

──(2000)「라깡의 성적 주체 개념:『세미나 제20권: 앙꼬르』의 성 구분 공식을 중심으로」.『현대 비평과 이론』19호(2000년 봄·여름호). 한신문화사.

──(2002)「자끄 라깡, 프로이트로의 복귀: 프로이트·라깡 정신분석학─이론과 임상」. 김상환·홍준기 엮음. 창작과비평사.

라깡과 쏘쒸르

'실재하는 것'에 대한 물음[1]

최용호

1. 쏘쒸르와 그의 정신분석가들:
레이몽 드 쏘쒸르, 마르그리뜨 쎄셰에 그리고 라깡[2]

분석과정이 필연적으로 '말'을 매개로 한다면, 다시 말해 정신분석학이 '말로 하는 치료'라는 말로 요약될 수 있다면, 우리는 이 '무의식의 과학'이 말 그 자체를 연구대상으로 삼고 있는 '언어과학'과 어떤 관계에 놓여 있는가를 의미있게 물을 수 있을 것이다. 이 질문을 처음으로 진지하게 그리고 실제적으로 제기한 학자는 아마도 라깡(J. Lacan)일 것이다. 그는 이 두 학문——물론 이 두 학문이 프로이트(S. Freud)와 쏘쒸르(F. de Saussure)로 대변될 수 있다는 조건 아래에서——의 극적인 만남을 다음과 같이 기술한다.

분석은 우리들에게 스스로를 알지 못하는 앎, 기표(signifiant) 그 자체

---

1) 이 글은 『불어불문학연구』 제47집(2001년 가을호)에 실린 글을 수정 · 보완하여 다시 작성하였다. 이전 글에서 단지 언급만 했던 마르그리뜨 쎄셰에(M. B. Sechehaye, 이하 쎄셰에 부인)의 작품들을 이 글에서는 직접 참조하여 보충하였다.

2) 이 문제에 대한 좀더 진지한 논의는 더 많은 지면이 필요하다. 이 글에서는 다만 앞으로 다룰 문제의 한 단면만을 지적하는 것으로 만족하려 한다.

만으로 지탱하는 앎이 있음을 말해준다. 꿈은 측량할 수 없는 경험이나 신비주의로 안내하지 않는다. 그것은 그것에 대해 말해진 것 속에서 읽히며, 사람들은 가장 아나그람(anagramme)적인 의미에서 그것의 모호성을 포착할 수도 있을 것이다. 바로 언어의 이 지점에서 쏘쒸르는, 그가 가장 이상스런 구두점(句讀點)을 발견한 사투르누스(Saturnus)의 시 속에서 그것이 의도적인지 아닌지를 물었다. 바로 여기에서 쏘쒸르는 프로이트를 기다린 것이다. 그리고 바로 여기에서 앎의 문제가 다시 제기된다.(Lacan 1975b, 88면)

시비를 좀 걸어보자. 프로이트를 실제로 기다린 사람은 사실 페르디낭 드 쏘쒸르(이하 쏘쒸르)가 아니라 그의 둘째아들인 레이몽 드 쏘쒸르(R. de Saussure, 이하 레이몽)이다. 레이몽은 제네바대학에서 베버(R. Weber) 교수의 지도 아래 「정신분석학 방법」이란 박사학위논문을 발표하였는데, 이 논문을 감수한 이가 바로 프로이트였다. 레이몽은 자신의 논문에서 쏘쒸르의 사후 저작인 『일반언어학 강의』(*Cours de linguisique générale*, 이하 『강의』)를 한 차례 인용하였다(Saussure 1922, 83면). 나는 만약 프로이트가 레이몽의 논문을 꼼꼼하게 읽었다면 쏘쒸르와 그의 『강의』의 존재에 대해 분명히 알고 있었을 것이란 가설을 제시한 바 있다(최용호 2000, 236면). 물론 알고 있었다고 해서 실제로 읽었다는 말은 아니다. 쏘쒸르의 경우도 역시 마찬가지다. 쏘쒸르는 당시 프로이트의 명성을 들어 익히 알고 있었을 것이다. 그렇다고 해서 그가 실제로 프로이트를 읽었을 것이라고 단언할 수는 없으며 더욱이 그와의 지적 교류를 확인할 수도 없다. 아리베(M. Arrivé)는 이 두 학자 사이의 "상호적인 몰인식"에 대해 "놀라움"을 표명한 바 있다(Arrivé 1994, 18면). 이들이 만났을 가능성이 전혀 없었던 것이 아니었던만큼 이러한 아리베의 '놀라움' 속에서 우리는 모종의 아쉬움을 찾아볼 수 있다.

좀더 다른 방향에서 이들의 만남을 생각해보자. 비록 실제의 만남은 아닐지라도 이론적인 측면에서 쏘쒸르와 프로이트의 만남을 가정해볼 수 있지 않을까? 이 문제를 처음으로 진지하게 생각해본 학자는 레이몽이 아닌가 싶다. 그는 문정관(問情官)으로 미국에 체류할 당시 뉴욕에서 만난 야콥슨(R. Jakobson)과 이러한 이론적인 만남의 가능성에 대해 이야기를 나눈 적이 있었다. 라깡의 전기학자 루디네스꼬(E. Roudinesco)는 이들의 만남을 다음과 같이 적었다.

> 나찌즘과 전쟁을 피해 야콥슨은 뉴욕으로 이민을 갔다. 그곳에서 그는 망명한 정신분석학자들과 자주 만났는데 특히 레이몽을 자주 만났다. 그는 레이몽에게 그의 아버지의 작품에 대해 말한 적이 있었다. 레이몽은 이 작품을 알고 있었으며, 나아가 1916년 발리(Ch. Bally)에게 보낸 편지에서 정신분석학과 언어학의 공통된 연구영역을 개척해보고자 하는 생각을 비추기도 하였다. 그러나 그는 그렇게 하지 않았다. 아마도 야콥슨과의 만남을 통해 그는 『강의』의 보편적인 측면을 이해하고 있었을 것이다. 언어학자로서 야콥슨은 뉴욕에서 처음으로 정신분석학이 언어학에게, 그리고 언어학이 정신분석학에게 제공해줄 수 있는 것을 감지하였다.(Roudinesco 1993, 361면)

"정신분석학과 언어학의 공통된 연구영역"을 개척하고자 했던 레이몽의 생각은 아쉽게도 생각으로 끝나고 말았다. 하지만 그의 생각은 언어학자들에게 깊은 인상을 주었다. 그리고 역사는 야콥슨이 받은 이러한 깊은 인상이 이후 정신분석학자인 라깡에게 미칠 적지 않은 영향을 말해준다.

그러나 우리는 라깡 이전에 또 한 사람의 정신분석학자——엄밀한 의미에서 본다면 정신치료사——를 생각해볼 수 있다. 그 역시 쏘쒸르로부터 적지 않은 영향을 받았는데 쏘쒸르의 강의를 청강했던 수강생 중 한 사람인 쎄세에 부인이다. 쎄세에 부인은 『강의』의 편집인 가운데 하나인 알베르 쎄세에(A. Sechehaye)의 부인이다. 그녀는 후에 정신치료사로 활동하였으며 다양한 저술을 남겼다.[3] 정신분열증 연구가로서 그녀의 저서들은 오늘날에도 "혁명적"인 것으로 평가받고 있다(Frýba-Beber 1994, 11면). 한 가지 흥미로운 가정을 해보자. 일반언어학에 대한 쏘쒸르의 세 차례에 걸친 강의를 모두 들었던 쎄세에 부인은 후대에 스승의 강의에 대한 비교적 착실한 노트를 남겨주었는데, 알다시피 이 노트는 후에 발리(Ch. Bally)와 쎄세에가 『강의』를 재구성하는 데 귀중한 자료로 요긴하게 활용되었다. 쏘쒸르의 강의를 청강했던 대부분의 학생들과 마찬가지로 쎄세에 부인도 스승의 언어사상에 깊이 매료되었을 것이다. 당시 남편인 쎄세에는 제네바대학 언어학과 교수로 재직하였으며, 『강의』 편집인 중 한 사람이었고, 후에 제네바학파의 형성에 결정적인 공헌을 한 저명한 언어학자였다. 이러한 사실을 감안할 때 우리는 언어학 전반에 대한 쎄세에 부인의 식견이 보통의 언어학자에 결코 뒤지지 않았을 것이란 추측을 할 수 있다. 그렇다면 다음과 같은 물음을 던지지 않을 수 없다. 스승의 사상이 쎄세에 부인의 정신분석학적 경력에 어떤 영향을 미쳤을까?

『한 정신분열증 환자의 일기』는 쎄세에 부인이 자신이 고안한 "상징적 실현"(réalisation symbolique)이란 방법을 적용하여 성공을 거둔 사례보고서이다. '상징적 실현'이란 환자의 실제적인 혹은 상상적인 욕구를 상징적인 방법을 통해 대리만족시켜줌으로써 치료하는 방법을 가리킨다. 이 방법이 성공을 거두면서 정신분열증에 대한 당시의 연구가 진일보하게 되었다. 이 책에서 쎄세에 부인은 스승의 사후저작인 『강의』를 한 차례 인용한 바 있다(Sechehaye 1950, 130면). 또 기호나 상징이라는 용어도 자주 등장한다. 물론 이 용어들이 과연 쏘쒸르적 의미에서 사용되었는지는 확실하지 않다. 분명하게 쏘쒸르적 의미에서 사용된 용어는 기표와 기의(signifié), 자의성 등이다. 기표와 기의는 두 차례에 걸쳐 사용되었다(Sechehaye 1950, 106~107, 112면). 자의성이란 용어도 쏘쒸르적 의미에서 두 차례 사용되었다(Sechehaye 1950, 106,

---

3) 쎄세에 부인의 대표적인 저술로는 『상징적 실현』(La réalisation symbolique, 1947), 『한 정신분열증 환자의 일기』(Journal d'une schizophrène, 1950), 『정신분열증 환자의 심리요법 소개』(Introduction à une psychothérapie des schizophrènes, 1954) 등이 있다.

130면). 쎄셰에 부인은 자의성을 기준으로 기호와 상징을 구분하기도 하였다 (Sechehaye 1950, 106면). 그러나 그녀는 단지 이 둘을 구분하는 것으로 만족하지 않고 ‘상징’이 ‘사회적인 기호’로 변형되어가는 역동적인 과정을 정신분열증 사례를 통해 보고하고 있다.

사물에 부착되어 있음으로 인해 원초적으로 사물의 대용물을 형성하는 상징은 실제로 이미지로 변형되고 이어서 개념으로 변형된다. 이미지를 통한 사고는 르네(René)의 치료전개 과정에서 특징적인 단계이다. 그러나 르네가 먼저 엄마-분석가와, 이어서 다른 사람들과 사회적 관계를 회복하게 됨에 따라 그녀는 조작적인 개념을 사용하기 위해 항상 개인에 초점을 두고 있는 상징과 이미지에 의한 사고를 점점 덜하게 되었다. 언어학적인 차원에서 상징은 사회적·관습적·자의적 기호로 바뀌게 된 것이며(쏘쒸르적 정의에 따라), 감성의 영역에서 보면 지속적인 자아정체성과 타인과의 차별화가 이루어진 것이다.(Sechehaye 1950, 129~30면. ( )는 원문)

‘상징적 실현’이란 사물의 세계 속에 갇혀 있는 자아를 사회적 세계로 안내하는 매개 역할을 한다. 바로 이 과정에서 “사물에 부착되어 있”는 “사물의 대용물”로서의 “상징”은 이러한 이미지적 사고의 단계를 벗어나 ‘쏘쒸르적 정의에서’ ‘사회적·관습적·자의적 기호’가 된다. 쎄셰에 부인은 여기에서 아날로그 방식의 사고가 어떻게 디지털 방식의 사고로 진화해가는가를 제시해주고 있는 것이 아닐까? 우리는 여기서 기호 발생의 문제를 만나게 된다. 비록 쎄셰에 부인이 체계적으로 쏘쒸르의 언어학을 정신분석학에 적용하지 않았다 하더라도, 우리는 그의 용어——기표·기의·기호·상징 등——에서 스승의 자취를 찾아볼 수 있다. 레이몽과 쎄셰에 부인은 비록 라깡의 경우처럼 구조주의 학자들이 말하는 쏘쒸르주의(saussurisme)에 의해 영향을 받았다고는 말할 수 없을 것이다. 그러나 나는 이들이 쏘쒸르주의자는 아니더라도 적어도 쏘쒸르의 가르침에 어느정도 영향을 받았다고 확신한다.

정신분석학과 쏘쒸르 언어학의 가능한 이론적인 만남은 이처럼 한편으론 그의 아들인 레이몽을 통해, 다른 한편으론 그의 제자인 쎄쎄에 부인을 통해 시도되었다. 그러나 지성사적인 관점에서 볼 때 이 둘의 가장 확실한, 그리고 가장 생산적인 만남은 그의 아들도 제자도 아닌 바로 라깡을 통해 이루어졌다고 할 수 있을 것이다. 자 이제 본격적으로 논의를 시작해보자.

라깡의 지적 기획을 '프로이트로의 복귀'란 슬로건으로 요약할 수 있다면 이 복귀의 한 계기를 구성하고 있는 것은 바로 구조언어학의 효시인 쏘쒸르이다. 만약 쏘쒸르를 통해 프로이트에게로 돌아갈 수 있다면, 나아가 '무의식이 언어와 같이 구조화되어 있다'면 정신분석학은 언어학의 도움을 받지 않을 수 없으며, 결국 언어학에 종속될 수밖에 없지 않은가? 그러나 문제가 그렇게 간단하지만은 않은 것 같다. "오직 말하는 존재 속에 무의식이 존재한다면"(Lacan 1974, 15면), 바로 이런 이유로 '언어가 무의식의 조건'이라면, 역설적으로 무의식이 존재함으로써 언어학은 그 영향으로부터 벗어날 수 없을 것이다. 꼬께(J. C. Coquet)는 아리베에 대한 '서평'에서 이 두 학문의 이런 역설적인 측면을 다음과 같이 예리하게 지적한 바 있다. "언어가 무의식의 조건"이라면 "무의식은 언어학의 조건이다."(Arrivé 1987, III면) 라깡이 쏘쒸르에게 문의했다면, 쏘쒸르는 '프로이트를 기다린' 것이라고 말했을 것이다. 정신분석학의 가능성은 언어학의 과학적 입지가 흔들리게 만든다. 밀너(J. C. Milner)는 『언어에 대한 사랑』에서 다음과 같이 자문한다. "따라서 문제는 다음과 같다. 만약 정신분석학이 존재한다면 언어란 무엇인가?" "과학의 대상으로서의 언어"는 사실 "사랑—욕망—의 대상으로서의 언어"가 아닌가?(Milner 1978, 25면) 욕망의 대상으로서의 언어를 어떻게 과학적으로 기술할 수 있는가? 정신분석학의 가능성이 언어학의 대상인 언어에 어떤 영향을 미치는가?

나는 이 물음에 대해 여러가지 방식의 답변이 가능하리라고 생각한다. 나는 이 글에서 특히 라깡의 '실재'(le réel) 개념을 바탕으로 이 물음에 답하고자 한다. 밀너는『언어에 대한 사랑』에서 "언어의 실재란 무엇인가?"를 끈질기게 되묻는다. 나는 라깡의 '실재' 개념이 언어학자들의 언어에 제기할 수 있는 문제의 심각성을 쏘쒸르의 사례를 통해 살펴볼 것이다. 쏘쒸르는『아나그람 연구』(이하『아나그람』)에서 시인이 과연 아나그람을 의도했는지 의도하지 않았는지를 물었다. 라깡은 앞의 인용문에서 쏘쒸르가 이 물음을 제기하는 바로 그 순간에 프로이트와 조우하고 있음을 간파하였다. 나는 이 글에서『아나그람』이나『강의』가 아니라『전설에 대한 연구』(이하『전설』)에 논의를 한정하고자 한다. 세 차례에 걸쳐 강의를 진행하던 당시 쏘쒸르는 아나그람이란 독특한 시작법(詩作法)과 독일의 전설에 심취해 있었다. 그러나 상당한 분량에 달하는 이 두 연구는 미완의 형태로 끝나고 말았다. "미완"의 의미를 단지 전기적인 측면에서만 다룬다면 우리는 가데(F. Gadet)의 적절한 표현처럼, "고민하는 지성"이 부딪쳤던 실제적인 문제를 간과하는 것이 될 것이다(Gadet 1987, 24면).

이제 어느정도 논의의 구상이 마련되었다. 나는 먼저 라깡의 '실재' 개념을 살펴보고 이어『전설』에서 쏘쒸르가 직면했던 문제를, 라깡의 '실재' 개념에 기대어 조명해보고자 한다. 이 두 학자의 만남은 단지 차용의 문제——쏘쒸르의 기표와 라깡의 기표, 쏘쒸르의 언어(langue)와 라깡의 언어(langage) 등——만으로는 설명할 수 없는 깊은 통찰과 영감을 준다. 도대체 어떤 의미에서 만남이란 용어를 사용할 수 있는지 궁금해할 이도 있을 것이다. 이들을 위해 좀더 명확하게 나의 논의방식을 밝혀보겠다. 내가 말하고자 하는 만남은 역사적인 혹은 실재적인 만남이 아니다. 이 점은 너무나도 명백하기 때문에 부연할 필요가 없을 것이다. 내가 말하고자 하는 만남은 바로 텍스트를 통한 만남이다. 나는 무엇보다도 텍스트 분석을 통해 이들의 가능한 만남을 살펴보고자 한다. 우리는 앞으로 라깡과 쏘쒸르의 텍스트를 먼저 각각 따로 읽어갈 것이다. 이어 우리는 이 두 사상가가 서로 다른 분야에서 서로 다른 방식으로 부딪친 문제들을 비교해보면서 이들의 우연한(?) 만남이 갖는 의미를 반추해보고자 한다.

2. 라깡: "실재적인 것"

교향곡을 처음 배우는 사람에게 사람들은 종종 한 악기만을 선택하여 그 악기에 집중할 것을 권한다. 교향곡이라고 하는 거대한 음악의 세계를 한 번에 이해하려고 하는 것은 어쩌면 욕심에 가까운 무모한 행동이기 쉽기 때문일 것이다. 각기 다양한 악기들이 만들어내는 소리의 조화를 이해하기에 앞서 먼저 한 악기의 세밀한 움직임을 파악하는 것이 중요한 것도 마찬가지다. 나는 라깡의 경우도 이와 같다고 생각한다. 그의 거대한 사고체계를 한눈에 들여다본다는 것은 어쩌면 불가능한 일일 것이다. 역사학·언어학·수학 등 다양한 인식론이 그의 사고체계를 구성하고 있다. 이러한 이유로 나는 라깡을 처음 읽는 사람들에게 한 가지 주제를 선택해서 읽어볼 것을 권하고 싶다. 예를 들어 지금 나의 경우처럼 말이다. 우리가 읽어갈 주제는 라깡의 "실재적인 것(실재)"이란 개념이다. 앞으로 우리는 이 개념이 라깡이라고 하는 거대한 교향곡 속에서 어떻게 연주되는지를 자세하게 살펴볼 것이다.

먼저 다음과 같은 사실을 지적하는 것이 논의의 출발을 위해 필요할 것 같다. "실재적인 것"이란 개념은 "상징적인 것(상징계)"과 "상상적인 것(상상계)"과 더불어 라깡의 개념체계 속에서 핵심적인 역할을 수행한다는 점이다. 언뜻 보기에 이 세 용어는 그렇게 이해하기 어려운 용어들은 아닌 것 같다. 먼저 라깡의 말에 귀를 기울여보자.

> 존재의 차원 속에 상징적인 것과 상상적인 것 그리고 실재적인 것의 삼분법이 위치하는데, 이들은 근본적인 범주들로, 이들이 없다면 우리의 경험에서 아무것도 구별해낼 수 없을 것이다.(Lacan 1975a, 297면)

프랑스어에서 정관사 'le'와 형용사가 결합하여 파생명사를 만들 경우 독특한 의미효과가 발생한다. 한국어로 번역하면 '~적인 것'이라고 할 수 있는데, 나름대로 프랑스어의 독특한 의미효과를 담아내고 있는 것 같다. 예를 들어 "le symbolique"은 "상징적인 것"이다. 상징적인 것은 상징의 일반적인 '본성'과 관련된다는 점에서 '상징성'을 의미하기도 하지만, 또한 상징적인 것과 그렇지 않은 것을 구별해준다는 점에서 '본성'뿐만 아니라 '경계'의 의미도 아울러 지니고 있다고 볼 수 있다. 예를 들어 "언어학적인 것" (le linguistique)의 의미를 알려면 언어학적인 것과 그렇지 않은 것을 구별할 줄 알아야 한다. 이런 점에서 "실재적인 것"은 실재적이지 않은 것, 다시 말해 "상징적인 것"과 "상상적인 것"과의 관계에서 정의——물론 **소극적으로**——될 수 있다. '존재의 차원을 구성하는' 이 세 가지 '근본적인 범주'의 차이는 어디에 있는가? 다시 라깡을 인용해보자.

> 상상적인 것 혹은 실재적인 것과 상징적인 것 사이에는 어떤 차이가 있는가? 상상적인 혹은 실재적인 질서 속에는 항상 어느정도 많고 적음이 있으며, 문턱·가장자리·연속성이 있다. 상징적인 질서 속에는 모든 요소들이 다른 것과 대립하여 존재한다.(Lacan 1981, 17면)

라깡은 위에서 "상상적인 것 혹은 실재적인 것"과 "상징적인 것"을 구분하고 있다. 전자가 후자와 다른 점은 전자가 연속적인 반면 후자는 불연속적——대립적——이란 점이다. "상징"이 상징으로서의 가치를 지니기 위해서는 "상징들의 세계 속에 조직화"되어야 한다(Lacan 1975a, 250면). 한마디로 "상징적인 것"은 차이의 체계를 구성한다. 이 체계의 "문턱"에, "가장자리"에 존재하는 것이 바로 "상상적인 것"이요, "실재적인 것"이다. 구조주의가 불연속적인 패러다임으로 체계를 강조했다면, 후기구조주의는 연속적인 패러다임으로 이 체계에 저항하는 요소들에 주목했다고 볼 수 있다. 라깡은 정신분석학적 경험 속에서 이런 요소들이 갖는 역할과 위치를 분명하게 인식하고 있었다. "연속"적이라고 해서 "상상적인 것"과 "실재적인 것"이 동일한 질서에 속한 것은 결코 아니다. 이들을 혼동해서는 안되는데, 왜냐하면

"환영"(illusion)과 "현실"(réalité) 사이에는 분명히 "차이"가 존재하기 때문이다. 예를 들어 유아는 "환영에 기초한 만족"과 "실재로 그를 만족시켜주는 실재적인 것"을 구분할 수 없다. 바로 여기에, 아이의 성장에 엄마의 역할이 중요한 이유가 있다. 엄마는 아이로 하여금 욕구불만을 느끼게 함으로써 "현실"과 "환영" 사이에 존재하는 "차이"를 "지각"하도록 해야 한다(Lacan 1994, 34면). "상상적인 것"과 "실재적인 것" 사이에는 이처럼 존재론적 지위에서 분명한 차이가 있다.

그러나 "실재적인 것"을 실재적이지 않은 것("상상적인 것"과 "상징적인 것")과 구별했다고 해서 "실재적인 것"의 **적극적인** 의미가 도출되는 것은 아니다. 그럼 다시 '"실재적인 것"이란 무엇인가?'란 질문을 제기해보자. 아마 라깡도 여러차례에 걸쳐 이 질문을 받았던 것 같다.

문제에 들어가기 전에 먼저 대상(objet)과 실재적인 것의 상호적인 입장이 의미하고자 하는 바에 대한 물음을 제기해보자. 이 문제를 다루는 방식에는 여러가지가 있다. 왜냐하면 이 문제를 다루자마자 우리는 곧바로 실재적인 것이 한 가지 이상의 의미를 지니고 있음을 간파할 수 있기 때문이다. 생각하건대 여러분 가운데 몇분은 안도의 한숨을 내쉴 것이다.——마침내 그가 우리들에게 지금까지 그늘에 가려져왔던, 그 유명한 실재적인 것에 대해 얘기하려 하는구나.——사실 우리는 놀랄 수밖에 없다. 실재적인 것은 우리들의 경험의 한계에 존재하기 때문이다.(Lacan 1994, 31면)

"지금까지 그늘에 가려져왔던 그 유명한 실재적인 것"이란 도대체 무엇인가? 사람들이 '현실'이나 '사실'이라고 부르는 것은 무엇인가? '실재'를 어떻게 정의해야 하는가? 이 질문들은 매우 철학적이다. 그러나 라깡은 이 질문들에 대해 매우 간결하면서도 어떻게 보면 가장 상식적인 답변을 제시한다. 그는 그가 말하고자 하는 "실재적인 것"은 모든 사람들이 흔히 생각하는 그런 의미의 "실재적인 것"이라고 말한다.

사람들이 실재적인 것에 부여하는 의미는 다음과 같다. 그것은, 사람들이 그곳에 있든지 없든지 항상 같은 자리에 있는 것이다.(Lacan 1978, 342면)

가장 심오한 철학적인 질문은 아마도 가장 상식적인 차원에서 그 해답을 찾아야 하는지도 모른다. 우리는 라깡의 대답 속에서 이러한 태도를 볼 수 있다. 그에 따르면 "실재적인 것"이란 그것을 바라보는 사람이 그곳에 있든지 없든지 항상 그 자리에 있는 것이다. '실재로 존재하는 것이 무엇인가'란 질문에 이보다 더 설득력 있는 대답이 과연 있을 수 있을까? 이를 위해 라깡이 든 도서관의 예는 매우 시사적이다(Lacan 1994, 38면). 누군가가 도서관에 책을 빌리러 갔다. 그런데 책꽂이에 찾는 책이 없었다. 도서관 사서는 그 책이 대출중이라고 대답했다. 그러나 사실 그 책은 바로 옆에 꽂혀 있었던 것이다. 사람들이 책을 찾지 못한 이유는 책이 **실제로** 꽂혀 있던 그 자리에 없어서가 아니라 **원래 있어야 하는 그 자리**에 없었기 때문이다. 다시 말해 책은 실제적으로는 존재하지만 상징적으로는 존재하지 않는다. 책은 항상 그 자리에 있다. 항상 그 자리에 있는 것, 다시 제자리를 찾아 되돌아오는 것, 즉 항상 동일한 것이 바로 모든 사람들이 부여하는 "실재적인 것"의 의미이다. 그러나 앞으로 보겠지만 라깡은 가장 상식적인 이 정의를 가장 낯선 방식으로 해석한다. 예를 들어 라깡은 이 정의로부터 다음과 같은 결론을 이끌어 낸다. 상징적인 질서, 즉 차이가 존재하기 위해서는 동일한 것, 즉 "실재적인 것"이 존재해야 한다. 따라서 "상징적인 것은 실재적인 것으로부터 솟아난다."(Lacan 1978, 297면) 사실 라깡을 읽는 재미는 바로 지금부터 시작된다고 할 수 있다.

라깡이 '사람들이 부여하는 일반적인 의미'에 의존했다고 해서 그가 '실재'에 대한 철학적인 함의에 대해 함구한 것은 아니다. 그는 "실재적인 것"이 '한 가지 이상'의 의미를 지니고 있음을 분명히 인식하고 있었다. 물론 그는 "실재적인 것"의 모든 의미를 수용하지는 않는다. 라깡은 먼저 물질적인 것으로서의 실재와 작용하는 것으로서의 실재를 구분한다. 전자가 독일어로 'Stoff'에 해당한다면 후자는 'Wirklichkeit'에 해당한다. 라깡은 정신분석학이 그동안 실재를 'Stoff'로 이해하는 오류를 범했다고 강하게 비판한다. 실재하는 것은 단지 물질적인 혹은 질료적인 것이 아니다. "실재적인 것"은 단순한 '실체'(substance)가 아니다. 이런 점에서 라깡은 실체주의를 강력하게 비판한 구조주의에 동의한다. 라깡은 실체에 앞서 작용하는 힘을 강조한다. 사실 그는 정적인 '실재' 개념 대신에 동적인 '실재' 개념을 제시하려 한 것이다. 독일어로 'Wirklichkeit'는 사실만을 가리키지 않으며 사실이 갖는 '작용'(Wirkung)을 아울러 의미한다. "실재적인 것"은 작용하는 메커니즘에 의해 가치——예를 들어 에너지——를 지니게 된다. 라깡이 예로 든 수력발전소의 경우를 살펴보자. 물에너지는 어디에 존재하는가? 물 그 자체에, 다시 말해 물이란 실체 그 자체에 존재하는 것은 아니다. 이 점을 분명하게 인식해야 한다. 에너지는 적절한 '기계'가 존재하기 때문에 존재하는 것이다. 물이란 실체에 앞서 '기계'가, 즉 '기표'가 존재한다. 라깡은 이 주장을 통해 우리가 살고 있는 이 세상이 이미 고도로 상징적임을 지적하고 있다. "상징적 실체" 개념은 "상징적인 것"과 "실재적인 것" 사이에서 복잡한 문제를 제기한다. 나는 라깡이 마련한 미로로 계속 빠져들어가기보다 여기서 걸음을 멈추고 다음과 같은 점을 지적하는 것으로 만족하고자 한다. "실재적인 것"은 단순한 사실이 아니라 '작용하는 힘'이, 상상적 질서에 속한 아이로 하여금 '현실'(réalité)의 무게를 느끼게 해주는 힘이 있다는 것이다.

그러나 "실재적인 것"을 더 정확하게 이해하기 위해서는 이러한 동학(動學)적인 접근보다는 논리학적인 접근을 통해 우회해야 할 것 같다. 다음의 문구를 통해 라깡의 논리학에 입문해보자.

부정적인 형태로 제시되는 모든 기능과 마찬가지로 불가능한 것의 기능은 신중하게 다루어져야 한다. 나는 단지 여러분에게 이 개념을 다루는 가장 좋은 방법이 이를 부정적으로 다루는 것이 아님을 제안하려 한다. 이 방법은 가능한 것에 대한 문제로 우리를 이끌고 간다. 불가능한 것은 가능한 것의 반대가 아니다. 가능한 것과 대립하는 것은 분명히 실재적인 것이기 때문에 우리는 실재적인 것을 불가능한 것으로 정의한다.(Lacan 1973, 152면)

라깡의 논리를 좀더 풀어 설명해보자. 라깡은 "실재적인 것"(le réel)의 반대가 '비(非)실재적인 것'(l'irréel)이 아니라고 말한다. 그에 따르면 "실재적인 것"과 대립하는 것은 "가능한 것"(le possible)이다. 이렇게 해서 우리는 놀라운 결론에 이르게 된다. 결국 "실재적인 것"은 '불가능한 것'(l'impossible)이다! 의외의 결론은 언제나 라깡을 매력적으로 보이게 만든다. 라깡의 이런 매력에 끌리기에 앞서 우리는 라깡이 구사하고 있는 수사법에 주의를 기울여야 할 것이다. 라깡은 위에서 "반대"와 "대립" 개념을 교묘하게 활용하고 있다. 그의 역설을 풀어보자. "실재"의 **반대**는 "비실재"가 아니다. "실재"와 **대립**하는 것은 "가능"이다. 따라서 "실재"는 "불가능"이다. 사실 "반대"와 "대립" 개념을 이처럼 교묘하게 활용하고 있는 라깡의 논리를 그대로 따라간다는 것은 논리적으로 문제가 있다. 이유는 간단하다. "실재"가 "가능"과 대립관계에 있다고 해서 "실재"가 곧 "불가능"이란 결론을 논리적으로 추론할 수는 없기 때문이다. 라깡의 논리를 그대로 따른다면 "비실재적"인 것이 가장 "가능한 것"이 된다!

라깡을 이해하기 위해서는 논리학의 영역을 벗어나 그가 얘기하고자 하는 것의 분석적 의미를 다시 물어야 한다. "불가능한 것"으로서의 "실재적인 것"을 어떻게 이해할 수 있을까? 이 물음에 적절한 답변을 찾기 위해서는 도대체 무엇이 '불가능한지'를 물어야 할 것이다.

라깡은 "실재적인 것"을 "탈주적인 것"으로 묘사한 바 있다(Lacan 1973, 53면). 즉 그것은 끊임없이 달아나는 것이다. 무엇으로부터 달아나는 것이며 무엇을 거부하는 것인가? 다음을 읽어보자.

실재적인 것, 혹은 그렇게 지각된 것은 상징화에 절대적으로 저항하는
것이다.(Lacan 1975a, 80면)

"실재적인 것"은 "상징화"할 수 없는 것이다. 그것은 상징적인 포착에서
벗어나 있다. 이런 의미에서 라깡은 "실재적인 것은 오직 형식화에 대한 장
애물로 기입될 수 있을 뿐이다"라고 말한다(Lacan 1975b, 85면). "실재적인 것"
은 "상징화"에 "저항"하는 것이요, "형식화의 장애물"이다. 우리는 바로 여
기에서 "불가능한 것"의 의미를 포착할 수 있을 것이다. 즉 불가능하다는 것
은 상징화가, 다시 말해 형식화가 불가능하다는 것이다. 라깡이 말하는 상
징화(symbolisation)와 형식화(formalisation)는 문자화(littéralisation)를 가리
킨다. 문자로 표현될 수 없는 것, 다시 말해 씌어질 수 없는 것이 곧 "불가능
한 것"이요, "실재적인 것"이다. 라깡의 공식은 다음과 같다. "끊임없이 씌
어지지 않는 것이 곧 불가능한 것이다."(Lacan 1975b, 87면) 밀너는 라깡의 이런
"실재적인 것"의 개념을 "표상 불가능한 것"으로 설명한다(Milner 1978). "불
가능한 것"으로서의 "실재적인 것"이란 이처럼 "상징화"와 "형식화"에 "저
항"하는 것이요, 나아가 "문자화"와 "표상화"의 불가능성을 의미하는 것이
다. 우리는 바로 이런 측면에서 라깡의 수수께끼 같은 다음의 문구를 해석
할 수 있을 것이다.

실재적인 것은 항상 같은 장소에 다시 나타나는 것이다. 이 장소는 사
고하는 주체가 그것을 만날 수 없는, 바로 그런 장소이다.(Lacan 1973, 49면)

"실재적인 것"은 "사고하는 주체"(res cogitans)가 찾을 수 없는 바로 그곳
에 다시 나타난다. 사실 라깡은 실재에 대한 가장 상식적인 생각, 즉 '누군
가가 거기에 있든지 없든지 항상 그 자리에 있는 것'이란 생각에서 출발해서
가장 낯선 주장을 편다. "실재적인 것"이 '항상 되돌아오는 그 자리'는 "사

고하는 주체”가 그것을 발견할 수 없는 바로 그런 자리이다. 이 자리에서 사고하는 주체는 사고할 수 없다. “실재적인 것”은 바로 이 자리에 되풀이해 등장한다. 프로이트는 이 “자리”를 “원초적 장면”(la scène primitive)이라고 불렀고, 라깡은 “원초적 실재”(le réel primitif)라고 불렀다(Lacan 1975a, 70면). “상징적인 질서 속에서 억압받은 모든 것”이 바로 이 원초적 장소, 즉 “실재적인 것 속에서 다시 등장”하는 것이다(Lacan 1981, 21면). “사고하는 주체”는 이 원초적인 공간 속에서 “실재적인 것”을 만날 수 없다. 이 공간 속에서 주체는 꼬께(J. C. Coquet)가 말한 “비주체”(non-sujet)로 존재할 뿐이기 때문이다. 라깡이 말한 “실재적인 것”은 “사고하는 주체” 너머에 존재하는 것이다. 그것은 “사고”가 포착할 수 없는 일종의 “환상”(fantasme)이다.

> 실재적인 것이란 전통적 지식이 지지하는 것과 아무런 관계가 없다. 그것은 전통적인 지식이 믿고 있는 실체가 아니라 바로 환상이다.(Lacan 1975b, 118면)

여기서 “환상”은 “상상적인 것”을 가리키지 않으며, 라깡의 표현처럼 “실재적인 것의 주름”(grimace du réel)일 뿐이다(Lacan 1974, 17면). 라깡이 말한 “실재적인 것”은 전통적 의미에서의 실체가 아니다. “환상”으로서의 “실재적인 것”은 씌어지지 않은 채 상징적인 질서에 끊임없이 저항하는 바로 **그것**이다.

여기서 잠시 라깡을 접어두고 쏘쒸르에게로 다시 돌아가보자. 물론 쏘쒸르는 ‘실재란 무엇인가?’란 철학적인 질문을 제기하지 않았다. 하지만 우리는 그가 제기한 기호학적 정체성의 문제를 통해 이 질문의 심각성을 고려하지 않을 수 없음을 보게 될 것이다.

3. 쏘쒸르: 전설의 상징과 환상

이딸리아 학자인 마리네띠(A. Marinetti)와 멜리(M. Melli)는 제네바대학 도서관에 보관되어 있는 전설에 대한 쏘쒸르의 수고(手稿) 대부분을 전사(轉寫)하여 1986년 『페르디낭 드 쏘쒸르: 독일의 전설』이란 제목으로 출간하였다. 이들의 작업 덕택으로 1957년 고델(R. Godel)에 의해 그 존재가 처음으로 세상에 알려졌고, 1973년 아발(D. S. Avalle)에 의해 처음으로 심도있게 연구되었으며, 그뒤 수많은 논의와 논쟁을 불러일으켰던 쏘쒸르의 『전설』이 그 전체적인 윤곽을 드러내게 되었다. 내가 아는 한 이 분야에서 가장 체계적이고 철저한 연구는 한국의 쏘쒸르학자 김성도(金聖道)에 의해 이루어졌다. 『쎄미오띠까』(*Semiotica*)에 기고한 그의 논문 「쏘쒸르 신화학: 기호학의 새로운 전망인가?」(Kim 1993)는 이 분야의 입문에 필수불가결한 자료가 되었다. 여기서 이 분야에 대한 세세한 소개는 김성도에게 미루고 단 한 가지 문제만을 검토하려 한다. 나는 앞에서 쏘쒸르의 『강의』와 『아나그람』, 그리고 『전설』이 모두 미완의 형태로 중단되었음을 지적하였다. 우리가 여기서 쏘쒸르의 『전설』과 관련하여 다루고자 하는 점은 바로 이러한 '미완'의 의미에 관한 것이다. 만약 사람들이 그 의미를 단지 전기적인 측면(쏘쒸르는 일찍 세상을 떠났다) 혹은 심리적인 측면(쏘쒸르는 지나치게 완벽주의자였다)에서만 다룬다면, 그가 "고뇌하는 지성"으로서 당면했던 문제의 어려움을 간과하게 될 것이다. 페르(J. Fehr)는 『페르디낭 드 쏘쒸르: 언어학과 기호학 사이』(Fehr 1997)에서 이러한 문제의 어려움을 집요하게 추적하였다. 나는 앞에서 살펴본 라깡의 "실재" 개념을 참조하면서 이런 어려움의 단면을 조명해보고자 한다. 이러한 상호텍스트적인 만남을 통해 어쩌면 20세기 지성사를 더욱 자세히 이해하게 될지도 모른다.

쏘쒸르의 『전설』을 일목요연하게 소개하는 가장 좋은 방법 가운데 하나는 그의 연구계획서를 참조하는 것이다. 그는 다음과 같은 계획서에 입각해 작업을 진행하였다.

I. 5세기와 6세기에 걸친 역사적인 사건과 순수한 북서지방의 전설

II. 역사적인 사건과 순수한 남부독일의 전설

III. 이러한 3가지 자료에 대한 대조와 이후의 연구

IV. 39가지의 니벨룽겐(Nibelungen) 모험담에 대한 논평 형식의 결론

V. 프랑크인(Franke)의 전설과 훈족(Hunne)의 전설로 인한 혼동의 가설, 그리고 이에 관해서 언급할 수 있는 것.(Marinetti/Melli 1986, 143면)

이 계획서에 따르면 쏘쒸르는 "역사적인 사건"과 "순수한 전설" 사이의 관계에 대해 문제를 제기하고 있다(I, II, III). 또한 그는 여러 전설 사이에 있을 수 있는 영향관계를 염두에 두고 있다(IV, V). 비록 전설과 역사 사이에 "완벽한 일치"는 존재하지 않는다 하더라도, "일정한 정도"의 상응은 충분히 "고찰해볼 만한" 문제이다(Marinetti/Melli 1986, 15~16면). 나아가 쏘쒸르는 역사란 "전설이 매달려 있는 외적 고리"라고 주장한 바 있다(Marinetti/Melli 1986, 313면). 그러나 사실 더 심각한 문제는 전설과 역사의 관계가 아니라 전설과 전설의 관계를 어떻게 설정하는가이다. 하나의 전설에 여러 형태의 판본이 존재할 수 있는데, 과연 이들의 관계를 어떻게 정의해야 하는가는 결코 쉬운 문제가 아니다. 쏘쒸르는 먼저 역사에 기대어 이들의 관계를 규명하려고 했던 것 같다. 이런 의미로 김성도는 역사가 쏘쒸르에게서 일종의 "메타텍스트" 역할을 하고 있다고 주장하였다(Kim 1993, 25면). 그러나 쏘쒸르의 이와 같은 작업은 메타텍스트의 부재로 인해, 다시 말해 역사적 기원의 부재로 인해 점점더 미궁 속으로 빠져들게 된다. 쏘쒸르는 이 어려움을 다음과 같이 고백한다.

지크프리트(Sigfrid)란 이름은 뒤바뀐다. 이 이름은 젊은 영웅의 이름이 되는데, 그러나 여전히 후르닌(Hurnin)으로 남아 있다. 아니면 오히려 또 다른 지크프리트가 그의 괴물과의 혼동으로 인해 후르닌이 되었다고 볼

수 있다. 그런데 만약 지크프리트–후르닌이 영웅 지크프리트와 어느정도 구별된다면 지금 이런 사전적인 혼동을 상정할 필요가 없을 것이다. 역사적 기원이 존재하지 않은 이와같은 경우가 상당히 많이 존재한다. (Marinetti/Melli 1986, 164면)

전설 속에서 하나의 이름은 다른 이름과 혼동될 수 있는데 문제는 "역사적 기원"의 부재로 인해 이러한 혼동을 근본적으로 해결할 수 없다는 점이다. 이렇게 해서 전설 속에 등장하는 인물의 정체성 문제가 심각하게 제기된다. 쏘쒸르는 이 문제를 체계적인 접근을 통해 해결하려고 했던 것 같다. 만약 "역사적 기원"을 기준으로 판단을 내릴 수 없다면, 다시 말해 전설의 **'외적 고리'**에 기댈 수 없다면, 전설의 **내적** 체계성에 호소하는 방법이 가능하지 않겠는가? 룬문자(Rune)에 대한 쏘쒸르의 다음과 같은 성찰은 그가 역사주의를 떠나 구조주의를 향하고 있음을 잘 보여준다.

독일 룬 알파벳 문자는 분명히 처음부터 다음과 같은 결합에 의해 귀결되는 정체성 외에 다른 어떤 정체성도 보유하고 있지 않았다.
a) 일정한 음성적 가치
b) 일정한 문자적 형태
c) 문자에 부여된 이름이나 별칭
d) 알파벳에 따른 순서.(Marinetti/Melli 1986, 191면)

예를 들어 불어의 알파벳 B는 다음과 같은 자질들의 총체로 정의될 수 있을 것이다. 즉 그것은 [b]란 음성적 자질을 지니고 있으며, 'B'와 같은 형태를 지니고 있고, '[be]'라고 불리며 알파벳상 두번째 위치를 점유하고 있다. 알파벳 B의 자질은 이처럼 오직 내재적인 원리에 의해 정의된다. 그러나 문제는 이런 내적 체계성이 어느정도까지 유지될 수 있는가 하는 점이다. 쏘쒸르는 체계 속에 임하게 될 "우연"을 의심하기 시작한다.

이런 일반적인 생각 속에서 우리는 어떤 전설에라도 접근할 수 있는데, 각각의 인물들은 일종의 상징인바 우리는 바로 룬 문자처럼 다음의 요소들이 변하는 것을 볼 수 있다. a)이름, b)다른 사람들과의 위치, c)성격, d)기능, 행동. 하나의 이름이 변한다면 이어서 행동의 일부가 변하게 되고 결과적으로 이야기 전체가 이런 종류의 **우연**으로 변하게 된다. (Marinetti/Melli 1986, 31면. 강조는 인용자)

체계 속에서 하나의 요소는 다른 요소와의 관계를 통해 정의된다. 다시 말해 체계의 일관성은 요소들 사이의 조밀한 상호관계에 의해 형성된다. 그러나 각각의 요소가 다른 모든 요소들과 관계를 맺고 있다는 사실은 체계의 체계적 본성을 유지하는 데 항상 긍정적인 방향으로 작용하는 것은 아니다. 우연히 하나의 요소가 변화를 겪게 된다면 필연적으로 다른 요소들도 이런 변화의 영향 아래 놓이게 되기 때문이다. 이로 인해 결과적으로 체계 전체가 변화를 겪게 된다. 쏘쒸르는 그 어느 구조주의자보다도 먼저, 그리고 심각하게 구조주의의 이러한 **한계**를, 나아가 **위기**를 분명하게 인식하고 있었다. 쏘쒸르의 고백을 들어보자.

나는 결코 전설과 **실제적인 사실**(le fait réel)의 일치를 규칙적으로 찾으려는 유치하고 헛된 욕망에 굴복하지 않았다고 생각한다. 나는 대부분의 경우에 전설에 의해 강요당했다고 말할 수 있다. 나는 그것으로부터 아무것도 기대하지 않았으며 결코 그것이 단 한번이라도 제공해줄 것 같지 않은 것을 그것에게 요구하는 것이 좋은 방법이라고 생각하지 않았다.

게다가 나는 모든 결론을 각자가 결론을 내릴 수 있는 요소들로 대치하도록 노력하였고, 단지 나의 진술에 **일관된** 형태를 부여하고자 했을 뿐이다. 왜냐하면 사물들은 서로 연관되어 있으며, 무엇이든지 이전의 골격 속에 일관되게 확정되었다고 가정하지 않은 채, 하나의 고리에서 다른 고리로 이동할 경우 독자는 가장 피곤한 어둠 속으로[점점 더 미궁으로] 빠져들게 되기 때문이다. 개별적인 경우로 치부될 수 있는 각각의 경우에서 순수한 분석은 좋은 방식이다. 그러나 그것은 긍정적이든 부정적이든 각각의 전제가, 모든 의미에서 무한한 수의 하위전제들을 수학적으로 유도하는, 큰 규모의 총체에 대해서는 절대적으로 적용할 수 없다. 이처럼 **의심** 그 자체를 표명하는 가장 좋은 방식으로서, 일종의 학설로 남겨둘 수밖에 없다.(Marinetti/Melli 1986, 78면. 강조 및 [ ]는 인용자)

전설을 구성하는 요소들의 역사적 · 체계적 정체성도 쏘쒸르의 "의심"을 비켜갈 수는 없었다. 전설은 "실제적인 사실"과 일치하지 않으며 "하나의 고리에서 다른 고리로 이동"하는 "피곤한 어둠 속"에 묻혀 있다. 순수한 내재적인 분석은 무한수의 하위전제들만을 "수학적으로" 양산하는 큰 규모의 총체에 대해서는 무기력할 뿐이다. 쏘쒸르는 여기서 그저 하나의 "학설"로써 자신의 "의심"을 표현할 수밖에 없음을 고백하고 있다. 우리는 그의 의심을 다음과 같이 표현할 수 있을 것이다. 전설을 구성하는 상징의 정체성, 그 '실체'는 과연 무엇인가?

살펴보았듯이 일정한 정체성을 유지하기가 근본적으로 불가능한 이유는 시간의 효과 때문이 아니다. 바로 여기에 기호를 다루는 사람들의 주목할 만한 오류가 놓여 있다. 그 이유는 무엇보다도 사람들이, 단지 두세 가지 사고의 찰나적인 결합에 의해 획득된 **환영**(fantôme)에 불과한 것을 유기체로 선택하고 관찰한 존재의 구성 그 자체에 놓고 있기 때문이다. 이는 정의의 문제이다. 사람들은 어느 순간에도 존재하지 않은 이 단위에서 출발하기보다 그것이 결합의 순간적인 상태와 관련해서 우리가 부여한 형식임을 이해해야 할 것이다. 오로지 요소들만이 존재한다. 이처럼 그 본질에서 디트리히(Dietrich)는 역사적인 인물도, 비역사적인 인물도 아니다. 그것은 단지 단위 전체의 붕괴를 몰고오는, 매순간 분해될 수 있

248

는 세 가지 또는 네 가지 자질들의 결합일 뿐이다.(Marinetti/Melli 1986, 192면. 강조는 인용자)

사람들은 "매순간" "붕괴"의 위기에 처해 있는 전설의 상징들을 마치 단일한 "유기체"로, 하나의 "단위"로 착각하고 있는데, 사실 이들은 서너 가지의 "자질들"이 "순간"적으로 "결합"하여 형성된 "환영"일 뿐이다. "오로지 요소들만이 존재"하며, 이들이 결합해서 만든 "단위"는 매순간 해체의 위험에 노출되어 있다. 쏘쉬르가 1천여 장에 달하는 전설에 대한 연구를 통해 마주친 것은 놀랍게도 "환영"이다. 바로 이런 환영이 전설을 구성하는 상징의 정체성, 즉 실체이다. 만약 전설이 역사적·체계적 접근을 거절한다면 그 이유는 그것이 근본적으로 바로 이런 "환영"에 기초해 있기 때문이다.

지금까지 우리는 라깡과 쏘쉬르를 번갈아 읽어가면서 이 두 사상가가 어떤 환상 혹은 어떤 환영과 마주쳤는지를 살펴보았다. 우리의 이러한 논의를 통해 어떤 결론을 이끌어낼 수 있을까?

4. 불가능한 것: 그 환상을 좇아서

쏘쉬르 작업의 특성 가운데 하나인 '미완'의 의미를 물으면서 우리는 그가 인고(忍苦)의 작업 끝에 마주친 것이 다름아닌 '환영'임을 발견하였다. 우리는 쏘쉬르가 바로 이 지점에서——작업의 한계 속에서——라깡적 의미의 전설의 '실재'를 보았다고 조심스럽게 주장하고자 한다. 라깡의 설명처럼 분석적 "경험의 한계"에 "실재"가 존재한다면(Lacan 1994, 31면), 쏘쉬르는 자신의 작업의 한계 속에서 바로 이런 실재와 부딪친 것이 아닐까? 쏘쉬르가 마주친 "환영"은 라깡이 "실재적인 것의 주름"이라고 부른 "환상"이 아닐까?

라깡의 "실재적인 것"은 "불가능한 것"이다. 그것은 표상 불가능한, "끊임없이 씌어지지 않는 것"이다. 쏘쒸르의 경우도 전설의 실재를 구성하는 요소들은 일종의 불가능성으로 정의된다.

> 상징의 정체성은 그것이 상징으로 존재하는 그 순간부터, 다시 말해 그 가치를 매순간 규정하는 사회적 무리 속에 던져지는 그 순간부터 결코 고정될 수 없다.(Marinetti/Melli 1986, 30면)

"실재적인 것"은 "불가능한 것"이다. 무엇이 불가능한 것인가? 쏘쒸르는 위에서 전설을 구성하는 상징의 "정체성"을, "고정"할 수 없는 불가능성을 언급하고 있다. 그는 그 근본적인 이유를 "사회적 무리"에서 찾고 있다. "사회적 무리"는 단지 수동적인 집단이 아니다. 그것은 끊임없이 이야기를 만들어내는 창조적인 집단이다. 쏘쒸르에 따르면 "전설은 단지 사실이나 이야기만을 전달하지 않는다. 그것은 또한 한 세대의 모든 사실들을, **판단과 감정** 들을 전달할 수 있다."(Marinetti/Melli 1986, 136면. 강조는 인용자) "사회적 무리"는 자신의 경험을 창조적으로 전달하는 이야기의 주체이다. 전설은 한 세대에서 다른 세대로, 한 곳에서 다른 곳으로 끊임없이 전달된다. 다시 말해 전설은 끊임없이 말해지며 끊임없이 씌어진다. 바로 이러한 이유로 전설의 상징들은 더이상 동일한 것으로 남아 있을 수 없게 된다. 전설의 실재가 단지 환영인 까닭이 바로 여기에 있다. 전설은 전달의 끊임없는 과정 속에 노출되어 있음으로 인해 결코 동일한 것으로 머물러 있을 수 없다.

쏘쒸르와 라깡 모두에게 "실재적인 것"은 "불가능한 것"이다. 다만 라깡의 "실재적인 것"이 '끊임없이 씌어지기를 거부하는 것'으로서의 "불가능한 것"이라면, 쏘쒸르의 "실재적인 것"은 '끊임없이 씌어짐'으로 인해 더이상 정체성을 유지할 수 없는, 그런 의미에서의 "불가능한 것"이다. 그러나 이들 모두에게서 "실재적인 것"은 체계에 저항하는 요소로 남아 있다. 어떤 결론을 내려야 하는가? 솔직히 어떤 결론을 내려야 할지 여러가지 면에서 망설여진다. 언뜻 다음과 같은 다소 성급한 결론이 머릿속에 떠오른다. 쏘쒸르와 라깡은 모두 구조주의자이면서 동시에 탈구조주의자가 아닐까?

참고문헌

Arrivé, Michel (1987) *Linguistique et psychanalyse.* Paris: Merdidiens Klincksieck.

——(1994) *Langage et psychanalyse, linguistique et inconscient.* Paris: Presses Universitaires de France.

Avalle, D'arco Silvio (1973) "La sémiologie de la narrativité chez Saussure". Bouazi, Charles *Essai de la théorie du texte.* Paris: Galilée.

Fehr, Johannes (1997) *Saussure: Linguistik und Semiologie.* Frankfurt am Main: Suhrkamp Verlag.

Frýba-Beber (1994) *Albert Sechehaye et la syntaxe imaginative.* Genève: Droz.

Gadet, François (1987) *Saussure une science de la langue.* Paris: Presses Universitaires de France.

Kim, Sung Do (1993) "La mytohologie saussurienne: Une nouvelle vision sémiologique?" *Semiotica* 97-1/2.

Lacan, Jacques (1973) *Le Séminaire XI: Les quatre concepts fondamentaux de la psychanalyse.* Paris: Seuil.

——(1974) *Télévision.* Paris: Seuil.

——(1975a) *Le Séminaire I: Les écrits techniques de Freud.* Paris: Seuil.

——(1975b) *Le Séminaire XX: Encore.* Paris: Seuil.

——(1978) *Le Séminaire II: Le moi dans la théorie de Freud.* Paris: Seuil.

――(1981) *Le Séminaire III: Les psychoses*. Paris: Seuil.

――(1986) *Le Séminaire VII: L'éthique de la psychanalyse*. Paris: Seuil.

――(1994) *Le Séminaire IV: La relation d'objet*. Paris: Seuil.

Marinetti, Anna/Melli, Marcello (1986) *Fernidinand de Saussure, Le leffende germanische*. Zielo-Este: Liberia Editrice.

Milner, Jean-Claude (1978) *L'amour de la langue*. Paris: Seuil.

Roudinesco, Elisabeth (1993) *Jacque Lacan, Esquisse d'une vie, histoire d'un système de pensée*. Paris: Librairie Arthème Fayard.

Saussure, Raymond de (1922) *La méthode psychanalytique*. Thèse de doctorat. Université de Genève. Lausanne: Imprimerie La Concorde.

Sechehaye Maguerite Burdet (1950) *Journal d'une schizophrène*. Paris: Presses Universitaires de France.

김성도 (1999) 『로고스에서 뮈토스까지』. 한길사

최용호 (2000) 『페르디낭 드 쏘쒸르: 언어와 시간』. 박이정

라깡과 클라인
정신분석의 과학적 지위

이만우

1. 서론

1980년대 이후 정신약물학(Psychopharmacology)이 급속도로 발전됨에 따라 본격적으로 제기된 정신분석에 대한 비판은 그륀바움(A. Grünbaum)에 의해 가속화되는데, 이른바 '그륀바움 논쟁'[1]에서 드러난 그 비판의 범위는 정신분석의 이론과 임상실제, 모두를 포괄하고 있다.

그륀바움과 그 추종자들은 우선, 정신분석적 지식체계의 '과학성'을 부인한다. 즉 정신분석은 기껏해야 우리 마음이 작동하는 방식에 대한 흥미롭고 도발적인 문학적 은유 또는 수사적 기술에 불과한 것이지 원인-결과를 명증화할 수 있는 과학적 절차와 체계를 정립하고 있지 않다는 것이다 (Grünbaum 1986, 223~25면). 이론화의 수준에서 정신분석은 과학적 지식구성의

---

1) '그륀바움 논쟁'은 오랫동안 정신분석 치료를 수행해오던 정신분석가이자 피츠버그 대학의 철학 및 역사학 교수인 아돌프 그륀바움이 프로이트(S. Freud) 메타심리학의 비과학성과 치료적 효과의 결함을 지적하면서 정신분석에 사형선고한 것을 기점으로 상당히 많은 정신분석가, 정신의학자, 과학사가 그리고 철학자 들이 참여하여 정신분석의 과학적 지위에 관해 논쟁을 벌인 것을 말한다. 이 논쟁에 대한 자료는 Grünbaum(1986) 217~84 참조.

'객관성'이 결여되어 있기 때문에, 검증가능한 인과관계를 밝혀내는 데 실패할 수 밖에 없다는 것이다. 나아가 그들은 정신분석적 치료의 유효성을 의문시한다. 분석적 실천(치료)이 잘 수행된다면, 그것은 분석가의 주관적 주장과 피분석자의 암시적 승인에 따른 것일 뿐이지 결코 증상의 객관화된 해소가 아니라는 것이다(Edelson 1986, 232~34면). 그리고 이러한 분석치료의 유효성 비판이 정신질환의 신경학적(또는 유전학적) 기초에 의해 뒷받침될 경우, 정신분석은 더욱더 궁지에 몰리고 있는 실정이다.

그런데 이러한 비판에 대한 응답을 일단 접어두고 과학적 지식구성에 대한 좀더 근본적인 문제를 생각할 필요가 있다. 헬름홀츠(H. Helmholtz)와 브뤼케(E. Brüke)의 기계론적이고 실증주의적인 분위기에서 성장한 프로이트는 정신분석 이론과 임상자료 사이에 강성(剛性)의 연결을 가정하였다(Freud 1955b, 176~77면). 자료는 실재적인 것이고, 이론은 자료의 성격과 배열을 규정하는 것이다. 그의 이러한 관점은 무의식적 기억들이 마치 인공물 같은 영원성을 가지고 있는 것으로 기술되는 정신치료의 수많은 고고학적 은유에서 표현되었다. 분석가들은 자료를 발굴하고 또한 그것을 기술한다. 이와 관련하여 프로이트는 도라(Dora)의 사례에서, '공론의 무모성'을 강력하게 주장하였다. "나의 가설을 위한 자료들은 대부분 집중적이고 정교한 관찰을 통해 수집되었다. (…) 동일한 현상의 영역을 탐구하고, 동일한 방법을 사용하려는 사람은 누구나 동일한 위치를 확보하도록 그 자신을 강요해야 한다."(Freud 1953, 112~13면) 프로이트는 임상자료를 조직하고 해석하는 데 어떤 이론적 관점을 불가피하게 전제하는 것을 인정하지 않은 듯하다. 심지어 그는 순수히 경험적인 방식으로 진리를 추구하는 공상을 하기도 하였는데, 자연의 신비를 강조함으로써 뉴튼주의적 우주관을 협공하는 당시의 물리학자들에 대해 반감을 표명하면서 정신분석을 자연과학의 일 분과로 간주하기도 하였다(Freud 1964b, 196면). "(물리학자들이 생각하는 것과는 달리) 정신적 요소가 그 자체로 무의식적이라는 관념은 정신분석학을 자연과학의 (다른 분야와 비슷한) 한 분야로 만들 수 있게 해주었다"(Freud 1964b, 196면)는 것이다.

그럼에도 불구하고, 프로이트는 이론과 자료의 관계에 중요한 인식론적 문제가 개입된다는 것을 알고 있었다. 그는 분석가의 임무가 고고학자처럼 단순히 자료를 발굴하는 것이 아니라, 그것을 재구성하는 것이라는 바를 인지하고 있었다. 그는 환자들이 현재의 관심사라는 어떤 '유리한 지점'에서 자신의 이야기를 재구성한다는 것을 인정했고, 꿈 분석에 내재한 모호성과 불완전성을 방어하기 위한 학문적 자제력을 늘 지니고 있었다. 도처에서 프로이드는 다음을 항상 인정했다. "기술(記述)의 단계에서조차도, 이용할 수 있는 자료에 어떤 추상적 개념의 적용을 회피하는 것은 실제로 불가능하다. 그 추상적 개념은 (…) 독자적인 새로운 관찰로부터만 유래된 것은 확실히 아니다."(Freud 1957, 117면) 혼란에 어떤 질서를 부여하는 일반화, 규칙, 및 법칙에 도달하는 과정에서, 우리는 실재의 '왜곡'을 피할 수 없다는 것이다. 그는 이러한 메타심리학적 이론화를 두고 "모든 과학이 일종의 신화론으로 귀결되는 것은 아닌가?"(Freud 1964a, 211면)라고 아인슈타인에게 질문하기도 하였다.

이와 같은 프로이트의 '이중적' 얼굴을 보면서 우리는 다음의 질문을 할 수 있으리라 본다. 그는 '마음의 생물학자'(알렉산더Franz Alexander의 표현 그대로)인가? 자기와 타자의 왜곡된 의사소통을 이루는 방법을 기술함으로써 의미이해를 위한 새로운 영역을 열어젖히는 '심층 해석학자'(하버마스J. Habermas의 표현그대로)인가? 둘다 아니라면 인과성과 의미의 적대를 해소하여 경험주의와 해석학을 정신분석적 연구의 통합이론으로 융합시킨 절충론자인가? 분명한 것은 지젝(S. Žižek)의 말대로 경험주의와 해석학의 '사이비' 변증법적 통합 ― 한 입장을 다른 입장에 대한 해결열쇠로 제시하는 것 ― 에서는 결코 어떠한 유의미한 결과를 얻을 수 없다는 점이다. 정신의 인과적 결정론을 객관주의적 '물화'의 사례로 치부하는, 주체의 의미변증법에 대한 해석학자들의 오인은 의미의 영역을 감추어진 인과적 기제들에 의해 조절된 착각적 자기경험으로 환원하는 경험주의자들과 마찬가지로 잘못된 것이다(슬라보예 지젝 2002, 30면).

사실상, 프로이트는 설명과 해석 사이에, 그리고 상대적인 의미에서 임상 자료의 수동적인 수용과 능동적인 재구성 사이에 자유로운 '놀이'를 허락하는 방식으로 자신의 연구대상에 접근했다. 다시 말해, 그는 환자의 증상 또는 텍스트를 면밀하게 검토하고 그것의 근원을 추적함으로써 의미없는 자료덩어리에 질서를 부여하여 연구대상을 생산하였다. 이러한 작업으로부터 필요한 유추가 형성될 뿐만 아니라 인과적 가정들은 구성되고 검증되는 것이다. 자료를 수집하고 재구성하며 관찰하고 해석하는 전체과정은 복잡하게 얽혀 있고 중층적으로 결정되는 것이기 때문에, 단선적인 설명의 인과모델은 정당성을 가지지 못한다. 따라서 정신분석의 과학적 지위를 해명하는 문제의 초점은 경험주의냐 해석학이냐의 선택 문제가 아니라, 설명과 해석, 그리고 인과성과 의미의 적대를 기초짓는 방식과 연관되어 있다고 할 수 있다.

그러므로 정신분석이 경험주의와 해석학의 전통적인 대립에 연관되어 어떻게 자리매김되는가를 살펴보는 것부터 논의를 시작할 수밖에 없다. 이것은 '과학'으로서의 정신분석을 단순히 옹호하는 것으로 귀결되지 않는다. 클라인 학파와 라깡이 정신분석의 과학적 지위를 정립하기 위한 시도가 가져다주는 긍정적 교훈은 다양한 종류의 과학자들이 '해야할 것'을 철학적으로 정당화하기보다는 실제로 '하는 것'을 체계화한 것이라 보이기 때문이다. 결국 정신분석이 실제로 무엇을 하는가라는 실천적 관심을 고려하면서 불가피하게 직면하는 인식론적 교착상태를 가로질러 정신분석적 지식을 뿌리내리는 것이 중요한 것이다.

이를 위해, 필자는 먼저 정신분석에 대한 경험주의적 비판과 그 비판에 대한 해석학적 방어를 검토하고, 다음으로 양자의 이 전통적 대립에 개입하는 클라인학파의 정신분석의 과학적 지위에 대한 실재론적 반성과 이 대립을 뛰어넘고자 라깡이 시도한 정신분석의 과학적 지위의 재구성 작업을 살펴보고자 한다.

2. 경험주의와 해석학의 대립

정신분석에 적대하는 경험주의

과학철학의 경험주의적 전통은 '표준화된' 인간과학의 영역에서 정신분석과 맑스주의를 배제하면서 고유의 내용을 축적해왔다. 포퍼(K. R. Popper)의 저작에서 정신분석과 맑스주의는 '비과학적인' 담론이다(Schilp ed. 1974, 2~4면). 뿐만 아니라 그륀바움같이 포퍼주의적 전통의 영향을 받은 학자는 정신분석이 합리적인 과학적 탐구의 기준을 세우는 데 실패한 지식 형태라고 하면서 그것에 반대한다.

그륀바움은 정신분석가의 관찰에 조응하여 형성된 세계관의 경험적 기초를 문제시한다.[2] 그는 정신분석의 핵심전제로 프로이트가 억압의 기원(또는 원인)과 기능(또는 결과)에 관계되는 진정으로 검증 가능한 이론을 구성하려고 했다는 것을 받아들이면서도 철학적 실재론자의 입장에서 프로이트에 대한 해석학적인 해석을 거부한다. 그륀바움은 정신분석에서 의미의 '중심성' 및 그것을 원인으로 간주하는 과학적 필요성, 양자 모두가 충족되어야 한다고 주장한다(Schilp ed. 1974, 43~67면). 여기서 이론적 핵심은 병인(病因)론적 주장을 뒷받침하는 타당한 증거를 제시하는 것이다. 프로이트는 자신의 이론에 내재한 증거의 문제를 잘 인지하고 있었고, 단호하게 그 문제에 대면하고자 했으나 그것을 해명하는 데 실패했다는 것이다. 따라서 그륀바움의 프로이트 비판의 초점은 원인(병인)에 대한 임상해석과 신경증적 고통의 결과적 경감을 동반한 억압의 증가 사이에 존재하는 인과관계의 파악——인과관계가 존재하는가 존재하지 않는가, 존재한다면 어떠한 형태로 존재하는가 등등——에 달려 있다. 임상해석이 이러한 효과를 보여줄 수 있는 바로

---

2) 이에 대한 전반적 논의는 그가 수행한 정신분석 비판의 첫번째 저서인 Grünbaum(1984) 참조.

그 지점에서, 정신분석이론이 가진 타당성의 증거가 분석과정에서 확인되어야 한다는 것이다.

타당한 과학적 이론의 잣대로서, 그리고 정신분석의 과학적 지위에 대한 결정적인 시험으로서 이러한 임상해석과 증상변화의 '부합원리'(tally principle)[3]를 성립시키고 그것의 실패를 인정하는 프로이트를 인용함으로써, 그륀바움은 정신분석이 병인(病因)에 인과적 설명을 할 수 없다고 강변한다(Grünbaum 1992, 366~88면). 그에 의하면 이러한 실패는 이른바 '오염'(contamination) 때문인데, 이것은 정신분석에서 환자의 무의식을 드러내는 증거가 분석가의 영향과 해석에 종속되는 형태로 나타난다는 관념이다. 분석과정은 분석가와 피분석자의 상호작용으로 이루어지기 때문에, 환자의 무의식에 대한 분석가의 해석적 구성물과 이 구성물이 환자의 마음에 영향을 미쳐 형성된 대상을 구분하는 신뢰할 만한 방법이 정신분석에는 존재하지 않는다는 것이다. 분석가는 분석 초기부터 언어적 해석이라는 더욱 함축적인 수단을 통해서 환자에 대한 자료를 형성한다. 그러므로 환자의 정신세계에 대한 분석가의 구성물은 본질적으로 분석가 자신이 생산하여 제공한 자료로부터 형성될 뿐이다(Grünbaum 1992, 370~71면).

프로이트 이후, 분석가들은 임상해석에서 '상상적 자유'의 실행을 정당화하고('자유연상'의 원리), 그것을 무의식으로부터 비롯한 다양한 자료의 은유적 속성의 결과로 설명해왔다. 사고과정에서 무의식은 본질적으로 비합리적인 것이다. 그런데 경험주의자들은 이러한 무의식의 비합리성이 바로 정신분석가들에게 현상을 해석하는 데 논리적 일관성과 사실적 연관이라는 '정상규칙'을 무시하는 무한대의 면죄부를 부여한다고 비판한다. 프로이트는 고고학적 발굴과 유사한 과정으로, 그리고 비록 파편적이고 불완전한 형

---

3) 프로이트는 말한다. "결국 환자의 갈등은 성공적으로 해소될 것이며, 그의 저항은 (분석가에 의해) 주어진 소망적 관념이 그에게 실재적인 것과 **부합**한다면 극복될 것이다. 의사의 추론에서 부적합한 것이 무엇이든지간에 그것은 분석과정에서 사라질 것이다."(Freud 1963, 452면. 강조는 인용자) 그륀바움은 이러한 언명을 근거 삼아 '부합원리'가 프로이트 정신분석에서 이론의 타당성을 지탱하는 핵심기준이라고 말한다.

태임에도 불구하고 객관적으로 관찰될 수 있는 초기 경험의 정신적 흔적에 대한 수행적 추론을 정신분석으로 보았다(Freud 1964a, 195~218면). 그러나 그륀바움에 따르면 이 분석과정에서 구체적인 탐구대상과 그 대상에 대한 분석가의 주관적인 경험을 구분하는 것이 불가능하다(Grünbaum 1984, 69면). 신뢰도와 타당성을 성립시키는 표준과학의 절차——특수화된 관찰조건, 실험의 반복 가능성, 양적 측정, 명백히 공식화된 가정과 예측——는 결코 정신분석적 방법에 의해 얻어진 임상자료에 적용될 수 없다는 것이다.

피분석자는 계속되는 분석대화에 의해 영향받고, 자신이 분석에 제공하는 자료의 생산 역시 분석가에 의해 통제받는다. 그륀바움은, 분석가가 임상자료에 대해 객관적으로 사고하려고 의식적인 노력을 기울인다는 것을 받아들인다. 하나의 해석이 환자에게 그 타당성을 확신시키는 데, 또는 사고나 감정에 심층의 변화를 유발하는 데 성공적이지 않다면 분석가들은 다른 방법을 시도할 것이다. 그러나 그륀바움에 의하면, 분석가들은 엄청난 해석의 면죄부를 요구하는데, 그들은 자료에 접근하는 사적 특권을 갖고 있으며, 시간을 초월하여 자료를 구성하기 때문에 그들의 방법은 관찰의 객관적인 형태를 구성하기 힘들다(Grünbaum 1984, 74면). 환자가 개인분석의 결과로 좀더 좋아지고, 또는 자신의 정신과정에 대한 분석가의 해석이 갖는 유용성을 받아들이게 될지라도, 그러한 분석가의 해석이 타당한 기술적·설명적 내용을 지닌다고 볼 수 없고, 분석가와 피분석자가 합의하기도 하지만 그들의 합의가 분석가의 이론이 타당하다는 증거를 의미하지 않는다는 것이다(Grünbaum 1984, 75~76면).

결국 그륀바움은 발달심리학의 관점에서 볼 때, 신경증의 병인에 대한 정신분석적 견해를 지탱하는 증거를 발견할 수 없다고 본다(Grünbaum 1993, 311~42면). 정신분석적 치료의 결과를 볼 때, 정신분석이 인과적으로 치료의 효과적인 수단이라는 관념을 지탱해주는 증거가 희박하다는 것이다.

그러나 피분석자가 분석가의 해석을 받아들이는 것은 분석가에게 (상황을 규정하는) 권력을 부여하는 분석의 상호작용 효과에 의해 좀더 잘 설명될지도 모른다. 마찬가지로 치료는 '공평하게 지연된 주의'[4] '자기반성'[5] 그리고 인간관심사의 양성적인 결과가 될 수 있다. 즉 분석가의 이론이 갖는 진리내용의 결과로 치료를 생각할 수도 있는 것이다. 이런 관점에서 분석절차는 개인적 태도의 심층 변화를 추적하는 데 사용하는 상호작용적 기술과 사회적으로 비교되어 그 인과적 효과가 설명될 수 있으며, 분석가의 주장은 '설득적 정의'의 핵심요소인 진리가(眞理價)와 관계없이 지속된다.

프로이트가 분명히 진리의 검증기준을 제시하려고 했으나 그 검증기준에 도달하는 데 실패했다는 경험주의적 비판가들의 지적처럼, 실제로 정신분석은 타당성과 신뢰도라는 방법론적 문제에 자기의 용어로 경험적인 관심을 드러내지 않는다고도 할 수 있다. 나아가 비판가들이 의도하든, 의도하지 않든 간에 실제로 이러한 비판은 경험세계에서 정신분석이론의 '정박

---

4) '공평하게 지연된 주의'(evenly suspended attention)는 프로이트의 분석기술 중의 하나인데, 이것은 부분적으로 분석가의 선입견이 환자의 담화나 정신현상을 왜곡하는 것을 막아주는 데 사용된다. 프로이트는 다음과 같이 충고한다. "적어도 즉시 사례를 '이해하는 것'이 우리의 일은 아니다. 이것은 우리가 충분히 그 사례에 대한 인상을 받아들인 다음 단계에서나 가능하다. 때때로 우리는 우리의 판단을 지연시켜, 관찰될 수 있는 모든 것에 공평하게 주의를 집중할 것이다." Freud(1955a) 64면.

5) 하버마스(J. Habermas)는 정신분석적 치료가 단지 사회적 적응기술에 지나지 않는다는 아도르노(T. Adorno)와 마르쿠제(H. Marcuse)에 분명히 대립하여, 이론 구성체계의 초석으로서 그 치료를 복권시킨다. 그에 의하면, 프로이트 이론은 그가 정신분석적 치료의 결정적 차원, 즉 언어의 자기반성적 권력을 오인했기 때문에 정신분석의 임상실천에서 뒤처졌다고 한다. 이러한 비판은 단순히 프로이트가 억압의 장벽을 '너무 낮게' 설정하여 그 억압을 역사화하는 대신에 일종의 '인류학적 상수'로 만들어버렸다는 것이 아니다. 이것은 프로이트 이론의 인식론적 지위에 관계한다. 프로이트가 그의 실천을 반영하려던 개념틀이 오히려 그 실천을 궁핍하게 만든다. 정신분석이론은 현실에 지성적으로 적응하고 욕동(drive)을 조절하는 기능을 자아에 부여한다. 여기서 잃어버리는 것은 욕동(충동)의 부정이 방어기제인 특수한 행위이다. 그 행위가 바로 하버마스가 말하는 자기반성(self-reflection)이라고 할 수 있다. 그는 말한다. "방법론적으로 엄밀하게 말하면, '잘못된' 행위는 그 행위의 동기들과 언어적으로 표현된 지향이 일치하는 의사소통행위의 언어게임 모델로부터의 모든 이탈을 의미한다. 이러한 모델에서, 분열된 상징들과 그와 연결된 욕구성향은 허용되지 않는다. 그 상징들은 실존하지 않는 것으로 가정되거나, 또는 그것들이 실존한다면 공적인 의사소통, 인습적인 상호작용, 그리고 관찰 가능한 표현의 수준에서 그것들은 중요하지 않은 것이다." Habermas(1971) 226면.

점'(碇泊點, anchoring point)이 무엇인가를 생각하게 만든다.

나아가 우리는 적어도 비판가들이 확인한 몇몇 문제들은 매우 실제적이어서, 정신분석적 지식이 형성되는 데 방해물이 된다는 것을 인정해야 한다. 대인관계적 또는 상호작용적 탐색이 제거된 분석방법에 의해 생산된 자료는 독립적인 탐구과정을 거쳐 수집된 자료에 비해 분명히 문제가 많다. 과학의 실험 및 관찰 방법은 자료와의 인과적 상호작용을 요구하고 그 모두는 특수한 자료의 수집과 체계화를 수행한다. 그럼에도 불구하고 정신분석의 방법과 다른 표준과학적 방법 사이에는 유형과 정도에서 중요한 차이가 존재한다. 즉 정신분석은 실험과 관찰을 비롯한 대부분의 표준과학에서 사용된 방법보다는 주관적인 탐구방법을 사용함이 분명하다. 분석가는 자신의 주요한 연구대상으로서 피분석자와의 지속적인 상호작용을 설정하고, 임상자료는 이러한 상호작용으로부터만 얻어진다. 분석치료의 임상효과를 검증하는 자료는 환자의 정신과정을 표현하고자 하는 치료목적을 적절하게 특수화할 수밖에 없다. 여기서 증거의 희박함은 불완전한 연구설계, 그리고 이로부터 유래한 탐구의 결과일 뿐이다. 따라서 현대 정신분석의 임상실천 전반을 조명하고자 했던 경험주의적 비판은, 오히려 경험적 증거의 중요성에 집착하는 비판가들로 하여금 임상실제와 정신분석의 주체에 대한 자기해석을 무관심하게 만든다.

결국 경험주의적 비판의 '긍정적' 자극에도 불구하고, 그륀바움은 타당성에 대한 하나의 결정적인 기준만을 추구함으로써 과학의 영역이 어떻게 축소·왜곡되었는가 하는 문제를 간과했다. 포퍼의 '반증원리'(falsification principle)를 비판했음에도 불구하고, 실제로는 그도 발견적이고 논쟁적인 기능에서 반증원리와 다르지 않은 전일적이고 압도적인 기준('부합원리')을 적용한다(Grünbaum 1993, 52~55면). 쿤(T. Kuhn)으로부터 우리는 과학적 지식의 구성체계는 단순한 관찰지주(觀察支柱)에 의존하는 것이 아니고, 반대로 많은 다른 지점에서의 관찰자료에 의해 지탱되는 상호 얽힌 자립적인 그물망이라고 배웠다(Lichtenberg 1985, 349~51면). 주요 이론들은 그 구성전제들이 강력하게 의심받을 때조차도 좀처럼 붕괴되지 않는다. 그 이론들은 자신의 약점에 부착되기 쉬운 개별적인 추론의 연쇄보다는 여러 상이한 입장에 의해 내적 또는 외적으로 지탱되는 속성을 더 많이 갖고 있다. 따라서 이론은 발전하여 다른 이론에 의해 전치(轉置)되는 것이다. 보통 '이론의 전치'는 현상의 설명을 좀더 이해 가능하게 또는 경제적으로 다루는 다른 이론과의 경쟁과정을 통해 이루어진다.[6] 이론은 철학적 기초에 의해 마련된 기준을 얻는 데 실패했다고 해서 포기되는 것이 아니다.

다른 과학과 마찬가지로 정신분석은 하나의 단순한 진리기준에 의존하지 않으며 다른 많은 수단을 갖고 자신의 이론을 경험적 현실에 뿌리내리려고 시도한다. 프로이트가 진정한 해석을 가능케 하는 검증의 결정성에 대해 무엇이라고 이야기했던 간에, 그의 임상실천은 정신분석과 인간의 경험세계 사이의 적합성을 다양한 방식으로 보여주려는 끈질긴 노력의 증거라고 할 수 있다. 정신분석의 임상실천에 내재한 이러한 문제 때문에 정신분석가들은 탐구와 판단양식에 관심을 집중시켜왔다.[7] 이러한 임상실천은 정신분석적 지식형성의 주요한 근원으로 남는다. 실증주의자들에 의해 선호되는 경험주의적 방법을 통해 항상 동일하게 현실의 모든 측면에 적용되는 자연법칙이란 존재하지 않는다. 현실의 어떤 차원은 특수하고, 어떻게 보면 논쟁적이며 문제설정적인 방법에 의해 접근된다. 따라서 탐구를 위해 제기하는 문제에 대하여 정신분석의 임상자료는 특수한 현상학적 자료의 생산과 그것의 정확한 범주화를 가능하게 한다. 이로부터 정신분석적 지식형성은 하나의 방법에 의해서만이 아니라, 동일한 대상과 관련하여 자료의 다양한 근원을 지니면서 추구될 수도 있다.

---

6) 라카토스(I. Lakatos)는 새로운 발견의 관점에서, 이론이 수정되는 것과, 용어가 단순히 확장되고 예외와 관련하여 재정의된 이론들을 구분했다. 후자의 과정을 그는 '퇴행적 문제이동'이라고 불렀다. 이에 입각해 정신분석이 증거의 의미를 유연하게 재해석함으로써, 사실적 검증을 회피한다는 많은 비판에 봉착했다고 라카토스는 말한다. Lakatos(1970) 102~104면.
7) 특히 Bion(1978) 참조.

정신분석을 옹호하는 해석학

이와 관련하여 경험주의적 비판에 대립하여 정신분석적 지식의 객관성을 옹호하는 해석학적 방어를 살펴볼 필요가 있다.[8] 여기서 정신분석은 '원인의 결정'보다는 '의미의 이해'와 관련된 해석학의 한 학문분과로 제시된다. 정신분석에 대한 해석학적 접근은 인간의 경험세계에서 인과모델의 유관성을 부인한다. 인간세계의 영역은 본질적으로 '자원적인'(voluntarist) 것이고, 한 종류의 또는 다른 종류의 인과관계에서 이해와 의사소통을 왜곡하는 인식은 인간의 욕망을 충족시키는 데 가장 주요한 방해물인 셈이다.

이러한 관념론적 접근은 '정통적' 정신분석의 메타심리학과 달리 여러 측면에서 정신분석의 실제과정을 기술하고 분류하는 데 일정한 가치를 갖는다. 1960년대까지 교조적인 실증주의 철학은 정신분석을 일종의 이탈된 '인간주의적' 담론으로 제한했으며, 정신분석의 전제가 경험주의적 규범에 의해 재구성될 수 있음을 증명하는 헛된 시도를 도모하게 했다. 그러나 지금까지 검증 가능한 인과관계를 추구하는 경험주의 모델은 정신분석의 이론과 실천에 유용하게 적용되지 않았다. 정신분석적 가정을 적절한 수준에서 실험 또는 통제된 관찰에 의해 검증하는 것은 불가능하다. 경험주의적 모델을 고수하는 것은 분석가에게 기계적인 이론화를 강요한다. 이러한 이데올로기는 정신분석가들이 프로이트 초기 저작의 '결정론적' 견해에서 탈피하여 정신분석의 현상학적 측면을 인식하는 데 실패하게 했다(Meltzer 1981, 177~85면).

해석학적 방어의 기여는 해석학과 정신분석이 그 주요원리상 서로 어우

---

8) 정신분석적 작업에 끼친 해석학의 영향은 사회과학에서도 나타나는 현대적인 것이다. 예를 들면 비온(W. R. Bion)의 영향을 받은 분석세션(analytical session)의 직접성에 대한 '미시적' 강조는 사회학 이론의 발전에서 나타나는 행위사회학의 대두에 비유된다. 이러한 발전은 1968년 프랑스 5월혁명 이후 인간과학에서의 광범위한 '문화주의적' 발전의 일부분인 듯하다.

러져 있다는 사실로부터 야기된다. 리꾀르(P. Ricœur)가 지적했듯이 체계적으로 왜곡된 이해와 의사소통 관념은 해방에 대한 해석학적 이념과 분석적 실천에 대한 정신분석, 모두에서 중심적이다(Ricœur 1970, 6면). 정신분석의 이론과 실천이 내용 상실 없이 의미체계의 언어로 번역되는 것은 가능한 것처럼 보인다. 특히 현대의 '대상관계이론'(object relations theory)[9]은 정신분석을 지적 해방을 추구하는 용어로 번역하는 것을 인정한다. 정신분석의 관심이 유아기의 심적 외상과 그로 인한 심리발달의 기형을 유래시킨 역사적 '흔적'을 탐구하는 것으로부터 '지금 여기서'(now and here) 일어나는 정신과정의 이해, 즉 전이의 이해로 변화했기 때문에, 결정론적인 병인론 모델은 기계적일 뿐만 아니라, 분석상황 내에서 임상적으로 유효한 경험에 의해 지탱되지도 못한다(Richardson 1980, 15~19면). 따라서 분석적 실천을 통해 드러나는 정신구조는 과거의 경험에 고정되어 있기 때문에 이론화된 구조보다 훨씬 더 '가변적인 해석'을 가능하게 한다. 심리발달의 기원문제는——비록 유아발달에서 여전히 정신구조의 발생기원을 지정함에도 불구하고——어느정도 '괄호 쳐지는 것'이고, 다만 발달장애에 관한 병인론적 모델을 통해 연결된 이론적 구성물로 자리잡는다. 어쨌든 치료의 변화는 피분석자의 사고와 감정유형의 변화를 통해 이루어진다. 분석대상이 유아기에 형성된 엄격한 방어유형을 이해함으로써 변형될지라도, 이것은 환자에게 현재의 실제적인 사고와 감정구조에 대한 이해를 통해 '지금 여기서'의 분석세션에서

---

9) '대상관계이론'은 정신분석의 고전적인 욕동이론에서 탈피하여, 다양한 형태를 띠면서 1930년대 이후 영국에서 발전했다. 이론적으로 보면 대상관계이론은 다양한 편차를 갖고 있지만, 그것은 리비도(libido)라는 정신에너지를 구성하는 '충동적 강박'에 초점을 맞추는 고전적인 자아심리학에 대립하여 "대상의 상태와 성격, 그리고 자기와 대상의 관계"에 일차적으로 임상연구를 집중시키는 정신분석의 조류라고 할 수 있다. 주목할 만한 현대의 대상관계 이론가는 대체로 클라인(M. Klein)의 영향을 받았다고 할 수 있는 페어베언(W. R. D. Fairbairn)·원니콧(D. W. Winnicott)·보울비(J. Bowlby)·밀너(J. C. Milner) 등이 있고, 야콥슨(R. Jakobson)·컨버그(O. Kernberg)·말러(M. Mahler), 그리고 약간 거리가 있지만 후기 코후트(H. Kohut) 등 미국 정신분석가 일부도 포함한다. '대상관계이론'의 내용과 역사 및 임상적 적용에 대해서는 Summers(1994) 참조.

이루어져야 한다.

그 결과 의식과 무의식 두 수준에서, 임상적 관심이 심리발달과 정신구조로부터 분석가와 피분석자(환자 또는 일상인) 간의 상호작용으로 바뀌어갔다. 이와같은 상호작용의 성격을 드러내기 위해서 다음의 사례에 주목해보자.

환자 에밀리(Emily)의 말에 귀를 기울이면서, "저에게 전화하세요, 멋쟁이 양반!"이라는 음조가 나의 뇌리를 계속 스쳤다. 이를 생각해볼 때, 나는 그녀에게서 벗어나고 싶어한다는 것을 깨달았다. 조금 지나 나는 물러나야 한다는 강박이 방어하고자 하는 분노에 다름아님을 알았다. "저에게 전화하세요, 멋쟁이 양반!"은 내가 그녀에게 아주 중요함을 그녀가 인식하고 있는 나의 무의식적 욕망의 파생물이다. 분노는 그녀가 나를 인정하지 않고 있다는 나의 좌절에 대한 응답이다. 이 환상을 통해 나는 가장 중요한 방어책략을 사용하게 되었는데, 그것은 친밀함과 의존에 관계된 많은 무의식적 위험을 나타내는 말을 함으로써, 그녀에 대한 다른 사람들의 중요성을 감소시켜 그녀와 거리를 유지하게 하는 것이다.

이러한 환상, "저에게 전화하세요, 멋쟁이 양반!"은 세 가지 연상의 첫번째에 불과하다. 두번째는 그녀와의 상담이 나의 임상작업에 기여할 수 있는가, 없는가 하는 관심사이고, 세번째는 나의 죽은 아버지(정신과 의사)가 그 문제에 대해 어떻게 느꼈는가라는 혼란이다. 다시 말해 나는 아버지의 인정과 연관된 무의식적 환상에 의해 에밀리가 방어적으로 나에 대한 중요성을 감소시키는 것에 당황했다. 나는 환자의 행동이 이 환상에 영향을 미치고 있음을 알았다. 어느정도 드러나 있음에도 불구하고, 이런 특수한 문제는 내가 그 문제에 의식적으로 접근하여, 환자를 이해하는 데 방해가 되는 것은 아니다.(Williams 1995, 11~12면)

이러한 정신역동(psychodynamics)에 대한 분석가의 해석에 피분석자의 응답은 확증적이며, 그 사건과 사실은 에밀리의 지각을 포함하고 있다. 그리고 에밀리가 요구하고 나중에 받아들인 사람을 가치절하하는 경향은 그녀에게 매우 중요한 것이다. 분석가의 변명(아버지가 자신에 대한 에밀리의 중요성을 감소시킨다는 것)과 에밀리의 두려움(어떤 사람이 사람들의 중요성을 부여하는 존재라면, 사람들이 그녀를 이용할지도 모른다는 두려움)의 표현은 자료비판의 근거가 되는 분석가(윌리엄즈)와 피분석자(에밀리)의 상호작용을 보여준다. 따라서 정신분석 과정은 방법적 원리뿐만 아니라 분석가와 피분석자 간의 상호작용, 분석가와 피분석자 각자와 그들의 심적 현실의 핵심층위들 사이의 관계양식에 의해 구분된다.

분석가의 측면에서 보면, 실존주의자의 용어인 '현존'(presence)은 전체 분석기획의 핵심요소이다. 분석가는 환자의 현존을 가능한 한 주의깊게 고찰하고, 민감하게 의사소통하는 현존의 직접성과 전체성 속에서 환자를 파악하고자 한다. 그것은 단지 경험과학적 탐구의 대상으로 환자를 아는 것이라기보다는 동료 및 인간존재로 환자를 인식하는 것을 의미한다. 한 인간은 항상 우리가 그에 대해 획득할 수 있는 모든 자료 이상이기 때문에, 환자를 순수하게 경험주의적 관점에서 보는 것은 그를 살아 있는 전체로 보는 것보다 오히려 과학적이지 않다는 것이다. 인간존재의 전체성에 대한 이러한 파악은 해석학적 접근이 획득하고자 하는 기초이고, 그것에 민속지(ethnographies) 적인 임상자료를 연결시키는 것이다.

또한 피분석자의 측면에서 보면, 그가 자신의 분석가, 더욱 중요하게는 자기 자신에 대해 알게 되는 수단 역시 중요하다. 환자는 자신의 행동과 정신병리 및 인성구조의 어떤 측면에 대해 관찰적 입장을 가정할 수 있음에도 불구하고, 그의 중요한 통찰은 객관화되지 않을 것이다. 정신분석적 맥락에서 피분석자에게 주입되는 것은 무엇이 알려지는가가 아니라 어떻게 알려지는가이다. 환자의 삶의 경험에 대한 이해에 기초한 해석학적 탐구를 통해 발견된 실제 내용이 중요하지 않은 것이 아니라, 알려진 것보다 덜 중요한 것으로 간주될 수 있다. 피분석자에 대한 분석가의 앎과 그 자신에 대한 피분석자의 앎은 일종의 감성적 앎이다. 여기서 앎은 우리 자신에 대한 기본적 진리의 경험 안에서 구현되고 실현된 것을 주관적 · 감성적으로 파악한 것이다. 분석가들은 피분석자들에게——과거의 경험을 '재생'하는 의미에서 삶이 담보된——이야기를 쓰도록 자극한다.

분석가의 인성구조는 그가 어떻게 자신의 자료를 지각하고 해석하는가의 문제뿐만 아니라 분석내용 자체에도 영향을 미친다. 그러므로 피분석자의 행위는 그의 정신역동과 분석가의 치료적 개입 사이의 일정한 경로를 취한다고 할 수 있다. 간단히 말해 분석가의 외양과 행위양식은 환자가 사고하고 행위하는 데 중요한 역할을 한다.[10] 분석가의 이상한 말과 행동이 분석과정에서 전체적으로 제거되는 것은 아니지만 그것들은 감추어지고, 분석가는 자신의 인성과 타자에 대한 영향수단을 획득하게 된다. 이것은 분석기술의 습득과 더불어 분석가의 행동이 전개되는 전이의 발생을 왜곡하는 정도를 최소화하는 반면, 분석가가 심리적으로 결정되는 환자의 행동을 다루는 정도를 최대화한다. 곧 분석적 태도는 피분석자의 행동을 결정하는 분석가의 태도를 제거하지 않으면서, 무의식적으로 동기화된 그의 환상의 작동범위를 주의깊게 확대하는 것이다.

이렇게 정신분석적 지식이 분석가와 피분석자의 상호작용으로부터 형성된다는 것을 언급했지만, 해석학적 정신분석은 주체(분석가)와 대상(피분석자) 간에 유효한 차이가 존재한다는 것을 부인하지 않는다. 분석가는 자기 자신에 대해 배운다는 일차적인 목적이 아니라——향상된 자기인지가 존재함에도 불구하고——피분석자의 심적 현실을 설명하려는 목적으로 피분석자들에게 응답한다. 피분석자의 내적 세계에 대한 합리적이고 객관적인 지식을 얻기 위해 분석가는 피분석자와 자신의 관계를 연구한다. 과학철학자

---

10) 물론 경험주의자들은 이것이 바로 정신분석이 객관성 개념을 침해하는 증거라고 주장할 것이다. 이러한 비판은 과학성을 담보하기 위한 상담실의 조건이 통제된 연구환경과 같아야 한다는 관념에 기초하고 있는데, 그 비판에 의하면 정신분석과 그 치료요법은 불가피하게 의미없는 것이 될 수도 있지만, 해석학자들은 실제의 문화적 사실은 중간형태(상담실의 조건과 통제된 실험환경의 중간형태)를 띤다고 한다.

바스카(R. Bhaskar)처럼 분석가들은 "우리의 지식과 독립하여 우리의 경험과 조건 들을 작동시키는, 그럼으로써 그것에 접근하게 하는 실재적 구조"에 대한 지식을 얻고자 한다(Bhaskar 1975, 25면).

그러므로 주어진 환자에 대한 해석양식은 그 환자의 심적 현실에 대한 객관적인 지식의 형성을 방해하는 것이 아니다. 이러한 해석의 핵심적 가정은 어떤 행위유형에 대한 정신분석가의 반응에서——정체성이 아니라——일종의 단일성을 전제한다. 예를 들어 분석가가 에밀리에게 응답하는 감정이 실린 환상은, 그 환상이 매개하는 심적 퇴거의 경향이 존재하지 않음에도 불구하고 그에게 매우 특이한 것이다. 다른 분석가들도 동일한 경향을 경험할 수 있는데, 그것은 그들의 특수한 담론과 인성구조 및 서로 다른 감정과 환상에 의해 규정된다. 간단히 말해서 에밀리의 행동은 분석가의 정신역동과, 우리로 하여금 에밀리의 객관적인 인성구조에 집중하게 하는 분석가의 주관적인 응답을 통해서만 분명하게 드러난다. 따라서 해석학은 정신분석적 지식의 객관성을 위해 동일한 환자를 독립적으로 분석하는 둘 이상의 분석가가 동일하게 매단계 개입하는 것이 필수불가결하다고 주장하지 않는다. 피분석자가 문화적 사실에 직면하도록 해야 하고, 분석과정에서 분석가가 그것의 중심적인 측면을 파악해야 한다는 것을 강조할 뿐이다.

그렇다면 해석학은 주체와 대상이 '차별적 전체'라는 경험주의적 가정을 무시하는 것이다. 그것들은 하나의 전체이다. 따라서 단순하고 모호하지 않다고 알려진, 공감하는 감성적 현실만이 있을 뿐이다. 그러므로 '공감한다는 것'은 이론적 전제에 대한 해석학적 이해로부터 벗어난 객관적 기준에 기초하여 '옳고 그름'을 판단하는 것이 아니다. 다시 말해 분석가에게 피분석자는 심적 현실을 초월하여 객관적으로 알려질 수 있는 '누군가'가 아니다. 공감이 분석과정에 유익한 효과를 미치는만큼 피분석자에 대한 수많은 지식형성 모델이 있을 수 있다. 따라서 해석학적 접근에 의하면, 분석가가 피분석자의 내적 세계를 직접적으로 지각할 수 없기 때문에, 피분석자의 심적 현실에 대한 분석가의 해석은——부분적으로 분석가의 이론적 전제의 기능화가 분명하지만——정신분석에서 객관성의 여지가 없다는 경험주의자들의 주장은 오류라는 것이다.

이제 이러한 임상실제의 변화와 함께 정신분석의 메타심리학은 프로이트가 그의 시대의 '정통적' 신경학과 정신의학으로부터 가져온 마음에 관한 구조론적 모델로부터 의미있다고 해석된 정신현상 그 자체에 대한 좀더 현상학적인 해석체계로 전환된 셈이다.[11] 그렇지만 그것은 해석학이 경험주의적 관점보다 정신분석의 과정을 훨씬 잘 설명할 수 있다고 주장함에도 불구하고, 그것은 정신분석이 과학적 지식의 한 형태라는 주장에 상당한 훼손을 감수하면서 자신을 정당화한다. 프로이트 이후의 정신분석가들은 마음의 구조 안에서 원인과 결과의 관계를 지속적으로(일반적이지는 않지만) 특징화하는 위상학(位相學, topology)을 주장해왔다.[12] 정신분석가는 생물학적으로 또는 물질적으로 한계지어진 것과 연관된 인간심리 발달의 객관적 조건을 발견하고자 한 것이다.

따라서 현상학적 사례기술을 중심으로 한 해석학적 접근이 주관적 현상과 상호작용적 의미에 대한 정신분석의 임상적 관심을 성격짓는 데 유용함에도 불구하고, 그것은 '정신구조를 결정하는 것은 무엇인가'라는 정신분석의 기본 관심사를 모호하게 만들 위험이 있다. 정신분석은 일상생활에서 직접적이지 않게 심적 현실의 층위들을 자리매김하고 그 층위들의 양상을 명명하며 구조화하려고 한다는 의미에서 현상학적 해석체계를 넘어설 수밖에 없다. 우리는 우리의 지각에 직접적으로 드러난 상태에서 대상의 속성 뒤에 숨겨진 그 무엇(구조적 층위)을 발견·설명해야 한다. 이러한 구조적 층위는 우리의 감각기관의 수용능력과 독립하여 실제의 문화적 사실에 좀더 접근할 수 있는 근사치임에 틀림없다.

---

11) 정신분석의 자연과학적 또는 경험주의적 경향을 비판하고 현상학적 발전의 경로를 추적한 것으로는 Meltzer(1978) 참조.

12) 예를 들면, 이러한 결정론적인 관계가 분석치료 과정에서 획득된 공유된 이해를 통해 변형되고, 또한 그 변형이 인과적으로 행위자의 자유를 제한하는 구조를 변화시킨다는 점에서 중요하다.

우리는 후자(실제의 문화적 사실)에 접근할 수 있는 희망을 갖고 있지 않다. 우리가 추론하는 새로운 모든 것은 우리가 우리 자신을 자유롭게 하는 데 불가능한 지각의 언어로 번역되어야만 한다는 것이 명확하기 때문이다. 실재는 항상 '알려지지 않은' 채로 남아 있다. 그러한 생각은 지각이 과학적 작업에 의해 외부세계에 현존하는 연결과 의존관계에 대한 통찰 속에 존재한다는 관점을 밝혀준다. 그것은 우리가 외부세계의 무언가를 이해하고 예견하며 변화시키는 사상과 지식이 내부세계 속에 반영되고 재생산될 수 있다는 것이다. 정신분석은 의식현상의 틈을 메우는 기술적 방법들을 발견해왔다. 그리고 우리는 물리학자가 실험을 하는 것처럼 그런 방법들을 사용한다. 이런 식으로, 우리는 그 자체로 알려지지 않고 의식적인 것들 속에 삽입되어 있는 수많은 과정들을 추론한다.(Freud 1964b, 196~97면)

이렇게 볼 때, 해석학적 방어는 정신현상의 구조적 층위에 대한 몰인식뿐만 아니라 분석과정에서 분석주체의 '상실'을 보여준다. 즉 정신분석을 해석학으로 전용하면서 분석가는 전이와 역전이라는 긴밀한 역동적 상호작용을 통해 환자를 돕는다는 목적에 집착하기만 한다. 부단한 임상적 선택과 해석적 통찰은 분석가와 피분석자의 정서적인 관계의 밀고당기는 과정에서만 형성되는 것이 아니다. 일반적으로 해석학적 관점에서 정신분석이론은 독립적인 요인으로 작용하지 않고 분석가의 경험에 스며들며, 나아가 그 경험을 설명하는 방법으로 사용되는데, 이것은 다양한 경험적 임상자료들이 새로운 이론을 위한 토대가 된다는 사실을 인정하는지는 모르겠지만 정신분석이 경험을 통해 검증된다는 사실을 부인하는 꼴이 된다. 정신분석은 항상 이론적인 용어로 연구대상에 대한 주관적인 마음상태를 설명하려고 했다. 그러므로 정신분석의 과학적 지위에 대한 논의는 관념화된 지각에 의해서가 아니라, 실제로 정신분석이 인간존재에 대한 지식을 형성하는 측면을 탐구하는 것과 관련된다.

3. 클라인학파의 실재론적 반성

무의식적 정신구조의 발견

해석학의 한계를 넘어 심층의 정신구조에 접근하는 문제, 즉 주관적이고 현상학적 경험을 형성하는 정신생활 또는 정신현상의 배후 차원은 프로이트의 위상학을 나름대로 발전시킨 '클라인학파'[13]의 저작에서 두드러지게 나타난다. 이것은 이론적 개념의 생산 및 그 개념과 자료 사이의 상호작용, 두 수준에서 확인된다.

우선, 클라인학파는 심층의 정신구조를 설명하기 위하여 특수한 이론적 개념들을 발전시켰다. 예를 들면 심리발달의 현상학적 단계(stages) 관념을 임상자료를 통해 발굴한 '위치'(positions) 개념으로 바꿨다. 클라인이 단계 대신에 위치라는 용어를 도입한 것은 심리발달이 단선적인 정신현상의 흐름이라기보다는 역동적인 구조변동이라는 것을 부각시키기 위해서다. 즉

---

13) 여기서 '클라인학파'라는 용어는 우선 클라인으로부터 정신분석 훈련을 받고, 그녀의 이론전통 내에서 분석작업을 수행하는 후속 세대의 분석가 집단을 지칭한다. 클라인학파의 대표적인 인물로는 씨걸(H. Segal) · 로젠펠트(H. Rosenfeld) · 하이만(P. Heimann) · 멜처(D. Meltzer) · 비온(W. R. Bion) · 빅(E. Bick) 등이 있다. '대상관계이론' 전통에 속하는 수많은 정신분석가들을 모두 클라인과 연관시켜 이야기할 수 있으나 필자는 '대상관계이론'의 형성에서 클라인의 '실질적' 영향만을 지적하고 싶다. 왜냐하면 클라인의 이론과 이를 계승한 '클라인학파'는 현대의 '대상관계이론'과는 근본적으로 다른 점이 있기 때문이다. 우선 클라인은 욕동 또는 본능적 충동의 기능과 역할을 결코 포기한 적이 없다. 나아가 정신장치의 기능과 연관하여 그녀가 수행한 프로이트 메타심리학의 변형을 살펴보면, 대상관계의 중요성을 강조하기는 했지만 더욱더 중요한 그녀의 이론적 근간은 심적 현실의 장이 형성되는 '환상'(phantasies)의 구조화 기능과 관련되어 있다. 따라서 필자는 '대상관계이론'과 차별화하여 클라인의 이론과 치료요법을 직접적으로 계승한 집단을 '클라인학파' ─ 씨걸의 표현 그대로 ─ 라고 부르고자 한다. 이러한 '차별화'의 문제에 대해서는 Stonebridge/Phillips(1998) 참조.

클라인은 위치 개념을 통해 대상관계의 발달형태에 주목했는데, 이는 한 위치에서 다른 위치로 항상 이행한다는 가정을 전제로 하고 있다. 어느 순간에 환자가 갑자기 '우울증적 위치'(depressive position)에서 '편집-분열증적 위치'(paranoid-schizoid position)로 퇴행하는 정신기능이 있다는 것이다. 그러다가 분석가의 해석에 힘입어 환자가 자신의 문제점을 깨달아 '우울증적 위치'에 도달했다고 하면 이때의 '우울증적 위치'는 앞의 그것과는 사뭇 다르다. 그렇기 때문에 분석상황에서는 항상 새로운 현상이 발생하며 분석가는 분석시간에 발생하는 임상현상을 두 구조적 위치 사이를 왕래하는 것으로 이해한다. 따라서 이 위치는 유아기 이후의 삶에서도 계기적으로 또는 주기적으로 정신생활에서 지배의 약호로 동원될 수 있는 무의식적 성향으로 남게 되는데, 모든 아동들이 거쳐야 하고, 또한 어른의 인성 안에 남겨져 있는 구조적 잔여(residues)를 의미한다.

나아가 클라인학파는 유아기 이후의 삶에서 정신이상뿐만 아니라 유아기의 발달계기로 자리매김된 정신병 상태에 대한 관심으로부터 특수한 종류의 무의식적 정신구조를 설명하는 '투사적 동일화'(projective identification) 개념을 발전시켰다. 이 개념은 정신적 고통을 덜기 위하여 자기가 '자기표상' 또는 '대상표상'을 타자(유아기의 어머니, 치료에서의 분석가, 사회적 상호작용에서의 집단)에게 투사하여 자기 외부로 밀쳐내는 것을 말한다. 해석학적 접근에서 강조되는 분석가와 피분석자 사이의 상호작용의 맥락에서 잘 드러나지 않는 무의식적 환상이 표상들(자기 또는 대상)을 통해 어떻게 표현되고 행동화(acting out)되는가를 구명(究明)하는 것이다. 즉 환자의 투사행위가 무의식적 환상에 의해 어떻게 동기화 또는 구조화되는가가 초점이 되기 때문에, 이는 상호작용의 현상학적 유형들을 차별화하는 구조적 기제를 설명하는 것이다.

이러한 클라인학파의 개념들은 해석학적 접근에서와는 달리 정신의 기능과 현상 사이에 인과관계가 설정된 구조적 모델 내에 자리잡게 되었다. 예를 들어 유아의 감정상태에 반응하는 어머니 또는 보호자의 능력과 유아의 내적 세계, 그리고 애착양식 사이에 연결점이 형성된다. 이 개념들은 정신분석적 연구에서 현상적이고 기술적인 수준 이상의 어떤 구조적인 관계를 중시하는 프로이트적 전통으로부터 유래한 것일 뿐만 아니라, 그것의 사례들 역시 프로이트의 유산을 추적하는 정신분석의 분화로부터 얻어진 것이라고 할 수 있다.

또한 이 개념들은 경험주의의 이론체계와는 달리 메타심리학 이론의 '열린 체계'를 지향한다. 탐구의 새로운 영역을 위하여 정신분석의 기본 텍스트를 성서로 삼아 그것에 모든 정신분석적 연구를 기초짓는 것은 적절하지 않다. 해석학적 접근에 전적으로 동의하지 않더라도 원인보다는 의미가 정신분석의 지시대상과 관련하여 중심적인 역할을 하기 때문에, 그 이론적 개념들은 주관적 경험 속에 드러남으로써 이해되어야 한다. 따라서 클라인학파에서는 개념이 분석경험에서 드러나는 다양한 현상과의 연관에 의해 뿌리내려지고 구체화되는 과정에 강조점이 주어진다(Kohen 1992, 24~50면). 경험현상에서 간결하고 감정적으로 반향적인 이론적 개념의 구현이 이루어지는 부분은 예외로 하더라도, 이론적 추론 그 자체를 위한 것은 이 학파에서는 가치절하된다. 이것은 경험적 관찰과 환자와의 언어적 의사소통을 중시하며, 분석가의 마음상태는 역전이를 통해 피분석자의 무의식적 감정과 투사물의 지시자가 된다는 것이다.

이렇게 클라인학파에서 분석경험의 증거에 의해 지탱되지 않는 '이론화'와 단순한 모델형성에 반대하는 입장은 항상 존재해왔다. 그리고 많은 관심과 노력이 이른바 '관찰기술'(observation skills)이라는 것에 쏟아졌는데, 이 관찰기술이 정신현상의 해석에 확실히 그리고 가능한 한 합의되어 뿌리내린 이론과 개념을 보증한다고 간주되었다. 이론체계의 확고한 관찰적 기초를 추구해야 하고, 이론 없이는 연구와 치료를 진행할 수 없다는 것이다. 클라인학파의 정신분석에서 새로운 설명적 개념의 등장과 더불어 그 개념들 사이의 증상학적·병인론적 연결점을 탐구하는 것은 단지 기술적인 현상학(또는 해석학)으로 회귀하는 모습과는 확실히 어울리지 않는다. 정신분석과 다른 표피적인 '대화치료'(talking cure)를 구분하는 것은 상식적인 관찰로 접근 불가능한 마음의 심층 '발생구조'(generative structures)를 정신분석이 공식화하고, 특수한 관찰조건 아래에서 의미의 이면 층위를 파악하는 개념과 이론을 정신분석가들이 갖고 있다는 것이다. 해석학적 접근은 정신분석의 현상학적 측면을 더욱 분명하게 개념화하고, 정신분석에 대한 경험주의적 비판에 어느정도 적절한 방어를 함으로써 주목할 만한 발전을 이룬 것이 사실이다. 그러나 주관적 의미의 층위는 정신분석이 갖는 하나의 구성적 차원이지, 정신분석의 과학적 지위를 설명하는 대안적인 것은 아니다.

월(D. Will)은 클라인학파에 의해 발전된 과학의 실재론적 모델이 경험주의와 해석학보다 더 적절하게 정신분석의 성격을 설명한다고 한다(Will 1986, 163~73면). 관찰을 뛰어넘어 그 효과를 추론함으로써 발견되는 발생구조가 정신분석가들이 일상생활의 경험을 형성하고 제한하는 내적 정신구조와의 관계를 정식화할 때, 그들의 마음속에 있는 이론적 개념을 정확하게 성격짓고 있는 것처럼 보인다. 이러한 관점에서 신경증적 증상들은 내적 정신구조와의 관계로부터 추론할 수 있는 '효과'의 이념형적 층위라고 할 수 있다.

클라인학파에 의하면, 경험주의처럼 구조의 관찰된 효과에 대립하여 직접적 관찰에만 근거하는 일관된 과학모델을 정식화하는 것은 불가능하다. 모든 지각은 자료의 연쇄와 생리학적 효과들에 의존할 수밖에 없다. 과학은 일상적으로 그러한 '간접적' 효과의 측정에 의존한다. 이것은 다양한 형태의 도구화를 통해 기록되며, 그 타당성은 관찰자료로부터 형성된 추론을 정당화하는 이론의 이차적 구성에 의존하게 된다.

정신현상의 미시적 층위: 분석기술에 대한 강조

다음으로 클라인학파는 이론적 개념과 그것이 지시하는 관찰현상 사이의 연관에 주목한다. 이러한 점은 경험주의적 비판에 대한 방어라기보다는 오히려 임상적 훈련방법을 향상시키는 것이다. 앞에서 언급한 해석학적이고 의미 지향적인 접근에 대한 '부분적' 인정은 이론과 모델형성에만 집착하지 않는 이해와 관심의 변화를 나타내는 것이며, 나아가 '원래의' 정신현상에 더욱 밀접히 접근하기 위한 것이다. 분석가는 정신분석적 방법에 의해 다루어질 수 있는 조건과 주제의 범위를 확장하려고 하기 때문에,[14] 다른 환경에서 분석가들이 작업하는 수많은 종류의 자료에 주목하지 않을 수 없다. 이것은 심리발달과 위상학의 일반이론에서 정신현상의 미시적 층위로, 그리고 상대적으로 분리된 계기와 자료의 연쇄에 대한 이해 및 해석으로 관심을 변화시킨다. 비온은 분석가의 마음이 일정한 심적 사건에 반응하기 위하여, '기억과 욕망'으로부터의 벗어남을 표현하는 분석경험의 특수한 계기에 관심을 기울여야 한다고 논쟁적으로 주장한다(Bion 1995, 89면). 실제로 정신분석은 관찰과 비교를 원활하게 하는 공간과 시간에서 표준화된 사건의 틀과 계열로 특수하게 수행된다. 분석세션에서 또는 그 세션의 단편에서 이해는 분석작업의 형성단위이며, 그 미시적인 계열의 이해로부터 사례 전체의 발전에 대한 설명이 가능해진다.

따라서 분석기술은 세션의 시작과 종료, 휴지(休止), 그리고 표지로서의 분석종료를 가진 인공적인 시간틀을 구성한다. 이러한 반복유형은 마음상태 사이의, 그리고 시간을 초월하여 사례자료들 사이의 구별과 비교를 가능하게 한다. 치료의 틀 안에서 필요와 상실의 감정에 대한 응답은 그것들에 의해 유발된 초기 발달유형의 은유 또는 지시자로 간주될 수 있다. 따라서 통제된 치료환경에 대한 환자들의 응답은 그들의 마음상태와 비교될 수 있다. 시공간적으로 또 기술적으로 분석환경의 표준화는 시간을 초월하여 발달에 대한 더 전체적인 설명과 피분석자의 담화에 특별한 계기와 삽화를 연결시키는 추론을 가능하게 한다. 따라서 분석기술의 가장 기본적인 것은 특수한 계기에서 또는 특수한 분석세션에서 환자에 의해 표현되고 드러난 감정에 의미를 부여하는 행위이다. 그것은 환자의 고통을 줄이고 분석에서 응

---

14) 예를 들어 아동분석, 정신병 상태의 분석, 집단분석, 사회제도에 대한 분석적 접근 등이 일차적으로 문제시되고, 나아가 최근 문화현상에 대한 정신분석이 새롭게 대두되고 있다.

답할 수 있게 하여, 원활히 의사소통을 하는 이해와 경청의 감각이다. 분석
가가 이것을 하지 못하면, 분석은 시작되기도 전에 실패할 것이다. 새로운
환자를 만난 분석가에게 주어지는 초기의 임무는 상담실에 머무르기를 원
하는 환자가 충분히 의미있는 것을 어떻게 말하게 하는가이며, 그것을 불가
피하게 '좌절된' 대화에 연결시키는 것이다.

이렇게 클라인학파의 정신분석은 '분명한 정의'(ostensive definition)——
개념의 의미를 고정시키는 과정에 대한 비트겐슈타인(L. Wittgenstein)의 언
어게임 용어——양식을 가르쳐준다.[15] 효과적인 분석은 마음과 감성의 상이
한 상태를 인지하고 생각하는 피분석자의 능력을 향상시킨다. 즉 정신분석
을 받는 사람들의 감정적 자원을 확대하는 것이다. 그러나 이것은 특수한
감정상태를 간직하고 생각하는 능력으로 학습되는 것이지, 그 감성 및 감정
상태에 대한 어떤 이론을 갖는 것은 아니다. 개인의 발달은 추상적인 지식
을 통해서 이루어지는 것이 아니라 인식되지 않고 숨겨진, 또는 통제될 수
없는 자기의 여러 측면을 반성하는 능력을 구체적으로 습득함으로써 가능
하다.[16] 비온이 지적하듯이 분석은 '무엇에 대한 앎'이라기보다는 '앎 그 자
체'와 관련된 것이다(Bion 1970, 20면). 정신분석적 지식은 경험의 특수한 계기
에, 또는 감정적 지시대상에 얽혀 형성된다. 경험과 마음의 실제상태에 밀
접히 연결되어 있지 않은 정신분석 개념들은 유용하지 않다. 따라서 클라인
학파에서 정신분석이론은 이러한 자기이해 과정의 선조건인 셈이다. 환자

---

15) 반즈(B. Barnes)는 '분명한 정의'의 절차가 과학활동의 핵심이라고 주장한다. 모든 과학
은 추상적인 개념화와 그것이 질서짓고 기술하는 경험세계의 상호작용을 다루어야 하고,
과학에서의 직업적 훈련은 유형인식과 자료의 분류를 가능하게 하는 합의된 절차를 발전
시키는 데 있다고 한다(Barnes 1982, 29면). 정신분석 역시 합리적인 의사소통의 선조건으
로서 신뢰할 만한 관찰과 분류의 절차를 발전시키고 재생산함으로써 다른 탐구의 영역과
차별성을 갖는다. 정신분석에 대한 경험주의적 비판은 분석가가 이러한 문제에 진지하게
관여하고, 그 문제를 '교육분석'(training analysis)의 핵심에 자리매김한다는 것을 좀처럼
인지하지 못한다는 것이다.
16) 개인발달이 환자의 스스로에 대한 이론적 지식으로부터가 아니라 일상언어의 차원에서
획득한 자기이해의 형태로부터 이루어진다는 것은 특히 아동들과 관련된 분석작업에서
명확하다. 이와 관련해서는 Klein(1975) 참조.

276

의 의식적 인지 밑에 '의도적으로' 숨겨진 마음의 무의식적 실재는 자신에 대한 환자의 신선한 통찰을 가져오는 핵심이다.

그러므로 정신현상에 대한 분석기술이 갖는 특징적 가치는 이론구조와 그 '지도체계'(mapping system)에 의존한다는 것이다. 그러나 이론은 연역적으로 적용 가능한 모델이라기보다는 대부분의 분석가들에게 담론적 자원(資源)으로 기능한다. 분석과정에서 강조점은 특수하게 명명된 개념과 경험 속에서 그 지시대상 사이의 연관에, 그리고 거대 단위의 이론적 모델과 그 적용보다는 서로간의 좀더 '국부적인' 관계에 주어진다.[17] 정신구조와 병인론에 대한 일반화된 이론을 논의하는 것보다 이러한 국부적인 관계가 분석 세션에서 심적 현실을 의미화한다는 사실이 환자에게는 더욱 중요하고 실제적이다. 요컨대 특수한 마음상태에 근거하지 않은 개념은 고통을 완화시키는 치료효과를 가져올 수 없다는 것이다. 이론적 추론이 분석가에게는 핵심적인 배경이 되는 반면, 이론은 분석적 대화에서 유용되기 전에 이미 특수한 지시연관을 가져야 한다. 상담실에서 얻을 수 있는 정신지형에 대한 무가치한 이론적 지도가 있을 수는 있으나 정신분석의 방법은 그 기초 위에서 매시간 '발견'되어야 한다.

이러한 이유 때문에 임상실천을 중시하는 클라인학파의 분석가는 직접적으로 관련된 듯 보이는 잠재적 영역에서 수집된 사례와 연관하여 제한된 범위의 이론화를 시도한다.[18] 실제로 분석치료가는 몇몇 핵심개념을 사용함으로써 환자의 담화를 이해하고 그것으로부터 자료를 생산하려고 한다. 사례기술은 이론적 개념을 설명하는 데서 그 적용과 실현의 문제를 두루 생각하

---

17) 클라인학파에 의하면, 분석작업에서 예측과 설명을 목적으로 정신분석이론을 사용하는 것은 특수한 현상과 관련된 국부적 연결을 수반한다. 분석가들은 이론적 개념에 기초하여 종종 일반상식의 기대와 희망에 일치하지 않는 피분석자의 정신현상과 그 발달경향을 기대한다.
18) 이것은 정신구조와 발달에 대한 이해 가능한 일반모델에 의한 것이 아니라 직접적 사례에 '중범위 이론'을 적용시킨 것이다. 클라인학파의 정신분석에서 거대규모의 일반화는 이론적 개념과 연계된 경험적 지시대상을 잃어버리므로, 사례기술에서 거대이론은 자신의 무미건조함을 폭로할 뿐이다.

는 풍부하고 세세한 작업을 기록한다. 이 사례기술이 좀더 정교한 이론구조와 연결되면서 자료를 비판적으로 이해하는 것이 가능해진다.[19] 경험 많은 분석가의 감독 아래 수행되는 훈련사례와 함께 개념은 현재의 분석발견물로부터 형성되어 감독자의 훈련프로그램의 외연을 구성한다. 또한 분석 개념이 특수한 적용에서만 유용하다는 사실은 분석가로 하여금 상이한 학파와 그 개념도식, 그리고 광범위한 분석영역의 하위 분야에서의 작업을 가능하게 한다. 그러므로 사회학의 민속방법론자들이 주장하듯이 분석작업은 '주제'(topic)로, 또는 '자원'(resources)으로 이론을 원용하는 분명한 상호작용(즉 개념과 현상 사이의 결합을 모색)에서 이루어진다(Nelson 1994, 307면).

이렇게 볼 때, 클라인학파는 특수한 분석기술의 발달에 기초하여 분석절차의 '관찰적 핵심'을 강조한다. 정신분석적 통찰이 원래 자기분석과 개인분석에서 유래하고 임상적 방법에 지속적으로 의존하는 반면, 실제 분석은 인접학문에서 기인하는 다른 종류의 경험에 의한 지식형태로도 지탱되어왔다. 지식의 전체 체계는 더이상 어떤 중심적인 과학 패러다임에 종속되어 단순한 반사실적 검증에만 의존하는 것은 아니다. 다시 말해, 정신분석 개념들은 인성과 문화에 대한 일반적 이해에 스며들고, 단지 기술적(技術的) 방법에 의해서만이 아니라 일상적인 관찰과 자기관찰에 의해 검증되어가는 것이다. 여기서 임상적 방법은 과학적 지식형성에 대한 정신분석의 일차적 근원이다. 분석을 통해 발견된 무의식적 정신구조에 대한 추론을 검증하는 문제가 무엇이든 간에, 분석가는 자신의 통찰에 대한 강한 확신이 있다. 때때로 분석가와 피분석자는 진리를 실현하고자 하는 감각을 공유한다는 확신이 있기도 하다. 분석절차와 훈련의 표준화, 그리고 분석을 통한 발견물을 세밀히 기록하기 위한 정교한 기제 등은 분석가에게 그러한 절차가 다른

---

19) 경험적 현실에 대한 비판적 이해는 우리가 원하는 것과 관련된 매우 폭넓은 의미의 지적 자유를 제공할 수 있는데, 필자는 이미 증상으로 비유된 문화현상에 대한 경험적 연구가 가능하도록, 자료의 제시와 이론화가 상호 엇물려야 함에 주목하고 정신분석에서 이러한 방법론적 모색은 '사례기술'에 의해서 추동된다고 지적했다. 이만우(2000).

과학자들의 절차보다 그 기준의 정교함에서 뒤지지 않는다는 확신을 부여한다.

모든 과학이 합의절차와 유능한 관찰자의 실행을 수용하는 것에 의존한다고 하는, 정신분석에 대한 클라인학파의 견해는 관찰양식에서 상식적이고 개방적이며, 가설들의 선택양식에서 자유롭고 경쟁적이라고 인지된 자연과학적 방법의 견해를 다시 생각하게 한다. 사실 표준과학적 작업이 확증하는 기준에 의해 정신분석을 비판하는 것이 문제의 핵심은 아니다. 정신분석적 영역의 차별적 특징은 경험주의적 비판가들이 말하는 방법론적 '실패'가 아니라, 정신분석이 탐구하는 대상이 갖는 특수한 차원과 속성에 존재한다. 층화되고 차별화된 현실에 대한 이론은 분석되는 현상의 성격과 층위에 따라 불가피하게 변할 것이다. 인간세계에서 이 모든 것이 동등하게 드러나는 것도 아니고, 또한 삶의 세계와 관찰자의 주관적인 경험에 의해서 일목요연하게 구분 가능한 것도 아니다. 인간의 마음과 감정에 대한 심층지식은 한 인간과 다른 인간의 상호작용, 이른바 대상관계에 대한 반성을 통해서만 얻어질 수 있는 것이다. 이 대목에서 정신분석의 과학화를 도모하는 클라인학파의 목적은 그 '반성'을 일관되고 신뢰할 만한 것으로 만드는 분석기술을 정립하는 것이다.

4. 라깡에 의한 정신분석의 과학적 지위 재구성

정신분석과 과학의 유관성: '과학 이데올로기' 비판

정신분석이 과학인가 아니면 종교인가의 문제를 두고 프로이트는 정신분석의 과학적 지위를 너무나도 확신하고 있었다. "정신분석은 본래 특수한 치료방법의 이름이었지만 지금은 또한 무의식적 정신과정의 과학이라는 이름이 되었다."(Freud 1959, 70면) 또한 그는 정신분석이 다른 과학들과 변별되는 유일한 특징을 말한다. "모든 과학은 정신적 장치의 중개를 통해 도달되는 관찰과 경험에 근거한다. 하지만 우리의 과학[정신분석]은 그러한 장치 자체를 주체로 지니고 있기 때문에 유추는 여기에서 끝난다."(Freud 1964b, 159면)

이러한 프로이트의 노선에 따라 라깡은 종교와 이른바 '인간과학'이라는 탈을 쓴 해석학, 그리고 경험주의를 문제삼는다.

첫째, 과학과 종교를 대비하면서 라깡은 정신분석이 종교보다는 과학과 더 많은 공통점을 가진다고 말한다. "정신분석은 종교가 아니다. 그것은 과학 그 자체와 동일한 위상으로부터 유래한다."(Lacan 1978, 265면) 라깡은 종종 정신분석이 흔히 말하는 연구의 한 형태라는 점을 끄집어내어 그 연구라는 용어에 회의의 시선을 보낸다. 그는 자신을 진리탐구를 행하는 연구자로 결코 보지 않았다. "나는 연구하지 않고 발견한다"라는 삐까쏘(P. Picasso)의 말을 인용하면서 그는 연구와 발견은 어떤 의미에서 비과학과 과학을 구분하는 활동이라고 주장한다. 여기서의 활동은 어떤 숨겨진 방식 속에서 '이미 발견된' 연구를 말한다. 과학이 '이미 발견된' 연구의 특수한 대상을 추출하여 정의함으로써 구성된다면, 라깡은 프로이트와 마찬가지로 종교와 대립되는 정신분석의 과학적 지위를 확인하고 있는 셈이다. 실제로 정신분석이나 과학은 종교와는 달리 우리가 충분히 확인할 만한 안정적인 대상을 소유하고 있는 것이다.[20]

둘째, 라깡은 중단점이 없고 무한히 유동하는 의미를 이해하려고 한 인간과학, 즉 '해석학적 방어'라는 표현으로 헛다리를 짚어온 경향을 비판한다. 그는 사회적 행위나 인간행동, 텍스트가 무제한의 해석에 의해 열려 있다는 견해를 비판한다. 이 견해에는 궁극적인 중단지점이나 진리에 대한 궁극적인 지시연관이 없으며, 무제한적이고 구속받지 않는 기획으로서의 해석으

---

20) 라깡에 의하면 특히 정신분석의 경우 그 연구대상으로 대상 a(objet petit a)를 가진다고 한다. 여기서 대상 a는 일차적으로 욕동에 의해 둘러싸여 있고, 사물(das Ding)이 가장 기본적인 인간 열정의 원인으로 간주되는 것처럼 욕망의 원인이 되는 것이다. Lacan(1992) 97면.

로 정신분석의 전체 과정이 제한된다.

　라깡이 보기에 이렇게 정신분석을 해석의 놀이에 위임하는 것은 분석의 '위기'를 노정할 뿐이다. 정신분석이 해석학적 의례의 산물이라면 이데올로기적·종교적·예술적·도덕적 해석과 분석을 구분하는 것은 무엇인가? 이러한 해석이 경멸할 만한 것은 아닐지라도, 많은 분석가들은 예술·정치윤리·종교에 의해 지각된 상이한 '실재'(the Real)를 다루기를 희망해왔다. 분석가가 자신을 단지 해석학자로만 인정한다면, 이것은 그를 허풍선이로 만들 뿐만 아니라 프로이트 정신분석의 윤리적 매력을 담보하는 '중립성'을 상실하게 만들 것임에 틀림없다. 분석가는 피분석자를 자신의 분석적 구성물로 전환시키는 카리스마적인 지도자가 되는 것이다. 같은 맥락에서 경험주의자들은 분석가가 사실 실재적인 것을 다루기보다는 단지 해석(더 정확히는 해석의 해석물)만을 취급하기 때문에, 그는 주체가 발견한 실재적인 것의 목격자가 아니라 주체의 믿음을 조작하는 자라고 비난한다. 실제로 해석학적 정신분석은 실재와의 만남을 거부한다. 만약 분석적 실천이 수많은 해석에 의한 것임에도 불구하고 우리를 실재——인과적 '힘'을 가진 정신적 사건 또는 경험——와 접촉하게 한다는 것을 프로이트가 확신하지 않았다면, 아마 해석학자들 사이에서 정신분석은 거론조차 되지 않았을 것이다. 분석가의 해석을 해석학자들이 행하는 해석으로 환원하는 것은 분석과정에서 인과적 실재를 제거하는 것이다. 정신분석적 해석은 해석학의 해석과 전혀 관계가 없는데, 정신분석적 실천에서 해석이 실재를 지향하고 진리를 생산하는 한, 바로 해석은 '진정한' 과학과 속성을 공유한다. 해석은 새로운 것을 창조하고 세계에 새로운 상징을 도입하며 실재를 다룬다.[21]

　셋째, 라깡은 포퍼주의적 전통으로부터 유래한 정신분석에 대한 경험주

---

21) 이와 관련하여, 밀레(J. A. Miller)는 "[해석학적] 해석의 시대는 끝났다. 즉 이제 해석은 그것이 있어왔던 그 방식이 아니다. 프로이트가 일반적 담론으로 재조직했던 해석의 시대는 이제 끝났다"고 말한다(Miller 1996, 121면). 이러한 밀레의 언급은 라깡 정신분석의 해석이 무의식 그 자체에 다름아니라는 것으로 이어진다. 즉 "무의식적 욕망은 그 해석이고, 해석은 무엇보다도 무의식에 대한 해석이며, 해석하는 것은 무의식이다."(Miller 1996, 124면)

의의 비판에 답한다. 라깡은 수년 동안 꼬이레(A. Koyre)의 강의에 참석하면서 당시 과학사의 흐름에 편승했으나——특히 깡길렘(G. Canguilhem)의 전통——과학이 전적으로 '경험적'이라는 영·미의 낭만적 관념에 결코 동의하지 않았다. 라깡은 과학의 기초에서 개념들의 중요성을 인지하고 있었고, 이론체계의 구성과 관련된 개념들은 경험적인 관찰로부터만 유래하는 것이 아님도 알고 있었다. 포퍼주의적 전통, 특히 그륀바움에게 정신분석에서 유일하게 가능한 증거는 그 치료효과, 즉 프로이트의 가설은 정신신경증적 증상이 치료될 수 있다는 것을 성공적으로 보여줌으로써 증명되는 것이기 때문에, 분석가들은 분석의 치료효과가 암시(전이)에 기인하지 않고 분석적 해석의 진리가(眞理價), 즉 '설명'에 기인함을 보여주어야 한다.

그러나 라깡이 보기에 이것은 특정한 원리(그륀바움의 경우 '부합원리')에 대한 순수한 집착에 불과하다. 분석가들은 자신의 해석이 치료의 집행자 역할을 할 뿐만 아니라 정신치료의 모든 치료효과가 진정한 해석이 아니라 암시적 요소들에 기인한다는 것을 주장한다. 정신분석이 실제로 경험적 방법을 따른다면, 분석가들은 체계적이고 합리적인 치료를 지향하는 수많은 다른 종류의 분석기술을 비교·평가해야 할 것이다. 그러나 이것으로 충분한 것은 결코 아니다. '무언가가 바뀌었다'는 것은 정신분석에서 발생한 것과는 다른 영역 안에 그 무엇이 존재한다는 것을 보여주는 것이다. 여기서 증명하기 어려운 것은 무엇인가? 대부분 불완전하게 공개된 임상자료와 관련하여, 항상 어떤 편견으로 조작되었다는 의심이 존재한다. 그러므로 정신분석의 단순한 옹호자들은 그륀바움의 도전에 직면하여 적절한 응답을 하지 못할 것이다. 경험주의적 인식론에 정면으로 직면하지 않는, 분석가들 사이에 넓게 퍼진 미묘한 객관주의적 '선택'이 항상 있기 때문이다. 이러한 선택은 정신분석의 모든 해석학적인 재해석과 정신분석 그 자체를 구별짓는다. 다시 말해 분석이론의 객관적 진리를 직접적으로 표현하지 않고 그것을 분석적 해석의 해석학적인 해석과 대립시킨다. 결국 현실적으로 객관적인 것은 존재하지 않는다.

이로부터 라깡은 분명한 입장을 취하는데, 그는 정신분석이론을 검증할 결정적 지점은 존재하지 않는다고 한다.[22] 이러한 주장은 분석적 해석의 진리가를 포기하는 것으로도 간주될 수 있다. 그러나 라깡은 정신분석이론의 치료효과를 검증할 결정적 지점이 없는데도 정신분석의 과학적 지위는 그 주체에 달려 있다고 한다. 즉 정신분석은 주체의 과학이다. 그리고 정신분석의 주체는 프로이트의 무의식이다. 여기서 프로이트의 무의식은 실체가 아니라 구조라고 할 수 있으며, 또한 정신분석의 심층구조로서의 실재이다. 이것은 정신현상의 기저에 있고 인간존재가 분석상황에서 가정하는 궁극적 형태를 말한다.[23] 그러면 정신분석이 실재를 다루고 있음을 인정하더라도, 실재적 사실을 다룬다고 하는 경험주의와는 그 과학적 지위에서 어떻게 다른가?

라깡은 실재적 사실에 관한 경험주의적 이론이 현상세계에서 검증되어야 함을 인정하더라도, 구조로서의 실재(또는 실재의 구조)에 관한 정신분석이론은 단일한 차원에서 검증될 수 없다고 주장한다. 치료효과를 유도하는 분석기술이 경험적 관찰의 장에서만 사용될 뿐 아니라, 그 관찰의 장을 정신분석적 연구의 특수한 대상으로 만드는 도구로 사용되기 때문이다.

칸트(I. Kant)와 구조주의자들의 논의에 따라 라깡은 경험을 조직하는 양식으로 구조를 간주하고, 경험의 장을 실천적으로, 즉 매우 기술적인 것으로 바라본다. 그리고 그는 "경험은 (…) 실천의 의미에서 (…) 과학을 정의하는 데 충분한 것이 아니"라고 말한다(Lacan 1978, 9면). 정신분석은 이론과 실천의 통일체이므로 그것들은 필연적으로 서로 어우러져 분석상황에서 실현

---

22) 라깡은 정신분석에서 실험적 검증이 불가능하다는 프로이트의 입장을 되풀이한다. 그는 귀납적 검증의 아이러니를 지적하면서, "정신분석은 아동들에 대한 관찰에 의해, 그리고 관찰의 아동스러움(infantilism)에 의해 영양을 공급받는다"라고 한다. Lacan(1977) 309면.

23) 라깡이 말하는 형태(form)는 "어떤 경험, 어떤 개인적 영역, 심지어 사회적 필요에만 연결될 수 있는 집단적 경험이 그 속에 각인되기 전에 존재하는 것이다."(Lacan 1977, 20면) 즉 형태는 우리의 경험의 장을 조직하는 "힘의 최초의 노선을 각인시키는" 것이다. 그러므로 라깡은 "정신분석은 경험의 본질적 차원을 적절한 양식으로 형태화함으로써만 이론과 치료기술을 위한 과학적 기초를 제공할 것이다"고 말한다(Lacan 1977, 77면).

될 수밖에 없는 것이다. 따라서 실재에 대한 전체적 진리는 가능하지 않다. 과학적 진리가 경험에 적용됨으로써 기술적 업적으로 이용될 수는 있을지라도, 그 구조가 경험 그 자체로부터 연역될 수 있는 것은 아니다. 그렇다면 경험주의의 전체적 진리, 또는 그륀바움이 주장한 치료효과의 검증으로서의 진리가는 라깡에 의해 과학을 보증하는 것으로서 '진리를 향한 욕망'으로 대체된다. 경험주의적 이론에서는 실재적 사실에 반하여 비판적으로 검증될 때 과학으로 성립되는 반면, 라깡에서는 과학으로서의 이론의 적용 가능성은 그것이 실재적 구조로 간주되는 주체의 진리를 향한 욕망에 의해 제한된다는 것이다.

따라서 경험주의적 과학모델에서 이론의 검증을 위하여, 즉 개념과 사실의 인과연쇄를 설명하기 위하여 실재적 사실로의 타당한 '근사치' 관념은 특수한 사례로서의 선험적 근사치를 유도하게 마련이다. 반면 라깡의 경우 형상은 근본적으로 다른데, 그것은 맹인들이 코끼리의 다양한 부분을 만지면서 얻은 코끼리에 대한 다양한 이미지와 흡사하다.[24] 정신분석은 프로이트의 무의식이론을 위하여 코끼리와 접촉하는 것이다. 이것은 라깡이 바라본 실재적 사실로의 근사치를 은유한 것이고, 경험주의의 근사치 개념과는 사뭇 다르다. 라깡에게는 진리내용에 관하여 어떠한 주장도 허용하지 않는 것으로 보인다.

글쎄요! 이 싯점에서 나는 여러분들이 근사치 개념을 통해 프로이트의 무의식은 원인과 그것이 초래한 결과 사이에 **항상 잘못된 것이 있는 바로 그 지점**에 자리잡고 있다는 것을 깨닫게 하려고 노력하고 있다. (…) 무의식이 어떻게 작동하는가와 관련하여 신경증이 미결정된 실재와의 조화를 재창조하는 것을 통하여 틈새를 우리에게 보여주는 것이다(Lacan 1978, 22면. 강조는 인용자).

---

24) 여기서 말하는 것은 실제의 코끼리가 아니라 언어적 상징이다. Lacan(1988b) 243면.

여기서 라깡은 경험과학이 원인과 결과 사이의 틈새를 지속적으로 메꾸어 가는 방식으로, 즉 법칙에 조응하여 자신 이외의 다른 사건들을 필연적으로 유도하는 것으로 원인 개념을 취급함으로써 그 내용을 제거해 왔다고 주장하고 있다. 이렇게 그는 원인을 법칙과 유사한 상호작용의 기능을 깨뜨리는 것으로 이해한다. 하지만 그가 볼 때 경험과학에서의 인과성은 철저한 법칙의 집합 속에서 결과를 유도하는 원인, 즉 우리가 구조라고 부르는 것으로 흡수된다. 법칙에 종속되지 않고 과학적 지식의 견지에서 설명되지 않고 남겨진 것으로서의 원인은 고려되지 않을 뿐만 아니라 과학이 설명하기 이전의 시간문제로 가정된다.

이와 달리, 라깡은 『쎄미나 제10권: 불안』에서 원인에 대한 주체의 리비도적 관계, 즉 주체의 원인을 규명함으로써 경험주의와 해석학을 넘어서고자 한다(Lacan 1962~63; Harari 2001에서 재인용).

정신분석과 과학의 차이: 경험주의와 해석학을 넘어

라깡 정신분석은 상징화, 즉 상호주체적인 의사소통의 언어로 번역되는 것에 저항하는 실재를 고려함으로써 주체의 원인에 접근한다. 이러한 원인 범주에 대한 라깡의 고려는 소위 신경험주의적 입장으로 퇴행하는 것이 아니라, 그가 경험주의적 결정론에 반대하기 위해 잠시동안 지녔던 해석학적 경향 — '로마 강연'(Discours de Rome)에서의 입장 — 으로부터 벗어나 해석학을 정면으로 공격하기 위함이다. 해석학의 상투적 용어인 상호주체적 의미작용의 장에서 작동하는 원인을 드러내고자 한 것이다.

라깡에게 이러한 원인은 '심적 외상'(trauma)이라고 할 수 있는데, 그것은 어떤 모순 또는 시간지체를 통해 강화됨으로써만 그 영향력을 행사한다. 즉 원인으로서의 심적 외상이 기능한다면, 그것은 현재의 어떤 교착상태로 이어져야 하고 거기서 반향을 얻어야 한다. 그렇지만 원인은 상징화 효과의 사후적 생산물이 아니다. 다만 원인은 어떤 시간지체 이후, 그 유효성을 발휘할 뿐만 아니라 말 그대로 지연(遲延)을 통해 심적 외상이 될 뿐이다(Harari 2001, 228~29면). 예를 들어, 히스테리 환자의 정신신체적 증상의 원인이 아동기의 성적 유혹 또는 남용이라는 식의 단선적 인과론은 단호히 부정되는 셈이다.

따라서 라깡의 원인 범주와 경험주의적 인과법칙은 서로 다를 뿐만 아니라 적대적이기까지 하다. "원인은 어떤 연쇄에서 결정하는 것과 구분된다. 다른 말로, (경험주의적) 인과법칙이 작동하지 않는 곳에서만 원인이 존재한다."(Lacan 1978, 22면) 실재로서의 원인은 경험주의적 인과법칙이 적용되지 않는 곳, 즉 라깡의 말대로 "실재가 판명되는 곳"(Lacan 1978, 24면)에만 개입한다. 그러한 이유로, 실재로서의 원인은 직접적 방식으로 인과연쇄를 이루지 않고, 항상 상징계 안에서 장애물로 위장하여 매개적으로 작동한다. 그러므로 그것은 명확히 상징적인 것의 파악에 저항하고 회피하는 것이지만, 상징적인 것 안에서 탐지될 수 있는 것이다(Lacan 1966, 388~89면). 이와 같이 의미화 연쇄가 잠깐 어떤 외상적 기억의 개입에 의해 방해받을 때 원인이 작동하고 상징적인 것을 통해서만 접근할 수 있다는 사실은 우리가 실재(로서의 원인)를 상징적인 것에 내재적인 요소로 인지하도록 한다.

그런데 우리가 이렇게 증상들의 현상학적 세계의 왜곡된 반영물을 통해서가 아니라 존재하는 그 자체로 원인을 파악하려고 한다면, 그 원인을 상징적 효과에 선행하는 실증적 차원으로 환원시키는 경험주의적 편견에 빠질 수밖에 없는 것이다. 결과에 앞서 존재하는 것이 아니라 결과에 의해 그 자체가 사후적으로 가정되는 원인, 즉 의미화 구조 속에서 반복과 그 반향을 통해 원인은 사후적으로 '이미-항상' 존재한다(Hanari 2001, 230면). 따라서 경험적 관찰이든 해석학적 해석이든 간에 대상에 대한 직접적인 접근은 불가피하게 실패한다. 만약 우리가 심적 외상의 사후적 효과와 관련없이 직접적으로 그 심적 외상을 파악하려고 한다면, 우리는 의미없는 행동, 즉 직접적인 심적 기능에 관계되지 않기 때문에 결코 원인이 될 수 없는 사건들에 집착하게 된다. 상징적 구조 안의 그 반향을 통해서만 행동이나 사건들은 외상적 성격을 획득하고 원인이 되는 것이다.

　이것은 경험주의나 해석학의 대상과는 다른 성격을 지닌, 정신분석의 연구대상인 '대상 *a*의 역설'을 살펴보면 자명해진다. 대상 *a*는 환원될 수 없는 구성적 외부로, 상징적 공간을 왜곡시키고 상징적 순환을 방해하는 장애물로, 상징계에 통합될 수 없는 심적 외상으로, 그리고 상징계가 그 자체를 완전히 구성하지 못하게 방해하는 이물질로 나타난다(슬라보예 지젝 2002, 69면). 이러한 대상 *a*의 역설은 그것이 상상적임에도 불구하고 실재의 장소를 차지하고 있다는 데 있다. 대상 *a*는 사고될 수 없는 대상, 즉 특수한 이미지를 가지고 있지 않고 나름대로 공감의 관계 및 공감적 인정의 관계를 배제하는 대상이다. 다시 말해, 대상 *a*는 어떤 긍정적 대상이 결코 될 수 없음을, 즉 '불가능한' 대상을 정확히 표상한다. 이것은 대상 *a*가 리비도가 자유롭게 떠도는 에너지의 저장소로서가 아니라 일종의 대상 즉 '무형의 기관'(薄膜, lamella)으로 이해되어야 함을 의미한다. 대상 *a*가 대상인 한, 주체는 원인을 가지고 있는 것이다(Dolar 1992, 15~16면). 따라서 원인으로서 대상 *a*는 결코 주체와 독립되어 있지 않다. 엄격한 의미로 대상 *a*는 대상들 사이에 있는 주체의 그림자이고, 주체를 위한 일종의 대역(代役)이며, 그리고 그 고유의 일관성을 결여하고 있는 순수한 모사(semblance)[25]이다(슬라보예 지젝 2002, 73면).

　이와 같이 주체는 실재로서의 원인(대상 *a*)과 연결된다. 곧 외상적 실재는 주체의 원인이다. 그것은 주체를 야기한 원인들의 단선적 연쇄에서 최초의 자극이 아니라 연쇄에서 상실된 연결사인데, 일종의 잔여로서 "기표의 목에 꽂혀 있는 삼켜질 수 없는 대상"(Lacan 1988a, 270면)으로서의 원인이다. 이러한 원인은 의미화 인과연쇄의 단절 또는 의미화 그물망의 구멍으로서 주체와 연결되어 있다. "주체는 대상 *a*에 의해 결여로서 기인한 그 자신을

---

25) 라깡은 상징계의 일반적 특징과 그것의 상상계와의, 그리고 실재와의 관계를 특성화하기 위하여 '모사' 개념을 사용한다. 1972~73년의 쎄미나에서 라깡은 대상 *a*를 "존재의 모사"라고 말하고 있다. Lacan(1988a) 80면.

보게 될 뿐이다."(Lacan 1988a, 270면) 따라서 이렇게 대상 a와 연계된 빗금친 주체($\math{S}$)[26]는 원인을 결여한 조합 또는 기저로서의 '순수한 주체'가 아니라 원인을 가진 '봉합된 주체'이다.[27] 그리고 주체의 이러한 구성적 역설을 파악하기 위해서 한편으로, 우리는 경험주의의 '주관'과 '객관'의 인식론적 대립을 해체하여 즉자적인 '현상' '질서'를 넘어 나아가야 하고, 다른 한편으로 해석학의 의미구성적 주체를 해체하여 의식적 집행자로서의 주체라는 관념을 거부해야 한다(Fink 1997, 44~46면). 이런 의미에서 주체의 원인에 대해 라깡이 구상한 '위상학적 모델'은 경험주의와 해석학을 넘어 존재한다. 다시 말해, 우리는 라깡의 이론이 경험주의의 인과적 설명과 해석학의 의미이해의 '해 묵은' 적대를 극복하고 있음을 알 수 있다.

어떻게 보면, 우리는 분석과정에서 경험과학의 주체와 동일한 형상을 발견하는 듯하다. 분석을 받으러 온 주체는 자신의 증상에 대한 이전의 지식을 거부하기 마련이다. 무의식을 구성하는 이러한 증상에 대한 어떤 지식이 있다는 것을 가정하면서, 아마 대타자가 그 지식을 알고 있으리라고 믿는다("알고 있다고 가정된 주체"). 피분석자는 마치 경험과학자가 실재에 대한 어떤 지식의 존재를 가정하듯이, 이러한 지식이 존재한다는 것을 가정한다. 그리고 바로 이것이 주체가 실재를 판독하게 만들고 언어적으로 표현함으로써 그것을 존재하게 만드는 조건이다. 그러나 정신분석이 경험과학과 다른 점은 증상과 연관된 이러한 지식이 주체의 진리로부터 분리되지 않는다는 것이다(이만우 2004, 88, 99면). 왜냐하면 주체는 자신의 증상에 구현된 진리로 인해 고통받기 때문이다. 주체는 단순히 "나 또는 남을 위하여, 진리 또는 지식을 위하여"라고 말할 수 없는 것이다. 그리고 분석치료는 내가 대타자에 직면하도록 최대한 이러한 진리를 지식으로 변형시키는 것임에 틀림

---

26) 라깡은 '존재'(Sein)라는 단어에 빗금친 하이데거(M. Heidegger)의 관례를 따라 대수학의 상징인 S에 빗금을 그어 '빗금친 주체', 즉 $\math{S}$를 만든다. 여기서 빗금(/)은 언어에 의한 주체의 의식과 무의식으로의 분열을 나타낸다.

27) 주체와 대상 a 사이의 관계는 라깡의 환상 공식($\math{S} \diamond a$)에서 드러나고, 그것은 그가 '봉합된 주체'에 대해서 이야기할 때 의미했던 바이다.

없다. 따라서 진리는 지식과 동일한 지위를 갖지 못한다. 그것은 "무의식은 언어와 같이 구조화되어 있다"라는 원리에 의하면 '물질적 원인'이다. 여기서 물질적 원인이란 비록 누군가가 반드시 말할 것이라는 바를 의미하는 것은 아닐지라도 정신분석은 말에 의해 수행된다는 것을 의미한다. 다른 말로, 분석치료는 주체에 대한 말의 기능과 효과를 두고 기획되는 것이다. 주체의 진리는 분석에서 주체에 대해 말해질 수 있는 것을 통해 접근되고 수정될 수 있는 것이다. 따라서 정신분석에서 지식을 발견한다는 사실탐구(과학의 측면)와 실재에 대한 해석작업(진리의 측면) 사이에는 중대한 변증법적 차이가 존재한다.

또한 무의식적 지식은 과학적 지식과는 달리 보편적이라기보다는 특수하다는 데 또다른 차이가 있다. 정신분석에서 무의식적 지식은 단순한 독해법이나 공감적 내성에 의해 판독될 수 없다. 그 지식은 일반화된 타자들에 의해 검증되기 어려운 '실험'을 도입한다. 라깡학파가 도입한 이른바 '통과'(Passe)는 이러한 어려움에 응답하기 위한 시도이다. 이러한 정신분석적 지식의 특수성에 입각해 볼 때, 우리는 분석에서 주체의 무의식은 분석가에게는, 더 정확히 분석가의 욕망에 있어서, 주체의 특수한 경험에 의존한다고 말할 수 있다. 이것은 분명히 정신분석의 비과학적 측면이다. 과학에서 실험자의 욕망은 일정한 역할을 해서는 안되고 실험자는 변경될 수 없는 존재이기 때문이다. 하지만 정신분석에서 무의식적 지식의 판독은 현실적인 한계를 지닌다. 무의식적 지식이 아무리 정확히 판독되더라도, 그 결과가 "성관계는 없다"라는 사실을 뒤바꿀 수는 없다. 양자역학에서와 같이 실재는 실험의 통합요소이고 이를 상술하고자 하는 분석가의 해석은 그것이 계산가능한만큼 '계산할 수 없는' 효과를 가져다준다(실제로 라깡은 이 우연한 조우를 tuché라고 하지 않았던가!). 이는 정신분석적 해석이 대상 a 또는 향유(jouissance)와 관련되기 때문이다. 이미 살펴보았듯이, 대상 a나 향유는 정신분석이 지향해야 할 실재의 또다른 이름에 불과하다. 여기에 정신분석과 과학을 구분하여 실재를 '불가능성'으로 도식화한 이유가 있다(Morel 2000, 74면).

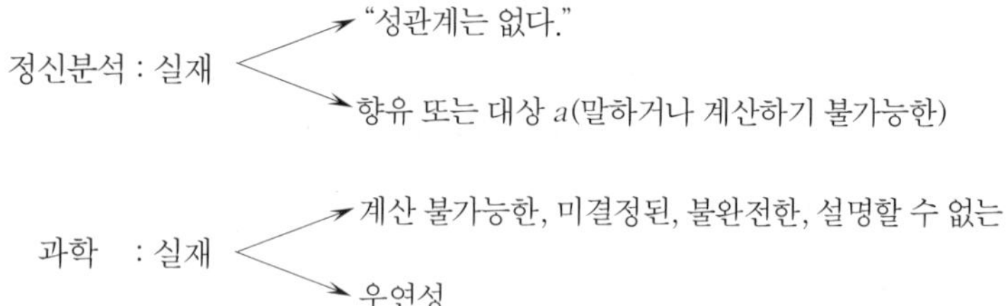

여기서 중요한 것은 정신분석이 항상 주체가 생산된 지식과 향유(또는 대상 a), 상징계와 실재 사이의 '경계'를 겨냥한다는 점이다. 즉 우리는 스스로를 알기 원하지 않기 때문에 주체를 말소시키는 무의식적 지식에 대항하여 투쟁해야 하고, 또한 소멸(aphanisis)[28]을 일으키는 향유에 대항해 싸워야 한다. 정신분석과 과학이 서로 엇물리는 결정적 지점이 바로 이 대목인데, 과학은 주체의 소멸을 봉합하고자 하고 정신분석은 그것을 드러내고자 한다는 것이다. 정신분석은 주체가 무의식적 지식을 판독함으로써 대상 a에 접근하여 향유를 진전시키도록, 즉 상징계와 실재 사이의 '경계'를 가로지르게 하는 데 그 목적이 있다. 그러나 주체가 실재적임을 보여주려고 하는 과학에서 이러한 '경계'는 결코 확장되거나 횡단될 수 없는 것이다.

이에 따르면, 라깡은 지금까지의 모든 경험과학은 '봉합된 주체' 또는 '주체의 분열'에 기초하여 지식을 형성하였다는 것(Lacan 1989, 10면)을 암시하고 있고, 정신분석은 과학과의 차이가 아무리 역설적일지라도 주체의 원인을 지탱하고 탐구함으로써 과학적 지위를 획득한다는 것을 보여주고 있다. 따라서 라깡의 재구성 작업은 이중적이라고 말할 수 있다. 한 축은 경험과학이 주체의 분열을 봉합하는 데 매진해왔다는 것을 보여줌으로써 역공을 펴는 것이고, 다른 한 축은 정신분석에 경험과학보다 새로운 '과학적' 토대를 마련해주는 것이다.

---

28) 라깡에게 소멸은 존스(E. Jones)가 사용한 의미, 즉 '성적 욕망의 사라짐'이 아니라, '주체의 사라짐'을 의미한다. 이것은 욕망의 변증법을 개시하는 주체의 근본적인 분열이다(Lacan 1978, 208~11면).

정신분석의 새로운 '과학적' 토대: 과학과 거리두기로서의 '추론과학'

이렇게 라깡이 정신분석의 과학적 지위와 관련하여 지속적으로 관심을 기울인 것은 원인으로서의 실재 또는 대상 a이고, 근본적으로 '정신분석적 과학'은——경험주의나 해석학과는 달리——그 자체로 변형된다는 것이다. 즉 정신분석은 지식형성의 객관성의 위험을 항상 내포하고 있다. 라깡은 "이론적 진리는 무의식의 진리와 반대된다" 또는 "진리의 원판과 지식의 원판은 양피지의 같은 면에 인쇄되지 않는다"라고 하면서 이러한 객관성을 항상 고발했다(Lacan 1966, 864면). 이러한 객관성이 분석치료의 진정한 목표인 주체의 원인을 드러내는 것과 대립된다는 것이다. 하지만 라깡은 이렇게 객관성의 위험을 경계하면서도 정신분석을 새로운 과학적 토대 위에 세우는 것을 추진한다.

1964년의 논문 「무의식의 위치」(Lacan 1966)에서 라깡은 정신분석의 새로운 과학적 토대를 자신이 '추론과학'(conjectural science)이라고 부른 것에서 찾는다. 이것은 '게임이론'(game theory)과 유사한 지위를 갖는 것으로 생각된다. 게임이론에서 과학적 가능성은 아주 쉽게 계산될 수 있으며, 과학적 추상은 주체에 의해 수행되는데, 그 목적은 처음부터 게임에서 특수한 위치를 점유하는 것이다. 다른 말로 표현하면 게임이론은 주체를 위치 개념으로 환원함으로써 개인들에게서 모든 성격들을 벗겨낸다.

라깡에 의하면 우리는 게임이론에서 의미화 조합의 기저를 마련하는 공식들로 환원된 주체의 철저하게 계산될 수 있는 성격을 이용할 수 있다. 즉 게임이론에서 경기자는 위치 개념——A는 공격자이고 B는 방어자 등——으로 표현되고, 각각의 위치는 엄격하게 제한된 가능성의 움직임에 의해 정의된다. 게임의 규칙은 어떤 움직임이 합법칙적인가를 정의하고, 게임의 목적은 어떤 경기자가 일정한 움직임을 선택하는 이유를 결정한다. 게임이론에서 특수한 경기자가 이용 가능한 모든 가능성은 상징적으로, 또는 수학적으로 정의된 움직임의 기저에 목록화될 수 있다. 따라서 게임이론은 한 경기자가 특수하게 움직일 수 있다는 개연성이 간단히 계산될 수 있는 게임상황을 형식화한다. 이러한 방식으로 라깡은 정신분석의 수학적 형식화를 시도하면서, 주체가 단순한 목적에 의해 특징화된 위치로 환원될 수 있는 '추론과학'에 의해 정신분석의 과학적 지위를 재구성한다. 라깡은 게임이론을 통해 정신분석을 양화(量化)할 수 있는 모델로 생각한 것이다.

이러한 정신분석의 수학적 형식화가 진행됨에 따라 라깡은 더이상 과학이라는 '상표' 주위에 정신분석가들을 재규합하지 않는다. 1965년의 논문 「과학과 진리」(Lacan 1966)에서 라깡은 현대과학이 정신분석의 발달에 필요조건이고, 어떤 의미에서 정신분석은 과학담론의 부산물이기 때문에 그것은 그 자체로 과학을 구성하는 것은 아니라고 한다(Lacan 1966, 861면). 그렇다면 라깡은 과학과 정신분석 사이의 어디에 분리의 선을 긋고 있는가?

우선, 그 분리의 선이 그어지는 분명한 장소는 진리에 대한 양자의 상이한 관계이다. 정신분석과 과학의 주요한 차이는 과학이 진리에 대한 고려를 배제하는 반면, 정신분석은 진리를 근본적인 지시대상으로 여긴다는 데 있다(Milner 1996~97, 110~115면). 과학과 수학은 진리를 일종의 가치로 환원하는 한에서 계속 발전한다. 논리적으로 '참'과 '거짓'은 가정명제의 다양한 조합을 가능하게 하는데, 예를 들어 라깡은 프랑스인이고(명제 A) 그는 결코 프랑스 바깥 장소에 발을 디딘 적이 없다고(명제 B) 가정한다면, A와 B, 양자 모두 그 전체가 '참'임에 틀림없다. 진리표의 각 행이 이러한 종류의 가정논리를 고려한 네 개의 가능한 조합을 보여준다(Fink 1995, 61면).

A	B	전체
T	T	T
T	F	F
F	T	F
F	F	F

A는 '참'일 수도 있고 '거짓'일 수도 있다. B도 마찬가지다. 그렇다면, A와 B의 진리가의 어떤 조합도 이론적으로는 가능하다. A와 B 중 단지 하나만이 '참'이라면 전체는 '거짓'이다(2행, 3행). A와 B, 모두가 '참'이면 전체는 물론 '참'이다(1행). 그러므로 논리는 '참'과 '거짓'의 지시자에 의존하나 이러한 용어는 단지 가정논리에서만 의미를 갖는다. 그것들은 그 논리에 의해 정의된 자명한 영역 안에서만 이해될 수 있는 가치이지, 독립적인 타당성에 대한 주장이 아니다. 어떤 의미에서 그것들은 플라톤(Platon)이나 칸트에 의해 이해된 초월적 진리와 관련된다.

따라서 '참'과 '거짓'은 과학담론에서 +와 -, 또는 0과 1처럼 아주 단순한 가치들이다. 그것들은 특수한 맥락에서 작용하는 이항대립인 셈이다. 결국 모든 과학이 각자의 장에서 진리를 도출하는 동안, 정신분석은 그 자체로 진리의 부담을 끌어안는다. 진리의 정확한 성격이 무엇이든 간에 정신분석은 그 진리에 대한 책임성을 갖는다. 다시 말해 정신분석적 지식형성은 진리의 효과에 의존한다. 어떤 분석구성물 또는 해석은 놀랍고도 폭발적인 설득력을 갖고 있다. 그러나 이러한 진리의 효과와 증상의 궁극적 해소 사이의 연관은——그륀바움이 핵심적이라고 강변한——불확실하고 간접적이며 논쟁의 소지가 있을 수밖에 없다. 다만 그때 우리는 이러한 진리의 효과와 임상적 향상 간의 직접적인 일치만을 확인할 수 있을 뿐이다.[29]

이것이 단순한 암시라는 것에 반대하더라도, 분석가는 이러한 진리의 효과가 분석에 회의적인 사람에게조차도 그 자체를 생산할 수 있고, 결코 분석가를 기쁘게 하는 것이 아니라는 점에 주목한다. 더구나 전이는 분석가가

---

29) 더욱더 흥미로운 것은 해석 또는 분석구성물에 대한 호소이다. 프로이트는 분석구성물에서 그것의 진리기준으로서 치료효과에 대해 거의 언급하지 않았으며, 오히려 분석을 '쓸모없는' 활동, 즉 순수한 '게임'으로——마치 라깡의 '추론과학'을 암시하듯이——바라보았다. 프로이트는 부정적 치료반응의 이러한 측면을 언급하면서, 사실상 환자의 임상적 향상이 아니라 해석 또는 분석구성물의 진리를 확인하는 것으로서 환자의 악화를 고려했다. Freud(1961) 159~70면.

주체에게서 어떤 진리의 효과를 성공적으로 생산한다는 사실에 의하여 종종 발생한다. 모든 결과는 호용될 수도, 남용될 수도 있다. 주체는 갑자기 자신 앞에 놓여 있는 장막이 걷힌다는 감각을 갖게 되고, 이러한 강력한 '증거' 때문에 더욱 논란이 있을 수 있는 분석구성물에 대해서조차도 분석가에게 신뢰를 보낼 마음이 생긴다. 확실히 분석가는 유혹하는 사람이나 일종의 미끼로 진리의 매력을 이용하면서 환자를 유혹한다. 이렇듯 과학과 정신분석은 진리에 대한 특수한 관계에 의해 구분된다. 과학은 정신분석과는 달리 진리의 효과에 의존하는 것이 아니라 진리를 독점적으로 소유하려고 함으로써, 효과로서의 진리 개념을 배제하는 데 그 기반을 두고 있다고 볼 수 있다(Lacan 1966, 79, 874면).

다음으로, 과학과 정신분석 사이의 또다른 분리의 선은 정신분석이 주체를 작업의 재료로 삼는 반면, 과학은 원칙적으로 주체를 제외하고 배제한다는 곳에 그어진다. 다시 말해 과학은 과학자의 욕망에 대해서 자문하지 않을 뿐만 아니라, 연구대상이 주체에게 미치는 영향도 무시한다. 게임이론에서와 같이 주체가 공식을 다듬는 것을 넘어서, 과학의 관심은 무엇보다도 자신의 완전성을 외부적 시각으로 정당화하기 위하여 공식이 전개되고 풍부해지는 방식을 뒤쫓는 것이다. 이것이 바로 창조자와는 별개로 전개되는 공식의 기표적 특성이다. 이때 형식적인 관점에서 누가 계산을 하는가는 중요하지 않고 주체 없는 기표만이 유동할 뿐이다. 그러나 계산에서 우리의 관심을 끄는 것은 그것이 계산을 제시하는 사람에 의해 이해되는 행위라는 것이다. 따라서 정신분석은 우리가 치료에서 마주치는 모든 계산적 기표 뒤에 그것의 비의미적인 특성에도 불구하고 주체를 항상 보지(保持)한다. 정신분석에서 주체 없는 기표란 없으며, 반대로 과학에서 기표는 주체를 배제한다.

이러한 두 가지 분리선을 근거로 라깡은 비록 '정신분석적 과학'이라는 용어를 사용하고는 있지만, 정신분석은 과학이 아니라 '과학적 소명'을 지닌 하나의 '실천'이라고 했다(Lacan 1966, 863면).

294

정신분석은 논박 가능한 것이 아니기 때문에——포퍼가 충분히 표현했듯이——과학이 아니다. 그것은 일종의 **담론적 실천**(a practice of chatting)이고 (…) 동시에 결과를 갖고 있다. 정신분석에는 과학적 위상이 없는데, 다만 그러한 위상을 기다리고 바랄 뿐이다. 정신분석은 망상인데, 그것은 과학을 생산하리라고 기대되는 망상이다. (…) 그것은 과학적 망상이지만, 이 말은 분석적 실천이 언젠가는 과학을 생산할 것이라는 의미는 아니다.(Lacan 1979, 5~9면; Felman 1987, 22~30면에서 재인용. 강조는 인용자)

이 대목에서 라깡의 최종입장은 정신분석이 다른 개별과학들(구조주의 언어학과 인류학 등)과는 근본적으로 다르며 그것의 인식론적 지위 또한 다르다는 점을 알 수 있다. 오히려 정신분석은 이미 성립된 다른 과학분과들에 의해 판단되는 대신에, 그 개별과학들에 대해 주석하고 그것들의 결점에 대해 판단하는 위치에 존재한다. 정신분석은 무의식적 욕망을 경험적으로 증명하고, 그것의 작동방식에 관한 일반이론은 구축하는 것을 목표로 하는 과학이 아니라, 다른 개별과학들의 작동구조가 어떤 존재론적 기초 위에 짜여 있는가를 보여주는 담론적 실천일 뿐이다.

5. 결론

지금까지 필자는 정신분석에 대한 노골적인 부인(경험주의적 비판)으로부터 시작하여 전면적인 옹호(해석학적 방어)를 거쳐 클라인학파의 '반성'과 라깡의 '재구성' 작업에 이르기까지 정신분석의 과학적 지위에 관한 논의를 기술했다. 이제 이러한 논의의 담론효과를 생각해볼 싯점이다. 우리는 '정신분석이 실제로 무엇을 하는가'를 반성함으로써 단순히 규범적인 차원에서가 아니라 정신분석에 대한 비판가들의 관념화된 판단기준의 문제를 재검토할 계기를 가져보자.

실제로 정신분석은 무엇을 하는가? 프로이트는 매우 정당하게도 모든 자아가 두 가지 '다른' 비심리학적 욕구들——외부세계의 압력과 육체적 욕동의 압력——에 관계한다고 지적했다. 프로이트는 종종 'Ich'라는 용어를 사용할 때——주체성을 의미하는 것으로, 영어권에서는 'Self'——헷갈리곤 했는데, 일반인들뿐만 아니라 정신분석가들에게도 '나의 부분'과 '내가 아닌 부분' 그리고 '실재의 나'와 '나 이상의 것'을 구분하는 것이 쉽지 않기 때문이다. 이렇게 정신분석이론은 주체의 모든 '당혹스러움'의 해소 없이 정교화되지만, 신경증은 우리에 대한 또다른 욕동의 유효성을, 즉 우리 욕동의 생물학적 근원으로부터, 또는 우리를 둘러싸고 압박하는 사물세계로부터 유래한 그 무엇의 유효성을 분명히 보여준다. 그럼에도 불구하고 정신분석이론은 심리 내적이고 반생물학적인 노선을 취하게 되는데, 그것은 보통 외상적 차원을 가치절하하고 환상적인 주체화 과정에 대한 기술에 집중하기 때문이다. 주체 안에서의 갈등과 불일치는——주체에 대한 타자의 영향이 아니라 자기애적인 진리 추구에 불과한——주체의 '행위'로만 보인다. 결국 주체가 해석에 의해 다루는 것은 '예기치 않은' 실재의 침입이다. 주체는 수면중에도 자신을 깨우는 실재적 욕망을 다루고 있는 셈이다. 따라서 정신분석 과정은 문자 그대로 유아기의 가면(오래된 기억 속에 숨겨진 외재적 타자성)을 벗겨내는 것으로 끝날 뿐이다.

모든 신경증이 재구성됨으로써 해체될 필요가 있는, 또는 해석함으로써 '탈해석'되는 해석체계로 회귀함은 사실이다. 그러나 우리는 고통받는 주체가 고정되어 있는 이러한 해석체계가 왜 더이상 작동하지 않는가를 질문해야 한다. 주체가 그 속에서 위안을 발견하기 때문에 신경증적 불일치로 빨려들어가지 않는 어떤 '유아론'이 있을 수 있다. 이를 두고 프로이트는 면역체계의 심리적 등가물인 '방어기제들'을 거론한다. 여기에서 의학 치료와 정신분석 치료의 핵심적인 차이가 발생한다. 의학 치료는 직·간접적으로 면역체계와 그 방어기제들을 강화함으로써 유기체의 대사작용을 유지·보존하는 것을 목적으로 한다. 반면에 프로이트는 처음부터 그것과는 다른 윤리적 기초에 기반한다. 좀더 효율적으로 타자성을 추방하기 위해서는 자아 및 그 방어기제들을 강화하는 것이 아니라, 반대로 자아를 타자에 개방시키고 타자를 우리 자신으로 통합하며 자아가 그 존재로부터 분리되도록 허가해야 한다. 분석가는 자아가 타자성에 침투 가능한 것이 되도록 추동해야 하는데, 그것은 우리 자신의 해석적 태도를 재구조화하는 주체의 전복을 통해서만 가능하다. 이렇게 자아에게 실재적인 것을 환대하게 함으로써, 주체는 궁극적으로 역사를 갖는 반복으로부터 벗어날 수 있다. 보통 분석가는 직접적으로 이러한 전복을 주장하지는 않으나, 주체를 필연성 속에 자리매김함으로써 그 전복을 가능하게 한다. 그러나 어떻게? 프로이트의 도라(Dora) 사례를 인용해보자.

실제로 도라의 병을 일으킨 것은 무엇인가? 확실히 그녀의 가족을 놀라게 하기에도 충분치 않았던 미미한 히스테리 증상은 결코 아니다. 도라의 진정한 증상은 그녀 아버지의 전략을 전복시키는 것에 있었는데, 그녀는 자기 증상의 담지자라기보다는 오히려 아버지의 증상의 담지자였다. 아버지의 증상을 유희하면서, 그녀는 가족구조에——역시 프로이트도 몰입한——묶이게 된다. 그녀는 열정에 사로잡혀 가족끼리의 '스와핑 게임'(swapping game)에서 벗어나지 못했다. 프로이트는 도라가 주위 사람들——아버지, K 부인, K씨, 심지어 프로이트 자신——을 성적으로 사랑한다고 확신했으나, 도라는 무엇보다도 가족의 성애적 상황을 사랑했다. 도라의 주위 사람들에게 몰입한 프로이트는 사적(私的) 생활단위로서의 집인 오이코스(Oikos)로부터 도라를 밀어내는 데 성공하지 못했으며, 그녀를 여성으로 만드는 데도 실패했다. 실제로 도라의 꿈속에 지속적으로 반복되는 주제가 있었는데, 그것은 도라가 자신의 집으로부터, 심지어 프로이트로부터 도망치는 것이었다. 히스테리자는 수없이 시도한 도망을 유희하면서 집에 너무나도 오랫동안 머문 아동으로 남겨진 여성이다. 히스테리자는 남자와 함께 또는 남자 없이 근친상간적 가족놀이와 다른 형태의 삶에 자신을 집중시킬 수 없다.

이러한 방식으로 도라의 주체의 불일치 또는 갈등의 핵심은 순수한 주체성, 넓은 의미로 윤리적 긴장을 초월하는 것이다. 이것은 그녀가 수용 가능한 여성성에 조응하는 생물학적·사회적 필요를 의미한다. 결국 도라에게 실재는 그녀가 밤에 꿈꾸는 것에 강박되는 한, 집으로부터 도망치는 것이다.

이렇게 분석은 우리 자신의 외부로, 오이코스의 바깥으로 투사가 가능할 때 성공한다. 주체의 해석을 해체하는 것은 주체가 궁극적으로 자신의 신경증적 해석에 길들여지고 교묘하게 회피한 실재와 만날 때 유효하다. 균형상태를 이루기 위하여 유기체 원리를 강화하는 의사와 달리, 분석가는 균형상태를 깨뜨리고 주체의 전복을 시도하는 안내자이다. 분석가는 주체가 실재에 저항하는 대신에 그것을 받아들이고 자기의 것으로 만들도록 유도한다. 우리는 진정한 분석가의 이러한 모습을 카프카(F. Kafka)가 자신에게 한 말로 그려볼 수 있으리라 믿는다. "당신과 세계 사이의 완화될 수 없는 갈등 속에서 세계의 편을 들어라!"

이러한 지평에서 정신분석은 주체에게 ——궁극적으로 그가 믿고 있는 것 이상으로 자신을 지각하는—— 자신을 해석할 가능성을 열어주고, 주체가 자신을 몰아낸 타자성에 접근하도록 한다. 다른 말로 표현하면, 정신분석은 주체를 실재 속에서 타자에게 개방시킴으로써 주체의 역사를 재구성한다(이만우 2005, 175~80면). 따라서 정신분석이 실재의 '굴성'(屈性)을 회복하고 지속시킨다면, 즉 과학적 증거를 선험적으로 배제하지 않고 그 증거로부터 독립적으로 자신을 확증하는 실재와의 접촉 가능성을 열어젖힌다면, 그것은 여전히 설득력을 가질 수 있다고 본다.

이것은 진리에 대한 해석학적 개념화를 포기할 수밖에 없는 근본적인 문제이다. 사실 해석학적 접근은 서사적으로 모든 개념화가 진실하다는 역사적 허무주의로 빠져들게 마련이다. 해석학은 정신분석이 역사적 지속과 특정한 시기를 가진다는 수준에서 유효하다고 말할 수 있다. 그러나 정신분석이 더이상 시기를 확인시켜주지 않는다면 그것은 진실이기를 멈춘다. 필자는 클라인학파와 라깡의 논의에 힘입어 경험주의적 객관주의로 회귀하지 않고 객관성의 모토를 넘어 실재론을 추구함으로써 해석학적 기회주의를 극복해야 한다고 생각한다. 이럴 때 지금까지 과학이 포착하지 못한 실재를 다루는 것이 가능할 것이다.

결론적으로, 정신분석의 과학적 지위는 정신분석의 윤리적 특수성, 즉 사고의 전반적 틀을 구성하고 욕망을 전제하게 하는 것이 바로 실재에 대한 진리효과임을 포착함으로써 얻어진다고 생각한다. 이 효과가 사회적 행위의 대안선택을, 그리고 욕망의 목적상태와 존재론적 실재 사이의 선택을 가능하게 할 것이다. 그러한 선택은 '과학적 수단'만으로 해결될 수 없다. 이것은 실재를 자리매김하는 무의식과 그에 기반한 선택과 관련된 '미결정성'의 원리——세계는 단지 우리가 원하는 대로 존재하지 않는다——를 받아들이는 것이다. 우리가 사용하는 사고의 범주체계를 통해 세계에 대한 우리의 지식을 명확히하는 것이다. 따라서 정신분석적 지식은 주체성에 대한 '해체·구성적' 이해와 이로 인해 더욱 증진될 수 있는 선택의 자유에 대한 일종의 '믿음'에 의해 구성되는 것이다.

참고문헌

Barnes, Barry (1982) *Thomas S. Kuhn and Social Science*. New York: Columbia University Press.

Bhaskar, Roy (1975) *A Realist Theory of Science*. Leeds: Leeds Books.

Bion, Wilfred Ruprecht (1970) *Attention and Interpretation*. London: Tavistock.

——(1978) *Second Thoughts: selected papers on psycho-analysis*. Heinemann.

——(1995) *Elements of Psycho-Analysis*. St. Northvale, New Jersey: Jason Aronson, Inc.

Dolar, Malden (1992) "I shall be with you on your wedding night: Lacan and the Uncanny". *October* 58. Cambridge, Massachusetts: The MIT Press.

Edelson, Marshall (1986) "The evidential value of the psychoanalyst's clinical data". *The Behavioral and Brain Sciences*. Vol. 9.

Felman, Shoshana (1987) *What Does a Woman Want: Reading and Sexual Difference*. Cambridge, Massachusetts: Harvard University Press.

Fink, Bruce (1995) "Science and Psychoanalysis". Feldstein, Richard ed. *Reading Seminar XI: Lacan's Four Fundamental Concepts of Psychoanalysis*. Albany: State University of New York Press.

—— (1997) *The Lacanian Subject: Between Language and Jouissance*. Princeton NJ: Princeton University Press.

Freud, Sigmund(1953) "Fragment of an Analysis of a Case of Hysteria". *Standard Edition*. Vol. 7. London : The Hogarth Press. (1905년 발표)

——(1955a) "Analysis of a Phobia in a Five-year-old Boy". *Standard Edition*. Vol. 10. London: The Hogarth Press. (1909년 발표)

——(1955b) "Notes upon a case of Obsessional Neurosis". *Standard Edition*. Vol. 10. London : The Hogarth Press. (1909년 발표)

——(1957) "Instincts and their Vicissitudes". *Standard Edition*. Vol. 14. London : The Hogarth Press. (1915년 발표)

——(1959) "An Autobiographical Study". *Standard Edition*. Vol. 20. London: The Hogarth Press. (1925년 발표)

——(1961) "The Economic Problem of Masochiam". *Standard Edition*. Vol. 19. (1924년 발표)

——(1963) *Introductory Lectures on Psychoanalysis. Standard Edition*. Vol. 16. London: Hogarth Press. (1917년 발표)

——(1964a) "Why War". *Standard Edition*. Vol. 22. London: The Hogarth Press. (1933년 발표)

——(1964b) *An Outline of Psycho-Analysis. Standard Edition*. Vol. 23.

London: The Hogarth Press. (1940년 발표)

Grünbaum, Adolf (1984) *The Foundations of Psychoanalysis: A Philosophical Critique.* Berkeley: University of California Press.

——(1986) "Précis of The Foundations of Psychoanalysis: A Philosophical Critique". *The Behavioral and Brain Sciences.* Vol. 9.

——(1992) "Freud's theory: The Perspective of a Philosopher of Science". Miller, Ronald B. ed. *The Restoration of Dialogue: readings in the philosophy of clinical psychology.* American Psychological Association. Washington DC.

——/Holzman, Philip S. (1993) "Retropective versus Prospective Testing of Etiologic Hypotheses in Psychoanalysis". *Validation in the Clinical Theory of Psychoanalysis: A Study in the Philosophy of Psychoanalysis.* Madison CT: International Uniersity Press INC.

Habermas, Jürgen (1971) *Knowledge and Human Interest.* London: Heinemann.

Harari, Roberto (2001) *Lacan's Seminar on Anxiety: An Introduction The Lacanian Clinical Field.* Shepherdson, Charles Trans. London: The Other Press.

Klein, Melanie (1975) *The Psycho-Analysis of Children.* New York: The Free Press.

Kohon, Gregorio (1992) "Introduction: Notes on the history of the psychoanalytic movement in Great Britain". *The British School of Psychoanalysis: The Independent Tradition.* London: Free Association Books.

Lacan, Jacques (1962~63) *Le Séminaire. Livre X: L'angoisse.* (미출간)

——(1966) *Écrits.* Paris: Seuil.

——(1977) *Écrits: A Selection.* Sheridan, Alan trans. New York: W. W. Norton & Company.

——(1978) *The Four Fundamental Concepts of Psychoanalysis.* Sheridan, Alan trans. London: The Hogarth Press.

——(1979) *Le Séminaire. Livre XXIV: L'insu que sait l'une bévue s'aile à mourre 1976~77.* published in Ornica? nos 12~18.

——(1988a) *The Seminar Book XX: Encore 1972~73.* Fink, Bruce trans. New York: W. W. Norton & Company.

——(1988b) *The Seminar of Jacques Lacan, Book I: Freud's Papers on Technique 1953~54.* Miller, Jacques-Alain ed. New York/London: W. W. Norton & Company.

——(1989) "Science and Truth". *Newsletter of the Freudian Field.* Vol. 3, No. 1-2. (1965년 발표)

——(1992) *The Seminar Book VII: The Ethics of Psychoanalysis 1959~60.* Porter, Dennis trans. New York: W. W. Norton & Company.

Lakatos, Imre (1970) "Falsification and Methodology of Scientific Research Programmes". Lakatos, Imre/Musgrave, Alan ed. *Criticism and the Growth of Knowledge.* Cambridge: Cambridge University Press.

Lichtenberg, Jeseph (1985) "Humanism and the Science of Psychoanalysis". *Psychoanalytic Inquiry.* Vol. 5, No. 3.

Meltzer, Donald (1978) *The Kleinian Development.* Perthshire: Clunie.

——(1981) "The Kleinian Expansion of Freud's Metapsychology". *International Journal of Psycho-Analysis.* Vol. 62.

Miller, Jacques-Allain (1996) "ll rovescio dell'interpretazine". *La Psicoanalisi* 19.

Milner, Jean-Claude (1996~97) "Lacan and Modern Science". *Journal of European Psychoanalysis.* No. 3~4(Spring 1996~Winter 1997).

Morel, Geneviève (2000) "Science and Psychoanalysis". *Umbr(a): A Journal of the Unconscious.*

Nelson, C. K. (1994) "Ethnomethodological Positions on the Use of Ethnographic Data in Conversation Ananlytic Research". *Journal of Contemporary Ethnography.* Vol. 23, No. 3.

Richardson, W. J. (1980) "Phenomenology and Psychoanalysis". *Journal of Phenomenological Psychology*. Vol. 11, No. 2. Atlantic Highlands, New Jersey: Humanities Press International, Inc.

Ricœur, Paul (1970) *Freud and Philosophy*. New Haven CT: Yale University Press.

Schilp, Paul Arthur ed. (1974) *The Philosophy of Karl Popper*. La Salle, Ilinois: Open Court.

Stonebridge, Lyndsey/Phillips, John ed. (1998) *Reading Melanie Klein*. London/New York: Routledge.

Summers, Frank (1994) *Object Relations Theories and Psychopathology: A Comprehensive Text*. Hillsdale, New Jersey: The Analytic Press.

Verhaeghe, Paul (2002) "Causality in Science and Psychoanalysis". *Lacan & Science*. London and New York: Karnac.

Will, David (1986) "Psychoanalysis and the New Philosophy of Science". *International Review of Psycho-Analysis*. Vol. 13, No. 163. London: The Institute of Psycho-Analysis.

Williams, Frank S. (1995) Southern California Psychoanalytic Institute(SCPI) 증례발표회 발표문 1995. 3. 4.

멜라니 클라인 (2008) 『아동 정신분석』. 이만우 옮김. 새물결.

슬라보예 지젝 (2002) 『향락의 전이』. 이만우 옮김. 인간사랑.

이만우 (2000) 「정신분석적 문화연구: 방법론적 논점」. 『정신분석』 제11권, 제2호. 한국정신분석학회. 289~99면.

이만우 (2004) 「정신분석과 근대과학의 '맞/엇물림'」. 『라깡과 현대정신분석』 제6권, 제2호. 한국라깡과현대정신분석학회. 73~104면.

이만우 (2005) 「개인대상 사회복지실천기술로서의 정신분석」. 『사회복지정책』 제21권. 한국사회복지정책학회. 153~87면.

라깡과 레비나스
타자의 윤리학

민승기

1. "저는 죽었지만 살아 있기도 하지요."(Kafka 1988a, 228면)

  윤리학은 잉여물과의 관계이다. 잉여물은 초월의 몸짓을 통해 우리에게
다가온다. 재현될 수 없는 초월성이 쓰레기나 배설물과도 같은 물질성으로
드러나는 것이다. 안티고네(Antigone)는 숭엄한(sublime) 아름다움으로 빛
나지만 산 채로 죽은 자의 동굴로 들어간다. 발데마르(M. Valdemar)의 숭엄
한 육체는 그가 최면에서 깨어난 후 "거의 액체 상태의 혐오스런 물질" 구역
질나고 형태 없는 덩어리로 와해된다(Poe 1986, 280면). 코러스를 고통스럽게
하는 안티고네의 "유령(괴물, 여신)과도 같은 모습."[1] 의미화될 수 없는 육
체. 그들은 모두 죽음을 욕망하고 '나는 죽었어'라고 말한다(Lacan 1992, 281
면). 산 것도 죽은 것도 아닌, 라깡(J. Lacan)이 '두 죽음 사이'라고 부르는 곳
을 배회하는 유령들. 의미와 고유성을 부여해주는 한계로서의 죽음(death)
과는 달리 충분히 죽지 못해 떠도는 불가능한 죽음(dying). 라깡에게 윤리학

---

1) Sophocles(1991) 175면. "dainmonion teras" 'dainmonion'은 '신으로부터 태어난' 또는
   '악마와도 같은'의 뜻이며, 'teras'는 '이상한, 너무도 이상해서 괴물과도 같은'이란 의미이
   다. Shepherdson(1999) 72면 참조.

은 상징적 의미체계가 재현할 수 없는 잉여물로 남아 예측할 수 없는 형태로 출몰하는 유령과의 만남이다.

레비나스(E. Levinas) 역시 유령을 말한다. 유령은 '무(無)가 불가능함'을 보여주는 잉여물이다. '존재하느냐 아니면 존재하지 않느냐'는 햄릿의 망설임은 자신을 없앨 수 없다는 사실의 자각이다(Levinas 1987b, 73면). 그는 유령이 되어 돌아올까봐 두려워하고 있다(Levinas 2001, 57면). 유령은 익명성과 비인격성의 형태로 귀환한다. 그것은 언어체계에서 이름을 부여받지 못한 '익명의 중얼거림,' 레비나스의 용어로는 '존재자 없는 존재' '익명적 있음'(il y a)이다. 차이와 구별을 가능하게 하는 "빛이 없는 밤", "어떤 출구도 없는" "존재의 질식할 것 같은 애무" 속에서 주체는 "존재의 바스락거림"에 잠못 들어 한다(Levinas 2001, 51~60면).

의미의 세례를 받지 못해 익명적 형태로 귀환하는 유령을 라깡은 실재계(실재)라 부른다. 윤리학은 이상적인 것을 대상으로 삼아왔지만 이제는 정반대로 실재계와의 관계에 천착해야 한다고 라깡은 말한다. "윤리적인 문제란 인간이 실재계와 맺는 관계를 통해 이야기될 수 있는 것이다."(Lacan 1992, 11면) 실재계는 상징계의 잉여물이며 거기서 드러나는 것은 상징질서의 분열이다. 모세(Moses)라는 아버지는 태양신을 숭배하는 이집트인 모세와 미디안(Midian) 광야에서 화산신을 섬기던 셈족 사람 모세로 분열되어 있다. 이스라엘 백성들은 이집트인 모세의 도움으로 애굽(埃及)을 탈출한 후에 그를 죽이고 셈족 사람 모세가 그 자리를 대신한다. 기원적 아버지의 분열이라는 판타지(환상) 속에서 돌아오는 것은 비합리적이고 고집스러우며 "믿어야만 하는" 강박적인 신이다(Freud 1973, 130면). 명령은 아무런 설명 없이 무조건적인 동어반복에 의해 강요된다. '내가 그렇게 말했으니 그런 것이야.' 프로이트(S. Freud)는 「모세와 일신교」(Freud 1973)를 통해 상징적인 법이 합리적인 규칙으로 설명될 수 없는 무조건적 명령에 의존한다는 것을 보여주고자 한다. 합리적 질서를 표상하는 일신교가 변덕스럽고 불같이 화를 내는 화산신에 의해 보환(supplement)되는 것처럼, 법은 쾌락원칙을 넘어서 있는 '죽음의 충동'(death drive)에 의해 가능하다. 라깡 식으로 말하면 프로이트는 상징계적 법이 실패하는 지점, 강박적인 명령으로 드러나는 실재계의 법이 상징질서를 보환하는 지점을 모세의 판타지를 통해 '구성'(construction)하고 있다.[2]

상징적 의미 너머에 있는 끔찍한 심연으로서의 신은 아무런 내용을 갖지 않는 순수한 형식으로 존재한다. 그러나 의무를 다하라는 이 텅 빈 제스처 없이는 법이 갖는 모든 상징적 의미가 불가능하다. 법을 가능하게 하는 텅 빈 심연이 먼저 있고 상징적 의미가 그것을 온전하게 지배하지 못해 잉여물이 남게 되는 것이 아니라, 법 자체가 잉여물을 생산하는 것이다. 그러므로 실재계란 결코 의미체계를 통해 접근할 수 없는 불가능한 것이라고 말하기보다는 상징질서 속에서 유령과 같은 형태로 항상 발생하고 있다고 주장해야 한다. 실재계의 선재성(先在性)에 대한 주장은 상징계와 실재계가 동시에 존재한다는 사실, 다시 말해 상징계 자체의 분열을 숨기고 있다. 실재계는 우리가 궁극적으로 도달해야 하는 (그러나 불가능한) 외부의 실체가 아니라 상징적 의미체계의 원을 닫을 수 없도록 하는 내부의 장애물, 의미로 환원될 수 없는 틈이다. 의미에 저항하는 잉여물들은 판타지 속에서 드러나며, 판타지 속에 구현되어 있는 잉여물들과 만나는 행위가 바로 프로이트적 의미의 '구성'이다.[3] 반면 라깡은 대타자(상징계)가 전체가 될 수 없도록 하는 잉여물을 소타자(대상 a)라 부른다. 소타자는 주체가 점근선(漸近線)적으로 접근할 수밖에 없는 언어체계의 바깥이 아니라 언어가 보편성을 가질 수 없도록 하는 물질성, 말하는 존재의 목에 걸린 뼈이다. 모든 병리적인 것을 제거하려는 주체가 결코 지울 수 없는, 그러나 이미 주체 속에 들어와 있는 대상, 주체도 대상도 아닌 소타자와의 만남이 윤리학을 가능하게 한다.

---

2) 프로이트는 「모세와 일신교」를 역사가 아니라 '역사에 대한 구성'이라고 변호한다. Freud(1973) 84면.
3) 프로이트의 '구성'과 라깡의 '판타지(환상) 가로지르기'를 연결시킨 글로 Reinhard(1999) 1~22면.

그러나 레비나스는 유령 앞에서 물러선다. '익명적 존재의 시달림'으로부터 벗어나는 것이 레비나스의 윤리학이다. 어떻게 유령이 되는 것을 피할 것인가?[4] 타자에 대해 책임지는 주체는 윤리성을 가질 수 있는 반면 익명적 있음은 아무런 책임감도 발생시키지 못한다. 그러므로 레비나스의 주체는 익명적 있음을 벗어나 요소(element)와 관계를 맺는 향유주체가 되지만 요소 역시 진정한 타자성을 갖지 못한다. 요소의 저항은 여전히 "익명적 초월성"으로 남아 있기 때문이다(Levinas 1969, 132면). 타자와 얼굴을 마주할 때 비로소 주체는 타자를 책임지는 주체로 태어난다. '존재와 다르게 되는'(otherwise than being) 길은 타인과의 만남, '타인에 대한 공경심'(respect for the other) 속에 있다. 타자의 물질성보다는 초월성이 문제이고, 유령처럼 다시 돌아오는 타자가 아닌 결코 도달할 수 없는 타자가 강조된다. 고아나 과부의 얼굴을 하고 있는 타자는 신으로 승화된다. 레비나스는 타자를 대립구조로 재현될 수 없는 것으로 설명하고 있지만 타자의 절대성을 강조하기 위해 다시 동원되는 것은 진정성/익명성이라는 대립구조이다. 익명적 있음의 애무로부터 벗어나는 길은 타자와의 거리나 간격을 강조하는 것이다. '공경심' 자체가 타자에게 너무 가까이 가지 않기 위한 방어기제일 수 있다. 실제로 재현의 거리를 허용하지 않는 가까움을 말하던 초기의 개념들('익명적 있음' '향유' '애무' '에로스적 사랑')은 유사성이나 차이로 메워질 수 없는 거리 또는 비대칭성이나 비상호성을 강조하는 후기의 개념들('타자의 얼굴' '대리' 등)에 자리를 양보한다. 더욱이 익명적인 가까움은 동물적인 것으로, 타자와의 분리는 인간타자와의 관계로 규정되어 다시 인간/동물의 대립구조가 생겨난다. 라깡 식으로 말하면 레비나스는 타자와의 거리 속에서 타자와의 만남을 피하고 있는 셈이다. 분리될 수 없는 유령으로 출몰하는 타자(라깡의 소타자)로부터 벗어나기 위해 그는 타자를 절대적인 타자(라깡의 대타자), 결코 도달할 수 없는 불가능한 타자로 승화시키고 있다.

---

4) '있음'의 유령성에 대해서는 서동욱(2000) 153~96면, 해체론을 유령학으로 설명하는 글로는 김상환(1998) 61~110면 참조.

타자는 결코 획득할 수 없는 욕망의 대상이 되고, 주체와 타자의 메워질 수 없는 거리는 '타자를 위한 주체'를 불가능하게 한다. "더욱 책임있는 주체가 될수록 나는 더욱 죄책감을 느낄 뿐"이고(Levinas 1998, 112면), "나는 다른 사람보다 책임이 더 크다."(Levinas 1998, 146면) 타자와의 극복할 수 없는 거리에 의해 보장되는 타자의 절대성은 타자 속에 함몰되지 않는 주체의 윤리성을 확증해준다. 타자는 극복할 수 없는 외상(trauma)을 주체에게 남기지만 바로 그 외상 속에서 주체는 자신이 생존할 수 있는 최소한의 거리를 확보한다.[5]

'익명적 있음'으로부터 벗어나 절대적 타자를 향해 가는 레비나스의 시도는, 그러나 '있음'의 유령에 의해 방해받는다. 가장 승화된 형태의 타자인 신, "그분"(Il-leity) 속에서 들려오는 것은 "다시 있음"(il-y-a)의 중얼거림이기 때문이다. 신의 초월성은 있음과 같아질 때 생겨난다(Levinas 1987a, 165~66면). 레비나스는 있음의 포웅으로부터 자유롭지 못하다. 초월성과 있음의 거리가 와해될 때, 라깡 식으로 말하면 대타자와 소타자가 같아질 때 레비나스의 윤리학은 익명성/진정성, 동물/인간의 대립구조를 넘어설 수 있다.

먹는 것을 거부하는 거식증(anorexia)은 생물학적 배고픔과는 다르지만 문화적으로 설명해낼 수 없는 유전적 요인을 갖고 있다. 그것은 생물학을 따르지 않는 신체 현상, 생물학적인 것도 문화적인 것도 아닌 '육체'이다. 라깡은 이것을 "구순충동"(oral drive)으로 설명한다. 충동이란 육체화된 요구이다(Shepherdson 2000, 193~94면). 충동은 요구라는 언어적 차원을 갖는 동시에 그것으로 설명될 수 없는 살덩어리이다. 욕망은 만족을 모르지만 충동은 어떤 방식으로든 '즐기고' 있다. '그게 아니야'라고 말하는 욕망의 거부로 인해 얻어지는 부산물, 욕망의 불만족과 관계없이 덧붙여지는 쾌락이 충동이다. 스스로를 만족시켜줄 대상을 끊임없이 추구하는 것처럼 위장하지만 사실은 기를 쓰고 그것을 피하는 욕망과는 달리 충동은 욕망이 도망가는

---

5) 주체가 타자 속에서 완전히 함몰되지 않도록 해주는 것이 외상이다. 주체는 외상 속에서 스스로를 능가하고 타자와의 거리를 유지한다. Bernet(2000) 178면.

곳에서 얻어지는 잉여향유이다(Dolar 2001, 132면). 그러므로 충동의 불가능성은 타자에게 도달할 수 없다는 데서 생기는 것이 아니라 어떤 경우에도 그것을 피하기 어렵다는 사실에서 발생한다. 의미 속의 지울 수 없는 오점, 언어가 통제할 수 없는 육체, 욕망 속에서 그것을 능가하는 형태로 출몰하는 충동은, 제거하거나 선택할 수 없으며 주체의 의지를 능가하는 강박으로 드러난다.

레비나스에게서 타자와의 관계는 무엇보다도 타자에의 노출이다. 상처받을 가능성(vulnerability)·외상·사로잡힘(obsession)·선택받음(election)·포로(hostage)·책임·가까움(proximity)·영감(inspiration) 등 레비나스의 주요용어들은 모두 타자에게 진 빚을 이야기하고 있다. 주체는 타자에게 영향받거나 감염되어 생긴 결과물일 뿐이다. 타자에의 감염이 개념 이전의 감성(sensibility)으로 드러난다는 사실이 중요하다. 에로스적 사랑·애무(caress)·향유(enjoyment) 등은 모두 언어 이전의 육체, 재현될 수 없는 물질성을 지시한다. 레비나스는 이것을 육체입음(embodiment) 또는 '언어의 체현'(incarnation of language)이라고 부른다. 그러나 육체는 단순히 언어 이전의 감성만을 뜻하지 않는다. 레비나스는 얼굴의 언어를 통해 감성적인 것과 윤리적인 것을 구분하려 하지만 언어 역시 이미 감성적인 것에 노출되어 있다. '하는 말'(Saying)은 '한 말'(Said) 속에서 언어가 감성적인 것을 초월할 수 없음을 지시하고 있다. 육체입음은 단순히 생물학적인 육체나 육체에 대한 의미가 아니라 충동처럼 의미 속에서 의미를 초월하는 감성, 타자와의 거리를 불가능하게 하는 육체의 애무이다.

그러나 레비나스는 다시 감성/언어의 대립구조를 동원해 의미화될 수 없는 육체의 가능성을 닫는다. 언어 속에서 언어를 초월하는 육체는 승화되지 못한 물질성, 말할 수 없는 육체로 전락한다. 승화될 수 없는 감성인 에로스적 사랑은 혼돈과 무의미로 배제되고, 신과의 관계를 드러내는 고통만이 허용될 수 있는 감성으로 남는다. 더욱이 육체에 대한 논의는 성차(sexual difference)와 관련되어 있다. 에로스적 사랑과 애무가 갖는 타자성이 비인격성과 익명성으로 묘사됨에 따라 여성은 말할 수 없는 동물적 육체, 의미 없고 무책임한 에로스적 육체로 간주되고(Levinas 1969, 259면), 남성은 승화된 감성인 고통 속에서 윤리적 주체로 태어난다(Ziarek 2001, 59면). 그러나 라깡의 성차 논의가 보여주듯이, 성차는 육체처럼 생물학적·문화적 차이로 설명될 수 없는 차이 그 자체, 실재계적인 것이다(Copjec 1995, 207면). 그것은 성차에 관한 모든 묘사들이 전체일 수 없게 하는, 상징적 의미 자체의 내부적 분열을 보여준다. 남성/여성이라는 대립구조는 이미 재현될 수 없는 성차에 대한 상징계적 방어이다. 레비나스는 재현 불가능한 실재계적인 성차를 남성과 여성이라는 상징적 차이로 환원시킴으로써 익명적이고 비인격적인 실재계의 애무로부터 벗어나고자 한다.

안티고네가 매혹과 공포를 동시에 주는 이유는 무엇인가? 그녀가 발하는 광채가 끔찍한 아름다움으로 묘사되는 이유는? "가족과 국가의 문제 너머에서, 도덕적 논의들 너머에서 우리를 매혹시키고 있는 것은 바로 안티고네 자신, 참을 수 없는 광휘(光輝)를 가진 안티고네이다. 그녀는 우리를 매혹시키는 동시에 놀라게 하고 우리를 위협하는 자질을 갖고 있다. 이 끔찍한, 희생자를 자처하는 인물이 우리를 불안하게 한다."(Lacan 1992, 247면) 라깡에게 윤리학은 헤겔(G. W. F. Hegel)처럼 상반되는 가치들의 갈등이나 투쟁에서 생겨나는 것이 아니라 개념화될 수 없는 감성인 아름다움 속에서 드러난다. 이것이 라깡이 윤리학을 논하는 자리에서 미학의 문제를 제기하는 이유이다. 재현될 수 없는 감성을 다룬다는 점에서 미학과 윤리학은 서로 연결되어 있다. 그러나 안티고네가 우리를 불안하게 하는 이유는 무엇인가? 눈을 감아버려야 할 정도로 끔찍한 위협이 되는 것은? 오빠에 대한 안티고네의 사랑이다. 오빠에 대한 그녀의 집착은 모든 상징적 대체를 거부하는 특이한(singular) 관계를 보여준다. 선이나 행복을 넘어서 있는 안티고네의 고립이나 비타협성은 크레온(Creon)에 대한 도전이나 저항으로 설명될 수 없는 죽음의 충동에서 기인한다. 금기되어 있기 때문에 매장하려는 욕망이 생겨나는 것이 아니라 그렇게 할 수밖에 없기 때문에 매장하는 것이다. 죽음의 충동은 죽음을 향하고 있는 존재의 유한성이나 무로 돌아가고 싶은 욕망이 아니라, 삶이나 죽음에 무관심하며 주체가 자신의 생존이나 행복과 관계없는 행위를 하도록 추동시키는 힘이다. 죽음의 충동은 행위주체까지도 놀라게 하는 강박으로 다가온다. 그녀는 산 채로 죽은 자의 동굴에 매장되어, 산 것도 죽은 것도 아닌 유령이 된다. 관객이 안티고네와 자신을 동일화하고 그녀에게서 '아름다움'을 느낄 수 있는 것은 유령과도 같은 안티고네로부터 거리를 유지할 수 있을 때이다.[6] 라깡 식으로 말하면 주체가 시체나 배설물과 같은 대상과 같아질 때, 충동의 영역이 열리고 윤리적 행위라고 부를 수 있는 것이 발생한다.

레비나스의 주체는 이 끔찍한 소타자와의 만남을 피하기 위해 자기방어를 행한다. 얼굴의 현현(顯現)은 시체와도 같은 것이 되지 않기 위해 영예로운 것으로 고양된다. 모든 상징적 언어가 전제하고 있는 "영예로운 언어" "절대적인 진정성"이 얼굴이다(Levinas 1969, 202면). 인간의 얼굴은 끔찍한 소타자와의 만남을 거부하는 물신(fetish)이 된다(Žižek 2000b, 680면). 인간의 얼굴이 갖는 위엄성을 유지하기 위해 레비나스는 실재계에 너무 가까이 가지 않고 그것과 거리를 유지한다. 그러나 라깡은 광휘를 가진 얼굴이 아닌 찡그린 얼굴, 발작을 일으키는 씨뉴(Sygne de Coûfontaine)의 얼굴을 윤리적인 것으로 제시한다. 얼굴을 마주하는 관계가 아닌 얼굴을 상실하는 경험, 광휘가 모두 사라진 괴물과도 같은 육체가 오히려 윤리적이지 않을까? 레비나스의 얼굴은 소타자가 아니라 그것을 거부하는 (상징계적) 물신으로 남아있다. 레비나스는 유령이나 육체입음과 같은, 개념화될 수 없는 물질성을 이야기했지만 그것을 끝까지 추구하지 못한다. 레비나스의 윤리학은 라깡이 '욕망의 윤리학'이라 부르는 곳에서 멈춰선다. 그는 끔찍한 충동 앞에서 눈감고 만다. 충동과의 거리를 유지하기 위해 다시 동원되는 것은 위계적인 대립구조인데, 이것이 레비나스의 윤리학이 갖는 해결될 수 없는 모순을 만

---

6) Shepherdson(1999). 세퍼드슨은 안티고네와 오빠의 관계를 사랑으로, 안티고네와 관객의 관계를 아름다움으로 설명한다.

들어낸다. 이 글은 타자의 물질성에 대한 논의 속에서 라깡이 레비나스를 보환할 수 있는 지점들을 살펴보기 위해서 씌어졌다. 우리는 절대성이라는 타자의 얼굴의 광채를 걷어내는 라깡의 작업에서 절대성이 물질성과 같아지는 기이한 경험을 하게 될 것이다.

2. "내가 세상을 창조할 때에 너는 어디 있었느냐?"

윤리학은 타자와의 '관계'를 말한다. 관계란 '타자를 향해 열려 있는 구조적 가능성'이다.[7] 의미는 관계를 필요로 하는 동시에 관계를 추방한다. 타자와의 차이에 의해 의미가 만들어지지만, 의미를 가능하게 하는 타자로의 열림(opening)은 규제되거나 한계지어지지 않으면 이미 항상 자신과는 다른 것을 지시하게 되어 뭐라 규정할 수 있는 의미나 관계가 불가능해지기 때문이다. 그러므로 관계는 대립 구조적 차이를 통해 자신의 기원을 지운다. 이때 지워지는 것은 관계를 불가능하게 하는 타자로의 열림이고 대신 (의미를 가능하게 하는) 차이가 들어선다. 그러나 기원 지우기는 두 가지 이유로 결코 성공하지 못한다.

첫번째 이유는 타자로의 열림은 쉽게 억압되거나 배제될 수 있는 것이 아니라 관계 자체를 가능하게 해주는 근본조건이기 때문이다. 이것이 '구조적'이란 말이 뜻하는 바이다. 근본조건이란 점에서 그것은 차이보다 먼저 있었고 의미나 개념들을 만드는 차이는 이런 근본조건을 억압한 결과물일 뿐이다. 타자로의 열림이 완전히 배제될 수 없는 두번째 이유는 그것이 '가능성'으로 주어지기 때문이다. 관계는 대상화할 수 있는 사물이 아니라 타자를 향한 흔적이다. 그것은 규정되거나 고정될 수 없을 때만 비로소 존재할 수 있다. 관계가 특정한 자질이 아니라 가능성이란 말은 이렇듯 모든 자기 동

---

7) 이하의 논의는 Gasché(1999) 6~9면 참조.

일적인 대상 이전에 타자와의 관계가 먼저 존재했음을 보여준다.

레비나스는 지향성(intentionality)이란 관계에서 시작한다. 지향성은 의식이 자기 아닌 대상들과 항상 접촉하고 있음을 말해준다. 의식은 항상 무엇에 대한 의식으로만 존재한다. 대상 역시 의식 밖의 추상적이고 고립된 사물이 아니다. 주체와 대상은 이미 얽혀 있다. 지향성은 의식이 이미 타자를 향해 열려 있다는 것을 보여준다. 재현을 가능하게 하는 주체와 대상의 분리(차이) 이전에 나와 대상 모두를 가능하게 하는 "관계"가 이미 있었다(Large 1996, 38면). 레비나스는 재현질서 이전의 타자와의 관계, 차이 이전의 타자로의 열림을 보여준다는 점에서 지향성을 윤리적 관계의 가능조건으로 정립한다. 후썰(E. Husserl)은 지향성이 갖는 규제될 수 없는 타자로의 열림을 규제하기 위해 지향성을 목적(telos)을 가진 이야기로 재구성한다. 이야기를 구성하는 초월주체가 등장하고 타자는 대상으로 전락하며, 주체는 타자를 대상으로 재현함으로써 타자에 대한 지식을 만들어내 타자를 지배한다. 그러나 레비나스가 보기에 앎은 "내가 평정하여 손에 넣은 것과의 관계"일 뿐이다(Levinas 1985, 60~61면). 아무리 낯설고 이질적인 것이더라도 이해를 통해 나의 소화체계로 흡수하는 동화작용이 앎이다. 나의 척도와 기준에 따라 사물을 재단하는 앎은 나로부터 벗어날 수 없으며 타자성을 갖지 못한다. 그러므로 레비나스는 앎을 도출해내는 지향성으로 환원되지 않는 관계를 타자와의 관계로 설명한다. 시각적 재현과 대상 지배를 통해 모든 것을 현전(現前)적 지식으로 환원시키는 이론적 의식이 눈감고 있는 것은 자신도 이미 타자에게 노출되어 있다는 사실이다. 앎은 타자에의 노출이 두려워하는, 그것을 방어하려는 이론의 갑옷, 자기방어적 기제의 산물이다. 레비나스는 후썰의 지향성이 망각하고 있는 초월적 차원, 객관화될 수 없는 절대적 외재성을 가진 타자로 향한다.

초월적인 것은 무엇보다도 감성적인 것이다. 그것은 이론적 의식의 매개를 거치지 않고 직접 영향을 미치는 것이며 목적서사를 정지시키는 외재성을 갖고 있다. 감성적인 것은 초월적 주체의 행위 속에서 재현될 수 없는

'경험'으로 남아 구성적 의식이 이미 감성적인 것의 경험에 대한 반응물이라는 것을 보여준다. 레비나스는 감성적인 것과의 접촉을 통해 지향성을 변형시키고 있다. 우리는 재현되거나 이야기될 수 없는 이런 지향성을 지향성으로의 감성적인 것의 침입, 또는 "감성적 지향성"(affective intentionality)이라 부를 수 있다(Drabinski 2001, 86면). 의식에 의해 '주제화될 수 없는 형태로 드러나는'(manifestation) 이런 지향성을 우리는 향유 속에서, 또는 레비나스가 가장 진정한 의미의 윤리적 관계라고 말하고 있는 얼굴과의 마주함에서 경험할 수 있다. 감성적 지향성은 지향성 속에서 지향성을 초월한다. 그것이 갖는 직접성은 재현구조가 담아낼 수 없는 잉여물로 드러나거나 현전할 수 없는 과거 속으로 사라진다. '얼굴'과 '흔적'(trace)이 이런 드러남과 사라짐을 말한다. 감성적인 것은 재현의 거리를 허용하지 않는 가까움으로, 앎의 구조를 벗어나는 이타성으로, 이미 레비나스의 체계에 들어와 있다. 향유·얼굴·초월에 대한 논의가 시작되기도 전에 감성적인 것은 에로스적 사랑과 애무의 형태로 레비나스의 이론 자체를 포옹하고 있다.

상대방을 알면 알수록 더욱더 그를 사랑할 것이라는 믿음과는 달리 사랑은 앎의 구조를 벗어나는 이타성을 보여준다. 사랑의 관계를 가능하게 하는 것은 상대방에 대한 지식이 아니라 상대방을 '알지 못함'이다. 이것은 단지 앎의 결핍을 뜻하는 것이 아니라 사랑이 앎의 구조로는 설명될 수 없는, 영원히 내게서 벗어나는 것과의 관계라는 것을 보여준다(Levinas 1985, 66~67면). 에로스적 사랑이 갖는 타자성은 여성적(feminine)인 것과 연관된다. 두 영혼이 하나로 융합되는 낭만적 사랑과는 달리 레비나스적 의미의 사랑은 여전히 둘인 채로 남아 있다(Levinas 1987b, 86면). 타자성은 재현의 빛을 피해 신비 속으로 사라져 파악되거나 이해할 수 없는 것으로 숨어 있다(Levinas 1987b, 87면). 여성적인 것은 목적을 향하는 움직임이 아니라 물러남 또는 사라짐이다. "여성적인 것이 갖는 초월성은 또다른 곳으로 물러나는 데서 생겨난다. 이런 물러남은 의식의 움직임과는 반대되는 것이다."(Levinas 1987b, 88면) 관계가 '타자를 향해 열려 있는 구조적 가능성'이라고 했듯이 물러남 역시 단순히 여성의 자질이 아니라 타자성을 이루는 구조적 요인이라는 점이 중요하다. 여성은 알 수 없는 신비함에 둘러싸여 있는 것이 아니라 앎 이전에 타자와의 관계가 먼저 있었다는 것을 보여주는 타자성이다.

상대방에 대한 애무 역시 대상으로 환원되지 않는 타자성을 보여준다. 애무는 대상을 갖지 않는다. 지향성이 드러난 대상에 한정되지 않는 것처럼 어루만짐 역시 자신이 어루만지고 있는 것이 무엇인지 모른다. 바로 이 대상에 대한 무지가 애무의 본질이다. 타자와의 접촉을 통해 주체가 "접촉 이상의 차원," 타자성의 차원으로 이행한다는 점에서 애무는 단지 주체의 행위가 아니라 주체의 존재방식이다(Levinas 1987b, 89면). 주체가 애무하는 것이 아니라 애무 속에서 주체가 만들어진다. 『시간과 타자』(Levinas 1987b)에서 애무에 대한 논의는 에로스적 사랑에 한정되고, 친자관계의 타자성에 곧 자리를 내주게 되지만 향유와 얼굴에 대한 논의 이후에 다시 등장하여 얼굴의 언어 역시 감성적인 것의 애무로부터 벗어날 수 없음을 보여준다. 실제로 애무는 타자성을 드러내는 한 가지 양식이라기보다는 레비나스의 윤리학 자체를 가능하게 하는 구조적 조건이라고 할 수 있다. 우리는 여성적인 것 또는 물질성에 대한 논의와 함께 레비나스 이론 자체의 타자성으로 기능하는 애무의 문제로 다시 돌아갈 것이다.

향유란 주변 세계를 삶의 '요소'로 체험하는 것이다. "좋은 음식 · 공기 · 빛 · 노동 · 일 · 잠. 우리는 이 모든 것을 향유하고 있으며 이들은 재현대상이 아니다."(Levinas 1969, 110면) 삶은 재현이나 개념의 매개 없는 즐김이다. 향유 속에서 사물들은 실용적 목적을 위한 도구가 아니며 지향적 의식의 의미망 속에 온전히 편입되지 않는다. 요소는 우리가 다가가서 파악하기 전에 이미 우리를 둘러싸고 있는 환경이며 규정할 수 있는 어떤 형태도 갖고 있지 않다(Levinas 1969, 131면). "나는 항상 요소 속에 있다."(Levinas 1969, 131면) 의식이 요소를 대상화할 수 있는 거리를 확보하기도 전에 요소들은 이미 우리를 둘러싸고 있다. "빵을 먹고 산다는 것은 빵을 재현하는 것도, 그것에 어떤 작용을 가하는 것도, 그것을 수단으로 행동하는 것도 아니다."(Levinas

1969, 111면) 레비나스에게 윤리적 관계는 세계를 대상화하는 이론적인 의식 주체가 아니라 피와 살을 가진, 먹고 즐기는 감성적 향유주체 속에서 발생한다. 배가 고파 먹고 즐기는, 다시 말해 먹거리를 거리를 두고 바라볼 수 없는 주체만이 타자를 위한 주체가 될 수 있다(Levinas 1998, 74면). 재현 이전의 경험 속에서 태어나는 향유주체는 요소들로부터 부양되는 감성적인 것이다.

얼굴을 마주하는 관계를 향유와 구분해주는 것은 타자의 비대칭성(asymmetry)과 초월성(height)이다. 여기서 강조되는 것은 재현의 거리를 허용하지 않는 가까움보다는('나는 이미 요소 속에 있다') 타자와의 거리나 간격이다. 주체는 자신의 기원으로부터 되돌릴 수 없을 정도로 '분리'되어 있고, 주체와 타자의 거리는 유사성이나 상호성을 통해 회복될 수 없다. 타자와의 마주봄은 타자에게 응답하는 것이고 그 응답은 타자에 대한 지식 이전에 타자에 대한 반응이다. 타자를 바라보기 전에 나는 이미 타자에게 노출되어 있고, 바로 이 피할 수 없는 수동성과 타자에 대한 반응 속에서 내가 만들어진다. 타자가 나보다 먼저 있었고, 또 지식으로 만들어지거나 교환될 수 없는 특이성으로 남아 있다는 점에서 나와 타자의 관계는 비대칭적이다.

레비나스는 "오직 타인의 얼굴을 마주하는 관계만이" 진정으로 윤리적인 (초월적인) 관계라고 말한다(Levinas 1969, 43, 193면). 얼굴은 향유가 갖는 반성적 의식 이전의 (감성적) 평온함마저도 정지시킨다. 향유 속에서 주체는 타자에 의해 규정되는 동시에 아직도 동일자 구조를 완전히 벗어나지 못한다(Levinas 1969, 128면). 향유주체는 먹거리·거주·노동과 같은 행위를 통해 스스로를 요소로부터 분리시켜 자신으로 되돌아오고자 하기 때문이다. 요소의 타자성은 향유주체를 양육하고, 주체는 사귐 없는 '홀로존재'로 남는다. 레비나스가 보기에 절대적으로 나의 존재 유지만을 위해 활동하는 향유주체는 동물적인 존재일 뿐이다(Levinas 1969, 149면). 얼굴이 향유를 초월하며 좀 더 근원적으로 동일자 구조를 중지시키는 윤리성을 획득할 수 있는 것은 말하기 때문이다. 말하는 얼굴. '살인하지 말라'는 타자의 명령 속에서 평온함을 즐기는 자족적인 향유주체가 전복되고, 홀로존재가 아니라 타자에 대해 책임을 지는 윤리적 주체가 탄생한다.

먹고 즐길 줄 아는 주체만이 "자신의 입에서 빵을 떼어내어 타자에게 줄 수"(Levinas 1969, 134면) 있지만 향유주체는 아직 타자를 위한 존재가 되지 못한다. 레비나스에게서 향유는 재현 이전의 감성을 보여주지만 여전히 주체 자신의 욕구를 만족시키는 데서 끝난다. 책임감을 지닌 주체로 태어나기 위해 필요한 것은 타자의 개입이며 타자의 개입은 외상의 형태로 드러난다. 요소의 타자성은 향유주체를 양육하는 반면 얼굴의 타자성은 주체에게 상처를 입힌다. 외상은 타자에 의해 고통받음 또는 타인에 의해 생긴 상처이다. 고통은 자신의 능력을 넘어서는 것과의 만남을 통해 생겨나는 감성이다. 외상은 주체의 의지나 재현을 넘어서는 감성이며, 윤리성은 외상과의 관계, 다시 말해 타인에 의해 겪는 괴로움이나 상처 속에서만 가능하다. 주체가 거리를 두고 상처를 지켜보며 치유할 수 있는 것이 아니라 상처 속에서 윤리적 주체로 만들어진다. 향유주체는 타자의 개입이 가져온 상처 속에서 타자를 위한 주체로 다시 태어난다.[8] 결국 감성이 향유하는 능력이라고 말하는 것으로는 충분하지 않다. 감성은 무엇보다도 타자에의 노출(Levinas 1998, 75면), 타자에 의해 상처받을 가능성이기 때문이다. 외상적 주체는 타자의 침입에 의해 고통받고 자신이 의도하지 않은 고통까지도 책임지는 감성적 주체이다.

고통은 절대적 외재성이나 이타성으로 존재하는 신과의 만남이다. 이타성은 내가 치유할 수 없는 상처를 남긴다. 고통은 의식 속에 주어지지만 의식적 주체가 지배할 수 없는 이타성의 흔적이다. 주체는 절대적 수동성과 상처받을 수 있는 가능성으로 존재한다. 고통은 죄의 결과물이나 속죄의식과는 아무런 관계가 없다. 그것은 근본적으로 이유없고 불합리하며 "의미없

---

8) 타자를 위한 주체는 향유주체와 같은 감성적 주체이기는 하지만 향유주체가 먼저 있고 그 뒤에 외상적 주체가 탄생하는 것이 아니라, 향유주체가 자신의 존재조건인 타자의 고통을 일시적으로 망각하고 있다고 보아야 한다. Bernet(2000) 172면.

는" 것이다(Levinas 1988a, 156~67면). 고통이 인과응보와 같은 도덕적 차원을 넘어 윤리적인 것이 될 수 있는 이유는 이해 가능한 이유나 보상이 없기 때문이다. 그것은 가정할 수 없어 무익하기까지 하다. 자신은 죄가 없다고 항변하는 욥(Job)에게 신이 폭풍 가운데서 말한다. "내가 땅의 기초를 놓을 때에 네가 어디 있었느냐?"(「욥기」 38:4) 악한 자가 평안하며 의로운 자가 고통받고 그들의 조롱거리가 된다는 욥의 항변을 듣고도 신은 정의나 인간의 고통에 대해 대답하거나 설명해주지 않는다. 오히려 그는 그런 말을 할 수 있는 권리 자체를 문제시하고 있는 것 같다. 창조의 질서에 대한 신의 말이 어떻게 정의와 고통에 관한 질문의 답이 될 수 있는가?

여기서 드러나는 것은 신의 절대적 이타성이다. 고통은 나로 환원될 수 없고 오히려 내가 고통 가운데서 만들어진다. 무엇보다도 고통은 절대적 이타성으로 존재하는 타자와의 만남, 타자가 남긴 상처이기 때문이다. 그러나 이 타자의 침입이, 타자가 남긴 상처가 주체를 가능하게 한다. 주체는 상처받고 타자에 노출되어 있을 때에만 비로소 주체가 된다. 인간의 고통과 악의 존재에 대한 욥의 질문에 창조의 질서로 답하는 신은 그러므로 엉뚱하거나 대답을 회피하려는 것이 아니다. 창조행위와 고통은 모두 신과 세상의 근원적인 '분리'를 뜻하기 때문이다. 신의 분리와 사라짐이 세상을 창조한다면 세상은 분명히 근원적인 이타성, 존재자의 질서와는 다른 것에 기원을 두고 있는 것이다. 이타성이 책임감을 가능하게 하고 이 책임감은 필연적으로 고통스럽다. 욥이 궁극적으로 피하려고 했던 것은 이타성, 책임감, 거기에 따르는 고통이다. 그는 고통을 피하기 위해 고통을 문제로 만들고 있다(Goodhart 1996, 200~204면 참조). 타자에의 노출과 책임감 속에서 생겨나는 레비나스의 주체는 주체의 지고함을 외치는 인간 중심적 주체도, 구조주의 이후에 해체된 주체도 아니다. 타자에 대한 폭력적인 지배를 가능하게 하는 주체의 의식이나 의도는 해체되어야 하지만 윤리적 주체는 결코 다른 사람이 대신할 수 없는 타자에 대한 책임감을 통해 남아 있다. 타자에 대한 책임감을 피하거나 눈감을 수 없는 사람은 바로 나이다. 아무도 나를 대신할 수 없다. 이것이 레비나스가 말하는 '선택받음'이고 이 선택받음 속에서 주체성의 특이성이 생겨난다. 레비나스는 주체가 무의식적 구조의 산물이라는 구조주의의 주장을 창조주와 피조물의 관계로 고쳐 쓴다. 윤리적 주체가 주체의 해체를 견뎌낼 수 있는 이유는 구조를 넘어서는 무조건적인 윤리적 우월성 때문이다. 타자에 대한 나의 책임감은 구조가 설명할 수 없는 잉여물이다. 구조의 잉여물로서의 책임과 고통. 이것이 레비나스가 말하는 피조물로서의 주체이다.

타자의 얼굴을 마주하는 관계만이 진정으로 윤리적일 수 있는 이유는 얼굴이 말하기 때문이다. 레비나스는 얼굴의 언어를 통해 윤리적 책임감과 감성적인 삶을 구분하려 한다. 그러나 타자의 절대성이 철학적 언어로 환원될 수 없는 외재성으로부터 오는 것이라면 어떻게 이 절대적인 타자를 언어 속에서 만날 수 있는가? 그는 철학적 언어와는 다른 윤리적 언어를 생각하고 있는 것일까? 윤리적 언어는 또다른 언어인가? 그것은 어떤 방식으로 드러날 수 있는가? 레비나스에게 언어는 '한 말'과 '하는 말'로 분열되어 있다. '한 말'은 철학의 언어이다. 그것은 재현과 묘사를 통해 지식을 만들어내는 의미체계이다. 그러나 '한 말'은 언어의 또다른 측면, 즉 언어 속에서 완전히 재현되지 않지만 언어의 화자나 청자로 내가 타자에게 노출되어 있다는 것을 지시하는 '하는 말'을 전제하고 있다. 철학의 역사는 '한 말'이 '하는 말'을 억압하고 지배하는 역사이다. 그러나 타자에 대한 노출 없이는 어떤 의미나 진술도 불가능하다는 점에서 '하는 말'은 '한 말'의 기원이자 가능조건이다. 그것은 언어체계가 짊어져야 하는 윤리적 짐이며 재현될 수 없는 잉여물로 남아 있다.

타자에 의해 심문받음(accusation)·박해(persecution)·사로잡힘·대리(substitution)·포로 등과 같은 용어들은 '한 말' 속에서 그것으로 개념화될 수 없는 '하는 말'을 지시하고 있다. 이 용어들은 모두 주체 속의 이타성을 향해 가는 '감성'을 포착하고 있는 '언어'이다. 이론이나 개념 이전의 '감성' 역시 언어 속에서만 의미를 가질 수 있다. 레비나스는 여기서 구조주의를 넘어선다. 그는 단순히 언어를 부인하지 않고 언어가 타자의 이타성에 대한 반응이라고 말한다. 얼굴은 언어를 필요로 한다. '한 말'과 '하는 말'은 차이가 아닌 가까움의 방식으로 존재한다. 가까움은 유사성이나 차이를 뜻하는 것이 아니라 무엇보다도 비대칭성이다. '하는 말'은 차이로 환원될 수 없는 잉여물인 동시에 이미 사라져버린 흔적이며 기원이다. 모든 차이 속에는 이미 윤리적인 이타성이 유령처럼 깃들어 있다. 이타성은 현전도, 부재도 아닌 흔적으로 드러난다. 그것은 언어 이전에 있었고 언어가 귀 막고 싶어하는 소음이지만 그 바스락거림은 명확한 의미로 파악할 수 없는 유령으로 되돌아온다. 이타성은 지울 수 없는 흔적, 보이지 않는 이랑으로 이미 언어 속에 각인되어 있다. 모든 언어체계 속에 깃들어 있는 초월의 흔적과 만날 때 윤리적 주체가 탄생하는 것이다.

레비나스는 언어를 통해 감성적인 것과 윤리적인 것을 구분하려 하지만 '하는 말'은 '한 말' 속에서 언어가 이미 감성에 노출되어 있다는 사실을 끊임없이 일깨운다. 자아는 "언어의 옷을 입기 전에 이미 알몸으로 타자에 노출되어 있다(being in one's skin)."(Levinas 1996, 89면) '하는 말'은 의미로 만들어지기 이전의 육체, 언어 자체의 결핍을 보여주는 물질성을 지시한다. 레비나스는 이것을 '육체입음' 또는 '언어의 체현'이라 부른다. 감성이 갖는 육체 또는 물질성은 단순히 형식의 반대항으로서의 물질이 아니다. '한 말' 속에서 물질은 곧 형식을 갖게 되기 때문이다. 타자에 노출된 육체는 생물학적인 것도, 역사적으로 구성된 것도 아닌 언어체계를 (불)가능하게 하는 타자의 흔적, 사라져버린 기원이다. 육체는 담론의 형태로 행사되는 권력관계에서 끊임없이 재구성되는 상징적 육체가 아니라 의미와 이름을 상실한 벌거벗은 육체, 무방비 상태로 노출되어 언어가 감성적인 것을 초월할 수 없음을 지시하는 물질성이다. 감성적인 것이 갖는 윤리성은 생물학적인 성이나 문화적 구성물로서의 젠더(gender)로 설명될 수 없는 육체의 가능성을 열어놓는다(Ziarek 2001, 47~62면).

"인지작용에 종속되어 있을 때조차도 바라봄은 어루만짐(touching)과 가까움(proximity)을 보존하고 있다."(Levinas 1987a, 118면) "보이는 사물들은 눈을 애무하고 있다. 우리는 어루만지듯이 보고 듣는다."(Levinas 1987a, 118면) 바라봄은 타자를 대상화한다. 이런 의미에서 모든 의식은 시각적인 것이다. 완전하게 포위하고 지배하는 시선의 반대쪽에 귀기울임(hearing)이 있다. 귀기울임은 타자의 선재성을 인정한다는 점에서 시선과 다르다. 타자를 바라보고 재현하기 전에 들려오는 것은 타자의 목소리이다. '한 말'은 재현하는 언어이며 '하는 말'은 재현의 언어가 주제화할 수 없는 타자의 목소리에 반응하는 것이라고 주장할 수도 있다. 그러나 얼굴의 언어를 바라봄과 귀기울임이라는 대립구조로부터 벗어나게 해주는 것은 인식론적인 것과 감성이 맺는 "비대칭적" 관계이다(Davies 1993, 256~57면). 레비나스는 이 관계를 어루만짐 또는 가까움이라 부른다. "우리는 어루만지듯이 보고 듣는다." 바라봄도 귀기울임도 아닌 어루만짐이 의식과 언어를 가능하게 하는 조건이다. 동시에 그것은 재현의 거리를 허용하지 않는 가까움으로 남아 의식과 언어의 한계를 보여준다. 어루만짐은 의식에 의해 파악되거나 언어에 의해 재현될 수 없는 감성인 애무의 방식으로 존재한다(숨는다). 애무 속에서 주체는 지배하는 것이 아니라 타자에게 사로잡혀 있고, 의식은 감성으로부터 자유롭지 못하다. 애무는 얼굴로부터, 이웃의 접근으로부터 시작된다고 레비나스는 말한다(Levinas 1987a, 118면). 이어서 그는 가까움 역시 이웃과의 관계라고 말한다(Levinas 1987a, 119면). 그러나 애무를 타인의 얼굴로, 가까움을 이웃으로 규정하여 감성이나 물질성의 영역을 벗어나려는 순간 다시 등장하는 것이 애무의 물질성이다. "타자의 접근은 애무와도 같은 것이다."(Levinas 1987a, 120면) "언어는 타자에 의해 사로잡힌 주체, 즉 타자와 접촉하는(contact) 것이다."(Levinas 1987a, 123면) 언어는 감성적인 것으로부터 분리될 수 없다. 얼굴이 감성을 차단하는 것이 아니라 감성이 얼굴의 한계이자 가능조건이다. 얼굴이 보여지는 대신 명령할 수 있는 것은 순전히 애무라는 감성 덕택이다(Davies 1993, 267~70면). 얼굴은 언어를 통해 애무로부터 벗어나려 하지만 애무는 이미 얼굴(의 언어)을 감싸고 있다.

더욱이 애무에서 언어로의 이동은 성차와 관련되어 있다. 여성이 '얼굴'을 가질 수 있는가?[9] 레비나스의 첫번째 저서인 『존재와 존재자들』(Levinas 2001)에서 여성적인 것은 타자성의 가장 훌륭한 예이지만 『총체성과 무한』(Levinas 1969)에 오면 여성은 주체가 아니라 사랑받는 대상일 뿐이고, 진실한 말을 하지 않고 무책임하며 짐승과도 같은 것으로 비유된다. 또한 애무관계를 잘 보여주는 에로스적 사랑에 대한 논의가 사라지고 언어 속에서만 성취될 수 있는 타자와의 윤리적 관계가 주로 이야기된다(Levinas 1969, 195면). 애무에서 얼굴로, 감성에서 언어로 이동하는 것은 레비나스가 좀더 근원적 의미의 초월성을 획득해가는 과정이기도 하다. 여전히 둘인 채로 남아 있으며 영원히 내게서 벗어나는 것과의 관계를 보여주는 타자성의 가장 훌륭한 예였던 애무는 이제 감성적인 향유 속으로 복귀하는 가능성으로 폄하된다. 애무는 인격성을 갖지 못한 동물, 익명성으로 묘사되고(Levinas 1969, 259면), 에로스적 관계는 무의미함 또는 레비나스가 '있음'이라 부르는 혼돈과도 같은 밤에 비유된다. 더욱이 여성타자는 말하지 않는다. 그녀는 에로스적 만남 속에서 아무런 말도 하지 않는 대신 신비 속으로 숨는다. 침묵하는 그녀는 "들려질 수" 있는 타자성을 갖지 못한다(Perpich 2001, 43면). 초월성은 동일자 구조로부터의 벗어남만을 의미하지 않는다. 들려질 수 있는 타자성, 타자의 목소리에 응답하는 초월성은 단순한 벗어남이 아니라 동일자 구조에 틈을 내는 것이며 이런 초월을 가능하게 하는 것은 애무가 아니라 언어이다. 타자의 부름에 응답하는 언어는 재현의 언어 속에서 그것을 초월한다. '애무하는' 벌거벗은 육체는 얼굴에서 '들려오는' 헐벗은 육체와는 다르다. 육욕적인 애무 속에서는 윤리적인 어떤 것도 표현되거나 들려오지 않는다. 여성적인 것·애무·에로스적 관계는 모두 진정한 윤리적 관계로부터 한단계 떨어진 주변적인 것으로 간주된다.

윤리학을 성욕(sexuality)으로부터 분리시킬 때 윤리적 마조히즘(masochism)

---

9) 이하의 논의는 Perpich(2001) 30~39면 참조.

과 승화가 생겨난다(Ziarek 2001, 58~59면). 감성은 고통에 한정되며 욥의 경우에서 보았듯 고통받는 피조물만이 (윤리적) 책임감을 가질 수 있다. 승화될 수 없는 에로스는 무책임하고 동물적인 것으로 배제되고, 절대적 타자인 신에게로 향해 가는 움직임만이 초월성을 갖는다. 비인간적인 에로스적 육체로 드러나는 여성은 아무런 의미도 부여받지 못한 혼돈으로 간주되고, 남성은 고통 속에서 윤리적 주체로 태어난다. 레비나스는 다시 돌아오는 오디쎄우스(Odysseus) 대신 기약 없이 낯선 곳을 향해 떠나는 아브라함(Abraham)을 이야기하지만, 아들을 제물로 바치라는 신의 명령에 고통받는 아브라함이 새인지 인간인지 구분할 수 없는 여성타자인 싸이렌(Sirens)을 설명할 수 있을까? 승화되지 못한 피조물인 칼리반(Calivan)의 육체를 괴롭히는 발작은 욥의 몸에 난 욕창과 같은 것인가? 초월성은 여성적인 것·동물적인 것·감성적인 것을 배제하거나 승화시킬 수 있는 타자에게만 가능한 것인가?

그러나 애무는 얼굴에 대한 논의 이후에 결코 사라질 수 없는 것으로 다시 되돌아온다. 레비나스의 우주는 인간적인 우주가 아니다. 그것은 인간적 차이나 의미에 무관심한 혼돈을 기원으로 갖는 비인칭적이고 물질적인 세계이다. 기원적 혼돈인 '있음'은 비인칭적인 익명의 존재에의 사로잡힘, 그것의 숨막히는 애무이다. 바라보고 파악할 수 있는 거리를 허용하지 않는 질식할 것 같은 가까움, 모든 차이에 앞서 있는 무분별, 아무런 방향성도, 의미도 주어지지 않는 뒤엉킴, 구별되는 실체라고는 존재하지 않는 혼돈인 "있음"은 차이와 구별을 가능하게 하는 빛이 차단된 밤의 세계이다(Levinas 2001, 51~60면). 타자는 나의 가장 내밀한 곳에서 나를 아랑곳하지 않는 물질성(il)으로 다가온다. 주체는 향유나 그것을 넘어서는 타자와의 마주봄을 통해 익명적 있음을 벗어나려 한다. 그러나 윤리적 관계가 성립하기 위해서는 나와 인간 타자와의 관계를 넘어서는 어떤 것이 첨가되어야 한다. 타자와의 외상적 관계를 윤리적으로 만들어주는 것은 "그분" 또는 무한성이다(Newman 2000, 101~103면). 무한성의 현상학적 현현이 얼굴이다. 얼굴은 무한성의 흔적 속에서만 윤리성을 가질 수 있다. 그러나 그분(Il-leity) 속에서 들려오는 것은 다시 "있음"(il y a)의 중얼거림이다(Newman 2000, 124, 128~29면). 무한성은 나와 타자의 관계가 인간적인 것에 한정될 수 없게 하는 물질성을 가지고 있다. 있음이 불러일으키는 두려움과 신의 숭엄함은 이미 같이 있고, 승화된 신 속에는 승화되지 못한 육체가 유령처럼 출몰한다. "신은 타자의 이타성이나 타자와의 윤리적 관계 이전에 존재하는 부재라고 말할 수 있는 곳까지, 다시 말해 있음과 거의 같아지는 지점에 이를 정도로 초월적이다."(Levinas 1987a, 165~66면) 있음의 비인격적 이타성은 윤리적 관계의 인격성을 넘어서 있다. 윤리적 관계는 있음을 극복한 것이 아니라 있음을 꼭 필요로 하고 있지 않은가? 에로스적 관계를 '있음'과 연결시키고 있는 레비나스는 에로스적 포옹으로부터 자유롭지 못하다. 타자의 얼굴과 마주하는 것은 항상 인격적인 타자와는 다른 것과 마주하는 것이다.

레비나스는 향유의 구조를 동물에, 타자와의 마주봄을 인간세계에 한정시켜 서로를 구분하고 있다. "동물의 얼굴을 전적으로 거부할 수는 없지만 여전히 인간의 얼굴이 우월성을 갖는다."(Levinas 1988b, 169면) "개의 얼굴 속에서는 윤리적 관계가 순수한 형태로 드러나지 않고"(Levinas 1988b, 169면), "뱀이 얼굴을 갖는지는 확실하지 않다."(Levinas 1988b, 172면) 그러나 윤리적 주체가 타자로부터 상호성을 요구하지 않는다면 얼굴이 꼭 타인의 얼굴로 제한될 필요가 있을까? 타자가 침묵을 지키거나 인간의 언어로 말하지 않는다고 해서 나의 의무가 사라지는 것은 아니다. 데리다(J. Derrida)의 말대로 "동물은 인간보다 타자성을 덜 소유하고 있는 것이 아니라 인간과는 다른 관계를 갖고 있다."(Derrida 1989, 49면) 세계를 갖는 동시에 갖지 못하는 동물의 모호성은 세계를 개념적으로 지배할 수 없는 데서 나온다. 그렇다면 동물은 책임감을 가능하게 하는 부름, 개념화될 수 없는 타자의 목소리를 들을 수 있지 않을까? 타자의 부름은 원래 동물에게, 또 동물로부터 온 것이 아닌가?(Derrida 1991, 112면) 데리다는 묻는다. 타자의 얼굴이 보잘것없고 침해당하기 쉬운 육체라면 비인간적인 것이 오히려 타자의 얼굴에 더욱 가깝지 않은가? 새와 여성의 혼합물인 싸이렌, '인간인지 생선인지, 살았는지 죽었는지' 구분할 수 없는 칼리반은 얼굴을 가질 수 없는가?

레비나스는 인간의 얼굴과 목소리를 통해 '있음'이 갖는 익명성과 근원적 물질성을 피하고 있다. 그러나 신까지도 '있음'의 흔적에서 자유롭지 못하다면, 레비나스는 자신의 이론을 가능하게 해주는 기원에 눈감고 있는 것이 아닌가? 마약 중독자(addict)는 얼굴을 가질 수 있는가? 정키(junkie)와의 마주봄은 윤리적 관계로 설명될 수 있는가? 물론 레비나스는 마약 중독을 무책임하고 타자와의 사귐을 거부하며 '있음'의 혼돈과 같은 상태에 빠지는 것이라 하여 거부한다. 그러나 특정한 욕구 충족을 위한 마약 사용자와는 달리 중독은 전적으로 무방비 상태로 타자에게 노출되어 있다는 의미에서 윤리성을 획득할 수 있지 않을까?(Nealon 1998, 63면) 이 경우 노출은 도덕적인 선/악 구분 이전의 물질성을 보여주고, 중독은 주체가 이미 '있음'에 빚지고 있다는 것을 말해주고 있지 않은가? 의지(will)를 넘어선 타자에의 노출. 의지나 도덕은 참담한 기원적 물질성과의 만남을 피하기 위한 자기방어의 산물이 아닐까? 우리는 어떻게 '있음'의 비익명적인 중얼거림을 차단하여 얼굴에서 들려오는 진정한 윤리적 관계를 보호할 수 있을까? 인간 타자와는 다른 타자와의 만남은 윤리학의 영역에서 제외되어야 하는 것인가?

3. "도대체 나에게 원하는 것이 무엇인가?"

우리는 증상(symptom)으로부터 시작한다. 그러나 이때의 증상은 무의식을 드러내는 단순한 은유가 아니라 이미 하나의 문제이다. '육체 위에 각인된 무의식적 담론'이 증상이고 증상의 역사는 육체를 의미 속으로 환원시키는 해석의 역사이다. 육체는 해석된 육체로만 존재하고 무의식은 담론, 즉 언어 속에서만 온전히 설명될 수 있다. '무의식은 대타자의 담론이다.' 그러나 의미를 부여받지 못한 채 발작을 일으키며 고통스러워하는 살덩어리가 있다. 무의식적 담론보다 육체 위에 각인된 흔적으로서의 증상을 강조하는 순간 불쑥 그 모습을 들이미는 것은 칼리반의 육체이다.

『태풍』(*The Tempest*)의 세계 속에서 모든 상징적 의미를 결여하고 있는 '사물'로 묘사되는 칼리반은 규정된 형태를 갖지 못한 덩어리이며 반성적인 의식이 없는 육체이다. 쥐가 나고 쑤시며 전신이 꼬집히고 발작을 일으키는 칼리반의 고통은 어떤 의미나 가치도 생산해내지 못하는 의미 '바깥'의 사건이다. 말할 줄은 알지만 읽고 쓸 줄은 모르는 칼리반은 차이나 의미를 기초로 하는 언어의 밖, 또는 문화의 외부에 있다. 그러므로 그와의 의사소통은 언어가 아니라 몸에 씌어지는 글, 육체의 발작을 통해 이루어진다. 그는 레비나스적 의미에서 완전히 타자에게 노출된 육체, "자신의 피부 속에 타자를 품어 발작을 일으키는" 피조물이다(Levinas 1996, 86면).[10]

이제 증상은 의미화될 수 없는 존재를 자신의 정의 속에 포함할 수 있게 되었지만 바로 그 이유 때문에 의미로만 설명될 수 없는 '문제'가 된다. 의미의 바깥에 있는 육체와 무의식적 담론의 불가능한 결합. 증상 속에서 육체와 담론의 결합은 '각인'을 통해 이루어진다. 육체는 사라짐으로써 의미를 가능하게 하는 흔적의 방식으로 존재한다. 육체가 의미체계에 남긴 상처가 바로 증상이다. 그렇다면 육체는 이미지나 언어로 구성될 수 없는, 생물학적인 것도, 재현 속에 거주하는 것도 아닌 또다른 무대를 지시하고 있지 않은가? 증상이 해석되어야 할 은유가 아니라 은유로 말해질 수 없는 물질성의 흔적이라면, 이것은 해석으로서의 정신분석 역사 자체의 증상이자 스캔들이기도 하다. 이제 정신분석은 해석 속에서 억압되어온 물질성·의미체계로 환원될 수 없는 잉여물을 이야기해야 한다. 이야기할 수 없는 것을 이야기하기 위해서 우리는 먼저 증상의 정의 속에 함축되어 있는, 관계라고 할 수 없는 관계, 불가능한 관계들을 살펴보기로 한다.

증상이 해석의 역사에 제기하는 첫번째 스캔들은 언어와 육체의 관계이

---

10) 미란다의 멋진 신세계에 편입될 수 없는 칼리반의 물질성을 피조물(creature)이란 개념을 통해 설명하고 있는 글로 Lupton(2000) 참조.

다. "언어학이 기표를 기의의 결정요소로서 고려할 수 있도록 해주었다면 분석은 기표와 기의의 관계가 갖는 진실을 보여준다. 담론이 드러내는 의미 속에서 틈·구멍을 찾아냄으로써 말이다."(Lacan 1977, 299면) 라깡이 말하는, 의미의 틈새로서의 진실은 언어학이 상상하지도 못했던 관계, 언어와 육체의 관계이다. 이것은 상상계나 상징계로 드러날 수 없는 무의식, 또는 상징적 의미의 종결에서 벗어나 있는 실재계적인 요소들을 고려할 수 있도록 해준다. 우리는 육체라는 언어의 잉여물 속에서 성욕이나 성차에 관한 라깡의 논의를 살펴볼 수 있다. 성욕은 재현될 수 없는 잉여물이며 충동을 통해서만 드러난다.[11] 충동이란 타자의 요구가 육체에 각인된 것을 말한다. 충동이 주체와 대타자가 맺는 상호주관적 관계가 아니라 육체적 현상이라는 점이 무엇보다도 중요하다. 신체의 어떤 부분이 재현의 힘이 물질적인 효력을 발휘하는 특별한 장소로 선택된다. 그러나 이 물질적인 효력은 온전히 재현될 수 없는 것으로 남아 대타자의 결핍을 드러낸다. 대타자는 '전체가 아니며' (not-all) 진리도 아니다. 대타자의 결핍은 추상적 불가능성이 아니라 "육체 속에서 드러나는 아포리아"이며(Lacan 1977, 265면), 충동은 언어적 명령이 아니라 육체에 침투해서 상처를 남기는 감성이다. 이제 우리는 의미에 난 상처, 기표로 편입되기 위해 삶이 지불해야 하는 "피 묻은 살덩어리"(Lacan 1977, 265면)인 소타자를 말해야 한다.

성욕이 남성과 여성을 통해 드러나는 성차 역시 실재계적인 것이다. 성차는 생물학적인 것도, 문화적으로 구성되는 것도 아닌 재현될 수 없는 영역 속에 남아 있다. '내가 남자인가, 여자인가?'라는 문제는 결국 언어가 성을 재현하는 데 실패하는 두 가지 방식을 보여준다. 성차는 중성적인 주체의 보편성을 추구하는 철학적 지식 속에서 감추어지거나 망각되어왔다. 그러나 성차는 잊혀질 수 있는 것인가? 실재계로서의 성차는 상상계와 상징계를 가능하게 하기 위해 사라지는 구조적 조건인지도 모른다. 그러나 이 구조적

---

11) 성욕과 충동의 관계에 대해서는 맹정현(2001) 참조.

사라짐과 철학의 망각은 같지 않다(Shepherdson 1995, 465면). "분석이 갖는, 언어로 표현할 수 없는 측면"(Lacan 1977, 253면), 다시 말해 성욕이나 충동, 육체에 대해서 이야기할 때 윤리학이 생겨난다. 무의식은 결코 언어로 환원될 수 없는 성적 현실과의 연관 속에서 다시 정의되어야 한다. "무의식의 현실은 성적 현실이다."(Lacan 1981, 150면)

증상은 주체와 연관되어 있다. 그것은 '정신분석에서 왜 주체가 문제인가?'라는 질문에 답한다. 정신분석은 과학적 객관화를 넘어 주체의 진실을 묻는다. 진실은 은유와 환유를 근간으로 하는 상징들의 자율체계 속에서 발견되는 것이 아니라 무의식 '주체'에 접근하는 데서 찾아진다. 우리는 지금 "무의식은 언어처럼 구조되어 있다"라고 말하는 초기의 라깡으로부터 "무의식은 윤리적이다"라고 주장하는 후기의 라깡으로 이동하고 있다. 앞의 명제에서 타자(무의식)는 총체적이고 일관성을 가진 자기 충족적 구조를 전제하고 있다. 타자의 호출에 종속될 때 주체는 자신의 정체성을 부여받을 수 있고, 무의식은 은유와 환유의 대립구조를 통해 남김없이 설명될 수 있다. 그러나 윤리적 위상을 갖고 있는 무의식은 언어로 설명할 수 없는 잉여물과의 만남을 뜻한다. 상상계나 상징계는 처음부터 자신의 기원이 되는 것을 배제하지 않고는 완결된 형태의 이미지나 체계를 이룰 수 없다. 이렇듯 처음부터 배제된 기원을 라깡은 실재계라 부른다. 상상계나 상징계는 항상 실재계에 노출되어 있다. 이것이 무의식이 윤리적인 이유이다. 실재계는 상상계나 상징계의 자족적인 구조를 중지시켜 이미지나 상징의 결핍을 드러내지만 사라짐으로써 체계를 가능하게 한다. 주체가 갖는 윤리적 위상은 바로 이 실재계와의 만남에 있다. 상징적 호출에 종속됨으로써 생겨나는 알뛰쎄르(L. Althusser)의 주체와 달리 라깡의 주체는 상징적 호출이 실패하는 곳에서 나타나기 때문이다. 라깡은 "의미연쇄 속에 나 있는 상처만이 주체가 실재계 속에서 불연속적으로 존재한다는 것을 입증한다"고 말한다(Lacan 1977, 299면). 주체는 의미로 환원되지 않는 잉여물 또는 대타자의 결핍을 보여주는 물질성이다. 상징계의 호출에 답하거나 법에 종속됨으로써 정체성을 갖는 주체가 아니라 모든 의미들을 상실한 육체가 바로 주체이다. 이런 의미에서 주체는 이미지나 언어로 드러날 수 없는 대상인 소타자와 같다. "주체는 그것이 충동 속에 존재하는 한 소타자와 같다."(Lacan 1981, 185면)

자신의 침대 밑에 악어가 숨어 있다고 호소하는 환자가 있었다. 악어란 스스로 꾸며낸 주관적 허구에 지나지 않는다고 환자를 설득하여 돌려보낸 후 분석가는 환자의 친구이자 자신의 친구인 사람에게 그가 잘 지내고 있느냐고 물었다. "자네, 악어에게 잡아먹힌 그 친구에 대해 묻고 있는 것인가?" 침대 밑의 악어는 단순히 의식 아래 묻혀 있는 무의식에 대한 비유가 아니다(Zupančič 2000b, 145면). 악어의 입은 "그 앞에서 모든 언어가 침묵하는" 이르마(Irma)의 입처럼 은유나 환유를 통해 재현될 수 없는 끔찍한 심연이다(Lacan 1988a, 164면). 그것은 상상적 이미지나 상징적 의미로 재현될 수 없어 주체가 지배할 수 없는, 다시 말해 주체화될 수 없다는 의미에서 '대상'이다. 이때 대상은 주체와 독립해서 존재하는 외부적이고 초월적인 법·제도·상징질서 등이 아니라 이미 주체 속에 들어와 있는 '이질적인 육체'이다. 육체에 각인된 악어의 이빨자국은 이미지나 의미로 메울 수 없는 구멍이요 흔적이다. 악어가 갖는 이질성 역시 낯선 것이 이미 나의 한가운데에 들어와 있음으로써 생겨난다. 악어라는 대상은 내 속에서 나를 능가하는, 나보다 더 나를 잘 알고 있는 친밀한 것이자 내가 지배할 수 없는 낯선 이웃으로 남아 있다. 그러나 무엇보다도 중요한 것은 악어가 이질적인 육체로 남아 주체의 정합성과 일관성을 위협하지만 동시에 주체를 가능하게 하는 기원이기도 하다는 점이다. 주판치츠(A. Zupančič)의 말대로 앞의 이야기 속의 환자는 자신이 악어와 너무 가까이 있다는 것을 호소하고 있다(Zupančič 2000b, 145면). 주체는 잡아먹히지 않기 위해, 다시 말해 악어와의 거리를 유지하기 위해 이미지와 상징을 동원한다. 그는 자신 속에 이미 들어와 있어 보이지 않는 악어에게 가시적 형태를 부여하거나 상징적 의미를 제공하여 그것을 지배하거나 제거하고자 한다. 그러나 안에 들어와 있는 밖, 친밀함 속의 낯섦으로서의 악어는 대립구조적 차이로 재현할 수 없는 잉여물로 남아 있고 바로 이 재현될 수 없는 소타자와의 관계 속에서 주체가 생겨난다.

라깡이 런던의 한 호텔에 머무르고 있을 때 그의 부인이 D교수도 거기 투숙하고 있다고 말했다. 물론 라깡은 D교수가 젊은 시절부터 런던에 살고 있다는 것을 알고 있었지만 그가 호텔에 와 있는지 어떻게 알게 되었느냐고 부인에게 묻는다. 부인이 퉁명스레 대답한다. "그의 신발을 보았어요." 몇 시간 후 라깡은 정말로 그 교수가 걸어 나오는 것을 보았다(Lacan 1992, 296~97면). 신발은 D교수를 생각나게 하지만 그의 이상화된 이미지나 그에게 부여된 상징적 의미와는 다른, 우리에게 전혀 낯선 어떤 것을 지시한다. 강제수용소에 쌓여 있는 죽은 유태인들의 신발 무더기는 신발의 주인이나 신발의 기능들과 같은 상징적 의미로부터 절연된 신발의 물질성 그 자체이다. 신발들은 그냥 '거기 있다.'(il y a) "살인하지 말라"고 명령하는 타인의 얼굴 대신 라깡은 신발의 물질성, 그냥 '거기 있음'을 말한다.

육체 위에 각인된 무의식적 담론인 증상은 무의식의 육체에의 노출을 뜻한다. 이것이 언어와 육체의 관계, 주체의 문제로서의 증상에 이어 정신분석의 역사에 증상이 세번째로 던지는 질문이다. 레비나스와 마찬가지로 라깡에게도 타자에의 노출은 감성적인 것으로 나타난다. 감성적인 것은 아름다움이나 비극을 가능하게 하는 거리를 허용하지 않는 가까움 또는 애무의 방식으로 존재한다. 칸트(I. Kant)에게서 재현될 수 없는 도덕법(라깡의 실재계)과의 만남은 정서적이고 감성적인 것이다. 도덕법은 개념이나 이론의 매개 없이 직접적으로 영향을 미치고, 그 결과로 생겨나는 특이한 감정이 공경심(respect)이다. 공경심이란 주체와 법이 맺는 유일한 감정이다. 이것은 법에게 경의를 표하거나 법을 중시하라는 의미가 아니라 법이 매우 가까이 있다는, 다시 말해 주체와 도덕법의 가까움을 뜻한다(Zupančič 2000b, 140면). 칸트가 배제하려는 병리적인 감정과는 달리 공경심은 주체의 의도나 의지를 넘어선 어떤 정서가 이미 주체 속에 들어와 있음을 보여주는 증거이다.

  그러나 재현될 수 없어 불안을 가져다주는 공경심으로부터 거리를 유지하기 위해 칸트의 주체는 공경심을 재현대상으로 환원시키는 상징적 방어를 행한다. 이제 공경심은 더이상 개념의 매개 없이 우리에게 직접적인 영향력을 행사하는 정서가 아니라 법을 공경하는 주체의 의지에 의존한다. 라깡은 대상의 유무(有無)로 불안(anxiety)과 두려움(fear)을 구분하는 견해에 반대한다. 불안은 단지 대상이 부재하는 것이 아니라 대상이 너무 가까이 있을 때 생겨나는 감정이다.[12] 두려움은 이미 공경심이 갖는 불안으로부터 안전함을 유지하려는 주체의 방어전략이다. 『실천이성 비판』(*Kritik der praktischen Vernunft*)에서 칸트는 주체가 재현해낼 수 없는 공경심을 두려움이라는 주체의 감정으로 바꾸어 공경심이 갖는 실재계적 측면을 덮어 가린다. 주체 속의 사물, 소타자로서의 도덕법은 주체의 모든 것을 지켜보고 있다고 가정되는 대타자인 초자아가 된다. 주체는 자신의 한가운데에서 스스로 메울 수 없는 결핍을 드러내는 소타자를 피해 완전하다고 가정되는 대타자와 동일화함으로써 스스로를 방어하고 있다.

  『판단력 비판』(*Kritik der Urteilskraft*)에서 공경심을 대신하는 것은 숭엄이다. 숭엄은 주체에게 위협적인 사물이 가까이 있다는 것을 보여주는 표지인 동시에 그것과 대면하는 것을 피하는 방식이기도 하다(Zupančič 2000b, 155면). 이것은 마치 공경심이 재현될 수 없는 동시에 사물과의 거리를 두는 방어기제인 것과 같다. 숭엄이란 사물의 외상적 가까움에 직면하여 새로운 거리, 일종의 무사심(disinterestedness)을 개입시키는 반응이다. 거리는 즉각적인 위험으로부터 주체-관찰자를 보호하는 필수조건이다. 폭풍우를 창문을 통해 바라볼 때에만 숭엄미가 발생하는 것이다. 이 거리 속에서 주체는 보잘것없는 자신을 바라본다. 주체는 자신을 능가하는 것 앞에 '종속'되어 있는 동시에 이 광경을 바라보는 '관찰자'이다. 공경심은 이제 법 앞에 종속되는 자신을 바라보는 주체에게서 생겨난다. 그는 법을 두려워하고 법 앞에서 굴

---

12) 주판치츠는 칸트의 공경심과 라깡의 불안을 모두 재현될 수 없는 감성적인 것의 가까움으로 설명하고 있다. Zupančič(2000b) 140~49면.

욕을 참고 있는 자신을 창문을 통해 바라보고 있다(Zupančič 2000b, 158면). 법에 지배되는 동시에 그것을 지배하는(관찰하는) 판타지 속에서 주체는 실재계적인 사물의 가까움이 불러일으키는 외상으로부터 스스로를 보호한다. 그러므로 라깡은 판타지가 "실재계에 대한 마지막 방어물"이라고 말한다(Lacan 1981, 41면).

소타자로서의 주체는 주관적 실체나 자질을 가진 것도, 가능한 경험의 대상도 아니다. 왜냐하면 성(sex)의 화살이 이미 주체를 관통하고 있기 때문이다. 성을 갖지 않는 철학의 보편주체와는 달리 정신분석의 주체는 보편성을 불가능하게 하는 성적 주체이다. 이 말은 성이 의미를 넘어서는 존재론적 조건을 지시한다는 것을 뜻한다. 주체는 이성적으로 파악되거나 언어로 재현될 수 없는 성의 부름에 답할 때 생겨나는 결과물이다. 그러므로 '내가 남자인가 여자인가?'라는 질문은 생물학적 차이나 문화적 산물로서의 성에 대해 묻는 것이 아니라 상징적 우주에서 자신의 고유한 장소를 갖지 못하는 주체의 부르짖음이다. 성차는 언어가 성을 재현해내는 데 실패한 두 가지 방식이자 보편성의 우주에 거주할 수 없는 주체의 존재방식이기도 하다(Lacan 1998, 56~57면). 남성의 우주는 예외에 기초한 인과론적 질서로 구성된 보편적 체계이다. 반면에 여성의 우주는 결코 보편적 전체를 이룰 수 없어 끊임없이 분산되고 분할되는 우주이다. 보편성은 불가능하거나 예외를 통해서만 가능하다(Lacan 1998, 79~80면). 성차는 이렇듯 보편성을 (불)가능하게 하는 틈이다. 여성을 전체(all)나 하나(one)로 규정하지 못하는 것은 인종이나 계급의 차이 때문이 아니라 여성 자체를 말할 수 없기 때문이다. 여성 자체는 여성이라는 기표의 불완전성이 아니라 기표 자체의 불가능성을 지시한다. 하나로 통합되지 못해 다양한 형태로 존재할 수밖에 없는 기표가 아니라 기표체계 자체를 불가능하게 하는 조건이 성인 것이다. "성관계란 없다"는 라깡의 말 역시 성이 지식이나 담론으로 구성될 수 없다는 것을 뜻한다. 상징적 차이를 가능하게 하지만 상징적 우주 속에서 설명될 수 없는 '차이 그 자체'가 바로 성차인 것이다. 성차는 실재계적인

것이고 그것은 상징적 우주 속에서 남성과 여성이라는 두 가지 실패로 드러난다.[13]

'향유의 아버지'(Father-Jouissance)나 '궁정풍 사랑'(courtly love)에 등장하는 귀부인처럼, 결코 접근할 수 없는 예외적인 것으로, 금기시되는 대상에 의해 가능해지는 욕망의 우주가 바로 남성적인 우주이다. "적어도 거세되지 않은 어떤 하나가 있다"라는 정명제와 "모든 것은 거세의 법에 종속되어 있다"는 반명제 모두를 충족시킬 수 있기 위해서는 완전히 거세를 벗어나 있거나 온전히 거세에 종속되어 있다고 할 수 없는 예외적인 것이 존재해야 한다. '존재 그 자체'를 배제했을 때 생겨나는 개방적인 우주가 남성의 세계이다. 종이에 난 구멍(예외)을 통해 매번 다른 부분을 진찰하다가 부끄러워 발그스름하게 된 엉덩이에 반해 환자를 사랑하게 된 의사처럼, 남성의 우주에서 대상은 모두 구멍을 통해 욕망을 촉발시키는 부분 대상으로 존재한다.[14] 라깡은 자신의 기원에 접근할 수 없는 탈중심화된 주체를 설명하기 위해 토끼를 쫓아가는 아킬레우스(Achilleus)를 예로 든다. "아킬레우스는 토끼를 지나쳐갈 수 있을 뿐 붙잡을 수는 없다."(Lacan 1998, 8면) 토끼가 아킬레우스가 살고 있는 세계의 한계(예외)인 한 아킬레우스는 점근선적으로 무한히 접근할 수는 있지만 결코 토끼를 따라잡을 수 없다. 아킬레우스가 잡을 수 없는 것은 자신의 배제된 기원, 자신의 한가운데에 있지만 접근할 수 없는, 거세되지 않은 자신의 향유이다. 법은 금기를 통해 향유를 접근할 수 없는 예외로 만들어놓는다. 그러나 이것은 향유와의 만남을 피하기 위한 상징적 방어가 될 수도 있다. 귀부인과의 성적 합일을 피하기 위해 그녀를 접근할 수 없는 영역, 결코 획득할 수 없는 대상으로 만들어 그녀에 대한 욕망을 지속시키는 기사(騎士)처럼, '성관계란 없다'라는 끔찍한 진실과 맞닥뜨린 남성은 타자를 외부로 추방함으로써 자신의 우주를 온전하게 만든다.

---

13) 라깡의 성차를 칸트의 숭엄과 연결시켜 논하고 있는 글로 Copjec(1995) 217~35면; 홍준기(2000) 참조.
14) 이하의 논의는 Zupančič(2000a) 283~87면 참조.

"그가 쫓고 있는 것은 여성 자신이 아니라 자신의 욕망의 근원, 소타자이다."(Lacan 1998, 72면)

그러나 구멍을 통해 욕망하는 우주와는 다른, 우주라고 할 수 없는 우주가 있다. "한계"를 부여함으로써 "전체"를 규정해내는 남성의 우주와는 달리 여성의 우주는 "한계"를 모른다(Lacan 1998, 103면). "거세에 종속되지 않는 것은 아무것도 없다"라는 정명제와 "모두가 거세에 종속되는 것은 아니다"라는 반명제 사이에서 여성은 '규정될 수 없는 것'으로 남아 있다(Lacan 1998, 103면). 여성이 거세에 온전히 종속되지 않는 이유는 남성의 우주처럼 거세되지 않는 예외적인 것이 존재해서가 아니다. 여성은 예외적인 것과의 동일화가 아니라 바로 그 예외를 희생시킴으로써 거세를 벗어난다. 향유에 한계를 부여하고 기표 속으로 도피함으로써 정체성을 부여받는 남성과는 달리 상징적 의미를 모두 빼앗긴 잉여물이 여성주체이다. 예외가 없으므로 세계는 '전체'로 구성될 수 없고(Not-All), 여성은 상징적 우주 속에 자신의 장소를 갖지 못한다. "여성은 존재하지 않는다."(Lacan 1998, 81면) 이 말은 여성이 결코 보편성을 가질 수 없다는 뜻이 아니라 보편성의 체계에 틈을 내어 전체를 불가능하게 한다는 의미이다. 외부적 한계로 배제되었던 향유는 내재적 한계를 보여주는 잉여향유로 되돌아온다. 상징질서의 지지물(支持物)이었던 외부적 한계가 그것의 결핍을 지시하는 내재적 한계가 되는 것이다.[15] 그러므로 여성이 존재하지 않는다는 명제는 여성이 구성될 수 없다는 것과 마찬가지다(Copjec 1995, 222면). 상징질서를 불가능하게 하는 조건으로서의 여성이 전제될 때 비로소 역사적·문화적 구성물로서의 여성이 이야기될

---

15) 라깡과 레비나스에게 향유는 모두 이론적 의식이 재현할 수 없는 감성으로 드러난다. 그러나 레비나스가 향유를 타자가 개입하기 이전의 주체의 만족으로 설명하고 있는 반면에 라깡은 타자의 도래 이후에도 여전히 남아 있는 잉여물로서의 향유를 말한다. 외상을 불러일으키는 타자와의 만남에 의해 지양되어야 하는 레비나스의 향유와는 달리 라깡의 향유 속에서 드러나는 것은 타자의 결핍이다. 레비나스가 언어 이전의 즐김을 말하는 곳에서 라깡은 언어 속에서 언어로 환원될 수 없는 즐김(enjoyment in sense)을 강조하고 있다. 상징적 의미가 파악할 수 없는 물질성은 만족하지 못해 즐길 수 없는 욕망과는 달리 어디선가 항상 즐기고 있는 충동을 통해 드러난다.

수 있는 것이다. 다시 내재적 한계라는 점에 유의하자. 여성은 결코 상징화될 수 없는 신비로운 실체가 아니다. 그녀는 언어에 의해 소외되어('거세에 종속되지 않는 것은 아무것도 없다') 있지만 동시에 의미화될 수 없는 잉여향유를 지시함으로써 타자의 결핍을 드러낸다. 상징질서 속에서 상징질서를 단절시키며, 어떤 실체도 부여받지 못한 형식적인 한계가 바로 여성이다. 재현될 수 없는 실체가 아니라 텅 빈 한계라는 점에서 여성이 남성보다 주체에 더 가깝다. 주체란 무엇보다도 상징적 우주 속에서 자신의 기표를 갖지 못하는 잉여물이기 때문이다.

　욕망의 우주는 주체가 소타자와 맺는 관계인 판타지에 의해 지지된다. 판타지는 주체와 소타자의 거리를 유지시키는 방어물이다. 끔찍한 것과의 만남을 끊임없이 지연시키는 이 간격 속에서 소타자는 욕망의 대상이 되고 주체는 상징적 의미를 부여받는다. 그러나 향유의 우주는 미학적 거리를 허용하지 않는다. 주체는 소타자에 점근선적으로 접근하는 것이 아니라 그것과 같아진다. 여기서 판타지는 실재계의 침입에 대한 방어물이 아니라 상징계의 결핍이 드러나는 곳이다. 의미란 대타자의 불가능성을 예외적인 것으로 물신화시켰을 때 얻어지는 결과물에 불과하다. 판타지가 상징계의 자기방어이자 결핍이 드러나는 장소인 것처럼, 소타자 역시 욕망의 대상인 동시에 그것이 실패하는 충동의 대상이기도 하다. 주체의 결핍과 타자의 결핍이 겹치는 부분에서 소타자가 생겨나기 때문이다. 내 속의 이질적인 육체, 나의 한가운데에서 나를 (불)가능하게 하는 조건으로서 소타자는 주체를 보환하는, 대상 아닌 대상이다. 자신의 기원을 자신이 지배할 수 없는 다른 곳에 두고 있는 소외된 존재, 자신의 가장 소중한 것을 상실한 존재가 바로 주체이다. 다른 한편 소타자는 대타자가 결핍되었을 때 드러나는 대상이다. 대타자는 실재계적 사물을 억압하고 그것과 거리를 두고자 하지만 억압과 거리 유지는 성공적이지 못하고 상징질서 속에 흔적을 남기게 되는데, 바로 이 실패한 잉여물이 소타자이다.

　소외를 극복하기 위해 남성주체는 기표 속으로 들어가거나 타자의 결핍과 자신을 동일화한다. 그는 자신의 결핍으로 타자의 결핍을 메우고 있는 것이다. 죄의식은 모든 것을 알고 있는 타자를 가정하기 위해 타자의 무지를 덮어 가리는 주체의 자기방어이다. 타자 역시 스스로 무엇을 욕망하고 있는지 모르지만 주체는 자신이 타자의 욕망에 부합하지 못한다고 생각한다. 이 충족의 불가능성에서 타자의 욕망은 확실성을 갖게 되고, 주체 역시 타자의 확실성을 통해 자신의 안정된 정체성을 제공받는다. 그러나 주체와 타자의 극복할 수 없는 거리는 주체에게 고통만을 안겨준다. 주체의 행위는 항상 '그것은 아니야'라는 부정적 대답으로 되돌아온다. 그는 도덕적이면 도덕적일수록 더 큰 죄의식을 갖게 되고 끊임없는 고통을 감수할 때 윤리적 주체가 된다. 영원히 고통받지만 죽지 않는 육체, 싸드적인 판타지가 만들어진다. 모든 병리적인 것(이해관계)을 제거하려는 칸트의 주체가 싸드적인 판타지를 되돌려받는 곳도 바로 여기이다.

소타자와의 거리를 유지하고 소타자를 대타자로 격상시켜 상징적 의미를 부여받는 욕망의 주체와는 달리 소타자와 같아지는 주체가 있다. 소타자가 주체를 보환하는 것이 아니라 이번에는 주체(의 행위)가 대타자의 결핍을 보환한다. 주체를 철저하게 소외(alienation)시키는 법까지도 결핍되어 있다. 카프카(F. Kafka)의 「법 앞에서」(Vor dem Gesetz)의 주체는 스스로를 법 속에 포함시키지 못한다. 법은 언제나 누구에게나 열려 있어야 한다고 주장하면서 시골뜨기는 법의 문을 통해 들어가고자 하지만 결국 실패한다. 죽음이 가까워졌을 때 문지기는 '이 문은 오직 너를 위한 것'이라고 말하면서 문을 닫는다. 주체를 포함시키지 않을 때 법이 보편성을 갖게 된다면 주체는 법이 상징화할 수 없는 잉여물이다. 주체는 법에 종속되는 대신 법으로부터 분리(separation)되어 그것의 결핍을 드러낸다(Žižek 2000a, 254면). 법 앞에서 결코 해소될 수 없는 죄의식을 느끼고 자신의 결핍으로 타자의 결핍을 메워 보려는 소외주체와는 달리 분리의 주체는 죄의식 자체가 타자의 결핍으로부터 비롯되었다는 것을 보여준다.

라깡은 「논리적 시간과 확실성을 얻기 위한 때이른 주장」(Lacan 1988b)에서 상징질서를 보환하는 주체의 시간성을 이야기한다. 법은 주체가 종속되기를 기다리면서 이미 거기 있는 타자가 아니라 주체의 종속, 즉 우연적인 행위에 의해 '구성'된다. 여기 세 명의 죄수가 있다. 세 개는 흰색, 두 개는 검은색인 다섯 개의 모자가 있고 죄수들은 다른 사람의 모자만을 볼 수 있다. 자신이 쓰고 있는 모자의 색깔을 맞추는 사람이 승자가 되어 감옥을 나설 수 있다. 모자는 주체가 볼 수 없지만 주체를 가능하게 하는 소타자이다. 주체는 기표화될 수 없는 대상인 소타자의 불확실성을 참지 못해 그것을 결핍을 나타내는 기표로 바꾼다. 타자의 욕망을 알지 못해 불안해하던 주체는 '나는 흰색이야'라고 성급하게 뛰쳐나가며 스스로를 상징적 기표로 바꿈으로써 대타자의 결핍을 메운다. 주체 없는 공시성으로서의 상징질서는 주체의 성급한 동일화(시간성)에 의해 완결된다. 불확실한 대상을 확실한 기표로 바꾸어놓는 이런 움직임이 없다면 상징질서는 결핍된 채로 남아 있을 것이다(Žižek 1993, 74~76면).

 그러나 자신이 처한 근원적 불확실성에 미리 대답함으로써 상징적 위안을 얻는 주체와는 달리 행위로서 존재하는 주체는 상징적 지지물을 갖지 못한 쓰레기와도 같은 잉여물이다. 윤리적 행위를 식별하기 위해 먼저 이야기되어야 할 것은 상징질서를 끊임없이 재정립하는 주체화 과정과 그것으로부터 거리를 두고 있는 텅 빈 몸짓인 주체의 구별이다.[16] 상징적 정체성을 부여받지 못한 주체는 판타지 속에서 자신의 존재의 핵인 소타자와 만난다. 그러나 소타자와의 만남은 주체의 자기소멸(aphanisis)을 필요로 한다. 자기 삭제의 경험은 기억 상실이나 상징적 죽음을 통해 드러난다. 회상을 통해 억압된 것을 복원시켜 일관성 있는 서사를 만들어내는 능력이 상실되거나, 상징적 지위를 박탈당하고 공동체로부터 철저히 배제되는 죽음 속에서 주체는 상징적 현실로부터 물러나 차이나 의미로 재현될 수 없는 실재계적인 심연과 마주치는 것이다. 상징질서는 모든 의미가 결여된 혼돈과의 마주

---

16) 소외·분리·환상·판타지 가로지르기 등 라깡의 주체 논의와 윤리적 행위에 관해서는
　　양석원(2001) 269~94면.

봄에서 생기는 불안감을 극복하기 위해 만들어진 방어물, 상징적 허구일 뿐
이다. 그러므로 기억을 통해 상징질서를 재정립하는 행동(activity)이 아닌
상징적 그물망 자체를 일시적으로 정지시킬 수 있는 행위(act)가 윤리성을
갖는다. 행동은 이미 행위에 대한 방어, 심연으로부터의 탈출이기 때문이
다.[17]

    라깡이 "유일하게 성공적인 행위는 자살"(Lacan 1990, 43면)이라고 말한 이
유가 여기에 있다. 행위로서의 자살은 대타자에게 메씨지를 보냄으로써 현
실을 변화시키고자 하는 자살이 아니라, 라깡이 '제2의 죽음'이라고 부른 현
실 자체로부터의 물러남이다. 자신이 죽을 줄 알면서도 끝까지 오빠의 매장
을 고집하는 안티고네의 비타협성을 어떻게 설명할 수 있는가? 그녀는 상징
질서로부터 철저히 배제되고, 쾌락원칙에 반하는 죽음의 충동만을 보여줄
뿐이다. 죽음을 향해 내달리는 그녀의 자살과도 같은 행위 역시 메씨지를
전달하거나 유용한 목적을 성취하기 위해서가 아니라 그렇게 해야 하기 때
문에 행해지는 것이다(Shepherdson 1999, 70면). 안티고네의 행위는 근본적으로
동일화가 불가능하고 인과론적 질서 속에서 설명될 수 없는 '미친' 또는 불
가능한 선택이다. 그러나 지젝(S. Žižek)의 말대로 "대타자를 일시적으로 정
지시키는 위험을 무릅쓰지 않고서는, 대타자가 더이상 덮어 가릴 수 없는
제스처를 취하지 않고서는 윤리적 행위가 발생할 수 없다."(Žižek 2000c, 263~
64면) 그녀는 상징질서의 불충분함과 무효성이 드러나는 지점, 그것이 사라
지는 심연 앞에 서 있다. 라깡은 이 지점을 '두 개의 죽음 사이'라고 부른다.
우리는 상징질서의 안도, 바깥도 아닌 이 장소에서 살아 있는 것도, 죽은 것
도 아닌 유령과도 같은 인물들을 만난다. 안티고네, 콜로누스(Colonus)의
오이디푸스(Oedipus), 리어(Lear) 왕, 발데마르, 씨뉴 등은 모두 소타자와의
거리를 유지하지 못한 채 그것과 같아져버린 비인간적 사물들이다. 라깡은
루터(M. Luther)의 말을 인용한다. "너희들은 악마의 항문을 통해 지상에 떨

---

17) Žižek(1992) 46면. 지젝은 여기서 행동을 남성적인 것으로, 행위를 여성적인 것으로 설명
   하고 있다.

어진 배설물이다."(Lacan 1992, 93면) 죽음을 무릅쓰고 오빠를 매장하는 미친 행위에서 주체는 상징계로부터 철저히 배제된 배설물과 같다. 윤리적 행위는 주체가 자기방어적 판타지를 가로질러 자신의 심연과 만나는, 불가능한 경험이다. 주체는 타자의 일관성을 중지시키는 잉여물이나 형식적 단절로 존재하고[18] 잉여부분에 대해 책임을 진다. 윤리적 행위는 판타지의 지지 없이 '무의 상태로부터 발생하는 창조'(creation ex nihilo)이다.

창조는 언어행위이지만 상징화될 수 없는 것을 만들어낸다. 무의 창조. 이것은 세계 속에 결핍·무·틈을 소개하는 것과 같다. 일곱번째 날은 쉬었음에도 불구하고 신의 창조가 그날에 완성되었다고 기록한 이유는 무엇인가? 모든 상징적 행위가 끝났을 때 신은 상징화될 수 없는 무를 창조했기 때문이다. 죄수들의 성급한 내달림(시간성)이 상징질서를 보환했던 것처럼 일곱번째 날의 휴식이나 무가 가져오는 시간적 간격이 나머지 요일을 가능하게 한다(Reinhard 1999, 17면). 창조행위는 상징질서를 가능하게 하는 빈 공간을 만드는 것이다. 이것은 마치 분석자의 비해석적 개입과도 같다. 라깡은 시의 운율을 나누듯이 휴지부(休止符)나 중지부(中止符)를 삽입하여 무의식의 의미작용을 단절시키는 분석작업을 '절분법'(scansion)[19]이라 부른다. 분석시간을 갑자기 줄여버린다거나, 예고 없는 소음이나 논평을 통해 동일화

---

18) 주체는 자신의 기표를 갖지 못하지만 기표의 결핍을 드러내는 텅 빈 형식이다. 칸트에게 적법성과 윤리적 행위를 구분해주는 것은 그것이 '오직 의무라는 이유만으로' 수행되었는가의 여부이다. 그러나 윤리적인 것을 특징짓는 '오직 의무라는 이유만으로'는 내용과는 관계없는 순수형식이자 빈 공간이다. 윤리성은 적법성 속에서 그것이 볼 수 없는 빈 공간으로 첨가되어 적법성의 결핍을 드러낸다. 칸트에 관한 일반적 해석처럼 병리적 내용을 비워내면 윤리적 형식이 남는 것이 아니라 형식 자체가 내용이 될 때 윤리적 행위가 이루어진다. 윤리적 형식은 병리적 내용 속에 그것이 볼 수 없는 잉여물의 형태로 이미 들어와 있다. 이런 의미에서 칸트의 순수형식은 라깡의 소타자와 같다. 소타자 역시 재현될 수 없는 대상이지만 대상의 상실을 드러내는 빈 공간 또는 순수형식이기 때문이다(Lacan 1998, 126면). 주체가 대타자의 결핍을 드러내는 표지인 소타자와 관련을 갖는 것도 이런 이유에서다. 언표의 주체는 상징질서 속에서 내용을 갖지 못한 불가능한 형식이지만 자신이 사라짐으로써 기표를 가능하게 해주는 조건이다. Zupančič(2000b) 12, 15, 17면 참조.
19) 절분법에 관해서는 Fink(1997) 15~19면 참조.

의 흐름을 차단하는 절분법은 환자의 언어를 해석하는 것이 아니라 해석될 수 없는 것들이 드러나는 판타지를 재구성한다. 이것은 판타지 속에서 무를 창조하여 타자의 결핍을 드러내고 주체의 위치를 재정립하려는 시도이다. 상징적 수사를 넘어 직접적으로 판타지의 핵을 형성하는 실재계의 파편과 마주하려는 시도를 통해 주체는 소타자와 같아진다. 주체의 상징적 위치가 아니라 상징화될 수 없는 잉여물로서의 주체가 드러나는 것이다. 그러므로 '판타지 가로지르기'(traversing the fantasy)는 현실원칙이나 억압된 기억의 회복을 통해 판타지를 없애는 것이 아니라, 상징적 방어물을 걷어내어 상징계를 가능하게 하는 무가 바로 주체라는 사실을 보여준다(Reinhard 1999, 12 면). 주체는 주체화를 통해 구성되는 것이 아니라 주체-대상으로, 또는 상징적 우주에 거주하지 못해 판타지 속에서만 드러날 수 있는 실재계적 행위로 존재한다.

죄의식을 존재론적인 것으로 격상시킬 때, 다시 말해 주체가 타자에게 진 빚을 온전히 청산할 수 없음을 인정하고 영웅적으로 그것을 받아들일 때 비극적 의미가 탄생한다. 그러나 "눈이 먼 상태로 살아 있느니 죽는 것이 더 낫다"(Sophocles 1991, 69면)라는 코러스의 말과 달리 오이디푸스가 죽음을 택하지 않고 스스로 눈을 찌르는 행위는 어떻게 설명될 수 있는가? 주판치츠는 눈을 찌르는 행위를 상징질서를 회복시키는 거세가 아닌 상징질서 자체의 거세로 풀이한다. 오이디푸스는 모든 것이 대타자에 의해 이미 결정되었고 주체는 실패할 수밖에 없는, 비극의 주인공이 되기를 거부한다. 그는 불투명한 형태로 주어진 신탁을 돌이킬 수 없는 운명으로 승화시키는 것이 아니라 신탁 자체의 비일관성을 드러낸다. 신탁은 오이디푸스의 행위 없이는 의미없는 중얼거림이 되고 말 것이다. 주체의 행위가 대타자를 보환할 때 (주체가 소타자와 같아질 때) '윤리적'이라 부를 수 있는 행위가 발생한다. 코러스의 말대로 자신의 운명을 영웅적으로 받아들여 자살을 택했다면 그는 테베(Thebes)의 모든 죄를 대신하는 죄없는 희생양이 되었을 것이다. 아버지의 피를 흘리고 어버이의 침실을 더럽힌 "더러운 것 중에서도 더러운"

(Sophocles 1991, 69면) 그의 몸뚱이는 성스러운 제물로 승화되어 숭엄한 아름다움을 발산할 것이다. 그러나 그는 영웅적으로 자신의 (또는 테베의) 결핍을 떠맡는 대신 '나에게 무엇을 원하는가?'라고 외치며 희생양의 역할에 저항하는 욥처럼,[20] "그것이 잘한 일이 아니라는 훈계 따위는 집어치우라고" 코러스를 나무란다(Sophocles 1991, 70면). 그는 평생 눈 멀어 있었지만 통찰력을 갖게 되는 순간 다시 그의 눈을 찌른다. "나는 계속 눈 멀어 있겠다." 오이디푸스는 운명이 아닌 '눈 멂'과 자신을 동일화하고 있는 것이다(Zupančič 2000b, 177~80면). 자신 속의 증상, 대타자가 아닌 소타자와 자신을 동일화할 때 그는 기표로부터 추방된 존재가 된다. "존재하지 말았다면 좋았을 것을"이라는 코러스의 말과 달리 그는 상징적 우주의 잉여물, 배설물로 방황한다. 주체화는 성공하지 못하고 '비천한 대상'(object)만이 남는다.

대상과의 만남 가운데서 상실되는 것은 바로 '나'이다. 약속의 땅에 들어서지 못하고 결국 죽음을 맞이하는 모세처럼 눈을 찌르는 행위를 완성하는 인물은 오이디푸스가 아니다. 그것은 주체에게 불가능한 선택(계속 욕망에 눈 멀어 있겠다는), 주관화할 수 없는 이질적인 육체로 남아 있다. 오이디푸스는 저승에 가서 무슨 눈으로 아버지·어머니를 볼 수 있겠느냐고 말하지만 이것은 이미 불가능한 선택에 대한 상징적 방어이다. 그는 『콜로누스의 오이디푸스』(Sophocles 1991)에서도 계속 자신이 죄를 지었다는 사실을 부인하고 있기 때문이다. "아니, 나는 죄가 없어." "나는 법 앞에서 결백해. (눈이 멀어) 모르고 한 일이야."(Sophocles 1991, 106면) 오이디푸스에게 잘못이 있다면 그것은 충실히 신탁을 따랐기 때문이다. 그는 언어에 충실했지만 언어 속으로 편입되지 못한 대상으로 남아 있는데, 여기서 드러나는 것은 상징질

---

20) 지젝은 영웅적으로 신의 결핍을 떠맡는 대신 '신이 나에게 무엇을 원하는가?'라는 질문을 던지는 욥의 행위를 윤리적인 것이라고 말한다. Žižek(1992) 56면. 우리는 여기서 라깡과 레비나스 윤리학의 차이를 볼 수 있다. 대타자를 보증하는 희생을 거부함으로써 신의 결핍을 드러내는 욥과는 달리 레비나스의 욥은 신과의 절대적 분리 또는 신과의 만남이 초래하는 고통 속에서 윤리적 주체로 승화되고 있기 때문이다. 여기서 강조되는 것은 신의 결핍이라기보다는 신과의 거리가 초래하는 타자의 절대성이다.

서의 불완전성이다. 죄수들의 성급한 내달림이 상징질서를 가능하게 했던 것처럼 눈을 찌르는 오이디푸스의 행위는 무를 창조한다. 그것은 상징질서의 위반이 아니라 상징질서 속에 결핍을 창조하는 것이다. 그러나 이 창조행위는 전혀 영웅적이지 않다. 그는 희생을 거부함으로써, 희생 자체를 희생시킴으로써 "주체적 궁핍"(subjective destitution)을 겪는다(Žižek 1992, 59면). 상징질서는 상징적 지지물을 갖지 못한 주체의 행위 속에서 사후에 정립된다. 대타자는 존재하지 않는다.

씨뉴는 조르주(Georges de Coûfontaine)와 손잡고 지금은 몰락해버린 꾸퐁뗀느(Coûfontaine) 가문을 일으켜 세우기로 결심한다. 끌로델(P. Claudel)의 비극 『포로』(*The Hostage*)에 대한 이야기이다. 둘은 결혼을 약속하고 가문의 전통을 복원하기 위해 모든 것을 희생할 준비가 되어 있다. 그러나 조르주는 매우 비밀스런 정치적 임무를 띠고, 즉 피신해 있던 교황을 데리고 나뽈레옹(Napoléon Bonaparte) 치하의 프랑스로 돌아온 것이었다. 지역의 치안책임자인 뛰렐뤼르(B. T. Turelure)가 씨뉴를 방문해, 조르주와 교황을 즉각 체포하라는 명령을 받았지만 씨뉴가 자신과 결혼해주면 그들이 도망갈 수 있도록 해주겠다고 제안한다. 씨뉴의 유모의 아들인 뛰렐뤼르는 출세를 위해 씨뉴의 부모를 처형한 원수인데 그는 결혼을 통해 가문을 얻고자하는 것이다. 처음에 씨뉴는 그 제안을 거절하고 뛰렐뤼르를 멸시했지만 그지역의 사제인 바딜롱(Badilon)과의 대화 후에 마음을 바꾼다. 나뽈레옹 이후의 프랑스에서 주도권을 잡은 뛰렐뤼르와 왕당파의 대표자인 조르주가 협상을 위해 만났을 때 그들은 결투를 벌이고 씨뉴는 조르주의 총알을 몸으로 막아 뛰렐뤼르를 구한다. 치명적인 부상을 입고 죽어가는 씨뉴 옆에서 뛰렐뤼르는 그녀의 갑작스런 자살과도 같은 행동을 설명해보라고 말한다. 그를 사랑해서? 아니면 가문을 위해서? 그러나 씨뉴는 아무런 말도 하지 않고 경련과도 같은 얼굴의 일그러짐을 통해 남편과의 최종적 화해를 거부한다. 마치 머리를 흔들며 '아니야'라고 말하는 것처럼.[21]

자신의 운명을 받아들여 상징적 결핍을 메우는 영웅적인 행위도, 숭엄한 광휘를 내뿜는 얼굴도 아닌, 의미화될 수 없어 두려움만을 안겨주는 찡그린 육체만이 남아 있다. 뛰렐뤼르와 결혼하는 것은 자신을 지탱해주는 가장 소중한 것을 빼앗기는 것과 같고, 교황이라 할지라도 이방인에게 자신의 사랑을 낭비할 수 없다고 항변하던 씨뉴의 마음을 바꾸어놓은 것은 명예나 가문 또는 도덕적 의무와 같은 상징적 가치가 아니다. 바딜롱은 선택을 강요하지 않고 그녀가 이 제안을 받아들였을 때 마주쳐야 하는 심연만을 보여주었을 뿐이다. 그녀는 '명예인가 삶인가?'라는 강요된 선택에 처해 있는 것이 아니라, 자신이 살아야 하는 원인을 찾기 위해서 바로 그것을 희생해야 하는 심연과 마주하고 있는 것이다(Zupančič 2000b, 256면).

라깡은 『정신분석의 윤리학』(Lacan 1992)에서는 '너의 욕망을 포기하지 말라'는 주장에서 볼 수 있듯이, 윤리학에서 욕망의 중요성을 강조했지만 같은 해에 출간된 「프로이트의 무의식 속에서 드러나는 주체의 전복과 욕망의 변증법」이란 글에서는 "욕망이 향유에 대한 방어물이자 금기"임을 말함으로써 욕망의 한계를 드러내고자 한다(Lacan 1977, 322면). 욕망은 자신의 근원을 계속 상실된 상태에 두고자 하는, 다시 말해 근원적 결핍을 결코 충족될 수 없는 상태로 유지하려는 "탁월한 형태의 나르씨시즘"이다(Lacan 1977, 324면). 이런 '상실의 나르씨시즘'이 고전 비극의 특징이며 누구보다도 안티고네가 욕망의 윤리학을 훌륭하게 구현하고 있다. 라깡은 처음에는 "향유는 존재하지 않는다"라고 말함으로써 그것을 이미 상실된 어떤 것으로 남겨두고자 했다. 이때 결핍은 결코 충족될 수 없는 존재론적인 범주로 격상된다. 존재의 원인인 진정한 사물은 이미 항상 결핍되어 있고 우리는 상실된 사물의 이름으로 다른 모든 대상들을 거부할 수 있다. 예외적인 것이 다른 모든 대상들에게 질서와 의미를 부여해주는 것이다. 안티고네에게서 욕망의 실현은 존재 전체를 조망할 수 있는 예외적인 지점, 이미 상실된 형태의 삶을 조망하고(Lacan 1992, 280면), 최종적인 판단을 내릴 수 있는 지점을 필요로 한

---

21) 『포로』의 내용에 대한 자세한 설명은 Žižek(1996) 115~16면 참조.

다(Lacan 1992, 294면). 결혼의 행복도, 아이를 기르는 재미도 모른 채 살아서 죽은 자들의 무덤으로 가고 있다는 안티고네의 탄식은 아직 죽지 않았지만 삶을 이미 상실한 한계지점에서 행해진다. 그녀는 욕망의 무한성을 종결짓기 위해 살아 있는 채로 죽은 자의 동굴로 들어간다.

그러나 분석의 종결이 충동이라는 개념에 맞추어지면서 라깡은 결핍의 영웅주의로부터 벗어난다. 욕망은 만족되지 않는 상태를 지향하지만 충동은 우리의 욕망과 관계없이 부분적인 형태로 충족된다. "입을 가득 채울 경우(입이 충동의 영역에 개방되어 있다면) 그것을 만족시키는 것은 음식이 아니라 입의 쾌락이다."(Lacan 1981, 167면) 충동은 입에 채워넣는 대상과 관계없으며, 단순히 욕망에 반대되는 것도 아니다. 우리가 씹고 있는 음식이 바로 그것, 즉 욕망의 대상이 아니라 할지라도 어떤 부분은 욕망이 설명할 수 없는 형태로 만족을 준다. 충동은 욕망에 무관심한 채 '즐기고'(enjoy) 있는 것이다. 아무것도 없는 것이 아니라 욕망이 설명할 수 없는 잉여물이 남아 있다. 그러므로 라깡은 '향유는 존재하지 않는다'라는 명제와 '향유는 모든 곳에 있다'라는 명제를 합한다(Zupančič 2000b, 238~45면). 다른 모든 대상들의 환유적 자리바꿈을 종결시키는 예외적인 지점이 제거될 때 욕망의 윤리학과는 다른 충동의 윤리학이 시작된다. 모든 것을 포기하고서라도 지켜야 하는 존재의 원인, 예외적인 것 자체가 희생된다. 교환될 수 없는 절대적인 것이 교환 가능한 대상이 될 때 예외성이 부여해주던 광채가 사라진다. 씨뉴가 뛰렐뤼르와 결혼함으로써 명예라는 존재의 원인을 포기할 때 그녀는 일그러진 육체가 되고 현대 비극을 특징짓는 충동의 영역으로 이동한다. 안티고네라는 욕망의 기표 대신 의미를 고통스럽게 하는 씨뉴의 찡그린 얼굴만이 남아 있다.

4. "(동물을) 살해하지 말라"

여기서 다시 돌아오는 것은 동물의 얼굴이다. 우리는 레비나스에게 제기했던 질문을 라깡에게도 해야 한다. 인간 아닌 동물이 얼굴을 가질 수 있는가? 동물은 고통받을(고통을 통해 승화될) 수 있는가? 라깡이 최종적으로 말하고자 하는 것은 안티고네의 빛나는 광채가 아니라 씨뉴의 발작하는 육체이다. 광채 없는 얼굴, 얼굴이라 말할 수 없는 얼굴, 손상된 형태로만 존재하는 얼굴이 라깡의 얼굴이다. 그러나 찡그리고 손상된 얼굴이 바로 동물의 얼굴인가? 정신분석은 동물의 얼굴을 이야기할 수 있는가? 산 채로 냄비 속에 들어가지 않기 위해 필사적으로 뚜껑을 밀어내는 거북이의 절망적인 시선을 언어로 재현할 수 있는가?(Žižek 1994, 210면) 아도르노(T. W. Adorno)의 말대로 우리는 '이건 동물일 뿐이야'라고 말하면서 폭력을 행사하지만 이 진술이 갖는 수행적 효과가 우리를 죄의식으로부터 면제해주는 것은 아니다(Lippit 1998, 1119면). 동물의 시선은 인간으로 고양될 수 없는 것을 지시하는 단순한 비유나, 지배될 수 있는 객관적 대상을 넘어서는 소타자이기 때문이다. 우리의 시선이 동물을 지배하기 전에 동물이 이미 우리를 보고 있다. 벗고 있다는 자각 없이 벌거벗고 있는 동물과는 달리, 입고 있을 때조차도 벗고 있는 것을 인식하는 인간이 오히려 동물의 시선에 노출되어 있는 것이 아닌가?(Derrida 2002, 372~73면) 우리는 동물의 시선으로 그 앞에 발가벗겨진 채 서 있는 자신을 바라볼 수 있는가?(Derrida 2002, 390면) 반면 동물을 희생자로 간주하고 동정하는 것 역시 견딜 수 없는 동물의 시선을 피하기 위한 자기방어일 뿐이다. 동물과 같아지지 않기 위해 우리는 영원히 고통받는 타자라는 판타지 속에 동물을 가두어놓고 그것과 적절한 거리를 유지하는 것이다. 그러나 이 자기방어적 판타지를 걷어버릴 때 무엇이 남는가? 동물의 얼굴에 대해 라깡은 레비나스와는 다른 이야기를 할 수 있는가?

라깡에게 인간과 동물의 구별이 없는 것은 아니다. 언어라는 매개를 통해 대상과 관계 맺는 인간과는 달리 개는 냄새를 통해 대상과 직접적으로 연결된다. 동물은 언어 속에 있지만 언어에 의해 거세(소외)되지 않는다. 개의 행위를 실연하는 예술가와는 달리 개는 관객이 필요없다. (타자에게) 인정받고자 하는 욕망이 없기 때문이다. 동물은 타자의 욕망에 주의를 기울이지 않고, 그것으로 인해 고통받지도 않는다(Salecl 1998, 111~12면). 자신이 더 오랫동안 굶을 수 있다는 것을 보여주지 못해 늘 불만이었던 카프카의 금식광대는 죽어가면서 이렇게 외친다. "내가 좋아하는 어떤 음식도 발견할 수 없었다. 뭐라도 발견했더라면 나도 당신들처럼 내 배를 채웠을 거야."(Kafka 1988b, 277면) 라깡의 말대로 그는 음식을 거부하는 것이 아니라 결핍을 먹고 있다. 끊임없이 "이것이 아니야"라고 외치면서 그는 욕망을 지속시키기 위해 무(nothing)를 먹고 있는 것이다(Salecl 1998, 114면). 욕망은 자기 파괴에 이르기까지 만족을 모른다. 그러나 이 충족 불가능성이 그의 삶을 유지시키는 힘이고 광대는 그것을 관객들에게 인정받기를 원한다. 관객들의 외면 속에서 죽어간 광대와는 달리 그의 우리를 차지한 어린 표범은 결핍을 알지 못한다. 타자의 인정을 필요로 하지 않는 표범은 관객을 구하지도, 관객의 욕망에 의해 고통받지도 않지만 사람들은 표범의 자족성에 감탄하고 그를 보려고 몰려든다.

하이데거(M. Heidegger)는 자신을 둘러싸고 있는 세계를 개념적으로 파악하거나 변별적으로 인식할 수 없다는 점에서 동물은 세계를 갖지 않는다고 말한다(Heidegger 1995, 198면). 레비나스 식으로 말하면 동물은 익명적인 상태로 그냥 '거기 있을' 뿐, 있음 자체를 사유하지 못한다. 이것은 언어능력과 관계가 있다. 동물이 세계를 상실하고 상징계와의 의사소통이 불가능한 이유는 말하지 못하기 때문이다. 그러나 상징세계의 상실은 상징계 자체의 결핍을 보여주고 있지 않은가? 동물이란 비유는 지양되어 인간성을 지지하는 부정성(否定性)으로 기능하는 것이 아니라 "비유 자체가 갖는 동물성"(Lippit 1998, 1114면), 다시 말해 언어체계가 길들이지 못하는 물질성을 뜻하고 있지 않은가? 표범의 자족성은 만족을 모르는 욕망의 우주와는 다른 세계를 지시하고 있다. 그것은 단순히 언어를 갖지 못한 자연이 아니라 언어 속에서 여전히 이질적인 것으로 남아 있는 동물성의 흔적이다. 우리는 여기서 욕망의 우주가 재현하지 못하는 대상인 충동의 우주와 맞닥뜨리고 있다. 니체(F. W. Nietzsche)에게 동물의 세계는 개념화될 수 없는 감성의 세계이다(Lippit 1998, 1116면). 동물은 언어의 한계점에 서서 언어체계로 편입되지 않은 채 언어에 영향을 미친다. 고통스러운 울음소리나 단지 쳐다봄으로써 알을 부화시키는 감성적 능력(최면과도 같은)을 통해 언어의 한계를 보여주는 동물이야말로 레비나스의 감성의 윤리학을 훌륭하게 구현하고 있지 않은가? '살해하지 말라'는 레비나스의 얼굴의 명령은 '동물을 살해하지 말라'는 의미가 아닐까? 상징을 통해 동물을 길들이기보다 개념의 우주를 재동물화(reanimalize)하는 것(Derrida 2002, 403면), 인간 존재의 '동물 되기'(being animal)가 오히려 윤리학에 더 가까이 가는 것이다(Deleuze/Guattari 1981, 238면).

동물 비유는 비유 자체를 파괴하는 육체를 드러낸다. 그것은 구순충동처럼 언어가 생성되는 곳에 빈 공간을 창조한다. 입은 시(詩)가 생성되는 곳인 동시에 상징적 의미 속에서 살해되지 않고 남아 있는 배설물을 토해내는 곳이기도 하다. 배설물은 존재에 고유성을 부여해주는 죽음을 갖지 못해 익명성으로 남아 있는 유령이다. 그것은 상징적 의미의 애도를 받지 못해 우울증에 걸린 동물이다. 우리는 상징적 해석을 필요로 하는 동물 비유에서 해석될 수 없어 판타지 속에서 드러나는 대상으로 이동하고 있다(Lippit 1998, 1121면). 대타자의 결핍을 가리고 그것을 온전한 것으로 해석해내는 욕망의 우주로부터 대타자의 결핍을 드러내는 소타자와 만나는 충동의 우주로 가고 있는 것이다. 그러나 욕망의 우주와 충동의 우주는 이미 서로 겹쳐 있다. 동물은 언어체계가 소화할 수 없는 유령으로 다시 돌아온다. 동물은 너무나 가까이 있어 재현의 거리를 허용하지 않는 절대적 타자성이다. 거리를 유지하거나 길들이기 전에 동물은 이미 우리를 보고 있다. 동물에 노출되어 있는 곳에서 사유가 시작된다(Derrida 2002, 397면). 발작을 일으키는 칼리반의 육체나 씨뉴의 찡그린 얼굴 속에서 충동은 욕망을, 윤리학은 미학을, 라깡은 레비나스를 보환한다.

참고문헌

Bernet, Rudolf (2000) "The Traumatized Subject". *Research in Phenomenology*. Vol. 30, No. 1.

Copjec, Joan (1995) *Read My Desire*. Cambridge: The MIT Press.

Davies, Paul (1993) "The Face and the Caress". Levin, David Michael ed. *Modernity and the Hegemony of Vision*. Berkeley: University of California Press.

Deleuze, Gilles/Guattari, Félix (1981) *A Thousand Plateau: Capitalism and Schizophrenia*. Massumi, Brian trans. Minneapolis: University of Minnesota Press.

Derrida, Jacques (1989) *Of Spirit*. Bennington, Geoffrey/Bowlby, Rachel trans. Chicago: The University of Chicago Press.

——(1991) "Eating Well". Cadava, Eduardo ed. et al. *Who comes after the Subject?* London: Routledge.

——(2002) "The Animal That Therefore I am (more to follow)". Wills, David trans. *Critical Inquiry* 28(Winter).

Dolar, Mladen (2001) "The Enjoying Machine". *Umbr(a)*.

Drabinski, John E. (2001) *Sensibility and Singularity*. Albany: State University of New York Press.

Fink, Bruce (1997) *A Clinical Introduction to Lacanian Psychoanalysis*. Cambridge: Harvard University Press.

Freud, Sigmund (1973) "Moses and Monotheism". Strachey, James ed./trans. *The Standard Edition of the Complete Psychological Works of Sigmund Freud*. Vol. 23. London: The Hogarth Press.

Gasché, Rodolphe (1999) *Of Minimal Things*. Stanford: Stanford University Press.

Goodhart, Sandor (1996) *Sacrificing Commentary*. Baltimore: The Johns Hopkins University Press.

Heidegger, Martin (1995) *The Fundamental Concepts of Metaphysics*. McNeill, William/Walker, Nicholas trans. Bloomington: Indiana University Press.

Kafka, Franz (1988a) "The Hunter Gracchus". Glatzer, Nahum ed. *The Collected Short Stories of Franz Kafka*. London: Penguin Books.

——(1988b) "A hunger Artist". Glatzer, Nahum ed. *The Collected Short Stories of Franz Kafka*. London: Penguin Books.

Lacan, Jacques (1977) *Écrits: A Selection*. Sheridan, Alan trans. New York: Norton.

——(1981) *The Four Fundamental Concepts of Psychoanalysis*. Sheridan, Alan trans. New York: Norton.

——(1988a) *The Seminar of Jacques Lacan, Book II*. Tomaselli, Sylvana trans. New York: Norton.

——(1988b) "Logical time and the Assertion of Anticipated Certainty". *Newsletter of the Freudian Field*. Vol, 2. No. 2.

——(1990) *Television*. Hollier, Dennis/Krauss, Rosalind/Michelson, Annette trans. New York: Norton.

——(1992) *The Ethics of Psychoanalysis*. Porter, Dennis trans. London: Routledge.

——(1998) *On Feminine Sexuality*. Fink, Bruce trans. New York: Norton.

Large, William (1996) "On the Meaning of the Word Other in Levinas". *Journal of the British Society for Phenomenology*. Vol. 27, No. 1.

Levinas, Emmanuel (1969) *Totality and Infinity*. Lingis, Alphonso trans. Pittsburgh: Duquesne University Press.

——(1985) *Ethics and Infinity*. Cohen, Richard A. trans. Pittsburgh: Duquesne University Press.

——(1987a) "God and Philosophy". *Collected Philosophical Papers*. Lingis, Alphonso trans. Dordrecht: Martinus Nijhoff.

——(1987b) *Time and the Other*. Cohen, Richard A. trans. Pittsburgh: Duquesne University Press.

——(1988a) "Useless Suffering". Bernasconi, Robert/Wood, David ed. *The Provocation of Levinas*. London: Routledge.

——(1988b) "The Paradox of Morality: an Interview with Emmanuel Levinas". Bernasconi, Robert/Wood, David ed. *The Provocation of Levinas*. London: Routledge.

——(1996) *Basic Philosophical Writings*. Peperzak, Adriaan/Critchley, Simon/ Bernasconi, Robert ed. Bloomington: Indiana University Press.

——(1998) *Otherwise than Being*. Lingis, Alphonso trans. Pittsburgh: Duquesne University Press.

——(2001) *Existence and Existents*. Lingis, Alphonso trans. Pittsburgh: Duquesne University Press. (1947년 초판)

Lippit, Arika Mizuta (1998) "Magnetic Animal: Derrida, Wildlife, Animetaphor". *MLN* 113.5.

Lupton, Julia Reinhard (2000) "Creature Caliban". *Shakespeare Quarterly* 51(spring).

Nealon, Jeffrey T. (1998) "'Junk' and the Other". *Alterity Politics*. Durham: Duke University Press.

Newman, Michael (2000) "Sensibility, Trauma and the Trace: Levinas from Phenomenology to the Immemorial". Bloechl, Jeoffrey ed. *The Face of the Other and the Trace of God*. New York: Fordham University Press.

Perpich, Diane (2001) "From the Caress to the Word". Chanter, Tina ed. *Feminist Interpretations of Emmanuel Levinas*. Pennsylvania: The Pennsylvania State University Press.

Poe, Edgar Allen (1986) "The Facts in the Case of M. Valdemar". Stern, Philip Van Doren ed. *The Portable Poe*. New York: Penguin Books.

Reinhard, Kenneth (1999) "Lacan and Monotheism: Psychoanalysis and the Traversal of Cultural Fantasy". *Jouvert*. Vol. 3, No. 1~2.

Salecl, Renata (1998) "Love me, Love my dog: Psychoanalysis and the Animal/Human divide". *(Per)versions of Love and Hate*. London: Verso.

Shepherdson, Charles (1995) "Adaequatio Sexualis: Is there a measure of sexual difference?" Babich, Babette ed. *From Phenomenolgy to Thought, Errancy, and Desire*. Dordrecht: Kluwer.

——(1999) "Of Love and Beauty in Lacan's *Antigone*." *Umbr(a)* #1.

——(2000) *Vital Signs: Nature, Culture, Psychoanalysis*. London: Routledge.

Sophocles (1991) *Oedipus the King, Oedipus at Colonus, Antigone*. Grene, David trans. Chicago: The University of Chicago Press.

Ziarek, Ewa (2001) *An Ethics of Dissensus*. Stanford: Stanford University Press.

Zupančič, Alenka (2000a) "The Case of the Perforated Sheet". Salecl, Renata ed. *Sexuation*. Durham: Duke University Press.

——(2000b) *Ethics of the Real*. London: Verso.

Žižek, Slavoj (1992) *Enjoy Your Symptom*. London: Routledge.

——(1993) "Cogito and the Sexual Difference". *Tarrying with the Negative*. Durham: Duke University Press.

——(1994) *The Metastases of Enjoyment*. London: Verso.

——(1996) *The Indivisible Remainder*. London: Verso.

——(2000a) "Da Capo senza Fine". *Contingency, Hegemony, Universality*. London: Verso.

——(2000b) "Melancholy and the Act". *Critical Inquiry* 26(summer).

——(2000c) *The Ticklish Subject*. London: Verso.

김상환 (1998) 「정보화 시대의 해체론적 이해」. 『매체의 철학』. 나남.

맹정현 (2001) 「욕망과 성욕의 변증법」. 『시와반시』 37호(2001년 가을호). 시와반시사.

서동욱 (2000) 「세익스피어의 유령학」. 『철학과 현실』 47호(2000년 겨울호). 철학과현실사.

양석원 (2001) 「욕망의 주체와 윤리적 행위: 라깡과 지젝의 주체이론」. 『안과밖』 10호(2001년 상반기). 창작과비평사.

홍준기 (2000) 「라깡의 성적 주체 개념: 『세미나 제20권: 앙꼬르』의 성 구분 공식을 중심으로」. 『현대 비평과 이론』 19호(2000년 봄 · 여름호). 한신문화사.

라깡과 알뛰쎄르
'또는' 알뛰쎄르의 유령들 I

진태원

유령의 복귀

데리다(J. Derrida)는 자신의 저서 『맑스의 유령들』에서 '맑스(K. H. Marx)의 유령들'이라는 제목의 이중적 측면을 해명하고 있다(Derrida 1993).[1] 그에 따르면 자신의 저서에서 문제로 삼은 것은 20세기 말 현실사회주의의 몰락 이후 승리의 분위기에 도취되어 있는 신자유주의적 세계질서의 지배자들에게 악령처럼 출몰하는 **맑스라는 유령**만이 아니라, 또한 **맑스 자신의 유령**, 즉 맑스가 『독일 이데올로기』(*Die Deutsche Ideologie*)에서 『자본』(*Das Kapital*)에 이르기까지 자신의 저서들에서 계속해서 몰아내려고 했지만 끝내 몰아내지 못한, 가상과 환영, 유령의 소거 불가능성이라는 것이다.

유령이라는 개념은 데리다의 초기 작업에서부터 줄곧 지속되어온 기록(écriture, archive)의 문제, 즉 기원의 (불)가능성을 (탈)정초하는 매체라는 문제와 결부되어 있는 흔적이라는 개념을 **수행성**(performativity)의 문제로 주제화함으로써 현대 매체/기술의 발전 문제를 존재론, 또는 유령론(hantologie)

---

1) 국역본은 번역상태가 좋지 않아 데리다의 논의를 이해하기 어려우므로, 관심 있는 독자들은 불어본이나 그밖의 외국어 번역본을 이용하기 바란다.

과 연결시킬 수 있는 가능성을 열어주었으며, 죽음·유한성·사건·애도작업·환대 같은 최근의 데리다 철학의 핵심주제들의 실마리를 제공해준다는 점에서, 데리다 철학의 문제 설정을 집약하는 개념으로 간주해도 손색이 없다.

우리의 주제와 관련해 본다면 『맑스의 유령들』은 신자유주의적 세계화에 맞선 시의적인(또는 '때맞지 않음'으로서의 시의적인) 철학적·정치적 개입일 뿐만 아니라, 알뛰쎄르(L. Althusser)의 이론적 개입 이후 거의 소멸했던 이데올로기 및 페티시즘²⁾의 문제를 새로운 맥락과 새로운 차원에서 제기하고 있다는 데 그 중요성이 있다. 『맑스의 유령들』은 거의 같은 시기에 출간된 발리바르(E. Balibar)의 『맑스의 철학』(Balibar 1993) 및 지젝(S. Žižek)의 일련의 저서들, 그리고 지젝과 동향이지만 그와는 상이한 문제 설정에 따라 이론작업을 수행하고 있는 모흐닉(R. Mocnik)의 글들³⁾과 더불어 현대 인문사회과학의 영역에서 이데올로기의 문제 설정이 지니고 있는 결정적 중요성을 잘 보여주고 있기 때문이다.

그런데 데리다가 불러낸 맑스의 유령들은 여기에서 더 나아가 단지 주제 차원에서만이 아니라 표제의 차원에서도 라깡(J. Lacan)과 알뛰쎄르라는 우리의 논의주제에 대해 한 가지 실마리를 제공해주는 것으로 보인다. 왜냐하면 라깡과 알뛰쎄르, 또는 알뛰쎄르와 라깡의 관계라는 문제는 무엇보다도 **유령의 문제**, 즉 지난 20여년 동안 인문사회과학 분야에서 억압되어왔다가 홀연히 다시 출몰한 알뛰쎄르라는 유령의 문제이자, 알뛰쎄르가 해결하려 했지만 끝내 해결하지 못한, 집요하게 알뛰쎄르를 따라다닌 알뛰쎄르 자신

---

2) 'fetishism'을 한 단어의 우리말로 옮기는 것은 사실상 불가능하다. 이는 'fetishism'이라는 개념이 원래 인류학의 영역에서 채택되어 사용되어온 용법(이는 식민주의적인 정당화의 함의를 갖는다)과 이후 맑스와 프로이트(S. Freud)가 역사유물론과 정신분석학에서 각자의 이론적 맥락에 따라 발전시킨 용법이 완전히 상이하고 때로는 상충되기조차 하기 때문이다(이에 관해서는 특히 Iacono 1992의 논의 참조). 따라서 이 글에서는 그냥 페티시즘이라는 용어를 사용할 것이다.
3) 모흐닉의 작업은 국내에는 거의 알려져 있지 않지만, 필자가 보기에는 이데올로기론에 관한 가장 중요하고 독창적인 업적들 중 하나로 평가받을 만하다.

의 유령이라는 문제로 보이기 때문이다.

알뛰쎄르라는 유령의 문제는 특히 1990년대 이후 영미 '문화이론'(넓은 의미의)계의 새로운 헤게모니 세력으로 부상한 라깡주의, 그리고 이에 편승하고 있는 국내의 논의들에서 잘 나타난다. 1960년대 후반에서 1970년대 초에 걸친 짧은 이론적 붐을 형성한 이후, 몇몇 문화이론적 응용사례를 제외한다면, 1980년대 이후 영미 문화이론계에서 알뛰쎄르는 거의 '죽은 개'나 다름없는 존재였다. 이는——얼마간 단순화해서 말하면——맑스주의의 범세계적인 이론적·정치적 실추와 영미 문화이론계에서 탈구조주의/탈근대주의 담론의 득세가 특히 주요한 원인으로 작용한 결과라고 할 수 있다. 이런 상황에서 1990년대 이후 널리 확산되고 있는 라깡주의 담론은 새로운 변화를 불러일으키고 있는 것으로 보이는데, 이는 특히 이 변화를 주도하고 있는 슬로베니아 출신의 이론가 지젝(및 그의 동료들)의 작업에서 잘 나타난다. 1989년 출간된 첫번째 저서 『이데올로기의 숭고한 대상』(Žižek 1989)을 필두로 10여년 동안 무려 20여권의 편저서를 펴냄으로써 영미 문화이론계의 주도적인 이론가로 부상하고, 라깡의 이론을 문화이론의 새로운 헤게모니적 패러다임으로 부각시키는 데 결정적인 공을 세운 지젝은 다음과 같은 의미심장한 말로 『이데올로기의 숭고한 대상』을 시작하고 있다.

따라서 우리의 첫번째 테제는 오늘날 지적 무대의 전경을 차지하고 있는 대논쟁인 하버마스-푸꼬 논쟁이 또다른 대립, 이론적으로 훨씬 광대한 알뛰쎄르-라깡 논쟁을 은폐하고 있다는 것이 되리라. 알뛰쎄르학파의 갑작스런 실추에는 무언가 수수께끼 같은 게 있다. 이는 이론적 패배의 관점에서는 설명될 수 없다. 그보다는 알뛰쎄르의 이론 내에는 마치 쉽게 잊혀지고 '억압'되어야 할 어떤 외상적 핵이 존재하기 때문인 듯하다.(Žižek 1989, 1면)

알뛰쎄르와 라깡 사이의 논쟁이 오늘날 인문사회과학의 향방을 결정짓는 핵심논쟁이라는 이 테제는 『이데올로기의 숭고한 대상』, 더 나아가 아마도 지젝의 작업 전체를 이끌어가고 있는 주도적인 테제라 해도 과언이 아닐 것이다. 실제로 『이데올로기의 숭고한 대상』에서부터 최근의 『우연성, 헤게모니, 보편성』(Žižek 2000)에 이르기까지 지젝의 작업에는 거의 강박적으로 알뛰쎄르와의 이론적 대결이 추구되고 있기 때문이다. 왜 그에게는 이처럼 알뛰쎄르와의 이론적 대결이 중요한 의미가 있을까? 그에게는 알뛰쎄르 이론의 어떤 측면이 그처럼 중요하면서 또다른 한편으로는 그처럼 문제가 있는 것으로 생각되는 것일까? 이것이 알뛰세르라는 유령의 문제와 관련하여 우리가 생각해봐야 할 질문들이다.[4]

다른 한편으로 **알뛰쎄르 자신의 유령**이라는 문제는 알뛰쎄르의 이데올로기론 자체, 따라서 어떤 의미에서는 그의 이론적 기획 전체의 난점이라는 문제와 마찬가지다. 알다시피 알뛰쎄르의 이론작업의 핵심은 과잉결정(surdétermination)이라는 개념 아래 헤겔주의적 변증법과는 구분되는 맑스주의적 변증법의 종별성(種別性)을 탐구하는 것이었다. 이는 특히 그의 후기 작업에서 이데올로기론으로 집약되는데, 이는 이데올로기 개념이 토대–상부구조라는 전통적인 맑스주의적 '토픽'(Topik/topique)——알뛰쎄르가 사용한 의미의——을 생산–재생산의 토픽으로 전환시키는 데서 핵심적인 위치를 차지하고 있을 뿐만 아니라, 맑스주의 철학의 (불)가능성을 사고하는 데서, 더 나아가 맑스주의에 의해 변모된 철학 자체를 사고하는 데서 관건이 되는 개념이기 때문이다. 하지만 우리가 알고 있다시피 알뛰쎄르는 이데올로기론의 가공을 위한 몇가지 요소들을 제시해주었을 뿐, 완결된 하나의 이데올로기 **이론**을 제시해주지는 못했다. 왜 그는 하나의 이데올로기 이론을 제시하는 데 실패했을까? 그 이유는 무엇일까?

이 질문에 대한 가능한, 그리고 실제로 제시되는 답변 중 하나는 바로 알뛰세르가 라깡을 제대로 수용하지 못했기 때문이라는 것이다. 다시 말해 알

---

4) 지젝에게는 알뛰쎄르와 비견될 만한 또 하나의 유령이 존재하는데, 그는 바로 데리다다.

뛰쎄르가 좀더 일관되고 철저하게 라깡의 이론을 받아들였다면 좀더 완결된 이데올로기론을 제시할 수 있었을 텐데, 그는 모종의 이유 때문에 라깡의 이론을 철저하게 수용하지 못했고, 따라서 이데올로기론을 구성하려는, 그리고 이를 통해 맑스주의를 전환시키려는 알뛰쎄르의 이론적 기획이 좌초되었다는 것이다. 따라서 이런 답변에 따르면 알뛰쎄르의 이데올로기론의 한계를 극복하고 알뛰쎄르의 유령들을 애도하는 최선의 길은 라깡의 이론을 통해 이데올로기 이론을 **보완**하는 것이 된다.

이런 답변이 나름의 정교한 이론적 논거들을 갖추고 있고 최근에 많은 이들의 주목을 받고 있는 것이 사실이지만(특히 지젝 등의 작업), 우리가 보기에 이는 오히려 알뛰쎄르의 이데올로기론, 알뛰쎄르의 철학에 고유한 잠재력을 소거해버리는 결과를 낳을 수밖에 없다. 라깡의 이론을 통해 알뛰쎄르의 이데올로기론을 '보완'하려는 이런저런 시도는 궁극적으로 알뛰쎄르라는 유령을 푸닥거리하려는 의도에 근거하고 있기 때문이다(따라서 이 경우 이들이 추구하는 보완은 사실은 알뛰쎄르라는 유령, 알뛰쎄르라는 증상의 **가상적 봉합**에 불과하다). 다시 말하면 라깡과 알뛰쎄르의 이론작업 사이에는 이들이 공동의 적에 맞서 이론적 동맹을 맺게 만들었던 유사성이 존재할 뿐만 아니라, 이러한 이론적 동맹을 유지할 수 없게 만드는 이론적 양립 불가능성의 요소들 또한 존재한다는 것을 뜻한다.[5] 따라서 우리가 알뛰쎄르의

---

5) 이런 측면에서 우리는 둘 사이의 관계를 스피노자(B. de Spinoza)가 사용했던 'sive'라는 단어의 의미에서 **또는**의 관계로 생각해볼 수 있다. 주지하다시피 '또는'은 가장 다의적인 접속사로 간주될 수 있는데, 이는 이 단어가 '선언적(選言的) 양자 택일(disjunction)'이라는 의미 외에도 '대체' 및 '동일성'의 의미를 포함하고 있기 때문이다. 그런데 현대어와 달리 라틴어에는 '또는'의 상이한 의미들에 해당하는 여러가지 단어가 존재하며, 이 중 스피노자가 **동일성 내에서의 대체**, 또는 **동일성을 통한 대체**를 표현하기 위해 사용한 단어가 바로 'sive'다. 즉 스피노자는 유명한 'Deus sive natura'(신 또는 자연)라는 표현이나 'causa sive ratio'(원인 또는 이유)라는 표현에서 알 수 있듯이, 신이나 원인 같은 관용적인 철학적 어휘들을 사용하면서도 이 단어들에 'sive'라는 접속사를 추가함으로써 이 단어들에 가정되어 있던 의미론적 동일성에 균열을 만들어내고, 이를 통해 이전의 철학적 언어(특히 스꼴라철학 및 데까르뜨R. Descartes의 철학)를 대체하는 자신의 고유한 철학적 언어를 만들어낸다. 우리는 뒤에서, 그리고 후속 글에서 알뛰쎄르가 라깡(및 다른 철학자들)의 개

유령들을 '올바르게' 애도하기 위해서는 알뛰쎄르와 라깡이 전범이었던 1960~70년대 구조주의의 이론적 모험을 그대로 되풀이하거나, 아니면 둘 중 하나의 모델에 근거하여 다른 쪽의 난점을 보완하려고 하기보다는, 먼저 알뛰쎄르가 이론적 동맹의 기획을 추구하게 만들었던 이유, 하지만 동시에 이 이론적 동맹을 불가능하게 만든 이유를 찾아봐야 할 것이다. 그리고 더 나아가 종결된 프로이트-맑스주의 이후 가능한 이데올로기론의 향방은 어떤 것인지 살펴봐야 할 것이다.

하지만 라깡과 알뛰쎄르 사이에서 제기될 수 있는 이론적 쟁점들이 매우 복합적이고 다면적이기 때문에 한 편의 글에서 이를 충분히 다루는 데는 한계가 있다. 따라서 이 글에서는 본격적인 논의를 위한 예비작업으로서 알뛰쎄르가 라깡을 수용하는 양상들을 해명하고 이 두 사람이 사용하는 몇가지 기본개념들을 좀더 명료하게 밝혀볼 생각이며, 두 사람 사이에서 제기될 수 있는 철학적·이데올로기론적 쟁점들(특히 지젝 등의 알뛰쎄르 비판)은 이후에 발표될 후속작업에서 다룰 생각이다. 이런 예비작업이 필요한 이유는 무엇보다 라깡과 알뛰쎄르의 관계가 **겉보기에는** 매우 비대칭적인 양상을 띠고 있기 때문이다. 즉 알뛰쎄르가 맑스주의를 개조하려는 자신의 이론작업의 출발점에서부터 라깡의 이론작업에 깊은 관심을 갖고 심지어 자신의 작업에서 라깡의 개념을 '차용'하기까지 하고 있는 반면, 라깡은 알뛰쎄르의 작업에 별다른 관심을 보이지 않았고 자신의 작업에서 알뛰쎄르의 작업을 언급하거나 차용하는 따위의 일은 일체 하지 않았다.[6] 유고로 출간된 『정신분석학에 관한 논문집』에 대한 서평에서 오질비(B. Ogilvie)가 말하고 있는 것처럼 "알뛰세르는 긴 편지에서 이론화하고 질문하고 주장했는데, 라깡은 어쩌다가 아주 간단하게 그것도 임시변통으로 몇자 적어 보내든지 아니면

___

념들을 수용/변용하는 방식이 바로 이런 의미에서의 **또는**의 방식이라는 점을 보게 될 것이다.

6) 단편적인 언급들을 제외한다면 필자가 아는 범위에서는 1970년 벨기에 라디오방송과 가진 대담인 「라디오포니」(Radiophonie, Lacan 2001)에서의 논의가 맑스에 대한 라깡의 거의 유일한 체계적 발언인 것 같다.

휴가 때 엽서나 보내는 것이 고작"이었다(윤소영 1995, 79~80면).

이 때문에 어떤 이들은 알뛰쎄르 이론의 독창성의 원천은 라깡에 있지만
(홍준기), 라깡의 이론을 제대로 파악하지 못한 가운데 이를 역사유물론의 영
역에 불완전하게 **적용**하거나 **차용**했다고 간주하기도 한다.[7] 하지만 이는 알
뛰쎄르의 이론작업이 지니고 있는 엄밀성과 독자성을 간과할 뿐만 아니라
두 사람의 관계에 함축되어 있는 복합적인 이론적 쟁점들을 단순화하고 제
거해버릴 위험이 있는 생각이다. 알뛰쎄르가 자신의 이론작업, 특히 이데올
로기론의 가공에서 라깡의 작업에 의지하고 있는 것은 사실이지만 이는 부
분적일 뿐이므로, 이를 알뛰쎄르의 이데올로기론의 핵심으로 간주할 경우
(또는 지젝이나 국내의 몇몇 논의에서처럼 라깡적 요소를 확대함으로써 이
데올로기론을 완결하려 할 경우) 알뛰쎄르의 이데올로기론의 고유성이 상
실될 수 있다. 따라서 역설적으로 보일 수도 있지만, 라깡과 알뛰쎄르 사이
의 외견적인 비대칭성에 현혹되지 않고 둘 사이의 이론적 쟁점을 좀더 공정
하게 평가하기 위해서는 양자의 관계에서 **알뛰쎄르의 이니셔티브**를 존중할
필요가 있다. 다시 말하면 라깡과 알뛰쎄르의 관계는 일차적으로 **알뛰쎄르
의 이론작업의 맥락 내에서 평가되어야** 그 이론적 의의가 충분히 인식될 수 있
다는 의미다.

따라서 이 글에서 우리는 이 두 사람의 관계에 대한 몇가지 기본적인 오
해를 해명하고 정정하는 일을 할 텐데, 국내의 논의상황을 고려할 때 이는
한 가지 핵심문제로 집약된다. 즉 과연 알뛰쎄르가 프로이트나 라깡의 이론
을 역사유물론에 **적용**했는지의 여부이다(홍준기 1999, 195면 이하 참조).[8] 적용이

---

7) 국내의 경우 이는 특히 홍준기와 양석원의 논의에서 잘 나타난다. 예컨대 홍준기는 알뛰
   쎄르가 "상징적 질서의 논리(…)를 사회 구성체의 분석에 직접 적용"하려 했으나, "라깡의
   개념을 적용함에 있어 일관적이지 못했"다고 말하면서, 이는 알뛰쎄르가 "**구체적인** 개인
   들의 관점에서" 문제를 파악하지 못한 결과라고 말하고 있다(홍준기 1999, 202~203면.
   강조는 원문). 홍준기가 말하는 "'구체적인' 개인들의 관점"에 관한 논평은 다른 곳에서
   이루어질 것이다.
8) 양석원의 글이 주체 문제에 초점을 맞추어 라깡과 알뛰쎄르의 논의를 비교하고 있는 데
   비해, 홍준기의 글은 두 사람 사이에서 제기될 수 있는 여러가지 다양한 쟁점들을 다루고

라는 표현에서 알 수 있듯이 이런 관점은 역사유물론이 프로이트나 라깡에 의해 전개된 정신분석이론, 특히 라깡의 R. S. I.론의 응용영역이라는 것을 전제로 하고 있다. 또는 적어도 알뛰쎄르의 이론작업은 R. S. I.론의 한 응용이라는 것을 전제로 하고 있다. 따라서 이런 관점은 둘 사이의 외견상의 비대칭성이 단지 외견적인 데 그치지 않고 실질적인 이론의 양상으로도 나타나고 있다고 본다. 여기에는 여러가지 쟁점들이 연루되어 있지만, 우리가 보기에 이는 특히 세 가지 쟁점을 통해 해명되어야 할 문제다. 첫째는 메타이론적 쟁점으로, 알뛰쎄르가 라깡의 R. S. I.론을 역사유물론에 적용했는지의 여부는 정신분석학과 역사유물론의 관계에 대한 알뛰쎄르의 메타이론적 관점이 정확히 어떤 것이었는지 해명되어야 비로소 판단이 내려질 수 있는 문제다. 둘째는 'surdétermination', 즉 과잉결정 개념과 관련된 쟁점으로, 과연 알뛰쎄르의 이 개념이 프로이트의 'Überdeterminierung' 개념을 사회구성체의 분석에 적용한 것인지, 아니면 이 두 개념이 **원인들의 복합적 작용**이라는 전제를 공유하면서도 결국은 상이한 내포를 갖는 개념인지에 관한 문제다. 알뛰쎄르가 이 개념을 전개하는 방식을 꼼꼼하게 검토해보면, 이것은 프로이트가 원래 사용했던 'Überdeterminierung'와는 상이한 개념임이 분명히 밝혀질 것이다. 그렇다 하더라도 이데올로기론에서 알뛰쎄르는 분명 라깡의 이론에 많은 것을 의지하고 있지 않은가라는 반론이 제기될 수 있는데, 이것이 세번째 쟁점이다. 알뛰쎄르의 이데올로기론과 라깡의 이론의 관계는 상상계(l'imaginaire)—상상적(imaginaire)이라는 개념과 거울구조(structure spéculaire)라는 개념으로 집약된다. 앞에서 말한 것처럼 많은 사람들이 알뛰쎄르의 이데올로기론을 라깡주의적 이론으로 간주하고, 더 나아가 알뛰쎄르 이데올로기론의 문제점을 라깡의 이론에 대한 알뛰쎄르의 잘못된 차용에서 찾고 있는 것도 실은 바로 이 두 개념 때문이다. 하지만 알

있다. 따라서 여기서 홍준기의 글이 제기하고 있는 여러 문제들을 모두 다룰 수는 없으며, 알뛰쎄르의 작업이 라깡의 이론의 적용인지 여부에 관한 문제만 다룰 것이다. 홍준기의 글에 대한 좀더 '공정한' 논의는 후속작업에서 이루어질 것이다.

뛰쎄르와 라깡이 이 두 개념을 공유하고 있음에도 불구하고, 알뛰쎄르가 이 두 개념에 부여하는 의미를 꼼꼼하게 검토해보면 둘 사이의 중요한 차이점 이 드러날 수 있다.

알뛰쎄르의 라깡 평가: 메타이론적 측면

이제 이 문제들을 하나씩 검토해가면서 알뛰쎄르의 라깡 수용의 양상을 해명해보기로 하자. 먼저 메타이론적 쟁점을 살펴보는 것이 좋을 것이다. 국내의 논의는 물론 외국의 논의도 몇몇 경우를 제외한다면 알뛰쎄르의 라 깡 수용의 이론적·역사적 맥락을 제대로 검토하지 못하고 있는데, 우리가 알뛰쎄르와 라깡의 관계를 좀더 정확하게(그리고 좀더 알뛰쎄르에게 공정 하게) 파악하기 위해서는 이 문제에 주의하는 게 필요하다.[9] 이는 특히 라깡 및 정신분석학 일반에 관한 알뛰쎄르의 유고들[10]이 출간된 지금에 와서는 이 문제를 연구하는 연구자들에게는 필수적인 요구사항이다. 알뛰쎄르가 라깡과의 이론적 동맹을 추구하던 이론적 맥락, 그의 이론적 기획을 살펴보 면 라깡, **또는 오히려** 정신분석학은 그의 전체 이론적 기획에서 상당히 중요 한 위치를 차지하고 있으나, 알뛰쎄르의 라깡 수용은 **능동적 수용**, 즉 **자신의**

---

9) 이론적·역사적 맥락을 중시하는 논의로는 루디네스꼬(E. Roudinesco)나 메이씨(D. Macey) 등의 잘 알려진 라깡 연구 외에도 Ghisu(1995); Macey(1994); 워런 몬탁(1995); Montag (1995); Montag(1996) 등 참조. Ghisu(1995)는 알뛰쎄르 사후 출간된 원고들을 포 함하여 1960년대 초에서 1970년대 말에 이르기까지 알뛰쎄르가 이데올로기론을 가공하 는 과정에서 라깡의 정신분석학이론을 수용하는 양상들을 세밀하게 제시해주고 있어서, 알뛰쎄르와 라깡이라는 우리의 논의주제와 관련된 참고문헌 중에서 **문헌학적으로** 가장 충 실한 책이라 평가할 수 있다. 그러나 특히 알뛰쎄르의 작업을 평가하는 마지막 5장의 경우 는 외재적인 기준에 따라 다소 자의적으로 알뛰쎄르의 작업을 비판하고 있어서 **이론적** 관 점에서는 큰 도움이 되지 못한다. Macey(1994) 역시 몇가지 이론적 오류를 포함하고 있어 서 읽는 데 주의가 필요하다.
10) 알뛰쎄르가 정신분석학 일반 및 라깡을 수용하는 맥락을 이해하는 데 필요한 자료는 다 음과 같다. Althusser(1993); Althusser(1995a); Althusser(1995b); Althusser(1996c); Althusser(1998a); Althusser(1998b).

고유한 이론적 기획에 따라 변형되고 재구성된 수용이며, 더욱이 매우 제한적인 수용이라는 점을 분명히 알 수 있다.

　여기에서는 알뛰쎄르의 메타이론 또는 일반이론적 관점을 잘 보여주는 텍스트 두 가지만 간단하게 언급하겠다. 라깡의 이론적 개입이 정신분석학 영역만이 아니라 인문과학 일반 및 비판적·합리주의적인 관념론 조류, 특히 그 지배적인 형태로서 싸르트르(J. P. Sartre)와 메를로뽕띠(M. Merleau-Ponty) 류의 현상학에 대한 비판에서 지니는 의의를 분명하게 제시하고 있는 텍스트는 그가 1963~64년 고등사범학교에서 '라깡과 정신분석학'이라는 주제로 개최한 쎄미나에서 발제한 두 편의 강의록이다(Althusser 1996c). 이 강의록에서 그가 제기하는 핵심문제 중 하나는 "오늘날 인문과학의 영역에서 정신분석학의 위치"라는 문제다(Althusser 1996c, 19면). 이 문제에 관해 알뛰쎄르는 라깡의 작업을 두 가지 측면에서 평가하고 있다. 첫째, 알뛰쎄르에 따르면 라깡의 이론적 업적은 일차적으로 역사유물론과는 구분되는 이론 영역인 정신분석학을 이론적으로 엄밀하게 정의하려는 노력에 있으며, 이 점에서 그는 라깡의 작업에 대해 유보 없는 긍정을 표시하고 있다(Althusser 1996c, 71~72면 참조). 하지만 이 당시 알뛰쎄르의 용어법에 따르면 이는 국지이론(théorie régionale)과 관련된 평가일 뿐이며, 일반이론(théorie générale), 또는 메타이론적 측면에서의 평가는 이와 다르다.

　메타이론적 측면에서 볼 때 "인문과학 내에서 정신분석학의 위치는 두 가지 방식으로 제기되는 문제"다(Althusser 1996c, 80면). 첫번째 측면에 따르면 "정신분석학은 모든 자리가 점유된 영역 내에서는 아무런 자리도 갖지 못하며, 이 때문에 정신분석학은 장 바깥에 있는 것처럼, 장과 아무런 관계도 없는 것처럼, 공백의 자리를 차지하고 있는 것처럼 출현하게 될 것이다."(Althusser 1996c, 80면) 다시 말하면 정신분석학이 기존의 학문들의 장, 이데올로기적 학문들의 장과는 전혀 다른 새로운 과학적 문제 설정으로 돌발(surgir)했다면,[11] 이는 정신분석학이 정의상 이전의 학문들의 영역에서 아무런 자리도 차지하지 못한 채 전혀 낯선 것으로서 이 학문들의 영역, 특히 심리학의 영역에서 출현한다는 것, 즉 기존의 이데올로기적 학문들과의 투쟁을 통해서만 성립할 수 있(었)다는 것을 의미한다. 하지만 이 문제에는 두 번째 측면도 존재하는데, 이는 "이 장 자체가 완전히 재구조화된다는 조건 아래서만, 즉 그 위치 설정(topologie)이 완전히 변화된다는, 이 장의 본성 자체가 변형된다는 조건 아래서만 이 장 내에서 정신분석학이 자리를 차지할 수 있을 것이라는 점이다."(Althusser 1996c, 81면) 그런데 문제는 "**정신분석학 자체만으로 이 장의 위치 설정을 변형시키기에, 즉 그 본성과 그 내적 분할을 변화시키기에 충분할까? 이는 열려 있는 문제다.** 라깡은 실제로 정신분석학이 자신이 돌발한 장을 재구조화할 수 있다고 생각한다. **어쩌면 이는 그것의 가능성들을 넘어서는 일일지도 모른다**"는 점이다(Althusser 1996c, 80~81면. 강조는 인용자).[12]

　이런 유보적 평가는 「담론들의 이론에 관한 세 개의 노트」에서는 좀더 명시적으로 라깡의 작업의 한계에 대한 비판으로 바뀐다(Althusser 1993). 이 글에서 제시된 알뛰쎄르의 메타이론적 구도에 따르면 이론은 두 가지로 구분된다. 첫째는 국지이론으로, 이는 어떤 이론 분야에 고유한 "[이론적] 대상의 구조와 기능을 해명할 수 있게 해주는 이론적 개념들의 **이론** 또는 **체계**"를 뜻한다(Althusser 1993, 119면). 가령 정신분석학이론은 무의식을 자신의 이론적 대상으로 삼을 때 하나의 국지이론이 되며, 역사유물론의 경우는 자본주의 생산양식이론 · 정치이론 · 이데올로기이론 등이 국지이론이 된다. 그러나 하나의 이론 분야는 국지이론만으로는 성립하지 않으며, 항상 일반이론을

---

11) 알뛰쎄르가 사용하는 'surgir/surgissement'이라는 단어는 'genèse'라는 단어, 즉 알뛰쎄르가 비판대상으로 삼고 있는 진화론적 · 목적론적 의미의 '발생'이나 '생성'이라는 뜻을 지닌 단어와 대비되는 의미로 이해되어야 한다. 즉 'surgir/surgissement'은 전혀 예정에 없던, 따라서 지정된 발전의 방향도 존재하지 않는, 기존의 학문의 영역을 점유하고 있던 것들과는 근본적으로 이질적인 어떤 것의 갑작스런 출현을 뜻하며, 이런 의미에서 '돌발'로 번역하는 것이 적합하다. 이는 알뛰쎄르의 불확실성의 유물론(matérialisme aléatoire)과 공명하는 테마 중 하나다.
12) 별도의 지적이 없는 경우, 인용문의 강조와 괄호는 모두 원문의 것이며 [ ]는 인용자가 추가한 것이다.

필요로 한다. 왜냐하면 일반이론이 존재하지 않을 경우, 또는 일반이론을 이론적 탐구대상에서 배제할 경우, "국지이론은 자신의 고유한 대상을 (다른 이론적 대상들과 관련하여…) **변별적으로** 정의하려고 시도하지만 이에 도달하지 못한 채 (…) 자기 자신 안에 '폐쇄'되"기 때문이며(Althusser 1993, 121면), 더 나아가 이처럼 고유한 대상을 변별적으로 정의하려는 시도의 실패는 결국 이 국지이론 자체의 영토를 와해시키는 결과를 초래한다. 알뛰쎄르에 따르면 정신분석학에서 실제로 이런 일이 일어나고 있다. 즉 프로이트는 일반이론의 필요성에 대한 어떤 직관에 기초하여 다른 학문영역과의 변별적 관계 속에서 정신분석학을 정의하려고 시도했지만 성공하지 못했으며, 그 결과 정신분석학은 라깡에 이르기까지 무의식에 관한 국지이론으로 제한되어왔다. 그리하여 생물학·심리학·사회학 같은 다른 이론 분야와의 변별적 관계가 확립되지 못했으며, 이는 결국 정신분석학이 심리학·생물학·사회학 등과 혼동되는 경향을 낳았다.

이런 맥락에서 알뛰쎄르는 프로이트 이후 가장 탁월한 방식으로 정신분석학의 일반이론을 추구하고 있다는 점에서 라깡의 중요성을 찾고 있다. 라깡 작업의 독창성은 1950년대 그의 작업의 이론적 표어였던 "무의식은 하나의 언어활동(language)처럼 구조화되어 있다"에서 잘 드러나듯이(Lacan 1973, 23면 외), 프로이트가 창설한 정신분석학의 국지이론 개념들을 개조하기 위해 다른 국지이론, 즉 구조언어학의 개념들을 활용하는 데 있다. 이는 두 가지의 의의를 지니고 있다. 첫째, 이는 정신분석학의 대상과 다른 학문의 대상들, 예컨대 생물학·심리학·철학(특히 현상학)의 대상을 구분하고, 이를 통해 정신분석학의 이론적 영역을 보호해준다. 둘째, 이는 "언어학에 대해서 정신분석학의 (이론적) 대상을 언어학의 (이론적) 대상과 구분해주면서 동시에 둘 사이를 연결시켜주는 것을 보여준다. 요컨대 그는 소극적 측면에서만이 아니라 적극적 측면에서도 차이를 사고한다. 즉 그는 변별적 **관계를** 사고하는 것이다."(Althusser 1993, 125면) 라깡에게서 **언어학과의 이 변별적 관계**는 생물학·심리학·사회학·인류학·철학 같은 다른 학문들과 정신분석학의 변별적 관계를 사고하는 준거로 작용할 뿐만 아니라, 정신분석학의 국지이론 및 언어학의 국지이론 개념들을 해명해주는 원리로 작용한다. 따라서 라깡에게서 언어학에 대한 이러한 준거는 "'일반이론'의 기능"을 담당하고 있다고 할 수 있는데, 왜냐하면 모든 일반이론의 종별적 효과는 "일반이론이 자기에게 제시된 어떤 국지이론[여기에서는 정신분석학]을 해명하고 이 이론의 개념들을 정식화하고 정정할 수 있게 해주는 것은 오직 일반이론이 [정신분석학을] 변별적으로 정의하는 작용에 개입시키는 다른 국지이론[언어학]의 개념들 내에 **동일한 정정-재분류 효과**를 생산함으로써"라는 데 있기 때문이다(Althusser 1993, 126면).

그런데 알뛰쎄르는 여기에서 한 가지 주의사항을 환기시키는데, 이는 라깡의 이러한 작업은 단순히 **두 가지 국지이론** 사이에 이루어지는 작업 또는 정신분석학이나 언어학 중 **하나를 다른 것의 일반이론으로 채택**하는 작업이 아니라는 점이다. 라깡의 작업을 이런 식으로 파악할 경우 정신분석학이나 언어학을 모든 인문과학의 "모체학문"(discipline mère)으로 간주하는 이데올로기에 빠지게 된다는 문제가 생긴다. 이렇게 되면 국지이론 사이의 변별적 관계를 정확하게 사고할 수 있게 해주는 일반이론을 추구하는 대신, 이른바 학제연구(interdisciplinarité)라는 경험주의적이고 실용주의적인 이데올로기에 빠지는 결과를 낳는다.[13] 이런 관점에서 알뛰쎄르는 레비스트로스(C. Lévi-Strauss)와 대별되는 라깡의 강점을 국지이론으로서의 구조언어학의 개념들을 단지 국지이론으로서의 정신분석학의 영역 내에 **수입** 내지 **적용**하려 한 것이 아니라, 국지이론으로서의 구조언어학 개념들을 비판적으로 활용하면서 동시에 이를 통해 정신분석학에 결여되어 있는 일반이론을 가공하는 방향으로 나아가고 있다는 데서 찾고 있다. 하지만 이와 동시에

---

13) 주지하다시피 알뛰쎄르의 유명한 『철학과 과학자들의 자생적 철학』(1968)의 테마 중 하나는 바로 '학제연구'에 대한 비판이었다. 그리고 알뛰쎄르의 문제 설정에 따라 담론 및 이데올로기 연구에서 많은 업적을 남긴 뻬쇠(M. Pêcheux)는 한 중요한 글에서 알뛰쎄르가 지적한 구조주의의 언어학적 이데올로기를 분석하고 있다. Althusser(1974); Pêcheux(1990) 참조.

라깡은 일반이론의 본성을 정확하게 파악하지 못하고 있어서, 언어학과 정신분석학의 관계를 인식론적으로 올바르게 취급하고 있음에도 불구하고 레비스트로스에게서 나타나는 문제점, 즉 언어학에 정신분석학과 다른 인문과학들의 관계를 매개시키는 역할을 부여하는 것을 그대로 방치해두는 잘못을 범하고 있다. 이는 바로 라깡의 이론작업의 "애매성" 또는 "객관적 한계들의 발현"이다(Althusser 1993, 129면).[14]

따라서 이 글에서 알뛰쎄르의 이론적 노력의 첫번째 방향은 일반이론과 국지이론의 관계, 특히 정신분석학의 일반이론과 국지이론의 관계를 명확히하고, 이것과 역사유물론의 일반이론과의 관계를 살펴보는 데로 향해 있다. 여기에서 알뛰쎄르의 (잠정)결론만 간단히 정리해보면, 무의식을 자신의 이론적 대상으로 갖고 있는 정신분석학의 국지이론이 의존하고 있는 정신분석학의 일반이론은, 하나의 일반이론이 아니라 두 가지 일반이론의 결합이라는 형태를 취하고 있다. 이는 한편으로 무의식이 담론의 형태를 띠고 있는 한에서, 정신분석학의 국지이론은 언어(langue)를 대상으로 하는 언어학의 국지이론이 아니라 기표의 일반이론(알뛰쎄르의 세 개의 노트 중 「첫번째 노트」에 따를 경우) 또는 담론의 일반이론(「세번째 노트」에서 이루어진 정정에 따를 경우)을 요구하기 때문이며, 다른 한편으로 무의식이 "이데올로기적 담론과의 접합을 통해서만 그 자체로 (무의식**적인** 것으로) 인식될 수 있을 뿐"인 한에서(Althusser 1993, 149면), 정신분석학의 국지이론은 이데올로기론을 자신의 국지이론으로 지니고 있는 역사유물론의 일반이론에 의존하기 때문이다. 따라서 "기표의 일반이론과 역사유물론의 일반이론 중 **후자**

---

14) 알뛰쎄르에 따르면 레비스트로스는 인류학 분야에서는 주목할 만한 업적을 남겼으나, 인류학을 통해 맑스와 프로이트를 종합하려는 야심에도 불구하고 이른바 '원시사회'에 대한 이론적 특권화에서 표현되는 목적론 및 구조언어학의 음운론적 모델에서 시사받은 경험주의와 형식주의적 한계 때문에 결국 이론적 발전에까지 나아가지 못하고 있다. 이 때문에 그는 계속 레비스트로스를 비판하고 있으며 레비스트로스에 대한 라깡의 모호한 태도에 주의를 환기시키고 있다. 구조주의의 통시성–공시성 구분에 대한 비판으로는 Althusser(1996b) 참조. 레비스트로스에 대한 비판은 1966년에 작성한 「레비스트로스에 대하여」(Sur Lévi-Strauss, Althusser 1995a) 참조.

가 전자를 규정하는데, 좀더 정확하게 말하면 이는 무의식의 담론을 무의식의 담론으로 **특징짓게** 하기 위해 후자가 전자에 **개입하기** 때문에, 즉 전자에 스스로를 접합하기(…전자 속에 **잠입해 있는**empiètent "요소들", 범주들, 구조적 관계들을 전자에게 제공하기) 때문이다."(Althusser 1993, 149면)[15]

극히 야심적인 이론적 구도에 따라 작성되었고, 따라서 그만큼 여러가지 복합적인 쟁점을 담고 있는 알뛰쎄르의 글을 여기에서 충분하게 다룰 수는 없지만, 이 정도의 논의만으로도 우리는 알뛰쎄르가 상이한 이론영역들 사이의 변별적 관계에 얼마나 주의를 기울였고 이론영역들 사이의 손쉬운 '수입'이나 '적용'을 얼마나 경계했는지를 잘 알 수 있다. 아울러 우리는 알뛰쎄르가 정신분석학을 개조하려는 라깡의 이론작업의 중요성을 강조하면서도 메타이론적 차원에서 그의 시도가 지니는 문제점을 염두에 두고 이를 올바른 방향으로 정정하기 위해 노력했다는 점을 알 수 있다. 따라서 이런 간단한 사실 확인만으로도 알뛰쎄르의 이론적 핵심이 "상징적 질서의 논리(중층결정의 논리는 상징적 질서에 적용되는 논리이다)를 사회구성체의 분석에 **직접 적용**"한 데 있다는 주장은 사실과 다르다는 점이 분명히 해명될 수 있다(홍준기 1999, 202면. 강조는 인용자).

Überdeterminierung '또는' surdétermination

라깡과 알뛰쎄르 사이에서 제기되는 메타이론적 쟁점은 사실 구조주의 및 탈구조주의 철학 전체에 대한 평가를 수반할 수밖에 없는 쟁점이므로 이 글에서는 이 정도의 논의로 그치기로 하고, 이제 과잉결정 개념으로 넘어가보자.

우리가 우선 해명해야 할 문제는 과연 프로이트의 'Überdeterminierung' 개념이 알뛰쎄르의 'surdétermination,' 즉 과잉결정 개념[16]과 동일한 이론

---

15) 「프란카에게 보내는 1966년 9월 13일자 편지」(Althusser 1998a)에서 이 문제에 대한 알뛰쎄르의 해명 참조.

적 내포를 지닌 개념인지 하는 것이다. 이 문제에 관해서는 먼저 알뛰쎄르의 말에서 출발하는 게 좋을 것이다. 알뛰쎄르는 『맑스를 위하여』에서 이 개념의 '차용'에 관해 다음과 같이 말하고 있다.

> 나는 이 개념을 만들어내지 않았다. 이미 지적했듯이 나는 이 개념을 두 가지 기존 학문, 곧 언어학과 정신분석학에서 빌려왔다. 이 개념은 이 학문들에서 객관적인 변증법적 "함의"(connotation)를 지니고 있고, 특히 정신분석학에서는 이 개념이 여기에서 지시하는 내용과 형태상으로 (formellement) 매우 유연적(apparenté)이므로 이러한 차용이 자의적이지는 않다. 물론 신조어를 만들어낼 수도 있다. 또한 (칸트가 말하듯) 쉽게 익숙해지도록 하기 위해 충분히 유연적인 개념을 "수입"할 수도 있다. 게다가 이러한 "유연성"은 정신분석학적 실재에 접근할 수 있게 해줄 것이다.(Althusser 1996a, 212면; 루이 알뛰쎄르 1997, 248면)[17]

여기에서 먼저 주목할 점은 이러한 차용은 필연적인 것이 아니라 **선택적인 것**이며, 따라서 **실용적 이유**에서 비롯했다는 것이다. 즉 알뛰쎄르는 자신이 해명하려는 사태, 곧 맑스주의 변증법의 종별성을 해명하기 위해 신조어를 만들어낼 수도 있고 수입해올 수도 있지만, 두 가지 이유 때문에 수입해오는 편을 택했다고 말하고 있다. 그 이유는 첫째, 프로이트의 이 개념이 유물변증법과 "형태상으로 매우 유연적"이며, 둘째, 이 유연성 덕분에 이 개념은 정신분석학적 실재에 접근할 수 있게 해준다는 것이다. 이 후자의 경우는 앞에서 살펴본 것처럼 알뛰쎄르의 이론적 기획 내에서 이해될 수 있으며, 따라서 정신분석학의 **적용**과는 전혀 다른 것이라는 점을 쉽게 알 수 있

---

16) 일부에서는(예컨대 홍준기와 양석원의 경우) 이 개념을 '중층결정'으로 번역해 사용하고 있는데, 우리가 보기에 이는 이 문제와 관련하여 매우 증상적이다.

17) 이하 외국어 원전을 인용할 때 비교적 정확한 국역본이 있을 경우, 국역본의 해당 면수를 원전 면수 뒤에 병기하겠다. 하지만 인용된 원전은 모두 인용자가 번역한 것이다.

다. 결국 문제는 첫번째 측면, 즉 "형태상으로 매우 유연적"이라는 점을 어떻게 이해할 것인가로 집약된다.[18] 결론부터 말하면 우리가 보기에 과잉결정 개념은 프로이트의 'Überdeterminierung' 또는 다중(多重)결정 개념[19] 및 라깡의 상징적 질서의 논리나 R. S. I.론과는 엄밀하게 구분되어야 할 알뛰쎄르의 독창적인 개념이며, 이들을 혼동하게 되면 알뛰쎄르의 이론작업의 요체가 제대로 드러나지 않는다.

이는 간단한 문헌학적 고찰만으로도 분명히 드러난다. 프로이트에게서 이 개념은 브로이어(J. Breuer)와의 공저 『히스테리 연구』에서 신경증의 병인(病因)과 관련하여 처음 등장한다. 즉 프로이트에 따르면 "신경증의 기원은 대부분 **다중결정**되어 있으며, 신경증의 산출에는 다수의(mehrere) 계기들이 함께 작동해야 한다."(Freud 1977, 261면) 이는 프로이트가 히스테리 연구를 통해 얻은 일반적 결론, 즉 "일반적으로 발견되는 대부분의 신경증은 "혼합적인" 것으로 특징지을 수 있다. (⋯) 이처럼 혼합신경증이 자주 나타나는 이유는 이 병리학적 계기들이 자주 혼합되는 데서 비롯한다"(Freud 1977, 256~57면)는 결론을 인과론적 관점에서 일반화한 것이라 할 수 있다. 따라서 프로이트에게 이 개념은 처음부터 단순한 선형적 인과성이라는 관점을 반박하기 위해 제시된 개념이라는 점을 알 수 있다.

이 개념이 좀더 체계화되는 『꿈의 해석』에서 이는 잠재적인 꿈 내용과 외현적인 꿈 내용의 관계에 대한 탐구의 맥락에서 사용되고 있다. 이에 따르면 "꿈-내용의 각 요소는 **다중결정된** 것으로, 꿈-사고에서 여러번 대표된(vertreten) 것으로 드러난다."(Freud 1976, 372; 지그문트 프로이트 1997, 상권, 289면) 이처럼 외현적인 꿈 내용의 요소들이 다중결정되어 드러나는 것은 무의식적인 꿈의 사고의 여러가지 요소들이 검열을 피하려고 응축과 전위과정을

---

18) 알뛰쎄르가 「맑스와 프로이트에 대하여」에서 말하고 있는 것도 결국 이 점에 대한 부연이다. 윤소영(1995) 16면; Althusser(1993) 224~25면 참조.

19) 이하에서는 알뛰쎄르의 과잉결정 개념과 구분하는 의미에서 프로이트의 'Überdeterminierung'을 다중결정으로 번역해서 사용하겠다.

통해 축약되고 변형된 형태로 드러나기 때문이다. 이런 관점에서 우리는 프로이트가 사용하는 다중결정 개념을 다음과 같이 도식적으로 요약해볼 수 있다. 첫째, 이 개념은 무의식적인 꿈의 사고와 외현적인 꿈의 내용 사이의 비대칭적 차이라는 관념에 기초하고 있다. 둘째, 이러한 비대칭성은 잠재적인 꿈 내용에 들어 있는 성적 요소에 대한 무의식적 검열을 피하기 위한 복잡한 꿈의 사고의 작업 결과다. 셋째, 따라서 꿈의 내용에 대한 적절한 해석——프로이트에 따르면 꿈의 해석은 환자 자신의 해석을 해석한다는 의미에서 항상 중복해석(Überdeutung)이다——이 이루어지기 위해서는 꿈의 내용의 요소들 각각, 그리고 꿈의 사고의 요소들 각각에 대한 단일한 원인을 탐구해서는 안되며, 이 요소들의 형성에 개입하고 있는 다양한 인과요인들을 고려해야 한다.[20]

이처럼 프로이트의 다중결정 개념은 선형적이고 단일한 인과성 개념을 비판하고, 외현적인 꿈의 내용에 드러난 각각의 요소가 여러가지 무의식적 요인들의 복합적인 작용의 결과라는 점을 강조한다는 점에서 알뛰쎄르의 주목을 끌 만한 충분한 자격이 있다. 하지만 이 정도의 내용이라면 'Über-determinierung'이라는 개념을 중층결정이나 중복결정, 또는 다중결정 등으로 번역해도 무방할 것이며, 프로이트 자신이 다중결정 외에도 복합결정(mehrfache Determinierung)이라는 용어를 함께 섞어 쓰고 있다는 사실을 고려하면 더더욱 그러하다.[21] 하지만 알뛰쎄르는 프로이트의 다중결정 개념을 그대로 가져다 역사유물론의 영역에 **직접 적용**한 것이 아니라, 이 개념에 새로운 개념 규정들을 보태서 이 개념을 대체하는 새로운 개념을 만들어내고 있다. 이는 곧 알뛰쎄르의 과잉결정 개념은 **이 새로운 개념 규정들과 결합되어 사용되지 않는다면** 자신의 고유한 개념적 의미를 상실하게 된다는 것을

---

20) 『꿈의 해석』의 맥락에서 사용되는 다중결정 개념에 대한 좀더 상세한 검토는 Castel (1998) 231~40면 참조.

21) 다만 중층결정이라는 번역어는 잘 따져보면 의미 전달이 쉽지 않다는 문제점이 있다. '중층'이라는 말은 층이 여러 겹 쌓여 있다는 의미인데, 이를 통해 다양한 원인들의 복합적 결정을 표현하기는 어렵기 때문이다.

뜻한다. 그리고 바로 이러한 개념 규정들의 보완 때문에 'surdétermination' 과잉결정 개념은 프로이트의 원래 개념처럼 복합적인 원인들의 작용이라는 의미를 가지면서도 이를 대체하는 고유한 개념적 의미를 얻게 된다. 즉 이 두 개념 사이에는 **또는**의 관계가 성립한다.

알뛰쎄르가 프로이트의 다중결정 개념에 새로 결합시킨 개념 규정들 중 핵심적인 것은 '항상 이미 주어진, 구조화된 복합적 전체'(un tout complexe structuré toujours déjà donné)라는 개념과 '지배소를 갖는 구조'(structure à dominante)라는 개념이다. 전자는 헤겔(G. W. F. Hegel) 식의 기원과 목적 의 변증법에서와는 달리 유물변증법에서는 순수하고 단순한 기원이란 존재 하지 않으며, 따라서 전체 역시 하나의 동질적 본질로 환원되지 않는 이질 적인 요소들로 구성된 복합적 전체라는 점을 부각시킨다. 그리고 후자는 여 기에서 한걸음 더 나아가 사회 전체 또는 사회구성체는 다양한 요소들이나 심급들 간의 **위계적 결합관계**에 따라 구조화되어 있다는 점을 보여줌으로써, 유물변증법에서는 항상 이미 주어진, 구조화된 복합적 전체라는 개념만이 존재하는 이유가 무엇인지 설명해주고, 과잉결정의 내포를 좀더 분명하게 한정해준다. 알뛰쎄르의 말을 그대로 인용해보자.

하나의 모순이 다른 모순들을 지배한다는 것은 이 모순이 출현하는 복 합체가 구조화된 통일체여야 한다는 것과, 이 구조는 모순들 사이의 뚜렷 한 지배―예속관계를 내포하고 있다는 것을 전제한다. (…) 지배는 아무래 도 상관없는 간단한 **사실**이 아니라, 복합체 자체의 **본질적인** 사실이다. 그 렇기 때문에 복합체는 지배를 본질적인 것으로 내포하고 있다. (…) 맑스 주의에서 말하는 통일성은 **복합체 자체의 통일성**이며 복합체의 조직과 접 합 양식이 바로 복합체의 통일성을 구성한다. (…) 이는 **복합적 전체가 하 나의 지배소에 따라 접합된 구조의 통일성**을 내포하고 있다는 것을 긍정하는 것이다.(Althusser 1996, 206~208면; 루이 알뛰쎄르 1997, 241~43면)

따라서 지배소를 갖는 구조에 따라 사회 전체를 파악한다는 것은 막연한 다원주의를 넘어서 구조를 구성하는 다양한 요소들 사이의 위계관계, 또는 불균등한 접합관계를 인식 가능하게 해준다는 점에 의의가 있다. 좀더 구체적으로 말한다면, 이런 관점에 따르면 주요모순과 부차모순의 관계는 단순한 본질-현상의 관계가 아니라, 서로가 서로의 **실존조건을 구성하는 관계로** 파악될 수 있으며, 더 나아가 이러한 주요모순-부차모순의 관계가 지배소에 따라 접합되고 배치된 관계인 한에서, "'모순들' 서로간의 이러한 실존의 조건화는 (…) 각각의 모순의 실존조건들의 실재성 내부에서, 전체의 통일성을 이루는 이 지배소를 갖는 구조가 발현되는 것"으로 파악될 수 있다(Althusser 1996a, 211~12면; 루이 알뛰쎄르 1997, 247면). 그리고 이런 의미에서 과잉결정 개념은 **"모순의 실존조건들이 모순 자체 내에 반영되는 것, 각각의 모순의 내부에 복합적 전체의 통일성을 구성하는 지배소에 따라 접합된 구조가 반영되는 것"**으로 정의될 수 있다(Althusser 1996a, 212면; 루이 알뛰쎄르 1997, 247~48면).

따라서 우리는 알뛰쎄르가 모순들 서로간의 실존의 조건화, 즉 과잉결정이 "모순들에, 그리고 모순들 사이에 군림하고 있는 지배소를 갖는 구조(이 경우에는 경제에 의한 최종심급에서의 결정)를 폐기하는 것이 아니"(Althusser 1996a, 212면; 루이 알뛰쎄르 1997, 247면)라는 점을 역설하고 있는 이유를 이해할 수 있는데, 왜냐하면 최종심급에서 **결정**하는 경제는 모든 생산양식에서 직접 다른 심급들을 **지배**하는 것이 아니라, 각 생산양식에서 **지배소의 역할**을 담당하는 심급들을 결정하는 기능, 따라서 지배소의 전위를 결정하는 기능만을 맡고 있기 때문이다(Althusser 1996b, 282면 이하, 442면 이하 참조). 이를테면 이것이 과잉결정 개념의 '구조적' 측면이며, 이는 『『자본』을 읽자』(Althusser 1996b)에서 역사유물론과 관련하여 훨씬 정교하게 전개된다. 여기에서 이 논의를 따라갈 수는 없지만, 이 정도의 논의만으로도 알뛰쎄르가 발전시킨 과잉결정 개념의 이론적 내포가 프로이트의 다중결정 개념과는 다르다는 점을 납득할 수 있을 것이다.

하지만 알뛰쎄르의 과잉결정 개념은 이런 구조적 측면 이외에도 이를테면 '정세적' 측면을 포함하고 있으며, 바로 이 측면에서 과잉결정 개념의 근원성이 좀더 잘 드러난다. 실제로 우리가 방금 살펴본 내용 다음부터 알뛰쎄르의 논의는 새로운 방향으로 전개되고 이는 예기치 못한 꼬임을 낳는다. 방금 본 것처럼 알뛰쎄르는 과잉결정의 핵심을 "모순의 실존조건들, 즉 지배소를 갖는 복합적 전체의 구조 안에서 모순의 위치가 이 모순 안에 반영되는 것"으로 규정한다(Althusser 1996a, 215면; 루이 알뛰쎄르 1997, 251면). 그런데 이처럼 실존조건들이 모순 안에 반영된다는 것을 좀더 엄밀하게 이해하면 각각의 모순은 엄밀한 의미에서 '고유한 동일성'을 지니지 못한다는 것을 의미한다. 즉 **정의상** 모든 모순은 자기 자신과 관련하여, 자기 자신의 '본질'과 관련하여 항상 이미 **과잉의 상태**에 처해 있다. "그렇다면 모순이 더이상 일의적인 성격일 수 없음(…)을 받아들여야 한다. 왜냐하면 모순은 복합적 전체의 불균등한 구조와 자신의 관계를 자신 안에, 심지어 자신의 본질 안에 반영하고 있기 때문이다."(Althusser 1996a, 215면; 루이 알뛰쎄르 1997, 251면)[22] 하지만 알뛰쎄르에 의하면 이러한 과잉, 모순의 동일성 자체의 과잉이 비합리성을 산출하지는 않는데, 왜냐하면 이러한 모순의 과잉은 모순이 지배소를 갖는 구조와 맺고 있는 관계, 따라서 최종심급에서 경제에 의한 결정과 모순이 맺고 있는 관계의 다른 표현이기 때문이다.

그런데 여기에서 과잉결정 개념은 실제로 알뛰쎄르가 미처 고려하지 못한 결과를 낳는다. 과잉결정이 논리적으로 제기하는 질문은 다음과 같다. 모든 모순들이 항상 이미 과잉결정의 상태, 따라서 자신의 동일성의 초과상

---

22) 알뛰쎄르의 과잉결정 개념에 대한 발리바르의 다음과 같은 주석은 바로 이런 관점에서 이해될 수 있다. "맑스주의적(유물론적) 변증법은 헤겔적(관념론적) 변증법과는 다른 전체관과 다른 모순관을 내포할 뿐만 아니라, 바로 이 내적 변혁 때문에 두 범주의 관계를 이동시킨다. 맑스주의적 변증법은 전체성에 의해 정의되는 것이 아니라 **모순**에 의해, 그것도 원리상 절대로 **전체화될 수 없는**(왜냐하면 그것은 단순한 통일성으로 환원될 수 없는 것이기 때문이다) 모순에 의해 정의된다. 그 이유는 전체화의 **부족**(…) 때문이 아니라, 그와는 반대로 맑스주의적 변증법이 **항상 이미** 결정의 과잉(excès, 알뛰쎄르가 과잉결정이라 부른 것)을 포함하고 있기 때문이다."(에띠엔느 발리바르 1989, 286면)

태에 있다면 이 모순들의 전체는 어떠한가? 이 모순들의 **전체 역시**, 더 나아가서 **최종심급에서의 결정 역시** 과잉상태, 자신의 동일성의 과잉상태에 놓여 있는가? 만약 그렇다면 알뛰쎄르는 자신의 주장과는 달리 비합리성의 위협에서 안전하지 못할 것이다. 적어도 토대와 상부구조라는 전통적인 맑스주의적 토픽에 기초한 합리성의 관점에서는 그렇지 못할 것이다. 반대로 만약 그렇지 않다면, 즉 최종심급에서의 결정은 모순들의 과잉결정에도 불구하고 자신의 동일성을 보존한다면, 그리고 이를 통해 **전체의 통일성**을 유지한다면, 맑스주의 변증법을 헤겔적인 변증법과 구분하려는 알뛰쎄르의 이론적 기획 자체가 결국 불가능한 것이었음이 드러날 것이다. 이런 의미에서 "처음에도 마지막 순간에도 '최종심급'의 고독한 시간은 결코 도래하지 않는다"(Althusser 1996a, 113면; 루이 알뛰쎄르 1997, 132면)는 알뛰쎄르의 유명한 정식은 이런 난점의 (선취된?) 징표처럼 보인다.

이런 진퇴양난을 알뛰쎄르가 이론적으로 해결했을까? 어쨌든 알뛰쎄르는 이런 난점을 이론적으로 정교화하는 데 성공했는데, 이는 **과소결정**(sousdétermination)이라는 개념 덕분이다. 『『자본』을 읽자』에서 이 개념이 처음 도입되었을 때 이것은 과잉결정 개념과 의미론적인 차이 없이 단순 병치되었지만(Althusser 1996b, 293면), 「맑스주의에서 철학자가 된다는 것은 쉬운 일인가?」에서는 좀더 정확한 의미를 부여받는다.

> 나는 일부러 과소결정을 강조한다. 왜냐하면 어떤 사람들은 결정에 간단한 추가분을 덧붙이는 것은 쉽게 받아들이는 반면, 과소결정이라는 사고, 즉 그것을 넘어서지 못하면 혁명이 유산되고 혁명적 운동이 지체되거나 사라지며, 제국주의가 부패 속에서 발전하게 되는, 결정의 문턱이라는 사고를 하지 못하기 때문이다.(루이 알뛰쎄르 1991, 156면)

여기에서 중요한 것은 혁명의 성공과 실패 각각에 과잉결정과 과소결정을 '균등하게' 지정하는 것이 아니라 **결정의 문턱**이라는 관념인데, 왜냐하면

이를 통해 과잉결정 개념이 지니는 근원적 함축이 좀더 분명하게 드러나기 때문이다. 다시 말해 단독으로 사용되었을 경우 모순의 동일성 안에 모순의 실존조건을 포함시키는 것을 의미하는 과잉결정 개념은 지배소를 갖는 구조의 경향(및 궁극적으로는 최종심급에서의 경제에 의한 결정)이 실현되는 정세적 조건들에 대한 고려라는 의미로 축소될 수 있고, 이렇게 되면 (목적론의 유물론적 형태인) **구조**와 **정세**, 따라서 **구조**와 **실천**이라는 이원적 개념 쌍은 그대로 유지된다. 반면 과소결정과 함께 사고된다면, 과잉결정 개념이 함축하는 결정의 과잉은 결국 **항상 동시에** 결정의 과소이기도 하다는 점이 잘 드러날 수 있다(Balibar 1996a 참조). 이는 곧 모순의 '동일성의 조건'을 이루는 최종심급에 의한 경제의 결정은 항상 이미 이데올로기에 의해 과잉결정된다는 것, 따라서 모순의 동일성은 항상 이미 그 불가능성의 조건에 의해 과소결정된다는 것을 의미한다. 이는 결국 과잉결정의 궁극적 의미는 경제 또는 생산양식 개념에 기초하고 있는 전통적인 맑스주의적 이행이론을 해체하고, 이를 이데올로기 개념과의 관계 속에서 다시 사고하도록 강제한다는 데 있다는 것을 뜻한다. 그리고 이런 점에서 본다면 이른바 '자기 비판' 이후에 알뛰쎄르가 이데올로기론을 통해, 재생산의 문제 설정에 따라 생산양식과 이데올로기 사이의 '접합'을 추구한 것은 당연한 이론적 귀결이라 할 수 있다.

지금까지의 논의를 다음과 같이 정리할 수 있다. 과잉결정 개념은 두 가지 질문을 제기하는데, 하나는 최종심급에서의 결정 개념이 해체된 이후 역사적 과정을 사고하기 위한 이론적 토대를 어떻게 마련할 수 있을까라는 문제다. 달리 말하면 과잉결정과 과소결정의 동시적인 작용을 비합리성의 방향이 아니라, (바슐라르G. Bachelard에서 유래하는 표현을 따르면) 과잉합리성(surrationalité)——"개념 안에 개념의 적용조건들을 포함시키기"——의 방향 또는 토픽적 유물론——자신의 유효성의 조건에 따라 규정되는 이론——의 방향에서 사고할 수 있는 길은 어떤 것인가라는 문제다. 따라서 이는 역사유물론 또는 사회과학 일반에 적합한 합리성, 그리고 그 핵심으로서의 인과성 '모델'을 어떤 식으로 개조할 것인가라는 문제다. 이 문제에서 알뛰쎄르는 라깡의 작업에 전혀 관심을 기울이지 않았으며, 방금 살펴본 것처럼 프로이트의 다중결정 개념으로부터는 선형적 인과성을 벗어나는 복합적인 원인의 작용이라는 이론적 요소를 수용했을 뿐이다. 오히려 알뛰쎄르는 '인식론적' 작업에서처럼 역사적 인과성 모델을 개조하기 위한 이 작업에서도 스피노자 철학으로부터 결정적인 이론적 자원을 이끌어냈으며, 이는 특히 알뛰쎄르가 『자본』이 이룩한 이론적 혁명의 핵심으로 제시한 구조인과성 개념이 스피노자의 존재론에 함축된 인과성 모델에 따라 구축되었다는 점에서 명시적으로 드러난다(Althusser 1996b 참조).[23] 이 구조인과성 개념은 알뛰쎄르의 이론작업의 중핵을 구성하는 개념일 뿐만 아니라, 그의 제자인 마슈레(P. Macherey)와 발리바르 등의 스피노자 연구에서도 중심적인 위치를 차지하고 있다.[24] 따라서 과잉결정 개념을 프로이트의 다중결정 개념이나 라깡의 상징적 질서의 논리를 '사회구성체의 영역에 적용한 결과'라고 볼 수는 없다.

둘째, 이러한 합리성의 문제 설정은 이데올로기론과의 연관성을 함축하고 있고, 따라서 자체 내에 항상 이미 **사회존재론**, 즉 주체이론이라기보다는 오히려 **주체화 양식**의 **문제 설정**을 함축하고 있으므로, 과잉결정 개념의 이론적 발전은 역사적인 주체화 양식(들)에 대한 분석과 이론화를 요구한다. 그리고 우리가 프로이트나 라깡의 작업이 알뛰쎄르의 이론작업에 끼친 영향을 평가하기 위해 살펴봐야 할 영역이 바로 이곳이다.

---

23) 알뛰쎄르는 스피노자에 관한 체계적인 해설을 남긴 적이 없지만, 그의 스피노자 철학의 전유는 현대의 스피노자 연구에 큰 영향을 미쳤다. 따라서 알뛰쎄르의 스피노자 전유에 대한 검토는 알뛰쎄르의 이론작업을 해명하는 데서나, 현대의 스피노자 연구의 지향을 이해하는 데서 중요한 의미를 지니고 있다. 하지만 여기에서는 이를 충분히 다루기가 어려워, 별도의 글에서 좀더 포괄적으로 해명할 생각이다. 이 문제에 관심 있는 독자들은 Cotten(1993); Tosel(1994) 등 참조. 현대 프랑스철학에서 스피노자 철학의 의의에 대한 간단한 소개는 진태원(2001) 참조.

24) 이에 관해서는 특히 Balibar(1996b); Balibar(1996c); Macherey(1990); Macherey(1992) 참조.

상상계: 라깡 '또는' 스피노자

알뛰쎄르의 이데올로기론은 두 가지 측면으로 나뉘어 해명될 수 있다.[25] '사회학적'인 또는 역사유물론적인 측면에서 볼 때 이는 과잉결정 개념에 의해 한계가 드러난 토대−상부구조라는 전통적인 맑스주의적 토픽 대신 생산−재생산이라는 새로운 토픽에 따라 생산양식과 이데올로기의 접합을 사고하는 것을 목표로 삼고 있다. 이런 측면에서는 이데올로기적 국가장치를 통해 이데올로기가 자본주의적 생산관계를 재생산하는 방식을 제도 분석(가족·학교·미디어·의료제도 등)을 통해 검토하는 것이 핵심과제가 된다. 반면 철학적인 측면에서 볼 때 이는 서양 근대철학, 좀더 일반적으로는 부르주아 이데올로기의 핵심개념인 주체 개념을 해체하고 역사를 주체 없는 과정으로 파악하는 역사유물론의 이론적 기초 위에서 이 개념을 **비주체적인 방식**으로 설명하려는 기획으로 간주될 수 있다.

알뛰쎄르 이데올로기론의 철학적 측면은 다시 두 가지의 핵심요소로 구분될 수 있다.[26] 첫째는 이데올로기의 물질적 차원과 관련된 것이고, 둘째는 '담지자'(Träger) 또는 '개인'을 주체로 구성하는 메커니즘, 즉 호명(inter-pellation)이론과 관련된 것이다. 첫번째 요소는 이데올로기적 국가장치 개념을 중심으로 이데올로기가 "관념들"이나 심지어 "행위들"이 아니라 물질적 관행 및 규율, 실천 들에 의해 작동한다는 점을 보여주고 있는 반면, 두번째 요소는 이런 물질적 절차들 내에서 이루어지는 주체 형성의 메커니즘을 구체적으로 설명하고 있다. 그리고 이 두번째 측면에서 알뛰쎄르는 앞서 말했던 것처럼 상상계−상상적이라는 개념과 거울구조라는 개념을 사용하고 있다. 알뛰쎄르가 라깡과 공유하고 있는 이 두 개념을 어떻게 사용하

---

25) 이에 관한 좋은 논의로는 Lock(1996) 참조.
26) 여기에서는 인식론, 즉 과학사 및 과학철학적 맥락에서 제기되는 "이론적" 이데올로기의 문제는 다루지 않고 "실천적" 이데올로기에 관한 문제만 다루겠다. 전자에 관한 좋은 논의로는 Pfaller(1997) 참조.

고 있는지, 즉 여기에서도 **또는**의 관계가 성립하는지를 살펴보기 위해서는 먼저 이데올로기에 대한 알뛰쎄르의 개념 정의의 특징을 이해할 필요가 있다.

알뛰쎄르는 이데올로기 개념에 대해 소극적인 테제와 적극적인 테제 두 가지를 제시하는데 소극적 테제는 다음과 같다.

> 테제 1. 이데올로기는 개인들이 자신들의 현실적인 실존조건들과 맺고 있는 상상적 관계를 '표상/재현한다'(représent).(Althusser 1995b, 296면; 루이 알뛰쎄르 1991, 107면)[27]

알뛰쎄르의 이 테제는 두 가지 비판대상을 겨냥하고 있다. 첫번째 비판대상은 이데올로기 개념을 사제들이나 전제군주의 환상의 주입이라는 시각에서 이해하는 기계론적 관점이다. 하지만 이제 이것은 이론적으로 별다른 의미가 없기 때문에 중요한 고려대상이 못된다. 반면 알뛰쎄르가 겨냥하는 두번째 비판대상은 그에게 핵심적인 중요성을 지니고 있는데, 왜냐하면 포이어바흐(L. Feuerbach)에서 유래한 이 관점은 청년 맑스에게 그대로 전승되었고, 그 이후 맑스주의적인 이데올로기 개념에 큰 영향을 미쳤기 때문이다. 이에 따르면 이데올로기가 현실의 조건들을 왜곡하는 것은 인간들이 현실의 삶에서 물질적으로 소외된 데서 비롯한 결과이며, 따라서 현실적인 소외 또는 지배와 착취를 폐지하면 이데올로기적 왜곡과 가상은 사라질 것이다. 알뛰쎄르에 따르면 이런 관점의 근본전제는 이데올로기에서 표상되는 것이 **현실적인 실존조건**이라고 생각하는 데 있으며, 따라서 이런 소외론적·의식철학적 관점에서 벗어나기 위해서는 이 전제를 버리는 게 필수적이다.

---

27) 두번째의 적극적인 테제는 "이데올로기는 물질적 실존을 갖는다"는 것이다(Althusser 1995b, 298면; 루이 알뛰쎄르 1991, 110면). 이 두 가지 테제는 항상 함께 이해되어야 하는데, 여기서는 논의의 성격상 첫번째 테제에 주로 초점을 맞출 것이다. 두번째 테제에 관한 좋은 논의는 Montag(1995) 참조.

이 때문에 알뛰쎄르는 자신의 테제를 다음과 같이 좀더 엄밀하게 해명하고 있다.

> '인간들'이 이데올로기 안에서 'se représentent'하는 것은 인간들의 현실적인 실존조건들, 그들의 현실세계가 아니며, 이데올로기에서 그들에게 '표상/재현/상연되는'(représenté) 것은 그들이 이 실존조건들과 맺고 있는 **관계**다.(Althusser 1995b, 297면; 루이 알뛰쎄르 1991, 109면)

여기에서 우리가 주목해야 할 것은 "se représentent"라는 표현이다. 불어에서 'représenter'라는 단어는 '표상하다'는 의미 이외에도 '재현하다' '상연하다' '대표하다' '나타내다' '상상하다' 등 매우 다양한 의미를 지닌다. 그리고 알뛰쎄르가 이 글에서 'représenter'나 'représentation'이라는 단어가 내포하는 상이한 의미들을 체계적으로 활용하고 있고, 이런 활용은 알뛰쎄르의 이데올로기 개념을 이해하는 데 본질적이기 때문에, 이 단어를 '표상하다' 및 '표상'이라는 심리학적·인식론적 의미로만 해석하거나 번역해서는 알뛰쎄르의 논의를 제대로 이해하기 어렵다.[28]

"se représentent"라는 표현에서 핵심적인 것은 세 가지 측면이다. 첫째, 이 표현은 표상이라는 개념이 "개인들" 또는 "인간들"——이 단어들은 항상 괄호로 묶인 것으로 간주**되어야** 한다——이 "서로에게 표상하는" **의식적** 표상이라는 것을 함축하고 있다. 하지만 이는 이데올로기의 본질이 의식적이라는 것을 의미하는 것이 아니라 **상상적 관계**로서의 이데올로기가 의식적 **효과**를 산출한다는 것을 의미한다. 둘째, 이데올로기가 이런 의식적 효과를 산출할 수 있으려면 먼저 이 의식, 이 표상 들을 소유하고 이것들을 서로 교환할 수 있는 어떤 존재자가 있어야 한다. 이 존재자, 여기에서는 모호하게 "개인들" 또는 "인간들"이라 불리고 있는 이 존재자는, 뒤에서 알뛰쎄르가

---

28) 이는 프로이트의 『꿈의 해석』이나 라깡의 글에도 해당된다.

부여할 더욱 명료한 이름에 따르면 바로 주체다. 그리고 이 주체들은 주체들로서의 고유한 동일성 또는 정체성을 보유하고 있고, 항상——적어도 권리상의 가능성으로서——이를 의식하고 있다. 또한 이 주체들은 자신의 주체로서의 동일성을 '인지'(reconnaissance/reconnaître)——이는 잠정적인 번역일 뿐이다——하고 있으며, 주체들로서 서로의 동일성을 인지/인정하고 있다. 그런데 문제는 이러한 주체적 동일성은 일종의 '초월론적 기의'(signifié transcendantale)가 아니라 허구적인 것, 익명의 메커니즘에 따라 산출된 **상상적** 동일성이라는 점이며, 바로 이런 의미에서 이들의 표상작용, 이들의 인지 및 상호인지/상호인정은 항상 이미 **허구적인 활동**, 즉 일종의 연기, 연극의 상연이다. 즉 이들은 서로에게 허구적인 역할, 동일성을 연기하고 있다. 셋째, 이데올로기적 메커니즘에 고유한 왜곡과 가상은 현실적 조건들을 왜곡하는 데 있는 것이 아니라, 이처럼 **허구적인 동일성을 본질적인 것, 선험적인 것으로 전위**(轉位)시키고, 이를 통해 상상적이고 허구적인 것을 현실적인 것으로, 즉 **비이데올로기적인 것으로 전환**시키는 데 있다. 이런 의미에서 소외론적·의식철학적 전제에 의거하고 있는 고전적인 맑스주의 이데올로기론(의 한 측면)은 오히려 이데올로기에 대한 **이데올로기적 관점**을 나타낸다고 할 수 있다.[29] 이 세 가지 측면은 알뛰쎄르 이데올로기론의 핵심을 이루고 있으며, 알뛰쎄르의 라깡 수용의 양상을 해명하는 데서도 중요한 위치를 차지하고 있다. 따라서 상상계–상상적이라는 개념 및 거울구조라는 개념과 관련하여 이 세 가지 측면이 어떻게 알뛰쎄르의 이데올로기론에서 상호연관되어 나타나는지, 그리고 여기에서 라깡의 개념(들)이 어떤 역할을 수행하는지 좀더 자세하게 해명할 필요가 있다.

먼저 알뛰쎄르는 이데올로기의 상상적 관계를 다음과 같이 규정하고 있다. "현실세계에 대한 이데올로기적 표상/재현의 상상적 왜곡을 해명해야 하는 '원인'이 포함되어 있는 곳이 바로 이 관계다. 또는 오히려 원인이라는

------

29) 이에 관해서는 특히 「포이어바흐에 대하여」(Sur Feuerbach, Althusser 1995a) 참조.

용어의 사용을 유보하면, 우리가 모든 이데올로기(…)에서 관찰할 수 있는 모든 상상적 왜곡을 지탱하고 있는 것이 **이 관계의 상상적 본성**이라는 테제를 제시해야 한다."(Althusser 1995b, 298면; 루이 알뛰쎄르 1991, 109면) 여기에서 알뛰쎄르의 주장은 두 가지 측면을 포함하고 있다. 첫째, 이데올로기의 본성을 이루는 상상적 관계는 현실적인 실존조건으로 환원되지 않는 **독립적인 실재적 관계**라는 점이다. 둘째, 따라서 상상적 관계는 그 자체로 이데올로기적 왜곡이나 가상을 의미하지 않으며, 오히려 이데올로기적 왜곡을 규정하는 **종별적 조건**을 구성한다. 다시 말하면 알뛰쎄르에게서 이데올로기적 왜곡은 일차적으로 현실조건들에 대한 왜곡된 표상이나 가상이 아니라 **상상적 왜곡**이라는 것을 의미한다.

상상적 관계의 실재성에 관한 첫번째 내용은 라깡보다는 오히려 스피노자적인 관점에서 잘 해명될 수 있는데, 실제로 알뛰쎄르의 여러 텍스트들──특히 「맑스주의와 인간주의」『정신분석학과 인문과학』『자기비판의 요소들』──은 이를 뒷받침해준다. 예컨대 「맑스주의와 인간주의」의 한 구절을 보자.

맑스는 하나의 대상에 대한 인식이 이 대상을 대체하거나 또는 그 대상의 실존을 사라지게 할 수 있다고 믿는 관념론적 환상에 결코 빠지지 않았다. 태양이 수천킬로미터 이상 떨어져 있다는 것을 알고 있던 데까르뜨주의자들은 약 200걸음 되는 거리에서 태양을 볼 수 있다는 사실에 놀랐다. 그들은 이 간극을 메워줄 수 있을 만큼 충분한 [권능을 지닌] 신을 갖지 못했다. 맑스는 **화폐**(하나의 사회관계)의 본질에 대한 인식이 화폐의 **외양**, 화폐의 실존형태, 즉 하나의 사물을 파괴할 수 있다고는 전혀 믿지 않았다. 왜냐하면 이 외양은 실존하는 생산양식만큼이나 필수적인 화폐의 존재 자체이기 때문이다. 맑스는 하나의 이데올로기가 그에 대한 인식에 의해 소멸될 수 있다고는 결코 믿지 않았다. 왜냐하면 이 이데올로기에 대한 인식은 주어진 한 사회 내에서 이 이데올로기의 가능조건들, 구

조, 고유한 논리, 실천적 역할에 대한 인식이고, 동시에 이 이데올로기의
필연성의 조건들에 대한 인식이기 때문이다.(Althusser 1996a, 236~37면; 루이
알뛰쎄르 1997, 276~77면)

여기에서 알뛰쎄르는 페티시즘이나 이데올로기에 대한 참된 인식과 그들
의 실존 사이에는 직접적인 인과관계가 성립하지 않는다고 주장하고 있다.
이는 다시 말하면 이데올로기는 그릇된 인식이나 왜곡된 표상으로 환원되
지 않으며, 이데올로기의 고유성은 그 실천적인 기능에 있다는 것을 뜻한
다. 이를 보여주기 위해 알뛰쎄르는 스피노자의 『윤리학』 2부 정리 35의 유
명한 주석에 암묵적으로 준거하고 있는데, 이 주석에서 스피노자는 한 가지
사례를 들어 상상과 오류의 관계를 밝히고 있다.

태양을 볼 때 우리는 이것이 우리로부터 200걸음 정도 떨어져 있다고
상상한다. [하지만] 오류는 단순히 이런 상상에 있는 것이 아니라, 이런 식
으로 상상하는 중에 우리가 태양의 진정한 거리 및 이러한 상상의 원인에
대해 모르고 있다는 사실에 있다. 왜냐하면 나중에 태양이 지구 지름의
600배 이상 멀리 떨어져 있다는 것을 알게 된다 하더라도, 우리는 여전히
이를 가까이 있는 것으로 상상할 것이기 때문이다. 우리가 태양을 이처럼
가까이 있는 것으로 상상하는 것은 우리가 그것의 진짜 거리를 모르기 때
문이 아니라, 우리의 신체의 변용은 우리의 신체가 태양에 의해 변용되는
한에서 태양의 본질을 함축하기 때문이다.(Spinoza 1999, 158~59면)

여기에서 스피노자의 핵심논점은 상상 그 자체는 오류[30]의 원인이 아니라
인간의 본성에 근거한 자연적 조건이며, 오류는 상상이 이처럼 인간의 행동
이나 사고의 '자연적' 조건을 이룬다는 **사실**을 알지 못하고, 상상에 따라 주

____

30) 물론 여기에서 스피노자가 말하는 오류(error)는 무지(ignorantia)와는 구분되어야 한다.

어진 대상이나 표상을 **현실적인 대상과 혼동**하는 데서 생겨난다는 것이다. 달리 말하면 상상 또는 상상계는 **일차적으로는** 참과 거짓이라는 인식의 문제와는 다른 문제영역에 속한 범주이며, 이 두 문제영역을 혼동하는 것 자체가 오류의 한 원인을 이룬다는 것을 의미한다.[31]

이러한 스피노자적인 준거에 의지하면서 알뛰쎄르는 한걸음 더 나아가 이데올로기를 세계 자체와 동일시하고 있다. "데까르뜨주의자가 200걸음 떨어져 있는 달을 '보았'듯이, 또는——그들이 이에 집중하지 않았다면—— 보지 못했듯이, 사람들은 **결코 의식의 한 형태로서가 아니라 자신들의 '세계'의 한 대상처럼**, 자신들의 **'세계'** 자체처럼, 그렇게 자신들의 이데올로기를 '살아간다.'"(Althusser 1996a, 240면; 루이 알뛰쎄르 1997, 280면) 그리고 이렇게 상상계를 인간들이 살아가는 세계, 즉 인간들의 "체험된 세계"와 동일시함으로써 알뛰쎄르는 과잉결정의 관점에서 이데올로기를 파악할 수 있게 된다.

이데올로기 안에서 인간들은 자신들의 실존조건들에 대한 관계가 아니라, 그들이 자신들의 실존조건들에 대한 관계를 살아가는 **방식**을 표현한다. 이는 현실적 관계와 '체험된' '상상적' 관계를 동시에 전제한다. 이렇게 되면 이데올로기는 인간들이 자신들의 '세계'와 맺고 있는 관계에 대한 표현, 즉 이들의 현실적인 실존조건들에 대한 이들의 현실적 관계와 상상적 관계의 (과잉결정된) 통일이다. (…) 상상계에 의한 현실계[32]의, 현실계에 의한 상상계의 과잉결정 안에서 이데올로기는 원칙적으로 **능동적**이며, 이는 이 상상적 관계 내에서 인간들이 자신들의 실존조건들과 맺고

---

31) 이는 데까르뜨의 『성찰』(*Meditationes de prima philosophia*) 중 「세번째 성찰」에 대한 암묵적 비판을 함축하고 있는데, 알뛰쎄르의 인용문 역시 이를 우회적으로 가리키고 있다.

32) 여기에서 알뛰쎄르가 "le réel"이라고 말한 것은 라깡적인 의미와는 구분되어야 한다. 라깡에게서 "le réel"이 상징계의 성립과 더불어 원초적으로 상실되고 결핍된 사물 또는 욕망의 대상-원인(의 영역)을 의미한다면, 알뛰쎄르에게서는 상상계로서의 이데올로기와 과잉결정 관계에 있는 것, 즉 생산양식을 의미하기 때문이다. 이런 의미에서 알뛰쎄르의 'le réel'은 현실계라고 옮겼다.

있는 관계를 강화하거나 변형한다. 이로부터 이 활동은 결코 순수하게 **도구적**일 수 없다는 점이 따라나온다.(Althusser 1996a, 240~41면; 루이 알뛰쎄르 1997, 280~81면)

그리고 상상계에 대한 이런 관점은 이데올로기의 실재성 및 실천적 성격을 이론화할 수 있게 해주는 지주가 된다. 즉 고전적인 맑스주의의 지배적 전통에서 이데올로기는 현실적인 물질적 지배와 소외의 왜곡된 표상에 불과하며, 따라서 그 자체로는 아무런 실천적 중요성도 지니지 않는 것이었다면, 알뛰쎄르에게서 상상계 또는 상상적 관계로서의 이데올로기는 이데올로기가 존재론적으로 자립적인——스피노자가 말한 것처럼 "자신의 유(類) 안에서 무한"하다는 의미에서——영역이라는 점, 특히 정치의 영역 자체, 정치의 소재 자체라는 점을 엄밀하게 사고할 수 있게 해준다는 점에서 고전적인 맑스주의 이론의 결함을 보완하고 정정하는 의미를 갖는다. "요컨대 (정치적 행동과 비행동 속에서) 역사를 포함하는 세계에 대한 인간의 '체험된' 관계는 이데올로기를 경유한다. 좀더 정확히 말하면 이데올로기 그 자체다. 이런 의미에서 맑스는 인간들이 세계와 역사 속에서의 자신의 위치를 **의식하는 것**은 (정치적 투쟁의 장으로서의) 이데올로기 안에서라고 말했다." (Althusser 1996a, 240면; 루이 알뛰쎄르 1997, 280면) 따라서 이는 상상계를 세계, 특히 집단적-정치적 경험의 세계가 아니라 주체 자신의 자기-관계라는 관점에서 이론화하고 상상계의 부정성을 강조하는 라깡의 관점과 알뛰쎄르의 관점을 구분하게 해주는 논점 중 하나며, 후속 작업에서 좀더 상세히 살펴볼 것처럼 이는 이데올로기에 대한 이론화에서도 중요한 차이를 낳는다.

그렇다면 두번째 측면, 즉 상상적 관계에 고유한 이데올로기적 왜곡으로서의 상상적 왜곡이라는 측면에서는 어떨까? 상상적 왜곡의 문제는 알뛰쎄르에게는 유명한 호명이론으로 제시된다. 즉 알뛰쎄르에게서 이데올로기의 상상적 왜곡은 일차적으로는 현실적인 조건들에 대한 왜곡된 표상을 의미하는 것이 아니라, '인간' 개개인에게 상상적인 동일성을 **부여하고** 각 '개인'

또는 오히려 '주체'가 이 동일성을 자신의 고유한 동일성으로 'reconnaître,' 즉 재-인지하게 만드는, 따라서 동시에 이 동일성을 자신의 고유한 동일성으로 'méconnaître,' 즉 오인하고, 이에 따라 이데올로기의 메커니즘을 'méconnaître,' 즉 몰인식하게 만드는 호명의 폐쇄된 구조, 즉 거울구조의 문제가 된다. 이처럼 상상적 왜곡의 메커니즘을 이데올로기의 폐쇄적 원환으로서의 거울구조로 이론화하고 있다는 점에서 알뛰쎄르는 상상적 왜곡의 측면에서 라깡의 문제 설정, 라깡의 개념을 적극적으로 활용하고 있다. 하지만 이러한 라깡의 개념 활용을 지휘하고 있는 것은 역시 스피노자-맑스적인 문제 설정이며, 따라서 라깡의 개념은 매우 정확하게 활용되었지만 이는 알뛰쎄르 자신의 문제 설정에 따라 새로운 개념적 의미를 부여받는다. 이는 결국 라깡과 알뛰쎄르는 '인간'이 자신의 고유한 동일성을 형성하는 메커니즘, 즉 동일화(identification)의 과정을 상상적이고 허구적인 과정으로, 상상적 왜곡의 문제로 간주한다는 점에서는 서로 수렴적이지만,[33] 이러한 수렴의 지점은 동시에 발산의 지점이기도 하다는 것을 의미한다. 그리고 바로 이 때문에 상상계의 문제에서도 역시 또는의 관계가 성립한다.[34]

호명이론과 거울구조: 알뛰쎄르, 반오웰(anti-Orwell)

호명이론은 알뛰쎄르의 이데올로기론에서 가장 잘 알려져 있고 또 가장 널리 활용된 부분이지만, 또 그만큼 알뛰쎄르의 이데올로기론에 대한 많은 오해를 불러일으킨 진원지이기도 하다. 따라서 이에 대한 주요한 오해들을

---

33) 이것이 바로 레비스트로스 식의 구조주의와 구분하여 이들을 철학적 구조주의로 규정할 수 있게 해주는 점이다. Balibar(1992) 참조.

34) 좀더 적극적으로 말한다면, 알뛰쎄르에게 라깡의 이론은 스피노자 철학 내에 이미 존재하는 상상적 왜곡의 이론을 좀더 정확하게 이해할 수 있는 계기를 제공해주었을 뿐이라고 할 수 있다. 사실 『윤리학』의 1부 「부록」에서 4부에 이르기까지 스피노자는 매우 체계적이고 정교한 상상적 왜곡, 상상적 소외이론을 발전시키고 있으며, 이는 특히 '정서들의 모방'(affectuum imitatio)이론으로 집약된다. 언젠가 이 두 이론 사이의 동일성과 차이점, 즉 '또는'의 관계를 해명해볼 수 있을 것이다.

해명해보는 것이 이 이론을 좀더 정확히 이해하는 한 방법이 될 수 있다. 알 뛰쎄르의 호명테제는 **우선** 다음과 같은 형태로 제시된다.

> 이데올로기는 개인들을 주체들로 호명한다(idéologie interpelle les individus en sujets).(Althusser 1995b, 302면; 루이 알뛰쎄르 1991, 115면)[35]

또는 이 테제는 다음과 같이 좀더 세부적으로 정식화될 수 있다.

> 주체 범주는 모든 이데올로기에 구성적이라고 말하자. 하지만 여기에 곧바로 다음과 같은 점을 추가해두자. **주체 범주가 모든 이데올로기에 구성적인 것은 모든 이데올로기가 구체적 개인들을 주체들로 '구성하는' 것을 자신의 기능**(이는 이데올로기를 정의하는 기능이다)**으로 갖고 있는 한에서다.** 바로 이러한 이중적 구성작용 안에서 모든 이데올로기의 기능작용이 실존하며, 이데올로기는 이 기능작용의 실존의 물질적 형태들 안에서 자신의 기능작용 이외의 것이 아니다.(Althusser 1995b, 303면; 루이 알뛰쎄르 1991, 115~16면)

많은 사람들은 이 두 정식이 알뛰쎄르의 호명이론의 핵심을 표현하고 있다고 생각하며, 이에 따라 이 테제가 여러가지 난점들을 포함하고 있다는 것을 간과한다. 또한 이 테제의 이러한 난점들 및 불완전성의 대부분은 알뛰쎄르 자신에 의해 **의도적으로 고안된 서술장치**라는 점을 간과하고, 이러한 난점·불완전성을 알뛰쎄르에게 전가한다.

이 테제들은 어떤 난점을 지니고 있는가? 첫째, "구체적 개인들"의 지위에 관한 문제가 있다. 여기에서 "구체적 개인들," 즉 주체들로 호명되기 이

---

35) 이와 거의 비슷한 다른 테제는 다음과 같다. "나는 다음과 같이 첫번째 정식을 제시하겠다. **모든 이데올로기는** 주체라는 범주의 기능작용에 의해 **구체적 개인들을 구체적 주체들로 호명한다.**"(Althusser 1995b, 305면; 루이 알뛰쎄르 1991, 118면)

전의 이 구체적 개인들은 누구인가? 이 개인들을 정의하는, 즉 이 개인들을 **개인들로서** 규정하는 **이론적 담론**은 무엇인가? 생물학인가? 정신분석학인가? 심리학인가? 철학인가? 또는 이는 **원래 처음부터 자명한 것**이기 때문에 굳이 이론적으로 규정할 필요가 없는 것인가? 둘째, 호명의 메커니즘에 관한 문제가 있다. 이 개인들을 주체들"로"(en) 호명한다는 것은 무엇을 의미하는가?[36] 이는 호명이 **시간적인 순서**에 따른다는 것, 즉 **아직** 주체가 아닌 개인들을 주체화의 메커니즘 속에 '자발적으로'——이데올로기적 국가장치가 억압적 국가장치와는 달리 '자발적 동의'에 따라 작동한다는 것은 알뛰쎄르 이데올로기론에 대한 또다른 토포스(Topos)다——편입시켜서 이들을 주체로 만든다는 것을 의미하는가? 셋째, 그렇다면 왜 이 개인들은 자발적으로 이 메커니즘에 편입되는가? 그 **필연성**의 성격, 이유는 무엇인가? 최초의 호명테제와 관련하여 제기될 수 있는 이 세 가지 난점을 해명해나가는 것이 「이데올로기와 이데올로기적 국가장치」의 '이데올로기에 관하여'라는 절의 기본 서술구도인데, 사람들은 이를 너무 쉽게 간과해버린다.

(1) 개인의 지위라는 문제를 보자. 이 문제는 알뛰쎄르 이데올로기론과 관련하여 두 가지 쟁점을 포함하고 있다. 첫번째 쟁점은 위의 테제에서 호명되기 **이전에** 존재하는 개인이란 사실 이데올로기적 가상, 상상적 왜곡의 효과라는 점을 보여주는 것이다. 알뛰쎄르의 '정정된' 호명테제는 이를 잘 보여준다. "이데올로기는 항상-이미 개인들을 주체들로 호명했다. (…) 이는 우리를 필연적으로 마지막 테제로 인도한다. **개인들은 항상-이미 주체들이다.** 따라서 개인들은 그들이 항상 이미 그것들인 주체들과 관련하여 '추상적'이다."(Althusser 1995b, 306~307면; 루이 알뛰쎄르 1991, 120면) 이는 곧——두번째 난점과 관련하여 보게 될 것처럼——호명과정은 시간적이거나 발생적인 과정이 아니라는 것, 즉 호명은 **구조적** 메커니즘이라는 것을 함축한다.

그러나 알뛰쎄르의 실제 호명테제가 이 마지막 테제라면 왜 알뛰쎄르는

---

36) "en"이라는 단어가 제기하는 이론적 쟁점에 관한 좋은 논의로는 Mocnik(1991); Mocnik(1993); Mocnik(1994) 참조.

처음에는 불완전한 호명테제를 제시했을까? 이는 우선 '개인'이라는 것은 이론적 '추상,' 더 나아가 상상적 왜곡의 효과임에도 불구하고 개인들이 존재하는 것은 자명하다고 생각하는, 개인은 원초적인 존재론적 단위라고 생각하는 이데올로기적 가상을 알뛰쎄르 자신이 "우리의 작은 이론적 연극의 서술"(Althusser 1995b, 306면; 루이 알뛰쎄르 1991, 119면)이라고 부른 서술장치를 통해 좀더 효과적으로 설명하려는 목적 때문이라고 생각해볼 수 있다. 이는 이 정정된 호명테제 앞에 나오는 알뛰쎄르의 해명에서 분명하게 드러난다. "이데올로기가 영원하기 때문에 우리는 이제 우리가 이데올로기의 기능작용을 상연했던(représenté) **시간성의 형태**를 제거하고 다음과 같이 말해야 한다. 이데올로기는 항상 이미 개인들을 주체들로 호명했다."(Althusser 1995b, 306면; 루이 알뛰쎄르 1991, 120면. 강조는 인용자) 하지만 비극적이게도 이 가상이 너무 뿌리깊고 완강해서 알뛰쎄르의 극적인 장치에도 불구하고 사람들은 역으로 이 가상의 편에서 알뛰쎄르의 호명이론을 해석한다.

하지만 '개인'의 문제에는 사실 알뛰쎄르 이데올로기론의 난점 중의 하나가 들어 있다는 점을 말해두지 않을 수 없다. 먼저 이 정정된 테제는 「프로이트와 라깡」에서 알뛰쎄르의 애매성을 해명하고 정정해준다. 「프로이트와 라깡」에서 알뛰쎄르는 한편으로는 상징계가 항상 이미 상상계에 선행한다는 것을 올바르게 주장하고 있지만, 다른 한편으로는 이를 인간화(devenir-humain)의 문제로 제시하고 있다. "분명 바로 여기에 라깡의 작업의 가장 독창적인 측면, 그의 발견이 존재한다. 라깡은 (극단적으로는 순수하게) 생물학적인 실존으로부터 인간적인 실존(인간의 아이)으로의 이 이행이 내가 문화의 법칙이라 부를 질서의 법칙 아래에서 작동한다는 것, 이 질서의 법칙은 자신의 **형식적** 본질에서 언어의 질서와 혼융(混融)된다는 것을 보여주었다."(Althusser 1993, 38~39면; 루이 알뛰쎄르 1991, 34면) 즉 알뛰쎄르는 "인간화에서 문화의 법칙의 절대적 유효성의 현행적이고 영속적인 현존"을 강조함으로써(Althusser 1993, 38~39면; 루이 알뛰쎄르 1991, 34면), 시간적 생성에 대한 구조의 우위를 확인하고 있지만, 이를 인간화의 문제, 곧 생물학적 개체에서 인간적 실존으로의 이행의 문제로 파악하고, 이러한 인간화를 주재하는 문화적 법칙을 정신분석학과 역사유물론, 또는 이데올로기의 매개항으로 파악함으로써 결국 그 자신이 **"문화주의적"**(Althusser 1993, 53면)이라고 자기비판한 오류를 범한다.[37] 반면 여기에서 알뛰쎄르는 '개인'이란 역사유물론의 관점에서는 **항상 이미** 상상적 왜곡의 효과라는 점을 분명히 밝히고 이를 호명구조의 효과로 통합해냄으로써, 이데올로기론의 독자적인 영역을 확보하고 있다.

그러나 한편에서 이처럼 가상으로 확인된 개인은 다른 한편에서는 **담지자**라는 새로운 이름, 새로운 유령으로 출몰한다. 즉「프로이트와 라깡」에서는 인간화의 메커니즘이 이데올로기의 영역으로 간주되었다면,「이데올로기와 이데올로기적 국가장치」또는「담론들의 이론에 관한 세 개의 노트」등에서는 이데올로기의 기능은 생산양식이 필요로 하는 담지자들을 주체를 형성함으로써 징집해주는 것으로 파악된다. "구조는 담지자들을 **요구한다**. 이데올로기적 담론은 개인들이 담지자들의 기능을 떠맡을 수 있도록 이 개인들을 **주체들로** 호명함으로써 담지자들을 **징집한다**(recrute)."(Althusser 1993, 138면) 그러나 이는 생산양식과 이데올로기 사이의 접합이라는 문제를 경제에 의한 최종심급에서의 결정이라는 관점 이외에 달리 생각할 도리가 없게 만드는데, 이는 앞서 과잉결정 개념과 관련하여 말했던 것처럼 경제의 **순수성**, 즉 **비과잉결정성**이 양보할 수 없는 유물론적 전제로 가정되고 있기 때문이다. 이에 따라 한편으로는 유물론의 이름으로 "이데올로기는 **바깥을 갖고 있지 않다**" "이데올로기 바깥에서 (…) 일어나는 것처럼 보이는 일은 실제로는 이데올로기 안에서 일어난다"(Althusser 1995b, 306면; 루이 알뛰쎄르 1991, 119~20면)고 거듭 강조하면서도, 다른 한편으로는 역시 유물론의 이름으로 경제의 우선성, 경제의 순수성을 완강하게 고수하는 역설에 빠지게 된다. 내가 보기에 개인 또는 담지자라는 용어의 거듭된 출현은 이 역설, 이 모순의 한

---

37) 우리의 관점과는 다르지만 이 문제에 관한 매우 흥미있는 분석은 Guénoun(1999) 참조.

증상 같다. 따라서 이는 알뛰쎄르 자신의 유령 중 하나로 남아 있다.

(2) 두번째 호명의 메커니즘에 관한 난점은, 자주 오해되는 것 중 하나인 유명한 삽화에 대한 분석을 통해 해명될 수 있다. 이는 길거리에서 경찰에 의해 호명되는 사람에 관한 삽화다.

> "어이, 거기 당신!" 만약 우리가 상상하고 있는 이론적 장면이 거리에서 일어난다고 가정한다면, 호명된 개인은 뒤를 돌아본다. 이 180도의 간단한 돌아섬에 의해 그는 **주체**가 된다(devient). 왜? 그는 호명이 '분명' 그에게 전달되었다(s'adressait)는 것, '호명된(était interpellé) 것은' (다른 사람이 아니라) **'분명 그였다'**(c'était bien lui)는 것을 재-인지했기(a reconnu) 때문이다.(Althusser 1995b, 305면; 루이 알뛰쎄르 1991, 119면)

이 삽화에 대한 근본적 오해는, 거리에서 발생한 이 호명을 주체 생성의 **원인**으로, 즉 주체가 **주체성**을 얻게 되는 원인으로 간주하는 데 있다. 또는 이와는 다른 호명들, 예컨대 부모에 의한 자식의 호명, 선생님에 의한 학생의 호명 등과 같이 경험적으로 발생할 수 있는 일체의 호명들도 마찬가지다. 하지만 이 호명들 모두는 주체 생성의 원인이 아니라, 말브랑슈(N. de Malebranche)의 표현을 빌리면 하나의 **기회원인**(occasion)에 불과하다. 이는 우선 위의 삽화의 서술에서 사용되고 있는 시제를 통해 간단하게 해명될 수 있다. 대부분의 비판가들이나 주석가들이 간과하고 있지만, 이 삽화에서는 세 가지 시제가 사용되고 있다. 하나는 "된다"는 동사에서 사용된 현재시제이고, 나머지는 반과거시제와 복합과거시제다. 중요한 것은 이 두 과거시제는 거리에서 일어난 이 호명행위의 **시간적 순서**를 표현하고 있는 반면, 첫번째 현제시제는 이 시간적 순서에서 독립되어 있는 **구조적 메커니즘**을 표현하고 있다는 점이다(만약 시간적 순서를 표현했다면 '된다'가 아니라 복합과거시제를 써서 '되었다'est devenu라고 했을 것이다). 즉 "주체가 된다"는 것은 방금 거리에서 일어난 호명행위의 **결과**가 아니라 이 호명행위를 **기회**

로 해서 다시 한번 **되풀이된** 의식적 **재-인지**, 자기 자신이 주체-임을 **다시-긍정하는 것**일 뿐이며, 더 나아가 이러한 재-인지가 **필연적**이라는 점을 가리키고 있을 뿐이다. 그런데 이처럼 이 주체가 자신을 주체로 재-인지한다는 것은 이 주체가 **이미** 주체성을 갖고 있다는 것을 의미한다. 그렇다면 자신을 주체로 재-인지하는 이 주체의 주체성, 이 주체의 주체로서의 동일성은 **어떻게** 형성된 것일까? (바로 이 질문에 알뛰쎄르의 호명이론과 거울구조론의 열쇠가 들어 있다.)

많은 이들에게는 놀랍게 들리겠지만, 이 질문에 대한 알뛰쎄르의 답변, 그가 실제로 말하지는 않았지만, 그가 여러 곳에서, 특히 유고들에서 암시하고 있는 답변은 한마디로 **알 수 없다**는 것이다. 주체의 주체성이 **어떻게** 형성된 것인지는 아무도 모른다. 왜? 첫째, 주체가 주체라는 것, 개인이 개인이라는 것은 너무나 자명하기 때문이다. "당신이나 나(moi) 모두에게 주체 범주는 첫번째로 '자명한 것'이다(자명한 것들은 항상 첫번째 것들이다)." (Althusser 1995b, 303면; 루이 알뛰쎄르 1991, 116면) 하지만 사람들은 곧바로 반론을 제기할 것이다. "에이, 그건 이데올로기적 관점이지! 알뛰쎄르는 호명이론과 거울구조론을 통해서 어떻게 주체의 주체성이 형성되는지 답변하려고 했잖아. 그걸 묻는 거지." 그런데 바로 여기에 알뛰쎄르의 이데올로기론에 대한 또다른 근원적 오해 중 하나가 들어 있다. 왜냐하면 둘째, 알뛰쎄르가 이 글에서 보여주려고 하는 것은 이데올로기는 외부를 갖지 않으며 편재(遍在)적이라는 것이기 때문이다. 다시 말해 알뛰쎄르가 이 글, 좀더 정확히 말하면 '이데올로기에 관하여'라는 제목이 붙은 한 절에서 서술하고 있는 내용은 **이데올로기 내부적 관점에서 바라본** 이데올로기의 메커니즘이기 때문이다.[38]

---

38) "**거울** 또는 **거울반영**, 또는 **반영**이라는 범주. 이는 이데올로기와 그 현실적 실존조건들에 대한 이데올로기 외적인 관계를 정의하는 것이 아니라, 이데올로기적인 것을 구성하는 두 가지 범주, 즉 주체와 대상(본질과 현상)이라는 범주 사이의 이데올로기 **내부적인** 관계를 정의한다."(Althusser 1995a, 218면)

즉 호명이론이나 거울구조론은 주체의 주체성이 형성되는 메커니즘을 이데올로기의 원 **바깥에서, 객관적**으로 **설명**하는 것을 목적으로 하는 것이 아니라, 이데올로기의 원환의 내부, 이 원환의 폐쇄적 메커니즘을 **내부적 관점**에서 **서술**하는 것을 목적으로 한다. 따라서 호명이론과 거울구조론이 "이데올로기에 철저하게 예속된 주체"(양석원)만을 인정하고 있고, 이에 따라 자본주의적 지배관계를 정당화하는 기능주의적 관점에 빠져 있다고 비판하는 것은 알뛰쎄르의 논의의 핵심을 전혀 파악하지 못한 것이다. 왜냐하면 이 테제들, 이 이론들은 이데올로기 내부의 관점을 표현, 또는 '상연'하고 있어 **당연히** 기능주의적일 수밖에 없기 때문이다.[39] 이런 의미에서 본다면 기능주의적 사고가 가능하다고 생각하고, 이데올로기의 폐쇄적 구조가 완결적일 수 있다고 사고한다는 점에서 이데올로기의 가상에 사로잡혀 있는 것——따라서 오월(G. Orwell) 식의 전체주의와 거울관계에 사로잡히는 것[40]——은 알뛰쎄르라기보다는 바로 그에 대한 비판가들이다.

(3) 이제 앞에서 말한 자발적 편입의 필연성이 어떤 종류의 것인지 해명될 수 있을 것이다. 라깡의 재미있는 사례를 들어 이를 좀더 부연해보자. 『쎄미나 제11권: 정신분석의 네 가지 기본개념』에서 라깡은 그가 "소외의 또는(vel)"——이때의 '또는'은 양자택일의 '또는'이다——이라 부르는 강요된 선택을, 강도를 만난 사람의 예를 들어 설명하고 있다(Lacan 1973, 16장). 이때 이 사람에게는 "돈지갑이냐 목숨이냐" 하는 **선택**이 주어진다. 둘 중 어떤 것을 택할지는 이 사람의 자유이고, 따라서 이런 의미에서 이 사람은 어떤 것을 선택하든 **자발적으로** 선택하는 셈이지만, 실제로는 이 사람에게는 한

---

39) 팔러(R. Pfaller)와 몬탁(W. Montag)은 이런 해석 경향에 대한 주목할 만한 예외다. Montag(1996); Pfaller(1997); Pfaller(1998) 참조.

40) 그런데 이런 의미에서의 전체주의에 관한 담론의 불가능성을 철학적으로 엄밀하게 논증한 사람은 다름아닌 스피노자다. 발리바르는 「스피노자, 반(反)오월: 대중의/대중에 대한 공포」(Balibar 1996d)라는 의미심장한 제목의 글에서 어떤 의미에서 스피노자가 반(反)전체주의자라기보다는 전체주의 **담론의 가능성에 대한 반대자**인지 잘 보여주고 있다. 여기에서 우리는 알뛰쎄르의 스피노자주의를 다시 한번 확인할 수 있다.

가지의 선택, 즉 목숨이 **필연적으로 강제**된다.[41] 마찬가지로 주체는 자유롭게 주체이기를 선택하지만, 즉 호명에 응답하거나 불응하지만, 이는 항상 이미 강제된 선택이다. 만약 그가 호명에 불응한다면, 그는 비주체가 되는 것이 아니라 **나쁜** 주체가 될 뿐이다. 주체에게는 주체가 되는 것 이외에 다른 길이 있을 수 없다. 왜 그에게는 다른 길이 없을까? 이는 그가 **항상-이미** 주체이기 때문이다. 즉 그는 선택 이전에 항상 이미 주체로서 주체성을 갖고 있으며, 선택은 이미 이러한 주체성을 전제하기 때문이다.

그러나 그렇다면 왜 이 선택을 강제하는가? 왜 "자명한 것들을 자명한 것들로 강제"하는가? "당신과 내가 주체들이라는 이 '자명성'은 이데올로기적 효과, 기본적인 이데올로기적 효과다. 왜냐하면 자명한 것들을 자명한 것들로 강제하는 것(하지만 그런 낌새를 주지 않고. 왜냐하면 이는 "자명한 것들"이기 때문에), 우리가 [이것들을] **재-인지하지** 않을 수 없게 만드는 것, 그리고 이것들에 직면하여 우리가 자연스럽고 불가피하게 (큰소리로 또는 '의식의 침묵' 속에서) '그거야 뻔하지! 그야 그렇지! 그건 사실이야!'라고 외치면서 반응하게 만드는 것이 바로 이데올로기의 고유성이기 때문이다." (Althusser 1995b, 303~304면; 루이 알뛰쎄르 1991, 116~17면) 또는 지젝의 재미있는 표현을 빌리면 왜 "불가능한 것을 금지"하는가?(Žižek 1992, 8면 이하) 즉 주체가 되지 않는 것이 불가능한데 왜 주체가 되도록 강제하는가, 왜 주체가 되지 않는 것을 금지하는가? 이에 대한 라깡적인 답변은 바로 상징계, 대타자 자체의 균열일 것이다. 즉 불가능성은 원초적인 결핍의 사태를 봉합하는 사후적인 불가능성일 뿐이며, 금지 자체는 이 상상적 봉합을 완결-불가능하

---

41) 「프로이트와 라깡」에서 알뛰쎄르의 재미있는 언어유희("naître ou n'être pas") 역시 이와 동일한 사고를 보여준다. "심리학이 자신은 자신의 '대상'에서 **인간의** 어떤 '본성[자연]' 내지는 '비-자연'과 관계하고 있다고, (인간적인 것의) 문화의 통제들 아래 식별되고 등록된 이 실존체[인간의 아이]의 발생과 관계하고 있다고 생각하는 반면, 정신분석의 대상은 이것에 절대적으로 선행하는 문제, [인간 주체로의] 탄생이냐 아니냐(naître ou n'être pas) 하는 문제, 즉 인간의 각각의 자식 안에서의 인간적인 것의 우발적인 심연이기 때문이다." (Althusser 1993, 36면; 루이 알뛰쎄르 1991, 31면)

게 만드는 원초적인 결핍의 증상적 표현인 셈이다. 하지만 알뛰쎄르는 이에 대해서는 아무런 답변도 제시하지 않는다. 어떤 사람들은 '계급투쟁'이라는 답변을 제시할지도 모르겠지만, 이는 **이데올로기론적** 답변은 아니며, 오히려 문제를 (가상적으로) 해소하는 데 불과하다. 이는 결국 알뛰쎄르가 이 문제에서 근원적인 곤경에 빠졌다는 것을 의미하는가? 어떤 점에서는 그렇고 어떤 점에서는 그렇지 않지만, 중요한 것은 인간주의적 비판가들이나 또는 심지어 라깡주의적 비판가들이 생각하는 것과는 전혀 다른 이유에서 그렇다는 점이다.

거울단계 '또는' 거울관계: 재-인지, 오인-몰인식

이제 우리가 생각해봐야 할 문제는 이 호명이론이 라깡의 상상계이론과 어떤 관계에 있는지, 어떤 의미에서 라깡의 이론이 이 호명이론 및 거울구조론에서 제시되는 상상적 왜곡이론에 대한 하나의 준거가 되는가 하는 점이다. 그런데 이 문제에서는 특히 양석원의 논의가 교훈적이다. 우리가 앞에서 지적한 두 글 중에서 홍준기의 글이 주로 메타이론적인 쟁점을 제기한다면, 양석원의 글은 주체문제에 초점을 맞추어 라깡과 알뛰쎄르를 비교하고 있다. 양석원이 주체문제와 관련하여 제시하는 핵심 주장은 "알튀세르에게 있어서 주체가 이데올로기적인 언어, 즉 상징 질서에 철저하게 예속된 구조적 효과에 불과하다면 라캉에게 있어서 주체는 의식 혹은 무의식의 기표의 사슬의 구속에서 필연적으로 벗어나 의미 사슬의 틈새에서 존재의 당위성을 확보하는 무의식적 주체"라는 점이다(양석원 2000, 1372~73면). 즉 그에 따르면 알뛰쎄르의 주체 개념 및 이데올로기 개념은 라깡의 정신분석학이론을 '차용'해서 이루어진 것이지만, 이러한 차용은 라깡의 이론을 정확히 이해하지 못한 가운데 이루어진 것이어서 라깡의 무의식적 주체 개념이 지니고 있는 중요성을 드러내지 못했다고 한다.

　이를 보여주기 위해 그는 세 가지 논거를 제시한다. 첫째, 알뛰쎄르는 "라캉에게 있어서 자아는 상상계에 속하고 주체는 상징계에 속한다"는 점을 간과하고(양석원 2000, 1363면), 그의 이데올로기론에서는 라깡의 거울단계이론에서 전개된 상상계적 거울 복제관계를 주체 개념에 잘못 적용하고 있으며, 이에 따라 이데올로기에 철저하게 예속된 주체만을 사고할 수밖에 없었다는 것이다. 둘째, 알뛰쎄르가 이처럼 상상계와 상징계를 제대로 구분하지 못한 이유 중 하나는 알뛰쎄르가 라깡의 거울단계이론에서 강조되는 것은 "**인식**이 아니라 오인"이라는 점을 제대로 파악하지 못하고(양석원 2000, 1364면. 강조는 인용자), 거울의 복제관계를 강조하면서도 이를 "주체가 거울이미지를 이데올로기적으로 **인식**하는 것"으로 착각했다는 데 있다는 것이다(양석원 2000, 1362면. 강조는 인용자). 즉 "알튀세르가 거울 구조를 통해서 **인식의 메커니즘**을 설명하는 반면, 라캉은 거울 구조를 통해서 오인과 소외의 구조, 그리고 이 구조의 불안정성을 밝혀주고 있는 것이다."(양석원 2000, 1362면. 강조는 인용자) 셋째, 그는 라깡의 무의식적 주체 개념의 독창성을 보여주기 위해 라깡이 자아와 주체를 구분했으며(양석원 2000, 1363~67면), 라깡의 주체는 근본적으로 무의식적 주체, 즉 데까르뜨의 코기토에서 일체의 사고내용 및 사고하는 존재의 실체를 배제한 뒤에 남아 있는 언표행위(énonciation)의 주체라고 설명하고 있다(양석원 2000, 1368~73면).

그의 주장은 그가 인용하는 문헌들에서 잘 나타나듯이 지젝이나 돌라(Dolar, 1998), 또는 핑크(Fink, 1995)같이 영미권에서 활동하는 라깡주의 이론가들의 논의에 많이 의존하고 있고 이들의 최근 논의경향을 소개하고 있는 데 불과하다. 따라서 그가 제기하는 쟁점을 충분하게 다루기 위해서는 지젝이나 돌라(M. Dolar) 등의 라깡주의적 이데올로기론을 검토해봐야 하지만 이는 상당히 복합적인 논의를 요구하기 때문에 후속 글에서 다루기로 하고 여기서는 그의 논의에서 드러나는 몇가지 사실상의 오류 및 개념적인 문제점만 살펴보자. 그의 글에는 대여섯가지 개념에 대한 부적절한 이해/번역이 제시되고 있는데, 홍준기의 경우와 중첩되는 '중층결정' 개념에 대한 번역 문제 및 몇가지 다른 번역의 문제[42]는 제쳐두더라도 1361면 이하에서 계속 제시되는 "인식"과 관련된 문제점은 알뛰쎄르만이 아니라 라깡을 정확히 이해하는 데도 중대한 장애가 되기 때문에 좀더 자세히 살펴볼 필요가 있다.[43]

우선 양석원은 우리가 앞의 인용문에서 강조 표시한 것처럼 보통 인지나 인정 등으로 번역되는 "reconnaissance"——이런 번역이 옳은지는 뒤에서

42) 예컨대 1352면의 "인식론적 단절"이라는 표현은 원어로는 "coupure épistémologique" 인데, 이는 단어의 일반적인 의미로 보나 알뛰쎄르 이론체계에 고유한 의미론적 측면으로 보나 **절단**으로 번역하는 게 적합하며, 단절이라는 번역어는 'rupture'에 적합하다. 인식론적 절단은 알뛰쎄리엥들이 바슐라르-깡길렘(G. Canguilhem)에게서 수용하여 발전시킨 과학철학적 맥락에서 본다면 한 과학의 창설의 사건 또는 과정을 의미하며(갈릴레이G. Galilei에 의한 근대 수리물리학의 창설, 맑스에 의한 역사유물론의 창설, 프로이트에 의한 정신분석학의 창설 등), 단절 또는 개조(refont)는 이 절단의 영역 내에서 회귀하는 이데올로기들과의 지속적인 투쟁 및 전환작업을 의미한다. 이 절단 개념은 라깡의 작업에서도 중요한 위치를 차지하기 때문에, 이는 알뛰쎄르와 라깡의 과학철학적 입장의 차이점을 살펴볼 수 있는 중요한 개념이지만, 여기에서는 제대로 논의하기가 어렵다. 알뛰쎄리엥들의 과학철학에 관해서는 특히 Balibar(1994) 참조. 라깡의 과학론 및 절단 개념에 관해서는 Milner(1995) 참조. 그리고 1353면에 나오는 "이데올로기적 국가기구"라는 표현은 "appareil idéologique d'état"의 번역인데, "appareil"를 "기구"라는 말로 번역하는 것은 유기체론과 기계론에 반대하여 국가를 하나의 도구로 파악하는 알뛰쎄르의 고유한 국가 관에 대한 몰인식에서 생겨난 결과이며, 또한 알뛰쎄르가 말하는 이데올로기적 국가장치 를 **경험적으로 존재하는 국가기관**과 혼동한 결과다. 알뛰쎄르의 국가-장치 개념에 대한 더욱 분명한 설명은 알뛰쎄르가 1978년 발표한 「자신의 한계들 내의 맑스」(Marx dans ses limites, Althusser 1994) 참조. 1361면의 "지형학적 모델"이라는 번역 역시 맑스와 프로이트가 사용하고, 알뛰쎄르가 특유의 의미를 부여한 "topique" 개념을 잘못 이해한 데서 생겨난 결과다(아마도 이는 프로이트의 'Topik'이라는 용어를 'topography'로 번역하는 영미식 관행에서 유래한 결과이기도 할 것이다).

43) 우리가 양석원의 글을 택한 것은 국내에서 라깡과 알뛰쎄르의 관계를 다룬 글을 찾아보기 힘들 뿐만 아니라, 양석원의 글이 알뛰쎄르, 특히 알뛰쎄르의 이데올로기론에 대한 국내외의 지배적 관점을 잘 보여주고 있기 때문이다. 필자가 보기에 이런 관점은 이론적 반인간주의에 대한 완강한 인간주의적 저항에 뿌리를 두고 있다. 그런데 놀라운 것은 알뛰쎄르와 더불어 이론적 반인간주의를 공유하고 있는, 적어도 공통의 출발점으로 삼고 있는 라깡이나 들뢰즈 또는 다른 '탈구조주의' 철학자들을 지지하는 사람들에게서도 이런 인간주의적 관점이 나타난다는 점이다. 이런 점에서 양석원의 글은 전형적인 사례라고 할 수 있는데, 이는 근본적으로 이론적 반인간주의의 요체를 제대로 파악하지 못한 데서 생기는 결과라고 할 수 있다. 따라서 이런 논의는 '탈구조주의' 철학의 공통의 출발점이 어떤 것 인지를 분명히 해명한다는 데서 나름의 의의를 가질 수 있다. 이런 점에서 이하의 논의는 이 문제와 관련되어 있는 국내의 다른 논자들에게도 충분히 적용될 수 있다.

살펴볼 것이다——를 “인식”으로 번역해서 논의를 전개하고 있고, 더욱이 이를 자신의 논점을 뒷받침하는 논거로 사용하고 있어 혼란을 초래하고 있다. 예컨대 “폴 리쾨르가 지적하고 있듯이 알튀세르의 주장대로 모든 인식이 이데올로기적 오인이라는 생각은 주체의 문제에 대한 이데올로기적 환원에 기인하며 이 환원에 의해 인식의 변증법은 애초에 차단된다”는 주장은 (양석원 2000, 1362면), ‘인식’을 ‘인정’으로 바꿔놓고 읽지 않으면 이해하기가 어렵다. 그가 준거하고 있는 리쾨르(P. Ricœur)의 주장은, 해방을 사고하기 위해서는 주체들 사이의 상호주관적 인정이나 하버마스(J. Habermas) 식의 왜곡 없는 의사소통이 필요하다는 의미이기 때문이다. 하지만 이런 작은 혼란보다 더 중요한 문제는 앞에서 우리가 두번째 논점으로 인용한 데서 알 수 있듯이, 양석원이 알튀세르가 사용하는 “reconnaissance” 개념을 라깡이 말하는 “méconnaissance”(“오인”이라 번역된 것) 개념과 대립시키고 있고 이를 둘 사이의 중요한 차이점 중 하나로 제시하고 있다는 점이며, 더욱이 이를 위해 줄곧 해석학적 입장에서 알튀세르를 비판하고 인간주의적 관점을 옹호하고 있는 리쾨르의 주장을 원용하고 있다는 점이다. 그에 따르면 라깡에게서 거울구조는 “오인과 소외의 구조”를 설명하기 위한 것인데(양석원 2000, 1362면), 알튀세르는 ‘오인’과 ‘인식’을 구분하지 못하고 거울구조를 “인식의 메커니즘”을 설명하는 것으로 받아들였다는 것이다(양석원 2000, 1362면). 이는 결국 ‘인식’과 ‘오인’이 체계적으로 대립하는 개념이며, 상상계 이외의 영역에서는 ‘오인’에서 벗어난 ‘인식구조’가 존재한다는 것을 의미한다.

필자가 보기에 이런 주장은 일차적으로 그가 라깡의 상상계이론, 특히 거울반영 관계 개념을 정확히 이해하지 못하고 있다는 데서 생겨난다. 이는 그가 “거울**단계**”(stade du miroir)와 거울**관계**, 또는 거울**구조**의 의미상의 차이를 제대로 구분하지 않고 있다는 데서 잘 드러난다. 알튀세르는 이데올로기론에 관한 글에서 결코 거울단계라는 말을 사용하지 않고 항상 “거울관계”(Sur Feuerbach, Althusser 1995a) 또는 거울구조(「이데올로기와 이데올로기적 국가장치」)라는 말을 사용하고 있는데, 이는 알튀세르가 이 개념을 사용하면서 염두에 두고 있는 것이 1949년 발표한 라깡의 유명한 글인 「정신분석적 경험에서 우리에게 밝혀진 나 기능의 형성자로서 거울단계」(Lacan 1966)가 아니라, 이 글 이후에 여러 쎄미나와 글을 통해 위상학적인 체계로 통합된 **상상계의 보편적 구조**로서의 거울구조라는 것을 의미한다. 또는 「거울단계」를 알뛰쎄르의 거울구조 개념과 연결시키기 위해서는 이처럼 이후의 위상학적 체계의 관점에서, 즉 **전미래의 관점**에서 이 글을 파악하는 것이 필수적이다. 그리고 사실 라깡 자신이 『에크리』(Lacan 1966)를 출간하면서 추가한 「우리의 이력에 관하여」(1966)에서 자신의 글은 이런 관점에서 읽혀야 한다는 점을 지적하고 있다. "따라서 우리는 이 텍스트들[「거울단계」를 포함한 초기 글들]을 어떤 전미래(futur antérieur) 안에 재위치시키고 있는 우리 자신을 보게 된다. 즉 이 텍스트들은 "우리가 언어활동 안으로 무의식을 삽입시키는 것을 선취했던 것이 될 것이다."(ils auront devancé notre insertion de l'inconscient dans le language, Lacan 1966, 71면)

거울**단계**와 거울**구조**의 차이의 의미는 무엇일까? 또는 「거울단계」를 전미래의 관점에서 읽는다는 것은 무엇을 의미할까? 이는 무엇보다도 거울구조, 더 나아가 상상계를 발생적·발달적 관점에서(만) 사고하지 않는다는 것을 뜻하며, 따라서 「거울단계」 역시 비발달론적으로(도) 읽어야 한다는 것을 뜻한다. 사실 이 글의 역사가 말해주듯이,[44] 이 글의 의의는 학위논문인 「인성과 관련된 망상증적 정신병에 대하여」(1932)에서 시작된 제2차 세계대전 이전 시기의 이론작업에서 벗어나 라깡이 자신의 독자적 관점에서 프로이트의 이론작업을 재전유——이른바 '프로이트로의 복귀'——할 수 있는

---

44) 이 글은 1936년 마리엥바드(Marienbad)에서 열린 제14차 국제정신분석회의(Congrès international de psychanalyse)에서 처음 발표될 예정이었으나 10분 만에 발표가 중단되었으며, 이후 1949년에 다시 쮜리히 국제정신분석회의에서 공식적으로 발표되었다. 이외에도 이 글의 핵심 개념인 거울단계 개념은 1951년 런던에서 열린 정신분석학회에서 재고찰된 바 있다. 이 글에 얽혀 있는 역사에 대한 라깡 자신의 설명은 Lacan(1966) 184면 이하 참조. 이 글이 라깡의 작업에서 지니는 의의에 관한 좀더 상세한 논의는 Ogilvie(1987); Weber(1991); Weber(2000); Nobus(1999) 참조.

토대를 제공해주었다는 점에 있다. 이런 의미에서 이 글은 이후의 라깡 작업의 이론적 원형을 보여준다고 할 수 있다.[45] 따라서 이 글의 중요성은 당대의 심리학자나 동물행동학자들의 작업에서 영향받은 내용,[46] 즉 6개월에서 18개월 사이의 행동발달 단계에서 나타나는 거울상에 대한 어린아이의 특이한 반응에 대한 설명에 있다기보다는, 이 설명이 싸르트르를 비롯한 당대의 실존주의적 현상학 및 자아심리학에 대해 지니는 비판적 의의에 있다. 이런 의미에서 거울단계라는 개념은 말 그대로 단계라기보다는 라깡 자신이 말하듯 하나의 "거울국면"(phase du miroir, Lacan 1966, 184면), 또는 웨버(S. Weber)의 적절한 표현을 빌리면 "계속해서 필연적으로 반복되는 전환점(Wendung)"으로 파악되어야 한다(Weber 2000, 31면).[47] 그리고 이런 의미에서 라깡은 이 글이 지니는 전략적 의의에 대해 거듭 강조하고 있다. "우리는 여기에서 우리의 「거울단계」의 기능, 즉 우리가 이른바 **자율적 자아**를 애호하는 정신분석이론에 대립하여 발전시킨 첫번째 전략적 지점을 [굳이] 되풀이하지는 않을 것이다. 학계에서 이 자율적 자아가 복권된 것은 [사회로의] 성공적인 적응 쪽으로 빗나간 정신분석 치료에서 이루어지는 자아의 강화에는 터무니없는 몰이해가 포함되어 있다는 우리의 제안을 정당화해주었다."
(Lacan 1966, 808~809면)

이처럼 비발달론적인 관점에서 「거울단계」를 읽게 되면, 라깡이 말하는 거울구조, 더 나아가 상상계 일반의 핵심기능은 **허구적 · 상상적 동일성을 형성**하고 이를 **고착**시키는 데 있다는 점이 밝혀진다. 그런데 "라깡은 거울상

---

45) 이에 관해서는 특히 앞서 언급한 Ogilvie(1987) 참조. 오질비의 책은 기호학적 · 구조주의적 라깡 해석이나 후기의 위상학적 · 실재계 중심적 라깡 해석과는 달리 「거울단계」를 기점으로 그 이전의, 말하자면 '라깡 이전의 라깡'이 본래적인 라깡으로 옮겨가는 과정을 세밀히 탐색하고 있어서, 「거울단계」가 라깡의 이론작업에서 차지하는 위치를 해명하는 데 많은 도움을 준다.

46) 이에 관해서는 특히 Jalley(1998) 1~2부; Nobus(1999) 참조.

47) 이런 측면에서 본다면 라쁠랑슈(J. Laplanche)와 뽕딸리스(J. B. Pontalis)의 유명한 『정신분석 용어집』에 수록된 「거울단계」 항목은 오해를 불러일으키기 쉽다. Laplanche/Pontalis(1967) 참조.

과의 **동일시**에 의해 생긴 자아의 통일성이 오인이며 소외라는 점을 강조함으로써 **자아의 허구성**을 명백히한다"(양석원 2000, 1364면. 강조는 인용자)고 말하는 데서 알 수 있듯이 양석원도 이를 잘 알고 있는 **듯 보인다**. 그런데 필자가 궁금한 것은 내가 강조해서 인용한 두 개념의 관계다. 그가 추론하는 것처럼 거울상과의 "동일시"에 의해 생긴 자아의 통일성이 오인이고 소외, 즉 "아무리 자아가 자신의 현실과 '변증법적 종합을 성취하려 해도 자아와 진리와의 결합은 기껏해야 점근선적인 것 이상이 되지 못'"하는 것이고(양석원 2000, 1364면), 이것이 곧 "자아의 허구성," 즉 "자아를 **스스로로부터 소외**"시키는 것이라면(양석원 2000, 1364면. 강조는 인용자), 이는 **허구적이지 않은 통일성**——또는 좀더 정확히 말하면——**동일성**이 있다는 의미인가?

그는 그렇다고 생각하는 듯 보이는데, 단 이 경우에는 더이상 자아가 문제가 아니라 **주체**가 문제가 된다는 점을 제외한다면 그렇다. 예컨대 양석원은 "라캉에게 있어서 자아는 상상계에 속하고 주체는 상징계에 속한다"[48]고 주장한다(양석원 2000, 1363면). 그리고 그에 따르면 "알튀세르는 상상계와 상징계를 구분하지 않고 거울의 복제 관계를 직접적으로 이데올로기 이론에 차용한다. 따라서 그는 자신이 이데올로기적 인식[즉 reconnaissance]의 구조를 예시하기 위해 라캉에게서 차용한 거울이미지와의 동일시가, 라캉에 의하면 상징계에 속하는 주체가 아니라 상상계에 속하는 자아에 관한 것임을 혼동하고 있다."(양석원 2000, 1363면) 그렇다면 상상계가 아닌 상징계에 속하는 주체에게는 비허구적인 동일성이 존재할 수 있다고 생각하는 것이 당

---

48) 양석원은 이런 주장의 전거 중 하나로 Dolar(1998) 12면을 들고 있는데, 이는 그가 돌라의 글을 제대로 읽지 못하고 있다는 것을 보여준다. 왜냐하면 글 마지막의 돌라의 궁극적 해명에 의하면(Dolar, 36면), 이런 식으로 상상계적 자아와 상징계적·기표적 주체를 대립시키는 것은——돌라가 채택하고 있는 밀레(J. A. Miller) 류의 해석에 따르면——라캉의 이론적 발전단계의 두번째 국면(1950년대 중반)에 해당하며, 따라서 이런 식의 대립은 오히려 돌라의 비판대상 중 하나이기 때문이다. 게다가 우리가 보게 될 것처럼 이는 양석원 자신의 궁극적 주장("기표에서가 아니라 주체의 담론의 의미사슬의 흐름을 방해하는 것으로서의 틈, 정신분석 중에 말이 끊어지거나 방해받는 지점에서 드러나는" 무의식적 주체)과도 모순되는 주장이다.

연하다. 그렇다면 이때 그가 의존하고 있는 라깡은——라깡주의자들의 분류법을 따르면——1950년대의 구조주의적·오이디푸스적(또는 팔루스 중심적) 라깡일 것이다. 즉 오인과 소외로 얼룩진 자아는 아버지의 법을 받아들여 오이디푸스 단계를 통과하면서 비로소 '정상적인' 비허구적인 동일성을 부여받게 된다는 것이다. 그런데 다른 한편으로 그는 이런 관점과는 전혀 다른, 주체에 대한 상이한 주장을 제시하고 있다. 이는 우리가 앞에서 살펴본 무의식의 주체에 관한 주장이다. 이에 따르면 주체는 비허구적이고 안정된 동일성을 부여받고 있는 존재가 아니라, "발화 행위[즉 énonciation]의 최소한의 제스처에서만 유지되는, 대응물이 없는 순수한 소실점"이며(양석원 2000, 1368면), "기의의 주체가 '언어 속에서 자신을 표현하고자 하는 어떤 의미의 담지자이고, 적극적 행위자'"인 데 비해, "언어의 의미 속에 실현되지 못하는 공백의 주체이고 '불확정으로서의 주체'"인 기표의 주체, 무의식의 주체다(양석원 2000, 1370면). 이 경우 이 무의식의 주체를 특징짓는 것은 역설적이게도 안정된 동일성이 존재하지 않는다는 점이다. 그가 인용하는 밀레가 말하듯이 "기표의 사슬인 'S1 → S2는 주체가 기표 속에서 특수한 정체성, 절대적 재현, 자신 고유의 진실된 이름을 찾을 수 있다는 것을 의미하지 않는다. 기표의 대타자는 무의식적 주체에게 이름을 제공하지 않는다.'"(양석원 2000, 1370면) 이에 따르면 오히려 "언어에 의해 철저히 구속받는 라깡의 주체[즉 상징계에 속하는 주체]는 이데올로기에 의해서 철저히 구속된 알뛰세르의 주체와 동일한 **것으로 보인다**"고 한다(양석원 2000, 1366~67면. 강조는 인용자). 그렇다면 오인과 소외로 얼룩진 자아, 자기 자신으로부터 소외된 자아, 따라서 동일성을 얻지 못하는 자아와, 특수한 동일성, 진실한 이름을 결코 부여받지 못하는 무의식의 주체 사이의 차이점은 무엇인가?

이 마지막 질문은 라깡과 알뛰세르에 대한 그의 몰이해가 어디에 존재하는지를 잘 보여준다. 그는 한편으로 알뛰세르가 상상계에 해당하는 거울구조를 주체의 영역에 적용했다는 점을 계속 비판한다. 그에게 이것이 문제인 이유는 상상계적 자아는 허구적 동일성, 즉 오인과 소외로 얼룩진 허상인

데 비해, 알뛰쎄르는 비허구적 동일성을 전제하는 주체들 사이의 상호인정의 관계에 이 거울구조를 응용하고 있기 때문이다. 그런데 이 경우 그가 해명해야 하는 것은 그럼 라깡에게서 비허구적 동일성은 어떤 것인지, 이것이 주체를 의미하는 것인지의 여부다. 그는 여기에서 슬쩍 말을 바꾸고 있지만, 실은 그는 두 가지 생각 사이에서 갈등하고 있다. 하나는 상상계적 자아와 상징계적 주체를 대립시키는 데서 알 수 있듯이, 상상계에 속하는 자아의 동일성이 허구적 동일성이라면, 상징계에 속하는 주체에게는 비허구적 동일성이 존재해야 한다는 생각이다. 그런데 그가 갈등하는 것은, 그가 의지하는 최근의 주석가들이 무의식의 주체, 진정한 주체는 이런 상징계적 주체가 아니라 안정된 동일성을 결코 보유하고 있지 못한 주체라고 주장하기 때문이다. 그래서 그는 자신의 의도와는 다르게 결국 상상계적 자아와 진정한 무의식의 주체를 **같은 위치**에 놓는 결과에 이르고 만다. 왜 이런 일이 생겼을까?

이는 우리가 앞에서 말했던 것처럼 그가 라깡의 「거울단계」를 발달론적 관점에서만 읽고 있기 때문인데, 이는 그가 라깡이 이 글에서 말하는 허구적 동일성의 형성, 즉 **허구적 동일화**를 단순한 **동일시**로, 가령 청소년들이 연예인을 자신과 동일시하듯이, 우리가 A를 B와 동일시하듯이, 어린아이가 거울에 비친 자신의 상(象)을 **자기**와 동일시하는 것으로 간주하고 있다는 데서 잘 드러난다. 그러나 이 경우에 문제는 아이와 거울상의 관계를 이처럼 심리학적 동일시로 해석한다면, 이때의 자기, 이때의 어린아이는 이미 동일성을 보유하고 있는 존재일 것이라는 점이다. 그리고 이처럼 **이미** 동일성을 보유하고 있는 자아에 대해 **소외**나 오인을 말하고 "자아를 **스스로로부터 소외**"되는 것으로 간주하면, 남아 있는 길은 변증법적 지양, 즉 이처럼 소외되고 오인된 자아의 **원초적 동일성을 회복**하는 길이다. 그리고 이는 곧 오이디푸스 단계에서 아버지의 법을 받아들여 자신의 동일성을 획득하는 것을 의미한다. 그러나 이렇게 되면 이것이 "**자율적 자아**를 애호하는 정신분석이론," 즉 자아심리학과 어떤 점에서 다른지 알 길이 없게 된다.

이런 식의 모호성을 보여주고 있는 것은 그가 라깡의「거울단계」의 의미는 모든 동일성, 어린아이만이 아니라 오이디푸스 단계를 통과한, 따라서 상징계에 속해 있는 (성인)주체들이 보유하고 있는 **동일성 역시 항상 이미 허구적**이라는 것을 보여주었다는 데 있다는 점[49]——이것이 바로 이 글을 비발달론적으로, 전미래적으로 읽어야 한다는 우리 주장의 의미다——을 제대로 파악하지 못하고 있기 때문이다. 사실 라깡은 "우리는 거울단계를 정신분석이 용어에 부여하는 충만한 의미에서의 **동일화로**, 즉 주체가 이미지를 받아들일 때 주체에게 생산되는 전환(transformation)으로 이해"해야 한다고 말하고 있다(Lacan 1966, 94면). 주체가 이미지를 받아들일 때 주체에게 생산되는 이 전환은 어떤 것인가? 계속되는 라깡의 설명을 들어보자.

> 이 단계에서는 아직 **말을 하지 못하는 아이**(infans)이며, 운동능력의 결핍과 영양섭취에 대한 의존상태에 빠져 있는 어린 인간인 존재가 자신의 거울이미지를 받아들이는 것(assomption)은 우리가 보기에는 이때부터 하나의 표본적 상황에서 상징적 모체를 드러내주는 것 같은데, 이 상징적 모체에서는 **나**라는 것(le je)이 타자와의 동일화의 변증법에서 객관화되기 이전에, 그리고 언어활동이 그에게 보편적인 것 안에서 그의 주체기능을 되돌려주기(restitut) 이전에 원초적인 형태 속으로 '서둘러 전락한다' (se précipite).(Lacan 1966, 94면)

여기에서 먼저 주목해야 할 것은 말을 못하는 아이가 거울이미지를 받아들이는 것이 상징적 모체를 구성한다는 점인데, 이 상징적 모체는 바로 "**나라는 것**", 즉 일종의 원형적 주체가 모습을 드러내는 장소다. 그런데 라깡은 이처럼 나라는 것이 출현하는 방식을 "원초적인 형태 속으로 서둘러 전락한다"고 표현하고 있다. 이 "서둘러 전락한다"는 표현, 그리고 이것이 "원형적

---

49) 이에 관해서는 Weber(1991); Dor(1985) 등 참조.

형태"를 이룬다는 표현은, 이 아이가 말을 못하는 아이로서 언어 사용이 전제되는 주체성의 획득에 실패한다는 의미—이것이 단계론적 해석의 의미일 텐데—보다는, 또는 이것을 의미하기에 **앞서**, 자아의 동일성이든 주체의 동일성이든 간에 **모든 동일성**은 **원초적으로 허구적이라는 것**, 또는 동일성은 **원초적으로 소외된 동일성**이라는 것을 말해주는 것 같다. 실제로 라깡은 바로 다음 구절에서 이를 지적하고 있다.

> 그러나 중요한 것은 이 형태가 **자아**의 층위(instance)를, 그 사회적 규정 이전에 허구의 노선에 위치시킨다는 점인데, 이 노선은 이 '단독적인 개인 자신'(seul individuel)에게 결코 소거될 수 없는 것이다. 오히려 이 노선은, 주체가 **나**(je)인 한에서 해소해야 하는 자신의 고유한 실재와의 불일치(discordance)를 해소하게 도와주는 변증법적 종합들의 성공이 어떤 것이든 간에, '주체의 생성'(devenir du sujet)과 점근선적으로만 '합치하게 될 것'(rejoindra)이다.(Lacan 1966, 94면)

여기에서 자아의 사회적 규정이라는 것은 앞서 인용된 "타자와의 동일화의 변증법에서 객관화"되는 것, "언어활동이 그에게 보편적인 것 안에서 그의 주체기능을 되돌려주"는 것을 의미한다. 따라서 이러한 규정 이전에 자아의 층위를 허구의 노선에 위치시킨다는 것, 그리고 이 노선이 "단독적인 개인 자신," 즉 **가장 고유한 차원에서 파악된** 개인에게서 결코 소거될 수 없다는 것은, 인간 개인의 동일성은 원초적으로 허구적이라는 것, 인간 개인은 원초적으로 "자신의 고유한 실재와의 불일치"에 빠져 있다는 것을 의미한다. 더욱이 이러한 허구성은 "주체의 생성", 즉 나로서의 주체가 이 불일치를 해소하게 도와주는 변증법적 종합들의 성공에도 불구하고 결코 해소되지 않으며, 이 때문에 이 노선은 주체의 생성과 완전히 합치되지 않고, 즉 주체의 생성을 통해 완전히 **해소되지 않고** 주체의 생성 **속에서** 계속 불일치, 균열을 유지하게 될 것이다.[50]

따라서 아이에게서 거울상이 갖는 의미는, 웨버가 적절하게 지적하고 있
듯이 "주체의 동일성에 대한 인지가 아니라 **주체의 동일성의 구성**"이라는 데
있다(Weber 1991, 13면. 강조는 인용자). 즉 아이는 거울에 비친 자신의 상에서 이
미 존재하는 자신의 동일성을 **인지**하는 것이 아니라, 이 상을 통해서 **비로소**
자신의 동일성을 형성하는 것이다. 이는 역시 웨버가 잘 지적하고 있듯이
(Weber 1991, 16면 이하), 이미지 **이전에** 이 이미지가 모방하고 비추는 실재, 현
실을 가정하는 전통적인 논리와는 달리, "종별적인 탄생의 조숙성" 또는 원
초적 결핍을 인간의 근원적인 존재론적 조건으로 간주하는 라깡의 관점에
따르면, 아이가 받아들이는 자신의 거울상은 이미 존재하는 아이의 동일성
을 비추는 것이 아니라, 아이의 모습을 비추면서 동시에 아이의 동일성을
구성하기 때문이다. 즉 이미지, 재-현적 표상으로부터 이 이미지가 비추는
실재가 소급적으로, 사후적으로 구성되는 것이다. 그리고 이처럼 거울상을
통해 형성된 동일성은 원래 실재하지 않는 동일성이라는 점에서, 더욱이 아

---

50) 그리고 내가 보기에는 이런 관점에서만 이 글 마지막에 나오는 라깡의 매우 시사적인 한
　　문장이 이해될 수 있다. "우리 시대의 인류학이 집요하게 탐구하고 있는 자연과 문화의 이
　　접합점에서 오직 정신분석학만이 사랑이 항상 풀어내야 하는 또는 잘라내야 하는 이 **상상
　　적 예속의 매듭**을 인지한다."(Lacan 1966, 100면. 강조는 인용자) 여기에서 라깡이 가리키
　　는 인류학이 레비스트로스의 인류학이라는 것은 두말할 나위가 없는데, 라깡에 대한 레비
　　스트로스의 영향력을 감안한다면 라깡이 이처럼 인류학과 정신분석학의 차이, 그와 자신
　　의 차이를 "상상적 예속의 매듭"에서 찾고 있다는 것은 매우 의미심장하다. 간단하게 말하
　　면 레비스트로스와 라깡은 모두 인간에게서 원초적인 자연-본성의 결핍에서 출발하고,
　　이러한 결핍이 인간의 고유성의 보편적 법칙을 확립할 수 있는 기초라는 것을 인정한다는
　　점에서는 일치하지만, 레비스트로스에게 문화의 고유한 법칙에 근거한 문화의 설명이 중
　　요한 문제였다면, 라깡에게는 오히려 이런 의미에서의 **문화로부터 주체를 분리**시켜 주체를
　　구조화하는 고유한 법칙에 의해 **주체 자신의 자기관계**를 설명하는 것이 중요한 문제였다
　　고 할 수 있다. 그리고 내가 보기에 라깡에게서 주체가 자기 자신과 맺고 있는 이 관계는
　　다소 도식적으로 말하면 세 가지 측면에서 파악될 수 있다. 첫째, 이 관계는 인간 주체의
　　근원적인 존재론적 특징인 **원초적 결핍**에 기초하고 있으며, 이 때문에 이 관계는 항상 주
　　체와 자기 자신의 불일치 관계로 나타난다. 둘째, 바로 이러한 원초적 결핍, 그리고 이에
　　기초한 불일치 때문에 주체가 자기 자신과 맺고 있는 관계는 근원적으로 상상적인 관계,
　　즉 오인-몰인식의 관계로 나타난다. 셋째, 이러한 오인-몰인식의 관계는 지양 불가능한
　　것, 즉 비목적론적인 성격의 것이기 때문에, 라깡에게서 진정한 주체는 **수행적이고 윤리적
　　인 차원**에서만 존재할 수 있다.

이가 자신의 신체적 무기력을 거울상이 제공하는 전체성의 가상을 통해 해소하려는, 따라서 좀더 환유적으로 일반화해서 말하면, 자신의 원초적 결핍을 은폐하고 봉합하려는 목적으로 만들어낸 동일성이라는 점에서 이는 허구적 동일성이고, 항상 이미 오인된 동일성이다. 이런 의미에서 라깡은 프로이트에 반대하여 자아는 "**지각-의식체계**에 중심을 두고 있는 것이 아니라 (…) **오인-몰인식의 기능**"이라고 말하고 있다(Lacan 1966, 99면).

그러나 이는 양석원이 말한 것처럼 라깡에게서는 'méconnaissance'와 'reconnaissance'가 체계적으로 대립한다는 것을 의미하는가? 사실은 전혀 그렇지 않다. 우선 우리가 본 것처럼 그는 라깡에게서 오인-몰인식으로서의 'méconnaissance'를 잘못 이해하고 있기 때문이다. 다시 말해 그는 'méconnaissance'를 이미 존재하는 또는 앞으로 존재하게 될——이 양자는 **목적론적 의미의 소외론**을 전제하고 있다는 점에서 사실은 같은 것이다——자아, 주체의 고유한 동일성에 대한 오인으로 이해하고 있는 반면, 라깡에게서 'méconnaissance'는 「주체의 전복과 욕망의 변증법」에 나오는 라깡의 재미있는 언어유희를 따르면 "나를 인식하는 데 본질적인 몰인식"(mé-connaissance essentiel au me connaître)이다(Lacan 1966, 808면). 즉 '나를 인식하는 것'(me connaître)은 본질적으로 'méconnaissance,' 즉 오인-몰인식이다. 따라서 라깡이 보기에 고정된, 본질적 동일성이 존재한다고 간주하는 것, 주체를 이 본질적 동일성으로 인식하는 것은 근본적으로 오인이고 몰인식이다.

그런데 다시 양석원이 생각하는 것과는 달리 이러한 오인-몰인식은 항상 재-인지의 양상으로 이루어진다. 즉 이러한 오인-몰인식의 관점에서는 이 동일성은 **항상 이미 존재했던 것**, 원초적 동일성이 되며, 아이가 거울상을 통해 자신의 모습을 인지하는 것, 또는 거리에서 어떤 사람이 호명을 통해 자신이 주체임을 인지하는 것은, 자신이 **처음부터 지니고 있는** 동일성을 다시 한번 확인하는 것, 재-인지가 된다. 따라서 자기가 본질적·원초적 동일성을 지니고 있는 것으로 **오인**하는 것의 이면은 이 동일성을 **재-인지**하는 것이며,[51] 이러한 오인과 재인지는 이 동일성이, 라깡이 욕망의 그래프를 통해 잘 보여준 것처럼 사후작용(Nachträglichkeit)에 의해, 또는 소급작용(rétroactivité)에 의해 사후적으로, 원초적 결핍을 봉합하기 위해 산출해낸 허구적 동일성이라는 점을 **몰인식**하게 만드는 상상적 왜곡의 효과이다.

이데올로기에서 벗어나기?

따라서 알뛰쎄르가 호명이론과 거울구조론을 통해 보여주려고 한 이데올로기적 왜곡으로서의 상상적 왜곡이론은, 모든 주체의 동일성은 허구적 동일성이며 이 동일성은 오인–몰인식과 재–인지라는 이데올로기적 효과를 낳는다고 주장하는 점에서 라깡의 상상계이론, 그의 거울관계론에 영향을 받았다고 할 수 있다. 다시 말하면 **알뛰쎄르가 자신의 이데올로기론에서 영향을 받은 부분은 바로 이데올로기적 왜곡, 상상적 왜곡에 관한 내용**이라는 것을 의미한다. 하지만 이런 이론적 연관성을 이해하기 위해서는 무엇보다도 라깡의 거울관계론, 그의 「거울단계」를 비발달론적 관점에서, 전미래적 관점에서 읽어야 하며, 이런 관점에서 라깡의 거울관계론을 읽으면 알뛰쎄르가 주목한 것이 사실은 「거울단계」 자체라기보다는 이후에 라깡이 도식 L과 욕망의 그래프 등을 통해 전개한 위상학적 체계 속에 통합된 거울관계론이라는 점이 분명히 드러날 것이다. 그러나 그렇다 하더라도 결국 라깡이 상상적 왜곡으로 봉합되지 않는 무의식의 주체를 이론화한 데 비해, 알뛰쎄르는 주체를 이데올로기적 주체와 동일시하고, 이에 따라 이데올로기에서 **벗어날 수 있는**, 호명을 **넘어설 수 있는** 가능성을 제공해주지 못한 것 아닌가? 바로 여기가 우리가 다다른 막다른 골목(라깡주의적 관점에 따를 경우) **또는** 갈림길이다.

처음에 밝혔듯이 이 글은 하나의 예비적인 논의에 불과하다. 이 글에서

---

51) "이데올로기적 **재인지**는 이데올로기 자체의 두 가지 기능 중 하나다(이것의 이면은 **오인–몰인식**의 기능이다)."(Althusser 1995b, 117, 304면)

우리는 알뛰쎄르의 이론작업이 라깡의 이론의 적용, 그것도 그의 이론을 제대로 이해하지 못한 가운데 이루어진 적용이었다는 주장이나, 알뛰쎄르가 라깡을 서투르게 차용했다는 주장이 실제의 사태에 대한 매우 잘못된 이해에서 생겨난 주장이라는 것을 보여주고자 했다. 따라서 이 글을 통해 이런 주장이 실제와는 매우 다르다는 점이 얼마간 밝혀졌다면, 또 이 과정에서 라깡의 특히 알뛰쎄르의 이론에 대해 얼마간 해명이 되었다면, 다시 말해 알뛰쎄르의 유령들이 실제로 유령들로 확인되었다면, 그것으로 이 글은 충분히 목적을 달성한 셈이다. 하지만 이 글의 처음부터 유령이 우리를 사로잡고 있었고, 또 이 글의 마지막에도 역시 하나의 질문으로 우리를 여전히 사로잡고 있는만큼 이 유령과의 대화, 이 유령과의 교류는 끝나지 않을 것으로 보인다. 그러니 마지막으로 위의 질문이 이미 답이 드러나 있는 수사법적 질문이 아니라 여전히 하나의 질문으로, **아포리아적인 질문의 형태**로 남아 있다는 것을 확인해두면서 잠정적으로 이 글을 끝내기로 하자.

"호레이쇼, 자네가 학자니 한번 말을 걸어보게."

참고문헌

Althusser, Louis (1974) *Philosophie et philosophie spontanée des savants.* Paris: Maspero.

──(1993) *Ecrits sur la psychanalyse. Freud et Lacan.* Corpet, Olivier/ Matheron, François ed. Paris: Stock/IMEC. (부분 국역 → 루이 알뛰쎄르 1995)

──(1994) *Ecrits philosophiques et politiques.* T. 1. Matheron, François ed.

Paris: Stock/IMEC. (부분 국역 → 루이 알뛰쎄르 1996)

——(1995a) *Ecrits philosophiques et politiques*. T. 2. Matheron, François ed. Paris: Stock/IMEC.

——(1995b) *Sur la reproduction*. Paris: Presses Universitaires de France.

——(1996a) *Pour Marx*. Paris: Découverte. (1965년 초판)

——(1996b) *Lire le Capital*. Paris: Presses Universitaires de France. (1965년 초판)

——(1996c) *Psychanalyse et sciences humaines. Deux conférences(1963~64)*. Corpet, Olivier/Matheron, François ed. Paris: Le Livre de Poche.

——(1998a) *Lettres à Franca(1961~73)*. Matheron, François/Boutang, Yanne Moulier ed. Paris: Stock/IMEC.

——(1998b) *Solitude de Machiavel*. Sintomer, Yves ed. Paris: Presses Universitaires de France.

Balibar, Etienne (1991) "Le concept de 'coupure épistémologique' de Bachelard à Althusser". *Écrits pour Althusser*. Paris: Découverte.

——(1992) "L'objet d'Althusser". Lazarus, Sylvain ed. *Politique et philosophie dans l'oeuvre de Louis Althusser*. Paris: Presses Universitaires de France.

——(1993) *La philosophie de Marx*. Paris: Découverte.

——(1994) *Lieux et noms de la vérité*. Paris: Aube.

——(1996a) "Avant-propos pour la réédition de 1996". Althusser, Louis. *Pour Marx*. Paris: Découverte.

——(1996b) "Individualité et transindividualité chez Spinoza". Moreau, Pierre-François ed. *Architectures de la raison*. Paris: ENS éditions.

——(1996c) "Structural Causality, Overdetermination, and Antagonism". Callari, Antonio/Ruccio, David F. ed. *Postmodern Materialism and the Future of Marxist Theory: Essays in the Althusserian Tradition*. Hanover, NH: University Press of New England.

——(1996d) *La crainte des masses*. Paris: Galilée.

Callari, Antonio/Ruccio, David F. ed. (1996) *Postmodern Materialism and the Future of Marxist Theory: Essays in the Althusserian Tradition*. Hanover, NH: University Press of New England.

Castel, Pierre-Henri (1998) *Introduction à L'interprétation du rêve de Freud*. Paris: Presses Universitaires de France.

Cotten, Jean-Pierre (1993) "Althusser et Spinoza". Bloch, Olivier ed. *Spinoza au XXᵉ siècle*. Paris: Presses Universitaires de France.

Derrida, Jacques (1993) *Spectres de Marx*. Paris: Galileé.

Dolar, Mladene (1998) "Cogito as the Subject of the Unconscious". Žižek, Slavoj ed. *Cogito and the Unconscious*. Durham: Duke University Press.

Dor, Joël (1985) *Introduction à la lecture de Lacan*. T. 1. Paris: Denoël.

Fink, Bruce (1995) *The Lacanian Subject. Between Language and Jouissance*. Princeton, New Jersey: Princeton University Press.

Freud, Sigmund (1976) *Gesammelte Werke*. Bde. 2~3. *Die Traumdeutung*. Frankfurt am Main: Fischer. (1942년 초판)

——(1977) *Gesammelte Werke*. Bd. 1. *Studien über Hysterie*. Frankfurt am Main: Fischer. (1952년 초판)

Ghisu, Sebastiano (1995) *Ewigkeit des Unbewußten-Ewigkeit der Ideologie. Psychoanalyse und historischer Materialismus bei Althusser*. Hamburg: Argument.

Guénoun, Denis (1999) "Althusser autograph". Mallet, Marie-Louise ed. *L'animal autobiographique*. Paris: Galilée.

Iacono, Alfonso M. (1992) *Le fétichisme. Histoire d'un concept*. Paris: Presses Universitaires de France.

Jalley, Émile (1998) *Freud, Wallon, Lacan. Enfant au miroir*. Paris: EPEL.

Lacan, Jacques (1966) *Écrits*. Paris: Seuil.

──(1973) *Le séminaire XI: Les quatre concepts fondamentaux de la psychanalyse*. Paris: Seuil.

──(2001) *Autres écrits*. Paris: Seuil.

Laplanche, Jean/Pontalis, Jean-Bertrand (1967) *Vocabulaire de la psychanalyse*. Paris: Presses Universitaires de France.

Lock, Grahame (1996) "Subject, Interpellation, and Ideology". Callari, Antonio/Ruccio, David F. ed. *Postmodern Materialism and the Future of Marxist Theory: Essays in the Althusserian Tradition*. Hanover, NH: University Press of New England.

Macey, David (1994) "Thinking with Borrowed Concepts: Althusser and Lacan". Elliott, Gregory ed. *Althusser: A Critical Reader*. Oxford, UK/ Cambridge, Massachusetts, USA: Blackwell.

Macherey, Pierre (1990) *Hegel ou Spinoza*. Paris: Découverte. (1979년 초판)

──(1992) *Avec Spinoza*. Paris: Presses Universitaires de France.

Milner, Jean-Claude (1995) *Oeuvre claire. Lacan, la science, la philosophie*. Paris: Seuil.

Mocnik, Rastko (1991) "From Historical Marxism to Historical Materialism: Toward the Theory of Ideology". *Graduate Faculty Philosophy Journal*. Vol. 14, No. 1.

──(1993) "Ideology and Fantasy". Kaplan, E. Ann/Sprinker, Michael ed. *The Althusserian Legacy*. London/New York: Verso.

──(1994) "Das 'Subjekt, dem unterstellt wirt zu glauben' und die Nation als eine Null-Institution". Böke, Henning et al. ed. *Denk-Prozesse nach Althusser*. Hamburg: Argument.

Montag, Warren (1995) "The Soul Is the Prison of the Body: Althusser and Foucault, 1970~75". *Yale French Studies 88: Depositions*.

──(1996) "Beyond Force and Consent: Althusser, Spinoza, Hobbes". Callari,

Antonio/Ruccio, David F. ed. *Postmodern Materialism and the Future of Marxist Theory: Essays in the Althusserian Tradition.* Hanover, NH: University Press of New England.

Nobus, Dany (1999) "Life and Death in the Glass: A New Look at the Mirror Stage". Nobus, Dany ed. *Key Concepts of Lacanian Psychoanalysis.* New York: Other Press.

Ogilvie, Bertrand (1987) *Lacan. La formation du concept de sujet(1932~49).* Paris: Presses Universitaires de France.

Pêcheux, Michel/Haroche, Claude/Henry, Paul (1990) "La sémantique et la coupure saussurienne: Langue, language, discours". Pêcheux, Michel/Maldidier, Denise ed. *L'Inquiétude du discours.* Paris: Editions des Cendres. (1971년 발표)

Pfaller, Robert (1997) *Althusser. Das Schweigen im Text.* München: Wilhelm Fink.

——(1998) "Negation and Its Reliabilities: An Empty Subject for Ideology". Žižek, Slavoj ed. *Cogito and the Unconscious.* Durham: Duke University Press.

Spinoza, Benedictus de (1999) *Ethica/Éthique.* Pautrat, Bernard trad. Paris: Seuil. (1988년 초판)

Tosel, André(1994) "Marxism au miroir de Spinoza". *Du matérialisme de Spinoza.* Paris: Kimé.

Weber, Samuel (1991) *Return to Freud: Jacques Lacan's Dislocation of Psychoanalysis.* Levine, Michael trans. Cambridge/New York: Cambridge University Press.

——(2000) *Ruckkehr zu Freud: Jacques Lacans Ent-stellung der Psychoanalyse.* Wien: Passagen. (1978년 초판)

Žižek, Slavoj (1989) *The Sublime Object of Ideology.* London/New York: Verso.

———(1992) *For They Know not What They Do*. London/New York: Verso.

———ed. (1998) *Cogito and the Unconscious*. Durham: Duke University Press.

———/Butler, Judith/Laclau, Ernesto (2000) *Contingency, Hegemony, Universality: Contemporary Dialogues on the Left*. London/New York: Verso.

루이 알뛰쎄르 (1991) 『아미엥에서의 주장』. 김동수 옮김. 솔.

———(1995) 「마르크스와 프로이트에 대하여」. 윤소영 옮김. 『알튀세르와 라캉』. 공감.

———(1996) 『철학과 맑스주의: 우발성의 유물론을 위하여』. 서관모·백승욱 옮김. 새길.

———(1997) 『맑스를 위하여』. 이종영 옮김. 백의.

양석원 (2000) 「이데올로기적 주체와 무의식적 주체: 알튀세르와 라캉의 주체 이론」. 『문학과사회』 51호(2000년 가을호).

에띠엔느 발리바르 (1989) 『역사유물론 연구』. 이해민 옮김. 푸른산.

———(1993) 「(철학의) 대상: '절단'과 '토픽'」. 윤소영 옮김. 『알튀세르와 마르크스주의의 전화』. 이론.

———(1995a) 『마르크스의 철학, 마르크스의 정치』. 윤소영 옮김. 문화과학사.

———(1995b) 「바슐라르에서 알튀세르로」. 서관모 옮김. 『이론』 13호(1995년 가을호).

워린 몬탁 (1995) 「알튀세르와 라캉」. 윤소영 옮김. 『알튀세르와 라캉』. 공감.

윤소영 (1993) 『알튀세르와 마르크스주의의 전화』. 이론.

———(1995) 『알튀세르와 라캉』. 공감.

지그문트 프로이트 (1997) 『꿈의 해석』 (상·하). 프로이트 전집 5~6권. 김인순 옮김. 열린책들.

진태원 (2001) 「스피노자의 현재성: 하나의 소개」. 『모색』 2호.

홍준기 (1999) 『라캉과 현대철학』. 문학과지성사.

라깡과 들뢰즈
들뢰즈의 욕망하는 기계와 라깡의 부분 충동: 스피노자적 욕망이론의 라깡 해석

서동욱

> 우리가 인식할 수 있는 요소는 실재계(le réel)밖에 없
> 으며, 상상계(l'imaginaire)와 상징계(le symbolique)는
> 거짓된 범주로 보인다. —질 들뢰즈[1]

1. 그토록 큰 차이에도 불구하고……

들뢰즈(G. Deleuze)의 욕망이론이 라깡(J. Lacan)의 공식초상화와 전면적
으로 대립하고 있다는 교과서적 견해는, 라깡 정신분석학의 핵심사항들을
거냥하고 있는 들뢰즈의 비판적 진술들을 몇가지 뽑아보는 것으로 쉽게 정
당화된다. 가령 '아버지의 이름'이라는 법[2]을 통한 '근친상간 금지'는 어머

---

1) Deleuze(1990) 198면. 인용하는 모든 원문에서 원저자의 강조는 작은따옴표(' ')로 묶고,
   인용자의 강조는 고딕체로 표기한다. [ ] 안의 말은 대체가능한 번역어 혹은 뜻을 풀어쓰
   기 위해 인용자가 임의로 집어넣은 것이다.
2) " '아버지의 이름' 속에서 우리는 (…) 인물로서의 아버지와 법을 동일시하는 상징적 기능
   을 떠받치고 있는 자를 알아보아야 한다." Lacan(1966) 278면.

니에 대한 아이의 욕망을 좌절시키고, 결코 만족하지 못하는 '결여'
(manque)된 욕망을 본성으로 하는 주체를 탄생시킨다는 점에서 정신분석
학의 가장 핵심적인 전제 가운데 하나이다. 그러나 들뢰즈는 아예 근친상간
그 자체의 존재를 인정하지 않는다. "근친상간에 대해서는, 문자 그대로 그
것은 존재하지 않으며, 존재할 수도 없다고 결론지어야 한다."(Deleuze/
Guattari 1972, 189면) 따라서 성관계가 가능한 상대를 선택하는 문제도 근친상
간 금지라는 법에 좌우되지 않는다.

라깡에게 그토록 중요한 '기표(記表, signifiant)'의 경우는 어떤가? 라깡은
기표의 중요성을 이렇게 역설한다. "이제부터 기표에 대한 열중은 새로운
차원의 인간 조건이 된다. 인간이 말을 하는 한에서뿐만 아니라 인간 안에
서, 또 인간을 통해서 그것이 말을 하는(ça parle) 한에서 그렇다. 그리고 언
어구조가 내재해 있는 효력들을 통해 인간 본성이 형성되고, 또 인간이 언
어구조를 채우는 질료가 되는 한에서 그렇다."(Lacan 1966, 688~89면) 반면 『앙
띠오이디푸스』(Deleuze/Guattari 1972)에서 들뢰즈와 가따리(F. Guattari)가 열
중한 것은 바로 이 기표를 비판에 부치는 것이다. "기표는 (문자의 시대에)
거대한 전제군주의 기호일 것이다. 그것이 물러나면 최소한의 요소들과 그
요소들 사이의 일정한 관계로 분해될 수 있는 넓은 해변이 남게 될 것이다.
이러한 가정은 최소한 기표의 압제적이고 폭력적이고 거세적인 성격을 해
명해준다."(Deleuze 1990, 35면)

대립은 여기서 그치지 않는다. 라깡 정신분석학의 가장 중요한 요소 가운
데 하나로 누구나 '분열된 주체' 개념을 내세울 것이다. 분열된 주체는 여러
관점에서 이야기할 수 있는데, 가령 그것은 언표행위의 주체(sujet de
l'énonciation)와 언표의 주체(sujet de l'énoncé)의 분열로 표현되곤 한다. 라
깡은 "주체의 분열은 특히 언표활동의 주체에서부터 언표의 주체까지, 즉
기표의 전적인 간섭에서 작용한다"고 말한다(Lacan 1966, 770면). 이러한 주체
의 분열에 대해서도 역시 들뢰즈는 대립한다. "단지 인물들의 이미지의 두
차원일 뿐인 언표행위의 주체와 언표의 주체로 쪼개진 거세된 사적 주체를

(…) 집단적 동인들[집단적 동작주agents collectifs]로 대체하는 것 (…) 이런 것이 모두 정신분열자-분석(schizo-analysis)의 과제이다."(Deleuze/Guattari 1972, 323~24면) 언표의 주체와 언표행위의 주체의 분열 속에서 욕망을 파악하는 것은 욕망을 주체 개념의 여러 요소들(인격성, 성별 등등)을 통해 이해하려는 인격주의적 해석인 반면, 들뢰즈가 노리는 것은 이러한 인격주의적 해석의 체제순응적인 면모를 밝히고 이로부터 욕망을 해방시켜 그것의 비인격성 혹은 비인물성을 드러내는 것이다(뒤에서 보겠지만, 집단적 동작주란 흔히 욕망하는 기계들이라 불리는 비인물적·비주체적 욕망들을 가리키는 말이다).

이러한 명백한 대립에도 불구하고 우리는 여전히 들뢰즈의 욕망이론이 라깡에게 무언가 빚지고 있다고 말할 수 있을 것인가? 그 빚의 무게는 아마도 실재계(실재)에 접근하기 위한 라깡의 장치들——대상 a(objet petit a), 부분 충동(pulsion partielle) 등——과 들뢰즈의 핵심개념들을 대질시킴으로써 가늠할 수 있으리라. 왜 오로지 실재계인가? 들뢰즈는 라깡의 위상학에서 실재계만을 받아들이며 상징계와 상상계는 허구적인 것으로 거부해버린다. "무의식은 구조적인 것도 아니요, 상징계도 아니다. 왜냐하면 그것의 현실성은 실재계(le Réel)의 현실성이기 때문이다."(Deleuze/Guattari 1972, 371면) 그렇다면 우리는 어떻게 실재계만으로 구성된 욕망이론이 가능한지 물어야 하리라. 구체적으로 그 질문은 한 인격적 개체 전체를 통일적으로 지배하는 것이 아니라, 유기체적 통일을 이루지 않는 서로 분리된(disjonctive) 다수의 부분적 욕망들, 인격성을 전혀 형성하지 않는 이른바 욕망하는 기계들의 가능성에 대한 물음이다. 뒤에서 보겠지만, 이러한 들뢰즈의 욕망이론은 그가 현대적으로 복원하고 싶어하는 몇세기 전의 놀라운 철학, 바로 스피노자(B. de Spinoza)의 틀 속에서 바라보았을 때만 비로소 명확히 모습을 드러낸다. 다시 말해 들뢰즈의 욕망이론은 스피노자의 개념틀을 통해 해석된 라깡의 실재계라고 할 수 있다. 우리는 이 해석의 궤적을 충실히 따라가보려 한다. 들뢰즈의 욕망이론의 세 가지 핵심개념인 '욕망하는 기계'

(machine désirante) ‘기관들 없는 신체’(corps sans organes) ‘독신기계’
(machine célibataire)를 차례로 구성해가면서, 각 국면마다의 스피노자적 기
원을 밝히고, 어떻게 스피노자 철학의 인도 아래 라깡의 욕망이론이 들뢰즈
적 개념들의 성립에 개입하는지 추적할 것이다. 그러나 우리는 또 들뢰즈에
게서 “많은 문헌과 텍스트 들이 제 의미대로 혹은 반대로 사용되고 있다”
(Deleuze 1990, 34면)는 점을 알기에, 들뢰즈의 해석으로 환원될 수 없는 라깡
의 면모가 무엇인지 기록해두는 일도 잊어서는 안될 것이다.

2. 라깡의 충동이론

부분 충동

들뢰즈의 ‘욕망하는 기계’는 라깡의 ‘부분 충동’에 관한 이론에 크게 힘입
어 성립되었다. 들뢰즈 자신이 밝히듯 “충동들은 오로지 욕망하는 기계들
그 자체일 뿐이다.”(Deleuze/Guattari 1972, 42면) 그러므로 라깡의 충동 개념과
들뢰즈의 욕망 개념을 대질시킬 때만 비로소 들뢰즈와 라깡 사이의 친화적
인 관계가 드러난다. 반면 겉으로 드러나 있는 ‘욕망’이란 단어에 속아서 라
깡의 욕망 개념과 들뢰즈의 욕망 개념을 비교한다면 둘 사이의 극단적인 대
립만을 확인하게 될 것이다.
충동이란 무엇인가? “궁극적으로 충동은 실재계에 대한 주요한 이론적
접근 방식 가운데 하나이다.”(Chemama 1995, 271면) 라깡은『쎄미나 제11권: 정
신분석의 네 가지 기본 개념』(13~15장)에서 프로이트(S. Freud)의「충동과
그 변이들」(Tribe und Triebschicksale)을 해설하면서 충동 개념을 다루는데,
프로이트의 충실한 해설자로 머무르기를 자처하는 그의 겸손한 외양과 반
대로, 실상 라깡의 충동 개념은 근본적인 지점에서 프로이트의 그것과는 다
른 면모를 지닌다. 프로이트와 라깡에게서 공통적으로 “충동은 (…) 어떤 항

상적인 힘으로서 작용한다."(Freud 1946 X권, 212면) 그런데 라깡의 충동이론에서 가장 중요한 것은 성적 충동들이란 결코 통일적인 하나를 이룰 수 없는 여러 조각의 '부분' 충동들이라는 주장인데, 이러한 견해는 프로이트에게서는 찾아볼 수 없었던 것이다. 프로이트는 "성적 충동은 (…) 처음에는 서로 독립적으로 활동하지만 나중에는 어느정도 완전하게 통합된다"고 생각하는 반면(Freud 1946, X권, 218면), 라깡은 "심리적 실재의 과정 속에 나타난 것으로서의 충동은 [언제나] 부분 충동들이다"라고 말한다(Lacan 1973, 160면). 충동들은 오로지 파편적인 부분들일 뿐 서로 통합되어 하나의 전체를 이루는 법이 없다. "하나의 부분 충동과 다른 부분 충동 사이에는 어떤 생성 관계도 없다. (…) [가령] 구순충동으로부터 항문충동으로 이행하는 어떤 자연적 변형도 일어나지 않는다."(Lacan 1973, 164면) 개개의 충동이 하나의 전체로 통합된다는 유기체적 모델에 반대하여 그것들의 '파편적 성격'을 강조하기 위해 라깡은 충동들을 "몽따주"(Lacan 1966, 846, 853면; Lacan 1973, 160면), "초현실주의 꼴라주"(Lacan 1973, 154면)에 비유하기도 한다. 앞으로 보겠지만, 충동들이 서로 '실질적으로(réellement) 구별'되며 하나로 통일되지 않는다는 라깡의 생각은 들뢰즈의 욕망하는 기계의 가장 중요한 본성으로 수용된다. 들뢰즈는 라깡과 마찬가지로 욕망하는 기계들, 즉 충동들의 파편성 또는 비전체성을 이렇게 강조한다. "충동들을 그 대상들과 함께 하나의 통일된 전체를 향해 발전하게 하는, 충동들의 진화란 없다. 또 충동들이 그로부터 생겨나는 원초적 전체성이란 것도 더이상 없다."(Deleuze/Guattari 1972, 52면)

　라깡의 충동 개념을 이해하기 위해서는 충동의 원천, 대상, 목적 그리고 그것이 만족하는 방식을 살펴보아야만 한다. 각각의 충동에는 그 원천으로서 각각의 '기관'이 상응하는데 이 기관이 바로 '성감대'이다. 라깡이 제시하는 바에 따르면 네 가지 성감대가 있으며, 이에 대응하는 서로 구별되는 네 가지 충동이 있다. '입(입술)-구순충동' '항문-항문충동' '눈-시각적 충동' '귀-청각적 충동'이 그것이다. 그리고 이러한 충동들에 대응하는 대상이 바로 '대상 a'라 불리는 것으로, 역시 각각의 충동들에 따라 넷으로 나뉘는데, 젖가슴, 배설물, 시선, 목소리가 그것이다(Lacan 1973, 219면). 이 대상 *a*는 통일적인 유기체를 구성하는 신체부위들이 아니라, 부분 충동에 대응하는 파편적 조각이므로 '부분 대상'이라 불린다.

　중요한 것은 무엇을 이 충동들의 '목적'으로 이해해야 하며, 또 무엇을 그것들이 얻는 만족으로 보아야 하는가라는 문제이다. 미리 밝혀두자면 충동의 목적은 '기관의 즐거움'(Organlust)이며, 그것은 근본적으로 '자기 성애'(Autoerotismus)의 형식 속에서 실현된다(주체가 타자로부터가 아니라 자기 자신의 신체로부터 만족을 얻는 것을 일컬어 자기 성애라 한다. Freud 1946, VIII권, 234~35면 참조) 무엇보다도 충동의 만족은 대상과는 아무런 관련이 없다. "'충동에 있어서 대상이 쟁점이 될 경우, 엄밀히 말해 대상은 전혀 중요하지 않다는 점을 분명히해야 한다. 충동은 대상에 대해서는 전적으로 무관심하다.'"(Lacan 1973, 153면) 이 점은 충동을 생물학적인 개념인 본능(instinkt)이나 욕구(besoin)와 비교해보면 보다 분명해진다. 가령 배고픔은 그 대상으로서 음식물을 욕구하며, 또 그것을 섭취함으로써 그 욕구는 만족되고 사라진다. 이 경우 욕구의 만족은 분명 대상으로부터 온다고 할 수 있다. 그러나 구순충동은 음식물이라는 대상의 섭취 때문에 만족되는 것이 아니다. 그것은 오로지 입 혹은 입술이라는 기관의 즐거움을 추구한다. 가령 우리는 왜 자연 상태에서 니코틴에 대한 욕구가 없음에도 담배를 배우게 되는가? 바로 피우는 행위 자체로서의 담배(즉 입담배)가 입을 즐겁게 하기 때문이다. 입담배는 니코틴이라는 대상으로부터 만족을 얻으려고 하는 행위가 아니라 오로지 입이라는 기관의 즐거움을 목적으로 삼는 행위이다. 설령 음식물이 입 안에 들어온 경우라도 충동의 목적은 그것을 이용해 입을 즐겁게 하는 것일 뿐 허기를 만족시켜주는 대상으로서의 음식물에는 관심이 없다.[3] 다시 말해 기관의 즐거움은 그 즐거움의 원천이 대상에 있다기보다는 기관(성감대) 자체에 있다.

---

3) "심지어 당신이 입—충동의 등록부로서 열려 있는 입—에 음식물을 넣을 때, 그것은 입을 만족시키는 음식물에 관한 것이 아니라, 입의 쾌락에 관한 것이다." Lacan(1973) 153면.

이러한 배경 아래서 라깡이 도해한 충동의 운동을 이해해보자(Lacan 1973, 163면 참조). 즐거움의 원천이 외부 대상이 아니라 기관 자체이므로 충동의 운동이 나르씨시즘적인 궤도를 그리리라는 것은 쉽게 짐작할 수 있다. 충동의 원천은 기관(성감대)이므로, 충동은 기관에서 출발해 우선 대상 a를 향해서 발사된다. 그러나 대상 a는 충동이 진정 목적으로 삼는 것이 아니다. 다만 "충동은 대상 a의 주위를 돈다."(Lacan 1973, 153면) 진정한 즐거움의 원천은 기관 자체이므로 충동은 대상 a의 주위를 돌아 다시 기관으로 되돌아간다. 요컨대 하나의 기관은 하나의 충동이 등록되어 있는 곳, 즉 충동의 원천이자 충동의 운동이 도달하고자 하는 '목표'이다. 이처럼 충동의 운동은 근본적으로 '회귀적'이다. 예컨대 혼자서 하는 키스의 경우를 보자(Lacan 1973, 164면 참조). 사람들은 상대방 없이 혼자 있을 때도 자기가 숭배하는 연예인의 사진 혹은 종교적 아이콘에 키스를 한다. 이 키스의 즐거움은 어디로부터 오는 것일까? 당연히 대상으로부터는 오지 않는다. 키스라는 행위로 표현된 이 충동은 대상을 향하지 않고 오로지 키스를 하는 자신의 기관(입)을 목표로 한다. 혼자 하는 키스의 즐거움은 이러한 충동의 나르씨시즘적 운동을 통해 충족되며, 그 즐거움의 원천을 자기 신체에 두고 있다는 점에서 '자기 성애적'이다.

그런데 무엇을 충동의 목적으로 이해해야 하며 또 그것은 충동의 목표와 어떻게 구분되는가? 라깡은 "충동은 목적에 도달함으로써 만족한다"라고 말한다(Lacan 1973, 151면). 우리는 이미 위에서 충동의 목적(aim)과 목표(goal)라는 말을 구분해서 사용하였다. 라깡은 이렇게 말한다. "당신이 누군가에게 직무를 맡긴다면 그 목적은 그가 가지고 돌아와야만 하는 것이 아니라 그가 취해야 하는 여정이다. 목적은 도정(trajet)이다. (…) 충동의 목적은 단지 순환의 궤도로 되돌아가는 것뿐이다."(Lacan 1973, 163면) 충동의 목표는 자신의 원천인 기관 자체이지만, 그 기관 자체에 도달하는 것이 충동의 목적은 아니다. 오히려 충동의 목적은 성감대에서 출발해 다시 성감대로 되돌아오는 자신의 순환적인 여정을 계속 생산해내는 것이며, 바로 이로부터 만족을 얻는 것이다. 이러한 충동의 메커니즘은 궁술시합에 비유될 수 있다. "활쏘기에서는 목표가 목적은 아니다. 목적은 당신이 명중한 새가 아니다. 목적은 명중시킴으로써 점수를 얻는 것이다. 그렇게 점수를 얻음으로써 목적은 달성된다."(Lacan 1973, 163면) 충동은 이 궁술시합에서의 화살과도 같다. 새 자체는 화살이 겨냥하는 목표물일 뿐 목적은 아니다. 목적은 점수(만족)를 얻기 위해 이 활쏘기라는 도정을 계속해서 하는 것이다.

충동과 욕망은 어떻게 다른가?

이러한 충동의 메커니즘은 당연히 욕망의 메커니즘과는 전혀 다를 수밖에 없다. 충동과 욕망을 구별하는 것은 쉽지 않은데, 특히 대상 a의 관점에서 구별하려고 할 경우 그 둘의 차이는 좀처럼 드러나지 않는다. 왜냐하면 '욕망의 대상은 또한 충동의 대상'이며,[4] 그 둘 모두에게 이 대상 a는 결코 도달할 수 없는 '잃어버린 대상', 결여, 결핍(faille), 상실(perte)이기 때문이다. 충동과 욕망을 구분하는 데는 바로 이 결여가 둘 다에게 동일한 의미를 지니는 것은 아니라는 점이 중요하다. 우리의 현실(realité)은 상징계로 질서 지어져 있다. 즉 "상징계적 분절을 통해서만 지각은 현실의 특성을 획득한다."(Lacan 1966, 392면) 그렇다면 이 상징계 안에서 욕망을 움직이게 하는 원인은 무엇인가? 바로 이 욕망이 근본적으로 목적으로 삼는 것인 대상 a이다. 그러나 대상 a는, 비유컨대 칸트(I. Kant)의 물자체가 현상계 안에 나타날 수 없는 것처럼, 상징계 안에서 어떤 적극적인 방식으로도 나타날 수 없다. 실재 혹은 대상 a는 오로지 부정적인 방식으로만, 즉 들뢰즈의 표현을 빌리면 "빈집(la case vide), 빈 선반(l'étagère vide), 빈 단어(le mot blanc)"[5](Deleuze

---

4) "욕망의 대상은 욕망의 원인이다. 그리고 욕망의 원인인 이 대상은 충동의 대상이다." Lacan(1973) 220면.

5) 잠깐 들뢰즈 철학의 변모과정을 지적하자면, 들뢰즈는 『의미의 논리』(Deleuze 1969)에서 이러한 개념들과 더불어 어떻게 상징계적인 구조가 작동하는가, 어떻게 계열이 형성되는가 등등의 문제를 밝힌다. 이것은 『의미의 논리』에서는 여전히 상징계가 불가결한 것으로

1969, 59면)로서만 상징계 안에 나타난다. 상징계 안에는 이 대상 *a*가 자리를 차지할 기표가 없으므로 그것은 "집 없는 거주자"(Deleuze 1969, 56면) 혹은 '빈 칸' 신세이다. 욕망은 본성상 이 대상 *a*로부터 만족을 얻고자 하나, 숙명적으로 이 대상 *a*는 이처럼 상징계 안에 결핍되어 있다. "기표는 (…) 본성상 [실재 혹은 대상 *a*의] 결핍만을 드러내는 상징이다."(Lacan 1966, 24면) 따라서 욕망이 현실 속에서 얻을 수 있는 것은 고작해야 이 대상 *a*의 '모방'(mimétisme)이거나 '대체물'일 뿐이며(Lacan 1973, 8장 참조), 따라서 욕망은 그 모방품을 소유하면 할수록 더욱더 자신이 진짜 원하는 것의 결핍과 불만족에서 오는 갈증에 허덕일 뿐이다. 가령 시각적 욕망의 항상적 불만은, 상징계 안에서 "내가 보는 것은 결코 내가 보기를 원하는 것이 아니다"라는 숙명적인 사실 때문이다(Lacan 1973, 95면). 이 갈증의 불은 니르바나(Nirvana)를 통해서 꺼질 수 있는 성질의 것이 아니라 오로지 대상 *a*를 거머쥘 때만 해소될 수 있는 것이므로, 욕망은 대상 *a*를 모방(대체)하고 있는 상징계의 한 기표에서 다른 기표로 덧없는 여행을 계속할 뿐이다. '상징적인 것'만이 자리를 바꾸며 실재계는 언제나 자기 자리를 지킨다고 라깡이 말한 것은 이런 맥락에서이다(Lacan 1966, 25면 참조). 실재계는 고정되어 있으며, 이 실재계에 도달하려는 욕망의 끊임없는 방황에 따라, 대상 *a*의 빈 칸을 채우기 위해 상징계의 대체물들만이 계속 입각과 실각의 자리바꿈을 되풀이하는 것이다. 이처럼 욕망의 쉼없는 방황을 일으키는 것이라는 점에서 "대상 *a*는 욕망의 원인"이다(Lacan 1973, 153면).

이렇게 욕망은 대상 *a*로부터만 근원적인 만족을 얻을 수 있다는 점에서 욕망의 목적은 대상 *a*이며, 또 그 만족은 숙명적으로 얻어질 수 없다는 점에서 욕망의 본성은 근원적인 '불만'이다. 그러나 우리가 앞서 보았듯, 충동의 목적은 대상 *a*가 아니며, 또 충동은 대상 *a*로부터 만족을 얻지도 않는다. 충동의 목적은 성감대로부터 출발해 대상 *a*를 한바퀴 돌고서 다시 성감대로

서 인정되고 있다는 점을 뜻한다. 그러나 이제 보겠지만 『앙띠오이디푸스』에 와서는 상징계 자체가 타도되어야 할 대상으로 부정된다.

돌아오는 순환운동을 끊임없이 하는 것이며, 만족은 바로 이 운동으로부터 얻어진다. 따라서 대상 *a*는 욕망에게서와 마찬가지로 충동에게서도 거머쥘 수 없는 어떤 것이지만, 충동은 대상 *a*가 아니라 그 자신의 순환운동, 즉 그 자신의 끊임없는 '생산'으로부터 실제로 만족을 얻을 수 있으므로 결코 불만으로 정의되어서는 안된다. 이런 뜻에서 라깡은 충동이 만족을 얻을 수 있다는 사실을 이렇게 명시한다. "구순충동을 만족시켜주는 것은 영원히 결여되어 있는 대상 주위를 도는 것이다."(Lacan 1973, 164면) 같은 맥락에서 대상 *a*는 욕망의 운동을 가능케 하는 원인이기는 해도 충동의 원인은 될 수 없다. 요컨대 "대상 *a*는 구순충동의 기원이 아니다."(Lacan 1973, 164면) 이러한 욕망과 충동의 차별성을 바탕으로 할 때만 들뢰즈가 어떤 점에서 라깡의 충동이론을 본받고 있는지를 밝힐 수 있다.

3. 결여로서의 욕망과 생산으로서의 욕망

욕망의 신학화(神學化)에 반대하여

그렇다면 어떤 의미에서 들뢰즈의 욕망하는 기계가 라깡의 부분 충동과 놀랍도록 유사한가? 어떻게 보면, 우리는 충동을 욕망과 대질시킴으로써 이미 절반쯤 이 물음에 답했다. 욕망은 늘 불만으로, 혹은 결핍으로 정의되는데, 이러한 욕망 개념만큼 들뢰즈에게서 비판받는 것도 없다. 결여로서의 욕망은 결국, '잃어버린 것의 획득'이라는 플라톤(Platon)의 상기론(想起論)의 변주에 불과하며(Deleuze/Guattari 1972, 32면 참조), 따라서 목적론이라는 신화에 의존하고 있다. 즉 자기에게 결여되어 있는 선의 이데아를 향한 모든 존재자들의 운동과 똑같이, 결여되어 있는 대상 *a*를 향한 욕망의 운동은 목적론적 형태를 띠는 것이다. 그리하여 욕망이론은 일종의 신학이 된다. "**결여는 순수하게 신화적인 것이다. 그것은 부정신학(否定神學)의 일자(一者)와 같은**

것이다."(Deleuze/Guattari 1972, 70면) 부정신학에서 절대자는 어떤 개념적 도구를 통해서도 규정할 수 '없다.' 현상계 안에서의 어떤 적극적 규정도 절대자에 대해선 유효치 '않다'라는, '부정'의 형태 속에서만 절대자는 나타난다. 존재자가 현상계 안에서 만날 수 있는 감각적 대상들, 또는 이런저런 형태로 규정된 것들은 모두 절대자가 아니며, 바로 이 '아님'을 통해서만 절대자를 현시한다. 현상계 안의 모든 존재자들의 욕망이란 바로 이 절대적인 초월자를 향한 운동이라는 점에서 목적론적이며, 또 이것은 그 자신이 갇혀 있는 현상계라는 본래적 한계 때문에 숙명적으로 충족될 수 없는 욕망, 늘 결핍에 시달려야 하는 욕망일 수밖에 없다. 욕망에 대한 이러한 목적론적·부정신학적 해석이 플라톤부터 레비나스(E. Levinas)까지의 서양철학을 지배한다.[6]

이러한 부정신학적인 초월의 운동은 '결여'를 통해 정의된 라깡의 욕망 개념과도 매우 흡사하다. 부정신학의 절대자처럼 대상 a는, 결코 대상 a가 '아닌' 기표, 대상 a가 '부재하는' 빈칸을 통해서만 부정적으로 출현한다. 대상 a를 거머쥐려는 욕망은 그 자신이 갇혀 있는 상징계의 본성 때문에 계속 대체물들(기표들)의 부정적 매개만을 반복하는 영원한 운동을 할 수밖에 없으며, 또 이 운동은 숨어 있는 신이라고 해야 할 대상 a에 의해 궁극적으로 인도를 받으므로 목적론적인 성격을 지닌다고 해야 할 것이다. 결국 결여로서의 욕망에 대한 들뢰즈의 비판은 '욕망의 신학화'에 대한 비판이다.

---

6) '존재-신학'에 대한 하이데거(M. Heidegger)의 비판 이후로, 부정신학적 전통 위에 선 현상학자들은 노련하게 존재-신학적인 낡은 목적론으로의 복귀를 피해나갔다. 그럼에도 불구하고 현대의 부정신학적 철학은 결국 '무한을 향한 모든 존재자들의 운동'이라는 플라톤 이래의 목적론을 어떤 식으로든 수용할 수밖에 없다는 점은 레비나스의 다음과 같은 말 속에 잘 나타나 있다. "현대의 반인간주의의 멋진 착상은 인간의 이념, 인간이라는 목적(but)과 그것의 기원을 포기해버린 데 있다. (…) [그러나] 엄밀히 말해서 타인이 곧 '목적(fin)'이다."(Levinas 1974, 164면) 현상계를 구성하는 어떤 범주를 통해서도 규정되지 않는 절대자는 레비나스에게선 타인의 얼굴을 통해 나타난다. '타인과의 관계' 속으로 들어온 절대자는 레비나스가 말하듯 여전히 '목적'이며, 따라서 이를 갈망하는 우리의 욕망은 목적론적 운동의 형태를 띨 수밖에 없다.

생산으로서의 욕망과 충동 — '생산'과 '기계'의 뜻

그러나 충동의 경우는 다르다. 들뢰즈가 결여로서의 욕망에 맞서서 내세우는 것이 '생산으로서의 욕망'인데, 바로 라깡의 충동 개념이 이 새로운 욕망 개념을 충족시켜준다. 도대체 생산으로서의 욕망이란 무엇인가? 생산이라는 말이 지닌 뜻풀이에 입각해 우리는 이 욕망을 '어떤 것의 원인이 될 수 있는 힘'이라고 정의할 수 있다. 결여와는 전혀 상관없이 정의된 이러한 욕망 개념은 이미 칸트에게서 발견된다. 『판단력 비판』에서 칸트는 "이 능력은 자신의 표상을 통해서 표상들의 대상들이 실재하게 하는 원인이 된다"(Kant 1913, 177면)고 생산의 관점에서 욕망을 정의한다. 즉 욕망하는 바의 표상을 실재로 생산하는 힘이 욕망인 것이다. 플라톤 이래 욕망을 결여로, 영원한 부족함으로, 즉 일종의 거지근성으로 정의해온 전통에 맞서서, 욕망을 생산하는 힘으로서 부각시킨 칸트 철학의 업적은 "욕망이론에서의 비판적 혁명"이라고 평가할 만하다(Deleuze/Guattari 1972, 32면). 그러나 들뢰즈의 생산하는 욕망 개념의 원형을 이루는 보다 직접적인 조상을 철학사에서 찾자면 그것은 칸트보다는 스피노자의 '힘'(potentia/puissance) 개념일 것이다. 스피노자에게 "신의 힘은 신의 본질 자체이다."(『윤리학 *Ethica ordine geometrico demonstrata*』 1권, 명제 34) 여기서 본질, 즉 힘이 생산하는 일을 한다. "이 힘에 의해서, 신은 자신의 본질로부터 나오는 모든 사물들의 원인이 되고 또한 자기 자신의 원인이 된다."(Deleuze 1981a, 134면) 그런데 이 본질이 바로 속성들이다. "속성들은 실체[신]의 본질을 구성한다."(Deleuze 1981a, 74면) 따라서 우리는 힘이 속성들이며 이 힘이 하는 일은 자기 자신과 사물들의 '생산'이라고 결론지을 수 있다. "신은 무한한 속성들로 구성되는 한에서 (…) 사물의 진정한 원인이다."(『윤리학』 II권, 명제 7 주석) 이렇듯 들뢰즈의 생산하는 욕망 개념은 스피노자의 '속성'을 철학사적 원천으로 삼고 있다. 우리는 앞으로 들뢰즈의 욕망이론을 구성하는 개념들이 스피노자의 실체, 속성, 양태의 구조를 그대로 모방해서 만들어졌다는 것을 볼 텐데, 미리 하나 밝히자면 바로 이 속성이 들뢰즈의 '욕망하는 기계'와 동치(同値)이다.

　이처럼 칸트와 스피노자가 플라톤주의에 대립하는 들뢰즈의 생산하는 욕망 개념의 철학사적 뿌리라면, 라깡의 부분 충동은 정신분석학적 관점에서 빛을 비추어주는 영감의 원천이라고 해야 할 것이다. 앞서 보았듯이 충동은 끊임없는 순환운동을 목적으로 삼으며 그로부터 만족을 얻는다. 다시 말해 충동의 유일한 목적은 그 자신을 끊임없이 '생산'하는 것이다. 지젝(S. Žižek)이 적절히 표현했듯이 **"충동의 궁극적인 목적은 단순히 그 자신을 충동으로 재생산하는 것**, 충동의 순환궤도로 되돌아가는 것, 목표를 향한, 그리고 목표로부터 나오는 그 궤도가 계속되게끔 하는 것이다."(Žižek 1991, 5면) 충동이 하는 일이란 그 자신을 충동으로 계속 생산하는 것이므로, 여기서 '작동'(충동이 하는 일 혹은 충동의 기능)은 자기 생산 혹은 자기 '형성'과 구별되지 않는다. 이러한 생산하는 충동의 본성은 들뢰즈의 욕망하는 기계의 본성과 동일하다. "욕망하는 기계들의 작동은 욕망하는 기계들의 형성과 식별되지 않는다."(Deleuze/Guattari 1972, 341면) 욕망하는 기계에게선 "생산하는 일과 생산되는 일이 일치"한다(Deleuze/Guattari 1972, 14면). 그런데 이것은 또한 스피노자의 속성이 가진 성격이 아니었던가? 왜냐하면 실체는 자신의 본질을 구성하는 속성들의 작동을 통해서 자신의 원인이 되니까 말이다. 이처럼 스피노자의 속성, 라깡의 충동, 들뢰즈의 욕망하는 기계는 모두 생산하는 일을 사명으로 하며, 그 생산은 자기 원인이 되는 것, 즉 자신을 끊임없이 재생산(형성)하는 것이다.

　우리는 또 들뢰즈가 욕망(충동)을 가리키기 위해서 왜 '기계'라는 말을 사용하는지도 라깡의 충동 개념을 통해서 이해할 수 있다. 기계라는 말은 목적론에 맞서기 위해 채택된 개념이다. 궁극적으로 결여된 대상 a를 지향한다는 점에서 욕망의 운동은 목적론적이며, 이 목적론은 전형적인 변증법적 형태를 띤다. 내가 무엇인가를 욕망할 때 그것은 궁극적인 욕망 대상의 대체물일 뿐이다. 즉 욕망은 대체물들을 끊임없이 매개항으로 삼음으로써만 궁극적 목적을 향한 운동을 지속할 수 있으며, 이런 까닭에 변증법적이다.

그러나 충동의 운동은 기계적이다. 그것은 끊임없는 순환만을 고집하는 운동일 뿐, 원인도 목적도 없다. 욕망에게서는 원인이자 목적인 대상 *a*가 충동에게서는 순환운동의 반환점에 지나지 않는다. 순환운동의 이러한 기계적 성격에 비추어볼 때, 지젝이 충동을 터미네이터에 비유한 것은 적절했다. "충동은 변증법적 책략을 통해서는 사로잡을 수 없는 '기계적인' 집요함이다. (⋯) 터미네이터는 충동의 화신이다."(Žižek 1991, 21~22면) 그런데 그 어떤 목적론적·신학적·변증법적 함의도 지니지 않는 충동의 성격은 바로 들뢰즈의 욕망하는 기계의 특징이기도 하다. 들뢰즈는 욕망하는 기계를 "목적도, 원인도 없는 욕망"(Deleuze/Guattari 1972, 454면)으로 정의한다. 만일 목적이 있더라도 궁극적인 도달점으로서의 목적이 아니라 지속적인 과정만을 유일한 목적으로 추구하기에, 그것은 '기계'이다. 물론 생산하는 욕망의 이러한 기계로서의 성격 역시 근본적으로는 스피노자적이다. 스피노자에게서 속성들을 통한 모든 사물들 및 신 자신의 생산은 신의 의지에 의한 창조(전형적인 목적론적 개념)가 아니라 '논리적' 과정에 따른다. 생산을 주관하는 이런 논리적 과정이, 스피노자의 속성 개념의 후계자인 들뢰즈의 생산하는 욕망과 관련해서는 '기계'라는 또다른 명칭으로 불리는 것이다.

4. 욕망하는 기계와 기관들 없는 신체

충동들의 파편성(라깡)과 속성들의 이접성(스피노자)

이제 들뢰즈의 욕망하는 기계 개념이 어떤 의미에서 라깡의 부분 충동을 스피노자 철학을 매개로 해석한 것인지 자세히 해명해보자. 들뢰즈는 라깡의 제자인 르끌레르(S. Leclaire)가 쓴 다음 구절에 주목하면서, 충동들의 비유기체적인 부분적 성격, 즉 파편성을 스피노자의 구별이론과 관련하여 이해한다(Deleuze/Guattari 1972, 369면). "만일 분석이 두 요소 간의 관련성(lien)을 다시 발견한다면, 이것은 이 두 요소가 무의식의 환원 불가능한 궁극적 항들이 아니라는 징조이다."(Leclaire 1996, 150면)[7] 즉 두 요소 간의 관련성이 발견되지 않는다면 이들은 무의식의 환원 불가능한 궁극적 항들이라 할 수 있다. 르끌레르는 환원 불가능성을 강조하기 위해서 이 요소들에 대해 "순수특정성들"(pures singularités)이라는 이름을 붙인다(Leclaire 1996, 151면). 들뢰즈가 이해하듯 이 순수특정성들은 서로 통합되어 하나의 유기체를 이룰 수 없는 부분 충동들이다. 부분 충동들, 즉 욕망하는 기계들 사이의 이러한 환원 불가능성은 스피노자에게서는 서로 간에 아무런 인과관계도 없으며, 하나의 유기적 전체로 통합되지도 않는 속성들 간의 구별(실질적 구별)에 대응하는 것이다.

그렇다면 서로 환원되지 않으며 유기체를 이루지도 않는 이 요소들의 종합을 어떻게 설명해야 할까? "우리는 여기서 르끌레르가 욕망의 패러독스를 제시하면서 제기한 이런 물음을 다시 발견한다. 어떻게 요소들이 바로 유대의 부재를 통해서 결합되는가?"(Deleuze/Guattari 1972, 484면) 서로 전혀 관련이 없는 병렬적인 충동들은 어떻게 종합될 수 있는가? 르끌레르는 이렇게 말한다. "이러한 관련성의 부재는 이들 전체의 정합적 결합(cohérence de cet ensemble)의 특별한 힘을 구성한다."(Leclaire 1996, 150면) 관련성의 부재가 어떻게 역설적으로 정합적 결합을 가능케 하는 특별한 힘이 된다는 것인가? 이런 기괴한 생각은 분명 스피노자적이다. "르끌레르는 여기서 스피노자와 라이프니츠(G. W. Leibniz)에게서의 '실질적 구별의 정확한 기준'을 이용하고 있다. 즉 궁극적 요소들(무한한 속성들)은 서로 의존하지 않으며 그들 사이에 반대관계도, 모순관계도 없기 때문에 신에게만 귀속 가능하다는 것이다. 직접적 관련성이 전혀 없다는 점은 그 요소들이 공통적으로 신적 실체

---

7) 르끌레르의 이 글은 『앙띠오이디푸스』 전체를 통하여 가장 중요하게 취급되는 문헌 가운데 하나로, 들뢰즈는 자주 이 글을 매개로 라깡에 접근한다. 그러나 들뢰즈가 르끌레르의 궁극적 의도에 충실한 것은 아닌데, 르끌레르는 파편적인 부분 충동들이 어떻게 통합될 수 있는가에 답하는 것을 목적으로 하는 반면, 들뢰즈는 반대로 충동들의 통합 불가능성을 강조하기 때문이다.

에 속한다는 것을 보증한다. 부분 대상들과 기관들 없는 신체의 경우도 마찬가지다. **기관들 없는 신체는 실체 자체요, 부분 대상들은 실체의 속성들, 즉 궁극적 요소들이다.**"(Deleuze/Guattari 1972, 369면) 여기서 들뢰즈는 명시적으로 욕망하는 기계를 속성과, 기관 없는 신체를 실체와 동일시하고 있다[8](들뢰즈는 욕망하는 기계와 그 기계가 욕망하는 대상 모두를 구별 없이 부분 대상이라고 하는데 왜 이렇게 용어를 사용하는지에 대해서는 뒤에서 설명할 것이다). 스피노자에게서 각각의 속성들은 유일실체에게만 귀속되며, 질적으로 서로 다른 속성들 간에는 아무런 인과관계가 없다. 그러므로 속성들 간에는 '배타적(이접적disjonctive) 관계' 혹은 아무런 관계도 없다는 의미를 강조하여 '비관계'(non-rapport)만이 있다고 말해야 한다(Deleuze 1986, 69면).[9] 이렇듯 서로 이접적인 속성들이 유일실체에 귀속되는 것과 동일한 방식으로 서로 이접적인 욕망하는 기계들은 기관들 없는 신체에 귀속된다. "기계들[욕망하는 기계들]은 그만큼의 이접점들로서 기관들 없는 신체에 붙어 있다."(Deleuze/Guattari 1972, 18면)

---

8) 이렇게 들뢰즈가 『앙띠오이디푸스』에서 기관들 없는 신체를 스피노자적 실체와 동치로 본 것은 명백하다. 우리가 직면하는 문제는 이런 것이다. 위에서 보듯 그는 '기관들 없는 신체는 실체 자체이다'라고 말한 후 『천의 고원』에 와서는 이렇게 말한다. "기관들 없는 신체는 욕망의 내재성의 장이다."(질 들뢰즈·펠릭스 가따리 2000, 162면) 결국 내재성의 장, 기관들 없는 신체, 스피노자적인 실체는 동치라는 결론이 나온다. 그런데 말년에 와서는, 가령 다음 구절이 알려주듯 내재성의 장과 실체를 동일시하지 않는다. "스피노자에게서 내재성은 실체에 '대해' [실체 속에] 있지 않다(l'immanence n'est pas *à* la substance). 실체와 양태는 내재성 속에 있다."(Deleuze 1995, 4면) 적어도 용어상 서로 모순을 일으키는 듯한 이러한 진술들은 들뢰즈의 스피노자주의가 말년에 와서 큰 폭으로 변화되었으며, 이 변화의 관점에서 들뢰즈 철학 전체를 조망할 필요가 있음을 암시한다(이 변화에 관해선 서동욱 2002 참조). 잠시 밝히면, 들뢰즈에겐 스피노자를 독해하는 관점의 변모가 존재한다. 하나는 '유일실체와 다수의 속성들'을 중심에 두는 관점이며, 후기에 강조되는 다른 하나는 양태적 차원을 강조해, 실체 개념을 도외시한 채 내재성의 장을 "양태적 구도"로 정의하는 관점이다(Deleuze 1981a, 164면). 들뢰즈의 많은 후기 텍스트들은 이 두번째 관점에 대한 이해를 전제로 한다. 그러나 이 글에서는 『앙띠오이디푸스』의 노선에 따라 기관들 없는 신체와 스피노자적 실체를 동치로 보는 관점을 따른다.

9) '비관계'에 대한 자세한 설명은 서동욱(2000a) 229면 각주 24 참조.

기관들 없는 신체와 스피노자의 신

그런데 스피노자의 실체에 비견되는 기관들 없는 신체란 무엇인가? 들뢰즈는 이 신체를 "욕망의 생산의 모든 과정이 등록[10]되는 표면"이라고 설명하는데(Deleuze/Guattari 1972, 17면), 이를 어떻게 이해해야 하는가? 기관들 없는 신체를 해명하고서야 그것을 배경으로 들뢰즈와 라깡의 관계를 추적하는 일을 계속할 수 있을 것이다. 기관들 없는 신체라는 개념의 용법들은 다소 편차를 지니는데, 논의의 맥락에 따라 들뢰즈는 소설의 모든 언표들이 등록되는 표면으로서 화자 등을 이 개념의 외연으로 제시하는 일도 있다. 어떤 맥락에서 논의되건 간에 중요한 것은, 기관들 없는 신체가 욕망하는 기계와 별도로 독립해 있는 어떤 초재적인 존재자나, 우리 경험 안에 표상될 수 있는 어떤 객체로 이해되어서는 안된다는 점이다. 아울러 욕망하는 기계들이 하나의 동일한 기관들 없는 신체 위에 이접적으로 등록된다는 주장이 담고 있는, '유기체'에 대한 비판을 간파하는 것도 중요하다. 기계들 간의 이접성(비관계성)은 당연히 그 어떤 유기체적 모형을 통해서도 해명되지 않는다.

들뢰즈는 기관들 없는 신체를 칸트가 신을 해명했던 방식으로 설명하고 있다(그런데 칸트를 끌어들이는 이유는 칸트의 신 개념을 매개로 궁극적으로는 스피노자적인 신 개념으로 나가기 위해서다). "이 기관들 없는 신체를 관통하여 흐르는 에너지는 신적이다. (…) '당신은 신을 믿는가?'라고 묻는 사람에게 우리는 엄밀히 칸트나 슈레버(D. P. Schreber) 식으로 이렇게 답해야 한다. 물론 믿는다. 다만 이접적 삼단논법(선언적 삼단논법syllogisme disjonctif)의 대가가 그렇게 하듯, 이 삼단논법의 선험적 원리로서 믿는다([이 삼단논법에서는] 신이 **'실재의 총체'**Omnitudo realitatis로 정의되고 있

---

10) 들뢰즈는 욕망하는 기계들과 기관 없는 신체가 맺는 관계를 '등록'이라고 표현하는데, 이러한 표현도 라깡이 먼저 사용한 것이다. 라깡은 하나의 충동과 그 충동에 고유한 기관의 관계를 '등록'이라는 말로 나타냈다. Lacan(1973) 153면 참조. 가령 우리는 시각적 충동은 눈에 등록되어 있다고 표현할 수 있다.

다)."(Deleuze/Guattari 1972, 19면) 칸트처럼 신을 '실재의 총체'로 이해해야 한다는 것은 무슨 말인가? 우선 이것은 객체에 술어를 귀속시키는 방식, 즉 판단을 산출하는 방식과 관련하여 설명되어야 한다. 우리는 흔히 모순율을 통해서 술어(속성)를 개념에 귀속시킨다고 믿는다. 가령 어떤 술어 p가 어느 개념에 귀속되면 동시에 ~p는 귀속될 수 없다. 그런데 이러한 형식논리적인 모순율만으로는 술어가——개념이 아닌——객체에 귀속되는 방식을 모두 설명할 수는 없다. 가령 '사물 A는 붉은 색(p)이며 그외에 어떤 색도 아니다'라는 판단은 단지 '붉은 색이 아니다(~p)'라는 술어에 대한 판단만을 내포하고 있는 것이 아니라, 색에 관한 그밖의 모든 가능한 술어에 대한 판단도 내포하고 있다. 즉 이 판단은 "서로 대립하는 두 술어['붉은 색이다'와 '붉은 색이 아니다'] 가운데 하나가 한 사물에 귀속하는 것을 의미할 뿐만 아니라, 모든 '가능한' 술어들 가운데 하나가 한 사물에 귀속한다는 것도 의미한다."(Kant 1911, 386면; A573/B601) 한 사물에 대해 판단할 때(즉 한 사물에 어떤 술어를 귀속시키고자 할 때) 우리는 암암리에 그 사물과 모든 가능한 술어들 전체를 비교하는 것이다. 한 사물에 대한 인식(판단)은 가능한 술어 전체를 전제하고서만 이루어질 수 있다. 즉 모든 가능한 술어(속성) 전체, 또는 모든 가능한 실재의 총체가 각 사물에 대한 규정(판단)의 배후에 전제되어 있는 것이다. "우리 이성 안에는 완전한 규정의 근저에 하나의 초월적 기체가 있다. 말하자면 이것이 재료 전부를 저장한 창고라서, 여기서 사물의 모든 가능한 술어들을 얻을 수 있다. 이 초월적 기체는 실재의 총체라는 이념 외에 다른 것이 될 수 없다."(Kant 1911, 388면; A567/B603~04) 이러한 실재의 총체를 '초월적 기체'(혹은 들뢰즈의 용어대로라면 '선험적 원리')로 삼고서만, '현실적인 개별 사물들에 속성(술어)을 귀속시키는 원리로서의' 이접적 삼단논법이 가능하다. 이 '실재의 총체', 들뢰즈 식으로 표현하면 속성들이 모두 등록되어 있는 하나의 신체를 일컬어 칸트와 들뢰즈는 바로 '신'이라고 일컬었던 것이다. (참고로, 칸트가 실재의 총체라는 말로 표현하는 것은 개개 사물에 붙을 수 있는 가능한 속성들 전체이지, 객관적으로 경험될 수 있는 현실화한 실재 전체를 일컫는 것은 아니다. 실재는 가능한 것으로서의 실재이며, 경험 안의 현실성과는 대립한다. 속성들[술어들] 전체는 현실적이지는 않지만, 실재적이다.)

그런데 이러한 실재(술어)의 총체라는 칸트의 신 개념은 의외로 스피노자의 신 개념과 매우 유사하다. 칸트에게서 모든 실재(술어)의 총체가 신이듯 스피노자에게서도 모든 속성의 총체가 신이다. 칸트의 신이 개별자들에 귀속할 수 있는 모든 술어들(속성들)의 총체적 저장창고이듯, 스피노자의 신은 무한한 속성들 전체의 '다수성'(multiplicité)을 의미한다. 스피노자의 개별자, 즉 양태들은 언제나 이 속성들을 통해서 존립한다. 칸트에게서, 개별자들은 신이 보유하고 있는 술어들을 통해서 하나의 판단 속에서 나타날 수 있듯이 말이다. 이렇게 칸트의 실재(술어)의 총체라는 신 개념이, 무한한 속성으로 이루어진 신이라는 스피노자적 신 개념과 유사한 면모를 지니기에 들뢰즈는 칸트의 이론을 사용하여 기관들 없는 신체를 설명하는 동시에 "기관들 없는 신체에 관한 위대한 책, 그것은 바로 [스피노자의] 『윤리학』이 아닐까"라고 감탄하는 것이다(질 들뢰즈·펠릭스 가타리 2000, 161면). "기관들 없는 신체는 그 말의 가장 스피노자적인 의미에서 내재적 실체"(Deleuze/Guattari 1972, 390면)인 동시에 칸트적인 의미에서 '실재의 총체'이다.[11]

---

11) 물론 칸트와 스피노자의 차이점에 대해서도 잠깐 언급하지 않을 수 없겠다. 이 차이점은 '가능성'(possibilité)과 '잠재성'(virtualité)의 범주를 구별함으로써 드러날 수 있다. 칸트라면 실재(술어들 또는 속성들)의 총체는 가능한 것이며 현실적인(actuel) 것은 아니라고 말할 것이다. 들뢰즈라면 실재의 총체는 잠재적인 것이며 가능한 것도, 현실적인 것도 아니라고 말할 것이다. 가능성과 잠재성 사이에 무슨 차이가 있는가? 실재의 현실성과 가능성 사이의 차이는 현존(existence)을 내포하는가, 내포하지 않는가의 차이이다. 반면 실재의 현실성과 잠재성 사이의 차이는 현존을 기준으로 하지 않는다. 들뢰즈의 용어법에 따르면 실재의 잠재성은 현실성만큼이나 이미 현존을 포함하고 있다. 다만 그 실재가 현실태로 나타나지 않고 잠재되어 있을 뿐이다. 이런 잠재성과 실재성의 차이는 곧 칸트의 초월철학의 신과 스피노자의 형이상학의 신 사이에 어떤 차이가 있는지를 말해준다. 칸트에게서 신은 현존을 함축하지 않는 이념일 뿐이므로, 가능한 것이지 잠재적인 것은 아니다. 반면 스피노자의 신은 현존을 함축하지만 현실화된 개별자들의 생성 배후에 잠재되어 있다. 따라서 들뢰즈가 칸트의 이접적 삼단논법의 신 개념을 통해 기관들 없는 신체를 설명하고 있음에도, 엄밀히 들뢰즈의 존재범주들에 충실하자면 이 신체는 스피노자적인 '잠재적

이와같이 기관들 없는 신체는 욕망하는 기계에 대해 독립된 지위를 가지는 존재자도 아니요, 경험상에 현시될 수 있는 표상도 아니요, 오로지 '서로 이접적인 모든 욕망하는 기계들의 총체'이다. 마치 스피노자에게서 실체가 속성에 대해 상위의 독립적인 형이상학적 지위를 가지는 것이 아니라 '모든 속성들의 총체'이듯이 말이다. "속성들의 실질적/형식적 구별은 실체의 절대적인 존재론적 통일성과 대립하지 않고, 반대로 그것은 실체의 그 통일성을 구성한다."(Deleuze 1981a, 148면) 이렇게 속성들의 다수성이 실체의 단일성과 모순되기보다 그 단일성 자체를 구성하는 것과 마찬가지로, "욕망하는 기계들은 그들 자체를 통하여 기관들 없는 신체를 생산한다."(Deleuze/Guattari 1972, 40면)

들뢰즈는 욕망하는 기계들의 힘을 '리비도'라고 부르고, 이것들이 하나의 전체를 이루어 기관들 없는 신체를 구성했을 때 그 힘을 신적인 힘, 즉 '누멘'(Numen)이라고 부르는데, 이런 난데없는 명칭 또한 스피노자를 배경으로 이해해야 한다. "욕망하는 생산의 연결적 '노동'[12]을 리비도라 부른다면, 이 에너지의 한 부분이 이접적 등기의 에너지(누멘)로 변형된다고 말해야 한다. (…) 왜 이 새로운 형태의 에너지를 신적이라 부르는가?"(Deleuze/Guattari 1972, 19면) 이러한 명칭은 스피노자가 속성들의 총체를 신이라 부르고, 칸트가 술어들의 전체 저장창고(실재의 총체)를 신이라 부른 것과 동일하게 이해되어야 한다. 칸트에게서 만물은 그것이 가능하기 위한 소재(술어들 혹은 속성들)를 이 실재의 총체로부터 가져온다는 점에서 이 총체는 신

신'과만 동일하게 이해되어야 한다. '결국 그는 칸트로부터 이접적 삼단논법의 선험적 원리를 신을 이해하기 위한 필수적 형식으로서 받아들이지만, 존재범주들은 받아들이지 않는다.' 마지막으로 오해의 여지를 남기지 않기 위해 들뢰즈의 용어에 관해 말하자면, 들뢰즈가 잠재성과 가능성을 구분하는 페이지들에서, 가능성과 실재(le réel)를 대립시킬 때 이 실재란 엄밀히 현실화한 실재로 이해되어야 한다(Deleuze 1968, 272~73면 참조). 왜냐하면 칸트의 초월철학이 인정하고 있는 '실재의 총체'라는 신에 대한 정의에 입각하면, 실재 자체는 가능성과 대립하지 않기 때문이다. 오로지 현실화된 것으로서의 실재만이 가능성과 대립한다.

12) 욕망하는 기계들의 연결(connexion)에 대해서는 이 글의 마지막 부분에서 다룬다.

이라 불릴 만하다. 이와 유비적으로, 개별자가 잠재적으로 지닐 수 있는 모든 소재에 해당하는 욕망하는 기계들 전부가 귀속되어 있는 총체라는 점에서 기관들 없는 신체는 신적이며, 그것의 에너지도 신적이라고 불리는 것이다. 우리는 정신분석의 임상사례에서도 누멘이라는 명칭의 타당성을 잘 보여주는 예를 발견할 수 있는데 바로 슈레버의 경우가 그렇다. 위의 인용(이 글 430면 하단의 인용)에서 들뢰즈가 이미 암시했던 것처럼, 슈레버의 신은 칸트에서 실재의 총체로서의 신 혹은 스피노자의 신과 놀랍도록 동일하다. 프로이트가 슈레버의 자서전을 요약한 페이지 가운데 한 구절을 읽어보자. "신의 신경들은 인간이 가진 신경들을 다 가지고 있다. (…) 신적 신경들이 지닌 창조적 힘—즉 피조물의 세계 속에 있는 모든 대상으로 자신들을 변화시킬 수 있는 힘—과 관련하여, 그 신경들은 광선들이라 불린다."(Freud 1946, VIII, 255면) 이것은 슈레버가 정신병을 앓는 상태에서 만들어낸 자신의 신학 체계인데, 여기서 신경이란 말을 속성 혹은 술어라고 바꾸면, 그것은 곧 가능한 술어의 총체로서의 신 혹은 속성들 전체로서의 신에 대한 기술과 정확히 똑같다. 슈레버의 용어로 스피노자를 번역해보면, '신은 모든 신경들의 총체이며, 그런 신경들이 개별자들의 원인이 될 때 그 신경들은 광선들이라 불린다'가 될 것이다. 스피노자와 슈레버가 동일한 형이상학을 가지고 있다는 점은 들뢰즈의 욕망이론에 있어서 매우 중요하다. 왜냐하면 들뢰즈의 스피노자적 욕망이론이 보이고자 하는 바는 욕망의 본래적 형태는 분열증이라는 것인데, 분열증자의 임상사례인 슈레버[13]가 바로 스피노자적인 방식으로 매우 정확하게 자기의 본성을 이해하고 있기 때문이다. 뒤에서 우리는 어떻게 이접적인 욕망하는 기계들과 이들의 전체로서 기관들 없는 신체로 구성된 욕망이론이, 분열증을 욕망의 유일한 본래적 형태로서 발견할 수밖에 없는지 볼 것이다.

---

13) 프로이트에 반대해서 들뢰즈는 슈레버를 정신분열증의 범례로 본다. "그 법원장[슈레버]은 편집병자라기보다는 오히려 정신분열증자이다."(Deleuze/Guattari 1972, 437면)

라깡의 알과 들뢰즈의 알, 라멜르

이러한 들뢰즈의 기관들 없는 신체는 라깡의 욕망이론과 무슨 관계가 있는 것일까? 이에 답하기 위해선 두 사람 모두가 사용하는 '알[卵]'의 메타포를 비교해보아야 한다. 들뢰즈가 기관들 없는 신체를 설명하기 위해 사용하는 유명한 메타포가 바로 알인데, 그것은 그리올르(M. Griaule)의 연구에 나오는 도공(dogon) 족의 신화에서 차용한 것이다(Deleuze/Guattari 1972, 185~88면). "기관들 없는 신체는 알이다."(질 들뢰즈 · 펠릭스 가따리 2000, 172면) "우리는 기관 없는 신체를, 기관들이 기관화[유기체화]되기 이전의, 그리고 층들(strates)이 형성되기 이전의 알로 다룬다."(질 들뢰즈 · 펠릭스 가따리 2000, 161면) 알은 아직 유기체를 형성하지 않은 단계이므로, 비유기체적인 기관들 없는 신체를 표현해주는 메타포로 사용되는 것이다. "우리는 알이 유기적으로 되기 '이전의' 신체의 상태를 나타내준다는 것을 안다. (…) [알은] '입도, 혀도, 이도, 후두도, 식도도, 위도, 배도, 항문도 없다.' 유기적이지 않은 생명 전체일 뿐이다."(Deleuze 1981b, 33면) 이러한 알의 특성은 바로 기관들 없는 신체의 특성자체이다. "적은 기관이 아니다. 적은 유기체다. 기관 없는 신체는 기관들에 대립하는 것이 아니라 유기체라고 불리는 기관들의 조직에 대립한다."(질 들뢰즈 · 펠릭스 가따리 2000, 167면) 왜냐하면 기관들 없는 신체는 서로 이접적인 욕망하는 기계들 전체이고, 이들의 이접성은 인과관계를 비롯한 어떤 유기체적 성격과도 양립 불가능하기 때문이다. 또한 이는 곧 라깡에서 통합되지 않는 부분 충동들로 이루어진 신체에 관한 설명으로 간주되어야 하지 않겠는가?

라깡도 재미있는 '알'의 메타포를 사용하고 있는데, 이 알은 '부분 충동들의 발생'을 설명해준다. 자궁 속에서 빠져나온 갓난아기는 껍질 밖으로 흘러나온 알과 같다. "인간(l'Homme)은 알 껍질이 깨어지면서 만들어진 것이며, 오믈렛(l'Hommelette)이다."(Lacan 1966, 845면) 이것은 말장난꾼 라깡이 '깨어진 달걀'이란 뜻을 가진 오믈렛(omelette)을 인간화한 단어이다. 라깡은 이 오믈렛을 또다른 이름으로 부르기도 하는데, 그것이 바로 유명한 '라멜르'(lamelle)이다(Lacan 1966, 846면; Lacan 1973, 179면). 이 알의 메타포는 플라톤의 『씸포지엄』에 나오는 아리스토파네스(Aristophanēs)의 이야기(『씸포지엄』, 189d~193d)에 기반을 둔다(Lacan 1966, 845면). 그에 따르면 인간은 원래 남녀 양성이 한 몸 안에 깃들여 있는 일종의 구체(球體) 모양의 생명체였는데, 후에 이것이 둘로 쪼개져서 오늘날과 같은 남녀 두 성이 탄생한 것이다. 그렇기에 성적 욕망, 즉 에로스란 잃어버린 나머지 반쪽과 결합해서 상실된 전체를 회복하고자 하는 경향을 본성으로 한다는 것이 이 신화의 요지이다. 그런데 라깡은 아리스토파네스가 묘사했던 이 구체 모양의 생명체를 자궁 속에 들어 있는 태아로 이해한다. 아기의 탄생은 마치 껍질이 깨어지고 태아가 알 밖으로 흘러나오는 것과 같다. 이때 아기는 아리스토파네스의 구체 모양의 생명체가 둘로 갈라지듯, 전체 자궁에서 갈라져서 떨어져나온 듯이 느낀다. 물론 여기서 "갓난아이가 상실하는 것은 어머니[라는 인물]가 아니라 해부학적 보완물이다."(Lacan 1966, 845면) 당연히 라깡에게서 이 알의 깨어짐은 아리스토파네스의 경우와는 달리 성의 분화를 의미하지는 않는다. 이 깨어진 알, 즉 라멜르는 아직 성이 분화되기 이전 상태의 생명체인 것이다. 이 단계에서 라멜르를 지배하는 것은 "순수한 생존본능"(pur instinct de vie)인데(Lacan 1973, 180면), 그것이 생존방식으로 선택한 것은 모든 원시적인 생명체가 그렇듯 바로 아메바와 같은 '분열'이다. "라멜르는 아메바처럼 움직인다. (…) 그것은 불멸하며 생존하며, 분열작용을 통해 지속한다."(Lacan 1973, 179~80면) 그러므로 아기의 신체란 유기체를 이루지 않은 채 여러 개로 분열된 아메바들이 제각기 기어다니는 하나의 대지와도 같다. 이 단계에서 벌써 라멜르는 그 파편성으로 인하여 들뢰즈의 기관들 없는 신체의 모형과 유사하지만, 보다 더 정확한 대응을 찾아보자. 이 아메바 혹은 라멜르의 분열된 조각들이 기관(성감대)들을 중심으로 고착된 것이 바로 우리가 탐구해왔던 '부분 충동들'이다. "라멜르는 성감대에 부착된다."(Lacan 1973, 181면) 그러므로 순수한 생존본능에 지배되어 있는 라멜르가 성감대들에 자신을 고착시키는 순간이 바로 부분 충동들이 탄생하는 싯점이라고 이해할 수 있다. 그런데 충동이 그 주위를 맴도는 대상 *a*는 어떻게 탄생하는 것일까? 대상 *a* 의 기원에 대한 설명에는 분명 결여의 신화가 개입하고 있다. 이미 말했듯 이 자궁 바깥으로 깨어져나온 오믈렛, 라멜르는 자신의 신체적 보완물을 상실했다는 느낌을 갖는데, 바로 이 대상 *a*가 이 잃어버린 신체부분의 등가물로서 자리잡는 것이다. "확실히 [대상 *a*로서의] 젖가슴은 개체가 탄생할 때 잃어버린 그 자신의 부분을 나타낸다. 그것은 상실된 대상을 가장 근본적으로 상징한다."(Lacan 1973, 180면)

이렇듯 '기원의 관점'에서 보면, 라멜르와 기관들 없는 신체 사이의 유사성은 드러나지 않는다. 들뢰즈는 이렇게 말한다. "**상실된 통일성**과의 관계에서 조각난 기관들은 전혀 존재하지 않으며, 분화 가능한 총체성과의 관계에서 미분화된 것으로의 회귀 또한 존재하지 않는다."(질 들뢰즈·펠릭스 가따리 2000, 173면) 이러한 비판의 그물에 아리스토파네스의 에로스 모델만큼 확실히 걸러드는 것도 없다. 왜냐하면 이 에로스 개념은 상실된 통일성에 대한 신화적 가설에 전적으로 의존하기 때문이다. 그런데 라깡은 처음부터 아리스토파네스의 모델에 기반해서 자신의 오믈렛 메타포를 구성함으로써 뚜렷한 한계를 안고 출발한다. 다시 말해 '상실된 근원적 전체성'에 대한 노스텔지어로 리비도를 규정해버리게 된다. 오믈렛의 세상 첫경험이 바로 자기의 신체부분(자궁)의 상실이라는 결여이며, 바로 이 결여 때문에 충동은 신체부분의 등가물로 대상 *a*를 상대하게 되는 것이다.

그러나 중요한 것은 아리스토파네스 신화와 라멜르의 연계성, 라멜르의 발생과정에 대한 '신화적' 설명이 아니다. 왜냐하면 일단 이 깨어진 알, 라멜르, 아메바가 기관들(성감대들)에 고착되면, 그것의 운동방식은 더이상 어떤 결여의 신화와도 관계가 없기 때문이다. 분열된 아메바는 부분 충동들의 형태로 각각의 성감대에 고착된다. 대상 *a*는 그것의 신화적 기원이 무엇이든 간에 이 충동들에 대해 결여로도, 원인으로도, 목적으로도 작용하지 않는다. 충동은 대상 *a*에 도달하는 데서가 아니라 그 주위를 맴도는 순환운동에서 만족을 얻으며, 자기 자신의 끊임없는 생산을 목적으로 할 뿐이다. 이 생산은 욕망하는 기계들의 경우와 똑같다. 또 아기의 신체 안에서 부분 충동들 서로 간의 이접성은, 기관들 없는 신체 안에서 욕망하는 기계들 간의 이접성과 다르지 않다. 이 점은 들뢰즈가 라깡에 관한 르끌레르의 해석과 관련해, 한 신체 안의 성감대(부분 충동들의 기관)의 분포를 '비유기체적인 상태', 바로 기관들 없는 신체의 상태와 동일시하는 데서 결정적으로 확인된다. **"유기체의 한 부분이 아니라 개체 이전의, 또 인물 이전의 특정성들의 분포가 '성감대' [성적 신체들corps érogène]이다."**(Deleuze/Guattari 1972, 386~87면) 부분 충동들의 기관인 성감대는 유기체를 이루지 않고 이접적 종합의 상태로 기관들 없는 신체를 이루고 있는 것이다("'성감대'와 유기체의 대립", Deleuze/Guattari 1972, 387면). 기관들 없는 신체는 기관과 대립하는 것이 아니라 기관들의 유기체화와 대립한다. 제각기 쏘다니는 부분 충동들과 그들 각각의 전진기지인 기관들(성감대)은 유목민의 캠프들처럼 유기적 질서라곤 찾아볼 수 없이 신체 위에 흩어져 있다. 이렇게 들뢰즈의 기관들 없는 신체는 라깡에게선 신체 표면에 흩어져 있는 성감대들의 이접적이며 비유기체적 분포로 나타난다.

5. 독신기계——부분적 주체이론

파생적 주체

들뢰즈의 욕망이론이 숨기고 있는 스피노자적 설계도를 발견하는 일은 이제 마지막 단계에 도달했다. 속성에 해당하는 욕망하는 기계들과 실체에 해당하는 기관들 없는 신체 뒤에 무엇이 와야 하는가? 바로 스피노자 체계에서 양태에 해당하는 개별자들, 혹은 '주체'의 발생을 기술해야 한다. 물론 이 문제에서도 들뢰즈는 스피노자적인 틀 속에서 라깡을 자신의 욕망이론의 선구자로 해석한다.

　서로 이접적인 비유기체적인 부분 충동들은 성별이 분화되기 이전의 상태일 뿐만 아니라, 주체의 발생에 선행하는 '선주체적인'(présubjectif) 상태이다(Lacan 1973, 169면). 그럼에도 불구하고 어떤 의미에선 부분 충동들 각각에 주체 개념을 부여할 수 있는데, 왜냐하면 그것들이 자기 자신으로부터 출발해서 다시 자기 자신으로 돌아오는 반성적 구조, 그러니까 일종의 자기 동일성을 스스로 산출하는 구조를 지니고 있기 때문이다(말할 것도 없이 자기동일성은 고전적인 주체성을 구성하는 첫째 가는 항목이다). 그러나 이런 식의 반성 구조를 통해 탄생한 주체는 하나의 성감대에서 출발해 다시 그 성감대로 되돌아오는 순육체적인 층위에만 머무른다는 점에서, '나'라는 명칭을 획득하게 되는 완전한 주체화라기보다는 "머리 없는 주체화, 주체 개념 없는 주체화"라고 불러야 마땅하다(Lacan 1973, 167면). 라깡과는 좀 다른 이유에서지만, 들뢰즈 또한 리비도의 진정한 담지자가 인물이 아니라 욕망하는 기계들, 즉 부분 충동들이라는 점에서 "유일의 주체는 기관들 없는 신체 위의 욕망 자체[욕망하는 기계들]이다"라고 말한다(Deleuze/Guattari 1972, 85면).

　그러나 우리가 알고 싶은 것은 욕망 자체로서의 주체가 아니라, 현실적인 개별적 존재자가 주체로서 갖는 위상이 무엇인가라는 것이다. 우리가 기술하려는 주체는 하나의 현실적 개별성을 지닌 존재자로서의 주체, 욕망하는 기계들로부터 파생하는 개체로서의 주체이다. 그러므로 욕망하는 기계를 일차적인 주체라고 한다면, 이제 기술될 주체는 그것의 이차적 파생성을 통해 특징지어질 수 있을 것이다.

소비의 연접적 종합과 볼룹타스

　주체는 욕망하는 기계들, 즉 부분 충동들의 종합으로 생성된다. 주체는 욕망하는 기계들의 종합의 귀결물로 발견되는 것이므로, 이 종합은 '그러므로 이것은 그것이다!'(C'était donc ça!)라는 형식으로 표현된다(Deleuze/

Guattari 1972, 24면). 들뢰즈는 이 종합을 "소비의 연접적(conjonctive) 종합"이라 부르는데(Deleuze/Guattari 1972, 24면), 여기서 '소비'와 '연접'이란 도대체 무슨 뜻인가? 욕망하는 기계들이 주체의 발생에 사용(소비)된다는 뜻에서 이 종합은 소비이다. 또한 그것은 본래 통일을 이루지 못하는 이접적인 다수의 욕망하는 기계들이 서로 결합(conjunction)해서 하나의 현실적 존재자를 낳는다는 뜻에서 연접적 종합이다. 이런 괴상한 종합의 형식 역시 스피노자적인 방식으로 접근하지 않고는 도저히 이해될 수 없다. 스피노자에게서는 서로 아무런 인과관계를 갖지 않는, 즉 서로 이접적인 속성들의 종합 위에서 양태로서 인간 개체가 존립한다. 가령 정신과 신체라는 양태로 이루어진 인간 개체는 서로 이접적인 속성들, 즉 사유와 연장의 연접 속에서 생산된다. 각각의 이접적인 욕망하는 기계들의 종합을 통한 주체의 발생 또한 이런 스피노자적 양태의 발생과 동일한 방식으로 이해되어야 하는 것이다. 물론 속성들의 연접이 하나의 현실적 존재자를 생산하지만, 속성들은 서로 이접적일 뿐 여전히 아무런 인과관계를 갖지 않는다. 인과관계는 종단적 관계 속에서만, 즉 실체(능산적 자연)와 양태(소산적 자연) 사이에만 성립할 뿐이다. 따라서 들뢰즈가 횡단성이라는 말을 사용할 때는 서로 병렬적이며 아무런 인과관계도 갖지 않는 속성들 사이의 관계를 일컫는 것이다. 욕망하는 기계들의 관계도 마찬가지다. 주체 안에서 욕망하는 기계는 "늘 하나의 횡단선(transversale)에 의하여 다른 기계와 연결되어 있다."(Deleuze/Guattari 1972, 12면) 주체는 이 상이한 속성들, 즉 이접적인 욕망하는 기계들을 횡단하는 '과정'(processus)이자 '흐름'(flux)이다. 잠재적인 욕망하는 기계들은 주체라는 환등기가 지나가면서 '과정 속에서' 비추어줄 때 현실화되었다가 다시 잠재성 속으로 꺼져버리는 것이다. "주체는 자기가 통과하는 상태들[속성들]을 [계속해서] 소비하고 이 상태들로부터 태어난다."(Deleuze/Guattari 1972, 49면) 이 말을 거꾸로 표현해보면, 주체란 그 안에 욕망하는 기계들이 강림해서 자기 모습을 보여주고는 떠나가곤 하는 투명한 껍데기 같은 것일 뿐이다. 주체가 분열증적일 수밖에 없는 까닭은, 바로 이처럼 주체가 이접

440

적인(서로 상관없는) 상태들 다수를 과정 속에서 차례로 자신의 성질들로 갖기 때문이다. "일련의 상태들을 통과하는, 그리고 이 상태들을 역사상의 이름들과 그대로 동일시하는 니체(F. W. Nietzsche)적 주체가 있다. '역사상의 모든 이름들, 그것이 나다.' (…) 자신을 역사상의 인물들과 동일하게 보는 것이 아니라, 역사상의 이름들을 기관들 없는 신체 위에 있는 강도의 여러 지대와 동일하게 본다. 그리고 이 여러 지대를 통과할 때마다 주체는 '이것은 나다, 그러므로 이것은 나다!'라고 외친다. (…) 이 주체는 단숨에 세계사를 소비한다."(Deleuze/Guattari 1972, 28면) 그러므로 자기동일성을 가진 어떤 고정된 주체는 당연히 존재하지 않는다. "이 주체는 인물로서의 특정한 동일성을 가지고 있지 않다."(Deleuze/Guattari 1972, 48~49면) 어떤 동일성도 없는 "과정으로서의 정신분열증"이 주체를 규정한다(Deleuze/Guattari 1972, 155면).[14]

들뢰즈는 이러한 분열증적 주체에 "독신기계"라는 이름을 붙이며 (Deleuze/Guattari 1972, 24면), 이 기계의 에너지를 '볼룹타스(즐거움 voluptas)' 라고 부른다(왜 이 기계가 '독신'인지는 뒤에 들뢰즈의 기표 비판과 관련하여 설명될 것이다). 이 볼룹타스는 욕망하는 기계의 힘인 리비도와 기관들 없는 신체의 힘인 누멘이 변형된 것인데, 이러한 힘의 변모 역시 스피노자를 통해서만 이해될 수 있다. 스피노자는 "인간의 힘은, 그것이 인간의 현실적 본질을 통해 설명되는 한, 신 '또는' 자연의 무한한 힘의 일부분, 즉 신 또는 자연의 본질의 일부분이다"(『윤리학』 IV권, 명제 4의 증명)라고 말한다. 이와 마찬가지로 독신기계의 힘인 볼룹타스는 기관들 없는 신체의 힘의 일부이다.

---

14) 들뢰즈의 분열증적 주체 모델이 스피노자의 속성과 양태의 관계와 완전히 일치하는 것은 아니라는 점을 지적해두어야겠다. 스피노자에서 인간 양태는 이접적인 복수의 속성으로부터 존립하지만, 그렇다고 해서 분열증자처럼 수많은 속성을 계속 바꿔가면서 존립하는 것은 아니다. 이러한 난점은 『앙띠오이디푸스』 이후 왜 들뢰즈가 실체, 속성, 양태의 까다로운 관계에 입각하기보다는, 오로지 '양태적 구도'에서 일어나는 '양태들의 변용'의 관점에서 자신의 이론들을 구성해나가게 되었는지를 설명해준다. Deleuze(1981a) 164~65면 참조; 서동욱(2002) 참조.

"생산의 에너지로서의 리비도의 한 부분이 등록의 에너지(누멘)로 변모된 것과 마찬가지로, 후자의 한 부분은 소비의 에너지(볼룹타스)로 변모한다."(Deleuze/Guattari 1972, 23면) 그런데 독신기계, 즉 주체의 힘은 왜 볼룹타스라 불리는가? 들뢰즈는 말한다. "욕망하는 기계의 체계는 종국에는 행복하게 되는 일반적이고 생산적인 분열증이다. (…) '참으로 즐거움을 누리는 기계. 즐거움을 누린다는 말로 내가 의미하는 것은 자유이다.'"(Deleuze/Guattari 1972, 481면) 요컨대 즐거움과 자유는 동시적이며 공외연적(coextensive)이다. 볼룹타스, 즉 주체의 힘은 자유를 실현함으로써 그로부터 "행복이 넘치는 보상"(prime euphorique)을 얻어내는 힘이다(Deleuze/Guattari 1972, 28면). 어떤 의미에서 그런가? 분열증적 주체의 자유를 어떻게 이해해야 하는가? 임상적 의미의 정신분열자(환자)와 진정한 의미의 분열증, 즉 과정으로서의 정신분열증을 구별할 때 우리는 주체의 자유의 의미를 이해할 수 있다. "우리는 과정으로서의 정신분열증과 병원에서 통용되는 임상적 단위로서의 정신분열증 생성을 구별짓는다. 이 두 가지는 오히려 반비례한다. 병원의 정신분열환자는 무엇인가를 시도했다가 실패하고 좌절한 사람이다. 우리는 혁명가를 정신분열환자라고 말하지는 않는다. 우리가 말하는 것은 정신분열적 과정, 즉 탈기호화와 탈영토화 과정인데, 이 과정이 [병리적 의미의] 정신분열증의 생성으로 넘어가는 것을 막을 수 있는 것은 오로지 혁명적 행위뿐이라는 것이다."(Deleuze 1990, 38면) 우리는 앞에서 주체는 근본적으로 분열증적이라는 점을 보았다. 정신병자는 이접적인 상태들을 계속 통과하는 주체의 작업, 다시 말해 자기 안에서 이질적인 다수의 부분 충동(욕망하는 기계)을 제한없이 작동시키는 작업이 좌절됨으로써 생겨난다. 구체적으로 이러한 좌절은 자본주의 이데올로기로서의 오이디푸스(Oedipus)가 아버지 기표라는 억압적 기제를 통해 '다수의 비인격적'(multiple non-personnel) 욕망하는 기계들의 흐름을 가족주의적 도식 속의 '한 인물'(Une personne)의 욕망으로 고정시켜버리는 데서 일어난다.[15] 그렇다면 주체의 자유란 바로 과정으로서의 정신분열증, 즉 수많은 상태들을 횡단하는 일을 방해받지 않고

계속 실현하는 것이며, 바로 이러한 자유로운 과정의 지속이 즐거움의 원천
이 되는 것이다. 이제 스피노자의 형이상학이 들뢰즈 욕망이론의 청사진임
을 보이기 위한 지금까지의 논의를 최종적으로 다음과 같은 표로 정리해보
자. (우리는 아래 표에서 욕망하는 기계들의 논리적 형식이 왜 연결인가에
대해서만은 아직 설명하지 않았다. 이 점은 뒤에서 결연alliance의 의미에
대한 비판과 더불어 다룰 것이다.)

기계의 종류	경제 형태	힘의 변용	종합의 형식	스피노자의 해당 개념	비고
욕망하는 기계	생산	리비도	연결 (connexion)	속성	라깡의 부분 충동
기관들 없는 신체	등록	누멘	이접 (disjonction)	실체	칸트의 실재의 총체
독신기계	소비	볼룹타스	연접 (conjonction)	양태	분열증적 주체, 부분적 주체

라깡과 전제군주 기표

이러한 들뢰즈의 주체이론은 라깡과는 어떤 관계가 있는가? 우리는 주체
를 이접적인 상태들을 통과하는 과정으로 이해했으며, 이 주체에 대해 어떤
고정된 위치도, 자기동일성도 부정했다. 그런데 라깡에게선 '아버지의 이
름'으로 대표되는 기표에 의해 주체는 상징계 속에서 오이디푸스화한 주체
로 탄생하지 않는가? 들뢰즈가 주체의 이름을 '독신'기계로 명명한 까닭은
그 기계가 욕망을 오이디푸스화하는 장치인 부모도, 배우자도 갖지 않기 때
문이다(욕망의 대상으로서의 어머니와 이에 대한 금지로서의 아버지, 그리
고 어머니와의 근친상간을 피하기 위한 대용품으로서의 배우자). 그렇다면
도대체 어떤 점에서 들뢰즈의 독신기계는 라깡과 관련이 있는가?

---

15) 욕망을 길들이는, 자본주의체제 순응적인 이데올로기로서의 오이디푸스에 대한 비판은
　　서동욱(2000b) 294~313면 참조.

적어도 『앙띠오이디푸스』에서 라깡에 대한 들뢰즈의 태도는, 라깡이 오이디푸스적으로 해석되지 않을 수 있는 가능성들을 보이고자 하는 것이다. 라깡 정신분석학을 오이디푸스로부터 해방시키고, 라깡의 개념들의 이면에서 분열증의 가능성을 발견하고자 하는 것이 들뢰즈의 의도이다.[16] (『천의 고원』에 와서는 라깡을 이렇게 분열증적으로 해석하려는 시도는 더이상 보이지 않는다.) 그렇다면 라깡의 오이디푸스는 어떻게 이해되어야 한다는 것인가? 라깡이 말하듯 '기표는 인간의 존재조건이다.'(Lacan 1966, 688면 참조) 아버지의 이름이라는 기표의 등장으로 욕망은 근친상간 금지라는 법 속에서 비로소 인간적인 형태, 즉 부모의 아이라는 인물 형태를 갖게 된다. "욕망이 **인간화하는 순간**은 또한 어린아이가 언어[기표] 속에서 태어나는 순간이다."(Lacan 1966, 319면) 대타자(l'Autre)는 기표의 질서라는 법의 체계로서, 아이의 욕망이 향해야 할 지점을 지정해준다. 이런 의미에서 "욕망은 욕망에 대한 욕망[대타자의 욕망에 응하는 욕망]이며, 대타자의 욕망"이다(Lacan 1966, 852면). 이렇게 기표에, 즉 대타자의 질서에 순응할 때 한 사회체제 속에서 허락된 형태의 욕망이, 다시 말해 인간 주체가 출현한다. "대타자의 영역에서 기표가 나타나는 한에서 주체는 태어난다."(Lacan 1973, 181면) 그리고 기표의 질서 속으로 들어섬으로써 어린아이의 자기 성애적 단계, 즉 실재계에 속하는 대상 *a*와 그것을 대상으로 삼는 충동은 철저하게 소외되어버린다. 이런 의미에서 "상징계는 우선 사물[실재계의 대상]의 살해로 나타난다. 그

---

16) 라깡을 변호하는 다음과 같은 진술들을 보라. "라깡은 오이디푸스적 구조로 무의식을 가두어버리지 않는다."(Deleuze/Guattari 1972, 370면) "오이디푸스의 멍에를 제거하기 위한 라깡의 심오한 시도도, 여전히 오이디푸스의 멍에를 무겁게 하고, 갓난아기와 정신분열자를 오이디푸스로 가두어버리는 뜻밖의 수단으로 해석되어버렸다."(Deleuze/Guattari 1972, 206~207면) "모든 오이디푸스를 문제에 붙이기에 충분한 주제들을 최초로 강조한 사람은 라깡이었다."(Deleuze/Guattari 1972, 423면) "라깡은 '사람들이 나를 도와주지 않는다'라고 말한다. 우리는 그를 정신분열적으로 도와주려 했다. 또 구조, 상징계, 기표 같은 완전히 잘못된 개념들, 라깡 자신이 그것들의 이면을 보여주기 위해 늘 뒤집어놓았던 그 개념들을 포기함으로써, 라깡에게 확실히 그만큼 더 많이 빚을 졌다."(Deleuze 1990, 25면)

리고 이 사물의 죽음은 주체 안에서 욕망의 영원성을 구성한다."(Lacan 1966, 319면) 즉 앞서 말했듯이, 상징계는 대상 a가 소외되어버린 빈 자리만을 가지며, 빈 자리의 형태로 나타나는 이 영원한 결핍이 바로 욕망의 원인이 되는 것이다. 그렇다면 이제 우리는 라깡에게서 욕망과 충동의 관계가 무엇인지 말할 수 있다. 상징계 안에서 실재계의 대상들과 부분 충동들이 억압(refoulement)된 형태가 바로 욕망이라고 불리는 것이다(Deleuze/Guattari 1972, 134~45면 참조).

이것들이 일반적으로 알려진 라깡의 사상이다. 그런데 들뢰즈는 라깡이 정말 하고자 했던 바는 기표의 질서 속에서, 인간의 피할 수 없는 당연한 숙명으로서 오이디푸스화한 인격이 어떻게 태어나는가를 기술하는 것이 아니라, 오이디푸스와 기표를 비판하고 그 이면에 은폐된 "욕망의 실재계적인 비유기체성" 즉 비인격적이고 비유기체적인 부분 충동들을 복원하는 것이라고 주장한다(Deleuze/Guattari 1972, 392면). 이런 주장은 법의 역할을 하는 아버지 기표를, 욕망을 규정짓는 보편적인 조건이 아니라 특정 역사적 단계에서만 출현하는 정치적 · 경제적 지배도구로 이해할 때만 가능하다. 구체적으로 들뢰즈는 기표의 기원을 전제군주제에서 발견한다. 기표의 전제군주적 성격을 이해하기 위한 예를 한 가지 들어보자. 전제군주에게 외부로부터 침략당한 어떤 민족, 가령 수메르(Sumer)인 주인을 섬기게 된 아카드(Akkad)인의 경우를 보자. '서로의 말을 알아듣지 못하는' 이 두 민족의 만남은 알파벳이라는 기표가 어떻게 탄생했는지를 유추할 수 있게 해주는 매우 중요한 예이다. "수메르인에게는 기호 ≈ 는 물에 관한 것이다. 그들은 이 기호를 아(a)라고 발음하며, 이 기호는 물을 의미한다. 한 아카드인 하인이 수메르인 주인에게 묻는다. '이 기호는 무엇입니까?' 수메르인이 대답한다. '그것은 아(a)다.' 아카드인은 이 기호를 아(a)라고 받아들인다. 이 지점에서 더이상 이 기호는, 아카드어로 무(mû)라고 하는 물과는 관계가 없다. 그뒤 아카드인은 이 기호의 형태를 유지할 필요가 없기 때문에 점차 이 기호는 ⌐Ϝβ라는 설형문자의 형태가 된다. 이 기호는 더이상 물과 관계가 없으며, 늘 아(a)라고 발음된다. 이것이 [아카드 문자의] 고전적인 유래이다. (…) 나는 아카드인의 출현이 글의 음성화를 '결정'했다고 믿는다. 이와 좀 유비적인 '맥락'에서, 서방 민족들의 출현이 알파벳을 '결정'했다고 믿는다. '새로운' 문자의 불꽃이 솟구치기 위해서는 거의 필수적으로 두 민족의 만남이 있어야만 한다."[17] 이 진술은, 문자 혹은 기표는 주인민족과 노예민족의 만남이라는 전제군주제의 산물로, 노예민족 쪽에서 생겨나는 것이라는 점을 잘 보여주고 있다. "어떻게 [문자와 음성] 두 가지의 일치 조작이 전제군주 기표 주위에 조직되고, 그로부터 알파벳 음성의 연쇄가 흘러나오는가를 이보다 더 잘 보여줄 수는 없다. 알파벳 문자는 문맹자들을 위해 있는 것이 아니라 **문맹자들에 의하여** 있는 것이다. 그것은 무의식적인 노동자들인 이 문맹자들을 통해서 출현한다."(Deleuze/Guattari 1972, 246면) 말이 통하지 않고 주인의 글을 읽을 줄 모른다는 것이 바로 노예들이 자신들의 새로운 알파벳을 가지게 되는 조건이다. 전제군주의 포고령——지배민족 자신에게는 기표와 기의(記意, signifié)가 결합해 있는 문자 체계로 작성된——을 노예가 알아듣지 못할 때, 즉 그것이 '기의 없는 순수한 기표'로 노예에게 작동할 때 비로소 그는 그 뜻없는 기표를 자신의 고유 문자, 사회 하층민들의 문자로 삼게 된다. 이처럼 기표는 본성상 전제군주제 속에서 탄생하는 것이다(사회적 합의 같은 추상적 가설을 통해 문자의 탄생을 설명하는 대신, 문자가 권력의 산물, 전제군주적 경제체제와 제도의 산물이라는 점을 보여준다는 점에서, 아카드인의 예가 지니는 가치는 아무리 강조해도 지나치지 않다).

그렇다면 어린아이—그는 본성상 아카드인과 같은 문맹자이다—의 무의식을 결정하는 기표는 개체를 인간적 주체로 탄생하게 해주는 불가결한 조건이라기보다는, 무의식이 이미 전제군주적으로 지배되어 있음을 보여주는 증거이다. 이런 관점에서 보면, 라깡의 작업은 기표를 통해 인간의 발생을 기술하는 작업이 아니다. 그것은 넓게는 인간 개념의 구성요소, 즉 기표

---

17) Centre International de Synthèse ed. (1963) 90면. 누게롤(J. Nougayrol)의 진술. 들뢰즈는 이 흥미로운 텍스트를 Deleuze/Guattari(1972) 246면에서 다룬다.

의 전제군주적 성격 일반을 비판하는 작업이며, 좁게는 쏘쒸르(F. de Saussure) 이래로 기표에 중요성을 부과해왔던 언어학 자체를 비판에 부치는 작업이다. "오, 씨니피앙(signifiant), 그것은 전제군주의 무시무시한, 고풍스런 모방품이다. (…) 라깡은 힘차고 침착하게 씨니피앙을 그 원천, 그 진정한 기원, 즉 전제군주시대에까지 다시 끌고 가, 욕망을 법에 결부시키는 지옥 같은 기계를 폭로한다. (…) 이런 의미에서 **라깡의 이론은 무의식을 언어학적으로 개념화하는 이론이라기보다, 무의식의 이름으로 언어학을 비판하는 이론으로 해석되어야 한다.**"(Deleuze/Guattari 1972, 247면) 들뢰즈의 이런 해석은 기존의 해석들과는 완전히 거꾸로이다. 일반적으로 라깡은 언어학과 민족학에서 연구된 기표를 정신분석에 적용해 무의식을 해명한 것으로 평가된다. 들뢰즈는 정반대로 무의식이 기표에 의해 구조화되어 있다는 사실로부터 개체에게 미친 전제군주적 지배체제의 증거를 읽어내며, 이 무의식의 기표적 구조화가 언어학의 그것과 일치한다는 사실로부터 쏘쒸르 이래의 구조주의 언어학 자체가 전제군주적 체제의 도구임을 밝혀내는, 니체적인 계보학적 비판작업을 라깡의 업적으로 평가한다. "라깡에게서 무의식이 언어라는 가설은 무의식을 언어학적 구조 속에 가두어놓는 것이 아니라, 기표들의 구조적 조직이 어떻게 여전히 고풍스런 모조품으로 작동하는 거대한 전제군주 기표에 의존하는가를 밝힘으로써, 언어학을 자기비판의 지점까지 데려가는 것이다."(Deleuze/Guattari 1972, 370면) 그리하여 인간의 욕망은 '욕망의 욕망' 혹은 '대타자(기표)의 욕망'이라는 라깡의 유명한 정식이 들뢰즈에 와서는 이렇게 변형된다. "**욕망은 욕망의 욕망, 전제군주의 욕망의[에 대한] 욕망이 된다.**"(Deleuze/Guattari 1972, 244면)[18]

---

18) 들뢰즈의 의도는 오이디푸스와 자본주의체제의 공모관계를 폭로하는 것이므로, 오이디푸스적 기표를 자본주의 이전 단계인 전제군주제와 관련하여 비판하는 것은 비판의 표적을 잘못 설정한 것이라고 섣불리 오해해서는 안된다. 널리 알려져 있듯이 들뢰즈는 역사를 원시체제, 전제군주제, 자본주의의 세 단계로 구분한다. 그러나 이것은 현실적으로 이루어진 역사적 발전단계보다는 체제의 형태를 분류하기 위한 범주들로 이해되어야 한다. 즉 이 세 가지 체제는 역사적 발전과정 속에 출현한 실증적 실체이기보다는 추상적 개념

라깡과 부분적 주체

오이디푸스적 주체가 전제군주적 지배의 산물이라면, 과연 라깡에게서의 진정한 주체란 무엇인가? 들뢰즈에 따르면, 우리가 앞서 기술한 스피노자적인 분열증적 주체, 즉 독신기계가 바로 라깡이 말하고자 한 진정한 주체의 모습이다. 즉 그는 스피노자적 관점의 인도를 받아 라깡의 개념들을 재해석함으로써, 거기서 분열증적 주체의 모습을 새롭게 발견하고 있다.

앞서 우리가 보았듯이, 서로 이접적인 상태들(욕망하는 기계들)을 횡단적으로 통과하는 '과정'이 바로 주체이며, 그것은 서로 인과적이지 않은 상태들 다수에 걸쳐지는 과정이므로 분열증이라는 이름에 걸맞다. 들뢰즈는 "이 상태를 살아가는 주체에 비하면 체험되는 상태가 근원적이다"라고 말한다(Deleuze/Guattari 1972, 27면). "주체 자신은 중심에 있지 않다. 중심은 기계[욕망하는 기계]가 차지하고 있다. 주체는 가장자리에 있으며, 고정된 자기동일성을 갖지 않는다. 항상 중심에서 벗어나 있으며, 자기가 지나가는 상태들로부터 끌어내진다."(Deleuze/Guattari 1972, 27면) 주사위를 던지는 일처럼 우연히 나타나는 서로 이접적인 상태들의 결합으로부터 그때그때 여러가지 모습으

이다. 세 가지 가운데서도 추상적 개념으로서의 성격이 가장 강한 것이 전제군주제이다. "전제군주국가는 기원이지만, 추상으로서의 기원이다. 이 기원이 구체적인 시초와는 다르다는 것을 이해해야만 한다. (⋯) 이 국가는 마치 다른 차원에 속하는 추상과도 같다. (⋯) 이 추상은 후속하는 양식들(formes) 속으로 다른 국면인 채 되돌아오는데, 이 양식들은 그것을 구체적으로 존재하게 한다."(Deleuze/Guattari 1972, 259~60면) 다시 말해 전제군주는 하나의 추상적 개념이며, 이 개념을 현실 속에서 실현시키는 것은 그 이후의 양식들, 바로 자본주의국가들이다. "비트포겔(Wittfogel)은 현대의 자본주의 및 사회주의 국가들이 어떤 점에서 근원적인 전제군주국가의 특징을 갖는지를 밝혔다. 민주국가들에 대해 말하자면, 어떻게 거기서 전제군주가 더 위선적으로 되고, 더 냉혹하게 되고, 더 타산적으로 되었음을 보지 않을 수 있겠는가?"(Deleuze/Guattari 1972, 261면) 결국 들뢰즈가 전제군주제를 논의하는 까닭은 역사상의 전제군주제를 비판하기 위해서가 아니라, 바로 자본주의 체제가 가진 전제군주적 성격을 비판하기 위해서이다. "전제군주는 여전히 현대의 제국주의 속에서 기능한다."(Deleuze/Guattari 1972, 245면) 전제군주국가는 모든 자본주의국가의 중심에서 발견되는 "'냉혹한 괴물' 원국가(Urstaat)"(Deleuze/Guattari 1972, 261면)인 것이다.

로 주체가 나타난다는 점에서, 주체는 근원에 자리하는 통일성의 원천 같은 것이 아니라, 욕망하는 기계들의 끊임없는 운동의 부산물이다. 따라서 욕망하는 기계들이 주체의 부분들로서 유기적으로 통일되는 것이 아니라, 반대로 이 주체가 "기계 곁에 잔류물로서, 즉 기계에 부속한 혹은 인접한 부분으로 생산된 주체"라고 말할 수 있다(Deleuze/Guattari 1972, 27면). "주체는 (…) 한 부분으로, 이 상태들[욕망하는 기계들]의 결과로 나온다."(Deleuze/Guattari 1972, 49면) 욕망하는 기계들 위에 존립하는 분열증적 주체는 곧 이 기계들의 활동의 잔류물로 생산되는 부분적 주체일 수밖에 없는 것이다.

그런데 이런 부분으로서의 주체 개념을 들뢰즈는 바로 라깡의 텍스트에서 발견하고 있다. 라깡은 말한다. "부분은 전체가 아니다. (…) 부분은 전체와 아무 관련이 없다. (…) 부분은 전적으로 홀로 자기 역할을 수행한다. 여기서 주체는 자신의 부분화(partition)로부터 자신의 출산(parturition)으로 나아간다. (…) 이런 까닭에 주체는 여기서 자기가 관심을 갖는 것, 즉 우리가 시민적 상태라고 성격짓는 것을 얻는다. 그 누구의 삶에서도 이 상태에 이르는 일만큼 악착스럽게 추구하게 하는 것은 아무것도 없다. 부분이기 위하여 주체는 자기 이익의 대부분을 희생시킬 것이다."(Lacan 1966, 843면) 들뢰즈에 따르면 이 구절은 바로 독신기계의 탄생, 즉 전체화하지 않는 부분적 주체의 탄생을 기술하고 있다(Deleuze/Guattari 1972, 49면 참조). 자신의 부분화를 통해 자신의 출산을 얻는다는 라깡의 말은, 바로 하나로 통일되지 않는 이접적 부분들(욕망하는 기계들)로부터 부분적 주체의 탄생을 의미하는 것이다. 전제군주적인 기표와 더불어 상징계 속에서 오이디푸스화한 주체가 아니라 이와 같은 부분적 주체가, 라깡이 보이고자 한 진정한 주체 개념이라는 것이 들뢰즈의 생각이다.[19]

---

19) 들뢰즈의 이러한 해석은 자의적인 측면이 강하다는 점을 말해두지 않을 수 없다. 이 인용만을 떼어놓고 보면, 들뢰즈적인 독신기계에 대한 기술과 매우 유사한 라깡의 이 구절은, 실은 프로이트의 '자아분열'(Ichspaltung)과 관련하여, 이중으로 분열된 주체, 결여로부터 탄생한 주체라는 들뢰즈의 주체 개념과 정반대되는 주체 개념에 대한 논의의 일부로 씌어졌기 때문이다.

6. 결론: 욕망과 혁명 — 결국 들뢰즈와 라깡의 차이는……

비인물적 욕망들의 연결과 집단동작주

이렇게 들뢰즈는 라깡을 중요한 자양분으로 흡수하면서 자신의 욕망이론을 가꾸어나가고 있지만, 들뢰즈에 의해 해석된 라깡과 라깡의 정신분석학 그 자체 사이엔 정말 아무런 차이도 없는가? 라깡은 상징계, 아버지의 이름, 기표 등의 개념을 고작 비판의 칼날에 노출시키고 패배하도록 만들기 위해서 그토록 공들여 다듬었는가? 이런 물음 앞에서 우리는 회의적일 수밖에 없다. 라깡에 대한 들뢰즈의 독창적인 비오이디푸스적 해석에도 불구하고, 라깡을 프로이트주의와 구별지으려는 그의 노력에도 불구하고, 우리는 둘 사이의 가장 중요한 차이점 몇가지를 지적하는 일을 빠뜨릴 수 없겠다. 이 차이점들은 들뢰즈와 라깡의 욕망이론 각각의 가장 중요한 본질을 드러내줄 수 있을 것이며, 궁극적으로 혁명의 문제에서 왜 들뢰즈주의와 라깡주의가 양립하기 어려운가에 대한 이해로 우리를 이끌어줄 것이다.

두 사람의 차이점을 가장 극명하게 드러내줄 ‘결연’의 문제에서부터 출발해야 한다. 욕망의 주체가 부모가 없는, 즉 오이디푸스가 없는 독신기계라면 들뢰즈는 과연 결연의 의미를 어떻게 이해할 것인가? 아버지의 등장으로 근친상간 금지라는 법이 제정되고, 욕망은 어머니나 누이의 ‘대용품’으로 다른 부족에게서 여자를 구하는 것이 바로 욕망들 간의, 부족들 간의 결연을 가능케 한다고 알려져왔다. 즉 ‘인물들의 부부관계를 그 외연적 형태로 갖는 결연’(Deleuze/Guattari 1972, 182면 참조)은 “허용되는 최초의 근친상간”이다(Deleuze/Guattari 1972, 189면). 오이디푸스화한 민족학은 모두 이런 방식으로 욕망들 간의, 부족들 간의 결연의 의미를 이해해왔다. 따라서 만일 독신기계가 철저히 비오이디푸스적인 것이라면, 결연의 의미를 이와는 전혀 다른 방식으로 설명할 수 있어야만 한다. 즉 “결연은 부자관계에서 파생되거나 연역되는 것이 아니다”라는 것(Deleuze/Guattari 1972, 182면), 어머니와의 근친상간을 피하기 위한 대용품으로 다른 여자를 찾는 일이 아니라는 것을 밝혀야 한다.

욕망을 인물들의 욕망으로 이해하는 이상, 혹은 인물들의 혼인을 욕망들 사이의 결연의 불가결한 형태로 이해하는 이상 결연을 비오이디푸스적으로 설명할 방도는 없다. 오로지 " '성을 인간의 형체로 표상하는 것'(représentation anthropomorphique du sexe)을 붕괴시킬" 때만, 즉 욕망을 비인물적인 부분 충동의 층위에서 이해할 때만 해법을 찾아낼 수 있다(Deleuze/Guattari 1972, 350면). 들뢰즈에 따르면 개체는 하나의 성에 의해 지배되는 것이 아니라 서로 통합되지 않는 이접적인 여러 개의 성(성적 충동)을 가지고 있다. "주어진 하나의 성(그러나 이 성은 한 몸 전체에 걸쳐 포괄적으로만 또는 통계학적으로만 주어진 성이다)을 가진 개인은 자기 안에 다른 성을 가지고 있다."(질 들뢰즈 1997, 210면) 한 인물 전체를 통일적으로 규정하는 것은 관청 직원이, 남아로 태어났는가 여아로 태어났는가 묻는 것과 같은 출생신고상의 통계학적인 허울일 뿐이며, 이 허울이 인간적인 의미의 성이다. 이 허울을 걷어내면 한 개체 안에는 서로 이접적인, 서로 소통되지 않는 다수의 비인간적(비인물적) 성적 충동들이 있는데, 이것들이 바로 부분 충동들, 부분 대상들, 특히 욕망하는 기계들이라 불리는 것이다. "성욕은 엄밀하게 욕망하는 기계들과만 일치한다. (⋯) 비인간적 성이란 욕망하는 기계들이다."(질 들뢰즈 1997, 210면) 그리고 이런 한 개체 안에서 다수의 충동이 공존하는 방식을 '성의 횡단'(transsexuel)이라 부른다. "성의 횡단이란, 개인 속의 두 가지 성이라는 두 파편의 공존, 서로 소통하지 못하는 '부분 대상들'의 공존을 가리키는 말이다."(질 들뢰즈 1997, 211면) 마치 자웅동체의 식물처럼 한 개체 안의 다수의 성끼리는 서로 소통하지 못하며, 이들은 다른 개체의 부분 충동들과만 소통할 수 있다. "한 남자의 수컷 부분은 한 여자의 암컷 부분과 소통할 수도 있지만, 한 여자의 수컷 부분과도, 혹은 다른 한 남자의 암컷 부분과도, 다른 남자의 수컷 부분과도 소통할 수 있다."(Deleuze/Guattari 1972, 82면) 이런 소통이 바로 욕망하는 기계들의 종합의 형식인 '연결’이다. 욕망을 이처럼 비인격적인 부분 충동으로 이해할 경우, 여기에는 상징적 질서 속에서 태어난 인물들의 운명인 ‘결여’가 끼여들 여지가 없다. 다시 말해 욕망은 어머니의 결여를 메우기 위해 대용품으로 다른 여자를 선택하는 일을 겪지 않는다. “각 주체는 두 성을 가지고 있으나 이들은 서로 칸막이로 막힌 듯 구분되어 있다. 이들은 ‘또다른 한 주체의 이 성 혹은 저 성’과 소통한다. 이와같은 것이 부분 대상들[부분 충동들]의 법칙이다. **아무것도 결여하고 있는 것은 없고, 아무것도 결여로 정의될 수 있는 것은 없다.**” (Deleuze/Guattari 1972, 70면) 욕망을 이러한 비인간적 관점에서 보면 “결연을 단순히 부자관계로부터, 결연들을 부자관계의 가계로부터 연역하는 것은 불가능하다.”(Deleuze/Guattari 1972, 171면) “결연이 오이디푸스를 매개로 하여 부자관계의 가계로부터 연역되는 일은 결코 없다.”(Deleuze/Guattari 1972, 195면) 욕망이 한 인물의 성욕이라는 형태를 띠게 되는 일, 즉 욕망이 남자와 여자라는 인물의 형태로 움직이게 되는 일은 오이디푸스적 조작 이후에나 일어난다.[20] 오이디푸스로부터 생겨난 인물 차원에서는 성들 간의 연결은 어머니를 배제하고 그 결여를 메우기 위해 다른 여자와 혼인한다는, ‘배제와 결여의 논리’를 따를 수밖에 없다. 즉 “인물들 간의 혼인 체제가 부분 대상들의 연결을 대체한다.”(Deleuze/Guattari 1972, 85면) 들뢰즈는 성들 간의 이런 연결, 즉 상징계적 인물을 매개로 한 연결에 반대해서, 실재계 차원의 비인격적인 부분 충동들의 연결을 내세우는 것이다. 근본적으로 전제군주적 상징계란 무의식을 지배하기 위한 정치·경제제도적 장치로, 실재계적 충동들의 흐름을 뚫어주기 위해선 해체해버려야 할 것이기 때문이다.

인물들의 질서인 상징계를 제거하고 욕망을 실재계로 되돌린 귀결이 무엇인가? 라깡이 말하듯 “어떤 주체라도 실재계 안에 나타날 근거가 없다.” (Lacan 1966, 840면) 다시 말해 실재계 안에는 성욕과 주체성을 연결한 결과인 어떤 ‘인물 형태의 성욕이나 성별’이라고는 없다. 따라서 이런 비인간적 충

---

20) 그린(A. Green)이 말하듯, “실제 [오이디푸스의] 삼각형화는 성욕을 어느 하나의 성으로 특수화한다.” Deleuze/Guattari(1972) 87면.

위의 부분 충동들 간의 연결은 인물들을 등장시킬 때만 작동하는 오이디푸스, 결여, 배제 등의 개념에 지배되지 않는다.[21] 이처럼 주체성을 규정하는 개념들을 말살하고 욕망을 비인간적 층위에서 이해하고자 하는 것, '각자에게 욕망하는 기계들 혹은 인간적이지 않은 성을 돌려주는 것, 각자에게 그의 여러 성을 돌려주는 것'이 들뢰즈의 욕망이론의 궁극적인 목적이다 (Deleuze/Guattari 1972, 352면 참조). 그리고 이것이 바로 들뢰즈가 "단지 인물들의 이미지의 두 차원일 뿐인 언표행위의 주체와 언표의 주체로 쪼개진 거세된 사적 주체를 (…) 집단적 동인들[집단적 동작주]로 대체하는 것"이 그의 과제라고 했을 때 의미하고자 했던 것이다(Deleuze/Guattari 1972, 323~24면). 인물이라는 허구적 표상에 기반하는 분열된 주체(언표행위의 주체와 언표의 주체)를 깨뜨리면 나타나는 '집단적 동인들'이란 바로 비인격적인 욕망하는 기계들 혹은 부분 충동들이며, 언표 일반은 바로 이 익명적인 욕망들의 표현이다.[22]

그러나 라깡의 욕망이론이 의도했던 바는 이런 것은 아니었을 것이다. 다음 구절이 잘 알려주듯, 라깡은 오히려 오이디푸스 개념을 이용해 혼인관계

---

21) 마찬가지로 비인물적인 차원에선 근친상간도 아예 그 개념 자체가 성립할 수 없다. 왜냐하면 근친상간은 오로지 인물의 차원에서만 논의될 수 있는 것이기 때문이다. "배우자로서 금지된 여자형제와 어머니를 가리키는 이름들을 가지고 있는 인물들은, 그들을 그런 인물들로 구성하는 금지들에 선행해서는 존재하지 않는다."(Deleuze/Guattari 1972, 188면) 인물들은 오로지 금지라는 법을 통해서만 탄생하는 것이다. 그러나 비인격적인 욕망들은 당연하게도 인물들이 아니다.

22) 『앙띠오이디푸스』를 통틀어 언표행위의 주체와 언표의 주체라는 분열된 주체를 넘어서 주체가 부재하는 발화, 즉 비인격적이고 익명적인 집단적 발화의 가능성을 발견하려는 시도만큼 중요한 것은 없다. 『앙띠오이디푸스』 이후 들뢰즈의 모든 문학 및 담론 연구는 이 비인격적·집단적 발화의 가능성을 증명하려는 노력이라 해도 과언이 아니다. 가령 그의 프루스뜨(M. Proust) 연구와 카프카(F. Kafka) 연구가 그렇다. "우리는 [프루스뜨에서] 화자와 주인공을 각각 언표행위의 주체와 언표의 주체라는 두 가지 주체로 구별해야 할 필연성을 전혀 느끼지 못한다."(질 들뢰즈 1997, 276면) "카프카에게서 발화는 그것의 원인으로서 언표행위의 주체와도, 결과로서의 언표의 주체와도 관련되지 않는다. (…) 주체는 없다. '오로지 언표행위의 집단적 배치만이 있을 뿐이다.'"(Deleuze/Gauttari 1975, 32~33면) '익명적 언표'에 관한 자세한 연구는 서동욱(2000a) 233~40면 참조.

의 질서를 규명하려 했을 것이다. "이것[혼인관계]이 오이디푸스 콤플렉스가 말해져야 할 부분이다. 우리가 계속해서, 이 오이디푸스 콤플렉스가 그것의 기표로 우리 경험의 전체 영역을 지배하는 것이라고 인식하는 한에서 말이다. 오이디푸스 콤플렉스는 우리의 논제[결혼]에서 주체에게 할당된 규율의 한계들을 명시하기 위해서 말해져야 한다. (…) 근친상간 금지는 주체의 중심축인데, 주체가 선택할 때 피해야만 하는 대상을 어머니와 누이로 축소해두는 현대적 경향을 통해 드러난다."(Lacan 1966, 277면) 한마디로 인물들과 그 인물들을 지배하는 상징계적 법칙(오이디푸스)을 라깡은 결코 포기하려 하지는 않았을 것이다. 말년에 그가 아무리 비인물적 충동의 향유(jouissance)를 강조하게 되었을지라도 말이다.

실재와 만나는 방식

들뢰즈와 라깡의 차이점은 또다른 관점에서도 조명되어야 하는데, 이는 대상 *a*가 나타나는 방식, 즉 실재와 만나는 방식과 관련되어 있다. 이 차이점을 규명하기 위해서는 먼저 부분 충동과 대상 *a*의 관계를 보는, 둘 사이의 차이점을 이해해야 한다. 이미 말했듯이 들뢰즈는 부분 충동을 부분 대상과 동일한 뜻으로 사용하기도 한다. 왜냐하면 위에서 기술한 성적 연결의 경우, 한 개체 안의 부분 충동이 연결되고자 하는 대상은 다른 개체 안의 부분 충동이기 때문이다. 이런 점에서 각각의 부분 충동은 상대방에 대해 부분 대상이다. 들뢰즈의 이러한 이해는 그가 실재계의 부분 대상을 부분 충동이 정말 도달할 수 있는 대상으로 생각하고 있다는 것을 말해준다. 그러나 앞서 보았듯이 라깡에게서 충동의 운동은 대상 *a*에 도달하지 못하고 그 주위를 돌아 자기 자신에게로 돌아가는 '자기 성애적' 형태를 띤다. 즉 어떤 식으로도 대상 *a*와 '직접' 맞닥뜨릴 가능성은 없는 것이다. 그런데 반대로 들뢰즈는 부분 충동과 부분 대상이 '실재로' 연결될 수 있는 것으로 이해한다. 위에서 기술한, 인물들의 혼인을 대신하는 욕망하는 기계들의 연결은 이처럼 라깡에게서는 가능하지 않은, 부분 충동과 부분 대상의 연결을 상정했을 때만 유효해진다. 말하자면 라깡이 자기 성애라는 폐쇄적인 원환적 회로 안에서만 논의했던 충동의 흐름을 들뢰즈는 이 회로 너머의 모든 대상과 연결될 수 있는 흐름으로 바꾸어버린 것이다.

이러한 차이를 염두에 둘 때 우리는 들뢰즈와 라깡이 실재계와의 만남을 어떻게 서로 다르게 이해할 것인가를 짐작할 수 있다. 욕망하는 기계가 부분 대상(대상 *a*)과 직접 연결될 수 있다는 들뢰즈의 주장은 곧 실재계와의 직접적인 만남이 가능하다는 주장과 다르지 않다. 과연 라깡도 그렇게 생각했을까? 가령 지젝이 쓴 다음과 같은 구절은 둘 사이의 차이점뿐만 아니라 들뢰즈와 지젝의 차이점도 잘 알려준다. "여기에 역시 라깡의 근본적인 가르침이 있다. 즉 어떤 대상이든 사물의 빈 자리[실재의 자리]를 점유할 수 있는 것은 사실이지만, 그 대상은 오로지 **환영(illusion)을 통해서만** 그렇게 할 수 있다. 그 대상이 늘상 그 자리에 있었다는 환영, 즉 우리가 그 대상을 거기에 위치시킨 것이 아니라, 그 대상이 거기서 '실재의 응답으로서 발견되었다는' 환영 말이다."(Žižek 1991, 33면) 지젝이 '실재의 응답'이라는 주제 아래 분석한 수많은 영화와 소설 들은 바로 이 구절에 대한 사례들에 다름아니다. 다시 말해 어떻게 '환영의 형태로만' 실재가 주체 앞에 등장할 수 있는가에 대한 기술들에 다름아니다. 지젝의 분석을 한번 흉내내보자. 가령 「라이언 일병 구하기」(Saving Private Ryan)의 마지막 부분에는 지젝의 입맛에 아주 잘 맞아떨어질 장면이 나온다(자기 책들을 출판하기 전에 이 영화가 나왔다면 분명히 그는 이 장면에 대한 분석을 끼워넣지 않고는 못 배겼을 것이다). 패배의 그늘이 짙게 드리우고 있을 때, 총에 맞아 죽어가면서 밀러 대위(톰 행크스 분)는 자신의 코앞까지 전진해온 독일 탱크를 향해 권총을 쏘아댄다. 물론 쓸모없는 저항이다. 그런데 정말 한순간 그의 권총을 맞은 거대한 탱크가 산산조각나버린다. 관객들과 마찬가지로 아주 잠시나마 밀러 자신도 정말 탱크가 그의 권총을 맞고서 폭발해버린 듯이 느꼈을 것이다. 물론 이것은 '환영'이다. 실재로 탱크는 밀러가 총을 쏘는 순간 비행기

폭격을 맞고 박살나버린 것이다. 상징계(전쟁터)에는 속하지 않은 실재계(미국의 폭격기)는 바로 이런 식의 환영(권총을 맞고서 탱크가 폭발하는 일)의 형태로만 상징계 안으로 들어선다. 「태양의 제국」(Empire of the Sun), 까사노바(G. G. Casanova) 등등에 관한 지젝의 분석이 보여주고자 했던 바도 바로 이와같은 환영의 형태로 실재계는 등장한다는 것이다(Žižek 1991, 29~30, 34면 참조). 영화말고라도 더 쉬운 예는 얼마든지 우리 주변에 있다. 대상 *a*로서의 시선은 결코 우리의 시각충동이 도달할 수 없는 대상이다. 그런데 우리 주변엔 자기가 너무 예뻐서 모든 사람들이 늘 자기를 쳐다보고 있다고, 즉 '자신은 늘 그들의 시선을 실재로 보고 있다'고 공주처럼, 또는 환자처럼 믿는 사람들이 있다. 이들은 환상 속에서, 결코 도달할 수 없는 대상 *a*(시선)에 환영을 통해서 도달한 사람들이다. 그런데 들뢰즈가 가장 비판하는 것이 바로 이런 식으로 환영을 통해 실재계와 만나는 것이다. **"정신분석은 모든 것을 환상으로 번역하고, 모든 것을 환상에다 팔아먹으며, 환상을 보존하며, 특히나 실재계를 놓치고 만다."**(질 들뢰즈·펠릭스 가따리 2000, 159면) 들뢰즈에겐 부분 대상과의 연결, 즉 실재와의 만남은 실재로 일어나는 사건이지, 환영이 아니다. 정신분석학이 비판받아야 하는 까닭은 바로, 실재계 안에서 정말로 이루어지는 대상 *a*와의 만남을 '주관적인' 환상의 영역으로 변질시켜버렸기 때문이다.[23]

---

23) 라깡에게 대상 *a*란 실재로 직접 만날 수 있는 것이 아니라, 개개 주체가 나름대로 자신의 환상으로 그 속을 채우는 '빈 구멍'에 불과하다. 그러므로 당연히 '승화'(sublimation)라는 정신분석의 핵심개념 역시 비판받아야 한다. 라깡은 승화를 이렇게 정의한다. "승화는 하나의 대상을 사물의 위엄성으로 상승하게 한다."(Lacan 1986, 133면) 승화란 단적으로 주관의 숭고한 느낌을 매개로 대상이 실재의 자리, 혹은 대상 *a*의 자리를 차지하는 방식이다. 물론 이때의 대상이란 실재 그 자체가 아니다. 주관은 다만 숭고라는 주관적 세계 안에 갇힌 채 실재 사물의 빈 구멍을 채우고 있는 한 대상을 실재처럼 체험할 수 있을 뿐이다. 이것만큼 들뢰즈가 비판하는 것도 없다. 리비도(욕망하는 기계)와 부분 대상의 직접적 만남을 가능케 하는 대신, 리비도의 방향을 숭고한 대상으로 돌려서 그 만남을 왜곡시켜버린다는 점에서 들뢰즈는 승화를 거부한다. "리비도는 아무런 매개도, **아무런 승화도**, 아무런 심리적 작업도, 변형도 필요로 하지 않는다."(Deleuze/Guattari 1972, 36면)

혁명에 관해서

이러한 차이점은 결국 혁명에 대해 들뢰즈와 라깡이 왜 다른 견해를 가질 수밖에 없는지를 알려준다. 들뢰즈는 말한다. "욕망은 혁명[혁명의 표상]을 '원하지' 않는다. 그것은 그 자체로, 자기가 원하는 것을 원함으로써 비자발적으로 혁명적이다."(Deleuze/Guattari 1972, 138면) 이 말은 자본주의체제의 전복을 '자발적으로' 욕망하는, 즉 '혁명의 표상'을 욕망하는 모든 종류의 입장들과 들뢰즈를 구별짓게 만든다.[24] 들뢰즈는 두 종류의 혁명을 구별한다. 1) 의도적으로 혁명을 추구하는 것, 즉 "새로운 사회적 개체를 추진하는 원인들과 목적들의 질서 속에서 자기들의 활동을 하는" 혁명과, 2) "이와 반대로, 갑자기 돌출해 원인들 및 목적들과 관계를 끊고 사회적 개체를 다른 국면으로 되돌리는 욕망"에 의한 혁명이 그것이다(Deleuze/Guattari 1972, 452면). 그는 이 두 혁명이 마치 칸트에게서 현상계의 결정론과 예지계의 자유의지처럼 양립 가능하다고 말하기도 하지만(Deleuze/Guattari 1972, 453면), 그럼에도 불구하고 원인과 목적 들의 질서에 기반하는 표상으로서의 혁명에는 늘 자본주의화할 수 있는 위험이 도사리고 있음을 비판한다. 그것은 자본주의가 자기 존립에 위협적인 혁명조차 자신의 공리계에 추가함으로써 끊임없이 스스로의 경계를 넓혀가는 체제이기에 그렇다(Deleuze/Guattari 1972, 450~51면). 자본주의는 "앞서 터진 구멍을 막기 위해 늘 공리를 하나 추가한다. [가령] 파시스트 연대장이 마오 쩌둥(毛澤東)의 책을 읽기 시작한다. (…) 노동조합들에게 도움을 호소한다."(Deleuze/Guattari 1972, 454면) "강력한 조합들에 동의하고 승인하자. 참여를 촉진하고 계급의 통일을 추진하자."(Deleuze/Guattari 1972, 448면) 물론 이런 것들은 혁명의 표상의 일부를 자본주의의 공리에 포섭하는 것이지, 혁명 자체와는 아무런 상관이 없다. 여기에 가장 위험스러운 방식이 추가되어야 하는데, 그것은 바로 혁명세력 자체의 오이디푸스화이

---

24) "흔히 혁명가들은, 사람들이 혁명을 원하고 일으키는 것이 의무 때문이 아니라 욕망 때문이라는 것을 잊거나 인정하려 하지 않는다." Deleuze/Guattari(1972) 412면.

다. 즉 "오이디푸스, 맑스(K. H. Marx)-아버지, 레닌(N. Lenin)-아버지, 브레주네프(L. I. Brezhnev)-아버지"가 생겨나고(Deleuze/Guattari 1972, 450면), 이에 따라 혁명집단은 자본주의적 지배체제와 동일하게 부성적 주체집단과 그 밑의 예속집단으로 변질된다. 동구권 혁명세력의 관료화가 보여주듯이, 결국 혁명은 자본주의의 그것만큼 참혹한 억압적인 지배양식에 도달해버리고 마는 것이다(Deleuze/Guattari 1972, 450면). 따라서 들뢰즈는 혁명의 가능성을 혁명의 표상을 추구하는 집단에서가 아니라, 욕망(부분 충동)의 본성에서 발견한다. "우리가 욕망을 혁명의 심급으로 내세운다면, 그것은 자본주의사회가 이익을 위한 많은 데모들은 견디어낼 수 있지만 욕망의 어느 데모도 견디지 못한다고 믿기 때문이다."(Deleuze/Guattari 1972, 455면) 부분 충동으로서의 욕망은 무목적적이다. 그럼에도 그것이 혁명을 가져올 수 있는 까닭은 자본주의가 기본적으로 "'자본씨, 대지 부인', 이 둘의 아이 노동자"라는 오이디푸스적 구조(Deleuze/Guattari 1972, 315면), 즉 가족주의적 표상을 통해 지배하려는 데 반해 욕망은 본질적으로 오이디푸스와 상관이 없기 때문이다. 따라서 욕망이 자기의 본성에 충실한 이상, 욕망의 본성에 대립적인 체제인 자본주의는 붕괴할 수밖에 없다.

　그런데 구체적으로 욕망의 본성이 어떤 것이기에 그 자체로 이미 혁명적일 수 있는가? "만약 욕망이 무의식의 형성 자체와 관련된 혁명적 위치를 점하지 않았다면, 억압받는 계급들의 이해에 부합하는 혁명이란 있을 수 없을 것이다."(Deleuze 1990, 31~32면) 그렇다면 욕망은 본성상 무엇을 추구하기에 혁명을 원하지 않음에도 불구하고 애초부터 '혁명적 위치'를 점하고 있단 말인가? 바로 실재계의 부분 대상과 연결되고자 하기 때문에 애초에 욕망은 '상징계에 대해서' 혁명적이다. 억압적인 모든 상징계적 장치를 넘어, 실재계의 대상과 연결되고자 하기에, 오이디푸스적으로 짜인 자본주의적 상징계는 붕괴할 수밖에 없는 것이다. "어떠한 사회도 그 사회의 착취, 예속, 위계질서의 구조를 위태롭게 하지 않고는, 참된 욕망의 정립을 용인할 수 없다."(Deleuze/Guattari 1972, 138면) 여기서 '참된 욕망의 정립'이란 상징계적 매개를 거치지 않은, 실재와 욕망의 직접적인 연결을 뜻한다. 이 욕망은 실재, 즉 부분 대상과 끊임없이 연결되고자 하는 '기계적 과정'으로서의 본성을 지니고 있을 뿐, 그 어떤 목적론적·신학적·변증법적 함의도 지니지 않는다. "무의식은 기계로서 움직이며 기계적이다."(Deleuze/Guattari 1972, 62면) 따라서 이 무의식은 터미네이터처럼 그의 기계적 과정을 지속하는 데 장애가되는 모든 것을 파괴해버린다. 이 기계적 과정을 다른 형태, 즉 '부성적 권위와 법질서에 복종하여 스스로에게 금욕을 강요하는 자식의 형태'로 변모시키려는 모든 상부구조·상징계·이데올로기 들은 바로 이 기계의 본성에 위배됨으로 결국에는 와해되어버릴 수밖에 없다.

이러한 들뢰즈의 욕망 개념은, 네그리(A. Negri) 식으로 독해한 스피노자의 용어들을 이용해 고스란히 다시 표현될 수 있다. 즉 양태 및 독신기계에 해당하는 다자(multitudo)[25]를 그것들 안에 포함되어 있는 힘(potentia)——욕망하는 기계에 해당——으로부터 소외시켜 예속상태에 놓고자 하는 모든 권력(potestas)장치들——상징적 구조——은, 기계적 과정을 지속하고자 하는 이 힘의 본성에 위배됨으로써 결국에는 붕괴될 수밖에 없는 것이다. "스피노자에서 힘은 권력에 대립한다."(Negri 1982, 228면) 들뢰즈도 마찬가지로 말한다. "『윤리학』의 근본 논점들 가운데 하나는 전제자의 권력이나 군주의——심지어 계몽된 군주의——권력과 유사한 모든 권력(potestas)을, [힘을 본질로 하는] 신에 대해서 부정하는 것이다."(Deleuze 1981a, 134면) 스피노자의 제자들로서의 네그리와 들뢰즈는 이렇게 서로 매우 유사한 면모를 보여준다. 네그리에 따르면 스피노자 철학은 "매개라는 비열한 게임에 굴복하지 않는"

---

25) 이 다자는 홉즈(T. Hobbes) 류의 개인주의를 통해서는 이해될 수 없는 "집단적인 것"(entité collective)이다(Negri 1982, 220면). 또한 바로 그런 집단성 때문에 이 다자들은 혁명세력으로서 역할할 수 있다. 개별자들이 집단적 혁명세력이 될 수 있다는 주장은 스피노자의 다음 구절에 근거한다. "만일 많은 개별자들이 모두 동시에 하나의 결과의 원인이 되게끔 하나의 활동으로 협동한다면, 나는 그런 한에서 그 모두를 하나의 특정한 개별자로 여긴다."(『윤리학』 II권, 정의 7) 즉 많은 개별자가 협동을 통해 하나의 결과(혁명)를 생산할 경우 그 개별자들이 모두 합쳐진 집단을 하나의 특정한 개별자로 이해할 수 있다는 것이다.

것을 그 특징으로 한다(Negri 1982, 228면). 구체적으로 '매개'란 힘(potentia)으로서의 생산력을 자기 아래 종속시키고자 하는 자본주의적 생산관계를 말한다. "스피노자는 생산력 개념을 생산관계 개념으로, 즉 복종의 개념으로 이전시키기 위해 홉즈가 발명한 수단을 부정하고 거부한다."(Negri 1982, 228면) 그런데 여기서 네그리가 생산관계를 '복종' 개념과 동일시하는 것은 매우 정확한 표현일 뿐 아니라, 들뢰즈의 스피노자적 욕망이론을 이해하는 데도 큰 도움을 준다. 네그리의 스피노자 해석이 스피노자의 힘 개념을 생산력으로 이해하고 이것을 자본주의 생산관계에 매개시켜 체제 순응적으로 만들려는 시도들을 고발하는 것이라면, 들뢰즈 욕망이론의 스피노자 해석은 스피노자의 힘 개념을 욕망으로 이해하고, 이 욕망을 복종에 매개시켜 체제 순응적으로 만들려는 시도들을 고발하는 것이다. 말할 것도 없이 여기서 매개 역할을 하는 복종의 장치가 바로 오이디푸스이다. 스피노자 철학이 자본주의 생산관계에 의한 생산력의 매개가 생산력의 본성에서 필연적으로 유래하는 것이 아니라는 점을 폭로하는 작업이라면, 들뢰즈는 오이디푸스적 도식에 의한 욕망의 매개가 욕망의 본성에서 필연적으로 유래하는 것이 아니라 체제의 필요에 의한 것이라는 점을 폭로한다. 네그리는 스피노자의 의의를 이렇게 요약한다. "스피노자는 부르주아적 매개에 대한 생생한 부정이며 매개의 확장을 조직하는 모든 논리적·형이상학적·법률적 허구들에 대한 부정이다. (⋯) 스피노자와 더불어 철학은 처음으로 매개과학으로서의 자신의 고유한 지위를 부정하기에 이른다."(Negri 1982, 230면) 바로 오이디푸스도 여기 언급된 허구들 가운데 한 가지인 것이다. 네그리의 어투를 빌려 말하면, 들뢰즈는 정신분석학의 역사 속에 출현한 스피노자이며, 들뢰즈와 더불어 정신분석은 처음으로 매개과학으로서의 자신의 지위를 부정하기에 이른다.

라깡 역시 실재계, 즉 대상 a로부터 기존의 구조적 질서를 붕괴시키는 혁명의 힘을 목격한다. 1968년 5월 혁명의 와중에 라깡은 "돌과 최루탄이 '대상 a'의 기능을 수행한다"고 말했다고 한다(Roudinesco 1993, 438면). 분명 대상

*a*는 기존의 구조, 상징계를 와해시키는 혁명적인 힘을 가지고 있으며, 이런 의미에서 들뢰즈는 "대상 *a*는 폭탄[지옥 같은 기계], 즉 욕망하는 기계와 같은 방식으로 구조적 평형에 침입한다"고 평가한다(Deleuze/Guattari 1972, 99면).[26] 그럼에도 불구하고 그가 들뢰즈처럼, 욕망이 승화 같은 매개나 변형을 거치지 않고 '직접' 실재계와 조우함으로써 혁명이 달성된다고 생각했던 것은 아니다. 오히려 라깡은 1968년 5월에 대해 이와는 정반대로 생각했다. "구조는 [시위하러] 거리로 나가지 않는다라고 쓰는 것은 타당하지 않다고 생각한다. 왜냐하면 만일 5월 사건이 증명한 것이 있다면, 그것은 분명 구조가 거리로 나갔다는 것이기 때문이다."(Roudinesco 1993, 444면에서 재인용) 이런 생각은 구조를 욕망을 억압하는 타도해야 할 대상으로 여기고, 구조가 욕망하는 기계를 유괴한다(Deleuze/Guattari 1972, 368면 참조)고 고발했던 들뢰즈–가따리와 극단적으로 반대되지 않는가? 들뢰즈와 가따리의 혁명에 대한 이해가 구조를 옹호하는 라깡과 정반대라는 것은 다음 진술에서 밝혀진다. "1968년을 혐오하거나 배반을 정당화하는 사람들은 1968년의 사건이 상징계 혹은 상상계적이라고 생각한다. 그러나 전혀 그렇지 않다. 그것은 순수한 실재계의 침입이었다."(Deleuze 1990, 198면) 1968년은 구조나 상징계의 산물이 아니라, 그와 반대로 부분 충동이 실재와 조우하면서 생긴 사건이었다. 요컨대 인간이라는 단위에 선행하는 '분자적 차원', 즉 비인물적 욕망들의 해방에서부터 혁명의 가능성을 모색하는 들뢰즈의 욕망이론은, 어떤 형태가 됐건, 이 욕망들을 가두는 '구조'를 변호하려는 입장과는 양립할 수 없는 것이다.

그런데 또한 우리가 지나온 모든 탐구의 여정이 알려주듯이, 라깡과 들뢰즈의 관계는 일면적일 수 없으며, 수많은 모순된 차원을 동시에 가지고 있다. 양립 불가능한 주장들의 싸움터가 있는가 하면, 또 라깡의 밭을 유일무이한

---

26) 라깡의 개념 가운데는 '구조'를 지지하는 개념들이 있는 반면, 대상 *a*는 이와 구별되어야만 하는 니체주의적인 '전복성'을 지니고 있다. 대상 *a*에는 라깡이 젊은 시절 심취했던 니체의 그림자가 반영되어 있다(Roudinesco 1993, 352면 참조).

터전 삼아 들뢰즈가 자신의 주요개념들을 경작하고 있으니 말이다. 이런 까닭에 철학자들의 공식초상화란 별 쓸모가 없는 것이다. 무심한 별들이 그렇듯, 기억될 만한 사상이란 그것에 얼마나 동의할 수 있는지 없는지에 아랑곳하지 않고, 진리를 기르는 자들의 옆에서 늘 성가시게 빛나게 마련이다.

참고문헌

Centre International de Synthèse ed. (1963) *L'écriture et la psychologie des peuples.* Paris: Armand Colin.

Chemama, Roland dir. (1995) *Dictionaire de la Psychanalyse.* Paris: Larousse.

Deleuze, Gilles (1968) *Différence et répétition.* Paris: Presses Universitaires de France.

——(1969) *La logique du sens.* Paris: Éditions de Minuit.

——(1981a) *Spinoza: Philosophie pratique.* Paris: Éditions de Minuit.

——(1981b) *Francis Bacon: Logique de la sensation.* Tome. 1. Paris: Éditions de la différence.

——(1986) *Foucault.* Paris: Éditions de Minuit.

——(1990) *Pourparlers.* Paris: Éditions de Minuit.

——(1995) "L'immanence: une vie…". *Philosophie.* No. 47.

——/Guattari, Félix (1972) *L'anti-Œdipe.* Paris: Éditions de Minuit.

——(1975) *Kafka—Pour une litterature mineure.* Paris: Éditions de Minuit.

Freud, Sigmund (1946) *Gesammelte Werke.* Frankfurt: S. Fischer Verlag.

Kant, Immanuel (1911) *Kritik der reinen Vernunft.* in: *Kant's gesammelte*

Schriften. Band III. Berlin: Walter de Guyer & Co. (전집은 1900년부터 출간)

──(1913) *Kritik der praktisch Vernunft. Kritik der Urteilskraft* in: *Kant's gesammelte Schriften*. Band V. Berlin: Walter de Guyer & Co. (전집은 1900년부터 출간)

Lacan, Jaques (1966) *Écrits*. Paris: Éditions du Seuil.

──(1973) *Le séminaire XI: Les quatre concepts fondamentaux de la Psychanalyse*. Paris: Seuil.

──(1986) *Le séminaire VII: L'éthique de la Psychanalyse*. Paris: Seuil.

Leclaire, Serge (1996) "La réalité du désir". *Écrits pour la psychanalyse*. Tome. 1. Paris: Éditions du Seuil/Éditions Arcanes.

Levinas, Emmanuel (1974) *Autrement qu'être ou au-delà de l'essence*. La haye: Martinus Nijhoff.

Negri, Antonio (1982) *L'anomalie sauvage: puissance et pouvoir chez Spinoza*. Paris: Presses Universitaires de France.

Roudinesco, Elisabeth (1993) *Jacques Lacan*. Paris: Fayard.

Žižek, Slavoj (1991) *Looking Awry: An Introduction to Jacques Lacan through Popular Culture*. Cambridge: The MIT Press.

서동욱 (2000a) 『차이와 타자: 현대 철학과 비표상적 사유의 모험』. 문학과지성사.

──(2000b) 「들뢰즈의 존재론과 앙띠오이디푸스 그리고 니체」. 『니체가 뒤흔든 철학 100년』. 민음사.

──(2002) 「들뢰즈의 마지막 스피노자주의: 들뢰즈 철학의 변모와 종착점」. 『철학연구』 57집(2002년 여름호). 철학연구회.

질 들뢰즈 (1997) 『프루스트와 기호들』. 서동욱 외 옮김. 민음사.

──/펠릭스 가따리 (2000) 『천의 고원』 제1권. 이진경 · 권혜원 외 옮김. 연구공간 너머.

라깡과 푸꼬 · 보드리야르
현대적 시선의 모험

맹정현

현대적 사유의 주요한 특징으로, '사유'의 무대 뒤편으로 쫓겨갔던 '육체성'이 전면에 복권되었다는 점은 새삼 강조할 필요가 없다. 그러한 육체성의 복권엔 여러가지 계기가 있었는데, 시각은 그 계기 중에서 가장 논쟁적인 자리를 차지했다. 왜냐하면 시각을 담당한 눈은 육체의 기관 중 사유와 가장 가까운 위치에 있기 때문이다. 눈은 육체성에 속하는 기관이면서, 동시에 순수사유, 이성의 사막과도 인접한, 양의적인 기관이다. 시각이 현대사상에서 하나의 쟁점, 즉 일종의 전략적 요충지를 구성했다면, 이는 무엇보다 근대철학과 기하학의 접속으로 시각이 '이성의 제국'에 봉사하는 특권적인 자리를 차지해왔기 때문일 것이다. 시선이 철학의 전통적인 주제 중 하나를 구성해온만큼 그것을 정신의 압제로부터 구출하고자 하는 현대사상가들의 몸부림 또한 치열했다. 따라서 시선과 관련한 현대적 담화의 반경을 그리는 것은 무엇보다 이러한 몸부림들을 하나의 틀 속에서 고전적 형태의 시선과 대비하면서 읽는 일이 될 것이다.

하지만 하나의 목표를 향해 수렴해가는 듯이 보이는 그 몸부림들의 내부는 다양한 이론적 편차들에 의해 서로 뒤얽혀 있음을 확인할 수 있다. 그 안의 언어는 때로는 경합하고 때로는 상충하기조차 한다. 푸꼬(M. Foucault) ·

라깡(J. Lacan)·보드리야르(J. Baudrillard) 같은 현대 프랑스 사상가들에게서 나타나는, 시선에 대한 다양한——때로는 자기 자신의 언설을 스스럼없이 뒤집기조차 하는——목소리들은 시선에 대한 총체적인 기획이나 당위적 대의에 입각한 연구가 불가능한 것처럼 보이게 한다. 그들이 주체의 폐쇄적인 내면으로부터 시선을 떼어내 육체와 타자에 분배하는 데에서 합일점을 찾았다면, '육체'나 '타자'라는 개념 자체에 대해서는 과연 온전한 합의에 도달한 것일까?

따라서 현대적 시선에 관한 연구에는 그들이 시선을 '이성' '신' '이념' 등과 같은 초월적 실체들로부터 떼어내기 위해 접속시키는 여러 개념들과 그 개념들의 굴절에 대한 전반적인 분석이 필요하다. 서로 다른 언어를 구사하고 서로 다른 개념을 사용하는 현대적 담화의 장에서 시선의 운명에 관해 논하기 위해서는 그것을 등가적인 층위의 균질된 공간 속에 재분배하는 일이 필요하다. 우리의 연구는 푸꼬·보드리야르·라깡에게서 나타나는 시선에 관한 현대적 담화들을 공통의 언어로 풀이하고 그들 사이의 소통 가능한 언어를 이끌어내는 것에서 시작해, 그것의 내적인 논리와 상호 연관성을 드러내는 것을 목표로 한다.

이러한 과정에서 우리는 무엇보다 시선에 대한 현대적 담화들의 '메타심리학적'(métapsychologique) 가능성에 주안점을 두었다. 다시 말해서 그 현대적 담화들에 의해 추동되는 '외재적인' 연구들을 '심적 공간' 혹은 '주체성'이란 측면에서 되새겨보고자 했다. 우리는 시각을 사유로부터 도려내 육체 본연의 영역으로 되돌리는 현대적 담화의 다양한 시도에서, 시선이 주체를 넘어서 타자의 장으로 확장되고 종국에는 시선 자체의 폐지에까지 이르는 장면들을 보게 될 것이다. 그런데 그 시도들에서 나타나는 탈주체적·반주체적인 경향의 구심점은 과연 어디에 있는가? 그것은 외부의 물질적·상징적 조건인가? 타자인가? 시선에 대한 현대적 담화들을 메타심리학적 관점에서 접근하는 것은 바로 이러한 물음을 다시 주체 자신에게 되돌리는 일일 것이다.

1. S⊃A 혹은 시선의 자폐증적 경제

이러한 여정의 첫번째 단계는 현대적 시선과 변별되는 전통적 시선의 기능을 점검하는 것이다. 단적으로 말해, 고전적 형태의 시선은 매개물에 의탁해 보는 자의 눈 뒤편으로 깊숙이 침잠해들어가는 것이다. 고전적 시선의 반경 안에서는 타자가 부재한다는 점에서 그것을 자폐증적 시선이라고 부를 수 있는데, 이러한 시선은 다음과 같은 주제들로 변주된다.

1) 눈과 사유: 눈이란 무엇인가? 이는 전통적으로 '사유(pensée)란 무엇인가'라는 질문과 분리될 수 없었는데, 왜냐하면 20세기가 도래하기 전까지 눈은 사유에 덤으로 주어진 부차적인 기능이었거나, 사유의 우월성을 증명하는 증거물 같은 것이었기 때문이다. 눈이 사유에 덤으로 주어졌다 함은 눈이 사유의 기능 속에 흡수되어 세상을 접하는 얄팍한 도구가 되어버렸다는 것을 뜻한다. 눈은 이 세상을 바라보는 도구, 렌즈에 불과했으며 여기에서 시선은 자신의 부피를 잃고 투명성을 획득한다.

물론 사유를 어떻게 정의하느냐에 따라서 시선과 관련한 다른 방식의 접근도 가능할 수 있다. 사유가 어디에 귀속되느냐는 가장 오래된 철학적 질문 중의 하나이다. 그리고 이에 대한 가장 오래된 대답 중 하나는, 사유는 '신'(Dieu)이라는 초월적인 실체에 귀속되어 있다는 것이다. 나의 사유는 신적인 것의 속성 중 하나일 수 있다는 것인데, 이렇게 되면 눈은 신과 접해 있는 사유(이념)를 매개로 신이 보는 것을 볼 수 있는 것의 자리(자비로운 눈)로 고양되든지, 사유로부터 떨어져나와 타락의 길(사악한 눈)로 추락하게 된다.

근대적 사유, 근대적 이성은 바로 이러한 사유의 예속화에 반하는 쪽으로 기울어져왔다. 한 가지 주목할 것은 사유가 더이상 신에 의탁하지 않고 자신의 고유한 의지로 복귀할 즈음에 시선이란 주제가 전면적으로 부각되었다는 점이다. 이러한 출발점으로 다빈치(L. da Vinci)와 알베르띠(L. B. Alberti) 등과 같은 르네상스 시기의 화가들이 시도한 원근법의 실험을 들 수 있다면, 우리는 그들이 데까르뜨(R. Descartes)와 동시대인임을 지적해야 할 것이다. 라깡이 강조한 것처럼, 그 당시의 예술가들은 또한 과학자이기도 했다. 이때부터 시선은 초월적인 매체의 그늘을 벗어나 내재적인 원칙에 따라 분절되기 시작한다. 물론 여기서의 '내재적인 원칙'이란 이성(raison)과 자연(nature)의 법칙을 말한다. 이제 시선은 이성의 원칙인 기하학(géo-métrie), 그 절대적인 빛의 리듬을 따라 조직되는 투명한 선(線)이다. 따라서 시선은 초월적 실체로부터는 자유로워졌지만, 계속해서 사유의 시녀로 남아 이성에 봉사한다. 라깡은 이러한 근대적 시선, 기하학적인 눈을 '장님도 볼 수 있는 눈'이라고 꼬집은 바 있다(Lacan 1973, 81면). '장님도 볼 수 있는 눈'이란 눈이 없어도 볼 수 있는 눈, 기하학을 터득하기만 하면 언제든지 지도를 그릴 수 있는 원근법을 가리키는 것이다. 세상의 풍경은 이렇게 기하학적인 지도 제작법에 의해 조그만 캔버스 속에서 좌표화된다.

2) 눈과 대상: 이러한 눈이 펼쳐놓은 시야는 우리의 정신으로부터 대상 세계로 투사된 '자폐증적 시야'에 불과하다. 그런데 이보다 더 주목해야 할 점은, 바로 그러한 종속을 통해 눈이, 사유가 대상에 대해 폭력을 행사하는 도구가 되고 있다는 것이다. 사유에 종속된 눈은 또한 대상을 굴복시키는 계기이기도 하다. 본다는 것은 내 앞에 있는 대상을 나와 분리시키고 나의 시선에 종속된 것으로 만드는 기능을 포함하고 있다. 대상은 바로 나의 시선을 통해서만 존재하는 나의 부속물이다. 대상을 뜻하는 '오브제'(objet)라는 단어가 **'앞에 던져지다'**(objicere)란 어원을 갖는다는 것은 이런 점에서 의미심장하다. 우리는 이후에 논의할 현대적 시선과의 비교를 위해 다음과 같은 도식을 그릴 수 있다.

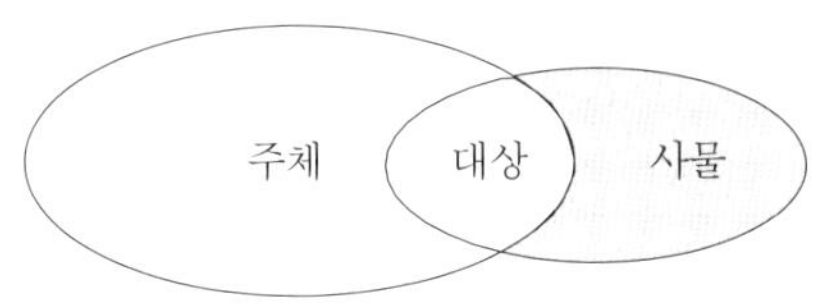

시선의 관점에서 볼 때 주체는 대상에 대해 우위를 점한다. 물론 이러한 명제는 그 함의를 담기에는 너무나 단순하다. 왜냐하면 이러한 불균형의 관계, 다시 말해 대상에 대한 주체의 '폭력'은 때로는 '저주'의 단계까지 나갈 수 있기 때문이다. 폭력에 의해 소외된 사물은 언제든지 되돌아올 수 있지만, 저주는 사물의 존재 자체를 철폐시킨다. 나의 시선을 통해 대상은 의미를 얻지만 또한 그와 동시에 얼어붙고 죽음에 처해진다. 대상이 인식 가능하고 지각 가능한 것으로 고양되는 것은 자신의 존재를 상실하는 한에서다. 대상이 나의 시선에 의해 나의 소유물로 걸러지는 대신 그 존재 자체는 시선으로 환원될 수 없는 '물자체'의 영역으로 떨어진다(I. Kant). 요컨대 사물은 인간화된 '대상'과 '사물 그 자체'라는 인식 불가능한 영역으로 분열된다.

2. 8⊂A 혹은 시선의 상징적 경제

현대적 시선의 탄생, 혹은 눈에 대한 현대적 담화의 탄생은 바로 이와같은 고전적 형태의 시선과 결별하는 것으로부터 출발한다. 물론 이러한 계보상에서 후썰(E. Husserl), 싸르트르(J. P. Sartre), 메를로뽕띠(M. Merleau-Ponty)로 이어지는 현상학적 전통을 간과할 순 없을 것이다. 하지만 현대적 담화의 핵심을 주체의 초월성으로부터의 후퇴라고 할 경우, 그리고 현대성의 고유한 특징을 '의식의 철학'에서 '육체성의 담화'로 이행하는 것에서 찾을 경우, 우리는 그 이후의 담화들에 논의를 국한해볼 수 있다. 눈의 현대적인 모델의 출발점은 그것이 주체에서 떨어져나와 타자에게 귀속된다는 데 있다. 시선은 타자의 담화를 통해서 구축되는 것이며, 나의 시선은 타자의 시선이 구성하는 집합의 부분집합일 뿐이다(8⊂A). 육체가 타자의 영역이라면, 이는 또한 육체성이 귀환하는 한 가지 방식이기도 하다. 타자라는 명패 아래에는 지식(savoir), 육체(corps), 언어(langage) 등과 같은 물리적 단위들이 여러가지 방식으로 조합된다. 우리는 푸꼬의 작업과 라깡의 정신분석학에서 이러한 형태의 시선이 어떻게 구현되는지를 구체적으로 살펴보게 될 것이다.

푸꼬: 시선, 지식, 권력

시선과 관련한 푸꼬의 관념. 임상의학의 고고학적 연구와 벤섬(J. Bentham)의 파놉티콘(panopticon)에 대한 성찰을 통해 드러난 두 가지이다. 물론 우리가 주목하고자 하는 것은 푸꼬가 역사적으로 구성해낸 의학적 시선이나 파놉티콘의 시선 자체가 아니라, 그가 어떤 전제 속에서 그러한 시선들을 구성해냈는지이다. 역사 속에서 시선의 양태를 추출해내는 푸꼬의 방법에는 분명 시선에 대한 그의 고유한 전제가 있다. 우리는 그러한 전제를 통해 그가 시선을 어떻게 바라보는지를, 시선을 어떤 위상 속에 위치시키는지를 살펴보고자 한다.

먼저 푸꼬가 말하는 임상의학, 의학적 시선에 대한 고고학적인 연구가 무엇인지에서부터 시작해보자. 고고학적인(archéologique) 방법이란 의학적 시선이 어떻게 해서 인간의 육체를 의학적 대상으로 구성하는가를 "담화의 두께"(épaisseur du discours) 속에서 탐사하는 것이다.[1] 그것은 주체가 대상을 바라보는 것을 신뢰하기보다 대상에 대한 주체의 시선 자체가 구성되는 방식을 담화의 지층 속에서 탐사하는 것이라 할 수 있다. 푸꼬는 의학적 시선이 탄생하는 과정을 '담화의 구성' 속에서 그려내는 동시에 그러한 시선이 분절되는 여러가지 방식들을 펼쳐놓고 있다.

이러한 펼침의 방식에서 우리가 먼저 강조해야 할 핵심은 의학적 시선의 고고학에서는 고전적인 주체 개념이 더이상 통용되지 않는다는 것이다. 푸꼬의 고고학적인 방법에서 시선은 시대를 막론하고 더이상 주체에게 귀속

---

1) "나의 의도는 담화의 두께 속에서 임상의학의 조건을 역사적으로 탐구해보자는 것이다." Foucault(1966) XV면.

되는 것이 아니다. 푸꼬에게서 시대를 막론한다 함은 고전시대의 기하학적인 전지전능한 시선조차도 주체의 능력에 따르는 것이 아니라 그 시대의 담화 형태들, 즉 기하학적인 원리에 의해 구성된 '지식의 장'에 의거하기 때문이다.[2] 시선은 사유와의 고리를 끊고 외부의 객관적인 틀에 의해 짜인 에삐스떼메(épistémè)에 종속된다. 이것이 바로 푸꼬가 시선을 다루는 방식이다. 이 방식에 따르면, '본다'(voir)는 것은 주체의 내면 깊숙한 곳에 숨겨진 어떤 '자폐증적인 작인(作因)'에 의해 추동되는 행위가 아니라, 외부에 의해 부과된 '운명'이 관통하는 공간적인 부피이다. 이것이 자폐증적 시선과 변별되는 현대적 시선이다.

그렇다면 이 현대적 시선에 부과된 외부의 운명이란 무엇일까? 그것은 앞에서 언급된 것처럼 한 시대의 지식이 구성되는 틀인 에삐스떼메, 더 정확히는 그러한 에삐스떼메를 구축하는 "언어"이다. 푸꼬의 말을 들어보자. "고통의 형태들은 중립적인 인식 아래 묻혀 있는 것이 아니다. 그것들은 육체와 시선들이 교차하는 공간 속에서 재분배되었던 것이다. 변한 것이 있다면 언어가 의지하고 있는 무언의 배형(配形), 말하는 것과 말해지는 것 사이의 자세와 상황의 관계이다."(Foucault 1966, VII면) 결국 '언어'란 우리가 일상적으로 사용하는 의사소통을 위한 도구가 아니라, 사물을 구성하는 동시에 사물들을 배열하는 '문법'(grammaire), 다시 말해 분류법을 말한다. 우리의 시선에는 수많은 분류법의 격자들이 교차한다. 따라서 대상을 구성하는 주체의 능력은 주체 자신에게 있는 게 아니라 그 격자들에게 있다. 이것이 가리키는 바는 대상을 구성하는 것이 주체가 아님은 물론, 주체 자체도 자존적인 실체가 아니라 언어를 통해서 구성되는 일종의 부산물이라는 사실이다. 이는 고전적인 형태의 시선에 담긴 부정성을 척결하기 위해 시선이 치

---

2) 가령 푸꼬는 시선에 대한 데까르뜨와 말브랑슈(N. Malebranche)의 관념은 모두 '빛'이라는 절대적인 척도에 근거해 물체를 기하학적인 공간에 투명하게 펼치는 것이라는, 심층의 원리에 의해 지탱된다고 보았다. "모든 시선보다 앞서는 빛은 이상의 요소이며, 사물의 본질에 적합성을 갖는, 지정할 수 없는 기원의 장소이며, 물체의 기하학을 통해서 사물로 하여금 그 본질에 접할 수 있도록 만드는 형상이다." Foucault(1966) IX면.

러야 할 또다른 댓가일지도 모른다. 하지만 중요한 것은 시선이 어떤 대의를 위해 희생되었다는 사실이 아니라, 시선이 주체에게서 떨어져나와 인식 조건으로서의 객관적·선험적 틀을 뒤집어쓰고 있다는 점이다.[3]

따라서 시선이 자율성을 얻었다고는 말할 수 없다. 왜냐하면 푸꼬에게서 시선이 실정성을 얻게 되는 것은 그 자신의 밀도를 통해서가 아니라 외부의 조건을 통해서이기 때문이다. 그런데 이러한 외부의 조건이 시선에 작용하기 위해선, 즉 시선이 외부의 운명을 따라 사물에 작용하기 위해선 우선 전제되어야 할 것이 한 가지 있다. 그것은 인간의 육체는 지식에 의해, 다시 말해 언어에 의해 가로질러지는 장(場)이라는 것이다. 육체는 '생물학적인' 용적이 아니라 문자와 기호가 무수히 새겨진 목판과도 같다. 육체는 지식에 의해 덧씌워진 용적인 것이다. 시선의 고고학이란 바로 이러한 육체와 지식의 매듭(육체 ◇ 지식)에서부터 출발해 시선에 외재적으로 접근한다. 따라서 앞장에서 보았던 고전적 시선과 구별되는 현대적 시선의 한 유형은 육체가 담화의 법칙과 접속하는 한에서, 육체가 담화의 법칙에 의해 분절되는 한에서 당위성을 얻는다는 것이다.

그런데 시선이 육체와 지식의 매듭을 통해서 구성된다면, 즉 지식이라는 혹은 라깡이 말하는 타자(Autre)라는 이름으로 표방된 담화의 조직체를 통해 구성된다면, 우리는 어떻게 해서 육체와 지식이 그렇게 자연스럽게 결탁할 수 있는가를 묻지 않을 수 없다. 즉 우리는 어떤 이유로 언어가 육체 속으로 그렇게 뿌리깊게 파고들 수 있는가라는 문제를 제기해야 하는데, 이러한 문제는 비단 푸꼬뿐만 아니라 육체에 대한 상징적 결정을 내세운 제반 구조주의적 사유의 공통적인 한계라고 할 수 있다. 푸꼬에게서 이러한 문제는 육체와 지식의 매듭 내에 권력의 자리를 포함시킨 계보학적인 방법의 결정체인 『감시와 처벌』(Foucault 1975)에서 정점에 이른다. 정점에 이른다는 것은

---

3) "(…) 임상의학의 [탄생의] 실제적인 중요성은 그것이 심층에서 의학적 인식의 깊이를 재조직하는 것일 뿐만 아니라, 의학에 대한 담화의 가능성 자체를 재조직한다는 데에 있다." Foucault(1966) XV면. [ ]는 인용자.

그의 계보학적인(généalogique) 작업이 위의 문제를 해결하고자 하면서도, 결국에는 문제를 보다 심화시키는 결과를 낳았다는 의미에서 그렇다.

『감시와 처벌』은 단죄와 처벌에 의거한 고전적 형벌체제에서 근대 훈육 체제로 넘어가는 과정을 계보학적으로 분석한 작품이다. '계보학'이란 '고고학'에서 논점화되지 못한, 담화의 심층적인 굴곡과 굴절을 드러내기 위해 그러한 담화를 조직하는 가치와 힘 들의 관계망을 탐사하는 것이다. 이 책에서 시선과 관련해서 우리가 주목할 부분은 푸꼬가 벤섬이 제안한 '파놉티콘'에서 근대권력의 작동원리가 내포한 비밀을 발견하는 대목이다. 여기에서 우리는 『임상의학의 탄생』(Foucault 1963)에서 넘겨받은 시선과 지식의 매듭에 한 가닥의 실이 더 엉켜드는 것을 볼 수 있는데, 그것은 바로 권력이다. '보다'(voir)가 '안다'(savoir)를 매개로 해서 권력(pouvoir)과 접속하는 것이다.

이런 점에서 시선과 관련하여 파놉티콘에 대한 푸꼬의 성찰은 『임상의학의 탄생』에서보다 한 단계 더 나아간 모델을 보여준다. 파놉티콘에 대한 푸꼬의 분석에는 시선의 고고학에서 보여준 지식과 시선의 결탁을 넘어서, 시선과 시선의 문제, 즉 주체의 시선과 대상(타자)의 시선 간에 나타나는 "비대칭(dissymétrie), 불균형(déséquilibre), 차별성(différence)"의 문제가 내포되어 있다. 푸꼬는 파놉티콘 모델을 통해 '본다'와 '보이다' 사이에서 미세한 권력의 작용을 포착하는데, 파놉티콘의 핵심은 죄수가 보지 못하는 곳에서 간수가 본다는 데 있다. 다시 말해서 죄수의 시선은 간수의 시선보다 항상 작다는 것이다. 죄수의 시야는 간수의 시야를 벗어나지 못하지만, 간수의 시야는 언제나 죄수의 시야를 넘어선다. 바로 여기에서 시각의 고전적인 도식이 역전된다.

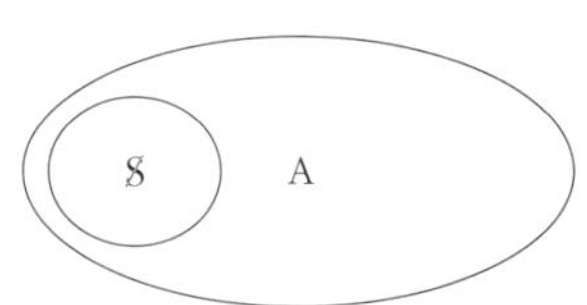

주체인 죄수의 시선은 타자인 간수의 시선보다 항상 작기 때문에 결여의 위치(8)에 있고, 또한 죄수의 시야는 간수의 시야에 노출되어 있다는 점에서 타자의 시야 속에 포함된다(8⊂A). 현대적 사유가 대상이라는 말보다 타자라는 말을 부각시킨 것은 바로 이런 이유에서일 것이다. 간수(타자)는 죄수(주체)가 자신을 본다는 사실을 어디에서나 볼 수 있는 반면, 죄수는 간수가 자신을 본다는 사실을 보지 못하기 때문에 언제나 감시당하고 있다는 느낌을 받는다. "감금된 자는 권력의 지속적인 기능을 보장해준 가시성의 영속적이고 의식적인 상태로 이끌린다."(Foucault 1975, 234면) 다시 말해 감시의 상태라는 외부의 객관적인 조건이 주관성의 차원에까지 뿌리박힌다는 것이다. 이러한 시선의 불균형에서 오는 기계적·자동적(automatique) 강제가 근대적 규율체제로 가는 길목이라는 것이 바로 『감시와 처벌』에서 전개하는 푸꼬의 논지이다.[4]

그런데 우리의 논의에서는 바로 여기가 고전적인 시선 이론이 극복되는 지점이기도 하다. 즉 대상에 대해서 특권적인 지위를 차지했던 주체는 이제 자신의 대상인 타자 앞에서 시선의 칼날을 거두어야 한다. 그리고 주체가 대상을 겨냥했던 시선은 마치 부메랑처럼 자신의 내면 속에 꽂히게 된다. 시선을 통해서 사물에 대해 지배력을 행사했던 주체는 바로 그 시선을 통해 타자에게 자신의 권력을 이양한다. 푸꼬가 권력이란 용어를 '실체적인'(substantiel) 의미로 사용하지 않는 것은, 주체가 그러한 권력에 종속되는 자인 동시에 그러한 권력 행사에 참여하는 자이기 때문이다. "요컨대 감금된 자가 스스로 그 유지자(維持者)가 되는 권력적 상황으로 편입되는 것이다."(Foucault 1975, 235면) 다시 말해서 주체는 타자의 시선을 대리해서 자기 자신

---

4) 물론 이러한 규율체제의 핵심은 권력의 제한적인 사용에 있는 것이 아니라 권력이란 것이 생산적인 망으로 작용한다는 데 있다. "더이상 권력의 효과를, '배제'나 '억압'이나 '검열'이나 '추출'이나 '감춤'과 '은폐' 등과 같은 부정적인 용어로 기술하지 말아야 한다. 사실 권력은 생산한다. 권력은 실재를 생산한다. 그것은 진리의 의례들과 대상들의 영역을 생산해낸다. 개인과 그 개인에 대한 우리의 인식은 이러한 생산의 질서에 속한다." Foucault(1975) 227면.

에게 권력을 행사한다. 이것이 바로 푸꼬가 생각하는, 주체의 시선과 타자의 시선이 만나 빚어내는 권력의 '유희'(jeu)이다. 그것이 유희인 것은 권력이 강압에 의해 대상에 행사되는 부정적인 실체가 아니라, 폭력을 행사하는 자와 소외된 자가 '뫼비우스의 띠'처럼 한데 맞물려 참여하는 관계의 망(網)이기 때문이다.

이것이 바로 푸꼬가 벤섬의 파놉티콘을 통해서 읽어낸 근대적 초자아의 탄생에 대한 가설이다. 고전시대에서 근대로 넘어오면서 인간은 금제(禁制)와 물리적 처벌에 의해 육체에 가해지는 강제가 아니라, 훈육의 운동 속에서 반복과 즉각적 반응을 통해 길들여진다. 그러한 길들여짐의 결과가 외부에서 내면으로 이식된 초자아적 시선이다. 다시 말해 항상 주체 자신을 보고 있는 타자의 시선이 주체의 내면에 자리잡은 것이다. "그는 권력관계를 자기 속에 각인함으로써 일인이역을 수행한다."(Foucault 1975, 236면)

따라서 시선의 계보학적 접근이 시선의 고고학보다 한 단계 더 나아갔다면, 이는 전자가 후자를 극복했다는 의미가 아니라 보완했다는 뜻에서 그렇다. 시선의 고고학적 접근에서 지식에 의한 육체의 각인, 지식의 외삽은 시선의 담지자로서의 주체의 여지를 소멸시킨다. 여기에서 주체는 마치 푸꼬가 『말과 사물』의 마지막 문장에서 보여준 모래그림처럼 지워져버린다.("우리는 인간이 마치 해변의 모래사장에 그려진 얼굴처럼 이내 지워지게 되리라고 장담할 수 있다."Foucault 1966, 398면) 하지만 푸꼬는 시선의 계보학적 접근에서 주체가 타자의 공간 속에 끼여 있는 양상을 간과하지 않는다. 계보학적인 분석에서 주체는 길들임의 반복에 의해 초자아를 자신의 내면 속으로 동화시키는 훈육의 과정 속에 잔존한다. 지식, 육체, 권력 등의 매듭에는 주체의 실가닥이 엉켜 있는데, 이는 주체가 훈육의 대상인 육체를 담지하며, 그러한 육체를 통해 자신의 내면을 구성하기 때문이다.[5]

---

5) 물론 푸꼬가 사용한 용어는 주체가 아니라 개인이다. 이는 당연히 주체라는 용어가 가지고 있는 전통적인 함의 때문일 것이다. "개인의 허울좋은 전체성은 우리의 사회질서에 의해서 절단되고, 억제되고, 변질되는 것이 아니다. 오히려 개인은 사회질서 속에서 힘과 신

하지만 이 새로운 매듭과 관련해서도 아직 풀리지 않는 의문이 한 가지 남는다. 푸꼬가 외부의 공간에서 내부의 공간으로 초자아가 이식되는 지점에 위치시킨 '길들임'과 '훈육'은 사실 상징적인 외압(forçage)에 불과하다.[6] 그것은 일방적인 유입, 외압을 통한 이식이다. 주체, 아니 개인이라고 해야 더 마땅할 익명의 존재는 그러한 외압을 견딤으로써 자신을 재생산한다. 그런데 그러한 상징적 외압이 과연 타자의 장 속에 주체가 접혀들어가는 방식을 설명할 수 있을까? 주체에겐 어떤 몫이 떨어지기에 그러한 외압을 견뎌내는 것일까? 어떤 계기를 통해서 주체가 자발적으로 타자의 시선에 굴종한다고 하면, 그러한 계기의 작인을 기계적인 반복과 길들임에서 찾는 것은 과연 정당한 일인가? 우리가 시간을 거슬러올라가 라깡을 참조하는 것은 바로 이런 문제들이 아직 해결되지 않았기 때문이다.

라깡: 시선, 타자, 욕망

푸꼬에게서는 이러한 의문이 그의 이론적 구성의 결과로서 남겨진 반면, 라깡은 처음부터 이런 질문들과 '더불어' 이론을 구성한다. 푸꼬가 외부의 조건들로부터 시작하는 반면——다시 말해서 엄밀한 구조주의적인 방법을 충실하게 이행하는 반면——라깡은 프로이트(S. Freud)의 메타심리학적 전통에 입각해서 내부와 외부의 공간이 어떻게 구성되고 교착되는지를 처음부터 주시한다.

라깡이 심적 공간의 구성을 초지일관 주목하는 한에서, 그리고 시선이 심적 공간의 결정에서 중대한 역할을 수행하는 한에서, 시선에 대한 라깡의 논의는 방대한 스펙트럼을 보여준다. 그 중에서도 초기의 작업은 푸꼬가 보

체에 관한 전술에 의거해 세심하게 만들어진다." Foucault(1975) 253면.

6) 권력이 육체 속에 기입되는 양상을 기술하기 위해 푸꼬가 사용하는 단어들을 주목해보자. 그는 파놉티콘과 관련해서 권력의 '내재화'가 이루어지는 과정을 "자동적인" "기계적으로" "동시적으로" "즉각적으로" 등과 같은 단어들을 가지고 기술하고 있다. Foucault (1975) 235~36면.

여주었던 문제를 심화시키면서 동시에 시선에 대한 상징적 접근이 안고 있는 한계점을 여실히 드러내준다. 우리는 라깡에 의해 마련된 전환점에 관해 본격적으로 논의하기 전에, 푸꼬에게서 남겨진 문제가 라깡의 작업을 통해서 어떻게 숙성되는지를 보게 될 것이다.

우선 라깡이 정신의학에서 정신분석학으로 입문하는 입구라고 할 수 있는 1936년의 「거울 단계」(Lacan 1966)[7]와 이 논문의 주제를 계승한 1938년의 「가족 콤플렉스」(Lacan 1984)[8]에서 시선에 대한 라깡의 이론 구성의 출발점을 발견할 수 있다. 여기에서 시선은 상상적인(imaginaire) 시선, 곧 이자적인(duel) 시선이다. '이자적'이라 함은 그 시선이 시선에 의해 노출된 것과 분할될 수 없다는 것을 뜻하며, '상상적'이라 함은 그 둘이 서로를 반영하는 운동 속에 있다는 것을 뜻한다. 보는 것과 보이는 것 사이에는 마치 거울 속에 나타난 또다른 거울 이미지처럼 계속해서 서로를 참조하고 후퇴하는 운동이 있다.

$$a \text{——————} i(a)$$

그런데 시선이 '보이는 대상' 속에 들어앉아 있는 순환성, 즉 보는 것(a)

---

7) 「거울 단계」의 최초의 판본은 1936년 마리엥바드(Marienbad)에서 열린 제14차 국제정신분석회의(Congrès international de psychanalyse)에서 발표하기 위해 작성되었다. 그것은 라깡에 의해 폐기되었다가, 이후 수정되어 1949년에 열린 제16차 국제정신분석회의에서 발표되었고, 같은해 『프랑스 정신분석 리뷰』(Revue française de psychanalyse)에 실렸다. 그러다가 1966년에 편집된 『에크리』에 실렸다.

8) 여기에서 라깡이 제시하고 있는 용어는 무의식이 아니라 '이마고'(imago)와 '콤플렉스'(complexe)이다. 이 작은 책자에서 그는 타자의 담화로서의 무의식을 설파하기에 앞서, 상상적 구성력을 갖고 있는 '이미지들의 묶음'에 관해 말한다. 즉 인간을 외부로부터 규정하는 상징적 두께로서의 무의식이 아니라, 상상적 이미지들의 틀로서의 무의식이 어떻게 해서 인간의 운명을 결정하는지를 보여준다. 이러한 '이마고'의 유형으로 라깡이 제시하고 있는 것은 '모성적 이마고' '동류의 이마고' '부권적 이마고' 등이다. 이 중에서 동류의 이마고와 그에 해당하는 침입 콤플렉스가 거울 단계에 해당하는 내용을 집약하고 있다. Lacan(1984) 35~49면.

이 보이는 것(*i(a)*) 속에 함입되어 있는 이미지의 원환에서 라깡이 주목하는 것은 바로 그런 거울의 반영 효과를 통해서 보는 주체의 단일성이, 더 정확히는 "육체의 총체적 형태"가 획득된다는 점이다(Lacan 1966, 94면). 운동 능력의 불충분함으로 인해 자신의 육체를 총체화시킬 수 없는 주체(유아)는 제 눈앞에 보이는 것을 매개로 해서 제 몸뚱이를 창출해낸다. '창출한다'기보다는 '빌려온다'는 표현이 더 정확할 텐데, 왜냐하면 유아는 자신의 몸을 창출하기 위해서 거울 속에 비춰진 외부의 이미지 *i(a)*를 빌려오기 때문이다. 시선의 담지자의 통일성은 보이는 것(거울상)의 통일성을 통해서 얻어지는 것이다. 여기에서 중요한 기제는 바로 (상상적) 동일화(identification)이다. 보는 것이 보이는 것과의 동일화를 통해서 자신의 동일성을 얻게 되는 것인데, 바로 여기에 심적 공간 발생의 미묘한 신비로움이 자리잡는다.[9] 심적 공간이 내부로서 확정되기 위해서는, 다시 말해서 내부가 외부와의 경계선을 긋기 위해서는 먼저 외부와의 동일화를 통해서 그 내부가 단일한 개체(하나)로서 승화되어야 한다.

　외부가 내부로 들어와 자리잡으면서 내부는 자신의 개체성을 획득하고, 외부와의 변별력을 갖추게 된다. 우리는 푸꼬에게서 대략적인 윤곽이 드러난 '뫼비우스의 띠'를 주체의 심적 공간이란 측면에서 보다 섬세하게 발견한다. 이는 한편으로는 자아의 초월성이 허구적인 것임을 폭로하기 위한 것이면서 또다른 한편으로는 시선을 그러한 초월성으로부터 도려내는 전환점이기도 하다. 여기에는 의식과 의식 사이의 상호작용이 아니라, 이미지와 이미지 사이의 구성적 효과가 있다. 왜냐하면 의식조차도 거울에 반영된 상상적 구성물이기 때문이다.[10]

---

9) 물론 라깡이 이러한 동일화를 부추기는 원동력으로 위치시킨 것은 나르씨시즘적 리비도(libido)이다("이러한 활동은 리비도의 역학 力學을 보여준다." Lacan 1966, 94면). 라깡은 아이가 거울상을 통해 자신의 육체를 구성하는 순간에 밀려오는 희열을 강조한다("자신의 거울상을 희열에 차 떠맡는 것은……" Lacan 1966, 94면). 하지만 이러한 리비도는 상상적인 차원에 속한 것으로, 다음 장에서 보게 될 '부분 충동'(pulsion partielle)으로서의 리비도와는 구조적으로 다른 것이다.

라깡의 초기 작업을 각인하는 이러한 상상적 구성은 1950년대에 들어 중대한 변모를 겪는데, 이는 앞에서 잠시 암시된 다음과 같은 문제가 제기되었기 때문이다. 끊임없는 상상적 후퇴가 어떻게 '하나'(Un)라는 단일성을 완성할 수 있을까? 이러한 완성을 과연 완결된 것이라 할 수 있을까? 이것은 생물학적인 미완성에 대한 미봉책에 불과한 것이 아닐까? 라깡은 이러한 의문에서 점차 상상적인 구성만으로는 충분하지 않다는 점을 자인하고, 정신분석에서는 상상적 구성을 넘어서는 언어의 경험이 중요하다는 것을 감지한다.

여기에서 시선에 관한 라깡의 입장은 중대한 변화를 겪게 되는데, 이는 그의 전반적인 이론적 전환과도 맞물려 있다. 라깡은 1950년대부터 말과 언어의 창조적 힘에 주목하고, 그것이 정신분석에서 가장 핵심적인 차원임을 주장한다. 그와 더불어 상상적 구성을 넘어서는 상징적 차원의 중요성을 강조하기 시작한다. 라깡은 1958년 로와요몽 콜로키움(Colloque de Royaumont)에서 발표한 「다니엘 라가슈의 보고서에 대한 논평」(Lacan 1966)에서 이전의 거울 단계 이론을 수정하는데, 여기에서 그는 유아의 시선과 거울 이미지 사이에 제3자의 위치를 놓는다. 제3자의 위치란 바로 (상징적) 타자의 장소(lieu de l'Autre)를 말한다. 보는 것과 보이는 것 너머에서 무엇인가가 제3자로서 주체의 구성을 조율한다는 것이다. 라깡의 말을 들어보도록 하자. "결국 담화의 장소라 할 타자는 그 거리를 추인하는 삼각구도 속에 언제나 잠재하고 있다. 이는 그가 자신의 가장 순수한 순간의 반영관계 속에 자리잡고 있는 한에서, 즉 거울 앞의 아이가 **자신을 데리고 있는 자**를 뒤돌아보면서 눈짓으로 그에게 (…) 희열 속에서 이미지를 자기 것으로 **떠맡는 것**을 검증하는 증인이 될 것을 요청하고 있는 한에서 그렇다."(Lacan 1966, 678면. 강조는 인용자) 따라서 우리는 앞의 그림에 '아이를 데리고 있는 자'의 위치를

---

10) 같은 맥락에서 다음과 같은 라깡의 단언은 그의 정치적 의도를 분명히 드러내준다. "이러한 경험은 코기토로부터 직접 유래한 모든 종류의 철학에 반기를 들게 한다." Lacan (1966) 93면.

넣어 다음과 같이 수정할 수 있다.

$$I(A)$$

$$a \text{————————} i(a)$$

제3자의 위치는 '말하기'(dire)와의 관계에서 유아의 심적 공간 내에 각인되는 절대적인 거리이다. 이미지는 항상 회귀 경향을 갖지만, 언어는 침묵과 단절을 통해서 환원 불가능한 거리를 남겨놓는다. 바로 그 절대적인 거리에 놓여 있는 상징적인 시선이 이자적인 관계를 인준할 때에만 '나'의 동일성은 온전하게 완성된다. 상상적 타자의 거울 이미지 $i(a)$에 의해 구성된 동일성은 상징적 타자의 시선 I(A)를 통해서 인준될 때에만 가능하다는 것이다. 이미지의 질서를 조율하는 것은 바로 언어, 더 정확히는 말이 남겨놓는 제3자의 가능성이다. 주체가 자신의 시선과 이미지 사이의 혼동된 통일성을 통해 통일성을 얻는다면 그러한 통일성은 그것에 '외부'(dehors)의 한계와 거리가 부과됨으로써 완성된다.

바로 이 지점에서 라깡은 헤겔(G. W. F. Hegel)의 인정투쟁으로부터 인정욕망이라는 개념을 도출해낸다. "인간의 욕망은 타자의 욕망 속에서 자신의 의미를 발견한다."(Lacan 1966, 268면) 이는 "타자가 욕망의 대상의 열쇠를 쥐고 있다는 뜻이 아니라, 무엇보다 주체가 타자에 의해 인정받길 바란다는 뜻이다."(Lacan 1966, 268면) 다시 말해 제3자의 위치에 있는 시선의 이상(idéal du regard)을 만족시키고자 하는 욕망을 뜻한다. 상상적 이미지에 의한 무한한 중첩, 시선의 대등한 교환이 아니라 항상 저 바깥에 남아 있는, 자신이 닿을 수 없는 곳에 있는 시선의 이상(자아 이상idéal du moi)을 충족시키고자 하는 것이 바로 욕망의 실현과정이다. 그리고 주체는 이러한 시선의 이상과의 동일화를 통해서, 요컨대 인정욕구를 통해서 상상적인 동일화의 악순환(나르씨시즘)을 벗어나게 된다.

이는 앞서 푸꼬가 시선과 지식의 매듭 속에서 보여준 의학적 시선의 고고학 그리고 훈육과 길들임을 통해 상징적인 것이 육체 속에 들어앉는다는 파놉티콘 이론과도 유사해 보인다. 하지만 라깡에게는 그러한 유사성만큼이나 중대한 차이가 존재하는데, 그것은 그러한 상징적인 것의 이식과정에 전제되어 있는 주체의 '몫'이다. 우리는 푸꼬에게서 길들임과 훈육과정을 통해서, 다시 말해 상징적인 작인의 외압을 통해서 주체가 타자에 귀속되는 경향을 확인했다. 여기에서 주체는 '수용소'나 '보건소' 같은 거대한 기계를 돌리는 조그만 부품 정도로 축소되어 있다. 반면 라깡의 주체의 심적 공간에서는 타자의 존재와 더불어 주체의 '결단'이 부각된다. 주체의 '결단'이란 상징적 동일화의 결단을 말하는데, 이는 상징적 동일화가 자신의 상상적인 소외를 벗어나기 위한 주체의 한 가지 결정이란 점에서 그렇다. 물론 그러한 결정을 전통적인 의미의 '자유'(liberté)라고 부를 순 없다. 왜냐하면 그것은 일종의 '강요된 선택'(choix forcé)이기 때문이다.[11] 마치 그것을 선택하지 않으면 죽음에 처해질 수밖에 없다는 듯이, 주체는 자신을 옥죄는 상상적인 감옥을 벗어나기 위해 좀더 숨쉴 수 있는 여지가 남겨진, 좀더 나은 감옥을 선택한다. 이러한 강요된 선택은 단순히 물리적 강제에 의해서가 아니라 욕망의 형태로 실현된다는 점에서 차별된다. 즉 여기에서 주체는 외압이 아니라 '인정욕망'이란 형태로 혹은 '주체화'(subjectivation)란 형태로 타자의 장과 접속되어 있다.[12]

하지만 문제는 주체를 긍정하는 타자의 시선이 때때로 자신의 희생을 요구하는 사악한 시선으로 나타나기도 한다는 점이다. 자비로운 타자의 시선

---

11) 이러한 논지가 가장 분명하게 나타나는 것은 라깡이 자신의 초기 작업을 '소외'라는 이름으로 발전시키는 대목에서다. 라깡은 이 강요된 선택을 **소외를 초래하는 선택**'(vel alienant)이라고도 불렀다. Lacan(1973) 192~93면.

12) 물론 우리는 이러한 결단을 상상적인 동일화에까지 확장할 수 있다. 라깡은 이미지가 유아에게 덧씌워진다고 말하지 않고 유아가 "이미지를 떠맡는다"고 말한다. 1930년대에 나타나는 상상적인 것의 우위는 그 기능에서도 상징적인 동일화가 갖게 될 긍정성을 갖고 있다. 즉 상상적인 동일화는 분열된 육체를 봉합하는 기능을 가지며, 이러한 기능이 유아를 결단으로 이끄는 것이다. Lacan(1966) 94면 참조.

은 아득한 심연 속에서 일순간 사악한 얼굴을 드러낸다. 그런데 주체는 왜 자신의 안위를 해치면서까지 그 사악한 시선에 굴종하는 것일까? 그것은 오직 타자의 인정을 받기 위함인가? 자신의 이름을 얻기 위해서라고밖에 할 수 없는 것일까? 무엇이 주체의 심적 공간 속에 타자의 시선이 자리잡도록 추동하는가? 그 원동력은 무엇일까? 이것이 바로 푸꼬에게선 제기된 적조차 없었고, 라깡에게선 어렴풋하게나마 윤곽을 드러냈지만 해결되지 않고 남아 있던 문제들이다. 즉 상징적인 결정에 의한 시선의 탐색에 의해 해결되지 못한 문제들이다. 라깡은 1960년대에 들어서야 비로소 이러한 문제를 본격적으로 다루게 되고 시선을 또다른 차원으로 이끌게 되는데, 그것이 바로 시선의 리비도적 경제(économie libidinale)이다.

3. 8∩A 혹은 시선의 리비도 경제

앞에서 우리가 라깡의 두 가지 시각 이론과 관련해서 제기했던 문제는 그의 이론체계 전체를 굴절시키는 문제이기도 하다. 따라서 그의 세번째 시각 이론을 살펴보기 위해선 그것이 등장할 당시의 상황을 한번 정리해볼 필요가 있다. 앞장에서 살펴본 바처럼 라깡은 시선의 동일화('상상적 동일화' identification imaginaire와 '상징적 동일화' identification symbolique)라는 매듭을 통해서 주체의 심적 공간이 구성되는 과정을 해명하기 위해 노력했다. 이는 언어를 정신분석의 시준점으로 고양시키는 것과 연동되어 있는 중요한 기획이다. 하지만 1960년대가 되자 이러한 기획은 언어를 지렛대로 해서는 넘을 수 없는 장애물을 만나게 되는데, 이것이 바로 라깡이 말하는, 상징적인 것에 의해 상징화될 수 없는 '실재'(le réel)이다.[13]

---

13) 실재가 정신분석의 경험 속에서 대두되는 것은 두 가지 계기를 통해서다. 한편으로는 주체가 고통스런 경험을 반복하는 것, 즉 죽음 충동의 경험이 환자에게 대두되고, 다른 한편으로는 정신분석에 의해 해명되지 않는 여성의 성욕에 관한 문제가 정신분석학사

언어가 정신분석 경험의 '모든 것'(tout)이라는 라깡의 가정은 분석 경험을 통해서 좌초할 수밖에 없었는데, 그러한 좌초의 요인은 바로 언어에 의해서 주체화할 수 있으리라 여겼던 리비도가 그동안 감추었던 음산한 얼굴을 내밀었기 때문이다. 앞서 시선이 상징적인 격자에 의해 각인되어 있음을 보여주는 시각 이론에서 암시된 바처럼, 당시까지 인간의 리비도는 언어, 이른바 '언어적 문법'에 의해 분절된다는 것이 라깡의 주장이었고, 이것이 바로 인간을 동물과 구별하는 변별점이기도 했다. 그런데 언어와 리비도 사이에 드러나지 않았던 불협화음이 분석 경험을 통해 터져나오면서, 정신분석에서 상징적인 것의 가치가 평가절하되는 계기가 도래한다. 이는 인간이 의미를 추구하는 동물로 축소될 수 없음을 말해주는, 따라서 욕망은 인정을 추구하는 것으로 축소될 수 없음을 말해주는 중요한 징후이다. 그런만큼 라깡이 1960년대 전반에 걸쳐 '리비도'라는 비밀스런 실체의 탐구에 전력을 다했던 것은 자신이 도달한 내적인 한계를 돌파하기 위한 노력이라 할 수 있다. '말의 창조적 능력'에 매혹되었던 라깡은 점차 풀리지 않는 수수께끼처럼 남겨진 성욕의 신비로움에 눈뜨기 시작한 것이다.[14]

이런 관점에서 시각에 접근할 때, 우리가 눈여겨봐야 할 것은 라깡의 세 번째 시각 이론에서 시각은 충동의 장으로서 고양된다는 점이다. 의미

에서 돌출되면서, 정신분석학은 한 차례 소용돌이에 휩싸이게 된다. 라깡은 프로이트가 언어와 언어에 의해 표상될 수 없는 것 사이의 간극에 의해 열린 심연 속으로 빠져들어 갔으며, 거기에서 좌초했다고 주장한다. 정신분석이 기본적으로 언어에서 출발한다면, '실재'를 정의하는 가장 간명한 명제는 다음과 같은 것이라 할 수 있다. "실재는 불가능한 것이다." 그런데 '불가능한 것'은 분석의 경험에서 어떻게 나타나는가? "실재, 그것은 충돌이다." Lacan(1973) 152면.

14) 라깡이 타자의 담화로서의 무의식 개념에 성(性)의 차원을 도입하기 시작하는 다음과 같은 대목을 주목해보도록 하자. "무의식의 개념 속에선 이 부분을 유보해왔다. 그것은 기이하게도 사람들에게서 점점더 망각되어온 부분이며 나도 지금까지는 상기해보지 않았던 것이다. (…) 나는 지금까지 무의식을 논하면서 여러분이 주체를 구성하는 행위의 효과에 대해 기억해내길 바랐다. 우리가 주장해야 할 것이 바로 거기에 있다는 점에서 말이다. 하지만 우리는 프로이트가 무의식의 차원과 정확히 동질적인(consubstantiel) 것으로서 가장 중요하게 강조한 것, 말하자면 성욕의 문제를 빠뜨려선 안된다." Lacan(1973) 133면.

482

(sens)나 이름(nom)의 가치를 지닌 시선이 아니라, 리비도적 투자의 대상으로서의 시선, 다시 말해서 주체를 끊임없이 충동질하는 시선, 그것이 문제인 것이다. 이렇게 시선이 라깡에게서 새로운 위상을 차지하는 동안, 욕망이란 개념 또한 한 차례 굴절되고 있음을 주지해야 한다. 앞장의 시각 이론에서, 시선의 이상과의 동일화는 '타자의 인정'에 대한 욕망을 통해서 추동되었다. 하지만 이제 욕망은 인정욕망(désir de reconnaissance), 즉 타자의 인정을 바라는 욕망이 아니다. 그것은 더이상 의미나 이름을 얻기 위한 고군분투가 아니라, 충동의 대상을 자신의 원인으로 하는 결핍 충족의 과정이다. 이러한 욕망의 경제 속에서 시선은, 좀더 정확히 말해 응시[15]는 시각적인 충동을 원동력으로 해서 압력을 행사하는, 욕망의 '원인'(cause)이 된다.

그렇다면 문제의 핵심은 '충동의 대상'이라는 개념인데, 주목할 점은 라깡이 프로이트가 작성한 충동의 대상의 목록에 응시를 포함시켰다는 것이다.[16] 라깡은 프로이트가 보여준 충동의 구조가 자연발생적인 것이 아니라 논리적으로 '연역 가능한'(déductible) 것이라고 주장했다(Lacan 1973, 163면). 충동이 논리적으로 연역 가능하다는 것은, 응시를 포함한 충동의 모든 대상이 동일한 방법을 통해서 추출된다는 것을 뜻한다. 따라서 시각 충동의 대상이 논리적으로 연역되는 과정 또한 대상 a가 연역되는 과정을 따른다. 라깡은 『쎄미나 제11권: 정신분석의 네 가지 기본 개념』(Lacan 1973)에서 대상 a가 연역되는 과정을 소외(aliénation)와 분리(séparation)로 구성된 이중적 과

---

15) 라깡은 '눈'과 관련해서, 두 가지 용어를 구별해서 사용한다. 즉 리비도적 공간 안에서 주체의 측면의 눈을 '시선'(œil)이라고 하고, 대상으로서의 눈을 '응시'(regard)라고 부름으로써 일반적으로 '시선'이라고 통칭되는 것을 세분화했다. 이는 특히 리비도적인 공간 속에서 '실재'의 위상을 차지하는 충동의 대상으로서의 시선과 일반적인 시선 사이의 환원 불가능한 거리를 규정하기 위한 구분이다. 이러한 구분을 우리가 앞장에서 도입하지 않은 것은, 그것이 가지고 있는 함의가 푸꼬의 체계나 초기 라깡의 체계와는 다르기 때문이다. 우리는 이 글에서 '시선'이란 용어를 보다 일반적인 용어로, 즉 '주체적인 시선'과 '대상으로서의 응시'를 포괄하는 용어로 사용하고, 좀더 분명한 규정이 필요할 경우에 한하여 '응시'라는 용어를 병기하기로 한다.

16) 라깡은 프로이트가 작성한 젖가슴, 똥, 남근 등의 목록에, '음소'(phonème), '응시'(regard), '목소리'(voix), '무'(rien) 등을 첨가했다. Lacan(1966) 817면 참조.

정으로 기술한다.[17]

　이러한 과정을 시각 충동의 장에서 응시와 관련해서 살펴본다면, 우리는 다음과 같이 풀이해볼 수 있다. 먼저 소외는 '내가 타자의 시선 속에 함몰되어 있는 것'을 뜻한다. 물론 굳이 타자의 시선을 전제할 필요는 없다. 주체와 타자, 주체와 세상 간의 '불균형'이 주체의 시선을 역전시켜, 타자에게 전능한 시선을 부여하기 때문이다. 주체의 시선은 타자가 주체로부터 취하는 절대적인 거리에 의해 자신 속으로 굴절된다. 주체가 타자를 바라볼 때, 타자의 전능성에서 오는 '비대칭성'으로 인해 오히려 그 타자가 자신을 바라보고 있다고 여기게 된다. 요컨대 내가 이 세상을 보는 것이 아니라 이 세상이 나를 바라보는 것이다. "우리를 의식하게 만드는 것은 동시에 우리를 **세계의 광경**(speculum mundi)으로 위치시킨다."(Lacan 1973, 71면)

　이러한 역전은 타자가 완전한 타자, 이른바 '충만한 타자(A)'임을 뜻한다. 요컨대 전시적(omnivoyant)인 타자다. 마치 내가 세상에 태어나기도 전에 타자가 나에 관해 말하는 것처럼, 내가 이 세상에서 시야를 갖기 이전에, 타자가 나를 바라보고 있다(Lacan 1966, 835면). 타자의 시선은 이 세상을 비추는 빛과도 같은 것이다. 내가 어디에 있건, 그것은 나를 비추고 있으며 나를 주시하고 있다. 푸꼬의 '파놉티콘'을 연상시키는 이러한 빛의 욕조, 시선의 전방위적인 배치는 주체가 이 세상에서 자신의 이름을 얻는 첫번째 과정이다. 그 빛은 내가 이 세상에서 나의 존재를 사회적인 화폐로 환전하게끔 해주는 타자의 은총이다.

---

17) 소외와 분리에 대한 전반적인 논의는 Lacan(1973) 16장 185~95면; 「무의식의 위치」(Lacan 1966) 참조. 여기에서 라깡은 언어에 국한해서 이 과정을 정의하고 있다. 따라서 시각 충동과 관련해서 이 두 과정을 살펴보기 위해서는 위 문헌들을 Lacan(1973) 제2부 65~109면과 관련시켜 읽을 필요가 있다.

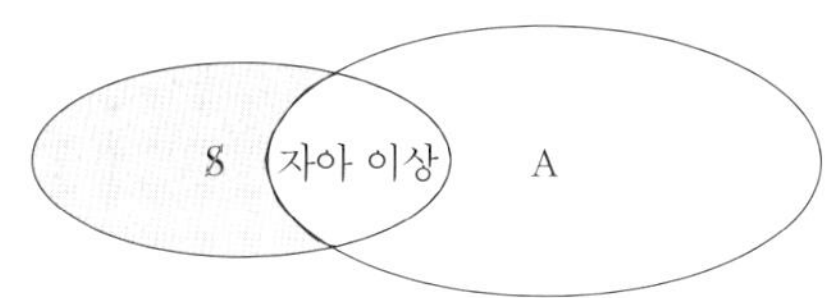

　타자의 시선을 통해서 자신이 보여짐을 보는 곳, 타자의 눈을 통해서 자신을 보는 곳, 그 지점이 자아 이상이라는 전망대가 설치되는 곳이다. 바로 이곳이 타자의 장소 속에서 나의 이름을 새기고 나의 의미를 얻는 지점이다. 하지만 이러한 과정에는 또한 죽음의 시련, 향유(jouissance)의 상실(J)이 병행되는데, 왜냐하면 여기에서 주체는 오로지 타자의 시선을 따라 자신의 시선을 희생해야 하기 때문이다. 주체는 타자의 장소 속에서 제 이름을 얻는 대신, 자신의 육체를, 자신의 존재를 타자에게 내주어야 한다(이것이 바로 '상징적 거세'castration symbolique이다). 그렇기 때문에 이러한 과정을 '다른 곳에 거처한다'는 의미에서 '소외'라고 부르는 것이다.

　시각 충동은 주체가 그러한 소외로부터 자신을 거두어들이는 과정에서 발생한다. 주체가 타자를 위해 희생했던 시선의 육체성(향유)이 되돌아오는 것인데, 이러한 회귀는 타자의 결여, 타자의 거세(A)를 통해서 이루어진다. 주체는 타자의 전능한 시선에 불가능성의 한계가 새겨지는 지점을 통해서 자신이 잃었던 것을 되찾고자 하는 것이다. 시선이 타자를 매개로 해서 이름을 얻기 위해 제 살을 깎는 과정이 소외라면, 그 깎여나간 살덩이를, 타자의 불가능성을—다시 말해 타자의 거세를—현재화하는(présentifier) 대상과 맞바꾸는 것이 분리이다. 이것을 '분리'라 일컫는 것은 주체가 타자로 함몰(소외)되는 것에서 벗어나 자신의 정체성을 획득하는 과정이기 때문이다. 그것은 '다른 곳의 거처'로부터 자신의 육체로 귀환하는 운동이다.

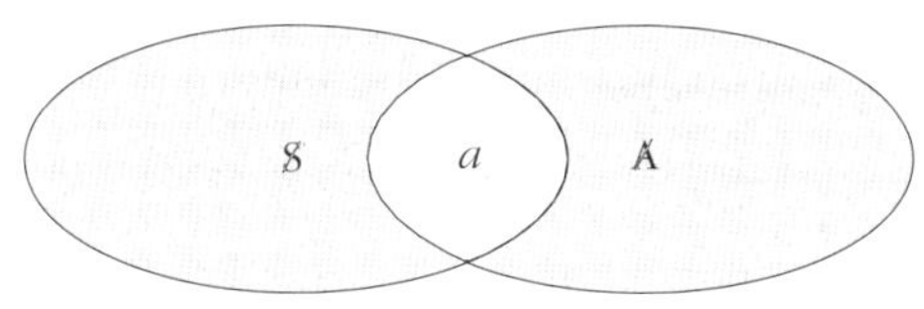

이러한 정체화 운동은 등가적 이미지(거울상)나 상징적 높이(자아 이상)에 의한 봉합(suture)과정이 아니라 리비도적인 박동운동(pulsation)이다. 주체는 상실된 육체를 보상하기 위해서 타자에게 결여된 대상, 타자가 욕망하는 대상을 겨냥하는데, 이것은 그 대상이 '구조적으로' 명중될 수 없기 때문에 항상 단발로 끝날 수밖에 없으며, 따라서 계속해서 다시 겨냥할 수밖에 없는 영속적인 운동이다. '구조적으로 명중될 수 없다' 함은 주체가 겨냥하는 대상이 타자의 기표(signifiant)에 의해 '원천적으로' 표상 불가능하기 때문이다. 다시 말해 대상은 '실재'의 위상을 차지한다. 대상은 상징적인 것 안에서 '불가능성'의 자리에 있다. 불가능성이란 표상될 수도, 복구될 수도 '없다'는 것이다. 그런데 그러한 대상을 둘러싼 영구적인 박동운동이 바로 충동(pulsion)이다(Lacan 1973, 172면). 충동은 생물학적인 '본능'(instinct)이 아니라 언어와 언어의 불가능성 사이의 간극을 따라 작동하는, 육체의 복합적인 "조립품"(montage)이다. 따라서 시각 충동(pulsion scopique)은 타자의 빛, 타자의 전능한 시선이 실패하는 지점, 다시 말해 기표에 의해 표상될 수 없는 '응시'를 겨냥하며, 그 '응시' 주위를 끊임없이 맴돈다.

이러한 시각 이론에서 주목해야 할 점은, 타자의 위상이 근본적으로 바뀌었다는 것이다. 라깡이 충동의 경로를 연역하는 데서 핵심으로 제시하는 분리는 타자의 거세를 전제로 한다. 즉 소외에서 가정되었던 것과 같은 전능한 시선의 타자는 존재하지 않는다는 것이다. 이는 푸꼬와 라깡의 초기 이론에서 보았던 거세된 주체와 전능한 타자 간의 관계($ \mathcal{S} \subset A $)가 더이상 통용되지 않는다는 의미이다. 문제는 '결여된 주체'($\mathcal{S}$)와 '결여된 타자'(A)가 대상을 통해서 중첩된다는 것이다. 대상은 주체에게도, 타자에게도 속하지 않은 두 결여의 교집합이다($\mathcal{S} \cap A$). 이는 보다 근본적으로 충동의 수준에서 타자는 존재하지 않으며 따라서 '성관계는 없다'(il n'y a pas de rapport sexuel)는 명제로 귀결된다.[18] '성관계가 없다'란 충동이 겨냥하는 것이 타자라는 '전체'가 아니라, 타자의 '비존재'(non-existence)를 현재화하는 대상,

이른바 대상 *a*에 불과하다는 것을 뜻한다. 곧 '부분 대상'(objet partiel)과 '부분 충동'(pulsion partielle)이 있을 뿐인데, '부분 대상'이란 충동의 대상이 타자라는 총체적인 대상이 아니라는 뜻이며, '부분 충동'이란 그런 부분 대상을 향한 절편적인 운동에 불과한 충동을 뜻한다. 이것이 바로 충동이, 타자 전체를 겨냥한 사랑(amour)과는 다른 운명을 겪을 수밖에 없는 이유이다.

현대적 담화가 육체를 타자의 장과 접속시키는 것을 특징으로 하는 한에서, 그 타자의 위상 변화는 육체에 대한 다른 각도의 접근을 병행한다. 앞장에서 우리는 푸꼬와 라깡의 초기 이론에서 육체와 언어, 육체와 지식 사이에 맺어진 매듭에 주목한 바 있다. 거기에서의 육체는 언어의 격자에 의해 덧씌워진 육체, 기표의 물질적 흔적이 새겨진 육체인데, 이는 사실 육체성을 희생한 허수아비 같은 육체이다. 하지만 라깡의 세번째 시각 이론에서 육체는 더이상 언어에 의해서 덧씌워진 육체로 축소되지 않는다. 육체는 그렇게 덧씌워진, 코드화된 공간이기도 하지만, 무엇보다 중요한 것은 그것이 리비도적 공간이란 점이다. 즉 리비도가 흐르는 무수한 통로들로 각인된 육체인 것이다. 육체는 지식 속에 소외된, 지식에 의해 살해된 사물로 단순히 환원되지 않는다. 육체는 지식에 의해 각인되면서 육체성(향유)을 상실하지만, 또한 육체성의 잔액('잉여향유' plus-de-jouir)을 남겨놓는다. 그리고 그러한 잔액의 집전소가 육체의 성감대를 구성하며 육체의 리비도적 용적을 산출해내는데, 바로 이것이 육체가 자신의 죽음을 견뎌낼 수 있는 비결이다.

이렇게 육체를 리비도적 관점에서 바라보고 응시를 충동의 대상으로 간주하는 것은, 주체의 심적 공간에 대한 논의를 재편하도록 만든다. 외부세

---

18) Lacan(1975)에서 등장하는 이러한 명제는 이 장의 주요한 참조점인 Lacan(1973)에서도 발견됨을 주목하자. "모든 충동은 본질상 부분 충동이다. 따라서 어떠한 충동도 Sexualstrebung, 즉 성적인 성향의 총체성(totalité)을 표상할 수 없다." Lacan(1973) 185~86면.

계와 내부세계 간의 리비도적 관계에 근거한 심적 공간은 시선의 길들임이나 훈육에 의한 강압적인 유입에 의해 구성되지 않는다. 그것은 타자의 결여를 현재화하는 대상에 의해 주체의 결여가 리비도적으로 충원되는 과정에서 이루어지는 복합적인 운동이다. 언어의 세계 속으로 들어옴으로써 자신의 존재를 상실한 주체는 타자의 결여를 현재화하는 대상을 통해 자신의 결여를 충족시킴으로써 '하나'라는 이름을 얻게 될 것이다. 주체의 탄생은 타자의 장에 있는 기표들, 다시 말해서 '자아 이상'으로는 부족하다. '하나'는 타자에 포함되지 않은 요소, 더 정확히 말하면 타자에 의해 표상되지 않는 것으로, 타자의 욕망을 현재화하는 대상 a와의 매듭을 통해서 주어진다. 마찬가지로 주체를 '하나'의 시선으로 만드는 것은 타자에게 있다고 가정되는 '시선의 이상'과의 동일화가 아니다. '하나'의 시선은 타자에게 결여된 것을 현재화하는 '실재적 시선', 라깡의 용어로 표현하면 '응시'의 매개를 통해서 산출된다. 이것이 바로 심적인 공간이 시선의 리비도 경제 속에서 '하나'로 결속되는 지점이다($\delta \diamond a$).

4. 시선의 폐색(閉塞), 혹은 (탈)현대의 미로

시각에 대한 현대적 담화에서 한 가지 독특한 형태는 시선의 사라짐에 대한 담화 가능성이다. 앞에서 우리는 주체의 시선과 타자의 시선(응시)의 미묘한 긴장 속에서 리비도 경제가 지탱되며, 또한 그것에 의해 내부의 심적 공간이 하나의 통일성을 획득함을 보았다. 그런데 보다 최근의 담화들에서는 이러한 경제가 무너지는 광경이 연출되는데, 그러한 붕괴의 작인은 새로운 형태의 문화, 이른바 타자의 장을 이루는 매체의 변화와 그 여파로 나타난 불길한 징후들이다.

우리는 이러한 경우의 대표적인 예로 보드리야르를 언급하지 않을 수 없다. 그는 푸꼬 식의 파놉티콘 모델, 그리고 라깡이 보여준 시선의 리비도 경제의 종말을 선언했다. 그의 상상력은 이른바 '(탈)현대적' 상황의 극단에서 일종의 극약처방에 이르는데, 이제 우리는 그러한 상상력 속에서, 지금까지 주파해왔던 여러가지 시선 형태가 한꺼번에 무너지는 광경을 보게 될 것이다. 즉 보드리야르의 담화에서는 기호의 과잉과 그 과잉의 '연쇄반응'이 시선의 구조를 해체해버리며, 심적 공간의 울타리도 용해시켜버린다는 것이다. 그런데 우리가 주목해야 할 점은, 상상력이 증언하고 있는 이러한 광경의 진위가 아니라, 그러한 현상의 메타심리학적인 가능성이다. 보드리야르의 주장을 이해하기 위해서는 적어도, 물질적 조건의 변화가 어떻게 심적인 차원에서 시선의 해체와 심적 공간의 붕괴를 이끄는지 살펴보지 않을 수 없다. 우리의 여정이 보드리야르에서 시작해서 다시 한번 라깡으로 끝나게 되는 것은 바로 이러한 연유에서다.

보드리야르: 시선의 소멸

보드리야르는 "권력은 존재하지 않는다"고 말한다. 또한 그는 "성욕이란 존재하지 않는다"고도 말한다. 전자는 푸꼬를 겨냥한 말이고, 후자는 정신분석학을 겨냥한 말이다. 하지만 우리는 이러한 선언의 진의를 쟁점화하기보다 다음과 같은 형식에 주목하고자 한다. 즉 보드리야르의 체계에선 기이하게도 항상 'x는 존재하지 않는다'라는 명제로 귀착하는 문장들을 마주치게 된다. "응시는 존재하지 않는다"는 명제는 바로 이런 형식의 변주 중의 하나다. 그렇다면 보드리야르가 '무엇인가가 존재하지 않는다'라고 할 때, 이러한 단언의 근거는 어디에 있을까?

이는 그러한 존재가능성을 규정하는 외부의 물리적·사회적 조건, 다시 말해서 타자의 장에 무엇인가 중대한 변화가 생겼기 때문이다. 사실 보드리야르가 푸꼬를 비판하는 지점과 푸꼬가 자신의 논지를 펼치는 위치는 다르다. 푸꼬는 근대적 시선이 탄생하는 지점에 대해 말하고 있는 반면, 보드리야르는 (탈)현대적 상황에 대해 말하고 있기 때문이다. 하지만 그들의 출발점이 모두 사회적 조건들에 의해서 부과된 운명에 있다는 점은 공통적이다. 푸꼬가 시선과 대상 사이에서 주체의 자리를 지우고 '언어'를 들여놓았다면, 그 언어의 위상이 어떻게 굴절되느냐가 시선의 운명에 지대한 영향을 미치리라는 것은 자명한 이치다. 그런데 바로 이것이 보드리야르가 푸꼬의 권력론과 더불어 파놉티콘의 전망대를 공략하는 지점이다.

이러한 공략을 위해 보드리야르가 주목하는 것은 (탈)현대적 상황에서 나타난 표상과 기호의 과열현상이다. 보드리야르는 언어의 팽창에 대한 바르뜨(R. Barthes)의 직관력을 빌려와[19] '내파'(implosion)라는 용어로 탈현대의 파국적인 상황을 기술한다. 여기서 '내파'란 기호 자체가 과잉되고 과열됨으로써 내부로부터 파열되는 것을 말한다. 기호가 사물 자체를 파열시키는 방향으로, 심지어는 자신의 죽음으로 나아가게 된다는 것이다. 사물을 지시하기 위해 사용되었던 기호들이 '양적으로' 사물보다 많아지면서(기호>사물), 기호는 '질적으로' 더이상 사물을 참조하지 않고 자신을 참조한다. 기호는 사물보다 더 완벽한 사물이 되며(사물의 죽음), 더 완벽한 사물이 되기 위해 더 완벽한 기호를 모사하기에 이른다(기호의 죽음). 이것이 이른바 "씨뮐라크르의 자전"(précession des simulacres)이며, "하이퍼리얼리티"(hyperréalité)는 이러한 자전이 일구어낸 기호들의 투명한 두께를 말한다.

이러한 맥락에서 보면 보드리야르가 'x는 존재하지 않는다'고 말하는 것은 자연스럽다. 기호는 과잉생산됨으로 인해 투명성에 다다른다. 그것은 자신의 밀도를 잃고 기호로서의 의미 또한 잃어버린다. 그 투명성은 시간을 지탱할 만한 흠집을 갖고 있지 않기 때문에 더이상 기억은 쌓이지 않는다. 시간은 "기억이 없으며" "결과를 남기지 않는 순수한 사건"이다(Baudrillard 1983, 23면). 시간은 매끄러운 표면 위로 미끄러질 뿐이다. 더이상 앞다투어 도달해야 할 목적지도 없고, 거슬러올라갈 기원도 없다.

시간이 없다면 거리 또한 없다. 거리는 점과 점 사이의 차이, 간격, 한계

---

19) 바르뜨에게 언어의 팽창은 곧 '자연의 종언'으로 이루어지고, 그 소멸한 자연에 대해 언어는 '알리바이'가 되는데, 이것이 바로 '신화'(mythe)다. Barthes(1957) 참조.

등을 전제로 한 개념이다. 그런데, 보드리야르가 말하는 (탈)현대적 공간 속에서는 모든 것이 이러한 간격을 넘어버렸다. "우리는 모든 한계(limite)를 넘어버렸다. 무대의 한계와 진리의 한계조차도 넘어버렸다." 이러한 한계, 이러한 거리의 소멸은 곧 시선의 종말이기도 한데, 왜냐하면 시선은 주체와 타자, 주체와 대상 간의 거리를 전제한 개념이기 때문이다. 하지만 이제 대상들이 너무 '근접'해져 거리는 소멸되어버렸다. 이는 원근법적인 거리에 근거한 고전적 공간의 소멸을 뜻하는데, 바로 여기에 그가 푸꼬의 파놉티콘 이론을 비판하는 단서가 있다. (탈)현대적인 세계에서 타자의 시선은 존재하지 않는다. 타자의 시선이 불가능하기 때문에 주체를 감시하는 눈도 없다.

푸꼬의 파놉티콘 이론에 대한 반박으로 그가 내세우는 것은 (탈)현대적 매체인 텔레비전에 대한 고찰이다("텔레비전의 눈은 더이상 절대적인 시점 optique의 근원이 아니다." Baudrillard 1978, 27면). 텔레비전을 통해 전파되는 이미지의 융단폭격, 텔레비전 속 시선의 전면적인 표층화는 '심도' (profondeur)나 '거리'(distance)를 지닌 시각적 공간을 무너뜨린다. 여기에서는 더이상 감추어진 것도, 감추는 것도 없다. 따라서 그것이 모방한다고 여겨졌던 무대 뒤의 진리는 존재하지 않는다. 언어의 경제 속에서 은유 (métaphore)는 부재하며, 시선의 경제 속에는 더이상 '비밀'이 없다. 이것이 바로 보드리야르가 말하는 '외설성'(obscénité)이다. 현실은 기호의 과잉에 따른 '하이퍼리얼리티'의 주름 속에서 점점더 포르노그라피 같은 세상을, '포르노그라피적인 대상성'(objectivité pornographique)을 연출한다 (Baudrillard 1987, 29면). 여기에서 '연출'이란 말은 적합하지 않은데, 왜냐하면 이제 세상은 더이상 무대(scène)의 뒤편과 무대를 가르는 이분법에 속하는 것이 아니라, 모든 것을 즉각적인 화면 속에서 용해시켜버리는 일원적 표면에 속하기 때문이다. "모든 것이 똑같은 정도로 가시적이다. 모든 것은 깊이가 없는 동일한 공간을 공유한다."(Baudrillard 1987, 30면)

은유는 기호와 기호 사이의 거리, 사물과 기호 사이의 거리에 입각하고,

시선과 응시의 놀이는 가면(mascarade)의 미학에 의거한다. 하지만 여기에서는 더이상 그러한 거리도 없고, 내부의 진정한 얼굴을 가정하는 가면도 없다. '수동적인 것'과 '능동적인 것'을, '처음'과 '끝'을, '원인'과 '결과'를 구별할 수 없는, 서로가 서로를 복사하는 "순환적인 굴절"(flexion circulaire)만이 있을 뿐이다. 따라서 텔레비전의 공간 속에서는 "모델, 권력, 시선, 매체 자체의 심급을 위치시킬 수 없다."(Baudrillard 1978, 28면) 인간의 시각 형식은 텔레비전이 쏟아내는 광역적 이미지에 의해 근본적으로 변화를 겪었으며("미디어는 메씨지다", 더 나아가서는 "미디어는 마싸지다"), 종국에는 그러한 시선마저도 와해되어버린다.

보드리야르에게서 '시선이 존재하지 않는다'는 명제가 '권력이 존재하지 않는다'는 명제와 만나 푸꼬를 비판하는 주된 논거가 된다면, 시선의 비존재를 정신분석학에 대한 비판의 논거로 읽기 위해서는 그의 '성욕이란 존재하지 않는다'는 명제를 점검하지 않을 수 없다. 이러한 주장의 핵심은 대략 두 가지로 생각해볼 수 있다. 보드리야르가 보기에 성욕 개념은 생물학적인 '자연'(nature)을 전제로 하는 것인데, 사실 자연이란 상상적인(imaginaire) 산물에 불과하므로 성욕 또한 상상적인 것이다. 상상적인 산물이란 개념의 거울에 의해 마치 실재처럼 반영된 허상을 뜻한다. 두번째 핵심은 성욕 개념의 폐기는 (탈)현대의 정황에서의 필연적인 결과라는 것인데, 이와 관련해서는 다른 (탈)현대적인 징후들과 똑같은 논증 절차를 밟을 수 있다. 즉 기호의 과잉, 씨뮐라크르의 세계는 실체라는 것을 증발시킨다. 씨뮐라크르의 세계에서 성욕은 내파되어 흔적 없이 사라져버린다. "성은 도처에 존재하지만 정작 성욕에는 없다."[20]

---

20) 여기에서 보드리야르에게서 뒤엉켜 있는 이 두 가지 주장을 구별하는 것이 중요하다. 왜냐하면 첫번째 주장이 전제하고 있는 성욕 개념(생물학적인 실체)은 정신분석학의 성욕 개념이 아니기 때문이다. 성욕이 생물학적인 개념이 아니라는 것을 가장 먼저 공표한 이는 프로이트이고(「충동과 충동의 운명」 Freud 1988 참조), 그러한 명제를 이해 가능한 것으로 바꾼 이는 바로 라깡이다. Lacan(1973) III부 참조. 마찬가지로, 보드리야르에게서 구별되지 않는, 푸꼬의 파놉티콘 이론의 전제로서 잔존하는 '원근법적인 공간'과 라

이렇게 리비도의 통로, 그 마술 같은 뫼비우스의 띠가 더이상 존재하지 않기 때문에 외부(dehors)와 내부(dedans)를 가르는 경계선도 없다. 주체는 기호들의 거대한 용광로 속에 함몰되어버렸다. 주체는 기호의 과잉이 조각해내는 투명한 '크리스탈'(cristal) 속에 갇혀버린 것이다. 이는 단순히 주체가 타자 속에 함몰되었다는 말로는 부족한데, 왜냐하면 크리스탈같이 투명한 세계 속에는 주체의 자리도, 타자의 자리도 없기 때문이다. 씨뮐라크르의 세계, 보드리야르가 '말하는' (탈)현대적 공간 속에는 타자가 없는 '하나'만이 있을 뿐이다. 이는 앞장에서 보았던 '하나'와 '하나' 속의 '하나'가 아니라, 오로지 '하나'밖에 없는 '하나'이다. 다시 말해서 무관심과 무차별(indifférence)로서의 하나이다(Baudrillard 1987, 82면). 따라서 라깡에게서 나타나는 시선과 응시의 변증법도 불가능하다. 주체의 시선이 타자의 시선(응시)과 만나서 빚어내는 욕망의 활주로가 차단되어 있으며(따라서 "욕망은 존재하지 않는다"), 그러한 유희에 의해 구성되는 심적 공간 또한 붕괴되어 있기 때문이다.

이러한 보드리야르의 극약처방에는 어쩌면 귀기울일 만한 구석이 있을지도 모르겠다. 그가 들려주는 이 극단적인 메씨지에서, 미리부터 사태를 속단하는 예언적인 어조, 혹은 저주에 가까우리만치 의미의 가능성을 박탈해버리는 묵시론적인 어조를 덜어낼 수만 있다면, 그의 목소리는 매스미디어에 함몰되어버린 새로운 유형의 일상생활을 그리는 데에 유용한 도구가 될 수도 있을 것이다.

하지만 우리는 그러한 장점에도 불구하고 종국에는 푸꼬에게서 만났던 것과 똑같은 한계를 보드리야르의 저술에서도 만날 수밖에 없다. 즉 그는 외적·물질적 조건에 너무나 집착한 나머지 주체의 여지를 남겨놓지 않았

깡의 '리비도적인 공간'도 반드시 구별될 필요가 있다. '원근법적인 공간'은 기하학적인 거리에 의거한 반면, '리비도적인 공간'은 언어와 향유 사이의 환원 불가능한 거리에 의해 구축된다. 보드리야르는 이 둘을 구별하지 못했기 때문에, 사실 후자에 대한 비판에는 타당성 있는 논거를 별로 동원하지 못한다.

다. 보드리야르는 (탈)현대적 매체의 특성에 걸맞게 지각방식이 변모했다고 주장할 뿐이다. 보드리야르가 보여주는 이러한 심적 공간의 경색에서 주체의 '몫'은 없다. '주체의 몫이 없다' 함은 단순히 주체가 소멸되어버렸다는 의미가 아니라, 그 소멸에 대해 주체가 책임질 수 있는 여지가 전혀 없다는 뜻이다. 보드리야르의 체계에서 주체의 여지가 조금이라도 남아 있다고 한다면, 이는 매체의 영향력에 의해 자신의 지각방식을 끊임없이 갱신하는 감광판으로서의 주체에 불과하다. 이러한 주체에게 갱신이란 오로지 외적 조건에 의해 주어진 운명으로 부과될 뿐이다. 그런데 외부적 조건에 의해서 강요된 운명이 주체의 몫을 박탈했다면, 그러한 박탈에는 주체의 몫이 전혀 들어 있지 않다는 것일까? 심적 공간이 붕괴되기 위해서는 심적 공간 자체가 떠맡아야 할 어떤 내밀한 '내기'(enjeu)가 있지 않을까? 이러한 의문이 바로 우리가 다시 라깡의 목소리에 귀기울이게 되는 이유이다.

라깡: 메타심리학적 수정

라깡에게서 관건은 언제나 주체의 위치이다. 따라서 보드리야르의 입장을 다시 라깡의 방식으로 풀어보는 것은 우선 그것을 메타심리학의 관점에서 접근하는 동시에, 주체의 심적 공간이 구성되는 지점을 주목하는 것이다. 시선이 소멸되었다면, 주체가 소멸되었다면, 이는 외적 조건에 의한 것이라기보다는 그러한 외적 조건에 대한 주체 자신의 책임성의 형태에 따른 것이다.

물론 보드리야르가 현대의 특징적인 현상이라고 제안한 기호의 과잉생산에 관해서 라깡은 말하지 않는다. 또한 보드리야르가 실재의 종말에 관해 말하는 반면, 라깡은 끊임없이 실재에 관해서 말한다. 하지만 이러한 외관상의 차이는 별로 중요하지 않는데, 왜냐하면 보드리야르가 말하는 실재와 라깡이 말하는 실재가 다르기 때문이다. 보드리야르는 실재는 종료되었고, 허구가 그 실재의 자리에 들어와 실재보다 더 실재적으로 되었다고 말한다.[21] 라깡은 정신병의 경우 실재(불가능성)를 방어하는 현실의 장벽이 실재의 압력에 의해 무너지면, 허구와 현실의 거리가 붕괴되고 환각이 주체를 엄습한다고 말한다.[22] 그렇지만 우리는 적어도 한 지점과 관련해서는 보드리야르와 라깡이 동일한 것을 겨냥하고 있음을 알 수 있다. 그것은 바로 현실의 공간이 붕괴되고 허구적인 것과 현실적인 것이 뒤엉키는 지점이다.

이 지점에서는 현실보다 더 실재적인 허구가 '실재적인' 것이 된다. 더이상 허구와 현실의 경계선이 필요없기 때문에, 이것인지 저것인지에 대한 의심도 불가능하다. '의심'(doute)이 고전적 사유의 징후라면, '확실성'(certitude)과 '즉각성 혹은 무매개성'(immédiateté)은 (탈)현대적 육체성의 징후다. 보드리야르는 현실보다 더 실재적인 이러한 허구를 가리키기 위해 '씨뮐라크르'라는 용어를 썼고, 라깡은 정신병리학적인(psychopathologique) 전통에 입각해 '환각'(hallucination)이라는 용어를 사용했다. 이들은 비슷한 계열의 또다른 단어인 '환상'(fantasme)과 구별되어야 하는데, 환상은 허구와 현실의 경계선을 전제로 한 개념인 반면, 환각이나 씨뮐라크르는 그러한 경계선이 붕괴하는 지점과 결부된 개념이기 때문이다.

그렇다면 어떻게 해서 씨뮐라크르와 환각이 현실의 두께를 얄팍하게 만들 수 있었을까? 이는 시대에 대한 일종의 임상적 진단을 병행하는 물음일 수도 있다. 앞에서 우리는 보드리야르에게서 또다른 의미의 자폐증적 징후를 확인했다. 즉 보드리야르에게선 이 세계가 '둘'(나와 타자)이 아닌 '하나'로 환원되었고, 그 시점에서 타자의 시선이 이미지의 융단폭격에 의해

---

21) "실재는 상상적인 것을 위해 사라지는 것이 아니다. 그것이 사라진다면 이는 실재보다 더 실재적인 것, 다시 말해 하이퍼리얼(초실재적인 것)을 위해서다." Baudrillard(1983) 14면.
22) 정신병에 대한 라깡의 전반적인 논의에 대해서는 「가능할 수 있는 모든 정신병 치료에 대해 기초가 되는 한 가지 문제에 대해」(Lacan 1966); Lacan(1981) 6장(85~102면) 참조. 라깡은 여기에서 '폐제(廢除)된 것'과 그것이 '실재' 속으로 회귀하는 메커니즘을 정신병적 환각구조라고 보았다.

폐허 속으로 사라져버렸다. 이것을 '또다른 의미의 자폐증'이라 함은 그것이 고전적 형태의 자폐증, 앞에서 우리가 보았던 '유아론적 자폐증'과는 다르기 때문이다. (탈)현대적 형태의 자폐증에서는 주체가 철저하게 타자의 세계 속으로 함몰되어 있는 반면, 고전적 의미의 자폐증에서는 이 세계가 주체 안으로 들어와 있다. 전자에서는 육체라는 물질적 매체가 세계 속으로 흡입되는 반면, 후자에서는 사유가 이 세상을 수용하는 용기(容器)가 된다.

타자의 시선이 사라진 세상, 이러한 자폐증을 메타심리학적인 관점에서 접근한다면, 우리는 라깡이 충동의 대상으로 시선(이른바 '응시')을 연역해내는 과정을 주목할 필요가 있다. 앞에서 우리는 라깡에게서 분리의 과정이 시각 충동의 핵심적 메커니즘으로 된다는 것을 보았다. 타자의 시선(응시)이 철폐된다는 것은, 다시 말해 자폐증적 구조가 발생한다는 것은 이 분리의 메커니즘에 뭔가 문제가 생겼다는 것을 뜻한다. 분리의 메커니즘은 타자의 욕망을 원동력으로 해서 주체에게서 충동의 박동운동을 이끌어내는 일종의 피스톤과도 같다. 따라서 분리의 메커니즘에 뭔가 문제가 있다는 것은 그것의 원동력인 타자의 욕망이 고장났다는 것과 통한다. 그렇다면, 타자의 욕망 장애와 보드리야르가 말하는 현대세계의 잔혹한 투명성은 어떤 관계를 맺고 있을까?

이러한 물음에 답하기 위해선 (탈)현대적 상황에 대한 보드리야르의 성찰로 돌아가기보다는 라깡의 메타심리학적인 입장에 주목할 필요가 있다. 라깡은 우선 응시 개념을 정신분석학의 핵심 개념으로 끌어올리는 바로 그 쎄미나에서 자폐증의 중요한 원리를 밝히고 있다. 그것은 바로 '홀로프라즈' (holophrase)이다. '홀로프라즈'란 기표들로 이루어진 타자의 세계 속에 결여가 부재하기 때문에, 다시 말해서 하나의 기표 S_1과 다른 기표 S_2 사이에 어떠한 거리도 부재해 기표들이 하나의 문장처럼, 하나의 덩어리처럼 뭉쳐져 있는 것을 지칭하기 위해 라깡이 만든 신조어이다(Lacan 1973, 215면). 주체의 심적 공간에서 '홀로프라즈'는 타자의 결여가 부재하다는 것을 가리키는 중대한 지표다. '홀로프라즈'에서는 "기표의 근원적인 연쇄가 경화되고 하나의 덩어리처럼 되면, 믿음의 현상 속에서 볼 수 있는 변증법적 열림이 일어나지 못한다."(Lacan 1973, 215면) '변증법적인 열림'이란 타자의 결여를 통한 자기의 산출이다. 기표와 기표 사이에 거리가 없다는 것은 타자의 결여가 부재하다는 것을 뜻하고, 타자의 결여가 부재하면(결여의 결여) 주체는 대상 a의 추출에 실패할 수밖에 없다. 우리는 이러한 과정을 다음과 같이 도식화해볼 수 있다.

$$S_1 \wedge S_2 \qquad \Rightarrow \qquad S_1 S_2 \atop \vee$$
$$\underset{\$ \diamond a}{}$$

첫번째 도식은, 하나의 기표와 다른 기표의 간극 속에서 대상 a가 추출되는 것을 뜻한다. 물론 이때 대상 a는 정확히 두 기표 '사이'에 있기 때문에, 다시 말해서 기표에 의해 표상될 수 없는 거리 속에 있기 때문에, 언제나 상실된 대상이다. 주체는 이 상실된 대상을 충동의 공간 속에서 겨냥하며 '하나'로 봉합한다. 하지만 두번째 도식에서처럼 두 기표가 하나의 덩어리를 이루고 있으면, 대상 a의 자리가 없어진다. 이렇게 되면 상실이 주체의 변증법적인 계기로 들어오지 못하며, 결국 주체는 분리의 계기를 완성하지 못하고 타자의 공간 속에 매몰되어버린다. '자폐증'은 타자의 장 속으로 소외되는 과정을 거친 주체가 타자의 공간 자체가 꽉 차 있어, 다시 말해 그 속에서 어떠한 결여도 끌어내지 못해, 그러한 결여를 매개로 해서 자신의 고유한 영역을 구축해내지 못한 것을 말한다.

보드리야르에게 있어 '시선(응시)이 부재한다'는 것은 이러한 메커니즘으로부터 도출될 수 있는 명제인데, 기호와 이미지의 증식과정이 타자의 시선 속에 결여를 이식시키지 못한다는 데 요점이 있다. 세상은 기호와 대상의 과잉생산 속에서 충만해진다. 물론 이러한 '충만함'은 그러한 과잉이 기호와 대상을 죽음으로 이끈다는 점에서 또한 '빔[空]'이기도 하다. 하지만 이러한 '빔'은 그것이 자신의 밑바닥을 갖고 있지 않다는 점에서, 다시 말해 결여를 표시할 만한 상징적인 시준점을 갖고 있지 않다는 점에서 상징적 결여가 아니라 실재적인 결여, 즉 '결여의 결여'에 해당한다. 이러한 결여의 결여로 말미암아 주체는 타자의 시선 속에 함몰되어 '내부'의 내밀한 공간을 갖지 못하게 되는데, 이것이 바로 심적 공간이 무너지게 되는 중대한 원인이 된다.[23] 따라서 (탈)현대적 자폐증은 아이러니컬하게도 '외부'와 '내부'가 완벽히 분리되고 '외부'를 향한 '내부'의 창문이 차단됨으로써 이루어진 것이 아니라, 그러한 분리를 성취하지 못했기 때문에 이루어진 것이라고 할 수 있다.

자폐증적 구조에 대한 라깡의 메타심리학적 논의가 보드리야르의 증상적인 기술들을 해명해준다는 사실은 현대에 대한 라깡의 진단에서 더 잘 드러난다.[24] 라깡은 현대세계를 '자본주의적 담화'(discours capitaliste)로 규정했는데, '자본주의적 담화'를 특징짓는 것은 대상들의 과잉으로 인해 주체에게 대상에 대한 결여가 불가능한 상황이다. 끊임없이 생산되는 대상들의 연쇄는 타자의 공간 속의 결여를 봉합해버리는 효과를 가져온다. 이렇게 되면, 주체는 결여에 눈뜰 새도 없이 대상들의 충만한 연쇄를 따라 표류하게 된다. 결국 욕망은 사라지고, 대상은 주체와 타자의 분리를 위한 매개물로 고양되지 못한다. 분리의 실패는 심적 공간의 붕괴와 더불어 환각을 불러온다. 세계는 현실과 꿈의 경계선을 잃고 실재의 '관성'(inertie) 속으로 추락한다. 자본주의적 세계에서 현실은 얄팍해지고, 주체는 그 얄팍해진 현실 속으로, 환각의 투명한 두께 속으로 증발될 것이다.

5. 결론: 시선에서 주체성으로

시선에 대한 현대적 담화는 시선을 언어·기호·욕망 등과 교차해서 읽

---

23) 라깡에게서 환각의 등장은 바로 이 지점에서 이루어진다. 그에게 환각은 무너지는 심적 공간을 지탱하기 위한 하나의 '보완물'이다.
24) Lacan(2001)에 재수록된 「이딸리아 노트」 참조.

어내는 데 그 특징이 있다. 우리는 이것을 '시선과 타자의 접속'이라고 부를 수 있다. 현대적 담화에서 시선은 고전적 공간에서의 유아론적인 틀을 벗어나 타자의 장에 귀속된다. 물론 이러한 타자는 물리적·육체적인 장으로서 출현한다는 점에서, '신'이나 '이념' 등과 같은 추상적이고 창백한 실체가 아님은 자명하다. 담화의 현대성은 타자를 내 안으로부터 해방시켜 물리적·육체적 공간 속으로 이전시키는 데 있다. 그것은 푸꼬와 같은 비판적 실증주의자에게서는 '지식'이나 '담화'라는 이름으로 나타났으며, 라깡과 같은 정신분석학자에게서는 말·욕망·향유 등과 같은 형태로 모습을 드러냈다. 이러한 현대적 담화에서 시선은 지식과 육체, 육체와 욕망, 욕망과 기호 등의 연쇄적인 고리에서 이론의 중요한 전략적 요충지를 차지하며, 이론의 미분적 차이를 만들어내는 데 중요한 관건이 되었다.

우리는 고전적 시선의 틀을 넘어서는 현대적 시선의 변이체들을 몇가지 유형으로 정리해서 점검했다. 크게는 세 가지 유형 정도로 정리할 수 있는데, 그 첫번째 유형으로, 상징적인 경제 속에서 결정되는 시선을 푸꼬와 라깡의 초기작업 속에서 확인했다. 여기서 시선의 구조적 틀과 활동범역은 언어의 질서에 의해 '재단'되며, '담화의 두께' 혹은 '타자의 장소'에 의해 결정되는 운명을 겪는다. 두번째 유형은 리비도적 경제 속에서 충동의 대상으로 기능하는 시선이다. 이는 라깡의 후기작업에서 발견될 수 있는 유형의 시선인데, 여기서 육체는 지식에 의해 덧씌워진 장이 아니라 리비도의 경로와 그것의 용적으로 고양되고, 시선 또한 인식론적인 범주를 넘어서 리비도적인 범주로 갱신된다. 세번째 유형은 이 두 가지 유형의 담화에 대한 비판적인 거리를 각인시키는 것인데, 이는 이른바 (탈)현대의 파국적인 상황에서 오는 '시선의 종말'이라는 테제로 요약될 수 있다. 시선은 '기호의 과잉'과 '씨뮐라크르의 자전'에 의해 파급되어 나타난, 범주들의 '총체적인 전도' 속에서 용해되어버린다. 주체는 타자 속에 함몰해버리고, 타자의 시선을 유지할 만한 '거리'는 불가능해진다. 우리는 이러한 형태의 담화로 보드리야르의 담화를 주목했으며, 그것의 인식론적인 토대를 라깡의 메타심리학으로부터 도출해냈다.

앞에서 언급한 것처럼 우리는 이러한 과정에서, 타자라는 명목 아래 각기 다른 이름들을 만나게 되는데, 이들이 현대적 담화의 다양성과 풍요로움을 생산해내는 조건으로 기능했다는 사실을 간과해선 안될 것이다. 시선은 타자라는 개념이 이론적으로 진화해오면서 다채로운 얼굴을 드러냈으며 다양한 이론적 분기점을 산출해냈다. 또한 현대적 담화에서 타자라는 범주를 어떤 인칭이나 인물에 국한된 고전적인 범주가 아니라 장소·지역·관계 등과 같은 위상학적인 개념으로 치환한다는 조건에서, 우리는 이들을 동일한 맥락으로 연관지어볼 수도 있다. 세 가지 시선이 담화에서 진열되는 데서 주체의 시선이 타자의 시선과 갖는 관계의 변화양상을 확인한다면, 우리는 시선 개념 변주의 구조적인 범위, 그 변주의 가능성을 예기(豫期)할 수도 있을 것이다. 우리는 이러한 가능성을 지금까지의 논의를 정리해 다음과 같은 도식 속에 담아볼 수 있다.

+	−	$S \supset \bar{A}$	
−	+	$\bar{S} \subset A$	푸꼬 라깡1
−	−	$\bar{S} \cap \bar{A}$	라깡2
×	×		보드리야르(라깡)

도식의 첫번째 단계는 현대적인 시선이 아니라 고전적인 시선을 보여준다. 대상과 타자(−)가 주체의 시선 아래에 종속되며, 주체의 시선은 '이성' '로고스' '신' 등의 이름을 빌려 사태를 조망하는 전망대(+)에 위치한다. 현대적인 시선은 이러한 시선과의 결별로부터 탄생한다. 주체(8)가 보는 것보다 더 많은 것을 보는 대상(+), 주체의 시선을 포괄하는 ('담화' '지식' '말의 장소' 등과 같은) 타자(8⊂A) 사이의 '불균형'이 현대적 담화의 출발점이자 위 도식의 두번째 단계를 이룬다면, 그러한 타자를 그 전능함에서 끌어내리는 것 또한 현대적 담화의 한 가지 변주에 해당한다. 세번째 단계를 이

루는 이러한 변주는 언어의 장으로서의 타자를 리비도적 공간의 타자로 전이시키는 것인데, 아이러니컬하게도 시각 충동은 타자의 부재, 타자의 결여(A)로부터 자신의 활로를 개척한다. 충동의 장 속에서 시선은 주체의 결여($-$)와 타자의 결여($-$)가 교집합을 구성하는 지점($S \cap A$)에 위치한다. 이곳이 바로 대상 a가 도출되는 지점이며, 바로 여기에서 주체는 그 대상을 매개로 자신의 심적 공간을 유지한다($S \diamond a$). 반면 도식의 네번째 단계는 주체의 시선과 타자의 시선이 어떠한 대립이나 긴장도 없이 하나의 장 속에서 융해되는 것이다. 물론 이러한 과정은 시선의 양적인 변화가 아니라 구조적·존재론적 변화에 해당한다. 도식을 이끌어내기 위해 타자가 직접적으로 주체를 바라볼 필요는 없으며, '파놉티콘' 같은 물리적인 장치에 관해 논할 필요도 없다. 파놉티콘이 그러한 시선을 만들어내는 것이 아니라, 시선이 파놉티콘을 만들어내는 것이기 때문이다.

따라서 문제는 '주체에 대한 타자의 위치'라기보다는 '타자에 대한 주체의 위치'라고 해야 더 마땅하다. 타자의 시선과 주체의 시선의 관계는 주체의 위치, 주체성의 구조로부터 출발한다. 이것이 바로 우리가 라깡의 담화를, 시선에 대한 현대적 담화들을 읽는 데서 중요한 잣대로 고양시켰던 이유이다. 라깡의 정신분석학은 주체가 어떤 방식으로 자신의 시선을 타자에게 이양하고 귀속시키는지를 잘 보여준다. 그에게 있어 타자의 장 속에 접혀 들어간 주체의 시선은 주체의 '동의'(consentement) 없이는 완성될 수 없다. 물론 동의는 의식의 수준에서 일어나는 것이 아니라 무의식의 수준에서 일어난다. 이것이 바로 '동의'와 '빗금 친 주체'(sujet barré)를 접속시킬 수 있는 이유이다.

타자의 시선 속에 흡수된 시선에는 일정한 방식의 주체적 결단이 함축되어 있다. 요컨대 주체의 시선을 끌어안은 타자의 시선은 원래는 주체의 시선 속에 말려져 있던 한쪽 팔에서 출발했다. 이것이 바로 현대적 시선의 '뫼비우스의 띠'이다. 이러한 방식의 독법은 라깡이 시선을 리비도의 대역(帶域)으로 확대해서 읽는 데서 보다 분명해진다. 타자의 시선, 라깡이 말하는 응시는 주체의 결여가 타자의 결여를 통해서 회귀하는 지점이다. 욕망의 장에서 타자의 응시 속에는 주체가 자신의 결여를 충원하기 위해 담당해야 하는 '몫'이 있다. 보드리야르가 선언한 시선의 종말도 예외가 될 수 없다. 주체를 타자의 시선 속에 넣어서 읽는 라깡의 메타심리학적인 방법에는 타자의 시선, 더 나아가서는 주체 자신의 시선의 괴멸에 대한 가능성이 예기되어 있다. 그것은 주체의 심적 공간 내에서 나타난, 결여의 결여에 의한 심적 공간 자체의 붕괴에서 비롯한다. 타자의 장에 어떠한 간격도 허용되지 않기 때문에 그러한 간격으로부터 도출될 수 있는 시선 또한 없다.

주체가 사라진 시대, 시선이 사라진 시대, 그 이후의 가능성은 무엇일까? 사라짐이 사라지고, 끝이 끝장날 때, 더이상 무엇이 사라질 수 있을까? 이러한 물음은 몰락과 황혼의 징표가 아니라 오히려 니힐리즘을 견뎌낼 수 있는 버팀목이 된다. 그러한 사라짐을 (탈)현대적 자폐증이라는 임상적 범주로 진단할 수 있다면, 이는 그것이 주체성의 한 가지 유형으로 분류될 수 있기 때문이다. 그러므로 그것은 주체의 봉쇄, 주체성의 종언으로만 치부될 수 없다. 그것은 자신을 향해 문을 굳게 걸어 잠근 새로운 유형의 주체일 뿐이다. (탈)현대적 자폐증은 이 세계의 출구 없음, 그 밀폐성을 보여주는 사회적·병리적 현상으로 한정될 수 없다. 그것은 주체를 짓누르는 시대의 운명이 아니라 그러한 짓누름에 대한 주체의 입장·위치·선택 들 중의 한 가지일 뿐이다. 무엇보다 그것은 주체가 자신에게 명하는 내부에서의 유형(流刑)이다. 따라서 그러한 자폐증으로부터의 탈출은——타자가 존재하지 않는 세상을 다른 세상으로 바꾸는 것은——존재하지도 않는 타자를 찾아 다시 길을 떠나는 것이 아니라, 그 타자의 부재를 짊어진 주체의 위치를 바꾸는 일이다. 요컨대 주체성의 구조(structure)를, 그 배형(configuration)을 바꾸는 것이라 할 수 있다. 물론 그러한 변화의 가능성을 미리부터 속단할 순 없다. 세계의 운명이 주체의 운명과 동일화될 수는 없다. 하지만 그럼에도 시대의 운명을 정확히 자리매김하고 그것에 대처하기 위해서는 무엇보다 주체가 소멸된, 시선이 폐제된 (탈)현대를 여러 주체적 입장들 속에 다시 담아

보는 것이 필요할 것이다. 이것이 바로 라깡의 정신분석학이 들려준, 현대적 담화들의 울창한 숲을 건널 수 있는 지혜이며, 우리가 라깡의 담화에 닻을 내리는 이유이다.

참고문헌

Barthes, Roland (1957) *Mythologies*. Paris: Seuil.

Baudrillard, Jean (1978) "Précession des simulacres". *Traverses* N° 10. Paris: Minuit.

——(1983) *Stratégies fatales*. Paris: Grasset.

——(1987) *L'autre par lui-même*. Paris: Galilée.

Foucault, Michel Paul (1963) *Naissance de la clinique*. Paris: Presses Universitaires de France.

——(1966) *Les mots et les choses*. Paris: Gallimard.

——(1975) *Surveiller et punir*. Paris: Gallimard.

Freud, Sigmund (1988) "Pulsions et destins des pulsions". *Oeuvres complètes* v. XIII. Paris: Presses Universitaires de France. (1915년 발표)

Lacan, Jacques (1966) *Ecrits*. Paris: Seuil.

「거울 단계」(Le stade du miroir). in: *Écrits*. Paris: Seuil. (1936년 발표)

「다니엘 라가슈의 보고서에 대한 논평」(Remarque sur le rapport de Daniel Lagache). in: *ÉEcrits*. Paris: Seuil. (1958년 발표)

「무의식의 위치」(Position de l'inconscient). in: *Écrits*. Paris: Seuil. (1966년 발표)

「가능할 수 있는 모든 정신병 치료에 대해 기초가 되는 한 가지 문제에 대해」
(D'une question préliminaire à tout traitement possible de la
psychose). in: *Écrits*. Paris: Seuil. (1959년 발표)

——(1973) *Le Séminaire XI(1963~64): Les quatre concepts fondamentaux de
la psychanalyse*. Paris: Seuil.

——(1975) *Le Séminaire XX(1972~73): Encore*. Paris: Seuil.

——(1981) *Le Séminaire III(1955~56): Les psychoses*. Paris: Seuil.

——(1984) *Les complexes familiaux*. Paris: Navarin.

「가족 콤플렉스」(Les complexes familiaux). in: *Les complexes familiaux*.
Paris: Navarin. (1938년 발표)

——(2001) *Autres Ecrits*. Paris: Seuil.

「이딸리아 노트」(Note italienne). *Autres Ecrits*. Paris: Seuil. (1973년 발표)

라깡과 데리다
기표의 힘, 실재의 귀환

김상환

20세기를 지나면서 전통적 언어관을 깨뜨리는 새로운 이론들이 여기저기 자리를 잡았다. 사방에서 자리잡고 활보하는 이론들, 그중에서 가장 활력 있고 생기 있는 발걸음은 쏘쒸르(F. de Saussure)에서부터 시작되었다. 쏘쒸르를 따라가고 따라잡는 발걸음들, 다시 앞서가는 줄달음질, 이 지칠 줄 모르는 경주에서 구조주의와 후기구조주의라는 거대한 무리의 행렬이 이루어졌다. 그 행렬을 끌고가는 원동력은 새로운 기호 개념에서 나왔다. 광야의 유대인들을 인도했던 불기둥처럼, 후기구조주의에 이르는 사상사적 모험을 유인했던 것은 새로운 기호 개념이다. 불타는 기호, 그러나 거기서 재로 남는 것은 무엇인가?

그것은 무엇보다 '언어 이전'에 있던 것들이다. 전통적 언어관은 언어 이전의 것을 중심으로 언어를 설명해왔다. 플라톤적 구도에서 말하자면, 언어 이전에는 형상 혹은 본질이 있다. 언어는 언어보다 먼저 존재하는 실재의 모방과 재현이다. 도구에 불과한 언어, 모상에 불과한 언어, 그것은 저 홀로 무관심하게 있는 실재에 의하여 정당화되거나 통제되어야 한다. 언어는 감시의 대상이다. 아리스토텔레스–스토아적 전통의 구도에서 말하자면, 기호 이전에는 관념이, 관념 이전에는 현실적 대상이 있다. 기호는 대상을 지시하는 관념을 재현한다. 관념이 실재의 모사라면 기호는 모사의 모사다. 기호 이전에는 사물과 인간이 있다.

구조주의 이래 하늘로 솟은 기호의 불기둥에서는 이런 재현 모델과 그것을 구성하던 요소들이 재로 변하고 있다. 이 화재에서 일어나는 사건으로 다시 두 가지를 꼽을 수 있다. 첫째, 어떤 전도(顚倒)가 일어나고 있다. 언어 이전의 것들로 간주되던 것들이 언어 이후의 것으로 자리매김된다. 의미·실재, 나아가서 주체 등과 같이 언어의 기원이자 근거에 해당하던 것들이 언어의 효과로서 파악된다. 둘째, 기호의 개념 자체에 변화가 일어나고 있다. 처음에 기호는 기의와 기표의 상보적 균형관계를 바탕으로 정의되었다. 그러나 후기구조주의로 갈수록 그 관계는 다시 불쏘시개처럼 타버리고 만다. 그 결과 기호는 '기의 없는 기표'가 되었다. 전통적 언어관이 기의중심주의라면 후기구조주의적 언어관은 기표중심주의라 할 수 있다. 기표가 기의로부터 분리되고 독자적 의미화(signifiance) 능력을 획득하게 되었기 때문이다(의미화는 기의 없이 일어난다는 점에서, 기의와 더불어 일어나는 의미작용-signification과 구별된다). 하지만 이런 기표의 자율화가 실현되기 위해서는 또 하나의 분리가 먼저 일어나야 했다. 그것은 주체로부터의 분리다. 이 이중적 분리 이후, 기의와 주체는 기표의 연쇄가 낳는 산물이자 효과에 불과하다.

이런 기표 개념의 과격화를 주도했던 인물들 역시 한 무리를 이룬다. 라깡(J. Lacan)·데리다(J. Derrida)·바르뜨(R. Barthes)·보드리야르(J. Baudrillard) 등이 그들이다. 이들은 나란히 달린다기보다 앞서거니 뒤서거니하면서, 서로의 위치를 물으면서 달린다. 특히 라깡과 데리다가 그렇다. 이들 사이의 경쟁, 그리고 논쟁. 이 불꽃 튀는 싸움을 통해서 언어와 관련된 가장 중요한 주제들이 한자리에 얽혀들어가고 있다. 그 논쟁의 상황은, 말에 대한 말, 말의 말, 말의 말의 말이 다시 말을 낳는 복잡한 매듭을 이루고 있다. 기호 개념은 그 매듭 속에 얽힌 여러 가닥들 중의 하나에 불과하다. 가령 거기에는 인간·구조·해석·(정신)분석 등의 주제가 언어학적 주제와 함께 얽혀 있다. 이 복잡한 매듭을 하나씩 풀어가보자. 그것은 이 시대의 가장 과격하면서도 영향력이 큰 언어사상을 흥미있게 풀어내는 방법일 수 있다.

그러나 그 매듭이 풀리는 마지막 순간에 장면화되는 것은 단순히 특정한 언어사상의 모양새만이 아니다. 그것은 어떤 실재, 상상 불가능하고 언표 불가능한 실재의 귀환이다. 그 실재는 어떤 물음을 유도하면서 복귀하고 있다. 그것은 언어에 대한 언어의 위치, 언어를 규정하고 해석하는 이론의 위치, 가령 정신분석의 위치, 마지막으로는 철학의 장소를 묻는다. 라깡과 데리다 사이의 논쟁은 언어가 도화선이 되었지만, 거기서 불붙는 것은 정신분석과 철학이 있던 자리 자체이다. 정신분석은, 철학은 어디에 있는가? 어디에 있어야 하는가? 정신분석 혹은 철학은 어떻게 있어야 하는가?

1. 기표와 기록

구조주의언어학은 언어를 그 자체로는 무의미한 요소들의 형식적 조합과 분리의 관계로부터 설명한다. 언어를 음성적 기표들 사이의 상호 변별적이고 대립적인 관계, 상관적 차이의 관계로 번역한 것이다. 이런 번역을 통해서 모든 실체적인 것이 어떤 가치, 오로지 관계의 구조에서 차지하는 기능적 위치로서의 가치로 환원된다. 실체는 없고 가치만 있는 것이다. 라깡은 이런 언어관에서 출발했다가 서서히 그로부터 빠져나오는 과정을 보여준다. 여기서는 우선 구조주의자로서의 라깡이 지녔던 면모에 초점을 맞추자.

"무의식은 언어처럼 구조화되어 있다." 이 유명한 라깡의 명제는 다음과 같은 여러가지 내용을 담고 있다. 무의식은 언어 때문에 생긴다. 인간은 '말하는 존재'(parlêtre)이기 때문에 어쩔 수 없이 무의식을 갖는다. 말로 인하여 생기는 무의식은 초개인적인 문법을 지닌다. 개인의 범위를 뛰어넘는 이 문법이 주체의 본성과 주체들 사이의 상호주관적 관계를 규정한다. 따라서 무의식에 대한 탐구에서 절대적으로 필요한 것은 언어학이다. 라깡은 다시 말한다. 프로이트(S. Freud)는 이미 무의식적 현상이 언어적 현상이라는 것을 지속적으로 강조했다. 우리는 이 위대한 발견을 계승해야 한다. 그러나 그는 무의식적 현상을 끝까지 파헤칠 수 있는 이론적 도구와 장치를 결여하고 있었다. 쏘쒸르 이래의 현대언어학은 프로이트가 찾던 도구와 장치를 제공해주고 있다. 정신분석은 언어학과 결합될 때 완성된다(Lacan 1966, 509면 이하 참조).

이런 신념에서부터 구조주의자로서의 라깡이 태어났다. 이 라깡의 이론 작업에서 가장 중요한 초석은 상상계·상징계·실재의 구분이다(상상계는 언어로 편입되거나 매개되기 이전의 주관적 착각과 오인의 질서이고, 상징계는 객관적 언어 혹은 법칙의 질서이며, 실재는 언어적 기록 뒤에 남은 잉여이다. 1930년대의 라깡이 거울단계로 지칭되는 상상계의 발견자라면, 1950~60년대의 라깡에게는 상징계가, 1970년대의 라깡에게는 실재가 이론 구성의 중심을 이룬다). 이 구분법이 두드러지게 뒷받침하고 있는 것처럼, 라깡은 언어나 기호라는 말보다 상징이라는 말을 더 자주 사용한다. 라깡의 이 상징은 데리다의 글쓰기(기록)와 더불어 (후기)구조주의적 기호 개념을 대변한다.

일반적으로 상징은 언어보다 넓은 개념으로 사용된다. 인간이 사용하는 언어는 동물의 소리를 비롯한 보다 광범위한 기호군의 일부이다. 그래서 라깡은 인간의 언어 이외의 상징적 질서를 염두에 둔 것일까? 주석자들 사이의 논쟁을 보면 이것은 대단히 복잡한 문제인 듯하다. 그러나 적어도 라깡적 의미의 상징계는 언어적 질서를 근간으로 하고 있음이 분명하다.

칸트(I. Kant)는 상징을 사례와 도식에 대비하여 정의한 바 있다. 즉 경험적 개념을 직관하기 위해서 필요한 것이 사례이고, 지성적 개념을 적용하기 위해서 요구되는 것이 도식인 반면, 이성의 이념을 직관하기 위해서 있어야 하는 것이 상징이다(Kant 1958, 59절). 그러므로 상징은 개념적 표상이나 객관적 인식을 넘어서는 것, 대상화할 수 없는 것과 관계한다. 카시러(E.

508

Cassirer)의 상징철학이나 리꾀르(P. Ricœur)의 해석학은 이런 상징 개념에 뿌리내리고 있다. 전통적 의미의 상징은 논리적 언어로 잡히지 않는 다의적 의미현상, 신비한 것, 시적이거나 종교적인 것과 결부되어 있다. 때문에 그것은 가장 탁월한 해석학적 대상일 수 있다(Ricœur 1965, 16~28면 참조).

하지만 라깡의 상징계는 투명한 질서를 이루고 있다. 주지하는 바와 같이 구조주의는 어떤 극단적 합리주의다. 라깡을 포함한 구조주의자들은 문화적 공간에 속하는 모든 것이 언어로 매개되어 있고, 그런 한에서 객관화할 수 있는 구조적 필연성을 띠고 있다고 생각한다. 라깡을 읽으면 명확하다. 무의식·욕망·신체 등 모든 사적인 것은 언어를 매개로, 언어를 통하여 형성되고 구조화된다. 사적(私的)인 것뿐만 아니라 시적(詩的)인 것마저 단지 주관적이고 개인적인 현상, 우연한 현상이 아니다. 그것은 모두 수적(數的)인 질서의 표현이거나 효과일 수 있다. 사적이고 시적인 것은 수적인 것 못지않게 과학적일 수 있다. 인문과학은 자연과학 못지않게 엄밀할 수 있다. 이런 구조주의적 신념을 공유하는 라깡은 정신분석을 과학의 반열에 올려놓으려 했던 프로이트의 노력을 높이 평가한다. "프로이트는 과학의 한계를 표시하는 것처럼 보이던 대상과 존재 사이의 경계선을 [무의식에 대한] 자신의 발견을 통하여 과학의 범위 안쪽으로 끌어들였다."(Lacan 1966, 527면. 이하 [ ]는 인용자) 그러므로 그의 계승자에게 남은 일은 두 가지다. 하나는 그렇게 과학적 면모를 갖추기 시작한 정신분석을 더욱 엄밀한 학문으로 완성하는 것이고, 다른 하나는 이런 엄밀함을 통하여 기존의 과학 개념을 변모시키고 확장하는 것이다. 왜냐하면 기존의 과학 개념은 아직 정신분석을 포용할 수 있는 수준에 이르지 못했기 때문이다.

이렇게 말하는 라깡에게 전통적 의미의 상징은 설자리를 잃을 수밖에 없다. 그 말이 원래 가졌던 함축이 협소해지고 빈곤화된다고까지 평가할 수 있다(Avtonomova 1991 참조). 왜냐하면 라깡적 의미의 상징은 차라리 수학적인 것에 가깝기 때문이다. 그것은 사적인 것, 시적인 것, 수적인 것을 동시에 가리킨다. 요컨대 라깡적 상징은 대수적(algébrique) 상징이다. 라깡은 평생 무의식적 현상을 압축적으로 기술하는 연산식(algorithme)이나 수학소(mathème)를 고안하는 데 몰두했다. 이는 그의 상징 개념의 연장선상에서 이루어진 작업이다. 특히 기호와 그것의 작동을 표시하는 그 유명한 연산식은 이런 독특한 상징 개념을 스스로 설명하는 자기지시적 상징이다. 게다가 이 연산식은 쏘쒸르의 기호학을 프로이트의 유산과 접목하는 동시에 쏘쒸르적 기호 개념을 변용하고 있다는 점에서 주목을 끈다. 1957년 발표한 「문자의 힘」에 나오는 그 연산식은 다음과 같다(Lacan 1966, 515면 이하).

$$\frac{S}{s} \qquad f(S\cdots\cdots S')S \cong S(-)s \qquad f(\frac{S'}{S})S \cong S(+)s$$

1) 첫번째 연산식에서 대문자 S는 기표를, 소문자 s는 기의를, 그리고 중간의 막대는 둘 사이의 접촉을 가로막는 저항선을 각각 표시한다. 이 연산식이 말하는 것은 두 가지다. 첫째, 기의보다 기표가 상위에 있고 더 중요하다. 기의는 기표의 효과에 불과하다. 기표는 기의 없이도 의미화 작용을 낳는다. 둘째, 기표와 기의는 서로 다른 차원에 속한다. 서로가 만나는 접점은 어디에도 없다. 기표와 기의는 만나되 서로 미끄러져버린다. 둘 사이의 이런 안타까운 관계를 표시하는 것이 막대 모양의 저항선이다.

라깡은 이 연산식을 '쏘쒸르적 연산식'이라 부른다. 그러나 그 내용을 가만히 들여다보면 순수하게 쏘쒸르적인 것은 없다.[1] 쏘쒸르의 도식에서는 기의가 위에, 기표가 아래에 위치하며, 그 둘은 동전의 양면처럼 서로 분리 불가능한 관계에 있는 것으로 표시되었다(쏘쒸르 1990, 1부 1장 참조). 기표와 기의 사이의 저항선을 생각한 라깡은 후기쏘쒸르적 기호 개념의 선구이다.

2) 두번째 연산식은 기표의 의미화 연쇄, 수평적 연쇄를 나타낸다. 라깡은

---

1) Lacoue-Labarthe/Nancy(1990) 1부 참조. 쏘쒸르와 라깡의 기호 개념을 자세하게 분석하는 이 책의 저자들에 따르면, 라깡에 의한 쏘쒸르의 변용에서 가장 중요한 것은 저항선의 고안이다.

이를 '환유의 구조'라 부른다. 반면 세번째 연산식은 기표의 수직적 교체와 의미의 발생을 지시한다. 라깡은 이를 '은유의 구조'라 부른다. 기표들 사이의 관계를 형식화한 이 두 연산식은 한편으로는 프로이트의 꿈의 작업에 대한 설명(압축과 전치)을, 다른 한편으로는 구조주의 언어학자들의 구분, 즉 통사적(syntagmatique) 차원(결합축)과 범열적(paradigmatique) 차원(대체축)의 구분을 동시에 포괄한다. 그래서 환유의 구조는 프로이트적 의미의 압축(Verdichtung)과 언어학적 의미의 통사적 결합을, 은유의 구조는 프로이트적 의미의 전치 혹은 자리바꿈(Verschiebung)과 언어학적 의미의 범열적 대체를 함축한다. 이 두 구조의 출발점 혹은 중심에는 팔루스(phallus)라는 기표가 있다.

환유의 구조는 인접성에 의하여 이어져가는 기표들 간의 수평적 연쇄를 가리키는데, 라깡은 이를 다시 '욕망의 구조'라 부른다. 환유의 구조 안에서 기표는 결코 대상을 완전히 재현하거나 대신할 수 없기 때문이다. 기표는 그 대상과 언제나 불일치 관계에 있다. 메울 수 없는 '존재의 결핍', 그 결핍을 메우려는 부질없는 경향이 욕망이다. 욕망은 욕망할수록 기표의 연쇄만을 가속화한다. 욕망은 끊임없이 이어지는 환유적 운동의 노예이다. 욕망의 전차는 브레이크와 종착지가 없다. 욕망이 올라탄 기표는 결코 기의에 이르지 못한다. 이것을 표시하는 것이 환유의 구조 오른쪽에 있는 막대 모양의 부호이다.

환유적인 것이 욕망이라면 은유적인 것은 증상(symptôme)이다. 은유의 구조에서는 억압된 기표가 저항선 아래로 내려가 기의의 구실을 하고, 그것이 원래 있던 자리를 다른 기표가 대신 차지하고 있다. 억압된 기표는 이 대체를 통하여 저항선을 건너 어떤 기의에 이른다. 어떤 도약을 통해서 의미화에 필요한 고정점에 도달하는 것이다. 그것이 은유의 구조 오른쪽에 있는 +의 의미이다. 환유가 인접성에 의한 기표들의 관계라면, 은유는 유사성에 따르는 관계이다. 그렇다면 이 환유적 관계와 은유적 관계는 어떤 관계에 있는가? 어떤 것이 먼저 일어나는가? 어느 것이 다른 것의 조건인가? 이 점

은 여전히 논쟁거리로 남아 있다.[2]

라깡이 이런 연산식을 통하여 말하고자 하는 것은 어렵지 않게 이해될 수 있다. 그것은 무의식적인 것, 비합리적인 것, 광기 자체를 낳고 움직이는 것이 어떤 구조적 합리성을 띤다는 것이다. 무의식은 말 혹은 로고스(logos)의 작동으로부터, 그리고 그 작동의 기계적 법칙에 따라 생겨난 침전물이다. 그러므로 "광기여, 당신은 더이상 현자가 자신의 두려움을 숨기는 난공불락의 터널을 장식할 때의 애매모호한 찬양의 대상이 아니다. 어쨌거나 이 현자가 그 굴 안에서 그토록 잘 안주했다면, 이는 그 굴의 갱도와 미로를 파고 있는 최고의 행위자가 처음부터 언제나 이성 자체였기 때문이며, 그가 봉사하는 동일한 로고스였기 때문이다."(Lacan 1966, 526면) 무의식의 미로는 로고스·이성·말이 파고 있는 땅굴이다. 그 미로는 언어처럼 구조화되어 있다. 무의식의 세계는 상징계와 더불어, 상징계에 의해서 성립한다. 이 상징계와 함께 확장되는 무의식은, 연산식으로 표현할 수 있는 논리적 성격의 세계이다. 무의식은 초개인적이고 법칙적이다. 여기서 라깡적 상징 개념의 환원적 성격을 다시 강조해야 한다. 즉 사적이고 시적인 것은 수적일 수 있다. 그러므로 인문학은 엄밀한 학문일 수 있다.

라깡의 정신분석에 대한 데리다의 논평은 이런 환원적 상징 개념과 그에 기초한 구조주의적 학문관을 문제삼는다. 물론 그것은 전통적 상징 개념을 편들거나 복권시키기 위한 개입은 아니다. 문제는 궁극적으로 라깡의 정신분석이 서양의 전통적 형이상학과 맺고 있는 소속관계이며('정신분석은 어디에 있는가?'), 그 소속관계가 드러나는 방식이다. (우리는 아래의 두 절에서 이런 논쟁적 상황을 재구성해볼 것이다.) 그럼에도 불구하고 라깡의 상징(기표)과 데리다의 기록(글쓰기) 사이에는 어떤 유사성이 있음을 인정하지 않을 수 없다. 때문에 라깡은 데리다의 '그라마똘로지론'이 자신의 '문자

2) 해체론자, 가령 앞에서 인용된 낭씨(J. L. Nancy)나 라꾸라바르뜨(Lacoue-Labarthe), 그리고 앞으로 인용될 웨버(S. Weber) 등은 환유를, 라깡주의자임을 자처하는 지젝(S. Žižek)과 그의 동료들은 은유를 더 중시한다.

의 힘'에 관한 강연에 빚지고 있다고 생각했다. 데리다는 라깡이 말한 것을 다시 말하는 것이 아닐까? 데리다는 라깡의 아들이 아닌가?

결론부터 말하면, 라깡의 상징과 데리다의 기록 사이에는 어떤 결정적인 유사성이 있지만, 또한 거기에는 어떤 결정적인 차이가 함께 있다. 이 두 가지 사실을 확인하기 위해 가장 먼저 들여다보아야 할 문헌은 데리다의 「프로이트와 글쓰기의 장면」이다(Derrida 1967a, 293~340면). 이 글은 기호의 연산식이 나오는 라깡의 「문자의 힘」과 비교해서 읽어볼 만하다. 왜냐하면 두 글은 모두 프로이트로부터 출발하여 서로 다른 언어론을 끌어내기 때문이다.

라깡은 프로이트의 저작에서 무의식의 분석이 언어분석의 형태를 띠고 있음을 환기시키고, 또 이 언어분석이 내용 위주의 분석이 아니라는 사실을 강조한다(Lacan 1966, 509~10면). 이런 지적을 뒷받침하는 사례는 무수히 많지만(Weber 1991 참조), 여기서는 프로이트가 꿈을 분석하기 전에 이전의 여러가지 꿈이론들을 점검하는 대목을 들추는 것으로 만족하자(지그문트 프로이트 1993, 1장 참조). 이 대목을 읽으면 서양에도 우리나라의 해몽법과 유사한 꿈풀이가 있었음을 알게 된다. 우리나라에서는 꿈에 돼지나 용이 나오면 횡재나 대길(大吉)의 징조로 풀이한다. 서양에서는 용은 충성을, 뱀은 질환이나 병을 상징한다. 당연히 꿈에 등장하는 각각의 기호를 풀이하는 체계적 상징사전이 있어왔다. 그러나 프로이트는 꿈의 내용에 들어 있는 어떤 전체적이고 단일한 의미를 찾는다든가, 각각의 기호에 상응하는 확고부동한 의미가 있다는 견해에 이러저러한 의문을 제기한다. 그리고 꿈에 나오는 기호들을 이미 확립된 코드나 문법을 통해서 번역하는 작업을 비판한다. 꿈의 기호는 그밖의 어떤 언어로도 환원되지 않는 원초적 언어이며, 그에 대한 해석은 기호들 각각의 내용보다는 그 기호들 간의 상관관계에 초점을 두어야 한다는 것이다. 라깡적으로 표현하면, 꿈의 기호들은 순수기표, 기의 없는 기표다. 이 기표는 그보다 먼저 존재하는 기의의 담지자가 아니다. 오히려 그에 고유한 결합과 분리의 논리(압축·전치·중층결정·은유·환유)에 따라 특이한 의미화 연쇄를 형성한다.

데리다는 심리적 기록과 흔적을 주제로 한 프로이트의 저작들을 연대기적 순서에 따라 체계적으로 읽어가면서 라깡보다 과격한 결론에 도달한다. "이것은 다음과 같은 것을 말한다. 즉 심리적 기록—그래서 이것은 기록 일반의 의미를 대변한다—에서 기표와 기의의 차이는 결코 근본적이지 않다. 무의식적 체험은 기표를 빌려오는 것이 아니라 자신의 고유한 기표를 생산한다. 그리고 기표를 자신의 신체 속에 창조하는 것이 아니라 오히려 그것을 가지고 의미화(signifiance) 작용을 산출한다."(Derrida 1967a, 311면) 다시 말해, 꿈에서 각각의 기호는 그 어떤 선행의 의미나 코드에 종속되지 않는 기표다. 꿈은 자신만의 의미화 연쇄를 낳는 어떤 글쓰기 과정이다. 이 글쓰기 과정을 해석하기 위해서는 쏘쒸르적 구분법을 넘어서야 한다. "쏘쒸르를 따라 기표와 기의를 종이의 양면처럼 생각하고 그런 수준에서만 구분한다면, 어떤 변화도 없을 것이다. '원초적 글쓰기'(écriture originaire)는, 만일 그런 것이 있다면, 종이 자체의 넓이와 신체를 스스로 생산해야만 할 것이다." (Derrida 1967a, 311면)

프로이트를 읽으면서 라깡은 '기의 없는 기표' 혹은 기표 운동의 구조(환유와 은유)에 도달한 반면, 데리다는 '원초적 기록' 혹은 원초적 흔적(archi-trace)에 도달한다.[3] 두 사람은 기의 혹은 그밖의 언어 이전에 존재한다고 간주되던 것들 없이 단지 기표만으로 의미화 작용이 일어날 수 있다는 것을 말한다. 적어도 이 점에서, 그리고 쏘쒸르의 균형 잡힌 기호 개념을 과격화한다는 점에서 라깡과 데리다는 일치한다. 그러나 차이도 있다. 라깡은 기표들의 관계를 형식적 관계로 보았지만, 데리다는 흔적들의 관계를 힘의 관계로 보았다. 흔적은 다른 흔적과 싸우면서 새로운 흔적을 산출한다. 기록은 힘의 교환과 파열을 수반하면서 기입된다. 흔적은 흔적들 사이의 상호간섭에서 '그어지는 획'(trace qui trace), 길 내기이다.

---

3) Derrida(1967c) 68면 이하 참조.

그러므로 문제는 기표의 자동적 움직임이 어떻게 일어나는가이다. 프로이트는 꿈의 작업이 전치와 압축(그리고 중층결정)으로 이루어진다고 보았다. 앞에서 확인한 것처럼, 라깡은 기표의 운동이 환유와 은유의 법칙을 따른다고 보았다. 반면 데리다는 기록의 움직임을 근본적으로 공식화하거나 법칙화할 수 없는 것, 어떤 방식으로도 번역할 수 없는 것으로 보았다. 라깡의 기표와 데리다의 기록 사이의 차이, 그밖에 정신분석 일반에 대한 데리다의 문제제기는 여기에 뿌리를 내리고 있다.

데리다는 프로이트의 입을 빌려서 계속 말한다. 기표의 운동, 흔적의 운동은 어떠한 고정된 법칙을 모른다. 그것은 어떤 차연적(différantiel) 운동일 뿐이다. 따라서 원초적 기록은 번역 불가능하다. 그 어떤 언어 · 문법 · 코드를 통해서도 옮길 수 없다.(Derrida 1967a, 312면) 수평적 번역이 불가능한 것처럼 수직적 번역도 불가능하다(Derrida 1967a, 313면). 의식 · 전의식 · 무의식의 층위 사이에서 일어나는 이동은 '번역'으로 옮길 수 없다. 번역이란 원본의 재현을 의미한다. 그러나 이런 재현으로서의 번역은 심리적 기록에서는 일어나지 않는다. 여기서는 원본을 전제하는 번역은 없다. 모든 심리적 기록은, 나아가 모든 기록은 그 자체로 환원 불가능한 기록, 원초적 기록이다. 거기서 어떤 것을 원본이라 하는 것은 무의미하다. 모든 텍스트는 새로 기록되고 있는 중이다. 텍스트는 현전(現前)적으로 존재하지 않는다.

그러나 왜 그런가? 이는 심리적 기록이 사후성(Nachträglichkeit)에 의해서 지배되기 때문이다. 처음의 기록은 언제나 나중의 것과 만날 때 현상하거나 의미를 지닌다. 기원에 있는 것은 언제나 그런 사후적 기록, 후기(後記)에 의하여 (재)기록된다. 후기가 모든 기록, 처음 이루어지는 기록의 조건이다. (프로이트적 의미의 '원초적 장면'과 외상은 이런 사후성의 논리에서 성립한다. 원초적 장면은 사후적 회상의 창조물이고 외상 또한 사후적 경험으로부터 고안된 것이다[Derrida 1967a, 303, 314면). 이런 사후성 개념은 서양 형이상학의 역사 전체를 그 근본에서부터 뒤흔들고 있다. 프로이트의 글에서 추출할 수 있는 기록과 텍스트 개념은 탈형이상학적이다. 그럼에도 불구하고 그의 직관과 그가 동원하는 개념 사이에는 괴리가 있다. 한마디로 정신분석의 거의 모든 개념은 예외없이 전통적 형이상학의 울타리를 한치도 벗어나지 못한다.(Derrida 1967a, 294면) 프로이트는 자신의 직관에 일치하는 이론을 펼치지 못했다. 그러나 이것이 그의 무능력 때문일까?

이렇게 물으면서 데리다는 계속 말한다. 라깡의 경우는 더 심하다. 프로이트의 직관에 충실하자면 우리는 기원에 대한 형이상학적 믿음, 현전성에 대한 서양적 신화, 원본과 모사를 구분하는 재현주의, 나아가서 음성언어 위주의 언어관을 뛰어넘을 방법을 고심해야 한다. 왜냐하면 프로이트는 이미 그의 초기 저작에서부터 심리적 기록을 음성언어의 범위 안에서 파악하지 않았기 때문이다. 오히려 음성언어를 하부영역으로 하는 광범위한 상징체계 혹은 기록체계로 바라보고 있다. 우리는 이런 프로이트적 직관에 근거해서 후썰(E. Husserl)의 기호 개념을 비판할 수 있는 것처럼[4] 라깡의 기호 개념도 비판할 수 있다. 먼저 라깡의 기표란 음성적 기표다. 그의 기호 개념은 아무리 혁신적이라 해도 여전히 음성언어 위주의 언어관에 종속되어 있다. 라깡의 이런 음성중심주의적 언어관은 그가 하이데거(M. Heidegger)의 본래성 개념에 의지하여 '빈 말'(무의식이 드러나지 않는 말, 부드럽게 작동하는 말)과 '꽉 찬 말'(무의식이 드러나는 말, 실언, 말더듬, 말실수)을 구분할 때 가장 잘 드러난다. 게다가 라깡은 기표의 운동을 어떤 번역 가능한 사태, 어떤 한정된 규칙에 따르는 사태, 따라서 어떤 도달점이나 목적지가 있는 운동으로 간주했다. 요컨대 전통적 형이상학의 존재 이해, 현전적 존재 이해, 로고스중심주의를 한치도 벗어나지 못하고 있다. 그가 1956년 발표한 포우론 「도둑맞은 편지에 대한 강연」을 분석하면서 상세히 드러내고자 한 것도 바로 이 점이다. 하여튼 내(데리다)가 프로이트를 읽으면서 말하고자 하는 흔적이나 기록은 음성적 알파벳으로 환원되지 않는다. 그것은 인간의 자연적 언어보다 넓은 외연을 가질 뿐만 아니라 형이상학의 시대에 속하는

---

4) Derrida(1967b). 이 데리다의 후썰론 배후에는 프로이트에 대한 그의 연구성과가 지속적으로 간여하고 있다. 이를 설득력 있게 서술한 글은 Bernet(1997).

모든 언어·개념을 초과한다.

2. 구조와 기조

　여기서 잠깐 숨을 돌리기 위해서 라깡과 데리다가 공유하는 직관을 다시
기억하자. 움직이는 기표, 자리를 바꾸고 대체와 겹침의 운동 속에 있는 기
표. 기표는 제자리에 머물러 있지 않는다. 언제나 이동중이다. '문자의 힘'
에 대한 강연에 이어서 라깡의 포우론은 이런 기표의 자동적 운동을 다시
강조한다. 앞의 글에서 기표의 운동이 환유와 은유의 법칙을 따른다면, 여
기서 그 운동은 두 개의 삼각형을 남기는 고정된 궤적을 따른다.

　라깡은 포우론(Lacan 1966, 11~41면)에서 이렇게 말한다. 기표는 항상 움직인
다. 그러나 이 운동은 인간 혹은 주체에 의한 것이 아니다. 기표는 주체에 의
해서 소유되거나 전달되는 것이 아니다. 오히려 기표가 주체를 소유한
다.(Lacan 1966, 28면) 주체는 기표에 대한 예속을 통해서, 그 예속을 조건으로
주체로 태어나고 형성된다. 주체의 주체성은 언제나 특정한 기표에 대한 위
치에 따라 결정된다("주체는 한 기표에 의하여, 오로지 다른 기표를 위하여
대리된다." [Lacan 1966, 835면). 기표의 움직임에 따라 주체가 그 뒤를 따른다.
기표의 장소이동에 따라 서로 다른 주체들 간의 관계, 상호주관적 관계가
형성된다. 기표가 앞에 가고 그 뒤를 주체가, 복수의 주체들이 쫓는다. 자율
적 주체란 상상적 착각이자 오인이다. 그러나 주체를 끌고가는 그 기표의
운동은 아무렇게나 이루어지는 것이 아니다. 그 운동은 시작이 있고 끝이
있다. 그리고 끝은 언제나 시작으로 향하는 복귀다. 우리는 이것을 포우의
단편「도둑맞은 편지」(The Purloined Letter)를 예로 하여 설명할 수 있다. 이
문학적 허구가 정신분석의 진리, 기표의 진리를 담고 있다. 이 소설의 주인
공 뒤뺑(Dupin), 이 명탐정은 탁월한 정신분석가이다.

　라깡은 계속 말한다. 이 단편소설의 핵심내용은 두 개의 삼각형으로 정리

될 수 있다. 이 소설에서 편지(문자)는 여왕으로부터 그것을 훔친 장관으로, 그리고 다시 그것을 훔친 탐정 뒤뺑으로 이동한다. 그러나 속지 말자. 편지는 이 인물들에 상관없이, 그리고 그 내용과도 무관하게 원래 떠다니도록 운명지어졌다. 프로이트를 놀라게 했던 반복강박(Wiederholungszwang), 그 반복의 자동성이 문자의 운명이다. 주체는, 그리고 상호주관적 질서는 이 문자의 자동성 안에서 형성된다. 냉혹한 필연성에 의해서 강요된 이 운동은 포우의 소설에서 두 개의 장면을 연출한다. 하나의 상황에서는 장관이 여왕으로부터 편지를 훔친다. 다른 상황에서는 장관이 뒤뺑에게 편지를 절도당한다. 여왕과 장관은 눈뜬 채, 자신의 코앞에서 편지를 잃어버린다. 구조적으로 동일한 이 두 장면에는 다시 제3의 인물이 각각 등장한다. 첫 장면에 나오는 왕, 두번째 장면에 나오는 경찰청장이 그들이다.

이들은 상황 자체를 모른다. 편지가 어디에 있는지 모른다는 점에서 그들은 구조적으로 동일한 위치, 맹목의 위치에 있다. 이는 편지를 잃어버리는 위치를 여왕과 장관이, 편지를 훔치는 위치를 장관과 뒤뺑이 공유하는 것과 같다. 세 개의 위치가 있고 이 위치에 의해서 결정되는 상황, 구조적으로 동일한 상황이 두 번 반복된다. 얼마나 냉혹한 반복인가? 편지, 즉 문자의 운동은 그토록 자동적이며 강박적이다. 주체는 그 강박적 자동성의 노예다. 편지, 문자는 주체의 주인이다. 보라, 편지를 훔친 자들, 장관과 뒤뺑이 어떻게 닮아가는가를. 이들이 편지의 원래 소유자였던 여왕과 어떻게 닮아가는가를. 포우의 소설은 주체에 대한 '문자의 지배권'(suprématie du signifiant)을 말하고 있다(Lacan 1966, 20면).

그러나 또한 보라, 편지는 다시 여왕 자리로, 그것이 처음 떠났던 자리로 되돌아가고 있지 않은가. 편지는 움직인다. 그것은 자신이 있어야 할 자리에 없기 때문이다. 편지는 자신의 원래 자리로 복귀하기 위해서 그렇게 돌아다녔다. 편지는 이동한다. 주체를 규정하고 형성하면서, 주체를 이끌고 다니면서, 주체를 다른 주체와 관계하도록 조종하면서 앞으로 간다. 주체들이 그 뒤를 쫓아간다. 편지가 움직인다. 삼각형의 구조를 만들면서, 그 구조를 반복하면서 자리를 바꾼다. 이 필연적 이동과 반복이 그 편지의 동일성, 파괴 불가능한 정체성을 형성한다. 그러므로 우리는 이렇게 말해야 한다. 편지는 그 누구에 의해서도 소유될 수 없는 것처럼, 그 무엇에 의해서도 찢어지거나 훼손될 수 없다. 편지는 찢어져도 움직이고, 움직이는 한에서 언제나 동일한 편지다. 편지는 이미 그것의 내용, 기의와 무관하게 존재한다. 편지는 자신의 고유한 장소로 복귀하는 원환적 운동, 그 회귀적 궤적이 파괴되는 한에서만 훼손되었다고 할 수 있다. 그 이전에는 어떠한 경험적 사건도 그 편지의 동일성을 파괴할 수 없다. 나는 그것을 문자 혹은 기표의 '질료성'(matérialité)이라 부르고 싶다. 기표의 분할 불가능성, 다시 말해 기표의 운동을 관장하는 구조적·원환적 질서의 파괴 불가능성을 그렇게 요약하고자 한다. 기표의 본성, 그 기능적 속성과 능력은 기표 자체에 있는 것이 아니다. 그것은 그 기표를 통해서 행사되는 구조적 질서에 있다.

여기서 구조주의적 의미의 질서를 다시 생각해보자. 가령 레비스트로스(C. Lévi-Strauss)의 시각에서 보면, 하나의 구조 안에 놓인 항은 그 안에 놓인 다른 항과 맺고 있는 관계에 의하여 규정된다. 그 항의 본성이나 기능은 그 항의 내재적 속성이나 내용에 있는 것이 아니다. 다만 그 항이 차지하는 변별적 위치에 있다. 항들 사이의 상관적 차이, 그 차이관계 안의 위치가 개체의 동일성을 떠받친다. 그러므로 모든 항은 저마다 고유한 위치, 장소를 지닌다. 그 고유한 위치를 떠났을 때 각각의 항은 다시 그리 돌아가는 어떤 우회적 여정에 놓인다. 라깡은 포우의 소설을 통해서 이런 구조주의적 진리를 설명하고자 했다. 구조주의적 진리, 그것은 복귀이자 재전유, 재일치다. 이 진리 안에서 문자는 파괴 불가능하며 또한 언제나 자신의 목적지에 도착한다.

그러나 과연 그럴까? 편지는 오히려 자신의 목적지를 언제나 벗어날 수 있는 것이 아닐까? 편지는 언제나 하나의 여정, 자신에 고유한 궤도를 따라서만 이동하는 것일까? 왜 정신분석은 기표의 이동이 그토록 정연한 질서를 따른다고 생각하는 것일까? 그것은 진리에 대한 조급성, 진리를 구해야 한다는 강박, 그 강박이 빚어내는 단순화가 아닐까? 정신분석에 과학의 칭호를 붙이고자 하는 의도가 오히려 무의식적 체험과 언어의 본성을 왜곡하는 것이 아닐까? 과학에 대한 집착, 진리에 대한 강박적 애착 때문에, 라깡은 스스로 읽고 있는 텍스트를 왜곡하는 것이 아닐까? 텍스트 일반의 본성을 단순화하고 추상화하는 것이 아닐까?

이것이 데리다가 라깡의 포우론에 대하여 제기하는 물음이다. 문제는 결국 단순화·환원·제한·배제 등으로 귀착한다. 라깡은 포우의 소설 안에서 펼쳐지는 복잡한 글쓰기의 장면과 텍스트의 짜임을 단순화했다. 거기서 일어나는 의미 산종(散種)을 협소한 틀 안에 가두었다. 심연을 감추고 있는 구조를 표면에서만 관찰했고, 텍스트의 운동을 이론적 필연성의 질서로 환원했다. 데리다는 포우의 소설을 자신의 방식대로 면밀하게 분석하면서 이런 결론에 이른다(Derrida 1980, 439~524면). 여기서 그 분석의 한두 가지 중요한 대목만을 되살려보자.

첫째, 정신분석이 추구하는 이론적 담론, 또는 이론적 담론으로서의 정신분석은 소설과 같은 허구적 담론과 어떤 관계에 있는가? 정신분석의 진리를 설명하고 예시하기 위해서 프로이트는 다양한 문학작품을 끌어들이고 분석의 소재로 삼았다. 라깡의 포우론도 그런 분석의 연장선상에 있다. 그러나 허구적 담론이 이미 자신 안에 진리를, 진리에 대한 욕망을, 또는 진리의 담론 자체의 본성을 기록하고 있다면 어떤 일이 벌어질 것인가? 만일 문학텍스트가 정신분석을 분석하고 있다면, 정신분석의 본성과 그것이 찾는 진리를 이미 장면화하고 있다면 어쩔 것인가? 분석되는 텍스트가 분석하는 자의 이론을 이미 분석하고 상대화하고 있다면, 다시 말해 분석자의 관점을 보다 포괄적이고 복잡한 문맥 속에서 연출하고 있다면?

당연히 분석자는 부처님 손바닥 안의 손오공일 수밖에 없다. 라깡, 당신은 손오공이에요, 아직 포우의 손바닥 안에 있어요. 데리다는 라깡론의 전반부에서 이런 말을 하고 있는 듯이 보인다. 이는 결국 정신분석이 서 있는 위치, 또는 정신분석이 그대로 답습하거나 열렬히 추구하는 이론적 담론 일반이 놓인 장소에 대한 지적이다. 정신분석이 허구적 담론을 통하여 자신의 비허구적 진리를 예시할 때, 비유적인 언어에 숨어 있는 알몸의 진리를 끄집어내고자 할 때 분석자는 어디에 있는가? 정신분석은, 그것이 추출하거나 재확인하고자 하는 질서정연한 구조는 어디에 있는가? 이론적 진리는 어디에, 그리고 어떻게 있는가?

데리다는 이렇게 말한다. 정신분석은 문학텍스트 혹은 텍스트 일반이 자신의 손안에 있다고 생각한다. 그러나 정신분석은 텍스트를 자기 뜻에 따라 주무르고 분석하기 위해서 주변을 도려낸다. 질서정연한 구조로 들어오지 않는 부분을 절단해버린다. 그 절단이 정신분석의 조건이다. 정신분석은 구조 외적인 것의 절단, 오리기(circanalyse)다(Bennington 2000 참조). 정신분석은, 그리고 (구조주의)인문학은, 나아가 이론적 담론 일반은 텍스트를 오려 놓고 해석한다. 텍스트는 이론적 질서나 구조의 틀로 제한되지 않는 복잡한 짜임, 역동적 직물이다.

둘째, 이는 라깡이 단순하게 재구성한 포우의 소설을 자세히 들여다보면 읽을 수 있다. 가령 라깡은 포우의 단편에서 화자(narrateur)와 주인공 뒤뺑의 관계, 본문과 거기에 끼여드는 해설(narration)의 관계를 무시했다. 이야기를 소개하고 서술하는 화자를, 이야기의 내용에 어떠한 영향도 미치지 않는 중성적 전달자, 투명한 매개자, 수동적 재현자로 간주한다. 그러나 이 단편과 3부작을 이루는 다른 단편을 함께 읽으면, 이 소설의 화자는 이야기의 전개과정에 깊이 관여하고 있다. 잘 읽어보라. 그는 뒤뺑에 한없이 매혹된 자, 뒤뺑의 재정후원자, 그리고 무엇보다 뒤뺑과 닮은 제2의 뒤뺑, 쌍둥이다. 그렇다면 라깡이 그린 삼각형은 사각형이 되어야 한다. 또는 그 이상으로 복잡한 것인지 모른다. 왜냐하면 편지는 화자 = 뒤뺑의 변덕과 욕심 때문에 이미 표류하는 듯한 순간에 도달해 있기 때문이다.

이것은 포우의 텍스트, 또는 텍스트 일반의 '심연적 구조'(structure abyssale)를 보여주는 한 가지 사례에 불과하다. 라깡론에서 나는 포우의 텍스트에서 라깡이 놓친 역동적 운동과 산발적 효과를 자세히 기술하고자 했다.

이런 미시적 독서를 통해서 내가 강조하고자 하는 것은 한 가지다. 그것은 어떤 역설적인 보충항, 그러나 이론적 시선에는 보이지 않는 보충항이 이론적 구조에 기숙하고 있다는 사실이다. 그렇게 이론적 구조에 기숙(寄宿)하면서 그 구조를 열어놓는 이 보충항을 나는 다른 곳에서 유령이라 불렀다. 모든 이론적 구조물, 건축물, 집에는 프로이트-하이데거적 의미의 '불안한 것'(das Unheimliche)이 있다. 모든 이론적 고향, '집으로 비유되는 것'(das Heimliche)에는 그런 불안, 억압되고 은폐된 불안, 유령적 불안이 숨쉬고 있다. 모든 기원 · 중심 · 토대 · 지하에서는 구조적 안정성을 훼손하는 미동이 지속되고 있다. 나는 이 미동을 차연(différance)이라 불러왔고 이 차연적 미동이 기원 · 시작 · 처음보다 먼저 있어왔음을 역설해왔다. 기원 혹은 중심은 이미 차이 나고 대립하는 힘들 사이의 계약 · 타협 · 보류 · 착종이다. 고정된 것처럼 보이는 점은 얼마든지 표류 가능한 힘의 교환에 대한 묶기, 방기되는 운동의 매듭이다. 그 매듭이 모든 안정된 구조의 탄생 내력, 탯줄 자국, 배꼽이다.

그러므로 구조라는 말은 불충분하다. 그것은 환원적 질서, 환원적 개념이다. 구조는 배꼽을 통해서 그 탄생과 죽음의 유래와 교통하고 있다. 이런 관점에서 보았을 때 구조는 해산적(解散的) 풀림의 경향을 억누르는 구성의 운동, 이완하는 힘에 저항하는 조임의 운동, 그래서 풀기와 묶기가 교차하는 힘의 경제로 파악되어야 한다. 구조주의적 균형을 낳으면서 또한 그 안에 불균형을 초래하기도 하는 이 힘의 경제를 나는 기조(氣造, stricture)라고 부르고 싶다. 구조는 언제나 기조 안에서 생성하고 소멸한다. 구조는 기조 안에 있다. 기조 안에서 구조는 삶이면서 죽음이다. 생은 죽음에 대한 저항이자 미루기다.[5] 정신분석(라깡의 포우론)이 그것이 분석하는 문헌(포우의 단편) 속에 이미 장면화되고 연출되고 있는 것을 지적할 때, 따라서 후자가 전

---

[5] Derrida(1980) 275~437면에 실린 글 「프로이트에 대한 사색」(Speculr-sur Freud)은 프로이트의 「쾌락원칙을 넘어서」를 분석하고 있는데, 여기서 이 점이 상세히 기술되고 있다. 특히 기조에 관해서는 428면 이하 참조.

자로서는 통제할 수 없는 범위를 가진다는 것을 보여주면서 내가 말하고자
한 것이 이 점이다. 정신분석, 구조주의, 이론적 사유는 무엇인가? 어디에
있고 어떻게 있는가? 그것은 자신을 포괄하고 상대화하는, 보다 포괄적인
문맥 속에 있다. 정신분석을 포함한 이론적 사유는 이 문맥을 단순화하고
절단하면서, 그 문맥이 가져오는 충격과 파괴의 위험을 바깥으로 돌리면서,
그리고 기조를 구조로 구획하고 좁히면서 있다. 그렇게 단순화된 구조에서
편지·문자·기표는 언제나 자신의 목적지로 돌아가는지 모른다. 그러나
기조 안에서는 그렇지 않다.

  라깡에게서 그런 절단의 작업은 거세(castration)의 장소에서 시작된다.
모든 기표의 환유적 연쇄와 은유적 대체, 그리고 편지의 삼각형 운동은 어
머니의 두 다리 사이에 없는 것, 페니스가 있어야 할 장소에서 시작한다(뒤
뺑은 나신의 여체가 다리를 벌리고 누워 있는 듯한 벽난로의 구멍에서, 거
기에 음핵처럼 생긴 단추 밑에서 장관이 감춘 편지를 발견한다). 그것이 편
지의 고유한 장소, 기표운동의 출발점이자 회귀의 지점이다. 그곳이 진리가
일어나는 장소, 따라서 분석이 끝나는 지점이다. 정신분석이 완성되는 지
점, 편지와 그것의 순환회로가 고유한 의미를 회복하는 지점은 거세의 자리
다. 그 거세의 자리로 돌아올 때 편지는 자신이 잃어버렸던 의미, 팔루스로
서의 자격을 회복한다. 편지는 남근을 상징하는 기표, '결여로서의 존재'를
지시하는 기표이다. 있어야 할 것이면서 없는 것에 대한 기표, 존재자성
(étantité)을 결한 한 기표, 적극적 실재성이 없는 이 물건의 기표는 다만 자
신의 고유한 장소만을 지닌다. 그러나 이 장소는 경험적 차원의 장소가 아
니다. 그것은 어떤 선험적 성격을 띠고 있다. 편지, 팔루스는 이 선험적 장소
안에서 파괴 불가능한 어떤 것이 된다. 찢어지지 않는 편지, 절단되지 않는
팔루스, '관념적' 물건이 되는 것이다.

  라깡에 따르면 뒤뺑, 이 탁월한 분석자는 그 물건을 여왕에게 돌려준다.
(그러나 그는 분석자일까, 분석자의 분석자가 아닐까?) 물건은 여자의 것,
여자의 욕망의 대상이다. 거꾸로 이 물건을 소유한 자는 여성의 위치에 놓

이고, 여성적 욕망의 주체가 된다. 여왕의 편지를 훔친 장관도, 다시 그 편지를 훔친 뒤뺑도 음성이 변한다. 그러나 이 물건이 되돌아가고자 하는 곳은 따로 있다. 그곳은 거세의 장소, 아무것도 없는 곳, 빈곳, 구멍이다. 팔루스의 의미, 그것이 끝내 지시하려는 것은 그 구멍이다. 그것은 여왕의 자리에, 그의 다리에, 그 사이에 있다. 이것이 라깡의 이야기다.

구멍중심주의, 아마 라깡적 분석의 여정을 그렇게 불러서는 안될 것이다. 구멍은 팔루스를 대상으로 하는 욕망이 샘솟는 장소일 뿐이다. 그곳에 팔루스가 들어갈 때 진리는 완성된다. 그러나 그 삽입은 팔루스가 빠져나올 때 약속되거나 예정된 것이다. 진리, 정신분석의 진리는 팔루스가 나가고 들어가는 운동, 없다가 다시 있게 되는 이중의 운동에 있다. 진리는 숨다가 다시 나타나는 사건, 나타나면서 숨는 사건이다. 라깡은 하이데거의 진리관을 믿는다. 진리는 동시적 은폐와 탈은폐, 부재와 재현전, 채무와 탕감, 혹은 그 사이의 약속과 계약으로서 일어난다. 이 진리의 사건은 팔루스의 운동 자체이다. 따라서 남근중심주의라는 말이 더 적절할 것이다.

남근과 구멍(대타자의 결여와 욕망)의 관계는 기표와 기의의 관계에 있다. 남근은 결여이자 부재로서의 구멍을 자신의 선험적 기의인 양 지시한다. 자석보다 더 강한 힘이 남근을 그리로 끌고간다. 아무도 말리지 못하는 힘. 장관도, 하물며 탐정도 그럴 수 없다. 말려보아야 이야기만 길어질 뿐 결과는 항상 같다. 남근과 구멍의 재결합은 기표의 연쇄운동이 완성된다는 것, 자신의 끝, 목적지에 이른다는 것을 뜻한다. 편지는 항상 자신의 목적지에 도착한다. 이것이 라깡의 포우론을 맺는 결론이다. 기표의 연쇄운동은 언제나 어떤 귀착지에 이르기 때문에 그것의 운동은 어떤 원환적 구조, '고리모양의 기조'를 이룬다는 것이다.

기조를 원환적이고 닫힌 구조로 만드는 것은 팔루스, 정확히 말해서 자신의 선험적 장소인 거세의 자리, 구멍으로 돌아오는 남근이다. 그러나 거세된 것, 없어진 것, 따라서 다시 있어야 할 것으로 욕망되는 대상으로서의 남근은 언제나 자신의 자리로 돌아오는 것일까? 욕망의 지향성이 설정한 목적

지로 다시 돌아오는 것일까? 오히려 끝없는 방황과 산종이 그 부재하는 대
상의 장소가 아닌가? 진리의 장소를 구멍에서 찾는 것, 다시 말해 여성성이
라고 보는 것은 남근중심주의, 로고스중심주의 때문이 아닌가?

하지만 여기서 데리다의 말을 다시 멈추게 하자. 다소 야하게 흘러서가
아니라, 라깡도 아직 할 말이 많기 때문이다. 그의 말은 아직 끝나지 않았다.
이것은 적어도 두 가지 의미에서 그렇다. 첫째, 데리다는 라깡의 편지를 팔
루스로만 간주하고 있다. 그러나 그 편지는 다른 것일 수도 있다. 가령 욕망
이나 실재적 대상(objet *a*)일 수도 있다. 둘째, 데리다의 라깡론 이후의 라
깡, 1970년대의 라깡은 과거의 라깡이 아니다. 이런 전환이 데리다의 그라
마똘로지나 프로이트론에 빚지고 있을 가능성을 배제할 수는 없지만,[6] 어쨌
든 라깡은 끊임없이 당대의 지적 성과를 흡수하면서 자신의 이론을 정교화
하고 변형해왔다. 이런 이론적 변형과정의 중심에 있는 것이 실재적 대상이
라는 개념이다.

이 개념이 허락하는 답변의 기회를 얻는다면, 라깡은 아마 이렇게 이어갈
것이다. 중요한 것은 대타자(상징계)의 결여를 대신하는 기표(팔루스)와 욕
망의 원인(대상)을 구분하는 것이다. 하지만 먼저 기표의 질료성에 대해서
이야기하자. 내가 말했던 기표의 질료성은 기표가 지닌 유사대상적 성격을
뜻한다. 나는 편지의 내용이 아니라 그것의 유사사물적 성격이 서로 다른
위치의 등장인물들에게 영향을 미친다는 것을 강조했다. 이 유사대상적 성
격을 나는 실재(le réel)라 부른다. 실재는 두 단계로 이해해야 한다. 먼저 그
것은 상징적 기호로 기록되기 이전에 있다고 전제되는 것, 칸트의 물자체
(Ding an sich)와 같은 것이다. 이런 의미의 실재는 정신분석이 말하는 외상
(trauma)과 고착화를 설명할 때 전제하는 가설적 원인이다. 즉 언어, 대화로
편입되지 않는 것, 언어 이전의 어떤 것이 실재다. 그러나 실재는 단순히 언

---

6) 앞에서 인용된 『라깡과 철학자들』(*Lacan avec les philosophes*)에 실린 두 글, Major(1991);
   Melville(1991) 참조. 이 책에 실린 데리다의 새로운 라깡론도 1970년대 라깡의 전회가 자
   신에 빚지고 있음을 암시한다. 이 글은 잠시 후 별도로 다루어질 것이다.

어 이전의 것이 아니라 오히려 언어 때문에 생기는 것일 수도 있다. 그리고 이런 의미의 실재가 정신분석에서는 더 중요하다.

나는 포우론에서 분명히 언어가 사물, 실재의 '살해자'라고 했다. 그러나 언어는 결코 실재를 완전히 죽이지 못한다. 실재의 생명은 완전히 꺼지지 않는다. 그 잔여가 남는 것이다. 상징적 기록의 잔여인 제2의 실재, 바로 그것이 문제다. 내가 포우론 「후기」(Lacan 1966, 41~61면)에서 상세히 기술한 것처럼, 이 잔여로서의 실재는 기표의 자동적 연쇄가 진행됨에 따라 부수적으로, 그것도 법칙화할 수 있는 방식으로 형성된다.[7] 하지만 그렇게 형성된 실재는 결코 상징계의 법칙에 종속되지 않는다. 오히려 그 법칙에 저항하고 그 법칙의 작동에 탈을 낸다. 구조적 질서의 흐름에 이상기류를 가져오는 것이다. 이 이상기류를 일으키는 잔여, 이 잔여로서의 실재가 무의식적 경험으로 들어가는 입구다. 무의식적 욕망은 이 실재 때문에 성립한다. 내가 질료성이라 부른 것은 이런 실재적 대상과 유사한 성격을 지칭하기 위한 것이다. 어떤 기호작용도 하지 않는다는 것, 다시 말해 다른 기표와 교환되거나 대체되지 않는 것, 그러나 다른 기표를 끊임없이 움직이게 하는 중력을 지닌 것이 포우의 편지다. 이 질료적 편지, 그리고 그것이 지시하는 실재는 상징계의 중심으로 끊임없이 다시 돌아온다. 상징계의 중력은 그 실재의 귀환점에 집중되어 있고, 상징계의 모든 기표는 그 지점 주위를 끊임없이 회전하도록 되어 있다. 끊임없이 그 실재를 번역하고 대체하려고 하지만 그 모든 운동이 무위에 그치는 것이다. 물론 여기에는 역설이 있을 수 있다. 실재는 상징적 기록이 진행되는 과정에서 부수적으로 남는 잔여지만, 그 잔여가 다시 상징계를 움직이는 원동력이 된다. 그러나 무의식적 현상은 언제나 역설적이다. 문제는 이 역설적 구조를 표시하는 것이다.

내가 '보로메오의 매듭'(nœud borroméen)을 끌어들이고 R. I. S. 도식을 고안한 것은 이런 역설적 구조를 그려보고자 한 노력의 일환이다. 그밖에도

---

7) Fink(1995) 부록논문 참조. 이 저서는 지젝의 저서와 더불어 후기 라깡을 기술하는 이 글에 많은 시사점을 제공했다.

나는 여러가지 그림이나 연산식을 통해서 이 역설적 구조를 번역하고자 했다. 일단 이 구조를 생각할 때는 그것이 언제나 결여와 손실 혹은 빈곳을 포함한다는 사실에 주목하기 바란다. 보라, 언어는 끊임없이 움직인다. 기표는 쉼없이 교환되고 대체된다. 이 운동을 낳고 유지하는 것이 그 빈자리이다. 아무것도 아닌 것, 존재하지 않는 것 때문에 그런 부단한 운동이 지속된다. 이 역설이 구조의 일차적 특징이다.

여기서 거세와 남근에 대해서 말하자. 거세는 곧 구조 내적 운동이 성립하기 위해서 요구되는 빈자리, 결여가 발생하는 최초의 사건이다. 그리고 그 결여 자체를 표시하는 기표가 남근이다(Lacan 1966, 715, 722면). 그러므로 거세란 어떤 원초적 박탈의 사건이자 (헤겔-맑스적 의미의) 소외다. 무엇을 박탈당하는가? 주체에게서 그것은 쾌락원칙을 넘어선 신체적 향락의 박탈 혹은 포기를 의미한다(Lacan 1966, 827면). 나는 그것을 '분리'라는 말로 표현한다. 그러므로 남성의 성기가 거세의 대상이 아니다. 남자든 여자든 인간은 신체적 향락을 포기할 때만 상징계의 주체가 될 수 있다. 그러면 박탈된 향락은 어디로 가는가? 그것은 대타자·언어·상징계로 간다. 대타자는 착취자다. 박탈된 향락은 상징계 안을 돌아다닌다. 주체의 바깥, 저기 언어의 세계를 타고 도는 쾌락, 향락은 말 속에 있다. 주체가 향락을 누리기 위해서는 입을 벌려 말을 하거나 남의 말을 들어야 한다. 이미 말에 착취당하고 봉사했지만 다시 봉사해야만 한다. 그래야 그 잉여가치를 배당받을 수 있다. 그러나 말을 할수록 이득을 보는 것은 언어다. 여전히 잉여향유(plus-de-jouir)는 말의 것이다. 노동은 주체가 하지만 결실을 따가는 것은 언어다.

여기서 맑스(K. H. Marx)의 잉여가치론을 생각하라. 맑스가 자본주의를 두고 무어라 했는지 기억하라. 노동을 상품화하는 자본주의적 생산양식 아래에서 노동자는 자신의 노동의 댓가로부터 소외되어 있다. 그 댓가를 착취하는 것은 자본가다. 자본가에 의해서 노동자는 자신이 생산한 잉여가치로부터 분리된다. 그와 마찬가지로 주체는 자신이 생산한 잉여향유로부터 분리된다. 언어는 자본가처럼 주체가 생산하는 잉여향유를 빨아먹는다. 자본주의는 노동자의 손실, 잉여가치의 손실을 통해서 확대재생산된다. 마찬가지로 언어의 교환과 순환은 주체의 손실, 잉여향유의 포기를 통해서 확대재생산된다. 언어는 냉혹한 자본가다.

거세는 그런 자본주의적 언어질서가 생기고 유지되기 위해서 필요한 최초의 손실, 결여가 일어나는 사건이다. 이미 말한 것처럼, 남근이란 그 손실과 결여를 지시하는 기표다. 구조 내적 운동, 모든 기표적 교환과 순환은 이 결여의 기표에서 시작된다(Lacan 1966, 722면). 데리다는 이 결여를 페니스의 결여, 그래서 여성성이라 했다. 그러나 기표로서의 남근이 표시하는 결여는 여성성을 초래하는 것이 아니라 욕망을 초래한다. 누구의 욕망인가? 대타자(언어)의 욕망이다. 남근은 대타자의 결여, 그 결여와 짝을 이루는 대타자의 욕망을 표시한다. (발생론적 관점에서 볼 때 주체[어린아이]는 대타자[말을 가르치는 사람, 어머니]의 욕망을 통해서 대타자의 결여를 경험한다.) 주체는 이 대타자의 결여와 욕망을 동시에 표시하는 팔루스적 기표를 중심으로 상징계 전체를 표상한다.

주체의 욕망은 이 대타자의 욕망에 대한 욕망이다. 헤겔의 주노(主奴)변증법에서 읽을 수 있는 것처럼, 인간의 욕망은 타자의 욕망을 소유하려는 욕망, 타자의 욕망의 대상이 되려는 욕망이다. 주체의 무의식적 욕망은 그가 대타자의 욕망 앞에서, 그 욕망이 던지는 물음 앞에서 생성된다. 주체는 대타자의 욕망 앞에서 다시 묻는다. "내가 어떻게 해주길 바라는 거지?"(che vuoi?)

이 대타자의 결여와 욕망, 그리고 그것이 주체에게 던지는 물음, 바로 여기서 무의식적 차원이 펼쳐진다. 주체는 그 물음에 답하기 위해서 팔루스적 기표를 찾고, 이를 통해서 대타자와 합일하고자 한다. 그러나 그 결여와 욕망은 메워지지 않는다. 기표는 결코 욕망을 멈추게 할 수 없다. 그러므로 여기서 주의하자. 욕망의 기표는 욕망의 대상이나 원인이 아니라는 것을. 그리고 욕망의 대상 혹은 원인은 존재하지 않는다는 것을. 욕망의 원인은 상상하거나 언표할 수 없는 것이다.

반면 팔루스는 다른 기표와 교환 가능한 기표다. 그러나 팔루스가 어느 자리에 오건 욕망은 꺼지지 않는다. 욕망의 발생원인 혹은 대상은 언제나 '다른 것'이기 때문이다. 나는 그것을 실재적 대상(objet *a*)이라 부른다. 이 것은 언제나 말할 수 없는 것, 상징적으로 기록되지 않는 것, 기록의 잔여, 그러므로 실재적인 것이다. 이 언표 불가능한 잔여로서의 실재적 대상이 욕 망을 생산하는 원인이다. 나는 포우론에서 "편지는 언제나 자신의 목적지에 도착한다"는 말로 결론을 맺었다. 그러나 언제나 자신의 목적지로 되돌아오 는 것은 기표로서의 팔루스가 아니다. 그것은 기표화되지 않는 실재적 대상 이다.(Lacan 1973, 49면)

엄밀히 말해서 이 대상은 대상이 아니다. 존재하지 않는 것, 현존을 결여 하는 것이기 때문이다. 그러나 어느 대상 못지않게 그 실재적 대상은 속성 을 갖고 있다. 마치 존재하는 것처럼 어떤 작용을 하고 효과를 미친다. 욕망 은 존재하지 않는 그 대상 때문에 발생하고 그 대상으로 인해서 끝없이 움 직인다. 왜냐하면 어떠한 기표도 그 대상을 번역할 수 없기 때문이다. 온갖 기표적 연쇄와 집적을 통해서 그것에 도달했다고 생각하는 순간, 그 대상은 다시 힘을 행사한다. 온갖 기표의 회집(會集)을 통해서 그 대상을 사라지게 만들었다고 생각하는 순간, 그 기표는 다시 나타난다. 번역하고 옮겼다고 생각하자마자 다시 자신의 자리로 돌아온다. 실재적 대상은 언제나 자신의 자리로 되돌아온다. 언제나 자신의 목적지에 도착하는 것이다(Johnson 1988; 슬라보예 지젝 1997, 1장 참조).

언제나 그 자리로 돌아오는 대상, 언제나 그 자리를 다시 지키는 실재적 대상은 상징적 주체에, 그리고 상징계 혹은 사회·문화적 현실에 외상적 충 격을 준다. 여기에서 프로이트가 반복강박과 그것의 배후에 있는 것으로 짐 작했던 죽음의 충동을 기억하자. 무의식적 주체는 쾌락원칙을 넘어서 기꺼 이 자기파괴적인 것에 관계하는 경향이 있다. 그것이 욕망의 적나라한 본성 이다. 자기파괴적인 것에 관계하고자 하는 충동, 그 충동을 몰고오는 어떤 것, 그러나 현실적으로 현존하지 않는 어떤 것이 실재적 대상이다. 이 대상에 직접 노출될 때 일어나는 충격은 치명적일 수 있다. 그러므로 무의식적 욕망의 주체는 그것에 관계하되 직접적으로 관계하지 않는다. 직접적 관계를 미루고 지연시키면서 관계한다. 데리다적 용어로 말하면, 욕망은 실재적 대상에 차연적으로 관계한다. 차연적으로 관계한다는 것은 대리적 보충을 통해서 관계한다는 것이다. 나는 이런 차연적 관계를 환상(fantasme)이라고 부르고 $8 \Diamond a$로 표기한다.

이 공식은 주체가 욕망의 원인에 가까이 가면서 동시에 그 직접적 접촉을 미룬다는 것을 말한다. 왜 미루는가? 그 직접적 접촉이 주체를 파괴하기 때문이다. 주체는 살기 위해서 미룬다. 그러나 욕망의 주체는 쾌락원칙을 초과하는 쾌락(향락)을 위해서 끝없이 대상에 관계한다. 물론 데리다도 이런 차연적 관계를 분석한 적이 있다. 프로이트의 「쾌락원칙을 넘어서」를 그처럼 자세하게 읽고 감동적으로 분석한 경우는 아직 없다. 거기서 데리다는 죽음의 충동과 생의 충동 사이의 차연적 관계를 쾌락원칙의 풀림(죽음의 충동)과 조임(생의 충동)의 역동적 리듬, 리듬에 찬 기조 안에서 설명했다. 그러나 나는 데리다가 수십페이지에 걸쳐서 온갖 상세한 미로를 통과해가며 묘사한 것을 최대한 경제적으로, 가장 단순하게 표시했다. 어느 것이 더 감동적인가? 판단은 자유다. 그 기조라는 것, 그것도 그렇다. 내가 그리는 구조도 굳이 따지자면 기조다. 가령 나의 욕망의 그래프, 그 명료한 그림은 얼마나 기조적인가(Lacan 1966, 805면 이하).

다음 그래프는 얼마나 많은 내용을 담고 있는지! 그리고 그 내용에 비할 때, 이 그림은 얼마나 경제적인지! 하지만 여기서는 왜 이것이 닫힌 구조가 아니라 열린 구조, 리듬에 찬 기조인지만을 말하겠다(Žižek 1989, 3장 참조). 먼저 이 그래프의 왼쪽 축을 보시기 바란다. 이 왼쪽 축은 대타자의 결여와 욕망(S(A))에서 시작해서 의미화 작용이 일어나는 고정점(point de capiton, s(A))을 지나 주체의 상징적 (자기)동일시(I(A))에 이른다. 도달점은 상징적 질서에 편안하게 안주한 자아상, '자아이상'(idéal du moi) 혹은 명확한 자기정체성을 획득한 주체다. 이런 자기동일시가 성립하려면 먼저 의미화 연

530

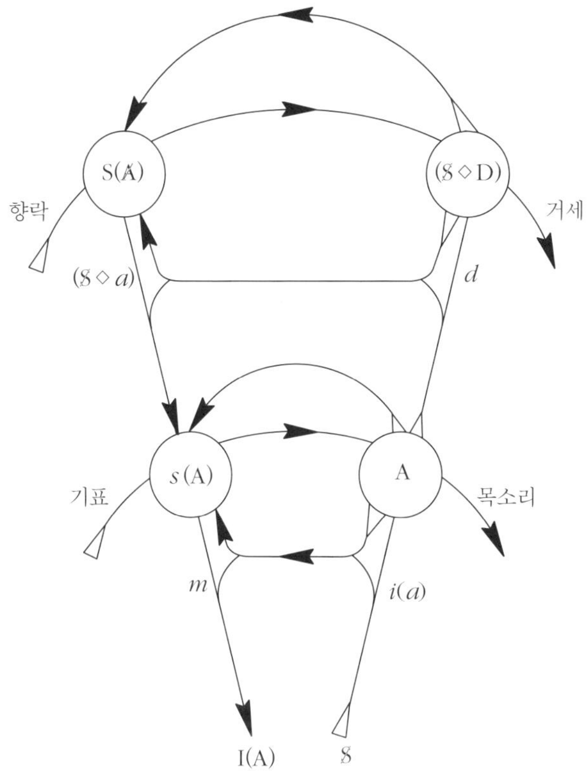

쇄가 어떤 기의에 의해서 고정되는 지점이 있어야 한다. 그런데 이 고정점, 안정된 기호체계가 성립하는 이 지점에 지속적으로 힘을 미치는 것이 있다. 그것은 대타자의 욕망과 그것이 던지는 물음이다. 충격적이고 외상적일 수 있는 물음. 따라서 주체는 그 물음의 충격을 없는 것처럼 무시할 수 있다. 그러나 억압된 것은 반드시 회귀한다.

여러분은 여기서 금방 깨달았을 것이다. 이 욕망의 그래프에 나오는 상하 두 개의 횡선이 대략 무엇을 의미하는지를. 아래의 횡선은 상징적 질서, 정상적 현실의 질서를 나타낸다. 반면 위의 횡선은 무의식적 욕망의 차원 혹은 향락의 질서를 표시한다. 상징적 질서가 쾌락원칙에 종속되어 있다면 향락의 질서는 쾌락원칙을 넘어선다. 그 향락의 차원으로부터 내려오는 압력은 환상의 지점을 거쳐 의미화의 고정점에 이른다. 여기에서 환상은 두 가지 배타적인 역할을 동시에 수행한다. 환상은 먼저 주체로 하여금 대타자의 욕망과 질문, 또는 실재적 대상에 관계하도록 허락한다. 환상은 외상적 충격에 관계하는 욕망, 쾌락원칙을 넘어선 욕망의 형식이자 틀이다. 리비도 에너지가 집중된 표상 안에서 사물들은 이 틀을 통해서 일관성을 획득한다. 반면 환상은 그 외상적 충격으로부터 주체를 보호해주는 거리, 영사막에 해당한다. 이 보호막에 힘입어 주체는 대상에 의하여 파괴되지 않은 채 그것에 지속적으로 관계할 수 있다.

그러나 환상 속에 욕망의 원인으로 귀환하는 실재적 대상은 허상, 씨뮐라크르(simulacre)다. 그것은 현존하지 않는 것, 다만 효과를 미치는 속성으로만 '있는' 것이다. 그것은 상상 불가능하고 기록 불가능한 것이지만 여전히 허구적이고 사후적으로 성립하는 허구물이다(이 허구의 구성은 최초의 만족에 대한 재기억, 최초의 만족대상에 대한 사후적 구성에서 시작한다. 실재적 대상은 이 사후적 구성이 여전히 충족할 수 없는 것으로 남기는 잔여, 재구성이 불가능한 것으로 멀어지는 원초적 대상, 그러나 환원 불가능한, 해체 불가능한 어떤 것이다).

그러므로 욕망의 그래프의 왼쪽 축이 말하는 것은 결국 이것이다. 안정되고 닫혀진 기표의 질서를 봉합하는 고정점은 씨뮐라크르의 귀환에 의하여 지탱되는 동시에 위협받고 있다. 기록 불가능한 환상적 허구, 해체 불가능한 부재자와 관계하는 환상이 안정된 기표적 질서의 토대다. 그러나 이 토대에는 바닥이 없다. 그것은 비존재다. 상징적 구조는 그 고정점 자체를 통해서 무·결여·허상 그리고 그것이 거느리는 카오스의 가능성에 이어져 있다. 구조의 배꼽은 카오스의 가능성, 바닥 없는 심연으로 이어져 있다. 하지면 상징계의 주체는 그 탯줄을 끊을 수 없다. 왜냐하면 그 탯줄이 상징적 질서, 정상적 질서에 리비도적 에너지, 잉여향유, 잉여가치를 공급해주는 공급선이기 때문이다. 생명과 죽음, 구성과 파괴는 한 줄을 통해서, 차연적 리듬을 통해서 주체에게 온다. 그 차연적 리듬이 하위의 소구조를 지배한다. 그 소구조의 배꼽은 상위구조의 구멍, 잔여물을 배설하는 똥구멍에 이어져 있다. 항문운동을 하는 구조, 오므렸다 열었다 하면서 배설하는 상위구조, 그리고 그 아래에서 그 잔여물을 흡수하는 하위구조, 이 상하 복합구조가 기조가 아니라면 무엇이겠는가?

3. 해석과 해체

이 정도에서 라깡의 말을 가로막자. 적어도 전회 이후의 라깡은 단순한 구조주의자가 아니라는 것, 그의 구조가 기조에 가깝다는 것은 분명해졌을 것이기 때문이다. 물론 욕망의 그래프를 통해서 라깡이 하고 싶은 말은 아직도 많을 것이다. 특히 목소리에 대해서, 자신이 음성중심주의에 빠져 있다는 데리다의 시비에 대해서 꼭 덧붙이고 싶을 것이다. 사실 이 그래프에 나오는 목소리는 어떤 사물화된 음성, 모든 의미화 작용의 테두리 바깥으로 떨어져나온 빈 껍질 같은 잔여다(그것은 마치 최면술에 걸린 사람이 듣는 주문呪文 같은 공허한 목소리다). 데리다의 그라마똘로지나 후썰론은 음성 위주의 언어관이 현전적 존재이해나 로고스중심주의와 동근원적임을 밝혔지만, 이런 공허한 목소리는 의미의 현전(로고스의 자기현전)과 공모관계에 있지 않다. 오히려 의미의 현전, 나아가 의식의 자기현전을 방해하고 교란할 수 있다(Dolar 1996, 참조). 당신은 목소리 혹은 다른 소리 때문에 스스로 통제할 수 없는 격정이나 혼돈상태에 빠져본 적이 없는가? 소리가 안정된 의미론적 질서에 충격을 주는 전복적 힘으로서 현상한다는 것을 경험한 적이 있는가? 니체(F. W. Nietzsche)는 소크라테스(Socrates)에게 외치듯 주문했다. '소크라테스, 음악을 들어요! 춤을 춰요!' 소크라테스적 합리성과 디오니소스적 음악성을 마주놓았던 니체의 음성을 기억하자면, 목소리는 로고스에 봉사한다기보다 파토스(pathos)에 봉사한다. 음성은 반로고스중심주의적일 수 있다. 플라톤(Platon) 이래 합리적 이성의 수호자들은 음악을 감시하고 통제할 수밖에 없는 처지에 있지 않았던가. 음악의 마술적인 힘에 저항하려 하지 않았던가. 라깡이 말하는 목소리(그리고 응시)는 많은 경우 이런 문맥에서 읽어야 한다. 그것은 쾌락원칙에 종속된 합리적 질서를 급작스럽게 뒤집거나 재편하면서 출현하는 현상, 정확히 말해서 향락의 대상으로 둔갑하는 현상이다.

그러나 하여간 라깡의 말은 일단 여기서 그치게 하자. 그리고 다른 주제를 중심으로 라깡과 데리다의 논쟁적 상황을 구성해보자. 아마 여기서 중심에 두어야 할 마지막 주제, 그러나 어쩌면 가장 큰 주제는 해석의 문제일 것이다. 사실 라깡의 상징 개념, 그리고 포우의 소설에 대한 라깡과 데리다의 서로 다른 분석은 이미 해석학적 문제틀 안에 들어와 있다. 그러므로 정신분석과 해체론은 전통적 해석학에 각기 어떻게 관계하는가? 양자는 해석학의 역사에서 각각 어떤 자리를 차지하는가? 정신분석과 해체론은 어디에 있는가?

이런 물음을 위해서 먼저 고전적 해석학의 전통을 수호하는 위치에 있는 리꾀르의 말부터 들어보도록 하자(뽈 리꾀르 2001, 1·2장 참조). 리꾀르는 구조주의를 "선험적 주체만 없는 칸트주의"로 평가했다. 이것은 구조주의의 형식주의적 성격을 강조하는 말이다. 형식주의, 이것은 구조주의의 특징이자 또한 그 한계일 수 있다. 여기서 앞에서 정식화한 라깡적 상징 개념을 다시 기억하자(사적이고 시적인 것마저 수적이다). 구조주의는 무의식적인 것, 문학적인 것, 사회적인 것 등을 어떤 중립적 요소들의 상관적 차이관계, 형식적 조합과 분리의 관계로 환원한다. 신비하고 주관적이며 정서적인 현상을 그 자체로 무의미한 요소들 간의 형식적 질서로 환원하는 구조주의는 극단적 과학주의, 탈신비화의 전략일 수 있다. 리꾀르는 이런 탈신비화의 전략에 저항하고자 한다. 그 탈신비화의 전략을 탈신비화하자는 것이다.

이 재신비화의 전략은 표면상 언어의 환원 불가능한 모호성에 대한 옹호처럼 보인다. 구조주의적 분석에 저항하는 이 언어 내재적 모호성에 관계하는 것, 그것이 리꾀르가 말하는 반성적(변증법적) 해석학이다. 이 반성적 해석학은 두 가지 해석학의 매개와 지양이다. 하나의 해석학은 새로운 상징의 출현에 눈을 돌리는 해석학, 의식과 역사의 차원으로 나아가는 해석학, ‘앞으로 가는 해석학’이다. 반면 다른 하나의 해석학은 원초적 상징에 눈을 돌리는 해석학, 무의식과 기원으로 소급하는 해석학, ‘뒤로 가는 해석학’이다. 앞으로 가는 해석학의 사례로 리꾀르는 헤겔적 정신현상학을, 뒤로 가는 해석학의 사례로 니체·프로이트·맑스를 든다.

이런 구도에서 정신분석은 해석학의 역사에 위치한다. 니체의 철학, 맑스의 정치경제학과 더불어 프로이트의 정신분석은 현대적 해석학의 출발에 서 있되, 다른 방향의 해석학과 더불어 반성적 해석학 속에서 변증법적으로 통합되어야 하는 위치를 점한다. 앞으로 가는 해석학, 그것은 목적론적이며 이념적이다. 뒤로 가는 해석학, 그것은 고고학적이다. 텔로스(telos)로 가는 해석학과 아르케(arche)로 가는 해석학, 그 둘은 다시 종교적 종말론으로, 그리고 그곳을 장식하는 ‘거룩한 상징’으로 가는 징검다리다. 그 징검다리를 하나하나 건너는 것이 리꾀르적 의미의 반성이다. 이런 반성철학의 시각에서 보면 정신분석은 불충분한 해석학이다. 뒤로, 아르케로, 밑으로만 파고드는 정신분석은 주체의 고고학, 고고학적 해석학이다. 하지만 정신분석은 구조주의 못지않은 탈신비화의 전략이며, 이것 자체가 탈신비화되어야 한다. 극복되어야 하는 것이다.

우리가 여기서 이런 리꾀르의 시각을 끌어들인 것은 정신분석을 해석학의 역사 안에서, 또는 다양한 유형의 해석학적 활동의 한 유형으로 간주할 수 있다는 사실을 두드러지게 하기 위해서다. 그러나 리꾀르를 끌어들이지 않더라도 정신분석을 일종의 해석학으로 간주할 수 있다. 정신분석이라는 말, 분석이라는 말 자체, 프로이트의『꿈의 해석』의 제목, 그리고 이 책에서 흔치 않게 사용되는 해석(Deutung)·분해(Auflösung)·해결(Lösung)이라는 말들이 이미 특정한 해석학적 함축을 띠고 있다. 프로이트는 무의식적 현상이 어떤 ‘감추어진 의미’를 지니고 있으며 그 감추어진 의미의 발견에 정신분석의 과제가 있다는 신념을 결코 버린 적이 없다.

그런데 데리다는 정신분석을 해석학보다 포괄적이고 더 오래된 역사, 분석의 역사 안에서 바라보아야 한다는 점을 지적한 적이 있다(Derrida 1996, 32면 이하). 이때 분석의 역사란 가령 플라톤적 의미의 나눔(diarresis), 아리스토텔레스적 의미의 분석론, 칸트적 의미의 분석론, 그밖에 아나(ana)와 뤼시스(lysis)와 관련된 모든 형태의 방법론적 전략들을 포괄하는 개념이다. 그리고 이 분석의 역사 안에는 정신분석뿐만 아니라 해체론도 자리하고 있다. 사실 분석에도 여러 종류가 있다. 철학적 분석이 있는가 하면 과학적 분석이 있고, 논리분석이 있는가 하면 정신분석이 있다. 이 모든 분석을 어떻게 유형화할 수 있는가?

데리다의 분류는 리꾀르의 분류와 겹치는 대목이 있다. 리꾀르는 앞으로 가는 해석과 뒤로 가는 해석, 목적론적 해석과 고고학적 해석——그리고 종말론적 장소로 가는 해석——을 나누었다. 데리다 역시 분석의 방향을 중시한다. 그 방향은 둘이다. 하나는 '아나'로 표시되는 소급과 회귀, 즉 원리적이고 기원에 있는 것, 가장 단순하고 요소적인 것, 나눌 수 없는 것으로 회귀하는 운동이다. 이는 분석의 '고고학적' 운동에 해당한다. 다른 하나는 '종말론적' 운동인데, 이것은 '뤼시스'로 표기된다. 이 말이 함축하는 것은 분해·풀기·펼치기·용해·해소·해산이다.

이렇게 볼 때, 고고학적 운동은 탄생의 지점, 기원으로, 반면에 종말론적 운동은 완성과 죽음의 지점으로 이동한다. 프로이트의 「쾌락원칙을 넘어서」에 나오는 충동이론으로 정식화하자면, 아나-뤼시스(ana-lysis)로서의 분석은 생의 충동을 따르는 동시에 죽음의 충동을 따른다. 생의 충동과 죽음의 충동이 한 생명체 안에 얽혀 있다면, 모든 분석에는 기원으로의 회귀와 종말로의 회귀가 얽혀 있다. 분석은 아나와 뤼시스, 에로스(Eros)와 타나토스(Thanatos), 고고학적 회귀와 종말론적 회집의 매듭, 복잡하게 얽힌 실타래다. 매듭, 실타래로서의 아나-뤼시스는 그 자체가 매듭을 풀고 엮는 작업, 양탄자를 짰다가 풀었다 하는 페넬로페이아(오디쎄우스의 아내)의 노동이다. (여기서 프로이트의 범례적 꿈 분석인 '이르마의 주사'에 나오는 매듭과 배꼽의 비유를 기억하자.)

　이런 포괄적 의미의 분석의 역사에서 정신분석은 어떤 위치에 있는가? 정신분석은 가령 과학적 분석이나 논리적 분석, 혹은 철학적 분석에 비추어 어떤 특징을 지니는가? 무의식에 대한 탐구를 정당한 학문의 반열에 올려놓으려 했던 노력을 통해 프로이트는 정신분석을 과학적 분석 혹은 철학적 분석의 전통에 종속시키는 결과를 초래했다. 정신분석에 대한 데리다의 평가, 프로이트와 라깡에 대한 그의 평가는 그런 자발적 종속의 노력을 주시한다. 프로이트 속에 살아있는 계몽주의적 학문관, 라깡의 구조주의적 경향이 해체론적 분석의 표적이다. 정신분석에 대한 이 분석은 "정신분석(학)은 정신분석이 아니다"라는 명제로 귀결된다. 즉 정신분석은 정신분석(학)이 생각하는 정신분석이 아니다. 정신분석은 통일된 정체성이 없다. 분열되어 있는 것이다. 왜냐하면 정신분석은 학문·철학·형이상학의 전통에 속하는 동시에 그 전통의 울타리를 벗어나기 때문이다.

　이미 말한 것처럼, 데리다가 기술하는 정신분석은 자기모순적인 두 측면을 지닌다. 정신분석의 주요개념들(무의식·억압 등)은 대부분 형이상학의 역사에 속한다. 거기에 형이상학의 울타리를 이탈하는 것이 있다면, 그것은 사후성 개념이다. 이후의 것이 접촉하고 보충하는 한에서 이전의 것이 현상하거나 의미를 지닐 수 있다는 사후성이론은 순수한 현전성, 자족적 자기현전성 개념을 파괴한다. 기원은 파생을 통해서, 내면은 외면의 사후적 영향을 통해서 왜곡됨으로써 '처음' 성립하고 현상한다. 기원은 이미 어떤 사후적 보충의 효과에 불과하다. 따라서 처음에 있는 것보다 보충이, 그 보충에 의한 충돌과 차이짓기가 먼저 있었다. 그러나 정신분석이 도달한 이런 탈형이상학적(탈현전적) 돌파구는 프로이트나 라깡의 과학주의에 의하여 다시 닫히는 것은 아닐까?

　이렇게 묻는 데리다는 자신의 독자들에게 다음과 같이 말한다. 해체론은 정신분석이 아니다. 해체론은 철학에 대한 정신분석이 아니며, 철학적 정신분석도 아니다(Derrida 1967a, 219면). 이는 단순히 정신분석이 두 방향의 운동,

즉 자발적으로 형이상학의 역사에 종속되는 운동과, 자기도 모르게 그 역사를 이탈하는 운동으로 분열되기 때문만이 아니다. 정신분석은 과학적 정합성을 얻으려는 곳에서마저 분열되고 있다. 사실 정신분석의 이론적 정체성, 정신분석이 스스로 정의하는 정체성은 저항 개념에 의해서 확립된다. 정신분석은 언제나 저항에 대한 분석이자 극복이다. 따라서 저항에 대한 일관된 위치에 정신분석의 정체성이 있을 수 있다. 그러나 정신분석이 말하는 저항 개념은 일관성을 결여하고 있다. 여러가지 저항 개념, 이드와 자아 그리고 초자아의 수준에서 성립하는 다양한 저항 개념들은 하나로 수렴되지 않는다. 따라서 하나의 단일한 저항이 없다면 단일한 정신분석(학)도 없다. 정신분석은 하나의 개념·이론·과제로 모이지 않는다(Derrida 1996, 33~35면). 이런 자기분열적 분석을 해체론과 동일시하지 말아야 한다. 이는 해체론이 분열되지 않은 자기정체성을 지니기 때문이 아니다. 다만 해체론은 정신분석과 다른 분석을 추구하기 때문이다. 해체론은 분석의 전통에 속하면서도 철학적 분석과 다른 종류의 분석을 추구하며, 그에 못지않게 정신분석적 분석을 비켜간다.

이 해체론적 분석의 특이성을 말하기 전에 정신분석이 갖는 변별적 특징을 잠깐 언급하고 지나가자. 철학적 분석은 재현과 표상의 수준에 머문다. 하지만 정신분석이 저항의 해소라면, 이 해소는 전이(transfert)를 통과하는 지점에서 끝난다. 이 저항과 전이의 해소는 정념과 정서의 기반 위에 있다. 분석자와 피분석자 사이의 정서적 상호작용 없이 정신분석은 성립하지 않는다. 실천적 효과를 의도하지 않는 분석은 정신분석이 아니다. 그렇다면 정신분석은 철학적 분석과는 다른 질서에 속하는 것이 아닐까? 철학적 분석과 다른 종류의 분석의 길을 가고 있는 것이 아닐까? 하지만 앞서 말한 것처럼 정신분석은 정신분석이 아니다. 정신분석은 자신이 생각하는 정신분석이 아니다. 정신분석은 자신을 모른다. 정신분석이 자신을 알려면 또다른 분석자, 해체론적 분석자를 찾아가야 한다. 해체론이 일종의 정신분석이 아니라면, 그 이유는 여기에 있다. (그렇지만 오해는 하지 말았으면 좋겠다. 해체론은 어떤 메타담론이 아니다. 메타담론이 없다는 것이 해체론의 주장이다. 나는 존재론자가 아닌 것처럼 메타존재론자도 메타분석자도 아니다.)

물론 해체론이 정신분석과 공유하는 것이 아주 없다고는 할 수 없다. 해체론은 끊임없이 정신분석의 주위를, 특히 프로이트의 문헌을 맴돌아왔다. 이는 둘 사이에 공유된 물음이 있기 때문이다. 그러나 공유라는 말은 적절치 않은 것 같다. 오히려 경쟁이나 투쟁이라는 말이 적당할 것이다. 분명히 해체론은 정신분석과 어떤 주제를 놓고 다투고 있다. 그리고 "'정신분석'과 '해체론' 사이에서 벌어지는 가장 결정적이고 난해한 경쟁은 반복강박이 제기하는 물음의 주위에서 비교적 체계를 갖춘 형태를 취하고 있는 듯하다." (Derrida 1996, 46~47면) 쾌락원칙, 혹은 원칙의 구속력 일반을 넘어서서 일어나는 반복, 따라서 언제나 차이와 일탈을 수반하는 반복(itérabilité)을 어떻게 설명할 것인가? 라깡처럼 그것을 '반복의 자동화'(automatisme de répétition) 정도로만 옮겨야 하는가?

알다시피 프로이트는 쾌락원칙을 넘어서는 반복강박, 따라서 합리적 설명이 불가능한 이 자기파괴적 반복을 설명하기 위해서 죽음의 충동을 마지막 가설로 끌어들였다. 프로이트가 검증 불가능한 것으로 끌어들인 이 가설, 다만 '악마의 변호사'라는 위치에 설 때만 언급할 수 있는 것으로 간주한 이 가설은 라깡적 무의식이론의 출발점이다. 그의 포우론 또한 편지의 자율적 운동을 반복강박의 자동성과 결부시키면서 시작하고 있다. 그런데 라깡의 포우론은 이 반복강박의 반복성을 어떤 합리적 규칙을 통하여 번역하거나 정리할 수 있다고 주장한다. 이것이 문제다. 라깡의 포우론에 대해서 내가 물은 것은 그런 낙관주의다. 반복강박적 반복, 죽음충동의 반복은 합리적 설명이 불가능하지만 해체 불가능한 현상이다. 왜 해체 불가능한가? 그것은 반복강박이 저항하기 때문이다. 반복강박은 모든 종류의 분석, 정신분석적 분석이나 해체론적 분석 자체에 저항한다. 그것은 저항 중의 저항, 가장 탁월하고 신비한 저항, 악마적 저항이다. 그러나 이 악마적 저항은 적극적 저항이 아니다. 소극적 저항, 저항하지 않는 저항, 무저항의 저항이다.

때문에 "무저항의 형식을 띤 이 과장법적(hyperbolique) 저항으로서의 반복강박은 그 자체가 '분석적'이고 아나-뤼시스적이다."(Derrida 1996, 38면) 그 자체가 원점 회귀적인 동시에 종말론적 극단화의 운동, '아나'와 '뤼시스'의 운동이다. 그런 의미에서 반복강박은 구조적으로 분석적이다. 그리고 그런 의미에서 자기해소적이며 무저항적이다. 반복강박, 그 뒤의 죽음의 충동은 오로지 스스로 나누어지고 분해될 뿐이다. 끝내 스스로 침묵하는 운동, 자기를 숨기고 말소하는 운동. 정신분석의 담론은 스스로를 분해하는 이 무저항의 저항 앞에 있다. 모든 정신분석의 담론은 그 분석 불가능한 것의 둘레를 회전하고 있다. 그러나 그 회전이 정신분석이 태어나고 확장되는 운동 자체다.

정신분석을 있게 한 이 분석 불가능자, 그 반복강박의 반복성 앞에 여전히 해체론이 있다. 그 반복성은 '아나'와 '뤼시스'로 이루어진 어떤 종합, 어떤 분해 불가능한 매듭, 따라서 어떤 선험적 종합이다. 그 이중물림의 매듭 앞에서 해체론은 "한술 더 뜨는 분석, 한술 더 뜨는 선험주의"로 치닫는다. 과장법적 분석의 포즈에 이르는 것이다. "이런 의미에서 해체론은 끝나지 않는 분석의 드라마다."(Derrida 1996, 43면) 해체론의 모든 드라마는 이 분석되지 않은 아나-뤼시스에 관계하는 분석, 극단적 분석으로서 펼쳐진다. 실패하고 좌초할 수밖에 없는 분석, 한계에 부딪히는 분석, 그럼에도 불구하고 다시 시작하는 분석이 해체론적 분석이다. 따라서 해체론의 최고원리는, 만일 그런 것이 있다면 '풀기 취미'(philolythique)의 원리, 고고학적 원리, 나누기와 분할의 원리다(Derrida 1996, 48면). 해체론에서 나누고 풀고 용해하는 것보다 더 중요한 것은 없다. 해체론은 극단적이고 과장법적인 분석이다. 나의 라깡론이 '편지의 분할 불가능성'을 문제삼았던 것을 이런 문맥에서 읽어주기 바란다. 해체론이 해체론인 것은 해체 불가능한 것의 앞에 위치하기 때문이지만, 또한 풀어헤침에 대한 열정, 과도할 정도의 열정 때문이기도 하다. 라깡의 용어를 빌리자면, 해체론은 향락적 분석의 취미다.

그러면 이쯤에서 데리다를 쉬게 하고 발언권을 다시 라깡에게 돌려주자.

왜냐하면 라깡의 실재적 대상, 그 기록 불가능한 잉여로서의 대상이 데리다의 해체 불가능자와 어떻게 비교될 수 있는지 물을 수 있는 상황이 되었기 때문이다. 데리다는 조금 전 해체론과 정신분석, 해체론과 분석의 전통 일반의 관계에 대해서 말했다. 이런 언급이 아니더라도 해체론이 전통적 형이상학과 유지하는 관계는 잘 알려진 사실이다. 해체론은 로고스중심주의로 규정되는 서양 형이상학을 엄밀하게 읽는 과정을 통하여 이 전통의 한계에 도달하려는 전략이다. 이때 한계는 단순한 끝, 부정적 의미의 제한만을 의미하지 않는다. 그것은 오히려 서양적 사유에 대하여 외상이 일어나는 지점, 그 외상의 충격으로부터 자신을 보호하기 위해서 어떤 방어적 제스처가 일어나는 지점이다. 니체가 간파했던 것처럼 서양사상사는 그런 방어의 산물인지 모른다. 라깡적 언어로 옮기면, 그 방어가 일어나는 한계는 실재적 대상과 마주치는 지점, 그 실재적 대상에 의해서 환상($\$ \diamond a$)이나 증상이 일어나는 지점이다.

서양적 사유가 어떤 말할 수 없는 것에 대한 특정한 방어적 환상이자 증상임을 받아들일 때, 우리는 다음과 같은 중요한 결론을 승인해야 한다. 이성적 담론, 과학이나 철학의 담론은 여러가지 가능한 담론들 중의 하나에 불과하다. 이론적 합리성은 있을 수 있는 여러가지 가능한 합리성들 중의 하나에 불과하다. 물론 이러한 결론은 데리다로부터만 끌어낼 수 있는 것이 아니다. 니체와 하이데거, 비트겐슈타인(L. J. J. Wittgenstein), 그리고 로티(R. Rorty)적 의미의 실용주의도 모두 그러한 결론을 함의하고 있다. 이른바 포스트모더니즘 혹은 탈근대론은 이 동일한 결론에서 출발하고 있음을 다시 강조할 필요는 없을 것이다.

우리는 후기 라깡으로부터도 똑같은 결론을 끌어낼 수 있다. 1960년대 초반까지 라깡은 정신분석을 과학의 위상에 올려놓으려 했던 프로이트의 노력을 이어가고자 했다. 그러나 라깡은 점점더 정신분석을 이론적 사유나 과학적 담론의 저편에 위치시키기 시작했고, 정신분석의 진리와 과학적 진리, 정신분석적 인과성과 과학적 인과성을 구분하기 시작했다(Lacan 1975, 8장 참조). 이는 라깡의 후기이론으로 갈수록 점점더 중요성을 더해가는 실재적 대상(objet *a*)의 초보적 의미로부터 충분히 예상되는 귀결이다. 이 실재적 대상은 욕망의 원인이다. 그러나 그것은 욕망이 향하는 현실적 대상이나 기표가 아니다. 이 원인은 합리적 체계 밖에 있는데, 정확히 말하면 그 안에 있는 바깥, 외심(外心) 혹은 외내성(extimité)을 이루는 어떤 것이다. 과학적 인과성은 구조적 체계의 질서 자체거나 그 질서의 근간이다. 여기서 원인과 결과는 그것이 단수적이든 복수적이든 분명한 상응관계에 있다. 그러나 외심적 원인으로서의 실재적 대상은 이미 체계 안에서는 현실적으로 존재하지 않는다. 그것은 없는 것이지만 효과를 산출한다. 그리고 그 효과는 체계 내적 인과질서를 교란하고 방해한다.

정신분석이 찾는 진실은 체계 밖에 있으면서 체계 안의 인과질서에 탈을 내는 이 외심적 원인에 있다. 진실은 실재적 대상과 마주치는 데 있는 것이다. 반면 과학적 진리는 체계 안에 있다. 체계 안에 있다는 것은 그것이 어떤 기능적 가치에 불과하다는 것을 말한다. 마치 +와 −, 혹은 0과 1처럼, 과학적 담론에서 진리는 여러가지 이항대립 중의 하나에 불과하다. 반면에 정신분석이 찾는 대상, 그것이 구하는 진리는 체계 내적 이항대립의 저편에 있다. 또한 저편에 있으면서 그 대립적 질서를 가능하게 하는 동시에 불가능하게도 하는 잉여의 에너지를 생산한다. 이중물림, 더블 바인드의 논리.

데리다의 해체론이 서양사상사의 고전을 읽으면서 찾고 있는 것은 그런 의미의 실재적 대상이다. 해체론적 의미의 해석 혹은 분석은 이 라깡적 의미의 실재에서부터 출발하거나 그 실재에 이른다. 앞에서 본 것처럼, 데리다는 이런 해체론적 분석의 이중적 운동을 아나-뤼시스라는 말의 이중적 의미에 견주어 해설했다. '아나', 그것은 쾌락원칙의 저편에 있는 원인으로 가는 분석, 고고학적 분석이다. '뤼시스', 그것은 그 원인을 쾌락원칙 이편에 있는 질서로 풀어내는 분석, 종말론적 분석이다. 해체론적 분석은 체계의 외심적 원인의 처음과 끝 사이의 엉킴, 둘 사이의 복잡한 매듭에 대한 담론이다.

542

우리가 라깡의 목소리에 더 귀를 기울여야 하는 것은 바로 이 지점, 즉 해체론이 다른 종류의 담론에 대해서 자신의 담론이 갖는 차별적 관계를 말하는 대목이다. 라깡 또한 정신분석이 다른 종류의 담론에 대해서 갖는 관계를 고심해왔고, 그로부터 거둔 성과가 그의 ‘네 가지 담론’이다. 이 담론이론은 철학에 대해서 심각한 의미를 지닌다. 왜냐하면 그것은 철학을 초과하고 포괄하는 문맥 안에 철학을 위치시키고 장면화하는 이론이기 때문이다. (아마 철학이 만학의 여왕이라고 믿는 사람, 철학적 담론이 모든 진리 담론의 마지막 법정이라고 믿는 사람일수록 이 이론이 가져오는 충격은 클 것이다.) 라깡과 데리다 사이의 논쟁적 상황에서는 더 그렇다. 데리다의 라깡론이 제기한 궁극적 문제는 위치의 문제다. 정신분석은, 라깡의 담론은 어디에 있는가? 그것은 스스로 인식하거나 통제할 수 없는 틀·여백·파에르곤(parergon)·텍스트 운동 안에 있지 않은가? 그것은 스스로 보지 못하는 로고스중심주의의 울타리 안에, 그것도 자발적으로 안주하고 있지 않은가? 그러나 라깡의 담론이론에는 이런 물음이 울려퍼지고 있다. 철학은 어디에 있는가? 해체론은 어디에 있는가? (라깡의 담론이론이 출발하는 기본발상은 정신병의 여러가지 구조 못지않게 무의식이 드러나는 비정신병적 구조가 담론의 형식을 띠고 있다는 것, 이 담론의 형식은 주체들 간의 사회적 연대의 형식이라는 것 등이다.)

이 담론의 형식은 네 가지로 수렴된다.[8] 이 네 가지 유형은 각각 주인의 담론·대학의 담론·히스테리 담론·분석자 담론으로 불린다. 이 네 가지 담론을 구성하는 요소들은 언제나 같다. 다만 이 요소들이 서로 다른 위치와 상호관계 속으로 들어가면서 각각의 담론형식이 결정된다. 이 요소들은 네 가지인데, 그것은 주인 혹은 남근의 기표(S_1), 여타의 기표 혹은 지식(S_2), 잉여향유 혹은 욕망의 원인(a), 그리고 분열된 주체(S)이다. 이 요소들이 배치되는 위치는 다음과 같다.

$$\text{행위자} \;\rightarrow\; \text{대상}$$

$$\overline{}$$

$$\text{진리} \;\leftarrow\; \text{생산}$$

요소를 분배하는 출발점은 행위자의 위치다. 분배는 시계방향으로 주인의 기표, 지식, 잉여향유, 주체의 순서로 이루어진다. 첫번째 분배에서 가장 기본적인 주인의 담론이 나온다. 그리고 이 주인의 담론을 기준으로 네 요소가 시계 반대방향으로 한 단계씩 자리를 이동함에 따라 대학의 담론, 분석자 담론, 히스테리 담론이 나온다. 이 네 담론을 다시 시계방향으로 나열하면 다음과 같다.

$$\frac{S_1 \;\rightarrow\; S_2}{\$ \;\leftarrow\; a} \qquad\qquad \frac{S_2 \;\rightarrow\; a}{S_1 \;\leftarrow\; \$}$$

주인의 담론   대학의 담론

$$\frac{\$ \;\rightarrow\; S_1}{a \;\leftarrow\; S_2} \qquad\qquad \frac{a \;\rightarrow\; \$}{S_2 \;\leftarrow\; S_1}$$

히스테리 담론   분석자 담론

일견 단순해 보이는 이 네 가지 도식은 마치 주역의 괘상(卦象)들처럼 해

---

8) 이 담론이론이 형성되는 과정에 대해서는 Lacan(1991); Lacan(1975) 2장 참조. 이하의 논의에 가장 중요했던 참고문헌은 Juranville(1984)이다. 이 저서는 라깡의 담론이론을 다양한 각도에서 반복적으로 접근하고 있으며, 무엇보다 이 이론을 통하여 철학과 정신분석의 관계를 새롭게 설정하고 있다. 저자는 결론에서 현대의 사상사적 특징이 정신분석과 철학 사이의 이중적 관계, 경쟁과 해소 불가능한 상호의존성의 관계에 있음을 설득력있게 보여주고 있다.

석자에 따라 무궁무진한 내용을 길어올릴 수 있는 깊이를 형성하고 있다. 여기서는 욕심을 자제하고 다만 이 담론이 철학에 던지는 물음, 장소에 관한 물음에 귀를 기울이도록 하자. 먼저 각각의 담론이 담고 있는 초보적 내용을 다시 기억하자면, 주인의 담론과 대학의 담론은 앞쪽으로 가는 담론, 개척하고 일구고 펼치고 확장해가는 담론이다. 반면 히스테리 담론과 분석자 담론은 뒤로 가는 담론, 뒤집는 담론, 처음을 묻는 담론이다.

주인의 담론은 행위자의 자리에 주인(아버지·지배자·카리스마·권위)의 기표가 있고 대상의 자리에 지식, 기표체계가 있다. 이는 하나의 중심에서부터 새로운 질서·지식·구조가 성립하는 운동으로 읽을 수 있다. 그러나 그 중심의 기표 배후에 있는 진리는 분열된 주체이고, 지식이 생산하는 것은 불가능한 대상(욕망의 원인)과 그로 인한 잉여향유다. 즉 주인에 종속된 질서는 잉여향유를 생산하지만, 그것을 착취하는 주인은 그 향락의 대상을 통하여 분열된 주체가 된다. 즉 환상($\$ \diamond a$)에 빠져드는 것이다. 그러므로 주인의 담론은 욕망의 그래프와 구조적으로 유사하다. 왜냐하면 중심화된 기표의 질서가 표면이라면, 이 표면적 질서의 배후에는 향락과 환상의 질서, 무의식적 욕망과 일탈의 질서가 공통적으로 숨어 있기 때문이다.

주인의 담론이 어떤 창시자의 담론 혹은 1세대 담론이라면, 대학의 담론은 수호자의 담론, 계승자의 담론, 2세대의 담론이다. 주인의 담론이 어떤 전환기를 마무리하고 새로운 패러다임을 열어놓는 담론이라면, 대학의 담론은 그 패러다임이 안정화된 상태에서 계속 확장되고 정교화되는 과정, 완성되는 과정을 암시한다. 사회학적 상상력을 끌어들이자면, 대학의 담론은 자율화되고 제도적으로 정비된 사회의 담론형식이다. 여기서는 적어도 표면적으로는 영웅, 카리스마가 없다. 중앙집권화된 권력도 없다. 기능적으로 분화된 민주적 사회인 것이다. 여기서 행위자는 지식과 기술을 소유한 자다. 반면에 그 행위의 대상은 아직 체제 밖에 남아 있는 잔여, 기존의 질서로 편입되기를 거부하는 잉여지대다. 대학의 담론이 계몽의 담론 혹은 전문가 담론이라고 불리는 이유가 여기에 있다. 이 담론은 그 체제 밖의 잉여가 체제 안으로 편입되고 동화되는 과정을 그린다. 이런 확장과 지배의 선두에 선 행위자(관료·목사·전문가·교육자 등)는 이미 사라진 주인(통치자, 교주, 이론의 창시자 등)을 등에 업고 있다. 행위자는 현실적 질서의 기원에 있는, 그러나 배후에 머물러 있는 중심인물의 권위에 근거하여 자신의 행위를 정당화한다. 여기에는 반드시 그 주인에 대한 애도와 회상이 따른다. 그런데 대학의 담론이 생산하는 것이 주체라면, 이 주체는 체제순응적이지만은 않다. 이 주체는 분열되어 있다. 담론적으로 생산되고 고안된 주체는—여기서 근대의 지식담론에 대한 푸꼬(M. Foucault)의 분석을 기억하자—사회의 지배적 규범이나 표준에 불만을 느끼고 주도적 행위자가 될 수 없는 자신의 위치를 재발견한다.

이런 불만족 속에서 분열된 주체가 기존질서의 기원과 바탕을 되묻는 경우를 생각할 수 있다. 그런 질문과 회의의 상황을 그리는 것이 히스테리 담론이다. 여기에서는 분열된 주체가 행위자의 위치에서 중심기표를 대상으로 접근하고 있다. 이런 물음에 부딪혀 중심기표는 답(지식·설명·진단)을 생산한다. 그러나 이 답은 분열된 주체의 중심에 있는 욕망과 환상 앞에서 무력하다. 지식·기술·언어 자체가 무의미해지거나 환멸을 낳는다. 따라서 질문은 계속된다. 주체는 어떤 비합리적이고 외상적인 효과를 일으키는 원인을 다시 발견하고 끊임없는 회의의 나락에 떨어진다. 그러나 이런 환멸과 회의는 주인 혹은 팔루스에 대한 사랑과 열망이 그만큼 크다는 것을 말한다. 분열된 주체는 어쩌면 주인의 욕망의 대상이 되려는지 모른다. 이런 내용을 담고 있는 히스테리 담론에서 행위자의 물음은 어떤 역설적인 것, 합리적 질서의 잔여, 어떤 불가능자에 토대를 두고 있다. 행위자는 자신에게 고통을 주는 그 역설을 호소하고, 역리(逆理)를 수용할 수 있는 보다 유연한 질서의 추구를 촉구한다.

마지막으로 분석자 담론을 보면, 여기서 분석자는 자신이 마주한 분열된 주체로 하여금 중심기표를 생산하도록 유도하고 있다. 이 중심기표는 그 분열된 주체에게는 아직 자각되지 않았던 기표, 그의 무의식에 숨어 있던 기표, 혹은 그의 무의식에 가장 영향력이 컸던 기표다. 대상의 위치에 있는 주체는 분석자 앞에서 자신의 사유의 가장 중요한 비밀을 깨닫게 되는 셈이다. 그리고 불충분하게나마 그 비밀을 언어로 표현할 수 있기에 이른다. 분열된 주체를 지배하는 비밀과 그에 대한 언어적 표현을 유도하는 것이 분석자의 역할이다. 분석자 담론은 분석자가 그런 역할을 할 수 있기 위해서 갖추어야 할 두 가지 조건을 표시하고 있다. 첫째, 분석자는 분열된 주체에 대하여 욕망의 대상이 될 수 있어야 하고, 이를 통하여 그 주체가 자신의 욕망의 원인이 무엇인지 자각할 수 있도록 인도해야 한다. 다시 말해 분석자는 타자(피분석자)가 자신의 욕망이 투영될 수 있는 화면, 타자가 자신의 욕망의 진실을 객관화해서 볼 수 있는 계기를 제공해야 한다. 둘째, 그런 유혹과 깨달음을 촉발할 수 있기 위해서 분석자는 타자가 욕망하는 것이 무엇인지 먼저 간파할 수 있는 지적 능력(S_2)을 갖추고 있어야 한다. 그리고 (도착증 환자처럼) 스스로를 타자가 향유할 수 있는 대상으로 취급하는 용기가 있어야 한다.

앞에서 언급한 것처럼, 주인의 담론과 대학의 담론은 앞으로 향한다. 주인의 담론은 중심기표에서 출발하고 대학의 담론은 이 중심기표의 권위를 무한히 확장한다. 반면 히스테리 담론과 분석자 담론은 뒤로 간다. 히스테리 담론은 중심기표로 소급하고 분석자 담론은 중심기표를 사유하도록 유도한다. 앞으로 가는 담론과 뒤로 가는 담론, '아나'로 가는 고고학적 담론과 '뤼시스'로 가는 종말론적 담론, 이 두 종류의 담론은 성차(性差)를 지닌다. 앞으로 가는 담론은 남성적이고 뒤로 가는 담론은 여성적이다.[9] 이 성차는 이미 형태적 차이로 표시되고 있다. 주인의 담론과 분석자 담론, 대학의 담론과 히스테리 담론은 완벽한 대칭을 이룬다. 주인의 담론이 잉여의 실재를 생산의 위치에서 가질 때, 분석자 담론은 그 실재를 행위자의 자리에 놓

---

9) Žižek(1998) 참조. 또한 지젝은 주인의 담론과 분석자 담론을 극단적이고 과도한 (excessive) 담론으로, 대학의 담론과 히스테리 담론을 정상적이고 범상한(ordinary) 담론으로 분류한다.

는다. 대학의 담론은 잉여의 실재를 대상화하고 환원하려 하지만, 히스테리 담론에서는 그 실재가 사유의 숨은 원동력이다.

칸트는 철학적 담론을 독단적 담론과 회의론적 담론, 그리고 비판적 담론으로 구분했다. 라깡은 독단적 형이상학을 주인의 담론의 사례로, 모순과 불일치를 중시하는 개방적 형태의 이론적 담론(헤겔)을 히스테리 담론의 사례로 들었다. 칸트와 라깡의 시사점에 기대어 우리는 위의 네 가지 담론을 철학이 취할 수 있는 여러가지 담론형식으로 읽을 수 있다.

독단적 형이상학이 주인의 담론에 해당한다면, 대학의 담론에 해당하는 철학은 고전적 형태의 해석학일 것이다. 모든 의미들이 수렴되는 어떤 최후의 의미, 숨겨진 목적을 전제하기 때문이다. 목적론적 성격의 모든 이론적 담론은 대학의 담론에 속한다. 반면에 히스테리 담론은 그런 숨겨진 목적이나 전제에 도전한다는 점에서 대학의 담론과는 반대의 위치에 있다. 대학의 담론이 변칙적이고 기준 일탈적 현상을 기존 패러다임의 기본규칙으로 환원하려는 경향을 보여준다면, 히스테리 담론은 그 비정상적인 현상을 근거로 그 기본규칙 자체에 물음을 던진다. 회의론적 절차 안에서 다시 태어나는 철학이 히스테리 담론에 속할 것이다. 그렇다면 분석자 담론에 대응하는 철학으로는 어떤 것이 있을 수 있는가? 그것은 라깡이 생각한 것처럼 오로지 정신분석만이 독점할 수 있는 담론형식인가? 그러나 경우에 따라서는 정신분석도 여러가지 형식을 취할 수 있을 것이다. 데리다는 프로이트의 「쾌락원칙을 넘어서」를 분석하면서, 또 푸꼬와 프로이트의 관계를 파헤치면서, 정신분석이 주인의 담론형식을 취할 수 있음을 강력히 시사하고 있다. 정신분석 창시자에게서 볼 수 있는 주인의식, 거기서 비롯되는 이론적 부채(가령 쇼펜하우어A. Schopenhauer나 니체에게 진 빚)에 대한 부인, '이단자'에 대한 가혹한 징벌, 정신분석의 제도적 기반과 권위에 대한 염려, 계승자에 대한 고민 등에서 드러나는 어떤 일관된 담론적 제스처에 주목하는 것이다. (라깡 또한 어떤 새로운 패러다임의 창시자라는 의식이 강했고, 그것은 종종 주인의 담론과 같은 형태로 표출된다. 그의 권위적 태도는 유명하지만,

데리다는 이 점을 특히 『에크리』에 나오는 진리에 대한 언급에서 암시한다. 라깡은 때때로 자신이 발견한 것이 절대적 진리임을 주장한다.) 그밖에 정신분석은 대학의 담론이나 히스테리 담론의 형식을 취할 때가 있다. 가령 정신분석의 교육과 분석자 양성이 문제일 때는 대학의 담론을, 이론적 수정이나 보완이 요구되는 곳에서는 히스테리 담론의 형식을 취한다.

라깡은 자신의 담론이론을 통하여 철학이나 여타의 이론적 담론과 구별되는 정신분석만의 독특한 위치를 표시하고 싶었는지 모른다. 이 담론이론은 철학에 대하여 이렇게 말하고 있는 것처럼 보인다. 철학이 잘 나가던 시절, 만학의 왕이라고 인정받던 시절이 있었다. 그때 철학은 주인의 담론일 수 있었다. 그렇지만 그것은 호랑이 담배 먹던 시절, 계몽기 이전의 이야기다. 적어도 현대 서구민주주의사회에서는 그런 형태의 철학적 담론은 통하지 않는다. 그런 담론 때문에 일어나는 착각과 착취는 주인의 담론에서 생산의 위치에 있는 잉여의 대상(a)이 말해주고 있다. 오늘날의 철학은 어떠한가? 잘 해봐야 히스테리 담론이고, 따라서 분석자 담론을 통한 치료 대상이다. 과거의 철학이나 현재의 철학은 모두 치료되어야 한다. 철학은 어떤 증상이다. 그 증상을 진단하고 처방하는 위치에 있는 것이 분석자 담론으로서의 정신분석이다. 철학의 시대는 가고 정신분석의 시대가 왔다.

주지하는 바와 같이 비트겐슈타인은 철학을 어떤 치료(therapy)활동으로 보았다. 왜 철학이 치료인가? 그것은 철학이 문제를 해결하기보다 해소하기 때문이다. 철학의 문제는 언어의 본성에 대한 오인 때문에 잘못 제기된 사이비문제다. 이렇게 말하는 비트겐슈타인이 아니더라도, 허무주의의 분석자로서의 니체, 서양 형이상학의 극복을 과제로 설정하는 하이데거 등은 치료자의 위치에 서 있다. 그들은 고전적 형태의 철학을 치료대상의 위치에 놓는 사례들이다. 전통사상의 치료자들, 그들의 담론은 라깡이 암시하는 어떤 역사적 전환을 뒷받침하고 있는 것처럼 보인다.

그러면 데리다, 그의 해체론은 어디에 있는가? 그것은 히스테리 담론인가, 분석자 담론인가? 하지만 이런 라깡적 물음 앞에서 해체론은 저항하는

것처럼 보인다. 무저항의 저항, 침묵하는 저항, 아나-뤼시스적 저항. 긍정
도 부정도 하지 않는 저항. 그러나 이 침묵이 아무것도 말하지 않는 것은 아
니다. 오히려 이렇게 말하는 것처럼 들린다. 치료자의 위치에 선다는 것, 그
것보다 권위적인 것이 또 있을 수 있을까? 치료자는 어쩌면 계몽의 시대를
통과해서 그 겉모습을 바꾼 지배자이거나 주인인지 모른다. 치료의 이념은
세속적 형태의 게시주의인지 모른다. 분석자 담론, 그것은 그야말로 물구나
무 선 주인의 담론 아닌가? 정신분석은 어떤 반복 아닌가? 역사적으로 반복
되어온 어떤 징후, 이 시대의 고유한 징후들을 집약하는 가장 탁월한 징후,
실재의 귀환 아닌가?

참고문헌

Avtonomova, Natalia (1991) "Lacan avec Kant". *Lacan avec les philosophes.*
  Bibliothèque du collège international de philosophie. Paris: Albin Michel.

Bennington, Geoffrey (2000) "Circanalyse(la chose même)". *Depuis Lacan.*
  Colloque de Cerisy. Paris: Aubier.

Bernet, Roland (1997) "Derrida-Husserl-Freud. Die Spur der Übertragung".
  Gondek, Hans-Dieter/Waldenfels, Bernhard ed. *Einsätze des Denkens:*
  zur Philosophie von Jacques Derrida. Frankfurt am Main: Suhrkamp.

Derrida, Jacques (1967a) *L'écriture et la différence.* Paris: Seuil.

———(1967b) *La voix et le phénomène.* Paris: Presses Universitaires de France.

———(1967c) *De la grammatologie.* Paris: Minuit.

———(1980) *La carte postale.* Paris: Aubier-Flammarion.

——(1996) *Résistances de la psychanalyse*. Paris: Galilée.

Dolar, Mladene (1996) "The Object Voice". Salecle, Renata/Žižek, Slavoj ed. *Gaze and Voice as Love Objects*. Durham: Duke University Press.

Fink, Bruce (1995) *The Lacanian Subject*. Princeton: Princeton University Press.

Johnson, Barbara (1988) "The Frame of Reference: Poe, Lacan, Derrida". Richardson, William J. ed. *The Purloined Poe*. Baltimore: Johns Hopkins University Press.

Juranville, Allain (1984) *Lacan et la philosophie*. Paris: Presses Universitaires de France.

Kant, Immanuel (1958) *Kritik der Urteilskraft*. Frankfurt am Main: Suhrkamp.

Lacan, Jacques (1966) *Écrits*. Paris: Seuil.

——(1973) *Le Séminaire XI*. Paris: Seuil.

——(1975) *Le Séminaire XX*. Paris: Seuil.

——(1991) *Le Séminaire XVII*. Paris: Seuil.

Lacoue-Labarthe, Philippe/Nancy, Jean-Luc (1990) *Le titre de la lettre: une lecture de Lacan*. Paris: Galilée. (1973년 초판)

Lévi-Strauss, Claude (1958) *Anthropologie structurale*. Paris: Plon.

Major, René (1991) "Depuis Lacan". *Lacan avec les philosophes*. Bibliothèque du collège international de philosophie. Paris: Albin Michel.

Melville, Stephen (1991) "Depuis Lacan?". *Lacan avec les philosophes*. Bibliothèque du collège international de philosophie. Paris: Albin Michel.

Ricœur, Paul (1965) *De l'interpr tation: essai sur Freud*. Paris: Seuil.

Weber, Samuel (1991) *Return to Freud*. Cambridge: Cambridge University Press.

Žižek, Slavoj (1989) *The Sublime Object of Ideology*. London: Verso.

——(1998) "Four Discourses, Four Subjects". Žižek, Slavoj. ed. *Cogito and the*

Unconscious. Durham: Duke University Press.

뽈 리꾀르 (2001) 『해석의 갈등』. 양명수 옮김. 아카넷.

슬라보예 지젝 (1997) 『당신의 징후를 즐겨라: 할리우드의 정신분석』. 주은우 옮김. 한나래.

지그문트 프로이트 (1993) 『꿈의 해석: 프로이트』. 조대경 옮김. 서울대학교출판부.

──(1997) 『쾌락원칙을 넘어서』. 박찬부 옮김. 열린책들.

페르디낭 드 쏘쒸르 (1990) 『일반 언어학 강의』. 최승언 옮김. 민음사.

홍준기 (2000) 「라깡의 성적 주체 개념: 『세미나 제20권: 앙꼬르』의 성 구분 공식을 중심으로」. 『현대 비평과 이론』 19호(2000년 봄 · 여름호). 한신문화사.

라깡과 지젝
슬라보예 지젝의 라깡-헤겔-맑스주의

주은우

1. 한 농담의 운명

1991년 영어로 출간된 자신의 두번째 저작 『저들은 저들이 하는 일을 모르나이다』(Žižek 1991a)의 서두에서 지젝(S. Žižek)은 책의 배경으로서 한 농담이 겪어야 했던 운명에 대해 언급한다. 그것은 2년 전 출간된 자신의 첫번째 영어 저작 『이데올로기의 숭고한 대상』(Žižek 1989)에서 라깡적인, 기표(signifier)의 분열된 주체를 설명하며 인용했던, 라비노비치(Rabinovitch)라는 구소련의 한 유태인에 관한 농담이다.[1]

라비노비치는 이민을 가고 싶어했다. 이민국 관리가 이유를 묻자 그는 이렇게 대답했다. "두 가지 이유가 있소. 첫번째는 소련에서 공산주의자들이 권력을 잃고 반혁명이 일어나 새로운 권력이 공산주의자들이 저지른 범죄에 대한 모든 비난을 우리 유태인들에게 퍼부을 것이 두렵소. 유태인 학살이 다시 일어날 거고……" "하지만", 관리가 가로막았다. "이건 순전히 넌쎈스요. 쏘비에뜨연방에선 어떤 것도 변할 수 없소. 공산주의 권력은 영원히

---

1) 이 농담은 동구권에서 잘 알려져 있던 농담이라고 한다. Žižek(1989) 175~76면; Žižek(1991a) 1~2면.

지속될 것이오!" "글쎄", 라비노비치가 조용히 대답했다. "그것이 나의 두 번째 이유요."

불과 2년 사이에 엄청난 세계사적 대격변이 일어났기 때문에 이 농담의 농담으로서의 유효성은 상실된 반면, 동구 사회주의권의 붕괴 이후 소련을 떠난 유태인들의 이유는 정확히 라비노비치가 거론한 첫번째 이유였다. 그래서 지젝은 이 농담의 전후 도치를 상상해볼 것을 제안한다.

이민국 관리에게 라비노비치는 이렇게 대답했다. "두 가지 이유가 있소. 첫번째는 러시아에서 공산주의가 영원히 지속될 것이고 여기선 어떤 것도 실제로 변하지 않을 거란 점을 내가 잘 알고 있는데, 이 전망이 나에겐 견딜 수가 없소……" "하지만", 관리가 가로막았다. "이건 순전히 난쎈스요. 공산주의는 도처에서 해체되고 있소! 공산주의 범죄에 책임있는 자들은 모두 엄중히 처벌받을 것이오!" "그것이 나의 두번째 이유요!" 라비노비치가 대답했다.

바로 이 한쌍의 농담 속에 슬로베니아 라깡학파(the Slovene Lacanian School)의 정치적 배경이 담겨 있다. 그들은 예전에 공산당의 전체주의적 통제에 대항해 진정한 맑스주의적 혁명 기획과 민주주의를 실현하기 위해 이론적·정치적으로 투쟁했고, '현실로 존재했던 사회주의'가 붕괴된 이후에는 다시 국수주의적 민족주의 세력에 의해 부활될 조짐을 보이고 있는 새로운 전체주의의 위협과 서구 자본주의의 무자비한 침공 앞에서 근본적인 다원적 민주주의의 가능성을 지키고 실현하기 위해 싸워야 한다.[2]

이 목적을 위해 역설적으로 사회이론, 특히 정치이론과는 언뜻 무관해 보

---

2) 전 유고슬라비아연방의 공식이데올로기는 이른바 '자주관리' 개념에 기초한 것이었지만, 지젝과 그 동료들의 말에 따르면 현실은 소련체제나 다른 동구 사회주의국가들과 별다른 차이 없이 중앙집중식 일당독재체제였고, 이데올로기와 현실 제도의 이런 괴리는 국가 또는 당이 이데올로기적으로 (현실의) 자기 자신을 비판하는 아이러니컬한 결과를 가져왔다. 한편, 슬로베니아는 지리적으로나 종교, 문화, 경제적으로나 유고연방 국가들 중에서 가장 서방에 가깝다. 또 슬로베니아에서 공산주의체제에 대한 저항은 이념적 성향이 다른 여러 집단들로 나뉘어 진행되었기 때문에, 유고연방 해체 이후의 상황은 국수주의적 민족주의 세력이 완전히 헤게모니를 장악한 쎄르비아나 끄로아띠아와는 사정이 약간 다르다.

이기 쉬운 라깡(J. Lacan)의 정신분석학을 이론적 무기로 삼고, 이를 통해 칸트(I. Kant)와 헤겔(G.W.F. Hegel)을 비롯한 독일 관념론 철학을 다시 읽으면서 맑스주의의 혁명적 성격을 새로이 다듬어내려 하는 데 이들의 이론적 특유함이 있다. 류블랴나(Ljubljana)대학을 중심으로 포진하고 있는 슬로베니아 라깡학파는 1970년대 초부터 프랑스 철학을 전유(專有)하기 시작했고, 1970년대 말 '정통' 라깡주의를 지향하는 '이론정신분석학회'(the Society for Theoretical Psychoanalysis)를 창립했는데, 라끌라우(E. Laclau)가 지적하듯이 정신분석의 임상적 차원과는 별 연계를 맺고 있지 않다. 이들의 작업의 주요 분야는 앞에서도 알 수 있듯이 계몽주의 철학, 특히 독일 관념론에 대한 라깡주의적 독해, 이데올로기와 권력에 대한 라깡주의 이론의 개발, 대중문화와 예술에 대한 라깡주의적 분석 등 세 가지로 요약할 수 있다.

특히 마지막 세번째 분야는 이들이 슬로베니아 바깥 세계에서 광범위한 독자층을 확보하는 데 한몫 단단히 했는데, 여기서 주도적인 역할을 한 사람은 물론 지젝이다. 1949년생인 그는 현재 류블랴나대학 사회과학연구소 선임연구원으로 있는데, 공산주의 시절 체제가 비판적 지식인과 학생 간의 접촉을 막기 위한 방법으로 연구직에 붙박아둔 조치가 낳은 '변증법적 전도(顚倒)'의 덕을 톡톡히 누리면서 슬로베니아와 영미권을 오가며 활발한 작업을 전개하고 있다.[3]

지젝은 『저들은 저들이 하는 일을 모르나이다』의 서론에서 자기 작업의 이론적 공간을 헤겔 변증법, 라깡 정신분석이론, 그리고 현대 이데올로기

---

3) 슬로베니아의 기존 학계와 정부는 여전히 지젝과 그 동료들에 대해 관대하지 않기 때문에 이들은 하나의 학과를 만들지 못하고 있으며, 대중적으로도 슬로베니아 내에서는 자신들의 학문적 작업보다는 정치적 활동으로 더 알려져 있다. 예컨대 지젝은 유명한 정치평론가일 뿐만 아니라 1989년 최초로 치러진 대통령(5인으로 구성) 선거에 자유민주당(the Liberal-Democratic Party) 후보로 나서기도 했는데, 라깡학파가 자유민주주의를 지지한 것은 민족주의 우파가 정권을 잡는 것을 막기 위해서였으며, 이들은 어디까지나 맑스주의 좌파로서 자신들의 정체성을 확인한다. 다른 한편, 이들은 생태주의 등 새로운 사회운동에 일관된 지지를 보낸 사람들 역시 슬로베니아 내에서는 자신들 라깡주의자들뿐이었다고 주장한다.

비판의 세 고리가 형성하는 라깡적인 보로메오의 매듭(nœud borroméen)[4]
으로 묘사한 바 있다. 세 고리 모두가 에워싸고 있는 장소인 '증상(징후)'은
대중문화에 대한 자신의 향유(희열)이며, 라깡의 이론은 다른 고리들을 물
들이고 고리들의 관계와 매듭 전체를 틀짓는다.

마지막으로, 그의 독자들을 항상 매료시키는 지젝의 재치(witticism)에 대
해서. 지젝은 자신이 이용하는 농담들이 텍스트의 재치와는 달리 자신의 사
유의 노선이 가진 근본적인 '차가움'과 그 기계적인 전개를 가리는 데 봉사
하는 '상징적 미끼'라고 말한 바 있는데, 이 미끼는 라비노비치에 대한 농담
에서도 볼 수 있듯이 "그의 정치적·철학적 (정신)분석들의 겉보기에 비타
협적인 황량함을 발랄하고 반어적인 정치적 프로그램들로 의뭉스럽게 변형
하는"[5] 효과를 발휘한다.

2. 라깡에 관해 당신이 항상 알고 싶어했던 모든 것……

지젝과 그 동료들의 이론적 틀이 되는 라깡의 이론은 이른바 후기 라깡의
그것이다. 대체로 '정신분석의 윤리'에 대한 쎄미나(1959~60)를 중심으로
라깡 이론에서는 강조점의 이동이 일어난다. 지젝의 표현에 따르면 욕망의
변증법에서 희열(jouissance)의 불활성(不活性)으로, 암호화된 메씨지로서의
증상(symptom)으로부터 희열로 충만된 문자로서의 징환(sinthome)으로,
언어처럼 구조화된 무의식으로부터 그 심장부의 사물(the Thing), 상징화에

---

4) 라깡이 후기 저작에서 심리적 존재의 위상학을 설명하기 위해 제시한 것이다. 실재계(실
재)·상징계·상상계의 세 고리가 서로 연결되어 있는데, 하나의 고리가 서로 묶여 있지
않은 나머지 두 개의 다른 고리들을 연결시키며, 이 고리들 중 하나를 떼어내면 나머지 두
개의 고리도 풀리게 되어 있다.

5) Wright/Wright ed.(1999) "introduction" 4면. 이 절의 내용에 대해서는 같은 「서론」
(introduction)과 Žižek(1989)에 라끌라우가 쓴 「서문」, 그리고 지젝과 그의 동료이자 아내
인 쌀레끌(R. Salecl)이 잡지 *Radical Philosophy*와 가졌던 대담(Osborne ed. 1996에 수록)
등 참고. 한편, 지젝을 소개하는 글로서 국내에서 발표된 것으론 홍준기(2000) 참고.

저항하는 희열의 중핵으로의 이동. 간단히 말하면 상상계와 상징계의 관계로부터 상징계와 실재계의 단락적 접속으로 이론축이 이동한 것이다. 그리하여 지젝의 라깡주의에서 핵심적 지위를 차지하는 것은 실재계(the Real)이다.

라깡에 있어 상징계는 기표들의 사슬로서 의미의 그물망을 형성한다. 이 상징적 질서가 언어적 존재로서의 우리들이 살아가는 현실(reality)을 구성한다. 항상 미끄러지고 부유하는 기표들은 우연히 정해지는 하나의 주인 기표(‘고정점’point de capiton으로서의 ‘기의 없는 기표’signifier without signified)에 의해 일시적으로 정박(anchoring)됨으로써 소급적으로 의미망을 형성한다. 그리고 상징계는 또한 ‘아버지의 이름’으로서의 법이라는 비인격적인 심급(즉 주인 기표)에 의해 매개되는 상호주관적 관계의 망이기도 하다.

그러나 상징적 질서로 통합되지 않고 상징화에 저항하는 부분이 항상 남는다. 이 의미화의 사슬을 빠져 달아나는 잔여의 영역이 실재계이다. 실재계는 의미의 영역 너머에 있기 때문에 상징적 질서 속에서 살아가는 우리가 도달할 수 없는 영역이며, 쾌락원칙을 넘어서는 희열, 맹목적인 충동의 등록소이다. 실재계가 표명되는 곳은 의미화의 사슬이 파열되는 곳이기 때문에, 실재계는 상징적 현실의 통합적 외관을 위협한다. 그러나 동시에 실재계는 역설적으로 상징계를 가능하게 하는 것이기도 하다. 실재계와의 외상(外傷)적인 만남을 통어하려는 상징화의 시도를 통해 기표들의 자동적인 운동이 반복되기 때문이다. 그러므로 상징계는 바로 자신의 불가능성의 조건을 자신의 가능성의 조건으로 삼으며, 자기 자신 속에 항상 무의미한 실재계의 작은 조각을 포함하고 있다.

‘의미의 영역에서 벗어나 있는’ 실재계가 궁극적으로 ‘의미하는’ 바는 무엇인가? 그것은 모든 것을 통합하는 일관된 상징적 질서는 있을 수 없다는 것이다. 라깡의 표현을 따르자면, “큰타자(대타자, the Other)는 존재하지 않는다.” 지젝이 파악하는 라깡 이론의 급진성은 바로 여기에 있다. 지젝에 따르면, "오늘날 라깡적 주체는 분할되어 있고, 가로질러짐으로써 지워져 있으며, 의미화 사슬 속의 결핍과 동일하다는 것은 평범한 말이 되었다. 그렇지만, 라깡 이론의 가장 급진적인 차원은 이 사실을 인정하는 데 있는 것이 아니라 큰타자, 즉 상징적 질서 자체 역시 하나의 불가능한/외상적인 중핵, 하나의 중심적인 결핍을 중심으로 구조화되어 있는 근본적인 불가능성에 의해 빗장 질러져 있다, 가로질러 지워져 있다는 이 사실을 인정하는 데 있다."(Žižek 1989, 122면)

다른 한편, 평범한 말이 되었다곤 하지만 라깡적 주체 역시 통상적으로 이해되는 것보다 더 급진적인 차원을 갖고 있다. 라깡적 주체의 '탈중심성'은 나는 나 자신에게도 투명하지 않다는 단순한 의미를 넘어서는 것이고, 후기구조주의에서처럼 주체를 주체 위치로 환원하는 것 그 이상을 뜻한다.

상징적 질서 속의 한 기표에 의해 대리됨으로써 구성되는 주체는 발화의 주체와 발화된 언표의 주체로 분할되어 있다. 마치 식인종을 찾으러 온 백인 탐험가에게 "이 지역에는 더이상 식인종이 없어요. 어제 우리가 마지막 놈을 잡아먹어버렸거든요"라고 말하는 원주민처럼(라비노비치 농담도 이 분할을 보여준다. 그는 두 가지 모순적인 언표를 발화하고 있다). 이 분할은 주체가 의미와 존재 사이에서 분열되어 있음의 표현이다. 언어의 질서에 편입될 때 주체는 자기 존재의 상실이라는 댓가를 지불한다. 기표와의 동일시(동일화)에 의해 자신의 의미의 세계가 창출되는 대신, 의미망에 포섭되지 못하는 자신의 존재는 잔여의 영역인 실재계에 속함으로써 자신이 도달할 수 없게 되기 때문이다(라깡에게 있어 기표는 결코 기의와 만나지 못한다). 자기 존재로부터의 이러한 소외는 주체란 결국 무(無)에 다름아니라는 것을 뜻한다. 그의 존재의 진실은 실재계에 있기 때문이다. 따라서 주체 자신이 상징계가 무에 기초하고 있음을 증거한다. 그는 큰타자의 결핍, 상징계 속의 실재계적 진공의 자리에 위치하기 때문이다(상징적 동일시의 대상인 주인 기표는 기표들간의 관계에선 결핍의 기표이다).

3. ……그러나 히치콕에게 물어보긴 두려웠던 것

지젝은 예술과 대중문화의 갖가지 장르를 자유분방하게 누비는데, 이는 문화적 생산물들에 대한 정신분석적 독해라는 일종의 '응용정신분석학'을 제시하기 위한 것이 아니라, 대중문화에서 가져온 예들을 이용하여 라깡 정신분석학의 근본개념들을 정교히 다듬어내려는 작업이다. 그는 "나는 어떤 라깡적 개념에 대해서 내가 그것을 대중문화의 본래적인 저능함 속으로 성공적으로 번역해낼 수 있을 때만 그 개념을 올바르게 파악한 것으로 확신한다"[6]고까지 말한다. 하지만 다른 한편으로 대중문화 분석의 중요성은 그것이 판타지(환상)의 논리를 잘 보여줄 수 있기 때문이기도 하다.

실재계가 큰타자(즉, 상징계, 상징적 질서)의 존재와 주체의 자기의식을 위협하는 한, 판타지가 필요하다. 판타지는 큰타자와 주체의 결핍을 가려준다. 주체에게 욕망의 좌표를 제공하는 판타지는 따라서 궁극적으로 큰타자의 욕망을 위한 스크린이다(라깡에게 있어 "욕망은 타자의 욕망이다"). 즉 큰타자의 비존재, 아버지는 이미 죽은 아버지라는 진실을 은폐하는 것이다. 따라서 판타지는 현실을 틀지어준다. 지젝의 라깡 독해에 따르면, 현실은 현실 검증(reality test)에 의해 결정된다 하더라도 현실 감각의 궁극적 보증은 우리가 현실로 경험하는 것이 어떻게 판타지 틀에 맞는가에 달려 있다.

바로 이런 이유로 판타지는 주체의 에고(ego)의 환영을 지탱해주는 버팀대를 제공하는데, 판타지의 내용을 이루는 것은 실현된 욕망이라기보다 욕망이 대상과 관계맺는 방식이기 때문에, 결핍의 자리에 위치하면서 상상적 차원에서 실재계적 사물을 대리하는 '대상 a'(objet petit a: 즉 주체가 상징계에 편입되기 위해 자신으로부터 분리한 대상. 따라서 자신의 결핍을 채워주리라 오인되는 욕망의 원인—대상)가 결정적인 역할을 한다. 라깡의 판

---

6) Žižek(1994) 175면. 대중문화 분석은 지젝의 모든 저작에서 종횡무진으로 구사되지만, 특히 여기에 집중하고 있는 것은 Žižek(1991b, 국역본: 슬라보예 지젝 1995); Žižek(1992, 국역본: 슬라보예 지젝 1997) 등 참고.

타지 공식이 주체와 대상 a 간의 빗나간 만남($8 \diamond a$)을 표현하는 것은 이 때문이다(상징계 속의 불가능한 중핵, 이물異物로서의 실재계의 작은 조각 역시 같은 지위에 있다).

지젝이 드는 예를 하나만 보자면, 할리우드 영화에서 여성과 동물(남성)의 성교와 남성과 싸이보그(여성)의 성교에 관한 판타지가 있다. 강한 동물적 상대를 원하는 여성의 백일몽과 자기 상대가 자신의 소원을 모두 충족시켜주는 완벽히 프로그램된 인형이기를 원하는 남성의 백일몽, 이 둘을 함께 상영하면 '여성 싸이보그와 성교하는 수컷 원숭이라는 참을 수 없는 이상적 커플'에 도달하는데, 이 판타지는 '성관계는 존재하지 않는다'는 실재계적 진실을 다루는 한 방식이다.

이 판타지의 공간은 역설적이다. 위험할 정도로 실재계와 가깝게 대면할 수 있기 때문이다. 방금 거론한 판타지도 성관계의 불가능성을 가리는 동시에 그 자체가 이 불가능성을 증명한다. 무엇보다, 우리가 실재계의 견고한 중핵에 접근하는 유일한 지점은 꿈이다. 프로이트(S. Freud)가 거론했던, 죽은 아들이 나타나 "아버지, 제가 불타는 것이 안 보이세요?"라고 책망하는 어느 아버지의 꿈은 이 점을 지적한다. 그 아버지는 실재계와 조우하는 위험한 순간의 문턱에서 잠을 깼다(라깡). 즉 아들의 메씨지의 진실은 "아버지, 제가 희열에 불타는 것이 안 보이세요?"였던 것이다(지젝). 말하자면 현실의 고통을 잊기 위해 꿈속으로 도피한다는 통상적인 생각과 달리, 실재계와의 견딜 수 없는 만남을 피해 꿈에서 현실로 도피하는 것이다.

그리하여 지젝이 보여주는 것은, 무덤에서 소생해나온 아버지(자신이 죽은 줄 모르는 아버지), 주체의 배를 가르고 튀어나오는 에일리언('나 자신보다 더 내 속에 있는' 무엇) 등 대중문화의 생산물들에서 우리가 만나는, 갖가지 형상으로 귀환하는 사물이다. 또 히치콕(A. Hitchcock) 영화들에서는 사물적인 부분 대상(partial object)인 응시와 목소리, 아버지의 이름의 도래와 함께 억압되어야 했던 시원적 초자아로서의 어머니—사물을 만날 뿐만 아니라, 그의 영화경력 전체가 점차적으로 성관계의 불가능성을 명확히하는 도정으로까지 읽힐 수 있다.

따라서 대중문화를 통해 라깡의 개념을 다듬는 작업은 정치적 차원을 갖는 것이기도 하다. 그 판타지 공간은 큰타자의 허구적 존재에 대해 전복적일 수 있기 때문이다. 지젝은 특히 이전 유고슬라비아 지역에서 대중문화, 언더그라운드 문화를 참조하는 것은 지극히 진보적인 잠재력을 갖는다고 주장한다. 지젝 자신의 경험과 관련된 한 에피소드가 있다. 어느날 강연을 끝내고 났을 때 한 미국 학자가 지젝을 공격했다. "맙소사, 당신 나라는 화염 속에 죽어가고 있는데 당신은 히치콕에 관해 말하고 있구려." 지젝의 대답은 이랬다고 한다. "그렇소, 우리는 히치콕을 충분히 갖고 있지 않기 때문에 화염 속에 죽어가고 있소."[7]

4. 가장 숭고한 히스테리 환자 헤겔

라깡이 '프로이트로의 귀환(복귀)'을 주장했다면 지젝은 '헤겔로의 귀환'을 주장한다. 이는 지젝의 이론적 면모를 가장 독특하게 만드는 점이다. 이 '헤겔로의 귀환'은 라깡 정신분석학에 기초한 새로운 독해를 통해 헤겔 변증법을 재활성화하는 것이다. 헤겔에 대한 오늘날의 (후기구조주의적·해체주의적·포스트모더니즘적) 비판과는 정반대로, 지젝은 오히려 차이와 우연성에 대한 가장 강력한 긍정, 적대들의 승인에 대한 가장 일관된 모델을 헤겔에게서 발견한다. '절대적 지식'은 '모순'을 모든 동일성의 내적 조건으로 받아들이는 주관적 위치를 지칭하고, '화해'는 모든 현실을 개념 속으로 범논리주의적으로 지양하는 것이 아니라 개념 자체가 라깡 식으로

---

7) 지젝이 덧붙이는 말에 따르면, "그것[히치콕(의 영화)]은 민족주의에 대한 최상의 해독제이다."(Osborne ed. 1996, 44면. [ ]는 인용자) 히치콕에 대해선 앨런(W. Allen)의 영화(「당신이 쎅스에 관해 항상 알고 싶어했던 모든 것(그러나 물어보기 두려웠던 것)」)에서 제목을 따온, Žižek ed.(1992) 참고.

말해 '모두는 아닌'(not-all)이란 사실에 대한 최종적인 동의이다.[8]

지젝의 라깡적 (재)독해는 헤겔뿐만 아니라 독일 관념론 전체에 적용된다.[9] 지젝이 보기에 칸트의 선험적 전환이 묘사하는 것은 주체를 (경험적) 존재들의 거대한 사슬 내에, 우주의 전체 속에 위치짓는 것이 불가능하다는 사실이다. 칸트의 주체는 병리적(즉 경험적 · 실정적實定的) 내용이 완전히 비워내진 텅 빈 주체, 문자 그대로 라깡적인 주체이다. "나는 생각한다"의 이 '나'는 현상계(즉 라깡적 현실, 상징적 질서)와 직관이 다다를 수 없는 '물자체'의 영역(즉 사물로서의 실재계에 상응하는) 사이의 간극에 위치한다.

여기서 헤겔은 칸트가 현상 너머 물자체를 어떤 실정적 내용을 가진 실체로 이해하는 것을 비판한다. 지젝에 따르면, 헤겔의 입장은 현상이 이념과 일치하지 않음을 경험할 때, 그 근본적 부정성의 경험은 이미 순수한 근본적 부정성으로서의 이념 자체라는 것이다. 따라서 즉자적으로 존재하는 실체적 피안은 없으며, 현상계 너머에는 '무(無)'만이 있을 뿐이다. 물자체는 순수한, 근본적인 부정성이다. 그리고 헤겔적 주체는 현상계 너머의 심연 자체(부정적 양식으로 이해된)이다. 따라서 지젝이 보기에 헤겔 철학은 칸트 이전의 형이상학으로의 복귀가 아니라 철저히 칸트적, 칸트보다 더 칸트적이다. 헤겔의 주체는 한계 너머 공간을 채울 어떤 실정적 내용도 제공하지 않으면서 현상을 제한하는 순수히 부정적인 몸짓이기 때문이다.

지젝에 따르면, 헤겔의 변증법적 운동은 이 순수한, 절대적 부정성, 자기 관계적 부정성으로 요약된다. '합(合)'은 '반(反)'의 지양이 아니라 정확히 '반(反)'과 일치한다. 라비노비치 농담을 다시 예로 들어보자. 라비노비치의 두번째 대답은 관리의 반론과 내용이 일치하면서 장애물(관리의 반론)을 자

---

8) Žižek(1989) 6~7면. 헤겔에 대한 지젝의 이런 입장은 1988년 프랑스어로 출간한 『가장 숭고한 히스테리 환자: 헤겔이 통과하다』에서 이미 개진되었다. 헤겔을 '가장 숭고한 히스테리 환자'라 부른 사람은 라깡이다.

9) 헤겔과 칸트에 대한 독해는 Žižek(1989); Žižek(1991a); Žižek(1993) 참고. 한편, Žižek(1996); Žižek/Schelling(1997)에서는 셸링을 읽고 있다.

신의 긍정적 조건으로 바꾼다. 이는 새로운 실정적 내용의 추가 없이 단순한 형식적 전환, 관점의 변화에 의해 이루어진다. 지젝이 볼 때, 헤겔 변증법의 논리는 바로 이런 것이다. 그래서, 악명높은 '부정의 부정'은 부정성의 대체가 아니라 부정성 자체가 긍정적 기능을 갖는다는 사실의 경험이다.

따라서 정신이나 개념은 변증법적 운동 속에 최종적으로 대립물의 형태 속에서 자기 자신을 만난다. 헤겔의 "정신은 뼈다"란 말은 이런 맥락에서 읽혀야 한다. 그런데 정신과 뼈라는, 절대적으로 양립 불가능한 두 항의 등치, 주체와 단단한 대상의 전적인 불활성 사이의 이 순수한 부정적 운동은, 주체는 상징화에 저항하는 잔존물과 상관적이라는 라깡의 판타지 공식($8 \diamond a$)의 헤겔판 아니겠는가? 또는 합리적 총체성으로서의 국가는 경험적·비합리적이고 칸트적 의미에서 병리적인 개인인 군주의 신체에 의해 완성된다는 헤겔의 지적은 상징적 질서 속의 불가능한-실재계적 중핵으로서의 라깡의 '이물'을 가리키고 있지 않은가?

지젝은 라깡의 '프로이트로의 귀환(복귀)'은 "아직 완전히 프로이트주의자가 아니었던 프로이트는 이미 라깡주의자였다"는 역설을 포함하고 있다고 지적한 바 있다. 그렇다면 지젝의 '헤겔로의 귀환'은 '칸트보다 더 칸트적이었던 헤겔은 이미 라깡주의자이기도 했다'고 주장하는 것일 터이다. 동시에 그것은 역으로, 명시적 진술 속에서는 헤겔을 비판했음에도 불구하고 "그가 이 사실을 모르는 바로 그곳에서 라깡은 헤겔주의자이다"라고 주장하는 것이다.[10]

---

10) 큰따옴표로 표시된 두 인용문은 각각 Žižek(1991a) 224면 주 13, 94면 주 28. 따라서 지젝의 관점을 받아들일 때, 라깡의 역설은 그가 지극히 헤겔적인 논리로 (일반적으로 이해되는) 헤겔을 비판했다는 점이다.

5. 이데올로기의 숭고한 대상

그리하여 지젝은 헤겔의 『정신현상학』 종결부에서 의식이 자신에게서 실정적 존재의 모든 전제들을 일소하는 순간 도달한 순수한 무란, "개념은 존재하지 않는다"는 사실에 대한 다른 이름이며, 이는 라깡의 용어로 "큰타자는 존재하지 않는다"라는 것과 같다고 본다.

큰타자가 존재하지 않는다는 것은 상징적 현실이 존재하지 않는다는 것이고, 사회학적으로 보자면 이는 곧 '사회'(Society)란 존재하지 않는다는 것을 뜻한다. 라끌라우와 무프(C. Mouffe)가 보여주듯이(Laclau/Mouffe 1985), 사회는 화해될 수 없고 환원 불가능한 다양한 적대들로 분열되어 있으며, 사회의 외관은 이데올로기 장에서 부유하는 기표들의 정박(anchoring)을 둘러싸고 벌어지는 지속적인 헤게모니 투쟁의 (잠정적인) 결과일 뿐이다. 그러므로 적대들로의 분열이라는, 사회의 이 실재계적 진실이 가려져야 하며, 이를 위해 이데올로기, 더 정확히는 이데올로기적 판타지가 요구된다. 그것은 곧 '사회적 판타지' '사회의 판타지'이다.

판타지가 문제되는 한, 이데올로기는 단순한 기표의 운동과 호명(interpellation)의 차원을 넘어선다. 따라서 지젝은 이데올로기 비판의 두 가지 절차를 제안한다. 하나는 이데올로기적 텍스트에 대한 담론분석, 징후적 독해이다. 그러나 이를 보충하는 또다른 절차가 필요한데, 그것은 "희열의 중핵을 추출하는 것, 의미의 장을 넘어 그러나 동시에 그 안에서 이데올로기가 판타지 속에 구조화된 전(前)이데올로기적 희열을 함축하고 조작하고 생산하는 방식을 접합해내는 것을 목표로 삼는다." 지젝은 '이데올로기의 순수한 화신'이라 할 수 있는 반유태주의 이데올로기를 예로 드는데, 그것의 기본 매트릭스는 간단히 말하면 "사회는 존재하지 않는다" 그리고 "유태인은 사회의 징후(증상)이다"라는 것이다.

담론분석의 수준에서, 유태인 형상에 투자된 상징적 중층결정의 망은 전치(displacement)와 응축(condensation)으로 포착할 수 있다. 계급적대를 비롯해 모든 사회적 적대는 건전한 사회체와 그것을 부패시키는 기생적인 힘으로서의 유태인 사이의 적대로 전치된다. 이런 전치는 유태인 형상에 갖가지 특징들(부당이득 취득자, 음모가, 비밀권력의 담지자, 부패한 반기독교도, 우리의 순결한 여자들의 유혹자……)이 응축됨으로써 지탱된다. 이 수준에서 유태인 형상은 암호화된 메씨지란 의미에서 징후(증상), 사회적 적대의 왜곡된(disfigured) 표상이다.

하지만 유태인 형상이 사회구성원들의 욕망을 사로잡는 방식을 설명하기 위해선 근본적 불가능성의 텅 빈 장소를 메우는 씨나리오, 즉 판타지의 논리가 도입되어야 한다. 사회적―이데올로기적 판타지의 책무는 사회가 존재한다는 환영, 적대적 분할에 의해 가로질러지지 않고 각 부분들이 유기적으로 통합된 사회의 비전을 구성하는 것이다. 이런 조합주의적 비전과 사실적 사회분열 사이의 거리를 설명하는 것이 유태인이란 '이물'의 역할이다. 그러므로 유태인은 사회의 구조적 불가능성을 부인하는 동시에 체현하는 '물신'이며, 이 수준에서 유태인 형상은 결핍을 대리하는(사회의 비존재를 가리는) 타협 형성물로서의 징후, 즉 '징환'이다.

큰타자의 결핍의 자리에 위치한 이 유태인 형상은 '사물의 수준으로 고양된 대상(a)'이란 의미에서 '숭고한 대상'이다. 숭고한 대상은 불가능한 희열에 몸체를 부여한다. 이제 그들이 왜 그토록 격렬한 증오의 대상이 되는지 알 수 있다. 그들은 불가능한 희열을 즐기고 있다고 상상되기 때문이다. 더 나아가, 그 희열은 우리가 상실한 것, 우리에게서 훔쳐간 것으로 여겨지기 때문이다. 그러나 이 '희열의 절도'의 역설은 우리가 한번도 그 희열을 즐겨본 적이 없다는 사실에 있다. 따라서 희열의 절도를 타자 탓으로 돌리는 것은 "우리에게서 훔쳐간 것이라고 추정되는 것을 우리는 결코 가져본 적이 없다"라는 외상적 사실을 은폐한다.[11]

---

11) 이상의 내용은 특히 Žižek(1989) 125면 이하; Žižek(1993) 123면 이하 참고. 지젝의 이데올로기론은 알뛰쎄르 이데올로기론의 비판적 발전이자 그것을 근본적으로 넘어서는 것이라 볼 수 있다. 1970년대 슬로베니아의 철학적 지형은 당의 공식이데올로기 역할을 하던

6. 누군가 전체주의를 말했는가?

그러므로 판타지로서의 이데올로기는 정확히 물신주의적 부인에 기초한다. 큰타자가 없으면 현실도 없는 것이므로 큰타자의 비존재에 대한 물신주의적 부인은 거의 보편적이다. 그러나 이 부인이 정점에 달하는 전체주의는 그것의 도착(倒錯)적인 면을 극명하게 보여준다.

민주주의혁명 이후 등장하는 전체주의적 '지도자'는 "나 자신은 아무것도 아니오. 난 단지 여러분의 의지의 집행자일 뿐이오"라고 말함으로써 자신의 권위를 정당화한다. 여기서 트릭은 그가 자기 권위의 준거로 내세우는 것(인민, 계급, 민족 등)은 '존재하지 않는다'는 것이다. 그러므로 "전체 인민은 당을 지지한다"는 스딸린주의식 표어는 동어반복이다. 인민은 당과 그 지도자에 체현되는 한에서만 인민이기 때문이다. 당을 지지하지 않는 자는 이미 인민의 적이다. 마치 "내 약혼녀는 나와의 약속을 어기는 법이 없어요. 약속을 어기는 순간 그녀는 더이상 내 약혼녀가 아니니까요"라고 하는 거나 같은 것이다.

이 전체주의적 지도자는 스스로를 큰타자의 의지(인민의 의지, 역사의 의지 등)를 실현하는 도구-대상으로 위치시킨다. 이것의 리비도(libido) 경제는 싸디스트의 그것과 같다. 라깡의 싸디즘적 도착자의 공식 $a \diamond 8$는 판타지 공식에서 주체와 대상의 관계를 뒤바꾼 것이다. 싸디스트는 스스로 큰타자("즐겨라!"라고 명령하는, 법의 외설적 이면裏面으로서의 초자아)의 대상이 됨으로써 자신의 분열을 희생자에게 전치한다. 유죄를 고백할 것을 강요받는 스딸린식 공개재판의 피고는 이 분열을 강요받는 것이다.[12] 그러므로

프랑크푸르트학파 맑스주의와, 민족주의와 연관된 저항세력의 하이데거주의(제도권 안에 편입되어 있던), 그리고 제3의 라깡주의자 및 알뛰쎄르주의자로 나뉘어 있었고, 앞의 양세력은 이론적으로 서로 투쟁한 것이 아니라 공히 알뛰쎄르주의를 공격했다. 이는 알뛰쎄르주의가 민주주의를 위한 싸움에서 순수하게 남아 있던 유일한 세력이었기 때문이라고 지젝은 말한다. Žižek(1993) 228~29면.

12) 스딸린주의의 굴락(수용소)/공개재판은 나찌주의의 강제수용소/홀로코스트와는 논리가

전통적 지배자가 주인 기표(S₁)로서 권위를 행사하는 반면에, 전체주의적 지도자는 초자아의 자리인 지식(S₂)에 기대어 권위를 행사한다(지도자의 지혜, '역사법칙에 대한 객관적인 지식' 등).

따라서 지젝은 민주주의에 대한 라깡적 정의를 역설적으로 이렇게 제시한다. "인민(the People)이 존재하지 않는 사회정치적 질서." 주권은 인민에게 있지만, 그 인민은 권력의 주체들의 집합체일 뿐, 하나의 통일체로서 존재하지 않는다. 이런 구조적 이유로, 르포르(C. Lefort)가 보여주듯이(Lefort 1986) 권력의 장소가 텅 빈 장소인 것이 민주주의 질서이다. 그 자리를 차지하는 자는 그 누구도 오직 일시적으로만 그럴 수 있을 뿐이며, 실재계적인-불가능한 주권자의 '대용물'일 뿐이다. 스스로를 그 자리를 차지할 수 있는 실정적 자격을 가졌다거나 '알고 있는 주체'로 내세우는 자는 정의상 사기꾼이다. 자꼬뱅(Jacobins)의 공포정치를 이끌며 쌩쥐스뜨(L.A. de Saint-Just)가 말했듯이 "누구도 결백하게 통치할 수 없다."

권력의 장소가 비었다는 점이 '민주주의적 발명'(르포르)을 근본적으로 혁신적인 것으로 만든다. 민주주의 사회는 그 제도적 구조가 사회적 결속이 해체되는 순간, 실재계가 분출하는 순간을 자신의 '정상적인' 재생산의 일부로서 포함하고 있기 때문이다. 선거가 그것이다. 그것은 실재계적-불가능한 주권자의 선택의 순간이며, 그 결과는 합리적으로 계산이 불가능하다(선거일 며칠 전의 한 사건이 대세를 뒤집을 수도 있다). 형식적 민주주의의 이 철저히 '비합리적인' 성격을 은폐하려는 것은 헛될 뿐만 아니라 민주주의를 배반한다. 실재계적 중핵을 보지 않으려는 시도, 하나의 예외도 인정하지 않는 보편화의 시도는 전체주의로 전락해버린다(현실사회주의의 혁명적 기획이 실패한 원인도 이 점에 있다). 따라서 필요한 것은 남성적인 보편화의 논리가 아니라 여성적인 '모두는 아닌'[13]의 논리를 터득하는 것,

---

13) 라깡의 성화(sexuation) 공식에서, 남성 공식에선 보편적 기능(모든 x는 기능 Φ에 종속된다)이 예외의 존재(기능 Φ에서 면제되는 x가 적어도 하나는 존재한다)를 함축한다. 반면,

처칠(W. L. S. Churchil)의 과소진술이 담은 교훈을——오직 이런 맥락에서만——배우는 것이다. "민주주의는 모든 가능한 정치체계 중 최악의 것이다. 다만 문제는 다른 것들 중에 더 나은 것이 없다는 점이다."

7. 유령이 여전히 배회하고 있다!

지젝은 오늘날의 '포스트' 시대의 전지구적 성찰화(global reflexivization)[14]는 그 자신의 유령들을 낳고 있다고 갈파한다.[15] 첫번째는 맑스의 『공산당선언』(오늘날보다 150여년 전 맑스의 전망이 더 잘 들어맞는 때가 또 어디 있었던가!)의 첫구절에 나오는 바로 그 유령, 그러나 과거가 아니라 '혁명적 미래의 유령'이다. 하지만, 더 중요한 유령은 바로 자본 그 자체이다.

맑스가 말하듯 견고한 모든 것을 대기 속에 녹여버리는 자본의 미친 자기 고양적 순환, 자본의 냉혹하고 '추상적인' 논리는 자본주의의 근본적인 체계적 폭력으로서 자본주의의 실재계를 이룬다. 이에 대한 반응의 하나가 구 사회주의권에서 쉽게 볼 수 있는 권위주의적 민족주의이다. 조합주의적 유

여성의 공식에선 특수한 부정(모든 x가 기능 Φ에 종속되는 것은 아니다)이 예외란 없음(기능 Φ에서 면제될 수 있는 x는 없다)을 함축한다. 여기서 기능 Φ는 상징적 거세의 기능을 뜻한다. 지젝은 라깡의 이 성화 공식을 사회 정치적 사건 현상들에 적용할 것을 제안하는 셈이다. 예컨대 이 공식을 인권 담론에 적용시킨다면, '모든 인권은 보호되어야 한다'는 남성적인 보편화의 논리는 항상 인권의 보호에서 배제되는 예외들(범죄자, 정신이상자, 소수집단 등)을 함축한다. 이에 비해 여성적 논리를 인권 담론에 적용하면, '모든 사람이 인권을 보호받는 것은 아니다'라는 특수한 부정이 '어떤 사람도 인권의 보호에서 배제되어서는 안된다'(인권보호에서 배제될 수 있는 사람은 없다)는 예외의 부정을 함축한다(Žižek 1993, 250면 주 11). 여성적인 '모두는 아닌'의 논리를 터득하는 것, 상징적 현실의 실재계적 중핵을 피하지 않는 것의 정치적 중요성은 이런 데 있다.

14) 지젝은 여기서 물론 앤서니 기든스('탈전통적 질서의 사회')와 울리히 벡('위험사회') 등의 '성찰적 현대화'론을 염두에 두고 있다.

15) Žižek(2000). 이 책은 지구화·정보화에 대한 현국면에서의 지젝의 잠정적인 대답이다. 또 Žižek(1993)의 뒷부분에서도 이미 동구권의 현실을 중심으로 한 그의 대답을 들을 수 있다.

568

혹은 자본주의의 필연적 이면이다. 영구적인 과잉생산과 욕망의 악순환을 낳는 자본주의와 대면해 파시즘의 꿈은 바로 과잉 없는 자본주의, 그것이 야기하는 적대가 없는 자본주의, 즉 자본주의 없는 자본주의였다. 다른 한편, 오늘날 자유민주주의는 자본의 흐름, 그 탈영토화 속으로 자발적으로 복속되고자 하고 있다. 정신분석학은 이 전체(Whole)냐 구멍(Hole)이냐 사이에서 '모두는 아닌(비전체)'으로의 길을 찾아야 한다.

후기구조주의적인 이른바 탈중심화된 주체는 전복적이기보단 오히려 후기자본주의 게임의 일부가 되었고, 뉴에이지를 비롯한 다양한 반계몽주의(obscurantism)가 득세하고 있다.[16] 이런 상황에서 세번째 유령은 다름아닌 기독교이다. 지젝은 사도 바울에 의해 죄와 법의 악순환을 사랑으로 깨뜨린 것으로 해석된 기독교의 그 외상적 몸짓에서 기존의 상징적 질서에 대한 절대적 거부이자 새로운 질서가 가능한 우연성의 공간을 여는 안티고네(Antigone)적 몸짓으로서의, 라깡이 말하는 '행위'(act)의 모델을 본다. 지젝이 자신을 '바울적 유물론자'(a Paulinian materialist)[17]라고 지칭한 것은 이런 맥락에서다.

그러므로 지젝이 제시하는 라깡적 주체는 구조에 종속된 주체가 아니라 실재계적 진공에 자리하기 때문에 궁극적으로 자유의 공간을 여는 주체이다. 바로 이것이 지젝이 후기구조주의자들과 정반대로 계몽주의적 주체를 완전히 수용한다고 주장하는 이유이다. 그가 이해하는 관념론의 초월적인 주체는 필연성의 고리를 중지시키는 '자유의 심연'에 다름아니기 때문이다. 따라서 그가 말하는 비판적 지식인은 언제나 실재계의 구멍을 차지해야 하는 의무를 안고 있으며, 철학은 우리가 현실적인 것으로서 만나는 것이 또한 어떻게 가능한가의 질문을 제기하는 순간 시작된다(Žižek 1993, 2면).

---

16) 이에 대해선 Žižek(1998); Žižek(2001) 5장 등 참고.
17) Wright/Wright ed.(1999) ix면. 기독교에 대한 해석은 Žižek(2000) 참고.

참고문헌

Laclau, Ernesto/Mouffe, Chantal (1985) *Hegemony & Socialist Strategy: Towards a Radical Democratic Politics.* London: Verso.

Lefort, Claude (1986) *Political Forms of Modern Society: Bureaucracy, Democracy, Totalitarianism.* Cambridge: Polity Press.

Osborne, Peter ed. (1996) *A Critical Sense: Interviews with Intellectuals.* London and New York: Routledge.

Wright, Elizabeth/Wright, Edmond ed. (1999) *The Žižek Reader.* Oxford: Blackwell.

Žižek, Slavoj (1989) *The Sublime Object of Ideology.* London: Verso.

——(1991a) *For They Know Not What They Do: Enjoyment as a Political Factor.* London and New York: Verso.

——(1991b) *Looking Awry: An Introduction to Jacques Lacan through Popular Culture.* Cambridge: MIT Press.

——(1992) *Enjoy Your Symptom!: Jacques Lacan in Hollywood and Out.* London and New York: Routledge.

——(1993) *Tarrying with the Negative: Kant, Hegel, and the Critique of Ideology.* Durham: Duke University Press.

——(1994) *Metastases of Enjoyment: Six Essays on Women and Causality.* London and New York: Verso.

——(1996) *The Indivisible Remainder: An Essay on Schelling and Related Matters.* London and New York: Verso.

——(1998) *The Ticklish Subject: A Treatise in Political Ontology.* London and New York: Verso.

——(2000) *The Fragile Absolute: or Why is the Christian Legacy Worth Fighting for?* London and New York: Verso.

——(2001) *Did Somebody Say Totalitarianism?: Five Interventions in the (Mis)Use of a Notion.* London and New York: Verso.

——ed. (1992) *Everything You Always Wanted to Know about Lacan(But Were Afraid to Ask Hitchcock).* London and New York: Verso.

——/Schelling, Friedrich Wilhelm Joseph (1997) *The Abyss of Freedom/Ages of the World.* Ann Arbor: Michigan University Press.

슬라보예 지젝 (1995) 『삐딱하게 보기』. 김소연·유재희 옮김. 시각과언어. (원서는 1991년 출판)

——(1997) 『당신의 징후를 즐겨라!: 할리우드의 정신분석』. 주은우 옮김. 한나래. (원서는 1992년 출판)

홍준기 (2000) 「지제크의 라캉 읽기: 『이데올로기의 숭고한 대상』을 중심으로」. 『문학과사회』 52호(2000년 겨울호). 문학과지성사.

라깡과 버틀러

라깡의 정신분석과 제3물결 페미니즘(포스트페미니즘)

신명아

최근 부산대학교 여학생들이 복학한 남학생들의 여성 비하적 발언과 추행에 대해 여성단체들과 연합하여 규탄하는 사건이 사회적으로 부각되었다. 싸이트 살류쥬(www.salluju.or.kr) 등에 따르면, 일부 남성들은 이런 여성운동가들을 일종의 나찌주의자로 비난했고 일부 여성들도 그들이 여성의 희생을 너무 앞세운다고 비난했다. 미국에서는 1990년대 이후부터 울프(N. Wolf)·로이프(K. Roiphe)·덴펠드(R. Denfeld) 같은 하버드대학과 예일대학 출신의 젊은 백인 엘리트 여성들이 '여성들의 피해' 운운하는 페미니즘을 '희생 페미니즘'(victim feminism)이라고 비난하였다. 그들은 1970년대에 유행했던 제2물결(second wave) 페미니스트들의 유산인 이런 '희생 신화'(victim mythology)의 양상을 영속화하지 말고 강력한 힘을 추구하는 '권력 페미니즘'(power feminism)을 주장하였다. 1960년대 말과 1970년 초의 '반(反)문화'(counter-culture) 양상이 레이건시대의 보수주의에 함몰되면서 보수화된 미디어들은 기존의 페미니스트들을 페미나찌(feminazis)라 불렀다. 반면 미디어들은 이 새로운 페미니스트들을 제3물결(third wave) 페미니즘의 기수로 부추겼는데, 이로부터 페미니즘에 대한 '반발' 문화가 형성되었다.

　그러나 실제로 제3물결 페미니즘은 여성성을 옹호하는 프랑스 페미니즘과 흑인 및 제3세계의 여성 같은 다양한 차이를 고려하는 포스트페미니즘을 포함한다. 씨겔(D. L. Siegel)은 1990년대의 신세대 페미니스트들을 기존의 페미니스트들("나쁜 엄마")에 대항하는 "만족하지 않는 '딸들'"이라고 부르면서(Heywood/Drake 1997, 58면), 진정한 제3물결 페미니즘은 "후기구조주의자, 포스트모더니스트와 다문화주의자의 사고유형에 의해 양육된 현재의 페미니스트 이론과 실천의 도전에 발맞추어야 한다"고 주장한다(Heywood/Drake 1997, 61면). 쏘리씨오(C. Sorisio)도 여성은 태어나는(born) 것이 아니라 만들어지는(becoming) 것이라는, 선배 페미니스트인 보부아르(S. de Beauvoir)의 말을 기초로 "라깡과 푸꼬 같은 사상가들이 여성을 탈구조화(unbecoming)하는 우리의 힘든 작업에 대한 분석도구를 제공해왔다"(Heywood/Drake 1997, 145면)고 주장하는 모델스키(T. Modelski)의 말을 인용했다. 그러면서 제3물결 페미니즘은 구조화된 것으로서의 여성과 여성이라는 메타정체성의 불가능성을 깨닫고, 다양한 주체성들을 고려해야 한다고 권고한다.

　쏘리씨오가 암시했듯이, 라깡(J. Lacan)은 "여성은 없다"와 "성관계는 없다" 등의 모호한 공식적 진술을 통해 상징계의 허구적 속성을 밝힘으로써 페미니즘에 유용한 개념들을 구축하였다. 또한 버틀러(J. Butler)는 데리다(J. Derrida)와 푸꼬(M. P. Foucault)의 영향을 받은 포스트페미니스트로, 주체의 본질적 범주를 반대하면서 성 정체성은 패권적 담론의 수행적(performative) 효과임을 주장하였다. 라깡과 버틀러는 '성 정체성이 담론의 효과'라는 공통기반을 갖고 있음에도 불구하고, 버틀러는 라깡의 이론이 초월적 메타담론이라고 공격한다. 또한 버틀러는 페미니즘 내에서도 레즈비언들의 행동주의적 운동을 비롯해 페미니즘의 다양한 정치적 행위에 불만을 표시한다. 이 글은 버틀러의 라깡 비판을 중심으로 라깡과 버틀러의 성 담론이 겹치거나 교차하는 이론적 배경을 고찰할 것이다. 이를 통해 오늘날 이른바 여성으로서뿐만 아니라 인종적·문화적 차원에서 각 개체의 특성을 대변하려는 제3물결 페미니즘이 지향하는 바에 기여할 개념들을 모색하고자 한다.

정신분석과 페미니즘의 조우 양상

사회심리학자 데이비스(E. E. Davis)와 인류학자 민턴(L. Minturn)의 영향을 받았던 페미니즘 역사가 불(M. J. Buhle)은 정신분석이 성적 해방을 위한 담론이라는 입장을 견지하면서, 그 예로 제1물결(first wave) 페미니스트 중에서 골드만(E. Goldman)의 프로이트(S. Freud)에 대한 지지를 들고 있다. 골드만은 1909년 미국 매써추써츠 주, 워쎄스터의 클라크대학 강당에서 프로이트의 강연을 들은 후, 정신분석과 페미니즘의 유사성을 설명하는 글을 써서, 두 영역이 "여성뿐만 아니라 남성의 형성에서 압도적인 성욕을 인식"하고 있으며, 특히 프로이트가 대다수 여성의 지적 열등상태를 "성적 억압이라는 목적을 위해 그들에게 부과된 사고의 방해 탓으로 돌렸음"을 예찬하였다(Buhle 1998, 2면). 쌩어(M. Sanger)는 정신분석의 성이론에 고무되어 여성들이 생식도구로 전락되는 것에 반대하였고, 여성의 성적 욕망을 옹호하면서 산아제한운동은 물론 미혼모와 사생아를 위한 보육원을 운영하는 등 적극적인 페미니즘 활동을 하였다.

제1물결 페미니즘 운동가들은 골드만이나 쌩어처럼 여성이 성욕을 추구하는 것은 여성의 주체성에 대한 투쟁을 의미한다고 믿는 그룹과, 길먼(C. P. Gilman)처럼 여성의 주체성은 사회적 · 경제적 영역의 참여에서 오므로 사회적 공평(equity)을 주장하는 참정권 운동가들의 그룹으로 나누어진다. 이 두 그룹은 시간이 지나면서 여성의 성욕과 여성 고유의 생식능력을 예찬하는 '여성적 페미니즘'(feminine feminism)과 이런 페미니스트들의 이슈가 여성의 권리 회복에 별 효력이 없다고 비난하는 평등주의 페미니즘 혹은 '인간적 페미니즘'(human feminism)으로 발전된다. 이런 두 갈래 양상은 제1물결 페미니즘이 제2물결 페미니즘, 제3물결 페미니즘으로 진전되어가면서, 제2물결 페미니즘의 평등주의적 운동과 제3물결 페미니즘 초기의 여성성을 고수하는 프랑스적 페미니즘으로 반복된다.

제2물결 페미니즘은 프로이트의 성이론으로 인해 뜨겁게 달아오르던 제1물결 페미니스트들의 활동이 제1차 세계대전, 미국의 대공황, 제2차 세계대전을 겪으면서 잠시 뜸해진 후, 1960년대 말 '반문화' 학생운동의 물결을 타고 억압받는 주체로서 여성의 지위 문제가 관심을 끌면서 나타났다. 제2물결 페미니즘은 1960년대 말과 1970년대 초를 기점으로 제1물결 페미니스트들이 참정권을 위해 싸웠듯이 직장에서의 평등권을 획득하기 위해, 또 성적 통제에 대한 저항 및 사회의 가부장적 성향에 반대해 강력한 여성운동을 벌였다. 영국에서는 미철(J. Mitchell)·그리어(G. Greer)·파이지스(E. Figes) 등이, 미국에서는 프리던(B. Friedan)·밀릿(K. Millett)·파이어스토운(S. Firestone) 등이 그 중심에 있었다. 그러나 제1물결 페미니스트들과 달리 제2물결 페미니스트들은 강력한 가부장제 사회에 도전하기 위해 비판의 화살을 여성 억압적 성담론을 영속화하는 프로이트에게로 돌렸다. 1963년에 이미 『여성의 신비화』(*The Feminine Mystique*)를 발간하여 프로이트적 정신분석의 남/녀 이분화 구조를 비난하는 일에 나섰던 프리던은 1966년에 전국여성조직(National Organization for Women, NOW)의 결성에 핵심적인 역할을 하였는데, 이 조직의 페미니스트들은 공식적으로 결혼과 모성 전통을 반대하고 성적 차별을 규탄하는 구호로 평등(equality)을 내세웠다.

제3물결 페미니즘은 제2물결 페미니즘이 여성의 차이성을 무시하고 남성과의 동등성만을 목표로 다양한 계급의 여성을 전체로 묶는 것에 대한 반발, 즉 "안티페미니스트"(anti-feminist) 혹은 "포스트페미니스트"(postfeminist) 입장으로 출발하였다. 라이트(E. Wright)는 『라깡과 포스트페미니즘』(*Lacan and Postfeminism*)이라는 책에서 포스트페미니즘을 페미니즘에 대한 긍정적 입장을 유지하는 그룹과 단절적으로 생각하는 그룹으로 나눈다.

전자의 그룹은 페미니즘 자체를 반대하는 것이 아니라 제2물결 페미니즘의 한계를 보완하는 그룹이다. 예를 들어 씩수(H. Cixous) 같은 사람은 제2

물결 페미니즘이 여성의 차이성을 무시하는 것에 반대하여 자신은 페미니스트가 아니라는 수사학적 표현을 쓰면서도, 이른바 프랑스 페미니즘의 기수들인 이리가라이(L. Irigaray)·크리스테바(J. Kristeva)와 더불어 새로운 페미니즘을 이끌어간다. 크리스테바를 제외한 그들은 팔루스(phallus)를 기준으로 삼는 라깡의 정신분석에 부정적 입장을 취했다.

후자의 그룹은 제2물결 페미니즘에 대한 '안티페미니스트'적 입장에서 출발하여 오늘날 미국사회의 반페미니즘적 반격문화 조류를 부추긴 보수주의적 포스트페미니즘 집단이다. 라이트에 의하면, "울프·로이프·덴펠드·월터(N. Walter)를 포함하는, 이른바 '포스트페미니스트들'은 때때로 '안티페미니스트'로 이름지어졌지만, 그들은 스스로를 페미니즘의 목표와 목적의 변화를 위한 선구자"로 특징짓는다(Wright 2000, 9면). 이 제3물결 포스트페미니스트들 중 덴펠드의 경우, '고참 페미니스트 계열'을 '새빅토리아인들'(The New Victorians)이라고 부른다. 또 포르노그라피를 비롯해 여성의 성을 착취하고 여성을 성의 교환대상으로 대상화시키는 현상에 반대한다는 이유로 매키논(C. A. MacKinnon)과 드워킨(A. Dworkin)을 '청교도적'이고 '보수적'이라고 공격한다. 그런가 하면 여신(女神)을 언급하면서 여성고유의 속성을 전체 인류의 문화에서 찾는다는 이유로 데일리(M. Daly)를 '이상한 뉴에이지' 운동으로 비난하는 데 주력한다(Wright 2000, 9면). 헤이우드(L. Heywood)와 드레이크(J. Drake)에 의하면, 이런 '보수주의적 포스트페미니즘'은 매키논과 드워킨의 제2물결 페미니즘의 '희생 페미니즘'에 대항해 '권력 페미니즘'을 설정해놓고, "'권력 페미니즘'은 힘없고 낡은 '희생 페미니즘'에 대한 교정책으로 기능해야 한다"고 본다(Heywood/Drake 1997, 2면). 이와 유사하게, 쏘머스(C. H. Sommers)는 페미니즘을 '공평 페미니스트'(권력 페미니스트)와 '젠더 페미니스트'(희생 페미니스트)로 구분한 후, 누구라도 "억압"을 이야기하거나 "여성 중심적"이면 "희생" 페미니즘으로 비난한다고 한다.

헤이우드와 드레이크는 이런 "보수주의적 포스트페미니스트"들과 자신들이 표방하는 제3물결 페미니스트들을 구별하면서, 제3물결 페미니스트들은 공평 페미니즘 속에서 자라다가 다양한 후기구조주의이론에 노출된 세대로, 제2물결 페미니즘의 여성에 대한 전체적 입장에 불만을 품고 여성 안에도 수많은 집단과 개체적 특성들이 있음을 강조한다고 본다. 헤이우드와 드레이크에 의하면, 실질적으로 제3물결 페미니즘은 1980년대 초부터 훅스(b. hooks) 같은 유색인종 페미니스트들이 백인 주축의 제2물결 페미니즘에 대한 도전으로 그 속성을 명확히 드러낸 이후, 다양한 그룹과의 연계를 통해 "다양성과 차이성을 설명하고, 긍정적 방법으로 [서로의] 갈등을 조정하며 잡종성(hybridity)과 연합성(coalition)의 정치학에 목소리를 부여하는 언어들과 이미지들"을 모색하게 되었다(Wright 2000, 9면. 이하 [ ]는 인용자). 이런 맥락에서 브룩스(A. Brooks)의 지적처럼, 한때 '안티페미니스트'로 조명된 포스트페미니즘은 이제 "포스트모더니즘·후기구조주의·포스트콜로니얼리즘(Post-Colonialism)을 포함하여 많은 다른 반(反)토대주의 운동과 페미니즘의 교차를 의미하는 유용한 개념적 준거틀이 되었"으며, 페미니즘이 "변화를 요구하는 다른 철학적·정치적 운동들과의 관계에서 자신의 위치를 사유하고 다양성과 차이성을 대변하면서 (…) 이론과 정치학의 확실한 집단으로 성숙되어감"을 보여준다(Brooks 1997, 1면).

이런 성숙한 포스트페미니즘의 정치학을 위해 라깡의 성담론이 기여할 가능성을 그의 개념을 통해 살펴보기로 한다.

라깡적 팔루스와 버틀러의 레즈비언 팔루스

사회의 성(욕)적 억압을 폭로하는 정신분석과 (젠더적) 성의 억압을 규탄하는 페미니즘의 초기 역사의 공통관계는 심리학주의에 빠진 정신분석에게 무의식과 프로이트로 돌아가기를 권고한 라깡의 정신분석을 매개로 다시 반복된다. 라깡에 의한 기존 성담론의 해체는 상징계의 여성이라는 범주의 해체를 통해 성취된다. 라깡은 (10년 전에 라깡의 여성관을 공격한) 필자를 비롯하여 많은 페미니스트로부터 오해를 받은 그 유명한 "여성은 없다"와 "성관계는 없다"라는 공식적 진술과 "The Woman"에서 'The'를 통해, 범주로서의 여성이 존재하지 않음을 지적한다.

라깡이 모든 상징체계를 일종의 계약에 의한 허구적 체계로 만드는 것은 체계 바깥에 팔루스라는 주인기표(master signifier)를 상정해놓고 그것이 '의미 가능한'(signifiable) 것들을 기표로 들어올려(Aufhebung) 상징계적 관계 속에 위치시키려 하기 때문이다. 상징계는 이렇게 그 체계에 속하지 않는 하나의 요소를 바깥의 기준점으로 삼아야 하는 '-1'의 구조를 가진다. 다양한 요소들이 얽히고 설키는 리좀(rhizome) 식 세계는 일관된 하나의 전체적 세계가 아님을 상정하기 위해 그 하나가 빠져 있는 'n-1'의 세계라는 들뢰즈(G. Deleuze)와 가따리(P. F. Guattari)의 개념과 공명성을 가진다. 라깡의 이론에서도 일관된 상징계적 체계는 이 팔루스라는 기준점이 빠진 '-1'이 된다. 타자의 결여를 의미하는 이 팔루스는 신의 전지전능이며 기표와 기의의 일치를 가능하게 하는, 따라서 이 세상에 존재하지 않는 불가능의 요소이다. 팔루스가 빠진 상징계(타자)가 진리에 도달하는 방법은 집단성의 상호연관적 관계에 의해서이다. 주체의 욕망은 타자와의 관계에서만 알 수 있기 때문에 '주체의 욕망은 타자의 욕망이다.' 라깡은 원반을 등에 붙인 세 명의 죄수가 자신의 등에 있는 원반의 정체를 찾는 비유에서 타자와의 관계를 통해 자신의 것을 알게 된다는, 진리 도달의 방법을 설명하면서, "이것은 [세 명의 경우가 아니라] 수많은 주체들의 경우에도 적용된다. 즉 [결여의] '부정적'(negative) 속성이 '-1'[하나가 빠진]의 주체들의 숫자와 상응하는 경우에만 기능한다는 사실이 전제되는 한"이라고 말한다(Lacan 1988, 18면). 상징계의 형성에 핵심적인 이 팔루스는 '-1'과 깊은 연관을 가진다는 점에서, 쌀레끌(R. Salecl)은 팔루스를 "대타자의 중앙에 있는 결여의 대역"(a stand-in for the lack)"이라고 부른다(Salecl 2000, 4면). 따라서 이 "기의 없는 기표"인 팔루스의 의미(기의)를 굳이 찾는다면, 그것은 불가능한 수인 "$\sqrt{-1}$"이 되는 것이다.

578

라깡의 팔루스 개념은 여성이라는 이유 때문에 성적 차별을 가하는 남성 가부장적 사회의 해체에 필요하다. 왜냐하면 이 개념은 기존의 여성 혹은 남성이라는 범주가 생물학적 특성에서 기인한 것이 아니라 문화적(상징계적) 구조물의 범주임을 의미하기 때문이다. 다시 말해 팔루스가 배제된 타자(상징계)의 결여로 인해 존재(Being)와 의미(Meaning)의 불일치가 일어나며, 실재(실재계)의 차원에서는 '성관계가 없음'에도 불구하고 상징계가 주체들을 남성·여성이라는 기표 아래 정렬시킨다.

라깡은 『쎄미나 제20권: 앙꼬르』(Lacan 1998)에서 남성과 여성 범주가 형성되는 과정을 "성별화 과정"(sexuation)으로 설명한다.

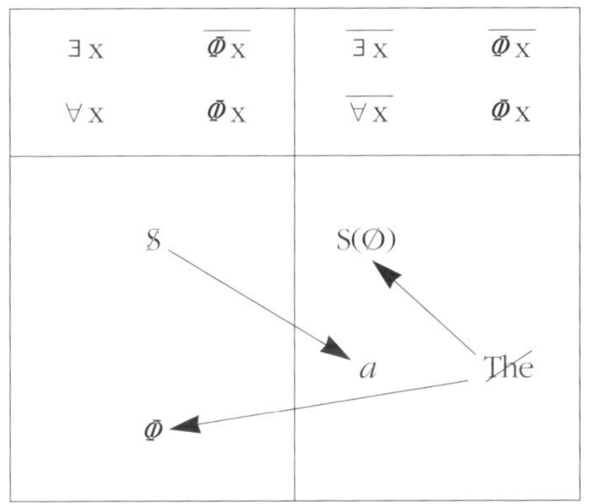

왼쪽의 '남성적 입장'(masculine position)의 도표는 결여의 주체($)와 팔루스를 포함한다. 오른쪽의 '여성적 입장'(feminine position)의 도표는 '타자 안의 결여의 기표'(the signifier of the lack in the Other, S(Ø))와 '대상 a 그리고 'The'를 포함하고 있다. 남성적 입장 측에 팔루스가 들어가 있는 것은 결여의 주체인 남성이 페니스를 근거로 팔루스를 가진 것으로 착각하는 구조, 즉 '갖기'(having)의 위치를 강점하는 허구적 구조를 갖고 있음을 의미한다. 결국 남성이 그 결여를 메우기 위해 여성적 입장 측의 '대상 a를 추구한다는 것을 보여주기 위해 라깡은 화살표로 남성적 입장의 $가 여성적 입장의 '대상 a로 향하고 있음을 표시한다.

성별화 과정에서 남성은 불가능한 팔루스 '갖기'라는 환상적 구조로 결여에 대처하지만, 여성은 불가능한 팔루스 '되기'(being)의 입장을 취한다. 따라서 라깡은 여성적 입장이 허구적 전체성을 거부하고 결여를 인정하는 것을 보이기 위해, '타자 안의 결여의 기표'와 더불어, 존재와 의미 혹은 실재와 상징계의 조우에서 배제된 잉여물인 '대상 a 그리고 전체성을 가정하는 정관사 The를 빗금친 상태(T̶h̶e̶)로 표시한다.

밀레(J. A. Miller)에 따르면, (팔루스) '되기'의 입장은 남성적 입장처럼 타자 안의 결여, 즉 구멍을 메우려고 노력하는 것이 아니라, "그것[구멍]을 신진대사화하고 변증법화하는 것"이며, "이 구멍이 되는 것, 자신을 무의 존재(a being with nothingness)"로 만든다(Salecl 2000, 16면). (팔루스) '되기'의 입장은 기존체계의 상징계를 뛰어넘으며, 라깡이 『쎄미나 제20권: 앙꼬르』의 주인공으로 삼은 성녀 데레사(St. Teresa)처럼 신비주의자(mystic)로 인식하거나 미완결의 열린 사고를 한다. 밀레에 따르면, 팔루스 '되기'의 자세는 "정력적인(virile) 대타자의 [팔루스] '갖기'를 경멸하고 대타자의 '갖기'를 일종의 [팔루스의] 모조(a semblance)로 환원하는 것을 경멸"한다(Salecl 2000, 17면).

이런 성별화 과정에서 여성적 입장을 취하는 주체는 상징계적 전체성에 국한되지 않는다는 점에서 "전부 아님"(not-all)으로 이야기되며, "여성은 없다"가 논의되는 것이다. 라깡은 "여성의 이차적인 성적 특성에 대해 나에게 말하지 말라. (…) '성별화된 존재'(a sexed being)로 여성을 구별짓는 것은 그녀의 성기관(sexe) 외에 없다"고 말함으로써(Lacan 1998, 7면), 여성의 모든 기존 범주의 속성들을 거부한다. 이런 기존 범주의 속성들과 더불어 남성들이 생각하는 그런 여성이 없다는 점에서 "성관계(sexual relation)는 없다." 이 말은 여성과 관계를 못하는 것이 아니라 한 성이 범주 안에 국한되지 않고 '성별을 넘어'(beyond sex) 있기 때문에 '성(별적)관계가 없다'는 말이다.

성 범주를 허구로 만드는 '기표로서의 팔루스'는 버틀러의 반대 주장에도 불구하고 포스트페미니스트인 그녀의 '레즈비언 팔루스'(lesbian phallus) 개념에서도 증명된다. 라깡이 모든 언어적 담론의 불확정성을 상징체계의 본질적 결여(the lack in the Other)와 재현될 수 없는 실재를 통해 이야기했다면, 버틀러는 호명기관의 규범성이 역사성과 우연성 속에서 수행적 효과들에 의해 전복당한다는 주장을 통해 그 불확정성을 이야기한다. 라깡의 이론이 결여(lack-in-being, lack in the Other)와 이로 인한 기표(signifiant)와 기의(signifié)의 불일치에 기초하듯이, 버틀러의 이론은 호명(interpellation)에 의해 배제(상실)된 것이 야기하는 우울증(melancholia) 구조의 핵인 결여, 즉 상실(loss)과 실패(failure)에 기초한다.

알뛰쎄르(L. Althusser)의 영향을 받은 버틀러의 호명 개념은 이런 부정성(negativity)으로 인해 알뛰쎄르의 호명 개념보다는 상호주체적 관계를 상정하는 정신분석학적 개념과 더 가깝다. 지젝(S. Žižek)은 카프카(F. Kafka)의 작품을 통해 주체 밖에서 절대적인 타자로 등장하는 국가기구 같은 호명기관의 일방적 존재를 알뛰쎄르적 호명 개념이라고 비난한다. 지젝은 사실 "자기 자신을 이데올로기적 호명(call)의 수신인으로 인식하는 바로 그 행위에 의해, 나[주체]는 타자를 실재의 우연성에 의미를 부과하는 행위자로 미리(presup) 상정(posit)하는 것"이라고 한다(Žižek 1990, 59면). 지젝의 라깡적 담론과 유사하게 버틀러도 "호명은 따라서 하나의 단순한 수행으로서의, [즉] 자기가 '지시하는 것'(refer to)을 창조할 수 있는 능력을 가진 담론의 한 행위로서의 위상을 읽고, 어떤 의도된 지시체를 초월하여 의미하면서 자신이 의미하고자 한 것보다 더 많은 것을 창조한다"고 본다(Butler 1993, 122면).

또한 "호명의 최초 장면은 발생할 어떤 실패가 주체를 구성하는 것을 가능하게 하는 장면"이라는 진술에서 드러나듯이(Butler 1997b, 197면), 버틀러의 이론에서 주체는 '정체성 정치학'(identity politics)이 가정하는 단일한 주체성이 아니라, 호명의 본질적(구성적) 실패로 인해 반복되는 과정에서 구축되는 주체성이다. 이런 '호명의 본질적 실패'라는 개념은 라깡의 타자(상징계)의 결여와 맥을 같이한다. 또한 라깡의 주체가 언어의 효과로서 사회적 구조물이듯이, 버틀러의 주체도 많은 사회적 담론의 수행적 효과들이 교차되어 만나는 사회적 구조물이다. "주체는 [다양한] 정체성들이 다양하게 동기화되어 연루된다. 이것은 수행의 반복성, 즉 자기를 만들어준 실질적 규범을 합법화하고 동시에 탈합법화(delegitimate)하기 위해 작동하는 반복을 통해서 구성된다."(Butler 1993, 131면) 버틀러는 "이런 의미에서 주체의 시간적 구조는 교차대구법적(chiasmic, 예를 들면 We live to die, but we die to live)이며 (…) 문화적·정치적 담론 요인들(forces)의 교차로(a crossroad)"라고 한다(Butler 1993, 124면).

라깡이 타자의 결여와 실재를 설명하기 위해 안과 밖이 만나는 역설의 논리인 뫼비우스의 띠, 외친밀성(extimacy, exterior와 inimate의 합성어), 보로메오의 매듭(nœuds borroméens) 등 열린 구조의 개념을 쓰듯이, 버틀러는 호명의 본질적 실패로 규범이 반복과정에서 스스로 해체되는 것을 설명하기 위해 역설의 논리인 교차대구법이나 비유의 오용(catachresis)이라는 개념을 사용한다. 다시 말해 버틀러는 패권적 담론이 그 수행과정에서 바로 이런 언어의 열린 구조에 의해 고착된 지시체나 의도된 목적에 도달하지 못하고 결국 해체된다고 본다.

라깡과 버틀러의 이런 다양한 공통기반에도 불구하고 버틀러는 라깡과 프로이트의 정신분석학을 성차(性差)를 신봉하는 신학으로 매도하면서, 라깡적 정신분석담론을 "라깡적 형식주의"(Lacanian formalism)라고 부른다(Butler 2000, 75면). 또한 라깡의 핵심개념인 실재(버틀러는 고착되고 초월적이라는 이유로 그것을 십계명의 '돌'에 비유)를 설명하는 지젝을 "돌[石]로부터 말[言]을 받아서, 산 아래 우리에게 가져다주는" 모세(Moses)라고 비아냥거린다(Butler 1993, 201면).

라깡에 대한 버틀러의 비판은 라깡의 상징계에 대한 의도적 오독에 기초한다. 버틀러는 1970년대에 일부일처제와 가족제도를 반대하던 급진적 사회주의자들이 결국 스스로 정신병을 얻어 '정신분석의 진료 소파'에 의존할 수밖에 없을 때 특히 라깡의 이론에 매료되었던 것은, 자신들이 꿈꾸던 유토피아에 어떤 제약이 필요한 것을 느낀 후, 그들이 "성적 통제의 사회적 법률에 대한 고도의 구성주의적(constructivist) (…) 설명을 버리고 (…) 아버지의 법, (…) 전(前)사회적 법(presocial law)"으로 돌아간 것이라고 빈정거렸다(Butler 2000, 75면).

이런 오독과는 반대로, 라깡의 상징계 혹은 아버지의 법이 어머니 혹은 타자의 불가능한 욕망(그녀의 부재하는 팔루스)을 추구하지 않도록 제동을 거는 아버지의 **이름**(nom)이며 아버지 **은유**라는 것은 라깡 이론의 기초이다. 상징계는 전사회적인 법도, 생물학적·사회적 현실에 의거한 법도 아니며, 팔루스로 인한 '무로부터의 창조'(creatio ex nihilo)로, 사물의 죽음인 언어에 의존하는 기호들의 체계이다. 버틀러는 상징계가 바로 "사회적으로 구조화되고 전환될 수 있는 위치"로 오해되면 안된다는 이유로, 즉 어떤 사회적 요소들로 거슬러올라갈 수 없다는 이유로 "일종의 준초시간적(quasi-timeless) 속성"을 지닌다고 비판한다(Butler 2000, 20면). 버틀러는 자신이 잘못 파악한 이런 이유를 근거로, 라깡의 상징계와 실재를 초월적 존재로 규정하고 라깡적 이론을 형식주의라고 비판한 것이다.

상징계를 비역사적이라거나 초월적이라고 비난하는 버틀러의 견해는 다음의 오해에서도 기인한다. "라깡의 [이론]에서 문화에서 보편적인 것은 그것[상징계]의 상징적·언어적 법률로 이해되며, 이것들은 친척관계들을 지탱하고 기호화(encode)하는 것으로 이해된다."(Butler 2000, 20면) 사회성(우연성)과 형식성(보편·규범)의 이분법에 기초한 버틀러의 상징계 비판은 상징계가 '팔루스의 법'(the Law of the phallus), 즉 아버지의 법이라는 비판으로 이어진다. 그녀는 이것을 정신분석이 "법에 대해 충실하다는 징표이고 논쟁의 여지가 없는 법이기를 바라는 욕망, [즉] 상징적 아버지, 다시 말해 정신분석 자신의 법에 대한 어떤 비판도 허락하지 않으려는 정신분석이론 내에서의 신학적 충동 징표"이며, 이런 행위가 "신학적 기제로써 인간의 성적 배열의 구체적인 딜레마를 해결하려는 것"이라고 본다(Butler 2000, 21면). 이런 버틀러의 비난에 대해서 지젝은 그녀야말로 우연성과 보편성의 엄격한 이분구조에 의거해 비판한다는 점에서 "은밀한 칸트주의자"(secret Kantian)이며 "골방[에 숨은] 형식주의자"(closet formalist)라고 정의한다(Butler/Laclau/Žižek 2000, 111, 136면).

버틀러는 라깡적 팔루스를 이른바 "패러디적 반복"(parodied repetition)에 의거해 패러디하면서 레즈비언 팔루스를 제시한다. 버틀러는 페니스가 다른 신체부위와 함께 성애기능을 대표한다고 보는 프로이트의 입장을 "자기애적 집착(investment)과 이상화" 과정으로 정의내리면서, 프로이트가 다른 신체부위를 억압하면서 이성애를 정상화하고 동성애를 비하한다고 본다. 또한 버틀러는 심기증(心氣症, hypochondria)이란 고통(죄의식)에 의해 리비도(libido)가 자기애적으로 안으로 향하여 신체를 더 의식적으로 인식하게 되는 "상상계적 집착"이라는 프로이트의 개념을 이용해서, 그의 '신체부위(페니스)에 대한 상상계적 가치 부여(imaginary valorization)'를 "일종의 애욕화된 심기증"으로 진단하였다(Butler 1993, 63면).

버틀러는 라깡의 팔루스 취급에 대해서, 자신은 기표의 효과가 아니면서 다른 모든 기표들을 통제하는 라깡적 팔루스는 다른 사물들과 타자들을 결정짓는 에삐스떼메(épistémè)로서 "인본주의적이고 남성주의적인 인식론적 제국주의의 기초"가 된다고 비난한다(Butler 1993, 73면). 또한 "그의 거울단계(mirror stage) 이론에서 신체가 통제의 중추"로 기능하듯이 이 팔루스 개념이 담론의 의미를 결정짓는다고 비난한다. 이에 대응하여 자신이 제시한 레즈비언 팔루스는 "비판적 모방(a critical mimesis)을 통해 라깡적 팔루스의 근원적·통제적인 힘과 진정 이것이 상징계의 특권화된 기표로 설정되는 것에 의문을 표한다."(Butler 1993, 73면).

버틀러는 레즈비언 팔루스가 두 가지 면에서 가부장적 사회의 팔루스에 정면으로 도전한다고 본다. 첫번째, 가부장적 팔루스가 그 사회의 "딱딱한 정신"(straight mind), 즉 남성적·이성애적 정체성을 고수하면서 레즈비언적 고유성을 폄하하는 사실에 도전한다. 두번째, 그것이 이성애의 불후성과 더불어 레즈비언적 성애를 병리화하는 사실에 도전한다는 것이다. 버틀러에 의하면, 레즈비언 팔루스는 여성에게 없는 것을 있다고 상상계적으로 제시하고 팔루스와 연루된 기존의 성차별적 담론을 해체함으로써 그 사실들이 도전받게 된다. 버틀러는 라깡적 팔루스가 '무모순의 논리'(logic of non-contradiction, 자신의 문란성의 논리와 반대되는 논리)에 기초해서 기표로서의 팔루스와 신체부위로서의 페니스를 거론하면서, "상징계적·신체적 형태발생(morphogenesis)의 차원에서 강압적 이성애의 입법"행위를 한다고 본다(Butler 1993, 74면). 버틀러는 레즈비언 팔루스가 이 점을 폭로함으로써 "신체 일부와 전체, 해부학과 상상계, 육체성과 정신 사이의 분리"에 연루된 정치적 관계를 재고(再考)하게 한다고 말한다.

다시 말해, 이런 레즈비언 팔루스는 여성에게 없고 따라서 페니스가 아닌 것을 '팔루스'로 가정하기 때문에, 기존의 페니스와 연루된 거세불안과 페니스 선망 같은 개념들을 해체한다. 즉 레즈비언 팔루스에 의해 패러디당한 라깡적 팔루스가 라깡주의자들의 주장대로 신체부위를 대변하는 것이 아니라고 할 때, 더이상 남성만이 거세불안을 갖는 것은 아니다. 또한 남성들도 팔루스를 상징적으로 갖고 있으므로 그들도 페니스 선망에 빠진다. 이와 마찬가지로, 여성이 (레즈비언) 팔루스를 가졌다면, 여성도 거세불안에 시달릴 수 있고, 그럼으로써 여성의 페니스 선망은 해체된다는 것이다(Butler 1993, 84~85면). 버틀러는 레즈비언 팔루스에 대해 결론지으면서, 레즈비언 팔루스가 해체도구가 되었듯이 패권담론의 전복을 위해 "이제 필요한 것은 말 그대로 새 신체부위가 아니라, 성적 차별의 (이성애적인) 패권적 상징계를 대체하고, 성적 쾌락의 기본장소로서 대안적인 상상계적 구도(schema)를 비판적으로 도입하는 것"이라고 제시한다(Butler 1993, 91면).

역설적으로, 이런 대안적 상상계적 구도인 레즈비언 팔루스는 라깡적 팔루스를 비판하기보다 '기표로서의 속성을 명확히 드러내주었다'는 점에서, 그녀의 이론적 발화가 벌써 수행적 효과에 의해 해체되고 있음을 암시한다. 더욱이 레즈비언 팔루스라는 대안적 구도가 해체했다는 페니스 선망과 거세불안 같은 기존의 성적 편견이 이미 라깡적 팔루스가 무화시키려 했던 기본 목적임을 생각할 때, 레즈비언 팔루스의 비판적 도입이 성공했는지에는 의심의 여지가 있다. 이제 레즈비언 팔루스가 해체하려는 기존의 성적 편견이 어떻게 라깡의 '여성적 주이쌍스'(feminine jouissance)의 개념으로 도전받는지를 살펴보기로 한다.

라깡의 '여성적 주이쌍스(향유)'

앞에서 살펴본 것처럼, 포스트페미니즘에서도 역사에서 반복된 여성성과 평등(혹은 차이성과 평등성)의 이슈가 반복된다. 씩수처럼 고유의 여성성과 그 전복적 힘을 믿는 그룹과, 여성이라는 전체주의적 범주를 거부하고 다양한 차이성으로 대변되는 개체들의 평등을 주장하는 그룹이 나란히 존재한다. 그러나 씩수나 이리가라이의 이론에 깊숙이 들어가보면, 바로 그들이 강조하는 여성성은 단지 생물학적인 여성에 국한되는 것이 아니라 주네(J. Genet)나 조이스(J. Joyce)처럼 남성이어도 '여성적 글쓰기'를 할 수 있게 만드는 열린 구조나 '환유의 논리' 혹은 '유동성의 논리'를 의미한다. 바로 이 '여성적 글쓰기'나 '유동성의 논리'는 남성적 논리로 간주되는 '은유의 논리' 혹은 '견고성의 논리'와 반대되는 것으로, 라깡의 '여성적 주이쌍스'와 그 맥을 같이한다는 점에서 그의 이론이 페미니즘에 유용함이 드러난다.

라깡은 성별화 과정에서 여성적 입장의 '타자 안의 결여의 기표'(S(∅))를 언급하면서, "내가 S(A)를 바로 여성적 주이쌍스로 의미하는 것은 의심의 여지없이 신이 아직 퇴장하지 않았다는 것을 뜻한다"고 지적한다(Lacan 1998, 84면). 이는 여성적 주이쌍스가 열려 있는 무한성의 구조로, 신처럼 인간의 상징계에 의해 제한되지 않음을 의미한다. 그는 생물학적 기관(organ) 상의 차이만이 있는 빈약한 근거에도 불구하고, 한 그룹의 인간을 타자(the Other)로 구분하는 이 상징계적 구도에서 주이쌍스에 접근하는 두 가지 방향(côté)이 있다고 본다. 그 하나는 '남근적 주이쌍스'(phallic jouissance)로서, 한 개체를 생식세포 차원에서만 인정하고 개체의 실재적 핵인 '대상 a' 와 연루된 몸을 즐길 수 없는 구조이다. 라깡은 "내가 보기에, 남근적 주이쌍 스는 남성이 여성의 몸을 즐길 수 없게 만드는 장애물이다. 왜냐하면 그가 즐기는 것은 '기관의 주이쌍스'(jouissance of the organ)에 불과하기 때문이 다"라고 한다(Lacan 1998, 7면). 라깡은 몸이 생식세포의 흔적들을 보유하며, "사랑은 몸 위에 있는 이상한 흔적들의 형태로 나타난다"고 말하면서(Lacan 1998, 4~5면), 남근적 주이쌍스의 구조를 사랑의 구조 혹은 에로스(Eros)의 구 조로 본다. 그에게서 사랑은 결여를 메우고 "하나를 만드는"(making one) 구조이며 에로스는 "하나를 향한 힘"(a tension toward the One)이다(Lacan 1998, 5면). 라깡은 "하나는 오로지 기표의 본질 위에 기초해 있으며 (…) '이 하나'(this One)와 존재 그리고 존재 뒤의 주이쌍스와 연관된 어떤 것 사이 에 틈이 있음"을 강조한다(Lacan 1998, 5면). 또 "존재하지 않는 성관계(the sexual relation qua nonexistent)를 메우는 것은 사랑"이라고 말하면서(Lacan 1998, 45면), 기사(騎士)의 '궁정풍 사랑'(courtly love)도 바로 '타자 안의 결 여'를 거부하고 그 빈 곳('대상 a')을 현실의 한 여성으로 승화(sublimation) 하여 메우려 하는 일종의 환상(판타지)으로 본다.

라깡은 "사랑은 우리로 하여금 '그들 둘의 관계'(la relation d'eux)를 설정 하는 것을 불가능하게 만드는, 하나의 욕망에 지나지 않는다는 것을 의식하 지 않기 때문에, 상호적이지만 불능(impotent)"이라고 한다(Lacan 1998, 6면). 하나라는 정체성(identification)의 논리에 의해 여성을 남자의 주체성을 위 한 보충적 존재로만 축약하는 사랑은 여성주체의 존재의 핵인 '대상 a'를 간과하는, 즉 전통적 성담론의 기표에 의거하는 제한적 기제의 정체성의 논 리라고 본다. 그는 주체와 타자가 순수한 차이성을 가진 명확한 범주의 개 체가 아니라, 상징계의 기표가 대표하지 못하는 존재의 핵인 '대상 a'를 가 진 주체라고 본다. 라깡은 하나라는 정체성의 논리를 "'순수한 차이성'으로 서의 하나"(One of 'pure difference')의 논리로 보며, 이 논리가 복잡하고 미 묘한 존재의 핵을 단순하고 독특한 하나의 차이성으로 환원하는 저차원적 논리임을 설명하기 위해, 삐까쏘(P. Picasso)와 사랑에 빠져 있는 앵무새와 특정한 습성을 가진 수도사를 언급한다. 라깡은 삐까쏘만 보면 옷깃을 깨무는 앵무새는 삐까쏘를 그의 옷과 동일화(동일시)하여 행동하는 것이며, 이 점에서 "인간이 그 앵무새에게는 단지 옷들(habits)인 데까르뜨 같다"고 지적한다(Lacan 1998, 6면). 한 수도사의 습성의 경우에도 "그 습관이 수도사를 사랑한다"는 명제 아래 정체성의 기초가 되는 이런 습관이나 외양적 특징에 고착하는 것은 바로 데까르뜨적 객관적 사고, 즉 팔루스적 주이쌍스의 구조이며, 실제로 그 습성의 기초가 되고 그것을 지탱하는 것은 이런 상징적 체계에서 배제되는 실재의 잔여물인 "대상 a"라고 말한다. 다시 말해 우리의 습성은 타자의 결여로 생긴 이 빈곳, '대상 a'를 맴돌며 형성된 환상적 구조의 일종이다.

이런 맥락에서 라깡은 여성적 주이쌍스, 즉 "[기존 체계에서] 타자를 상징하는 [그] 타자의 육체의 주이쌍스, [즉] '타자의 주이쌍스'(Jouissance of the Other)는 [전체성을 추구하는] 사랑의 기호가 아니"라고 설명한다(Lacan 1998, 4면). 그는 여성적 주이쌍스는 남근적 주이쌍스와 관련하여 "전부 아님"(pas-tout)의 속성을 가진다고 한다. 지젝은 라깡이 "전부 아님"의 속성을 가진 여성적 주이쌍스 같은 "넘어서"(Beyond)의 차원을 실체화한다는 버틀러나 리어(J. Lear)의 비난에 이렇게 대응한다.

라깡은 '넘어서의 차원으로의 파열'(rupture into a Beyond)을 실체화하는 위험을 알고 있을 뿐만 아니라, 바로 이 보편성과 그것의 예외성에 대항하기 위해 전부 아님(Non-All)의 '여성적' 논리를 발달시켰다. 간략히 말하면, 리어가 말한 '파열'(break)은 라깡이 말한 행위, [즉] 상징계적 담론 연속체에서의 파열이고, 리어가 말하는 '새로운 가능성들의 공간이며 초보적인 남성적 운용(operation)'은 행위의 이런 차원을 소멸시킨다. (…) 리어가 자기 용어로 (재)발견하고 있는 것은 라깡의 전부 아님이라는 역설적 논리, 즉 모든 전체화는 구성상 배제된 빈 주인 기표에 의존해야

만 한다는 논리이다.(Žižek 2001, 100~101면)

그는 이런 열린 논리를 근거로, 두 개의 제한된 전체성의 관계를 상정하는 '성관계'가 없듯이 "종교관계는 없다"고 주장한다. "여성이 (…) 신의 이름들 중의 하나이므로, 성관계가 없는 것과 같이 종교관계도 없는 것이 아닐까?아마 예수의 십자가형(刑)이 갖는 섬뜩한 사실은 이 사실에 대한 침묵의 인정을 의미한다."(Žižek 2001, 81면) 지젝은 이 주장을 통해 '전부―아님'의 논리를 가진 여성이나 신의 차원이 실재에 속한 열린 구조임을 보여준다.

그에 따르면, 라깡의 진술인 "현실(reality)이 실재의 찌푸림(the grimace of the Real)"이란 말은 "[언어를 초월한 원초적이고 섬뜩한] 실재가 길들이는(pacifying) 상징계적 체계망에 의해 우리가 현실이라고 부르는 '찌푸림'[구겨짐] 속으로 구조화/왜곡화되는 것"이다(Žižek 2001, 82면). 지젝은 이것을 역으로도 적용해, "실재는 현실의 찌푸림[구겨짐], 즉 '왜곡된 형상의 얼룩들'(anamorphic stains)을 야기하면서, 현실에 대한 우리의 인식을 영원히 왜곡하는 '목의 [가시]뼈'(the bone in the throat)이자 장애물로 [상징계에 의해 재현될 수 없어] '그 자체'는 전혀 실체가 없으므로, 단지 현실을 '통해 빛을 내는 무의 순수한 빛(the pure Schine of Nothing)'"이라고 한다(Žižek 2001, 82~83면). 이는 실재가 현실 속에서 표출되지 못해 '무의 빛'으로 현현(顯現, epiphany)하고 현실 자체를 왜곡된 형상으로 만들면서 그 자체의 찌푸림[구겨짐] 속에서 자신을 드러낸다는 말이다. 지젝은 실재의 신을 삼위일체의 개념으로 설명한다.

라깡이 말한 대로 신들이 실재라면, 기독교적 삼위일체 역시 이 실재의 삼위일체의 렌즈로 읽어야 한다. 성부(聖父)는 무서운 원초적 물자체(사물, the Thing)인 "실재적 실재(the real Real)이고, 성자(聖子)는 그의 고행하는 육체를 통해 숭고함이 빛을 내는 '거의 무'(almost nothing)" [즉] 순수한 빛의 '상상[계]적 실재'(imaginary Real)이며, 성령(聖靈)은 신도들 공

동체의 '상징[계]적 실재'(the symbolic Real)이다.(Žižek 2001, 84면)

이런 지젝의 읽기는 실재·상징계·상상계가 보로메오의 매듭으로 얽혀 있는 모습을 예증해준다. 지젝의 읽기에서 주목해야 할 것은 그가 유대교처럼 '초월의 신'(the God of Beyond)만을 긍정적으로 보는 것이 아니라, '하나님 아버지'가 아들 예수로 육화되어 나타나는 것을 전제로 하는 기독교의 예수처럼, 실재의 신이 인간으로 나타나서 신성(神性)이 "예수를 통해 빛나는 다른 차원의 순수한 빛"을 강조한다는 점이다(Žižek 2001, 90면). 그에 의하면 예수는 "초감각적 신의 우연적이고 물질적([칸트의] 병리적) 육화(embodiment)"가 아니라, 실재와 상징계가 만났을 때 잉여물인 '대상 a가 영원히 욕동(충동)을 일으키는 것처럼, "그[예수]는 '생명의 넘침'(excess of life), [라멜르 같은] '죽지 않은' 잉여('undead' surplus)"로(Žižek 2001, 104면), 인간에게 "신앙으로의 진입"(leap into faith)을 통해 재생의 가능성을 영원히 열어놓는 열린 구조의 존재이다. 지젝은 이런 설명을 통해, '전부 아님'의 여성 구조와 초월적 유대교의 신이 아닌 예수는 결여를 환상으로 땜질하는 전체성의 구조가 아니라는 점을 보여준다. 오히려 결여로 인해 영원히 창조적인 가능성을 열어놓으며, '무로부터의 창조'를 가능하게 하는 실재의 차원임을 보여준다.

라깡은 열린 차원의 여성적 주이쌍스의 무한성을 암시하기 위해 아킬레우스(Achilleus)와 거북이의 예를 들고 있다. 라깡은 이 이야기를 호메로스(Homeros)의 『일리아스』(Ilias)의 아킬레우스와 여자 노예인 브리세이스(Briseis)와 겹쳐 논의하면서, "아킬레우스가 한발짝 내딛어 브리세이스를 따라잡으면, 그녀가 '전부 아님'으로 인해, 즉 [그녀가] '전부 그의 것이 아님'(not wholly his)으로 인해, 그녀도 거북이처럼 약간 더 나아가 있다. 무엇인가 [아직] 남는 것이다. 그러면 아킬레우스는 두번째 발짝을 내딛어야 하고, 그렇게…… 확실한 것은 아킬레우스가 거북이가 있던 자리를 지나칠 수 있을 뿐이지 따라잡을 수는 없다는 것이다. 그는 영겁에서나(at infinity) 그것을 따라잡을 수 있을 것이다."(Lacan 1998, 8면) 호메로스의 아킬레우스가 여자 노예를 사로잡으려는 것을 '제논의 역설'(Zenon's paradox)을 통해 이야기하는 것은, '타자의 결여'가 메워질 수 있거나 '대상 a로서의 여성이 다른 어떤 대체물로 환원될 수 없음을 말하기 위함이다. 다시 말해 이 일화는 여성적 주이쌍스가 남근적 주이쌍스에 의해 갇히기를 거부하고 영원히 무한대로 열려 있는 차원임을 보여준다.

열린 구조로서의 여성적 주이쌍스는 모든 전체성의 구조와 오만, 억압의 근거를 무화시키며, 지식체계의 허구성은 물론 '주체의 사라짐'을 상정하는 저항적 구조이다. 이런 열린 구조는 버틀러의 실재 비난에서처럼 하나의 초월적 체계로 고착된 것이 아니라, 그 본질적 결여로 인해 환유적으로 새로운 시각과 담론을 창조하도록 장려한다. 이런 맥락에서 지젝은 라깡의 역사성이 "상징계적 구도에 우선하는 '사회[성]'의 단순한 충만함에 있는 것이 아니라, 상징계적 과정 자체에 있는 저항적 핵심 안에 존재한다"고 본다 (Butler/Laclau/Žižek 2000, 311면).

버틀러의 '정신분석이론의 안티고네적 수정'

이제 정신분석 및 라깡에 대한 버틀러의 대안적 비판의 주체인 안티고네 (Antigone)의 논의를 통해 라깡적 개념이 페미니즘에 어떻게 유효한지를 대조적으로 확인해보자. 버틀러는 라깡의 '여성적 주이쌍스'와 실재의 열린 논리에 대응하여 자신도 여성을 기초로 한 열린 논리를 구축한다. 버틀러는 오이디푸스적 정신분석담론의 "대안적인 상상계적 구도"로 "정신분석이론의 안티고네적 수정"(Antigonean revision of psychoanalytic theory)을 주장하면서(Butler 2000, 66면), 안티고네가 구현하는 열린 논리인 '일탈적 전환' (aberrant transmissions), '문란한 순종'(promiscuous obedience)이라는 개념을 주로 우울증의 구조에 의해 구축한다. 그가 대부분의 핵심개념을 기존의 규범적 담론에서 차용하여 변형한 후 그 담론을 해체하는 데 썼듯이, 버틀러는 오이디푸스(Oedipus) 대신에 그의 딸 안티고네를 기초로 한 정신분석을 언급한 스타이너(G. Steiner)로부터 그 개념을 빌려와 라깡의 안티고네 읽기에 대항한다.

버틀러는 라깡이 안티고네를 최고의 열린 논리, 즉 "두 죽음 사이"라는 초규범적 죽음충동 논리의 구현자로 예찬했음에도 불구하고, 라깡이 안티고네와 연관하여 친척관계에 대한 구조주의적 해석을 했다고 비난한다. 그녀는 특히 라깡이 오빠에 대한 안티고네의 사랑을 그의 "순수한 존재" 때문에 사랑한 것으로 보고, 이런 '순수한 존재'(pure Being)야말로 "상징계적 위치에 속하는 존재의 이상성"(Butler 2000, 14면)을 가정한다는 점에서 친척관계의 상징계적 구조에 의존한다고 비난한다. 이런 식의 읽기에 반대하여 버틀러는 안티고네가 이미 오이디푸스의 딸이자 누이라는 점에서 친척관계의 상징계는 허물어지는 것이며, 오빠에 대한 그녀의 사랑은 상징계의 시발점인 근친상간 금기를 무너뜨림과 더불어 "친척관계의 치명적 일탈"을 보여주기 때문에 그녀의 이런 일탈행위를 금기와 더불어 국가 자체에 대항하는 모범적 페미니스트의 행위로 제시한다.

버틀러는 기존 규범에 대한 정면적 충돌이 아니라 언어의 '빗나간 일탈성'(deviant aberrations) 혹은 '일탈적 전환'과 '문란한 순종'에 의해 안티고네가 기존의 오이디푸스적 정신분석에 도전하는 것으로 논의를 전개한다. 버틀러는 안티고네의 언어와 행동 들의 '빗나간 일탈' 효과들에 주목하면서, 상징계의 명령(친척관계) 혹은 자기 자식들에 대한 오이디푸스의 저주가 그 목적을 달성하지 못한 채 혼돈 속에 빠지게 했다고 주장한다. 버틀러는 안티고네의 일탈성과 문란함에 의한 전복적 효과를 이렇게 설명한다.

그녀 자신의 언어는 그녀의 진술된 욕망을 좌절시키고 초월하며, 그럼으로써 그녀의 의도 너머에 있는 것, 즉 [그녀의 진술된] 욕망이 언어 안에서 겪게 되는 특정한 운명에 속하는 것을 표출한다. 따라서 그녀는 원래 의미하기 위해 전환되거나 재생산될 수 있는 용어로써 오빠의 급진적 고유성을 포착할 수 없다. 따라서 언어는 그녀가 그에게 고착하는 욕망을 확산시키고, 말 그대로 그녀가 포함할 수 없는 문란함(promiscuity)으로 그녀를 저주한다.(Butler 2000, 77면)

버틀러에 의하면, 안티고테의 말들은 "극적 사건, 수행적 행위가 되어버린 말들"이며, 안티고네는 담론적 효과에 지나지 않는다.

그녀는 인간이라기보다 그 언어로 말한다. (…) 그녀는 자신이 배제된 [친척관계의] 권리의 언어 속에서 말하면서, 어떤 궁극적 정체성도 불가능한 [권리] 주장(claim)의 언어에 참여한다. [반면에] 그녀가 인간이라면, 그렇다면 인간은 비유의 오용에 진입한 것이다. 우리는 더이상 이것의 적합한 사용을 모른다. 그녀는 전혀 그녀에게 속하지 않은 언어를 점유한 그 정도에 따라 정치적 규범들의 어휘 내의 '한 교차점'(a chiasm)으로 기능한다.(Butler 2000, 82면)

버틀러는 이런 안티고네의 정체성과 행동이 갖는 일탈적 효과로 인해 그녀가 "문란한 순종"을 하면서 종국에는 정신분석을 수정한다고 본다. 예를 들어 버틀러는 안티고네가 "그[오이디푸스]의 요구에 순종하되, 문란하게 [순종]한다"고 주장한다(Butler 2000, 60면). 버틀러에 의하면, 안티고네는 맹인이 된 오이디푸스를 혼자 돌보며 순종하는 딸이며, 생매장을 당할 위험을 무릅쓰고 오빠를 묻어주는 친척관계의 명령을 준수하지만, 그런 명령 수행의 반복과정에서 결국 "그 말들을 충실하게 전달하면서 또한 그것들을 의도되지 않았던 방향으로 보냄으로써, 그것들을 배반하면서 [동시에] 일탈적 형태로 전달한다."(Butler 2000, 58면) 이런 버틀러의 담론은 푸꼬의 후계자답게 "입의 양쪽 끝을 통해 말하기"의 스타일, 즉 "한 입으로 반대되는 개념 전달하기" 식의 수사법에 전적으로 의존함을 보여준다.

버틀러는 안티고네적 정신분석이론의 수정(전복)을 위해 그녀를 우울증의 기제로 논의한다. 애도함(mourning)으로써 타자의 상실을 인정하는 건강한 주체의 경우와 달리, 우울증자는 타자의 상실을 거부하여 타자를 자기 안에 데리고 와서 내적 동일화(incorporation)한 후, 그것에 대한 적개심을 자신의 초자아를 통해 표현한다는 것은 잘 알려진 사실이다. 버틀러는 "애도되지 못한 상실" 및 "정신적 형태로 상실된 대상/타자를 유지하기"와 그 결과인 "타자와의 강화된 동일화, 자기 혐오 및 해소되지 않은 분노와 사랑의 행동화(act out)"라는 우울증의 각 요소들을 자신의 젠더이론과 퀴어정치학 개념의 설정을 위해 편리하게 사용한다(Butler 1993, 234면). 예를 들어 버틀러는 상실된 것의 내적 동일화 개념을 이용해서, 동성에 대한 젠더의 애착이 (문화적으로) 거부되었을 때, 그 잃어버린 성을 자아 내에서 내적으로 동일화하여 수행하는 것이 젠더 정체성이라고 본다. 우리는 "그것[젠더]이 되기 위해 역설적으로 우리의 성을 잃어버리는 우울증적 속박" 속에 있다(Butler 1997b, 166면). 그녀는 "이런 의미에서 [호모성이 없다는] 가장 '곧은 여성'(straight woman)은 '가장 진정한' 레즈비언 우울증자이고, 가장 곧은 남성은 '가장 진정한' 게이 남성 우울증자"라고 주장한다(Butler 1993, 235면). 또한 호모 혐오적 현상 밑에 거부된 호모 성향이 있음을 지적한다. 요컨대 버틀러는 드래그(drag, 여장 남자)가 사회적으로 터부시되어 상실된 자신의 성애적 정체성을 여장 연출(performance)을 통해 환상적으로 동일화한다는 점에서, 이 드래그는 이성애적 정체성, 즉 "한 대상을 잃지 않는 방법으로 그것을 환상적으로 취하는 우울증의 내적 동일화의 환상"(Butler 1993, 235면)의 결과인 "연출된 젠더 정체성"을 패러디한다고 본다.

이렇게 버틀러의 이론에서 우울증 구조는 내 안에 타자를 끌어들여서 두 가지가 공존하는 것을 가능하게 한다는 점에서, 말의 남용, 오용, 역설 표현, 교차대구법 등 모호성의 수사학적 기제와 더불어 수행의 일탈적 효과에 의한 패권담론 전복의 중요한 수단이 된다. 버틀러는 생매장이라는, 삶과 죽음 사이에 있는 안티고네를 우울증자로 정의한 후, 그녀가 안티고네적 정신분석 수정을 위한 전복적 인물임을 증명하기 위해 다방면의 우울증적 양상을 논의한다. 그녀는 딸이면서도 누이가 되는 안티고네와 오이디푸스의 독특한 관계에 의존해, "그녀의 욕망과 정체성이 우울증적 결속으로 첨예하게 얽혀 있다"고 말한다(Butler 2000, 61~62면). 다시 말해, 오이디푸스가 아들인 폴리네이케스(Polyneices)와 에테오클레스(Eteocles)를 저주했지만, 극중에서 안티고네와 다른 딸 이스메네(Ismene)가 "자신[오이디푸스]을 위해 일하는 점에서는" 남자와 같다는 오이디푸스의 말을 근거로, 안티고네를 남자로 조명한다. 뿐만 아니라 족보상으로 오이디푸스의 누이도 된다는 것을 지적한다. 버틀러는 크레온(Creon) 왕의 명령으로 아버지를 버리고 떠나는 자매(이스메네와 안티고네)가 결별하는 것을 폴리네이케스가 자기 형제와 반목하는 것과 연결하여, 안티고네가 폴리네이케스, 즉 남자의 자리에 있다고 해석한다.

버틀러의 이런 우울증적 비유의 오용은 여러 면에서 안티고네의 이중적 정체성을 지적하는 것에 멈추지 않고, 안티고네가 행한 행위와 행하지 않은 행위의 경계를 무너뜨리는 데도 사용된다. "따라서 그녀의 오빠[폴리네이케스]에 대한 고유성과 그 비반복성에 대한 고집은 그녀가 우리를 위해 공개적으로 보여주지 못한 두 남자형제[에테오클레스와 오빠로서의 오이디푸스]를 위해 이행하지 못한 애도에 의해 배반당한다."(Butler 2000, 80면) 이런 맥락에서 버틀러는 실질적으로 애도를 고집하다가 비극을 맞는 안티고네의 "우울증은 (…) [다른 두 남자형제에 대한] 애도를 거부하는 것에 기초한다. (…) 애도에 대한 그녀의 시끄러운 소란은 애도될 수 없는 것의 영역을 전제한다. 공적(公的) 애도에 대한 고집은 그녀를 여성적 젠더로부터 [남성적] 오만으로, (…) 확실히 남성적 극단으로 이동시킨다"고 말하면서, 상반된 행위의 경계를 해체하고 그녀를 남성으로 제시한다(Butler 2000, 80면).

안티고네에 대한 버틀러의 이런 묘사는 버틀러 자신이 정신분석 자체에 대한 "문란한 순종"을 위해 사용하는 수사적 스타일의 범위를 보여준다. 다시 말해 애도의 안티고네가 애도하지 않는 안티고네가 되고, 여성이던 안티고네가 남성이라는 반대관계로 전환되는 이런 표현은, 우울증의 한 양상인 사랑과 미움의 양가감정(ambivalence)으로 인해 가능하다. 양가감정은 사랑-대상(love-object)을 상실한 후에 생성된다는, 프로이트의 개념이다(Freud 1957, 250면). 버틀러는 "양가감정은 초자아/자아의 정신적 위상학에 선행하는 것이다. 이것의 우울증적 발화는 바로 이 위상학의 가능성을 위한 조건으로 제공된다"고 본다(Butler 1997b, 174면). 버틀러는 이 양가감정 구조에 의거해 종국에는 원래 프로이트가 나누었던 애도와 우울증의 구분까지 해체하면서, "양가감정으로부터의 구출은 없으며, 애도와 우울증의 궁극적 분리는 없다"고 말한다(Butler 1997b, 193면). 이런 양가감정 개념은 주인과 하인의 이분구조 자체를 무화시키는 기제인데, 버틀러는 바바(H. Bhabha)의 이론에서 이 우울증의 양가감정이 야기하는 전복적 의미를 이렇게 설명한다. "바바는 우울증이 피동성의 형태가 아니라 반복과 환유를 통해 일어나는 저항의 형태라고 주장한다. 이 우울증은 타자에게 가할 비난을 자기에게 가하는 것이며, 그런 점에서 이 타자의 내적 동일화는, 바바가 말하는 것처럼 '주인의 퇴치'(disincorporation)가 되는 것이다."(Butler 1997b, 190면) 내적 동일화 혹은 내적 편입이 외적 추출로 해석되는 이런 경계 허물기 식의 해체론적 해석은 "우울증은 짓밟히고 뭉개져버린 저항"이라는 진술로까지 이어진다(Butler 1997b, 190면). 이런 입장들이 우울증의 양가감정 구조와 교차대구법적 스타일의 효과로 나타나는 담론적인 저항으로는 가능하지만, 패권담론의 전복을 위한 정치적·실제적인 효력을 거둘 수 있을지에는 의심의 여지가 있다.

결론

지금까지 라깡의 성담론이, 타자(상징계)의 결여로 인해 팔루스라는 주인기표의 기능에 기초해서, 실재를 남성적 입장과 여성적 입장의 두 진영으로 구획하는 상징계의 성별화 구도를 살펴보았다. 그리고 그 두 진영의 욕망유형인 남근적 주이쌍스와 여성적 주이쌍스에 대한 논의를 중심으로, 불가능한 팔루스 '갖기'의 남성적 구조가 욕망의 대상인 '대상 a'를 한 여성으로 승화시키는 환원주의적 구조임을 보았다. 그와 반대로 불가능한 팔루스는 '되기'의 여성적 구조가 본질적으로 인간의 결여에 기초함을 인식하고 모든 전체화 시도를 거부하는 "전부 아님"의 열린 구조임을 보았다. 또한 여성적 주이쌍스는 무한히 열려 있는 차원으로, 상징계에 의해 배제된 실재와 친화적이며, 실제로 그런 구조에 입각해 인식하는 여성들이 종교적 신비주의자가 될 가능성이 많다는 점도 지적하였다.

이런 두 입장은 반드시 생물학적 성에 의해 좌우되는 것이 아니다. 이는 결여인 팔루스와의 관계에서, 상징계와의 조우로 남겨진 잉여물인 '대상 a'에 대한 환상에 의해서나마 다른 개체로 환원하여 메우려는 '갖기'의 입장과, 결여에 대한 인식을 기초로 '되기'의 입장을 차지하는 것의 선택에 따라 결정된다.

밀레의 지적에 따르면, 라깡은 여성 중에서도 '갖기'의 입장을 가진 여성을 "남근적 여성"(phallic woman)이라고 보며, 이런 여성은 결여를 환상으로 메우려는 남성의 '갖기'의 입장을 냉소하는 것이 아니라, "단지 자신을 그의 환상에게 빌려줌으로써 자신의 요구가 받아들여지기를 원하는 남성의 욕망에 순종하는 것이다."(Salecl 2000, 22면). 반면 라깡적 이론에서 여성적 입장은 여성만이 취하는 것이 아니라 결여를 인식하고 열린 구조를 인정하는 여성적 주이쌍스를 누리는 사람 모두가 취하는 것이며, 그런 면에서 라깡은 여성적 주이쌍스의 대표자로 인식된다. 일반적으로 여성적 주이쌍스는 사회에서 억압받아본 여성에 의해 선택된 유형으로서, "정신분석이 [이들을] 발견하기 전에 교회가 이미 [성녀 데레사 같은] 진정한 여성들을 발견했다." (Salecl 2000, 22면) 밀레는 여성적 주이쌍스와 관련하여, "여성적 냉소(feminine cynicism)는 때때로 이것이 [여성들 자신은 물론] 남성들로 하여금 [욕망의 원인인 대상 a를 여성이나 일반 사물로 대체함으로써 그것들을 '물자체'의 차원으로 올리는] 그들의 승화행위가 [여성적] **주이쌍스**에 비해 아무것도 아니며, 그들이 [다양한] 모조들을 가지고 스스로를 속이고 있다는 사실을 상기시켜줄 때, 이것[타자로서의 여성이 존재하지 않음]에 대한 일견(一見, glimpse)을 허락해준다. 이 점에서 여성은 남성보다 현실에 더 가까우며, 남성보다 진실에 더 쉽게 접근할 수 있고, 팔루스는 전부가 아니라 [실재의] 하나의 모조임을 아는 것이 그들의 운명이다"고 한다(Salecl 2000, 24면).

이런 성담론은 제3물결 페미니즘이 취해야 할 방향을 간접적으로 암시한다. 즉 이제 페미니즘은 여성의 억압적 위치를 폭로하는 것은 물론, '갖기'의 구조에 기초한 모든 전체화된 이데올로기의 허구성을 밝히고, 여성 범주와 같은 환상적 기제에 의거해 실재의 차원을 배반하지 않기 위해, 실재에 열려 있도록 사고를 창조적으로 이끌어가야 할 필요성을 일깨워준다.

반면에 포스트페미니스트인 버틀러의 담론은 반복되는 효과 속에서 억압 주체의 패권적 담론을 해체하는 결실을 가져오기보다, 페미니즘 담론임에도 불구하고 그 해체적 속성으로 인해 같은 페미니즘 담론을 해체하는 결과를 낳고 있다. 버틀러는 훅스가 호모들의 여장행위의 여성 혐오적(misogynistic) 양상을 지적하는 것은 "페미니스트 여성들이 자신들을 그 호모들의 행위에서 중심으로 삼고 (그렇게 함으로써 역설적으로 급진적 페미니스트 입장의 중심에 이성애적 기반을 재기입하는) 방법인 '역으로의 식민화'(a colonization in reverse)"라고 비난하는가 하면(Butler 1993, 127면), 남녀 정체성은 물론 게이 혹은 레즈비언의 정체성을 고집하는 것도 이성애적 양상을 문란하게 하여 그것을 전복하기보다 영속화하는 효과가 있다고 비난한다.

이와 더불어 포르노그라피의 여성 비하적 양상을 거부하는 드워킨 같은 페미니스트의 활동을 특유의 교차대구법과 역설적 표현으로 비난한다. 예를 들어 푸꼬가 정신분석을 공격할 때 쓴 말을 이용하면서 "이른바 성욕화의 억압은 억압의 성욕화가 된다"는 교차대구법적 주장을 통해(Butler 1997a, 94면), 성욕을 억압하면 프로이트의 경우처럼 억압 자체가 성욕화된다는 사실을 지적한다. 따라서 그녀는 특정 정체성이나 입장을 차이성의 고려 없이 전체적으로 강요하면 그것이 해체되기는커녕 다른 형태로 그 요소가 파생되어 영속된다는 입장을 내세운다. 이런 맥락에서 버틀러는 포르노그라피에 대한 기존 페미니즘의 반대를 비난하면서, 포르노그라피는 일종의 환상으로서 '멈춰진 행동'(suspended action)이며, [따라서] 완전한 긍정도 부정도 아니고, 대부분 양가감정적 쾌락의 형태('yes'이면서 동시에 'no')"이므로(Butler 1997a, 95면), 드워킨의 주장처럼 그곳에서의 재현이 현실로 이어질 수는 없다고 말한다. 버틀러는 이런 언론의 자유를 침해하는 적대적 관계를 취하지 않기를 권고하면서, 포르노 "텍스트의 수행성이 완벽한 통제 아래 있는 것이 아니라"는 주장을 근거로 "텍스트가 한번 행동했다면, 그것은 아마 바로 그전의 행위를 배반하도록 다시 활동할 수 있다"는(Butler 1997a, 69면), 수행적 효과에 의한 붕괴를 암시한다. 또한 포르노그라피의 여성 "동의"를 거론하는 드워킨에 대해서는, 그녀가 마치 주체가 있다는 듯이, 긍정이면서도 부정일 수 있는 무의식적 세계를 거부하는 '자유주의적 개인주의'(liberal individualism)의 전(前)프로이트적(pre-Freudian) 개념"에 의존한다고 비난한다(Butler 1997a, 95면).

버틀러는 드래그라는 퀴어 현상을 이성애적 패권문화를 해체하는 데 유용한 기제로 사용하면서도, 실제로 호모들이 여성을 흉내내는 것은 그들의 거부된 여성성을 우울증적 구조로 재현하는 차원에 머무르고 이성애적 정체성을 반복하는 것이므로, 이런 현상도 기존의 남성/여성 구조를 타파하지 못함을 암시한다. 이렇게 모든 정체성의 정치학적 입장을 거부하는 버틀러의 이론은 역설적으로 모든 상징계적 입장에 의해 대표되지 않는 라깡의 실재를 지향하는 듯한 인상을 준다. 문제는 라깡의 실재가 열린 구조로 새로운 창조를 유도하는 반면, 기존 정체성을 해체하는 버틀러의 열린 구조는 모든 정체성을 거부하는 전체주의적 구조를 함유한다는 점이다. 즉 모든 해체는 수행적 효과에 의해 이루어진다는 형식주의의 양상을 가진다는 것이다.

이런 맥락에서 그녀는 라끌라우(E. Laclau)에 의해 "사회적 허무주의"(social nihilism)에 빠졌다고 비난받았고, 지젝에 의해 "골방 형식주의자"라는 비난을 받았는가 하면, 그녀를 "패러디 교수"라고 비난하는 너스바움(M.

C. Nussbaum) 같은 페미니스트에 의해, 버틀러의 충고는 "우리로 하여금 '패러디적 연출'(parodic performances)을 하라고 하며, (…) 우리가 찾아야 하는 저항의 좁은 공간들은 억압적 구조 안에 있다고 한다. (…) 여기에 위험한 침묵주의(quietism)가 있다"고 비난받는다(Nussbaum 1999, 43면). 또한 너스바움은 "패러디적 연출은 진보적인 대학에서 정년이 보장된 힘있는 학자에게는 그리 나쁘지 않을지 모른다. 그러나 이곳이 바로 버틀러의 상징계에 대한 강조, 삶의 물질적 측면에 대한 그녀의 오만한 무시가 자리잡고 있으며 그것이 치명적 맹점이 되는 곳이다"라고 지적한다(Nussbaum 1999, 43면). 특히 너스바움은 버틀러의 포르노그라피와 사회에서의 (여성) '증오 발화'(hate speech)에서 "그녀의 침묵주의"가 극명히 드러난다고 지적하면서, "그녀는 이제 법적 변화가 가능한 곳에서조차, 그리고 이미 그것이 일어나고 있는 곳에서조차 억압받은 자가 그들의 가학피학성적(加虐被虐性的, sado-masochistic) 패러디의 의식을 구현할 수 있는 공간을 보유하기 위해 그것[법적 변화]을 사양해야 한다고 기꺼이 말하고 있다"고 개탄한다(Nussbaum 1999, 43면). 역설적이게도, 버틀러가 역사성의 부족과 상징계의 우월성으로 라깡을 비난했지만, 버틀러 자신은 헤니씨(R. Hennessy) 같은 유물론적 페미니스트로부터 "계급에 대한 그녀의 이해는 이데올로기와 국가에 의해 영향받는 (…) 노동기구의 효과로서가 아니라 상징계적(주체적) 위치들의 발화로서" 국한되는 점에서 "규범적 유물주의"(normative materialism)라고 비난받는다(Hennessy 2000, 60면).

결론적으로, 라깡과 버틀러의 성담론을 교차 비교한 결과, 남의 텍스트를 패러디하면서 수사학적 현란함으로 체제를 해체하는 버틀러의 담론보다, 억압된 여성주체를 기존 성담론 해체의 중요한 인식론적 틀로 제시하면서, 상징계에 의해 배제된 여성과 실재, 즉 '무로부터의 창조'를 한 라깡의 담론이 억압된 다양한 개체를 대변하려는 제3물결 페미니즘에 더 유효한 개념들을 제공한다는 것이 드러난다. 다시 말해 제3물결 페미니즘은 라깡의 담론에서, 서로 수사학적으로 말꼬리를 잡고 비난하는 데 주력하는 것보다 억압된 여성성을 기초로 여성을 위한 새로운 가능성을 열어가는 창조적 담론의 성취 가능성을 발견할 수 있다. 이 발견은 기존의 여성성과 평등 이슈의 갈등으로 인한 분규를 방지하면서 두 요소를 모두 성취하는 페미니즘이 가능하다는 것을 확인시켜준다. 이런 점에서 제3물결 페미니즘 그룹 중에 기존 페미니즘의 비난을 통해 자신들의 입장을 구축하고 사회의 페미니즘 반격을 부추기는 보수주의적 포스트페미니즘은 단호히 저지해야 한다는 것이 라깡과 버틀러의 비교에서 얻은 당면한 실천과제이다.

참고문헌

Brooks, Ann (1997) *Postfeminisms: Feminism, Cultural Teheory and Cultural Forms.* London: Routledge.

Buhle, Mari Jo (1998) *Feminism and Its Discontents: A Century of Struggle with Psychoanalysis.* Cambridge, Massachusetts: Harvard University Press.

Butler, Judith (1987) *Subjects of Desire: Hegelian Reflections in Twentieth-Century France.* New York: Columbia University Press.

——(1990) *Gender Trouble: Feminism and the Subversion of Identity.* London: Routledge.

——(1992) "Contingent Foundations: Feminism and the Question of 'Postmodernism'". Butler, Judith/Scott, Joan W. ed. *Feminists Theorize the Political.* London: Routledge.

——(1993) *Bodies that Matter: On the Discursive Limits of "Sex".* London: Routledge.

—— (1997a) *Excitable Speech: A Politics of the Performative*. London: Routledge.

—— (1997b) *The Psychic Life of Power: Theories in Subjection*. Stanford, California: Stanford University Press.

—— (2000) *Antigone's Claim: Kinship Between Life and Death*. New York: Columbia University Press.

—— /Laclau, Ernest/Žižek, Slavoj ed. (2000) *Contingency, Hegemony, Universality: Contemporary Dialogues on the Left*. London: Verso.

Freud, Sigmund (1957) "Mourning and Melancholia". *The Standard Edition of the Complete Psychological Works of Sigmund Freud*. Vol. XIV. London: Hogarth Press.

Hennessy, Rosemary (2000) *Profit and Pleasure: Sexual Identities in Late Capitalism*. London: Routledge.

Heywood, Lelie/Drake, Jennifer ed. (1997) *Third Wave Agenda: Being Feminist, Doing Feminism*. Minneapolis: University of Minnesota Press.

Lacan, Jacques (1988) "Logical Time and the Assertion of Anticipated Certainty: A New Sophism". *Newsletter of the Freudian Field*. Vol. 2, No. 1(1988 Spring).

—— (1990) *Television: A Challenge to the Psychoanalytic Establishment*. Michaleson, Annette/Krauss, Rosalind E. trans. New York: Norton.

—— (1998) *Encore: The Seminar of Jacques Lacan. Book XX: On Feminine Sexuality, The Limits of Love and Knowledge 1972~73*. Fink, Bruce trans. New York: Norton.

Nussbaum, Martha Craven (1999) "The Professor of Parody: The hip defeatism of Judith Butler". *The New Republic* 22(1999 February).

Salecl, Renata ed. (2000) *Sexuation*. Durham: Duke University Press.

Wright, Elizabeth (2000) *Lacan and Postfeminism*. Duxford, Cambridge: Icon

Books.

Žižek, Slavoj (1990) "With an Eye to Our Gaze: How to do a totality with failures". *Newsletter of the Freudian Field.* Vol. 4, No. 1(1990 Spring/Fall).

──(2001) "Il n'y a pas de rapport religieux". *Lacanian Ink* 18(2001 Spring).

대한신경정신의학회 (1997) 『신경정신과학 용어집』.

제3부
라깡과 현대비평

라깡과 문학비평 / 라깡과 영화비평/

라깡과 미술비평

라깡과 문학비평

상호텍스트성 · 해석 · 전이

어도선

1. 라깡 정신분석학과 문학비평: 응용과 상호포함

라깡(J. Lacan)의 정신분석학이론은 그 난해함에도 불구하고, 아니 오히려 그 난해함 때문에 문학비평가들에게 지대한 관심의 대상이 되어왔다. 국내외에서 출간된 수많은 논문이 증거하듯,[1] 라깡 비평계에 숨겨진 무의식적 욕망을 드러내는 '증상'(symtôme)으로 읽힐 정도로 라깡 정신분석비평에 대한 관심 또한 '집착'의 수준에까지 이르고 있다. 주체 · 타자 · 욕망 · 언어 · 담론 · 기표에 대한 라깡의 이론이 정신분석 · 구조주의 · 후기구조주의 · 해체주의 · 맑시즘 · 페미니즘 · 포스트모더니즘 · 식민주의, 심지어 신비평주의 등에까지 널리 '응용'될 수 있기 때문이다(Mellard 1991, 3면). 이러한 관심의 근본 원인은 문학과 라깡 정신분석학 사이에 프로이트식 심리비평과 마찬가지로 상호보완적 접합점이 있다는 믿음 때문인 듯하다.

---

1) The Modern Language Accociation of America에서 만든 데이터뱅크인 MLA International Bibliography에 따르면 '라깡과 문학'이라는 제목 아래 약 950개의 저서와 논문이 1963년과 2001년도 사이에 출간되었으며, 이 가운데 약 670개가 지난 10여년 동안에 집중적으로 발표되었다.

"무의식은 직접적으로 분명하게 말해주는 대신에 이미지·상징·표상·은유를 통해 보여지는데", 문학 또한 인생에 대해 직접적이고 명시적으로 진술하지 않고, "이미지·상징·은유 등을 통해 간접적으로 경험을 보여준다."(Barry 1995, 177면) 꿈-텍스트(dream-text)가 분석/해석/분해될 때 그 꿈-텍스트가 생산되었던 과정에 관한 숨겨진 무엇인가("작가의 숨겨진 동기 또는 억압된 욕망")를 보여줄 수 있듯이, 문학도 "그와 같은 방식으로 읽을 수 있다."(Bressler 1999, 153면; Eagleton 1996, 157면) 또 피분석자의 환상이 실제 삶의 문제와 관련해서 가상적인 면을 지니고 있듯이 문학텍스트도 실제 삶을 재료로 그것을 변형시킨다고 주장하기도 한다(Eagleton 1996, 139면). 이처럼 라깡 정신분석비평에서도 프로이트 심리비평식으로 정신분석과 문학의 유사성을 주장하는 일이 풍미하고 있다.

프로이트 심리비평은 꿈-텍스트에서 "증상적 장소"라고 부르는 곳, 즉 "뒤틀린 것, 애매한 것, 부재 또는 생략된 것" 등과 같이 꿈의 잠재된 내용(무의식적 충동)으로의 접근을 허용하는 것에 관심을 두었다. 그와 마찬가지로 라깡 식의 정신분석비평도 "둘러대기, 모순적인 말, 말하지 않았지만 내포된 말, 필요 이상으로 반복되는 말, 갑작스런 말의 전환이나 실수"에 초점을 둠으로써 "텍스트의 무의식"으로서 "텍스트가 감추고 싶어했던 '무의식적 텍스트'에 관한 무엇인가를 드러낼 수 있다고 믿는 것"에 관심을 두고 있다(Eagleton 1996, 158면). 즉 텍스트에서 일관성을 잃고 파편화된 틈, 결절, 모순 등 해석에 저항하고 거부하는 영역에 대한 관심만이 라깡 정신분석비평의 본령인 양 소개되었던 것이다.

이렇듯 문학과 정신분석학이 서로의 "내재성"에 근거한 일정한 공간을 서로 공유하고 있다는 논리와(Felman 1982a, 6면), 문학과 정신분석학이 문학에 대한 정신분석적 읽기와 정신분석에 대한 문학적 읽기라는 "상호텍스트성"을 갖고 있다는 논리(Brooks 1989), 그리고 문학작품은 '텍스트 타자'로서 그리고 독자는 '텍스트'로서 문학과 독자가 "상호텍스트적"/"상호주관적" 관계를 형성하고 있다는 이론을 근거로(Mellard 1991, 44~45면), 문학작품을 읽는 데 정신분석학을 이용하거나 역으로 정신분석학적 개념을 설명하기 위해 문학작품을 차용한 연구가 많았다. 그러나 그 두 영역의 밀접한 관계에도 불구하고, 이 분야의 많은 글들은 이 두 영역이 여전히 "주체와 대상" 해석되어야 할 "언어체계"와 이를 해석하는 "지식체계" "정신분석가와 환자" 그리고 "주인과 노예"라는 불평등한 종속관계를 유지한 채 "대화적 관계"보다는 "독백관계"를, "상호포함"(implication) 관계보다는 "응용"(application) 관계에 머물러 있음을 보여준다.[2] 갤럽(J. Gallop)에 따르면 정신분석의 이론과 실습을 거친 비평가들은 정신분석에 관한 그들의 지식을 문학텍스트를 해석하는 데 응용할 수 있는 일종의 권위로 생각하고 있는 반면, 프로이트(S. Freud)는 문학 분야에서의 훈련을 분석가가 되는 데 가장 필수적인 요건으로 생각하고 있었으며, 라깡은 문학을 이해하기 위한 기초로 정신분석학을 가르치기보다는 정신분석학 자체를 문학연구의 한 분야로 보고 있는 것 같다(Gallop 1985, 24면).

   이러한 문제에 대해 이글턴(T. Eagleton)은 "정신분석비평의 대상이 작가, 작품의 내용, 구조, 그리고 독자에 한정되어 있었다"고 짧게 요약하면서, 내용에 대한 정신분석비평은 "작중인물의 무의식적 동기, 대상물이나 사건이 텍스트에서 지닌 정신분석학적 중요성에 대한 것 등으로 제한되어 있다"는 점을 지적한다(Eagleton 1996, 155면). 더 정확하게 브룩스(P. Brooks)는 정신분석비평의 가장 본질적인 문제점으로 정신분석학이 분석의 대상을 잘못 선정해왔음을 지적하고 있다. 즉 문학텍스트의 구조와 수사 등에 대해서는 거의 침묵한 채 정신분석학적 관점에서 등장인물들 간의 관계를 바라보고 명명하는 것이 비평의 본령인 양 프로이트의 분석적 도구들을 주관적인 방식으로 사용하는 것은 방법론적인 문제라는 것이다.[3]

---

2) 응용은 외재성(exteriority)을 근거로 한 영역의 논리를 타영역에 일방적으로 적용하여 해석하는 활동을 의미하고, 상호포함은 공통적인 내재성을 근거로 하여 두 영역 간의 '진정한 대화'를 만들고 노예/주인의 종속관계와 상호 간의 경계선을 해체함으로써 이루어진다. Felman(1982) 5, 8~9면.

3) Bracher(1993)의 논문들은 텍스트의 문체에 초점을 두면서, 가정된 독자와 문체의 전이적

라깡은 『햄릿』이 ‘요구’의 궁극적 주체이자 타자의 역할을 하고 있는 ‘잃어버린 엄마’에 의해 주도된다고 분석했다. 그리고 햄릿의 정신병리적 문제를 원초적 엄마와의 관계 부재에서 찾아 햄릿이 이러한 문제와 결국 마주하고 마주함을 실행함에 있어서 오필리아(Ophilia)가 대상 *a*(objet *a*)로서 중추적인 역할을 하게 되는, 즉 타자와 타자를 통해 구성되는 주체성에 관한 극으로 설명하고 있다. 윌든(A. Wilden) 또한 『망령』(*The Turn of the Screw*)에 등장하는 망령(亡靈)을 여자 가정교사의 무의식적 욕망을 드러내는 증상으로 읽었다. 즉 그 가정교사가 주인과 사랑에 빠졌지만 그것을 스스로 인정할 수 없었기에 주인에 대한 자신의 성적 욕망을 억압하였고 이에 따른 심리적 좌절감이 편집증적으로 그리고 히스테릭하게 외부의 대상에 투사되어 나타난 결과가 망령이라는 환영(hallucination)이라고 설명한다(Felman 1982b, 97, 103~05면에서 재인용). 또다른 예로, 크림즈(M. B. Krims)는 줄리엣에 대한 사랑을 통해 자기 자신을 파괴하는 로미오의 자기파괴적인 행동과 비극적 운명, 특히 무덤 장면이 로미오의 대사에 내재된 ‘유아기 외상’과 연관되어 있음을 지적했다. 그는 또 이런 유아기 외상을 가진 로미오가 독약으로 죽어가는 자신에게서 최후의 표현을 마련하였고, 그러한 유아기 외상을 메우려는 ‘환상’에 집착하면서 살아왔다고 주장한다.

라깡 정신분석비평은, 비평의 대상을 작가와 텍스트에서 어떤 독자(실제적인 또는 가정된)에게로, 그리고 어떤 정신역동적인 구조(전이)에 대한 분석으로 치환되어야 할 필요성이 역설되어왔지만, 여전히 프로이트 방식의 ‘설명’과 라깡 ‘정신분석’의 차이점을 분명하게 설명하고 있지는 않다. 적어도 다음과 같은 문제가 해결되지 않는다면 모든 것을 기표로 보고 설명 가능한 것으로 믿으며, 인간 자체나 그의 언어와 행위도 기표의 효과로 읽는가 하면, 해독작업에서 특권적 지위를 누리는 것에만 정신분석비평가가 집착하고 있다는 펠먼(S. Felman)의 비난을 면하기는 어려울 것 같다. 그 문제

관계를 분석하고 있다.

610

는 문학적 비유를 포함한 미학적 구조와 형식이 어떤 면에서 어떻게 정신적 구조 및 작용과 일치하는가에 대한 논의의 부족이다. 또한 형식과 무의식적 욕망이 어떻게 상호작용을 하는가를 밝힐 수 있는 독서에서의 "전이"에 대한 논의 역시 부족했다. 그 때문에 텍스트가 독서과정을 통해서 활성화되고 발전하는 과정의 일부로서 구성되는 이른바 "형식의 에로스학"(Brooks 1987)에 대한 논의 역시 결여되었다는 문제가 여전히 남는 것이다. 홀런드(N. Holland)는 "객관적으로 이해된 텍스트와 그것에 대한 독자의 주관적 경험 사이에 존재하는 조응점을 찾아내는 것"을 정신분석비평의 중요한 과제로 지적하면서, "작가와 독자가 텍스트의 핵심적 환상에 대해서 공범관계에 있다"는 진술로써 간접적으로 그러나 본질적으로 문제 해결의 실마리를 암시하고 있다(Holland 1968 참조).

문학텍스트와 현실 사이에 형성되는 관계에 대해 바르뜨(R. Barthes)는 그 텍스트가 소비되는 독자라는 장소를 종착지로 함을 역설했고, 라깡은 독자의 "독서행위"가 바로 텍스트의 "의미와 무의미"를 자연스럽게 형성하는 전제조건이라고 주장했다(Lacan 1981, 250면). 그리고 지젝(S. Žižek)은 "한 작품의 담론에 각인된 이데올로기적 영향력은 독자에 의해 경험되고 소비되며 이용될 때까지는 무의미한 공동(空洞)으로 남아 있을 것"이라고 지적했다(Žižek 1989, 43면). 또 존슨(B. Johnson)은 "기표의 목적지는 그것이 읽히는 모든 장소, 즉 기표가 독자의 일부로서 독자에게 할애했던 곳"이라고 설명했다(Johnson 1980, 347면).

이들 모두 문학비평의 방향을 "전이"와 "문화비평"의 영역으로 이끌면서 더 구체적인 실마리를 제공하고 있다. 이는 "읽기"가 어떤 특정한 사회적·정치적·윤리적·제도적 영역에서 그러한 "특정성"에 의해 정의되고 통제되면서 이루어지는 하나의 "사회적 행위"이기 때문이며(Barthes 1974), 또한 그 행위가 "전이"라는 정신적 메커니즘을 통해 독자로 하여금 특정한 이데올로기적 위치를 수용 또는 일탈하게 하는("호명"하는) "형성적 영향력"을 행사하고 있기 때문이다(Bracher 1993). 여기서 바르뜨의 텍스트 이론을 통해 문학과 정신분석학의 "조응점"을 더 구체적으로 찾아보는 것이 첫 실마리가 될 것이다.

2. 라깡적 텍스트와 독자: 독서와 상호텍스트성

바르뜨는 텍스트라는 형식을 갖추기 위해 의식적으로 씌어진 텍스트는 언어의 상징적 속성에 굴복하는 반면, 씌어지기 이전의 추상적 텍스트는 언어를 통해 구체화된 텍스트(책, 저널, 에쎄이 등)로 자신을 구현하게 된다고 설명하면서 작품과 텍스트를 구별하고 있다.[4] 텍스트는 그 자체로는 아무런 의미를 지니고 않고 다른 기표와의 관계를 통해서만 의미를 구성한다. 또 텍스트의 존재는 그것을 생산하는 행위인 독서를 통해서만 경험될 수 있다는 점에서 작품과 다르다는 것이다(Barthes 1996, 193면). 다시 말해, 스미스(L. Smith)의 표현대로 텍스트는 작품처럼 "책장 선반에 놓여 있는 물리적 실체"가 아니라 독서라는 행위를 통해서 "경험됨으로써만 존재하게 되는 것"으로 정의되는 것이다. 바르뜨는 "작품은 손에 쥐어져 있으나 텍스트는 언어에 쥐어져 있다"고 언급하면서(Barthes 1996, 193면), 언어가 구성하는 담론을 통한 상호텍스트성을 암시한다. 그것은 정신분석비평에서 어떻게 독자와 텍스트 사이의 조응점을 이해할 수 있는가에 대한 중요한 실마리를 제공한다.

바르뜨에 따르면 텍스트는 이전의 텍스트들, 언어 사용, 역사적 기록과 사건, 언어의 놀이로 엮인 직물과 같으며, 그 자체만으로 존재할 수 있는 어떤 '사물'이 아니라 진행중인 하나의 '과정'이다. 이 '과정'은 문화 · 개인 · 상징 · 담론행위 모두가 긴밀하게 연결된 언어 네트워크를 통해 구성되며, 결국 삶을 이루는 모든 것들이 텍스트성을 지니게 되고 자연히 의미화 관계를 내포하게 된다고 한다. 따라서 어떤 텍스트도 문화 속에서 끊임없이 회

---

4) 바르뜨에 대한 이하의 논의는 스미스(L. Smith)의 "From Work to Text?"를 참조하였다 (http://www.brocku.ca/english/courses/4F70/lisa_smith.barthes.html 참고).

귀하는 의미의 회로로부터 분리될 수 없으며, 모든 텍스트는 다른 텍스트에 연결되어 있을 뿐만 아니라 다른 텍스트를 통해 구성되고, 동시에 다른 텍스트로 구성되는 "상호텍스트성"을 갖게 된다고 한다. 텍스트의 존재성은 그 자체에 내재한 어떤 고정되고 일관된 내적인 질에 의해 결정되는 것이 아니라, 그것이 속해 있는 상호텍스트성이라는 유동적인 거대한 네트워크의 한 부분으로 존재하고 있다는 것이다. 그래서 스미스는 원천·질·작가·다른 작품 등의 요소가 작품에 영향을 행사하는 데 반해, 텍스트와 원천 텍스트(Source text) 사이에는 아무런 경계선이 없으며 단지 거대한 상호텍스트성만이 존재할 뿐이라고 바르뜨의 논의를 요약한다. 라깡 식으로 간단히 말하면 '기표가 텍스트를 창출하였고' 따라서 텍스트는 실체와 같이 실질적인 어떤 것을 함유하지 않고 다만 '차이'에 의해서 구성되는 기호적인 것일 뿐이다. 즉 라깡적 텍스트는 유기적인 일관성을 지닌 고정된 형태 또는 실체가 아니라 틈과 극단적인 비일관성으로 분리된 기표로서 기호학적으로 구성되어 있다. 그것이 아닌 다른 어떤 것과의 관련과 차이를 통해서만 존재하게 되는, 다시 말해 담론 내에서의 자신의 위치에 따라 결정되는 순수한 기표들의 효과인 것이다(Davis/Schliefer ed. 1989, 282면).

　같은 논리로 독자도, 작품도 모두 거대한 상호텍스트성이란 네트워크를 통해 구성된 하나의 텍스트임을 고려한다면, 이러한 상호텍스트성이 '해석'과 '전이'라는 화두를 던지고 있음을 짐작할 수 있다. 브룩스가 말하는 "텍스트의 욕망"이란 텍스트를 독자가 다시 쓰는 것인데, 이는 "상호주체성"에 따른 "반복충동", 즉 기표계 전이를 상정하고 있다. 그런 점에서 스쿠라(M. Skura)의 표현대로 텍스트는 텍스트로서의 일을 수행하고 정신적 기능에 봉사하는 어떤 과정의——정확히 말하면 독자의 독서행위에 관계된 전이과정의——결과물이라고 볼 수 있고, 독자는 독서과정의 산물로——텍스트가 구현하는 하나의 효과로——텍스트를 구성하는 여러 구성요소들 가운데 하나이자 텍스트와의 상호관계에 의해서 생성된 것으로 볼 수 있다(Johnson 1980, 348면). 독자가 글 속에 있는 주요 환상 그리고 상징적 토대와 관계를 맺고, 텍스트의 진정한 의미는 독자가 작품에 대응해서 개별적으로 반응하는 정신에 의해서 무의식으로서 생성된다는 주장(Davis/Schliefer ed. 1989, 283면)은 라깡의 전이현상과 정확히 일치한다. "한 사람이 다른 사람에게 진지하고 충실한 태도로 말을 할 때마다 거기에는 진정한 의미의 전이, 즉 두 사람[화자와 청자]의 본성을 변화시키는 그 무엇인가가 일어난다." (Lacan 1988, 109면. [ ]는 원문)

그러나 이러한 전이상황을 보다 정확히 이해하기 위해서는 문학텍스트와 마찬가지로 언어를 통해 구성된 존재로서의 우리 자신 또한 텍스트를 구성하고 있음을 인식할 필요가 있다. 언어는 현실을 구현할 뿐만 아니라 그러한 현실을 인식하는 우리 자신 또한 자아로서가 아니라 이미 언어에 의해 구성된 하나의 언어적 구성물 또는 기표가 되는 것이다. 우리가 말을 하는 것이 아니라 기표가 우리를 통해 말을 하고 있기에 우리는 문학텍스트처럼 언어의 기호체계로서 기표화 연쇄에서 하나의 위치를 점하고 있는 기표에 불과하다(Fink 1995, 59면). 라깡 식으로 말하면 독자는 언어객체(object)로서의 텍스트성을 지니고 있다. 이 언어객체는 기표의 작용에 의해 생겨난 하나의 결과물로서(언어의 주체가 아님), 담론에서 단순히 화자를 지칭하는 기호학적 구성물에 지나지 않고 기표화 연쇄를 통하여 일인칭 주어를 사용할 줄 안다. 자신이 사회적 존재임을 인식하는 언어객체는 심상계와 기표계 간의 갈등이 일어나는 장소가 되며, 기호학적 용어를 쓰자면 무의식적 담론에 새겨진 하나의 메씨지, 즉 기표계의 타자의 담론을 담고 있는 무의식이라는 발송자가 보내는 메씨지이다(Evans 1996).

문학과 인간이라는 이 두 텍스트가 항상 묵시적으로, 심지어는 명시적으로 누군가에게 말을 하고 있을 때, 문제가 되는 것은 상호텍스트성에서 드러나는 전이와 전치를 통한 텍스트 간의 무의식적 "반복"이다(Brooks 1994; Skura 1992; Johnson 1981 참조). 독서행위에서 텍스트의 메씨지를 읽는 사람은 "자기 자신의 나르씨스적 메씨지"를 읽게 되는 "전이적 구조"에 위치하는데 그것은 텍스트에서 받은 메씨지가 바로 자기 자신이 보낸 메씨지의 회귀이기 때문이다(Johnson 1980, 347면; Lacan 1993, 24면). 독자는 텍스트의 의미창조에 대화로써 협력하게 된다. 다시 말해, 환자가 분석가에게서 자신의 욕망의 대상인 대상 *a*를 보는 것처럼, 독자는 텍스트를 지배하고자 텍스트에 감춰진 대상 *a*에 대한 환상으로, 또는 텍스트 대타자에게서 사랑받고 싶어하는 무의식적 욕망이 구현된 독서행위를 통해 텍스트에 개입한다. 바르뜨의 표현대로 문학의 목적이 더이상 독자를 "소비자로서가 아니라 텍스트의 생산자"로, "독자적 텍스트"(readerly text)로 만드는 것이라 할 때(Barthes 1974, 4면), 라깡 정신분석과 관련해서 짚어야 될 점은 텍스트/독자 모두 언어로 구성되어 있으나 언어의 한계를 넘어서 언어의 구속력을 끊임없이 느끼고 시험하며 스스로 그러한 구속으로부터 자유롭고자 하는 대상 *a*에 대한 무의식적 욕망이 개입되었다는 것이다. 텍스트/독자 모두는 독서행위 과정에서 언어와 동시에 무의식적 욕망을 통해 그 언어의 거짓됨을 우리에게 보여줄 뿐만 아니라, 텍스트가 독자의 작용에 따라 변화하고 진화하면서 독자의 지각을 재현할 때 독자 또한 텍스트의 작용에 따라 변화하고 진화한다. 따라서 자신의 경험 속에서 그러한 텍스트와 분석 간의 진정한 (역)전이적·대화적 관계를 확인할 수 있어야 한다.

3. 해석과 전이의 문제

두 텍스트 간의 상호개입과 반복이라는 명제는 라깡 정신분석학의 응용에서 해석과 전이라는 두 면에 대한 논의를 요구한다. 라깡이 포우(E. A. Poe)의 소설 「도둑맞은 편지」(The Purloined Letter)를 해석하면서 자신의 상호주체성에 관한 이론을 설명하고 있듯이, 거의 모든 정신분석학적 접근은 문학텍스트에서 오이디푸스 콤플렉스, 욕동, 기표계 아버지, 기표화 연쇄 등 몇가지 정신분석학적 개념을 찾아내는 해석과 설명의 영역에 머물러 있다(Gallop 1985, 25면). 정신분석을 통해 발견한 이러한 심리적 진실은 문학작품에 잠재되었으나 정신분석을 통해 드러나게 된 무의식의 내용으로 해석된다(Gallop 1985, 25면). "전통적으로 문학에 대한 정신분석학적 해석이 무의식의 내용에 해당하는 잠재된 의미를 찾아내는 것"이기 때문이다(Gallop 1985, 25면). 그러나 여기서 문제가 되는 것은 작가·등장인물·독자 등 구체적인 개개인의 무의식이 아니라 "텍스트의 무의식"이다(박찬부 1996, 118~19면).

한편 갤럽·펠먼·브라커(M. Bracher)가 강하게 주장하였듯이, 이렇게 "텍스트에 숨겨진 의미화에 매료되어 텍스트가 갖고 있는 문자와 독자 사이의 특정한 변증법을 무시한 채 이루어지는 비평"이란 결코 "라깡 식의 정신분석비평"이 아니다. 갤럽의 지적대로 라깡적 읽기란 강박관념·증상·거울단계·주체·심상계·기표계·원초계·아버지의 법·욕망·봉합·향유(jouissance)·거세불안·아버지의 명령 등과 같은 라깡적 개념 또는 라깡적 주제 들을 문학텍스트에서 드러내는 해석행위가 아닌 것이다(Gallop 1985, 26면). 그러나 안타깝게도 최근의 정신분석비평은 비평가의 전이에 입각한 라깡의 분석이론에 중독되어 있다. 이러한 중독을 가장 강력하게 해독시킬 수 있는 비평이 바로 "독서에서 전이의 효과에 대한 분석" 즉 "독자와 텍스트 사이에서 작용하는 '전이와 같은 것'을 분석하는" 비평이며, 이것만이 "라깡 식으로 문학을 읽는 것"이다(Gallop 1985, 30면). 펠먼과 갤럽 그리고 브룩스의 경고에도 불구하고 지금까지도 많은 정신분석비평가들이 "해석이 언제나 전이상황 내에서 발생한다"는 사실을 잊고 있는 것이다(Gallop 1985, 27면). 불행하게도 읽기에서의 전이에 대한 분석을 동반하지 않는 문학에 대한 정신분석학적 해석은 문학에 대한 정신분석학의 불평등한 권위를 공고화시키는 작업을 해왔던 것이다. 갤럽의 지적대로, 해석이란 늘 "힘을 행사하는 것"인 반면, 전이는 그러한 "권위를 구성하는 것"이기 때문이다(Gallop 1985, 27면). 따라서 정신분석비평가의 역할은 텍스트와 독자 사이에 일어나는 전이의 메커니즘과 효과를 분석하는 것이어야 한다. 왜냐하면 "전이를 분석하는 것은 바로 그러한 구성행위를 벗겨내는 것이고 또는 그러한 구성

의 효율적인 작용을 방해하는 것"이기 때문이다(Gallop 1985, 27면). "해석관계
에서 문학비평가는 정신분석가의 위치"에 놓이지만 "전이관계에서 문학비
평가는 환자의 위치"에 놓인다(Gallop 1985, 28면). 일견 텍스트는 문학비평가
에게 전이구조에서의 정신분석가의 역할에 견줄 만한 권위를 부여하고 있
는 것처럼 보인다. 환자에게 비쳐지는 정신분석가처럼 텍스트는 문학비평
가에게 '전지자' 즉 의미와 의미에 관한 지식이 머무르게 되는 장소로 보이
기 때문에 정신분석비평가는 해석의 영역에만 있고 싶은 무의식적 방어기
제－욕망을 지니게 되는지도 모르겠다.

그러나 해석이란 단지 전이가 명시될 수 있는 매개체에 불과하다(Gallop
1985, 28면). 포우에 대한 라깡의 분석에서 볼 수 있듯이, 라깡으로부터 작가
는 완전히 사라져버리고 그의 가장 큰 관심은 텍스트가 독자에게 '호명'하
는 영향에 관한 것으로 옮겨갔다. 펠먼의 지적대로 라깡주의자들은 독자를
항상 환자의 위치에 놓는다. 그래서 정신분석학적 전이상황에서 볼 수 있는
주인/노예의 관계가 독서행위에서는 텍스트(주인)/독자(노예)의 관계로 재
구현된다. 독자는 무의식적으로 텍스트를 "모든 것을 아는 주체"로 가정하
면서 텍스트와 전이상태에 빠지며(Felman 1982a), 텍스트에 대해 노예적 위치
로 전락한다(Skura 1992). 그러나 스쿠라는 이러한 전이상황에서 독자들이 텍
스트 속에 있는 어떤 것을 무의식적으로 "반복"하느냐는 것이 그들이 텍스
트(주인)에게 보이는 노예적 태도보다 더 중요하다고 지적한다. 왜냐하면
스쿠라는 펠먼의 다음과 같은 말, 즉 "독서는 텍스트로부터 텍스트에 대한
독자의 분석으로 옮겨지는 과정"이기 때문에 "독서를 하면서 우리는 사실
텍스트에 의해 분석되고 있음"을 정신분석비평이 잊어서는 안된다고 여겼
기 때문이다(Skura 1992). 다시 말해 텍스트를 읽으면서 독자는 텍스트와의
관계에 의해 어떤 위치로 호명되고, 독자 자신의 무의식적 욕망의 실재와
속성에 노출되고, 마지막으로 독자의 존재를 실제로 구성하고 있는 무의식
에 점점 더 가까이 다가가면서 "독자들은 텍스트를 해석/지배하기보다는
텍스트에 의해 해석/지배당한다."(Skura 1992) 독서행위에서는 순수한 텍스트

도, 순수한 독자도 없다. 왜냐하면 사건은 작품에만 존재하는 게 아니라 그 사건을 담고 있는 텍스트와 독자의 관계에, 다시 말해 텍스트가 독자에게 주는 영향에도 존재하기 때문이다(Felman 1982b, 97면). "텍스트는 독자가 수행하는 해석행위를 통해 스스로를 재생산(또는 반복 repetition)함으로써 자신도 모르는 사이에 독자가 텍스트에 참여하도록 한다."(Felman 1982b, 101면) 다시 말해 독자의 독서(해석)행위를 통해 텍스트는 자신의 억압된 욕망(무의식)을 독자에게 표출(반복)하는 것이다. 따라서 프로이트가 그의 환자의 히스테리 담론을 읽으면서 거기에서 자기 자신의 무의식을 읽고 그 결과 무의식을 발견한 것처럼, 독자들도 독서행위를 통해 자신의 무의식을 읽음으로써 지금까지 알고 있었던 자신의 자아와는 다른 자아를 마주하는 기이한 경험을 하게 된다(Felman 1982b, 118면).

이렇게 본다면 펠먼의 지적대로 독서에서 요구되는 질문은 '이 이야기가 의미하는 바가 무엇인가'가 아니라 '어떻게 이 이야기가 의미하게 되는가'로 모아진다(Felman 1982b, 119면). 어떻게 작품의 의미가 영속적인 전치를 통해 수사학적으로 발생하고 텍스트적으로 구성되며, 전이를 통해 형성적 영향력(formative power)을 미치는가에 대한 연구가 필요한 것이다(Felman 1982b, 119면). 전이적 모델은 피분석가로서 혹은 텍스트로서 분석가/독자에게 해석을 요구할 때 전이적 상황에 놓이게 되고, 독서과정의 재고·재배열·재해석을 통해 분석가/독자는 텍스트에 개입하게 되므로, 저자나 독자가 아니라 독서를, 그리고 독서에 내재한 전이를 분석대상으로 삼아야 한다는 것을 가르쳐주고 있다. 왜냐하면 의미란 텍스트 속에 있는 것이 아니라 독자의 대화적 협력 속에, 즉 독서과정에서 텍스트의 기표화 연쇄가 활성화되는 가운데 이루어지는 것이기 때문이다(Brooks 1987).

라깡의 표현대로 "전이는 무의식을 실제로 표출하는 행위이다."(Felman 1982b, 133면) 갤럽은 해석과 전이의 문제점을 다음과 같이 요약하고 있다. 전이는 분석가에게 해석할 수 있는 마술적 힘을 부여했는데, 정신분석학을 문학에 적용할 때 문학비평가는 적어도 해석이라는 관계에서는 동일한 미몽적 힘을 부여받은 것처럼 느낀다.[5] 문학에 대한 정신분석학적 접근이 실패한 이유는 작가 자신도 모르는 것을 알고 있는——그 자신의 무의식적 코드를 깨고 그의 지식에 권위를 부여한——상징 사냥꾼 때문이다. 상징 사냥꾼은 우월성과 명성은 지식과 맺어져 있고, 지식의 위치와 자신을 동일시한다. 그는 전지자라는 역할을 떠맡은 듯한 착각에 빠지며, 저자가 모르고 있는 것을 알고 있고, 무의식을 아는 것처럼 행세하는 사람이다. 그리고 모든 정신분석비평가들이 정신분석학을 의미에 관한 지식의 보고(寶庫)라고 믿는 데서 볼 수 있듯이 정신분석에 전이를 느끼고 있다(Gallop 1985, 29면).

그러나 갤럽의 지적대로 라깡이 염려한 것은 바로 이러한 전이가 지니는 위험성이다. 즉 분석가의 강한 자아가 환자의 약한 자아를 새로 세우기 위한 모델로 역할을 하게 되어 분석가가 자기의 분석이론에 의해 전이적 환상을 표출하고, 선하고 강한 부모로서 궁극적인 귀감이 되는 것이다. 그리고 그러한 귀감을 구성하는 기표계적 구조화에 대해 의심하지 않은 채 그것이 어떻게 환자를 주변화시키고 분석가의 자기 기만적인 권위를 고양시키는지를 모르고 전이를 해석하는 것이다(Gallop 1985, 29면). 전이라는 관계에서 본다면 비평가는 더이상 분석가가 아니라 환자인데, 환자의 위치가 된다는 것은 전이상태에서 분석가의 지배를 믿고 있는 비평가들에게는 탈지배의 위치를 상징하기 때문에 끔찍스런 경험이 될 수 있다(Gallop 1985, 29면). 갤럽의 표현을 빌리면, 라깡 비평계의 증상은 "비평가들이 그러한 공포로부터 벗어나기 위해 정신분석학적 지혜를 얻어와 자신을 정신분석비평이 다루는 무의식과 문학이 다루는 문자로부터 보호하려는" 무의식적 욕망을 지녔다는 데에서 읽을 수 있다. 그러나 라깡 정신분석비평가라면 "문학과 마주하기를 거절하는 정신분석적 비평가는 분석에 저항하면서 피분석자의 소파에 파묻힌 채 정신분석이론을 똑똑하게 토론하는 환자와 같다"는 점을 잊어서는 안

---

5) 펠먼은 정신분석비평가들이 문학작품을 해석하면서 어떻게 텍스트와 전이적 관계를 갖게 되고 이러한 전이 때문에 완전한 해석이 불가능한가를 여러 비평가의 논문 분석을 통해 상세하게 추적하고 있다. Felman(1982b) 94~207면.

될 것이다(Gallop 1985, 30면).

제대로 된 정신분석비평을 위해서는 "정신분석가와 환자의 무의식 사이에서 이루어지는 활동이 주인의 욕망이 아니라 상호주체적 관계에 놓여 있는 주인과 노예에 의해 해석된 전이의 생산이라는 것"을 늘 기억해야 할 것이다(Spivak 1982, 223면). 또한 "문학비평도 텍스트에 대한 주인으로서의 자신의 욕망을 거절해야 한다"는 점 또한 간과해서는 안될 것이다(Spivak 1982, 223면). 전이를 완벽하게 해석할 수 없는 한계를 인식하면서 전이의 위험성을 지적한 라깡처럼(Lacan 1977, 271면), 슈워츠(M. M. Schwartz) 교수는 전이현상의 문학적 이용이 갖는 위험성에 관해 「비평가여, 그대를 정의하라」는 시사적인 제목의 에쎄이를 통해 "문학비평가는 '타자를 드러내는 데 자신을 이용함으로써 차이를 만들어내는 독자'로서의 역할을 해야 한다"고 주장한다.

> 문학비평가도 정신분석가와 같이 텍스트의 의미를 드러내는 데 자신의 반응을 이용한다. 우선 한 사람의 독자인 비평가는 텍스트가 부여하는 전이적 투사에 몸을 드러내놓는다. 그러나 그는 그 전이적 반응을 기초로 해서 그것을 제자리로 돌려줌으로써 자신과 구별되는 타자를 타자로서 드러내는 작업을 한다.(박찬부 1996, 102면)

결국 라깡 정신분석비평가에게 중요한 것은 "전이적 반응 그 자체가 아니라 어떻게 그것을 바탕으로 해서 의식으로서의 비평을 해내느냐 하는 것이다."(박찬부 1996, 102면) 라깡 식의 정신분석비평에서는 분석을 하면서도 '정신'을 잃지 않기 위해서(Skura 1992), 그리고 전이에 대한 분석 그 자체도 정신분석적이지 않다는 지적을 명심하며, 텍스트의 기표가 연출하는 의미화를 이해하는 일에 중점을 두어야 한다(Skura 1992). 기표가 어떻게 의미화를 연출하고 그 연출이 어떻게 독자를 호명하며 형성적 힘을 행사하는가에 대한 답은 문체에 대한 라깡의 관심에서 읽을 수 있다.

4. 정신분석비평과 문체

라깡 정신분석비평은 텍스트의 표층구조에 드러난 기표의 의미화 분석에 초점이 맞춰진다. 무의식에 관한 진실은 사람이 아니라 문자에서, 즉 의도된 의미에서가 아니라 말하는 방식에서 스스로 드러나고, 문자는 정신의 개입이 없이도 모든 진실의 효과를 인간 내부에 생산해낼 수 있기 때문이다(Lacan 1977, 158면). 독자 자체가 상호주체적 관계를 통해 구성되고, 분석경험에서도 상호주체성이 매우 중요하다는 점을 인정하면서도 (또한 말로서의 언어의 가치를 측정할 수 있는 것도 바로 이 상호주체성에 의해서라는 점도 인정하면서도)(Lacan 1977, 86면), 라깡이 정신분석비평의 대상으로 보다 중점을 둔 것은 바로 문체다(Gallop 1985, 23면). 왜냐하면 언어의 기능은 정보를 전달하는 것이 아니라 타자의 반응을 불러일으키는 것이라는 점에서(Lacan 1977, 86면), 문체는 바로 "자기 스스로에게 이야기를 하는 주체"(Gallop 1985, 22면)임과 동시에 그 주체가 바라는 타자의 반응을 전제로 한 글쓰기 전략이기 때문이다. 정신분석가들이 환자의 말 가운데 중요한 내용뿐만 아니라 틈틈이 드러나는 논의 밖의 이상한 순간들·우연한 말실수·헛말·의도하지 않은 순간에 털어놓는 이야기에 귀기울이는 것을 배우게 되는 것처럼, 문학비평가는 문학작품의 내용이나 사상을 읽기보다는 문학텍스트에 구현된 문자를 어떻게 읽을 것인가와 그 문자의 표현형식인 문체와 형식을 어떻게 해석할 것인가를 익혀야 한다(Gallop 1985, 22면). 갤럽의 지적대로, 정신분석학은 정신에 관한 과학이 아니라 문자에 대한 과학이며 바로 여기에 정신분석학과 문학의 교차점이 있다(Gallop 1985, 24면). 따라서 정신분석비평은 저자나 등장인물들의 무의식을 해독하는 것 대신에 텍스트의 명시적인 의식 아래 잠재된, 그러한 텍스트의 의식과 모순되는 텍스트의 무의식, 텍스트의 증상, 기제를——언어 사용의 애매성/밀도/복잡성·반복·틈 등 텍스트 의미의 중요하면서도 본질적인 부분인 수사학적 전략이나 표현기법을——심리과정으로 분해하여 밝혀내야 할 필요가 있다(Barry 1995, 197면).

누구도, 심지어 쌍둥이조차도, 똑같이 말하지 않는다는 점에서 홀런드의 말대로 "문체는 바로 정체성"이라고 할 수 있다. 그에 따르면, 같은 상황을 설명하면서도 조금씩 다른 어휘와 구문을 선택해서 말하는 개인방언 현상은 그것을 사용하는 사람의 개성을 표출(acting-out)하는 것이다. 홀런드가 명시했듯이, 라깡 또한 구문 선택과 개성과의 관계를 설정하면서 예로 든 유형의 비유어가 단지 말의 비유적 수사가 아니라 무의식의 메커니즘, 특히 방어기제를 위한 최상의 분류로 작용할 수 있다고 결론을 내린다.

에둘러 말하기 · 완곡어법 · 전치 · 생략 · 결말을 질질 끌어 독자의 기대(불안)를 고조시키는 현연법(懸延法) · 앞질러 쓰기 · 진술의 철회와 단축 · 부정 · 본론에서 벗어난 말 · 아이러니…… 잘못 쓴 철자 · 부자연스런 말씨 · 비유어의 남발 등 언어의 오용과 남용 · 곡언법(曲言法) 또는 완서법(緩徐法) · 대칭이나 환칭을 사용한 언어 · 사물이나 정경 등이 독자에게 생생한 사실감을 불러일으키도록 하는 박진법(迫眞法)…… 이것들은 이러한 메커니즘을 분류하는 데 가장 적절한 것들이다.(Lacan 1977, 169면. 번역은 인용자)

라깡은 홀런드와 달리 문체가 정체성을 드러내는 것보다는 그 정체성의 숨겨진 면을 읽을 수 있는 증상으로 기능한다는 점에 매력을 느꼈을 것이다. 실제로 포레스트(D. Forrest)는 히스테리 환자들이 "허황한 표현 · 과장된 표현 · 과용(過用)한 표현 · 허풍 · 연극조로 떠벌리기"를 많이 사용하고, 강박증 환자는 "조건을 붙이는 말 · 평가적인 말 · 극히 상세한 말 · 태도가 불분명한 말 · 라틴계의 말투 · 과장된 언사 · 어원을 사용한 말"을 습관적으로 사용하며, 편집증 환자는 "비인칭대명사 · 부정선행사 · 과장된 말"을 사용함을 지적했다. 쉬멜(J. Schimel)도 집착성 강박증 환자들의 말이 주로 행동이나 감정이 아닌 묘사에 집착하며, 히스테리 환자가 부사와 형용사 사용에 병적으로 집착하고 있다는 것을 발견했다(Forrest 1973; Holland 웹싸이트에서 재인용). 또한 집착증 환자는 가정법을 주로 사용한다고 지적하면서, 분석중에 정신분석가가 주로 "행위주체가 생략된 수동태, 예/아니오 유형의 질문, 외치(外侈), 의사분열문(擬似分裂文)" 등을 통해 환자와 분석가 사이에 권력관계를 유지한다는 것 또한 연구해냈다(Schimel 1974, 83, 93∼97면; Holland 웹싸이트에서 재인용). 브라커 또한 욕망·방어기제·충동·향유·환상·동일화·콤플렉스 등의 여러 내적·외적 심리요인이 어휘·구문·문법·형식·구성·독자의 설정과 관련한 언어 사용에 매우 밀접하게 그리고 다양한 방식으로 작용함을 상세하게 밝혔다(Bracher 1999).

따라서 정신분석가들은 정신분석학적 관점에서 "감상적인 말, 메타포, 비유어, 고풍스럽거나 색다른 언어 사용, 반복적인 말, 엉뚱하게 사용된 어휘, 기묘한 문장, 수동태, 지나치게 정형화된 문장" 등 "허튼소리"에도 귀기울인다. 다시 말해, 정신분석가들은 의미화 레퍼토리를 구조화하는 언어의 법칙인 시학에 귀기울이는 것이다(Holland 웹사이트). 그러나 이와 같은 구문선택(문체)에 대한 연구가 정신분석학자와 문학비평가 들에게 많은 시사점을 주는 것은 이러한 특정한 문체나 형식이 그것을 소비하고 재생산하는 독자에게 그의 "정체성을 공고히 하거나 위협하는" 다양한 수준의 형성적 영향력을 행사한다는 브라커의 발견에 있다(Bracher 1999, 2장; Marshall/Bracher 1985 참조). 단지 상징적인 의미를 해석하라는 것이 아니라, 어떤 특정한 단어와 비유적인 말, 구문을 선택하고 이것들을 변형시키는 데 개입한 무의식과 이 형식이 갖는 '호명적' 기능의 분석에 중점을 두라는 것이다. 갤럽과 펠먼은 정신분석학이 사람들의 언어 사용에 대한 매우 정확한 연구방법이기에 바로 환자를 다루는 방법이 되었다고 보았다. 또한 그들은 프로이트가 꿈과 말실수, 그리고 농담을 분석했던 예에서 보이듯이 정신분석학의 핵심인 전이에서 문체의 영향에 대한 연구로 다시 돌아가라고 촉구한다. 정신분석학의 진정한 핵심은 언어구조에 대한 세세한 연구에서 시작됨을 지적하는 것이다. 이러한 회귀는 정신분석과 문학의 관계에 대한 논의에 매우 적절하다. 왜냐하면 라깡적 텍스트는 비결정적이기에, 다시 말해 의미의 생산과정이 독자와의 관계 속에서 유지되는 것이기에(Davis/Schliefer ed. 1989, 283면), 라깡 정신분석비평은 텍스트 수사에 의해 호명된 독자가 의미의 위치를 창출하는 데 어떻게 저항하거나 동화되는가를 분석해야 하기 때문이다.

5. 문화비평으로서의 라깡 정신분석비평

라깡 정신분석비평은 사회구성원의 정체성에 영향을 미치는 특정한 문체와 그 문체가 구성하는 담론의 기능을 분석함으로써 사회와 문화에, 더 나아가 그것을 이용하고 있는 권력구조에 의문을 제기하는데, 그 과정에서 '정치성'을 띠게 된다. 문학에 내재된 삶과 현실, 그리고 그것들이 이루는 "의미"는 그 의미를 읽는 방법을 정의하는 제도화된 '해석적 틀'에 의해 제한과 통제를 받는다. 또한 그 틀이 특정한 담론구조 내에서 끊임없이 재생산되어 특정한 이데올로기를 강화하거나 부정하는 기능을 한다. 따라서 라깡 정신분석비평은 전이를 통해 문학텍스트에 자아를 투사시킴으로써 '사회적 생산관계'에 의해 생산된 텍스트의 의미와 가치를 재생산하고, 자아의 정체성을 강화하는 "지배기표"의 보수적 복제기능을 지적해야 한다. 뿐만 아니라 이런 기표가 거부되는 영역을 문학텍스트가 표상함으로써 어떻게 자아에 투입하고, "개입"하고, 간섭하고 혼돈을 불러일으켜 "정체성의 변화"를 위한 새로운 주체구성의 가능성을 열게 하는가를 보여주어야 한다. 또한 라깡 정신분석비평은 문학텍스트에서 문체를 통해 표상된 삶과 현실의 모습이 이루는 "의미"가 독자의 자아에 이입되어 독자의 '자아구조'에 영향을 주는지, 또 어떤 과정을 통해 특정한 이데올로기에 대한 그들의 태도에 내적(의식적·무의식적) 변화를 일으키는지를 정확하게 설명할 수 있는 개념틀을 제시할 수 있어야 한다. 이런 점에서 라깡 정신분석비평이 제공하는 새로운 '개념틀'은 삶과 현실, 또 그것들의 의미가 형성하고 포함하는 이데올로기에 대한 "읽기"의 변화를, 즉 특정한 문체를 통해 문학작품에 내재된 특정한 사회와 문화의 이데올로기가 소비되고 정당화되고 재생산(또는 폐기)되는 "내적" 과정에 대한 이해의 변화를 요구하는 정치적 기능을 하는 것이다.

라깡적 관점에 따르면, 문학작품이 담고 있는 현실과 삶은 언어들 간의 조합, 즉 기표들 간의 상호관계에 의해 "상징적으로 재현된" 문체이며, 이 문체에 구성된 "언어화된 현실"이 구성하는 의미는 라깡의 표현대로, 이미 당연히 독자를 포함하고 있다. "모든 의미현상은 주체를 내포하고 있다."(Lacan 1977, 9면) 따라서 문학작품과 독자의 관계에 의해 형성되는 "의미"는 문학의 언어적 현실의 성격을 정의하고 규제하는 특정한 문체와 그 문체로 이루어진 담론구조가 어떻게 그 담론을 수용하는 독자의 정체성에 '끼여들어' 그 정체성을 이루고 있는 심리적 요소들('무의식적 욕망, 환상, 동일화')을 "호명"하여 다른 심리적 결과를 불러일으키는가를 이해함으로써 설명될 수 있다. 이런 관점에서, 라깡 정신분석가의 정치적(또는 윤리적) 역할은 펠먼이 말하듯이, 언어기능에 대한 지식, 즉 문체에 내재된 기표작용에 대한 지식을 통해 비평이론을 어떻게 "급진적 정치성"과 견줄 정도의 "변혁적 실천"으로 만들 것인가를 연구하는 데 있다고 할 것이다(Eagleton 1996, 192면). 이미 라깡 정신분석비평은, 현실은 언어로(구체적으로는 문체로) 재현되었고 또 '언표화됨'으로써만 존재하는 것으로 인식하여 유물론적 언어관이 지닐 수 있는 정치성——현실을 구성하는 "권력관계"에 대해서가 아니라 "현실의 것"들이 지니고 있는(사실은 감추고 있는) "언어의 질서"에 관한 탐색을 통해[6]——을 지닌다. 그리고 독자에게서 그리고 독자의 내부에서 권력 행사의 매개수단으로 사용되는 문체의 권력에 대한 라깡적 분석은 분석만으로도

---

6) 이 용어는 콥젝(J. Copjec)으로부터 빌려왔다. "They [structures] are not to be located among the relations that constitute our everyday reality; they belong, instead, to the order of the real."(Copjec 1993, 11면. [ ]는 원문) 여기에서 "the real"은 "reality"로 언급될 수는 없지만 현실처럼 존재하는 상태를 의미하며, "order"는 [power] relations"처럼 표면적으로 드러나지는 않고 감추어진, 언어로 구성되지 않는, 그러면서 "relations"처럼 어떤 유물론적 영향력을 행사할 수 있는 것을 의미한다.

정치성을 지닌다. 그러나 이 정치성이 극대화되는 곳은 사회·기표계 질서를 대변하는 '대타자'('아버지의 이름' '아버지의 법')가 억압하고자 하며 "욕망에 관한 숨겨진 진실"을 담고 있는 "원초계"와 그 원초계를 중심기표로 해서 대타자의 불완전성과 결함을 드러내는 분석가의 담론이다. 요컨대 우리는 라깡 정신분석비평이 지닌 급진적 정치성의 잠재성을 "원초계의 주체"와 "분석가의 담론"에서 찾을 수 있다.

6. 라깡 정신분석비평과 주체이론[7]

라깡 정신분석비평은 자아는 본질적 실체가 아니라 언어적 산물일 뿐이며 따라서 자아는 의식과 무의식, 존재와 의미, 기표와 욕망 사이에 분열된 주체임을 알려준다. 분열된 주체라는 관점은 등장인물을 문체를 통해 구성된 기표/문체의 효과로 읽기를 요구하므로, 등장인물을 실제의 독립된 인물로 보고 등장인물의 성격·심리·행위를 분석했던 심리비평을 포함한 기존의 문학분석 방법을 거부할 수밖에 없도록 만들었다(Barry 1995, 194면). 라깡의 정신분석비평이 텍스트의 문체와 독자의 전이관계를 분석할 때 늘 의존하고 있는 이론이 주체의 구성에 관한 라깡의 이론이므로, 우리는 기표·타자·욕망·향유·담론을 함께 아우르는 이 이론을 살펴보아야 한다.

기표, 대타자, 주체의 관계

기표는 다양한 사회적·성적·도덕적·인식론적·존재론적인 의미의 세부코드, 즉 사회질서를 형성하고 있는 제도·규범·윤리와 법이 언어로 기호화된 것이다. 그 가운데 "지배기표"(S_1)는 기표가 그 고유기능을 하고

---

7) 이 부분은 필자의 「라깡 정신분석학의 정치성: 분석가의 담론과 문학 비평」(『비평』 창간호 1999)을 수정·보완하여 요약하였다.

있는 영역에서 의미의 궁극적 결정권자이다. 또한 그 의미의 원천이면서 주체를 다른 모든 기표로 재현하여 자신의 "자기정체성"에 시간적 영속성과 일관성을 제공하는 자연·신·도덕률·윤리·국가·자유·평등·민주주의 등의 관점에 요약되어 있는 "기표계 대타자"로 정의된다(Bracher 1993, 23~24면). 자아와 대타자 사이의 기표계 관계를 방해(고취)하는 그 어떤 것이든 모두 자아정체성을 위협(강화)하는 것으로 생각된다. 따라서 언어를 습득한다는 것은 기표의 절대법칙인 '대타자의 법' '아버지의 이름' '아버지의 법'을 내재화하여 성별이 분화되고 가족의 일원이 되며 자신을 '나'라고 부르는 '사회적 인간'이 되는 것을 의미한다. 유아의 속성과 정체성은 (지배)기표를 대표하는 대타자에 의해 정의되고 인정될 뿐이다. 기표의 법칙을 통제할 수 없으므로, 말은 의식 밖의 다른 영역에서, 즉 대타자로부터 기인하나 주체는 그 사실도 모른 채 자신이 말을 하면서도 단지 대타자의 메씨지를 전달하는 매개체가 될 뿐이다. 즉 그의 무의식은 타자의 담론이 된다(Fink 1995, 59면).

라깡의 "노예전령"의 비유에 섬뜩하게 비유되었듯, 주체는 기표가 생산해낸 "언어구조의 효과" 다시 말해 하나의 "기호학적 구성물"에 불과하다(Lacan 1977, 284면). 따라서 담론에서 단순히 화자를 지칭하는 "하나의 장소"를 가리킬 뿐이다(Lacan 1977, 155면). 주인의 명령에 의해(그의 명령이 수행되도록 하는 법칙에 의해), 거세불안 때문에, 그로부터 인정받고 사랑받기 위한 나르씨스적 욕망 때문에, 그로부터 자기가 노예라는 정체성을 확증받기 위해, 그 "노예전령"은 주인의 메씨지를 전하고 있을 뿐이다. "그 문서가 어떤 텍스트인지, 어떤 의미인지, 그리고 어떤 언어로 기록되어 있는지 모를 뿐만 아니라, 그것이 수면중에 자신의 몸에 새겨진 것도, 그 내용 속에 노예를 죽이라는 메씨지가 담겨 있는지도 모르는"(Lacan 1977, 302면) 그 "전령노예"는 기실 주체와 기표 간의 소외, 심지어는 살해의 관계를 암시하고 있다. 따라서 주체는 언어에 얽히면서 그 언어에 의해 무의식으로 강박관념화된 자기 자신의 "욕망"을 알 수도, 통제할 수도 없이, 그 무의식적 욕망이 알려줄 자신의 운명에 관한 "진실"로부터도 소외되어 있는 것이다. 실수·실언·건망증·폭언·농담·넌쎈스·비유 등 정상적 언어행위에서 벗어날 때만, 즉 담론의 "실수"를 통해서만 자신의 존재를 암시할 수 있을 뿐이다. "'무의식의 영역에서만' 나는 내가 존재하는 곳의 나로부터 너무나 멀리 떨어져 헤매고 있다"라는 라깡의 표현처럼(Lacan 1977, 92면), 주체는 단지 기표의 작용을 위한 "기표계 구조" 또는 '기표 대리인'으로 구성될 뿐이다(Lacan 1981, 207면). 설사 주체가 기표와 대타자를 잊었다 하더라도 기표는 핑크(B. Fink)의 표현대로 그를 절대 "잊지 않는다." 결국 이러한 담론구조에서 주체는 자신을 억압하고 소외시키고 노예화시키는 지배기표에 대한 무의식적 일치와, 지배기표로부터 사랑과 인정을 받기 위한 일을 계속하는 하나의 "대리인"으로 머무르게 된다.

이런 이유로, 지배기표는 주체로 하여금 무의식적 일치를 통해 스스로의 심상계적 정체성(남성으로, 한국인으로, 사장 또는 임원으로, 농민으로, 선비로, 동성애자로, 교육자로, "착한 어린이"로, 녹색당원으로 등)에 의미와 가치를 주고 그 정체성을 계속 유지하며 재생산할 수 있게 한다. 이렇게 형성된 자기정체성은 '늘 같고, 정지되어 있고, 얼어버린' 것이고, 그래서 그러한 의미에서 생명이 없는 것에 비견된다(Žižek 1989). 이런 특성을 지니도록 구조화된 정체성이 바로 지젝의 표현대로 "이데올로기가 지향하는 최상의 욕망대상"이 된다. 주체는 지배기표 아래 억압되고($S_1/8$) "소외/거세"되나, 지배기표는 이러한 사실을 덮어 감춘다. 라깡의 정신분석비평은 이 지배기표가 군림하는 영역(교육·윤리·정치·도덕·과학·철학·비평 등)에서, 지배기표가 주체의 거세뿐만 아니라 S_2(지식·문체)를 통해 그 영역에 의문을 제기하거나 구멍을 낼 수 있다는 가능성을 억압하고 있다는 것을 적나라하게 드러냄으로써 '정체성의 이데올로기성'을 밝히고 있다. 그러나 라깡 정신분석비평의 보다 심각한 정치성은 '향유'와 주체의 관계에 드러난다.

대상 *a* · 향유 · 주체의 관계

유아의 원초적 몸을 해체한 후, 기표는 그 몸으로부터 유아기의 원초적 성쾌락을 퇴거시키지만, 이 퇴거는 완전하게 이루어지지 않는다. 그 사회화된/거세된 몸에는 기표계 대타자라는 사막 주위에 흩어진 채로 언제나 잔존물이 남는데, 이것들이 바로 ‘향유’의 “오아시스인 이른바 성감대, 즉 유아기의 원초적 쾌락이 가득 스며 있는, 몸의 파편들”이다. 프로이트의 ‘충동’이 연계되는 것도 바로 이러한 잔존물이다(Žižek 1989, 123면). 언어에 의해서도 사회화되지 않고 남겨진 어떤 “제거할 수 없는 잔존물”은 대타자가 소유권을 잃은(또는 거부당한) 요소를 지니고 기표계 질서 주위를 돌며 그 질서의 불완전함과 결함을 드러냄으로써 언어 이전의 상태를 암시하는 “원초계”를 형성한다. 이 원초계는 사회-기표계의 법칙에 동화되지 않은 몸의 어떤 영역이 존재한다는 것을 증거한다. 이러한 ‘기표 내 향유’는 사회화된(거세된) 몸 안에서 “야생동물 보호구역처럼 존재하면서, 모든 기표계의 법칙과 가치를 재생산하고 통제하는 대타자가 그의 모순과 결함을 드러낼 수 있는 가능성을 제시”한다(Bracher 1993). 왜냐하면 이렇게 남겨진 원초적 몸의 파편은 ‘아버지의 법’이 금기한 엄마의 원초적 몸과 연관되기에, 라깡이 이른바 “대상 *a*”(objet *a*)라고 부르는 “무의식적 욕망의 동기”로서의 역할을 하기 때문이다. 거울단계 이전에 “자기 성애적 쾌락”의 대상이 어머니의 몸으로 전치되며, 유아와 어머니의 합일(유아기 원초적 쾌락의 근원, 향유의 모태)이 ‘아버지의 이름’으로 금기되는 것이라는 라깡의 설명을 상기해보면, 엄마의 원초적 몸, 즉 대상 *a*를 통한 향유의 추구가 남근적 기표계에 어떤 역작용을 일으킬지 수긍이 갈 것이다. 이 “대상 *a*”는 “기표계의 거세를 극복하고 잃어버린 유아기의 원초적 쾌락을 회복시켜주기로 약속하는” 그 어떤 것으로 이해할 수 있다(Bracher 1993). 리(S. Lee)의 설명에 따르면, “성감대와 연관된 그와 같은 욕망의 대상과 상호공생적인 유대를 형성하는 데서, 유아는 그 자신을 기표계의 제도와 이러한 기표계 영역 내에서 자기 정체성을 결정하는 기표화 연쇄에 저항하고 반대하는 원초적인 그 어떤 것으로 만들어낸다"는 것이다(Lee 1990, 144면).

이러한 그 원초적인 어떤 것은 라깡이 말하는 "기표계 내부의 공점(point of lack)"이 되며, "이 공점에서 언어객체는 이제까지 보아왔고, 경험해왔고, 지각해왔던 것과는 완전히 다른 방식으로 자신을 인식해야" 할 수밖에 없게 된다(Lacan 1981, 270면). 지젝은 이 공간 또는 공점을 기표화될 수 없는 "비역사적 핵"이라 명명한다(Žižek 1989, 135면). 따라서 이 공점은 기표계의 "불가능성" 즉 사회적으로 인정된 방식을 거부하며, 사회적 인식체계의 와해나 혼란을 불러일으킬 수 있는 '다른' 영역을 형성한다. 사회−문화적 "익숙함"을 깨뜨리고 기표들의 네트워크, 즉 일반적으로 말해서 심상계의 "쾌락원칙"과 기표계의 "현실원칙"을 완전히 총체적으로 폐기하는 가능성까지도 형성할 수 있는 영역을 제시하는 이 공점은, 기표계 대타자가 금지하고 있는 기표계 이데올로기 기능에 대한 접근을 허용하고 있는 것이다(Lacan 1984, 109면). 이 "공점"은 확신을 의심으로 인식시키며, "언어객체" 내의 분열 주위를 맴돌며 그 주위에 반담론 또는 역담론을 위한 공간과 틈을 만들어낸다. 이 공점이 가장 강화된 담론, 즉 "대상 a"가 지배적 위치를 점하고 있는 담론이 바로 "정신분석가의 담론"으로, 이 담론은 "저항−, 탈−, 또는 반−담론"을 형성하는 가능성과 그 가능성에 따르는 새로운 "주체"의 형성 가능성을 예고하고 있다.

7. 분석가의 담론과 라깡 정신분석비평의 과제

정신분석의 궁극적인 목적이 환자로 하여금 분석가의 시각, 이상, 현실관, 그리고 욕망과 동일화하는 전이상태를 유지하는 것이 아니라, 이러한 전이상태에서 드러나는 환자의 억압된 외상적 경험의 반복을 이용하여 환자로 하여금 자신의 그 외상에 내재된 무의식적 욕망을 마주하고, 알아내

고, 결국은 받아들이게 하는 것이라면, 정신분석비평도 문학텍스트에 대한
독자의 전이를 분석해 독자가 자신의 무의식적 욕망과 환상을 마주할 수 있
도록, 그래서 정체성의 변화를 이끌 수 있는 분석가의 담론구조를 취해야
한다.

$$\frac{a}{S_2} \quad \begin{array}{c} \rightarrow \\ \leftarrow \end{array} \quad \frac{\$}{S_1}$$

(분석가의 담론)

S_1 = 지배기표 S_2 = 지식, 기표화 연쇄

$\$$ = 분열된 주체 a = 잉여향유

독자가 그 자신의 "소외"와 "무의식적 욕망"을 마주하고 그것을 스스로
취하며, 그러한 상태에서 기존의 지배기표들과 결별하고——'근원적 환상'
에 맞춰진 정체성과 가치관, 그리고 그러한 환상에 의해 형성된 자신의 무
의식적 욕망으로부터 결별하고——자신만의 새로운 지배기표를 생산해낼
수 있는 위치를 차지하는 것은 바로 이 "분석가의 담론"에 의해서만 가능하
다. 텍스트의 문체를 통해 행사된 심리적 영향을 독자가 가장 궁극적으로
그리고 치열하게 마주할 수 있는 것은 이 "분석가의 담론"을 통해서만 가능
한데, 그 이유는 도표에서 보듯, 첫째, 지배기표 영역에 의문을 제기하거나
구멍을 낼 수 있는 "잉여쾌락"(the objet a)이 담론의 지배적 위치를 점유하
고 있기 때문이다. 둘째, "대상 a"가 보내는 메씨지를 받는 위치에 독자($\$$)를
둠으로써 독자 스스로 "소외" 갈망·부끄러움·욕망·증상 들을 마주하게
하기 때문이다. 라깡 정신분석비평과 관련해서 본다면, 이때 정신분석가의
임무는 분석가의 위치에서 독자로 하여금 그의 몸에서 거세되지 않고 남겨
진 채 그의 존재의 일부분을 형성하는 "대상 a"를 마주하고, 인정하고, 찾
고, 마지막으로 그것을 언어화해서, 그가 유지하려고 애쓰는 자신의 "정체
성"과 그런 정체성과 유리된 "향유"를 향한 스스로의 무의식적 욕망 사이의

심리적 갈등을 궁극적으로 해소할 수 있게 하는 것이다. 셋째, 대타자의 불완전함을 암시하는 판타지($8 \diamond a$)를 바(bar) 위로 올려놓아 구체화/표면화시켰기 때문이다. 넷째, 독자의 의도와 관계없이 부과된, 지배기표가 아닌 새로운 지배기표, 즉 독자를 무의식의 "주체"로 만들 수 있는 새로운 정체성과 존재를 형성할 수 있는 지배기표를 생산할 수 있도록 그것을 독자의 지배 아래 놓았기 때문이다. 이때 비록 지배기표는 독자의 지배 아래 놓여 여전히 독자의 존재를 지탱하는 역할을 하나, 새로운 지배기표는 기존의 지배기표보다 덜 절대적이며, 덜 배타적일 뿐만 아니라, 오히려 독자의 정체성을 형성하는 데서 보다 개방적이고, 상대적이고, 과정적이며, 형성적인 모습을 지닌다. 그리고 마지막으로, 담론의 지배자인 지배기표(S_1)와 지식(S_2)을 억압된 위치에 두었기 때문이다. 이런 '분석가의 담론'을 모델로 한 라깡 정신분석비평은 자연히 반-, 탈-, 저항- 이데올로기를 표방하게 될 수밖에 없을 것이다. 바로 여기에서 라깡 정신분석비평의 윤리성, 그리고 비평의 윤리성을 읽을 수 있다.

따라서 "지배자의 담론"을 뒤집어엎은 모양의 "분석가의 담론"은 본질적으로 권위나 기존의 관습과 제도에 대해 전복적인 형태를 띤다. 이런 분석가의 담론에서 "pleb"[8]을 대상 a의 위치에 놓은 탈-, 반-, 저항담론은 기존의 비평이 답습하는 관습과 통념에 틈을 내고, 저항하고, 의문을 제기하고, 거부하고, 전복하는 탈-이데올로기적 기능을 형성하는 것이다.

그러나 정신분석가 담론이 현재 대학강단에서 문학과 비평을 가르치는 학자들에게 진정한 윤리적 책임이 무엇인지를 분명히 암시하고 있음에도 불구하고, 오늘날의 라깡 정신분석비평은 "라깡 정신분석적 문학비평"과는 거리가 먼 현학적 텍스트 해제에 머무르면서, 여전히 라깡을 '모든 것을 알고 있는' 절대적 대타자로 내세우며 그의 대리자가 된 채, 그가 전하는 이론과 메씨지(S_1, S_2)를 또다른 지배기표와 지식으로 재생산하며 오히려 '지배

---

8) "pleb"은 권력구조에서 소외되어 있는 모든 계층의 사람을 지칭하는 비유로 인용되었다.

자 담론'을 공고히하는 데 일조하고 있을 뿐이다. 지젝, 콥젝(J. Copjec), 브라커 등이 정신분석가담론을 활용한 문학비평을 문화비평으로 전환하여 사회적 변화를 추구하려고 하고 있지만, 권력투쟁 현장과 "민중"으로부터 동떨어진 채 여전히 "권력관계"가 아닌 "인식의 세계"에만 머물러 있는 것이다.[9] 우리가 살고 있는 사회의 권력관계에 비추어, 어떻게 독자를 대상 *a*에 위치시켜놓고 정신분석비평이 가장 정치적인 물질성을 띠게 할 수 있을 것인가에 대한 진지한 논의가 있을 때에만 진정한 '라깡 정신분석적 문학비평'을 기대할 수 있을 것이다. 권력모델이 담론의 형태로 존재한다는 푸꼬(M. Foucault)의 말을 상기해볼 때, 그리고 진실도 거짓도 아닌 기표가 특정한 진실의 "효과"를 지니면서 현실적으로 권력과 관계된 "물질성"을 갖추고 있는 '지배자의 담론'이 권력행사의 수단으로 교묘하게 역할하고 있다는 점을 고려해볼 때, 그리고 "나르씨시즘의 포스트모던 문명"이 이 시대의 진실로 널리 간주되고 있는 이때(Mellard 1998, 406면), 또 사회는 근본적인 모순(이데올로기)으로 우리의 내부에 각인되어 있고, 우리 자신의 삶에 대한 "진실"도 이러한 모순에 의해 교묘히 가려져 있음을 볼 때, 그러한 모순에 저항하는 진정한 '라깡 정신분석 문학비평'이 지니는 중요성과 필요성은 더욱 자명해진다. 독자의 소외를 표면화시켜 그를 소외시켰던 심상계·기표계의 진실과 마주하게 하고 그의 무의식적 욕망의 원천적 원인인 향유를 극대화함으로써 새로운 지배기표의 생산 또는 기존 지배기표의 약화를 일으키는 "역–담론"으로서의 라깡 정신분석비평을 기대해본다.

---

9) 푸꼬(M. Foucault)의 말에서 용어를 빌려왔다. "I believe that it is not to the great model of signs and language that reference should be made, but to war and battle. The history which bears and determines us is war-like, not language-like. Relations of power, not relations of sense(Morris/Patton ed. *Michel Foucault: Power, Truth, Strategy*, 33면; Copjec 1994, 4면에서 재인용).

Barry, Peter (1995) *Beginning Theory: An Introduction to Literary and Cultural Theory*. Manchester: Manchester University Press.

Barthes, Roland (1974) *S/Z*. Miller, Richard trans. New York: Hill and Wang.

——(1996) "From Work to Text". Rice, Philip/Waugh, Patricia ed. *Modern Literary Theory*. New York: Arnold.

Bracher, Mark (1993) *Lacan, Discourse, and Social Change: A Psychoanalytic Cultural Criticism*. Ithaca: Cornell University Press.

——(1999) *The Writing Cure: Psychoanalysis, Composition, and the Aims of Education*. Carbondale: Southern Illinois University Press.

Bracher, Mark/Alcorn, Marshall W. (1985) "Literature, Psychoanalysis, and the Re-Formation of the Self: A New Direction for Reader-Response Theory". *PMLA*. Vol. 100.

Bressler, Charles E. (1999) *Literary Criticism: An Introduction to Theory and Practice*. Upper Saddle River, New Jersey: Prentice Hall.

Brooks, Peter (1987) "The Idea of a Psychoanalytic Literary Criticism". *Critical Inquiry*. Vol. 13.

——(1989) "Freud's Masterplot". Davis, Robert Con/Schliefer, Ronald ed. *Contemporary Literary Criticism*. New York: Longman.

——(1994) *Psychoanalysis and Storytelling*. Oxford: Blackwell.

Clark, Hilary (1993) "Lacan's Return: Reading and Paranoia". *The Semiotic Review of Books*. Vol. 4, No.2.

Copjec, Joan (1994) *Read My Desire: Lacan against the Historicists*. Cambridge, Massachusetts: MIT Press.

Eagleton, Terry (1996) *Literary Theory: An Introduction*. 2nd ed. Oxford: Blackwell.

Eur, Do-Seon (1995) "The Politics of Hunting in 'Simon Lee". *Studies in Psychoanalytic Theory.* Vol. 4, No. 2.

Evans, Dylan (1996) *An Introductory Dictionary of Lacanian Psychoanalysis.* London: Routledge.

Felman, Shoshana ed. (1982a) "To Open the Question". *Literature and Psychoanalysis: The Question of Reading: Otherwise.* Baltimore: Johns Hopkins University Press.

——(1982b) "Turning the Screw of Interpretation". *Literature and Psychoanalysis: The Question of Reading: Otherwise.* Baltimore: Johns Hopkins University Press.

Fink, Bruce (1995) *The Lacanian Subject: Between Language and Jouissance.* Princeton: Princeton University Press.

Gallop, Jane (1985) *Reading Lacan.* Ithaca: Cornell University Press.

Holland, Norman (1968) *The Dynamics of Literary Response.* New York: W. W. Norton.

——"'The Barge She Sat In': Psychoanalysis and Syntactic Choices". URL: http://www.clas.ufl.edu/users/nnh/barge.htm.

Johnson, B. (1980). "The Frame of Reference: Poe, Lacan, Derrida". Davis, Robert Con/Schliefer, Ronald ed. *Contemporary Literary Criticism.* New York: Longman.

Krims, Marvin B. (1995) "A Childhood Trauma Constructed from Romeo's Words: 'What fray was here?'". *Studies in Psychoanalytic Theory.* Vol. 4, No. 2.

Lacan, Jacques (1977) *Ecrits: A Selection.* Sheridan, Alan trans. New York: Norton.

——(1981) *The Four Fundamental Concepts of Psych-Analysis.* Miller, Jacques Alain ed. Sheridan, Alan trans. New York: Norton.

——(1982) "Desire and the Interpretation of Desire in Hamlet". Felman, Shoshana ed. *Literature and Psychoanalysis: The Question of Reading: Otherwise*. Baltimore: Johns Hopkins University Press.

——(1986) *The Seminar Book VII: The Ethics of Psychoanalysis, 1959~60*. Miller, Jacques-Alain/Dennis Porter trans. New York: Norton.

——(1988) *The Seminar Book I: Freud's Papers on Technique, 1953~54*. Forrester, John trans. New York: Norton.

——(1989) "Seminar on 'The Purloined Letter'". Davis, Robert Con/Schliefer, Ronald ed. *Contemporary Literary Criticism*. New York: Longman.

——(1993) *The Seminar Book III: The Psychoses, 1955~56*. Miller, Jacques-Alain ed. Russell Grigg, trans. New York: Norton.

Lee, Jonathan Scott (1990) *Jacques Lacan*. Amherst: University of Massachusetts Press.

Lemaire, Anika (1977[1970]) *Jacques Lacan*. Macey, David trans. London: Routledge.

Mellard, James M. (1991) *Using Lacan, Reading Fiction*. Urbana, IL: University of Illinois Press.

——(1998) "Lacan and the New Lacanians: Josephine Hart's Damage, Lacanian Tragedy, and the Ethics of Jouissance". *PMLA*. Vol. 113, No. 3.

Skura, Meredith (1992) "Psychoanalytic Criticism". Greenblatt, Stephen/Gunn, Giles ed. *Redrawing Boundaries*. New York: Mod. Lang. Assn. of Amer.

Smith, Lisa "From Work to Text?". URL: http://www.brocku.ca/english/courses/4F70/lisa_smith.barthes.html.

Spivak, Gayati Chakravorty (1982) "The Letter as Cutting Edge". Felman, Shoshana ed. *Literature and Psychoanalysis: The Question of Reading: Otherwise*. Baltimore: Johns Hopkins University Press.

Žižek, Slavoj (1989) *The Sublime Object of Ideology*. New York: Verso.

박찬부. (1996)『현대 정신 분석 비평』. 민음사.

어도선. (1999)「라캉 정신 분석학의 정치성: 분석가의 담론과 문학 비평」.『비평』
     창간호. 생각의나무.

피터 배리. (2001)『현대 문학이론 입문』. 한만수 외 옮김. 시유시.

라깡과 영화비평
라깡의 이데올로기 개념으로 접근한 한국 정치영화

이수연

라깡은 자신의 이론의 '오브제 쁘띠 아'(objet petit *a*) 같은 존재다. 많은 사람들이 라깡을 이해하는 것을 목표로 삼고 그의 이론에 접근하지만 그 난수표 같은 말들은 우리를 더욱 혼란스럽게 한다. 하지만 그럴수록 라깡은 우리의 알고자 하는 욕망을 더 자극한다. '오브제 쁘띠 아'처럼 라깡은 여전히 우리 욕망의 원인이다.

1. 라깡에 접근하기

라깡(J. Lacan)의 난해한 이론에 접근하는 방법에는 크게 두 가지가 있는데, 하나는 라깡 자신의 말을 통해서 가는 것이고 다른 하나는 라깡을 잘 이해한 다른 학자의 말을 통해서 가는 것이다. 그런데 첫번째 방법은 평범한 사람들에게는 별로 현실적이지 않은 듯하다. 라깡의 수수께끼 같은 표현들과 생략적 설명들이 그의 '진실'로의 접근을 어렵게 하기 때문이다. 두번째 방법은 대부분의 사람들에게 좀더 현실적이기는 하지만 해석자의 시각과 견해가 들어감으로써 라깡의 개념을 지나치게 단순화하거나 도식화할 위험이 있다. 그럼에도 불구하고 많은 사람들이 두번째 경로를 택하는 것은 그것이 그래도 라깡의 이론에 논리적 고리를 달 수 있는 현실적인 방법이기 때문일 것이다.

저명한 라깡 해석가인 지젝(S. Žižek)을 통해 라깡에 접근하는 것은 앞에
서 말한 장단점을 모두 수반한다. 지젝을 통해 보면 라깡은 좀더 일관돼 보
인다. 동시에 그러한 일관성은 라깡의 그 풍부하고 복잡한 시각의 곁가지를
떨어뜨릴 위험성을 동반한다. 지젝은 그의 라깡 해설서 중 가장 인정을 받
고 있는 『이데올로기의 숭고한 대상』(Žižek 1989)에서 자신의 시각으로 라
깡의 이론을 다시 늘어놓는다. 이 책은 제목 그대로 이데올로기에 관한 것
인데, 지젝은 라깡의 이론을 통해 이데올로기 개념을 정리한다. 즉 '재봉
점'이나 '숭고한 대상' 그리고 '잉여향유' 같은 라깡의 개념들이 근대 이후
에 많은 사상가들에 의해 논의된 이데올로기라는 개념을 어떻게 새롭게 이
해할 수 있게 하는가를 설명한다.

지젝이 보는 라깡의 이데올로기 개념

지젝이 라깡의 이론을 통해 재해석한 이데올로기 개념은 맑스(K. H.
Marx)나 알뛰쎄르(L. Althusser)의 이데올로기 개념을 기본적으로 수용하면
서 그것을 넘어가고자 하는 시도라고 볼 수 있다. 지젝은 알뛰쎄르의 이데
올로기 개념을 "소외의 영웅주의 혹은 주체적 결핍"이라는 이름으로 부른
다. 알뛰쎄르는 주체가 오인(misrecognition)에 의해 형성되는데 이 오인이
주체 형성에 필연적임을 설명한다. 알뛰쎄르의 이데올로기 이론은 비관적
인데, 한편으로는 주체를 이데올로기적으로 오인하게 하는 구조적 메커니
즘의 존재를 주장하면서 다른 한편으로는 이 구조를 벗어나는 길이 없음을
주장하기 때문이다. 알뛰쎄르의 유명한 개념인 '호명'은 주체가 이데올로기
에 의해 불렀을 때 마치 자신이 이미 그 사람인 것으로 착각하고 그 부름에
응하는 것을 의미한다. 즉 주체는 호명된 순간에 비로소 형성되면서도 주체
의 형성이 호명에 선행한다고 착각하는 것이다. 이러한 의미에서 인간이
(이데올로기적) 구조를 벗어날 방법은 없고 그래서 인간은 필연적으로 소외

된다.

알뛰쎄르에 있어 이데올로기란 인간의 사회적 실존의 유일한 방법이면서 동시에 자신의 실체로부터 소외를 야기시키는 구조이다. 그런데 지젝은 알뛰쎄르의 이데올로기 이론의 문제점을 지적한다. 호명이 작동하기 위해서는 이데올로기적 국가장치(Ideological State Apparatus)가 내면화되어야 하는데 이는 결코 완벽히 이루어질 수는 없다는 것이다. 여기에는 항상 완전히 동화되지 않는 찌꺼기가 있는데 이는 의미화되지 않는 부분이다. 그런데 이 잔여(殘餘)는 주체가 이데올로기적 명령에 순종하는 것을 방해하는 것이 아니라 오히려 그 순종의 조건이 된다. 지젝은 알뛰쎄르가 이러한 이데올로기의 구성조건으로서의 잔여를 개념화하지 못했다면서 이를 라깡의 주이쌍스(jouissance)와 타대상(objet petit *a*)의 개념에서 찾는다. 주체는 이데올로기적 주이쌍스를 통해 냉엄한 법의 명령에서 쾌락을 느끼고 상징계적 동일시를 하기 전에 대타 안에 숨어 있는 욕망의 원인인 타대상에 의해 매혹당하는데, 여기에서 주체는 이데올로기 밖에 있으면서 동시에 이데올로기를 욕망하게 된다는 것이다.

지젝은 라깡으로부터 끌어낼 수 있는 이데올로기의 개념을 '분리'(separation)에 대한 봉합적 시도로 설명한다. 라깡은 실재(the Real)와 그것의 상징화(다시 말해 상징계 the Symbolic)는 결코 일치될 수 없다고 주장하고 이를 분리라고 부른다. 라깡에 있어 인간에게 남은 궁극적 윤리는 바로 인간이 분리되었음을 인정하는 것이다. 이는 실재와 상징의 거리를 유지함을 통해서 가능하다. 이는 바로 실재가 상징화될 때 완전히 상징화되지 못하고 남는 잉여물, 즉 '욕망의 대상-원인'(object-cause of desire)을 인정하는 것이다. 이를 사회구조에 적용시킨다면 사회의 상징적 통합에 저항하는 근본적인 막다름(deadlock)을 인정하는 것과 같다. 여기서 지젝이 보는 라깡의 이데올로기의 작용은 인간의 의식세계에서 일어나는 심층적인 것이면서도 동시에 사회적인 것과도 연결되는 것이다.

알뛰쎄르의 이데올로기가 인간을 소외시킨다면 라깡의 이데올로기는 인간의 생존조건 그 자체이다. 지젝이 설명하고자 하는 이데올로기는 맑스가 말하는, 사회의 모순을 덮고 가리는 것으로서의 이데올로기이고 알뛰세르가 말하는, 내 것이 아닌 것을 내 것으로 받아들이는 것으로서의 이데올로기이다. 이는 현실과 유리된, 현실 밖에서의 현실에 대한 신화가 아닌, 현실의 구성요소로서의, 더 나아가 현실의 구성을 가능하게 하는 조건으로서의 이데올로기이다. 이런 맥락에서 지젝이 말하는 이데올로기는 라깡의 상징계와 많은 부분 중복된다. 라깡의 상징계는 인간사회의 유지ㆍ지속을 가능하게 하는 기제이다. 동시에 상징계는 인간의 원초적인 본능이 상징계의 속성과 반드시 일치하지 않는다는 점에서 억압적이기도 하다. 이는 육체와 실재의 세계가 아닌, 인위적인 언어와 상징의 세계이다. 상징계가 그 상징적 질서를 유지하는 방법은 상징계의 시초를, 다시 말해 그 입구를 가리는 것이다. 이렇게 함으로써 상징계는 안팎이 구분되지 않고 시작과 끝이 보이지 않는다. 그리고 상징화되지 않는 부분조차 상징적 질서를 통해 도달할 수 있는 '잠정적' 결여로 설정한다. 이런 면에서 라깡의 상징계는 지젝이 말하는 이데올로기적이다. 우리가 상식적으로 말하는 이데올로기는 끝이 보이는, 한계를 가진 상징적 질서의 일부분일 뿐이다. 반면에 지젝이 말하는 이데올로기는 끝이 보이지 않는 뫼비우스의 띠이다. 이는 거대하고 총체적인 질서로, 바로 상징계의 운용원리인 것이다.

이런 면에서 (지젝이 말하는) 라깡의 이데올로기는 알뛰쎄르의 그것보다 더 근원적이며 그만큼 더 가장(假裝, masquerade)을 필요로 한다. 라깡의 이데올로기는 인간의 치명적인 비밀을 숨기고 있다. 이데올로기가 원천적인 것인만큼 그것을 향한 욕망도 원천적이다. 라깡의 욕망은 이 이데올로기가 가리고 있는 환상적 대상인 타대상을 향해 끊임없이 돌진한다. 그래서 라깡이 생각하는 인간의 기본적인 윤리는 이 욕망을 인정하는 것이다.

같은 맥락으로 지젝에게 이 사회는 결코 조화로울 수 없다. 그것은 인간의 심리가 결코 조화로울 수 없는 것과 마찬가지다. 지젝은 어떤 사회건 이러한 근본적인 막다름, 다시 말해 반목(antagonism)을 내포한다고 생각한다. 지젝이 보는 이데올로기적 환상이란 어떤 반목에 의해 나누어지지 않는 사회, 즉 실제로 존재하지 않는 사회를 상상하는 것이다(Žižek 1989, 126면). 이 환상이란 반목적 틈이 메워지는 방법, 다시 말해 이데올로기가 자체의 실패를 사전에 고려하는 수단이라는 것이다. 지젝은 더 나아가 '사회란 존재할 수 없는 것'(Society doesn't exist)이라는 라끌라우(E. Laclau)와 무프(C. Mouffe)의 극단적인 주장을 받아들인다(Žižek 1989, 127면). 왜냐하면 사회는 구성적 불가능성에 의해 구성되는 일관적이지 않은 영역이며 근본적인 반목이 가로지르고 있기 때문이다. 즉 사회란 구성원이 불가능한 전제를 믿기 때문에 유지되는 것이며 그 현실은 가장될 뿐이다. 그렇기 때문에 지젝은 고정된 사회적·상징적 정체성이라는 것은 실패하게 마련이라고 주장한다. 여기서 이데올로기적 환상의 역할은 이러한 비일관성을 가리고 우리의 실패한 정체성을 보상하는 일이다. 그리고 이데올로기란 바로 이러한 근본적인 반목을 인정하지 않고 사람들로 하여금 사회적 통합이 가능하다고 믿게 하는 것이다. 단지 근본적인 반목이 특정한 대상에서 기인한다고 믿게 함으로써 화합적인 사회의 환상을 유지한다.

지젝의 시각에서 보면 이데올로기란 '불가능한 총체성'인데 그 불가능성의 흔적을 소멸시킴으로써 기능하게 된다(Žižek 1989, 49면). 맑스의 시각에서 보면 이데올로기적 과정의 정수는 거짓된 '영속화'(eternalization)와 '보편화'(universalization)이다. 즉 구체적인 역사 싯점에서 발생하는 특정한 상태를 영속적이고 보편적인 인간조건으로 간주하는 것이다. 이에 반해 지젝이 생각하는 가장 이데올로기적인 과정은 '과급한 역사화'(over-rapid histo-ricization)이다. 지젝에 있어 영속화와 과급한 역사화는 동전의 양면일 뿐이다. 과급한 보편화(univeralization)가 보편적(universal) 이미지를 만들어냄으로써 특정한 현상이 특정한 "역사적·사회상징적 결정"의 결과임을 가리는 반면, 지젝이 말하는 과급한 역사화는 보편적일 수도 있는 현상에 지나치게 역사적인 해석을 가하는 것을 말한다. 이는 어떤 현상이 대단히 보편적인 의의를 갖고 있음에도 불구하고 이를 단순히 어떤 역사적 싯점의 산물로 보는 것이다. 지젝은 이 과급한 역사화가 바로 라깡적 의미의 이데올로기의 작용이라고 생각한다. 맑스가 비판했던 과급한 보편화가 맑스가 보는 이데올로기적 작용, 즉 특정한 계급의 계급성을 덮는 것이라면, 이 과급한 역사화는 다양한 역사화들이 결국 봉착하게 마련인 '실재적 핵'(real kernel)을 가리게 하는 작용을 한다는 것이다. 영속화와 보편화가 어떤 상황의 역사적·사회상징적 결정(determination)을 보지 못하게 하는 것이라면, 과급한 역사화는 그것으로부터 '실재적 핵'을 보지 못하게 하는 작용을 한다는 것이다. 맑스의 이데올로기가 부르주아 계급의 거짓된 보편의식을 넘어서 프롤레타리아 혁명에 의한 유토피아 건설이라는 역사적 필연성을 설정했다면, 지젝 식의 이데올로기는 라깡의 사회관에 근거하여 이데올로기 너머에 아무것도 설정하지 않는 훨씬 극단적인 철학이다. 그러기 때문에 라깡은 현실을 환상적이라고 부른다. 그 현실이 환상을 구성하는 방식이 이데올로기이므로 이런 맥락에서 과급한 역사화는 어느 사회에서나 필연적인 것이다. 이 글에서는 이러한 과정을 대중문화인 영화에서 살펴보고자 한다.

라깡적 이데올로기의 사례

라깡의 이론을 근거로 이데올로기를 해석하는 지젝은 이데올로기는 사회의 결여(缺如)를 감추는 도구라고 생각한다. 이데올로기는 어느 사회건 있게 마련인 구성원들 사이의 근본적으로 화합할 수 없는 갈등을 어떤 특정 대상에게 전가하는 과정이라는 것이다. 예를 들어 반유태주의는 사회적 갈등을 유태인 탓(그들의 탐욕, 위선 등)으로 돌린다. 우리 사회에서는 가장 강력한 이데올로기 중의 하나가 공산주의(혹은 반공산주의) 이데올로기이다. 한 민족이 둘로 나뉘어 서로 대치하고 있는 상황은 흔히 정치적 불안정의 원인으로 간주되지만 지젝 식으로 해석하자면 오히려 정치적 안정을 유지하는 기제이다. 다시 말하면 북쪽 공산정권의 존재에 한국사회의 모든 갈등 원인을 전가함으로써 현재의 화합을 유지한다는 것이다. 예를 들어 한국

사회에서 사회적 소요가 일어날 때마다 북의 음모설, 북의 시위선동설, 심지어 남침위협설 등 사회 혼란의 원인을 북한에 돌리는 것이다. 마치 북한체제만 없어지면 남한의 정치적 안정이 보장될 것처럼. 그렇다면 한반도에서 50여년 간 지속된 남북의 이념반목은 라깡 식으로 얘기하자면 아주 효율적인 이데올로기적 환상의 역할을 해왔다고 할 수 있다. 그 이데올로기적 환상은 대한민국 사람 모두가 부르짖는 통일의 이상화에 의해 잘 표현되는데, 오랫동안 우리는 남북분단을 이 사회의 근본적인 갈등 원인으로 여겼기 때문이다.

이런 의미에서 남한사람들에게 공산당은 대표적인 이데올로기적 환상이다. 남한사람들에게 공산당은 실제의 존재를 가리키기보다는 북한체제에 대한 남한사람들의 환상적 개념의 집합체이다. 공산당은 중립적인 의미의 북한군이 아니라 공산주의 정신에 투철하여 인간성을 결여하고 심지어 잔인하기까지 한 체제의 자동인형이다. 남한사람들은 이러한 공산당이 북한에 존재하고 있다는 사실을 교육받아왔다. 하지만 남한사람들에게 공산당은 경험적 존재는 아니다. 공산당은 휴전선 너머에만 존재해야 하며 그것이 바로 남한의 생존조건이다. 그러므로 휴전선 이남에 공산당이 존재하는 것은 생존의 조건을 위반하는 것이다. 공산당은 실제로 존재하지만 우리와 같은 공간에서 존재할 수 없다는 것은 공산당을 거의 실재의 영역에 위치시킨다. 공산당은 남한사회에 여러가지 영향을 만들어내는 면에서 존재하지만 우리와 같은 영역에서 존재하지는 않는다. 우리가 갖고 있는 공산당의 이미지는 구체적인 실재가 아니라 상징적 환상일 뿐이다. 북한사람들이 상징적 환상으로만 존재하는 동안 체제이데올로기에는 문제가 없다. 공산당 이데올로기에서는 공산당은 하나의 텅 빈 개념이며 실제로 나의 혈육인 사람들의 현실을 포함하지 않는다. 그래서 자신의 혈육이 공산당인 사람들의 경험은 이 이데올로기에서 제외되어야만 했다.

2. 영화와 라깡의 이데올로기

한국영화 속의 이데올로기와 한국영화의 이데올로기

오랫동안 우리의 영화에서 공산당은 신기루 같은 존재였다. 다시 말해 영화 속에서 공산당은 인격과 성격을 가진 구체적인 인물이 아닌 이름과 얼굴이 없는 집단으로만 보여졌다. 우루루 몰려와서 아버지를 끌어가고, 곡식을 빼앗아가는 등 그들의 행동은 어느 영화에서나 예상 가능하고 일정한 것이었다. 이러한 공산당을 조금 다르게 그리기 시작한 것이 요즈음에 나온 정치영화들이다. 이 영화들은 남북한의 체제 현실을 그린다는 면에서 상식적인 의미의 정치영화라고 부를 수 있겠지만, 이들이 그린 현실이 과연 얼마나 현실적이냐는 질문을 제기한다는 점에서 라깡적 의미의 정치영화라고 부를 수 있겠다.

「쉬리」와 「공동경비구역 JSA」(이하 「JSA」)는 남북분단의 상황이 초래할 수 있는 가상적인 현실을 그리고 있다는 데서, 또 그 안에서 체제이데올로기가 개인에게 어떤 영향을 미치는지에 대해 모색한다는 점에서 공통점을 가진다. 물론 「쉬리」는 미스터리 스릴러·액션·멜로드라마라는 장르 안에서, 「JSA」는 미스터리·버디 무비의 장르 안에서 무엇보다 오락적인 기능을 수행한다. 따라서 이 영화들에서 이데올로기적 모색은 부차적이거나 무의식적인 결과이다. 그런데 「쉬리」와 「JSA」 모두 남북분단을 소재로 하는 데서 정치성이 있다면, 이 정치성은 각각 다른 의미를 가진다. 「쉬리」에서의 정치성은 상식적이다. 즉 이 정치성은 기존의 이데올로기 안에 한정된다. 반면에 「JSA」의 정치성은 지젝이 말하는 라깡적 의미의 이데올로기, 즉 사회의 근본적 반목을 가리는 작용으로서의 이데올로기와 관계된다.

「쉬리」의 체제이데올로기

「쉬리」는 남한 정보기관의 특수비밀요원과 북한의 특수8군단 요원 사이
의 이루어질 수 없는 사랑을 그린 멜로드라마이자 신소재 액체폭탄 CTX의
행방을 찾는 미스터리이고, 그리고 남북의 특수요원들 사이에 벌어지는 대
규모 총격전을 보여주는 액션물이기도 하다. 남한의 특수비밀요원 유중원
(한석규 분)은 사랑하는 약혼자 명현이 사실은 북한 특수8군단 소속 최고의
저격수 이방희임을 모르고 있다. 이방희는 여러차례 정부요인들을 살해하
였으며 남한의 중요한 움직임을 귀신처럼 알고 사건이 터지는 곳마다 나타
남으로써 유중원과 동료들은 자신들 사이에 정보를 유출하는 사람이 있다
고 의심하게 된다. 그러던 중 그들에게 정보를 제공하겠다고 약속한 무기밀
매상이 살해당하는데 이 또한 이방희의 솜씨로 보인다. 이 사건을 수사하는
과정에서 유중원은 이방희가 이 무기상을 통해 액체폭탄 CTX를 노렸다는
사실을 알아낸다. 그러는 사이에 북에서 침투한 특수8군단 요원 박무영과
정예요원들은 액체폭탄 CTX를 탈취하는 데 성공하고 유중원을 비롯한 남
측요원들은 이를 쫓는다. 서울 한복판에서 대규모 총격전이 벌어지는데 여
기서 유중원과 이방희는 정면으로 부딪치고 유중원은 이방희가 바로 약혼
자 명현이라는 것을 알아차리는 순간 그녀를 총으로 쏘게 된다.

이처럼 영화는 유중원이라는 주인공이 문제의 암살자 이방희를 찾아내고
북한 특수요원들을 소탕함으로써 사건을 해결하는 미스터리액션 형식과 남
녀의 진실한 사랑이 정치체제 때문에 희생되는 멜로드라마적 형식을 공유
하고 있다. 이 이중 장르적 구조는 각각 다른 이데올로기적 시각을 설정한
다. 먼저 미스터리액션 구조는 특수요원인 주인공이 자신의 목적을 이루는
과정을 통해 주인공의 목적을 정당화하며 따라서 주인공의 행위를 당위적
인 것으로 표현한다. 결국 주인공이 믿는 가치체계는 하나의 이데올로기가
아닌 보편적인 진실로 표명되며 결과적으로 북한사람들만이 이데올로기의
하수인으로 그려진다. 북한사람들이 이데올로기에 함몰되어 있음은 영화의

서두에 그려지는 북한 특수8군단의 엽기적인 훈련 모습이나 남한의 자본주의체제를 부패하고 타락한 것으로 매도하는 박무영 같은 골수분자를 통해 보여진다. 또한 유중원에게 연인으로 접근하여 그에게서 중요한 정보를 빼내는 이방희처럼 정치적 목적을 위해 사생활을 바치는 경우도 이데올로기의 강력한 힘으로 표현된다. 이에 반해 자신의 목숨보다 비밀요원으로서의 임무를 더욱 중히 여기는 유중원은 직업의식에 투철한 사람으로 표현된다. 더구나 이방희와 대면한 순간 차마 총을 쏘지 못하는 이방희에게 냉정하게 총을 쏘는 행위까지도 특수요원으로서의 그의 자질을 확인시켜줄 뿐이다. 이처럼 미스터리액션 장르로서의 「쉬리」는 관객을 이데올로기적으로 호명하는 영화이다. 관객은 자신을 주인공 유중원과 동일시함으로써 주인공의 이데올로기에 공명한다. 따라서 주인공의 이데올로기는 영화의 이데올로기이자 또한 관객의 이데올로기가 되어 투명하고 중립적인 진실로 둔갑한다.

그런데 사랑하는 사람에게 총을 겨누는 이 설정은 멜로드라마 장르의 필수조건이기도 하다(제도에 의해 희생되는 사랑). 유중원을 사건을 해결하는 스릴러의 주인공으로가 아니라 한 여자의 연인인 멜로드라마의 주인공으로 볼 때 그의 이 행위는 반드시 관객의 동의를 얻을 수는 없다. 명현을 그토록 사랑했던 유중원의 냉엄한 이 행위는 관객으로 하여금 그 정당성을 고민하게 만든다. 영화는 이 사건 후 비애에 잠긴 주인공의 모습을 결론적으로 보여줌으로써 그 정당성에 대해 확답을 주지 않는다. 무엇보다 명현/이방희의 이중적인 정체성이 애매모호함을 강조하는 역할을 한다. 잔인한 살인기계 이방희는 유중원의 행위에 충분한 정당성을 부여한다. 반면에 청순하고 다감한 인물인 명현의 죽음은 관객으로 하여금 눈물을 뿌리게 한다.

그런데 간과할 수 없는 사실은 명현과 이방희 중 관객에게 각인된 이미지는 명현의 것이지, 이방희의 것이 아니라는 점이다. 영화는 장시간에 걸쳐 명현의 일상을 묘사함으로써 관객이 그녀와 동감할 수 있는 여지를 마련한다. 이에 반해 이방희는 단지 말로만 설명되는 유령 같은 존재일 뿐이다. 관객이 이방희를 만나게 되는 것은 영화의 마지막에 이르러서이다. 이 영화는 이방희와 명현이라는 이중정체성을 그리지만, 명현은 구체적인 실체로 그려지는 반면에 이방희는 소문 속에만 존재하는 허상으로 그려진다. 이는 앞에서 설명했듯이 남한의 체제이데올로기에서 공산당은 허상으로만 존재하는 것과 같은 맥락으로 이해할 수 있다. 영화의 마지막은 죽은 이방희의 정체성의 중요한 부분이 명현이었음을 환기시킨다. 그래서 멜로드라마로서의 이 영화의 결말은 이데올로기적으로 모호하다. 명현이 이방희일 수 있었고, 동시에 이방희가 명현일 수 있었던 것은 이데올로기가 100퍼센트 완벽한 기제가 아니라는 점을 보여준다. 동시에 북한사람들이 이데올로기에 의해 움직였듯이 남한사람들도 이데올로기에 의해 움직였음을 시사해준다.

그럼에도 불구하고 이 영화에서 이데올로기적 혼란은 상징적 세계를 혼란시키지는 않는다. 박무영이 북한 체제이데올로기의 하수인인 것처럼 유중원도 남한 체제이데올로기의 하수인일 수 있다는 설명이 가능하기는 하지만 그것이 상징계 자체의 기반을 흔들지는 않는다. 주인공의 사랑이 이데올로기적 시각의 일관성을 흔들기는 하지만 영화의 이데올로기는 체제이데올로기로서 상징계의 일부일 뿐이다. 극적인 사건이 해결된 후에도 유중원의 세계는 건재하다. 여기서 무너진 것은 이데올로기가 아니라 사랑의 환상이다. 애초에 유중원과 명현의 사랑은 상상적 충만함으로 표현된다. 이들의 사랑은 상징적 질서가 관여되지 않는 둘만의 충만한 사랑이었다. 둘의 사랑은 수족관을 중심으로 가족이나 사회와 유리된 채로 그려진다. 명현에 대한 유중원의 감정이 순수했던만큼 명현의 이중성은 그에게 충격적이다. 사랑이 그 자체로 완벽할 수 있다는 환상은 사라진다. 동시에 이는 명현이 북한의 비밀요원만 아니었다면, 나아가 남북분단의 상황만 아니었다면 그들의 사랑이 완벽했으리라는 이데올로기적 전제로 이어진다.

「JSA」와 이데올로기적 환상의 붕괴

이에 비해 「JSA」는 남북한의 체제를 유지시켜온 이데올로기의 허상을 보여주고자 하는 데서 급진적 메씨지를 담고 있다고 할 수 있다. 그런데 이 영화의 결말은 단순한 이데올로기의 고발로는 이해할 수 없을 정도로 과격하다. 즉 주인공 이수혁 병장(이병헌 분)의 자살은 보통의 관객에게는 잘 이해되지 않는 과격한 결말인 것이다. 이 결말은 의식적인 의도를 넘어선다는 점에서 정신분석학적인 해석을 필요로 한다. 이 영화의 결말은 이데올로기가 무너진 자리에 나타나는 실존적 혼란을 그린다. 이는 이데올로기를 상징계의 기본요소로 보는 지젝의 이데올로기론을 그대로 반영한다. 영화「JSA」의 표면적인 메씨지는 체제이데올로기의 허상이다. 체제이데올로기는 인간의 본성에 반하는 생각과 행동을 강요하며 무엇보다 그 자체가 진리는 아니라는 것이다. 이와는 달리 지젝이 해석하는 라깡의 이데올로기론은 이데올로기가 필수불가결함을 주장한다. 물론 이데올로기가 진실은 아니지만 진실로 오인되는, 다시 말해 상징계를 받치는 기반이기 때문에 이데올로기의 와해는 그 이상의 혼돈을 유발한다. 라깡에 의하면 상징계는 그를 받치는 이데올로기적 환상에 의해 유지된다. 이데올로기적 환상이 깨지는 순간 상징계는 흔들리게 된다.

체제이데올로기의 위기

「JSA」는 이데올로기적 환상이 깨지는 순간을 묘사한다. 이 영화는 두 명의 남한군과 두 명의 북한군이 서로 알게 되고, 친해지고, 형제 같은 관계로 발전하지만 결국은 서로에게 총을 겨누고 그 중 세 명이 목숨을 잃게 되는 비극적인 상황을 그리고 있다. 남한군 이수혁의 소대는 작전수행중 실수로 북의 영역으로 들어가게 되는데 이를 깨달은 소대는 서둘러 철수한다. 그러던 중에 따로 떨어져 생리현상을 해결하던 이수혁은 혼자서 북한영역에 남게 되고 또한 지뢰를 밟게 된다. 엎친데덮친 격으로 그때 마침 북한군이 나타난다. 북한군과 지뢰라는 이중의 위협에 부딪힌 이수혁은 지푸라기라도 잡는 심정으로 북한군에게 도와줄 것을 부탁한다. 이수혁을 통제하는 체제

이데올로기에 의하면 북한군은 이데올로기의 노예로 어떤 상황에서도 남한군을 구하리라 기대할 수 없지만, 이 순간은 발을 떼자마자 지뢰가 터질 것이고 또한 북한군을 같은 공간에서 만났다는 데서 거의 실재에 가까운 순간이기 때문이다.

물론 이수혁이 북한군을 여기서 처음 만난 것은 아니다. 판문점에서 보초를 설 때 남북한군은 바로 코앞에서 마주보게 된다. 하지만 그들은 여전히 높이 5cm, 너비 50cm의 콘크리트 군사분계선에 의해 나누어져 있다. 여기서 물리적인 거리는 문제가 되지 않는다. 침을 뱉으면 얼굴에 맞을 수 있는 거리지만 이는 엄연히 체제의 경계선에 의해 분리되어 있다. 그들의 공간은 엄연히 분리되어 있기 때문에 그들은 어떤 의사소통도 하지 않는다. 그들은 엄연한 적이요, 남북 분단체제 안에 존재하고 있다. 엎어지면 코 닿을 거리에 있는 그들은 서로에게 여전히 추상적인 개념으로만 존재한다.

그런데 이수혁과 북한군 중사 오경필, 전사 정우진이 인적 없는 벌판에서 만났을 때 이들은 말을 나눌 뿐만 아니라 상대의 생명을 구해주는 지대한 영향력을 미치는 행위를 한다. 여기서 이수혁의 체제이데올로기는 흔들린다. 그가 본 북한군은 더이상 공산당이 아니다. 이들은 인간에 대한 최소한의 동정심을 가진 인간들이다. 이들이 공산당에 대한 스테레오 타이프에서 벗어나는 순간 이수혁의 이데올로기는 금이 가기 시작한다. 그리고 그는 공산당을 비인간시하는 남한의 이데올로기에 반하는 행동을 하기 시작한다. 그는 자신의 생명을 구해준 오경필을 형이라고 부르며 편지를 써서 북한 쪽으로 던지기 시작한다. 이데올로기의 붕괴는 북한군에서도 동시에 일어난다. 오경필이 이 편지에 답장을 하기 시작하는 것이다(물론 정우진이 오경필을 대신하여 답장을 하는 것이다). 어쨌든 이들의 관계는 이렇게 시작된다. 후에 합류한 남한군 일병 남성식을 포함한 네 명의 남북한군은 형제 같은 우정을 쌓아간다. 사회로부터 격리된 적적한 환경에서 이들은 남성들만의 결속을 다지며 때로는 소년기로 퇴행하여 원초적인 유희를 즐긴다.

물론 이데올로기는 쉽게 사라지지 않는다. 이들은 한편으로는 체제가 허용하지 않는 우정을 맺지만 다른 한편으로는 체제이데올로기에 대한 신뢰를 완전히 버리지는 못한다. 특히 남성식은 북한친구들의 진짜 정체에 대해 의심을 풀지 못한다. 그는 소문에서 들은 대로 북한친구들이 자신들을 '월북시키기 위해 교육받고 근무 서는 애들'이 아닐까 하고 의심한다. 그는 북한사람들이 연루된 모든 사건에 대해 진위성을 의심하는데, 북한군 초소에서 총격전이 벌어지던 날, 남북한군이 서로 총을 겨누며 긴장이 높아가던 순간에도 '서로 짜고 하는 것이 아닐까' 하는 의구심을 버리지 못한다. 남성식은 북한군이 모두 철저한 공산당이라는 남한의 체제이데올로기에서 완전히 벗어나지는 못한다. 더구나 가장 극적인 순간에 이데올로기는 모두에게 확실한 힘을 행사한다. 그날 네 명의 남북한군이 모여 있는 자리에 돌연히 북한군 상위가 나타난 순간, 그들의 우정은 힘을 잃고 남북의 체제이데올로기가 그것을 대신한다. 이수혁과 남성식은 돌연히 자신들이 적진에 있음을 깨닫는다. 이수혁과 북한군 상위는 서로에게 총을 겨눈다. 상황을 수습하기 위해 총을 내려놓으라고 설득하는 오경필에게 이수혁은 "결국 우리는 적"이라고 외친다. 생명의 위협을 느낀 이수혁은 오경필의 충고를 듣지 않고 북한군 상위뿐만 아니라 동생같이 여기던 정우진까지 쏘고 만다. 이수혁에게 오경필과 정우진은 형제에서 적군으로 변하고 만 것이다.

이데올로기는 사실을 구성한다

지젝은 이데올로기의 영향력은 사람들이 생각하는 방식에 있는 것이 아니라 행동하는 방식에 있다고 생각한다. 맑스 식으로 말하면 "사람들은 그것[이데올로기]을 알지는 못하지만 그것을 행한다."(Žižek 1989, 28면. 이하 [ ]는 인용자) 지젝은 이를 "[이데올로기의] 환상은 현실에 대한 잘못된 의식(false consciousness)에 있는 것이 아니라 사실 그 자체에 있다"고 설명한다(Žižek 1989, 29면). 다시 말해 사람들은 사실을 오인하는 것이 아니라 그 사실을 구성하고 있는 환상을 간과하는 것이다. 이를 이수혁의 경우에 적용하면 이데올로기는 이수혁의 '생각하는 방식'(오경필과 정우진은 북한군이므로 아무리 친한 척해도 나의 적이다)이 아닌 '행동방식'을 결정해버린 것이다. 이수혁은 그들을 적이라고 생각하지 않았지만 그 순간에 그들을 적으로 정하고 행동하였다. 이수혁은 오랫동안 오경필을 형처럼 생각했지만 결정적인 순간에는 오경필이 결국 그쪽의 체제이데올로기에 따라 행동할 것이라는 전제에 따라 행동한 것이다.

「쉬리」에서 이데올로기적인 인물이 북한사람들로 표현된다면 이 영화에서는 이처럼 남한측 인물이 더 이데올로기적이다. 물론 북한사람 중에서도 상위는 "공을 못 세워서 안달하는" 전형적인 '공산당'으로 표현된다. 하지만 오경필은 체제이데올로기가 인간행동의 궁극적인 원칙이 아니라는 것을 믿는, 체제이데올로기를 초월한 사람이다. 그는 외국에서 많은 경험을 한 것으로 설정되어 북한체제의 한정된 시각을 벗어나고 있다. 무엇보다 체제이데올로기가 어떻게 사람의 행동을 규정하는지를 십분 이해하고 있는 인간이다. 그는 '조선민주주의인민공화국'에 대한 절대적인 충성심을 갖고 있지만 이것이 보편적인 인간에 대한 연민과 애정을 막지는 않는다. 그에게 체제이데올로기를 극복하게 하는 것은 인간에 대한 믿음, 다시 말해 휴머니즘이라고 할 수 있겠다. 그는 민족이 체제를 넘어 사랑해야 할 대상임을 믿는 민족주의자이기도 하다. 이 영화가 남북관계를 다룬 보통의 영화들과 다른 점은 남한측이 북한측보다 더 이데올로기적인 것으로 표현된다는 점이다. 남한의 표장군은 사건이 터지자 이것을 남한의 우월성을 증명하기 위한 계기로 삼으려고 애쓴다. 그는 왜 한 명의 북한군이라도 더 죽이지 못했는지 아쉬워한다. 그에게 북한군은 인간이라기보다 통계숫자에 불과하다. 이수혁·남성식이 북한의 오경필·정우진과 사귀고 있는 동안에도 상대편의 이데올로기성에 대해 불안해하는 쪽은 남한측이다. 위급한 순간, 이수혁과 남성식은 체제이데올로기를 그대로 행동에 옮긴다. 그 순간 이들에게 이데올로기는 생존방식 그 자체였다.

하지만 이 영화에서 남한측 인물들이 더 이데올로기적으로 묘사되기 때문에 이 영화가 「쉬리」의 반대쪽에서 남한의 체제이데올로기를 비판하는 정치영화라고 볼 수는 없다. 왜냐하면 남한측의 이데올로기적 행동을 보여주는 것이 이 영화의 결말이 아니기 때문이다. 물론 이 영화는 이데올로기 비판적이다. 영화 전반에 걸쳐 체제이데올로기가 얼마나 실제의 현실을 왜곡하고 가장하는가에 대해서, 그리고 얼마나 많은 비극을 초래하였는가를 강조하고 있다. 중립국 감독위원회의 스위스인 장군은 판문점이 "진실을 감춤으로써 평화를 유지하는 곳"이라고 말한다. 이런 면에서 이 영화는 남한 자신의 이데올로기성에 대해 고발하고 있다고 볼 수 있다. 지금까지 남한에서의 반공교육이 북한의 이데올로기성에만 치중했다면 그 교육 자체가 또 하나의 이데올로기였다는 사실을 얘기한다.

그런데 이 영화가 단순히 남한의 체제이데올로기에 대한 비판에서 끝나지 않는 것은 이수혁이 위급한 순간 철저히 이데올로기에 따라서 행동했지만 사후에 자신의 행동에 대해 커다란 회의를 품게 되기 때문이다. 남성식의 경우도 사건 후에 불안해하고 결국 자살에 이르지만 그 고민의 원인이 체제이데올로기를 어겼기 때문인지 혹은 그에 따라 행동했기 때문인지를 알기는 힘들다. 단지 그는 종종 북한친구들의 이데올로기성을 의심했고 평소의 소심했던 성격으로 보아 남측체제에 어긋나는 행동을 한 데 대한 두려움에서 자살을 했다고 보아도 무방할 것이다. 그의 결정적인 자살의 계기가 그가 사건현장에 있었는지를 알기 위해 거짓말탐지기를 사용하려 한 것이었다는 점도 이러한 추정을 가능케 한다. 반면에 이수혁의 자살동기는 훨씬 모호하다. 이수혁과 소피 소령 사이에는 그의 '반체제적' 행위를 묵인해주겠다는 약속이 이미 성립되어 있는 상태였다. 비록 이수혁의 행동(월경해서 북한군들과 교류한 것)이 남한 정치체제에 어긋나는 일이었지만 소피 소령 또한 체제이데올로기 바깥에 있는 사람이기 때문에 그녀에게 더욱 중요한 것은 진실을 아는 일이었지, 이수혁을 처벌하는 것이 아니었다. 오히려 그러한 이데올로기의 극한 상황에 처하게 된 이수혁을 동정하고 있었다. 그렇다면 왜 이수혁은 돌연히 자살을 감행한 것일까? 우리는 이것이 그의 이데올로기적 환상이 흔들렸기 때문이라고 추측할 수 있다. 이데올로기적 환상은 현실을 구축하는 요소이다. 이데올로기적 환상이 깨졌을 때 현실의 기반이 흔들리기 때문이다.

이데올로기의 필연성

의도했던 아니건 이 영화의 급진성은 체제이데올로기의 고발에 있지 않다. 이 영화가 이데올로기의 힘을 설명하는 것이라면 이수혁이 정우진을 쏜 것은 당연시되어야만 한다. 이수혁은 이데올로기가 시키는 대로 행동한 것뿐이기 때문이다. 그런데 문제는 이수혁이 총격사건 이후 말을 잃을 정도로 의기소침해졌고 강박적 증상을 보이기 시작했다는 것이다. 그는 수사에 전혀 협조하지 않았다. 그러다 소피 소령에게 마음을 열기 시작했는데, 소피 소령이 먼저 총을 쏘기 시작한 사람이 이수혁의 주장대로 남성식이 아니라 이수혁 자신이었다는 사실을 지적했을 때 돌연히 자살해버리고 만다. 그렇다면 그가 먼저 정우진에게 총을 쐈다는 사실의 비극성은 어디에 있었을까? 그것은 형제같이 지냈던 사람에게 총을 쏜 자신의 잔인함에 대한 후회와 더불어 무엇보다 자신의 행동에 대한 정당성을 찾을 수 없다는 절망감일 것이다.

이수혁은 두 가지 이데올로기의 붕괴를 차례로 겪는다. 먼저 지뢰를 밟은 자신을 오경필이 목숨을 걸고 구해주었을 때 이수혁의 체제이데올로기는 흔들리기 시작한다. 죽음이라는 실재적 상황에서 이데올로기의 상징성은 힘을 잃는다. 이 경험은 이수혁의 체제이데올로기에 상당한 수정을 가한다. 앞에서 말한 대로, 공산당이 이데올로기적 환상이라면 공산당과 접촉하고 감정을 교류하는 일은 이 환상을 무너뜨리는 일이다. 이수혁이 실제로 경험한 북한군들은 환상 속의 인물들과는 다르다. 그들은 인간적이고 애정을 가진 사람들이다. 물론 이 일로 인해 체제이데올로기를 하루아침에 폐기처분하지는 않는다. 이데올로기란 쉽게 사라지지 않는다. 무엇보다 (지젝에 따르면) 이데올로기는 현실을 지지하는 환상이다. 사회적 생존을 위해서는 이 데올로기적 환상도 필수적이다. 따라서 하나의 이데올로기는 도전받을 수 있지만 이는 곧 다른 이데올로기로 대치된다. 개별적인 이데올로기는 생멸 하지만 이데올로기 자체는 사라지지 않는다. 이데올로기의 존재는 상징계 의 전제조건이기 때문이다. 여기서 체제이데올로기가 흔들리면서 또다른 이데올로기가 이수혁의 의식을 통제하는데 이는 가부장적 이데올로기이다. 물론 가부장적 이데올로기는 이미 이수혁의 의식에 자리잡고 있었다. 다만 이제부터 오경필과의 관계를 통제하는 원칙이 가부장적 이데올로기로 대치 된다는 것이다.

이수혁·남성식과 오경필·정우진의 관계는 정치성을 최대한으로 배제 한 가족 같은 관계로 발전한다. 오경필은 큰형님 혹은 아버지 같은 역할을 한다. 젊고 경험의 폭이 한정된 나머지 세 사람에 비해서 오경필은 노련하 며 경험의 폭이 넓다. 오경필은 이수혁의 인생관에 커다란 영향을 미치는 데, 사건이 일어난 후 수사과정에서 이수혁이 뱉은 철학적인 말들이 사실은 오경필의 말이었다는 점에서도 오경필이 이수혁에게 미친 영향을 알 수 있 다. 미성숙하고 시야가 좁은 이수혁에 비해 여러 나라를 다녀본 오경필은 성숙하고 체제이데올로기 밖에서 세상을 볼 줄 아는 사람이다. 이수혁이 모 든 일을 환상을 통해 보고 있다면 오경필은 환상 뒤의 현실을 볼 수 있는 사 람이다. 총을 빨리 뽑을 수 있다고 자랑하는 이수혁에게 오경필은 "실전에 서 중요한 것은 얼마나 빨리 총을 뽑을 수 있느냐가 아니라 얼마나 침착하 고 대담하게 행동할 수 있는가이다"고 말한다. 이수혁은 후에 이 말을 자신 의 말처럼 써먹는다. 실전 경험 없이 전쟁에 대한 환상만 갖고 있는 이들에 게 오경필은 전쟁의 현실이 얼마나 다른지를 이야기해준다. 그는 전쟁이라 는 극단적 현실을 좌우하는 것이 지극히 냉담한 정치구조임을 알고 있다.

이들은 나이순대로 형제적 서열을 가진다. 그리고 이 형제애는 남성이라 는 동일경험을 바탕으로 발전한다. 체제이데올로기를 넘어서는 것은 인간 애뿐만 아니라 남성으로서의 결속력이다. 이수혁이 북한군에게 노래테이프를 보냈을 때 그것을 받은 정우진은 "여성동무 노래는 없는지"를 묻는다. 함께 시간을 보내게 되면서부터는 서로의 여자친구 사진과 도색잡지를 같이 들여다보기도 한다. 여성에 대한 관심은 이들에게 최소 공통분모이며 서로가 같은 남자임을 확인하는 계기가 된다. 이들은 남북한 사람들이기 이전에 같은 남자들인 것이다. 이것은 이들이 즐기는 유아적 놀이를 통해서도 확인된다. 남북체제가 갈라놓을 수 없는 것이 유아적인 놀이의 보편성이다. 공기놀이, 닭싸움, 몸으로 밀치기 등을 하며 이들은 군인이 아닌 소년으로 돌아가기도 한다. 달 밝은 밤, 고적한 장소에서 그들만의 놀이를 즐기는 것은 체제나 정치 이전의 근원적인 형제애를 키우게 한다.

같이 있는 동안 이들은 더이상 남북한의 군인이 아니라 형제들이다. 따라서 오경필과 정우진을 형제처럼 여기게 된 이수혁이 그들에게 총질을 했다는 것은 비극적인 일이다. 이수혁은 이러한 사실을 스스로 용납할 수 없었을 것이다. 더구나 정우진에게 처음 총을 쏜 사람이 남성식이 아닌 자신이었다는 것은 이수혁이 끝까지 숨기고 싶었던 부끄러운 사실이었던 것이다. 이수혁은 이미 쓰러진 정우진에게 여러차례 더 총을 쏜다. 이는 긴급한 상황에서의 자기방어의 본능으로 설명하기에는 너무 잔인한 행동이라고 할 수 있다. 여기서 이수혁은 형제살인 같은 가부장적 질서에 반하는 행동을 저지른 것이다. 그래서 이수혁의 자살은 양심의 가책의 결과이며 가부장적 이데올로기의 심판의 결과라고 볼 수 있다.

이수혁의 죽음에 대한 지젝적인 해석은 그의 상징계의 붕괴이다. 지젝에게서 이데올로기는 상징계를 이루는 기초이다. 상징계가 유지되기 위해서는 하나의 이데올로기가 무너질 때 다른 이데올로기가 이를 채워주어야 한다. 이수혁의 정치세계는 더이상 체제이데올로기에 의해 통제되지 못하고 가부장적 이데올로기가 이를 대체하는데 이는 형제 같은 정우진을 쏜 사실을 설명하지 못한다. 여기서 상징계적 질서는 무너지게 된다고 할 수 있다. 이수혁에게 체제이데올로기가 확실했다면 북한군을 죽이는 행동은 정당화될 수 있었을 것이다. 체제이데올로기가 흔들리는 상태에서 그의 살해행동은 정당성을 갖기 힘들게 된다. 그의 행동이 가부장적 이데올로기에도 위반될 때 그의 상징질서는 흔들린다. 마지막 보루인 가부장적 이데올로기마저 무너지고 나면 그를 지지하는 원칙은 무엇인가? 여기서 그의 자살은 가부장적 이데올로기가 세상의 궁극적인 진리가 아님을 아는 데서 오는 절망의 표현으로 볼 수 있다. 이데올로기가 환상의 체계라면 그 환상이 깨졌을 때 오는 것은 무엇인가? 가부장적 이데올로기를 어기고도 법적으로, 사회적으로 아무 문제없이 살 수 있게 된 지금 이수혁은 오히려 절망에 빠지게 된다. 상징계의 질서가 사실은 보편적인 질서가 아님을 깨닫게 되었을 때, 자신의 행동이 어떤 질서로부터도 정당성을 획득할 수 없음을 알았을 때 그는 절망하는 것이다.

여기서 이데올로기는 라깡의 상징계와 같은 맥락으로 사용된다. 라깡은 현실은 환상이라고 이야기한다. 우리가 현실이라고 믿는 것은 사실상 상징적 질서로 이루어진 환상체계이며 생물적 현실인 실재와 다르다고 여긴다. 이 영화의 의도가 체제이데올로기 비판이라는 것은 확실하지만 이것이 과연 이데올로기 자체에 대한 비판인지는 확실하지 않다. 이는 이수혁의 죽음이 과연 무엇을 의미하는가 하는 질문과 관련되어 있다. 여기서 우리는 이수혁의 죽음을 두 가지 의미로 해석해볼 수 있다. 하나는 이 영화의 가부장적인 무의식에 기인시키는 것이다. 영화의 가부장적 무의식은 이를 어긴 이수혁에게 죽음이라는 처벌을 내리는 것이다. 다른 해석은 지금까지 언급한 대로 이수혁의 상징계의 붕괴를 상정하는 것이다. 상징계는 환상에 의해서만 유지된다. 그래서 라깡은 현실은 환상적인 것이라고 했다. 그 환상은 현실 밖에 존재하는 것이 아니라 현실을 구성하는 필수조건이다. 환상이 무너질 때 현실도 같이 무너지게 된다. 가부장적 환상은 형제애의 궁극적인 우월성이다. 형제에 대한 애정은 모든 이해관계를 초월해야 한다. 인간의 궁극적인 이타성과 그에 따른 조화에 대한 환상만이 인간사회를 유지시킨다는 것이다. 이 환상이 유지되지 않을 때 상징계는 기능하지 못한다.

「쉬리」와 「JSA」에서의 이데올로기를 다루는 방법의 또다른 차이는 여성

인물의 역할이다. 「쉬리」에서 여자주인공 이방희/명현은 유중원의 상징계
적 안정을 위협하는 인물로 나타난다. 그녀는 유중원으로 하여금 현실이 무
엇인지 혼동스럽게 만든다. 자신이 무엇보다 사랑하는 여인이라고 생각했
던 명현은 알고 보니 북한 특수8군단 소속 이방희이다. 그녀는 그로부터 정
보를 알아내어 그의 활동을 교란시킨다. 그녀는 이중적인 정체성과 위험성
을 가진 팜므 파딸(femme fatal)이다. 그리고 영화는 보통의 팜므 파딸처럼
이 여인을 제거함으로써 주인공의 상징계를 회복시킨다. 이에 반해 「JSA」는
여주인공 소피 소령이 이수혁에게 진리를 알려주는 역할을 한다. 이 진리
때문에 이수혁은 결국 죽음을 택하고 소피는 그의 죽음을 목격하는 사람이
된다. 소피가 이 영화에서 사건을 풀어가는 역할을 하고 있고 이 사건이 남
성들만이 연류된 사건이라는 것은 의미심장하다. 소피의 아버지가 참가하
였던 한국전쟁과 그로 인한 포로교환의 문제, 그리고 그 결과로 생긴 판문
점 공동경비구역과 거기서 일어난 지금의 사건 등 영화에서 보여주는 역사
는 모두 남성들의 역사다. 이러한 남성들의 역사를 여성의 눈을 빌려서 보
게 되는 이 영화의 결말은 바로 상징계의 붕괴이다. 이 영화의 결말은 이 영
화가 체제이데올로기보다는 가부장적 이데올로기에 관한 영화임을 보여준
다. 남북을 정치체제가 둘로 나뉜 것으로 보았을 때보다 민족의 나뉨, 즉 두
형제로 보고자 했을 때 우리는 훨씬 심각한 결말을 본다. 형제애를 배신했
을 때 주인공은 현실을 받아들일 수 없어 죽음을 택하게 된다. 이러한 가부
장적인 사건에 여성은 끼여들어갈 수 없고 단지 방관할 뿐이다. 그래서 몇
몇 남성관객들은 필자에게 이 영화에서 소피 소령을 연기한 배우 이영애의
역할에 대한 불편함을 표현하였는지 모른다.

외상으로서의 정치영화

　지금까지 라깡의 이론을 빌려서 「쉬리」와 「JSA」를 분석해보았다. 과연 라
깡을 통해서 우리는 무엇을 더 볼 수 있었을까? 그것은 이 두 영화에서 표현

하고자 하는 분단의 비극이라는 주제가 이데올로기적으로 동일하지 않다는 사실이다. 다시 말해 우리는 두 영화가 이 주제의 정치적 의미를 얼마나 정치적으로 보았는가 하는 것을 분석해보았다. 1999년과 2000년에 대박을 터뜨린 이 두 블록버스터 영화의 진지성에 대해서는 많은 회의론이 나돌았다. 이 두 영화는 남북분단을 진지하게 정치적으로 접근한 영화라기보다는 남북분단을 오락적으로 '승화'시킨 영화라는 것이다. 이 글에서는 두 영화의 정치성을 차별화하고자 한다. 이 영화들은 남북분단이라는 현재의 정치적 상황을 영화의 소재로 삼음으로써 이 상황을 역사화하는 데 참여한다. 그런데 앞에서 언급했듯이, '과급한 역사화'는 또 하나의 이데올로기적 작용을 하므로 역사화의 방식에 주목할 필요가 있다. 이 영화들은 이미 박제되어 있는 분단의 역사를 꺼내 먼지를 털고 밝은 빛을 비추어보고자 한다. 남북분단은 이미 50년의 역사를 갖고 있고, 현재의 한국인들 중 분단 후에 태어난 사람들이 큰 비율을 차지하므로 한국인들에게는 하나의 보편적인 상태로 인식되고 있는 것이 사실이다. 동시에 이는 우리에게 삼킬 수도, 뱉을 수도 없는 하나의 외상(外傷, trauma) 같은 사건이었기도 하다. 오래 묵은 이 사건이 영화화되는 것은 햇볕정책과 같은 새로운 남북관계 시도에서 유래된 정서를 포함하고 있다고 보아야 할 것이다.

남북분단이 오랫동안 우리 한국인들에게 외상과 같은 것이었다면 이 영화들은 이 외상에서 벗어나려는 사회적 무의식의 시도의 하나로 볼 수 있다. 정신분석학적 개념으로서의 외상은 다음과 같이 정의된다. "주체의 인생에서 다음의 특징 ──사건의 강렬함, 그 사건에 주체가 적절하게 대응할 수 있는 능력을 갖지 못함, 그리고 발작과 심리조직에 그 사건이 초래하는 장기적 영향──에 의해 정의될 수 있는 사건을 말한다."(Laplanche/ Pontalis 1967, 465면) 이 정의를 개인적인 상황에서 사회·문화적인 상황으로 확장하면 한 사회가 겪은 강렬하고 오랜 영향을 미치는 사건으로 해석할 수 있다. 이는 사회가 적절히 대응하고 해결하기 어려운 사건이기 때문에 여러가지 형상으로 그 증상을 보일 수 있다. 영화는 이러한 사회적 외상이 표현되는 영역 중의 하나이다. 많은 영화들은 개인적이고 사회적인 외상을 다루고 있다. 영화연구에서는 이러한 영화들을 특별히 트라우마영화라고 지칭한다(Radstone 2001; Walker 2001). 트라우마영화에는 여러가지 용도가 있을 수 있지만 사회적인 외상을 어떤 방법으로든지 해결하고자 하는 것을 중요한 목적으로 가질 수 있다(물론 그 자체가 무의식적이겠지만).

「쉬리」와 「JSA」는 이러한 맥락에서 트로마영화로 분류될 수 있다. 남북분단은 이러한 사회적 외상의 정의를 만족시키는 사건이기 때문이다. 그런데 전자는 이를 역사로 다시 화석화시키는 반면 후자는 현재진행형 역사로서 취급한다.「쉬리」에서 외상은 개인화된다. 관객은 한 개인과 동일시되어 그가 외상을 해결하는 과정에 동참하게 된다. 반면에 「JSA」에서 관객은 한 개인과 완전히 동일시되지 못한다. 그가 자살이라는 과격한 방법을 선택하지만 그것을 이해할 수 없는 관객은 그 외상을 엉겁결에 전해받은 채 막연해질 수밖에 없다.「쉬리」에서의 해결방법은 일회적이다(물론 그 시도가 완전히 성공적이지 않을 수도 있음은 앞에서 멜로드라마적인 정서를 통해 언급한 바 있다). 반면에 「JSA」에서는 외상은 해결되지 않은 채로, 개인이 그것과 부딪치는 방법을 보여준다. 관객은 그 외상의 결과를 목격하면서 비로소 그 역사로 들어가게 된다고도 할 수 있다.「JSA」에 대한 세간의 많은 반응은 이 영화에서 묘사한 사건들이 실제로 일어날 수 있는가에 대해 집중되었다. 사람들에게 이 영화의 중요성은 「JSA」가 얼마나 현실을 반영하는지, 더 나아가 한국역사의 움직임을 반영하는지에 있다. 하지만 이 영화는 여전히 우리의 과거를 직면하려는 시도이며 어쩌면 처음으로 시도하는 정직한 직면일 수도 있다.

참고문헌

Lacan, Jaques (1977a) *Ecrits: A Selection.* Sheridan, Alan trans. New York: Norton.

——(1977b) *The Four Fundamental Concepts of Psychoanalysis.* Sheridan, Alan trans. London: Penguin Books.

Laplanche, Jean/Pontalis, Jean-Bertrand (1967) *The Language of Psycho-analysis.* Nicholson-Smith, Donald trans. New York: W. W. Norton.

Radstone, Susannah (2001) "Trauma and Screen Studies: opening the debate". *Screen.* Vol. 42, No. 2.

Walker, Janet (2001) "Trauma cinema: false memories and true experience". *Screen.* Vol. 42, No. 2.

Žižek, Slavoj (1989) *The Sublime Object of Ideology.* London/New York: Verso.

라깡과 미술비평
라깡의 실재와 숭고한 대상물의 관계

신명아

예술가를 광인(狂人)으로 정의한 플라톤(Platon)이 암시하듯이, 예술은 일상과 이성의 차원을 넘은 영역에 의해 고취되며 이성의 지배를 피해 존재하는 무의식과 깊은 연관이 있다. 지젝(S. Žižek)은 "예술가들은 조화로운 전체의 미학적 총체성 속에서 상반되는 것들과 갈등을 화해시키지 않고, 사람들로 하여금 그들의 삶 주변을 맴도는 '외상적인 초월'(traumatic excess)을 미학적으로 감지할 수 있는 장소를 구성한다"고 말한다(Žižek 2001, 96면). 이 정의는 예술을 모방충동의 미메시스(mimesis)적 산물이 아니라, 의식 밖의 재현되지 않은 영역을 다루는 것으로 제시한다.

바디우(A. Badiou)는 "진리의 생산자"(a producer of truths)로서의 예술이 "진리범주의 상술(詳述)"(the elaboration of a category of truth)로서의 철학에 대해 갖는 우위성을 언급했다(Badiou 2000, 66~67면). 그는 철학을 주인(Master)으로, 예술을 히스테리적 주체(Hysteric)로 설정하고, "진리는 나[히스테리 주체, 예술]의 혀를 통해 말하며, 나는 '거기에' 있고, 아는 너[주인, 철학]는 내가 누구인지 말해준다. (…) 그러나 끊임없는 창안——그 변신——을 통해 예술은 철학자가 자신에 대해 말한 것을 기각해버린다"고 지적한다(Badiou 2000, 51~52면. 이하 [ ]는 인용자). 바디우에 의하면, 철학의 의무는 예술이 창조하는 시대적 사건들의 "예술적 조형"(artistic configuration)을, 특히 이 '예술적 진리'의 생산이 어떻게 '당대의 대중여론'과 다른가를 설명하는 것이다(Badiou 2000, 67면).

라깡(J. Lacan)의 정신분석이론은 주체의 욕망구조에 의거하여 예술을 실재(실재계, the Real)라는 진리의 차원으로 고양시킨다. 그는 주체와 타자(언어)의 관계에서 주체가 언어에 의해 '소외'(alienation)되는 양상과 자신의 의식으로부터 '분리'(separation)되어 존재하는 주체의 핵인 '욕망의 대상-원인' 혹은 '대상 a'가 예술과 유지하는 관계를 설명한다. 라깡은 '대상 a' 혹은 '물자체'(사물, das Ding)가 실재에 속해 있으며, 이 실재는 언어가 속한 상징계(the Symbolic)나 자아가 속한 상상계(the Imaginary)보다 더 직접적으로 주체에 영향을 미치면서 모든 인간의 활동에 개입한다고 본다.

그에 의하면 진정한 과학인 '과학자체'(la science)는 이 '대상 a'에 대한 인식을 바탕으로 그 체계를 구성한다. 기존의 과학은 '대상 a'에 대한 인식 없이 경험적인 것의 체계만을 구성하는 상징계의 모델이다. 그의 시각에서 종교는 이 '대상 a', 즉 상징계에 의해 배제된 '존재의 결여'(lack-in-being)를 인식하지만 이 결여를 신이라는 초월적 존재가 채울 수 있다는 체계를 세워놓고, 의례적 행위로 이것을 메우려는 상상계의 모델이다. 이는 이런 불안에 대한 방어적 심리행위로 종교가 형성되었고 따라서 신경증적 구조를 가졌다고 보는 프로이트(S. Freud)의 종교 개념과 유사하다.

라깡의 이론에서 다양한 담론체계가 '대상 a'와의 관계에서 설명되듯이, 예술도 '대상 a'와의 관계에서 설명된다. 라깡의 시각에서 지식체계가 그 자체의 '구멍'(hole) 혹은 타자(the Other)의 결여에도 불구하고 전체성을 가장하는 영역이라면, 예술은 결여를 인정하며 인식의 한계 너머를 이미지로 구현하려는 영역이다. 라깡은 초기 자아의 오인 기능과 상상계적 차원에 대해 연구하던 시절에 이성적 사유 바깥의 영역을 넘나드는 (빠-뺑Papin 자매 같은) 정신병자들에 관심을 가졌으며, 정신병자들의 담화에서 시적 언어의 가능성을 인식한 브르똥(A. Breton) 같은 초현실주의자와 깊은 유대감을 갖기도 했다.

라깡에 따르면 예술은 결여를 회피하거나 다른 착각적 구조로 대체하는 망상증(paranoia)적 특성이 아니라, 존재의 결여 혹은 빈곳을 자신의 기본으로 인정하는 히스테리적(hysteria) 특성을 가진다. 그에게 예술은 '빈 공간'(공허, the void)에 의해 생겨난 하이데거(M. Heidegger)의 꽃병처럼, 결여를 의미하는 '대상 a' 혹은 '물자체의 빈 공간'(the void of das Ding)에 의해 야기된 '무로부터의 창조'(creatio ex nihilo) 행위이다(Alemán 1997, 60면).

예술의 이런 정의는 동양화에서 더 잘 이해된다. 알레만(J. Alemán)은 "최초의 라깡적 미학서적"이라고 평가되는 『빈 공간과 충만: 중국 그림의 언어』에서 쳉(F. Cheng)이 실체(a noumenon)도 아니고, 현상(a phenomenon)도 아니라고 생각하는 "동양적 빈 공간"(the Oriental void)이 "색상, 붓의 획, 그리고 그림의 결을 돋보이게 하는 조건일 뿐만 아니라 (…) 몸을 생동케 하는 '생기'(vital breath)이므로 그림의 가능성을 제공한다"고 본다(Alemán 1997, 60면). 동양화는 빈 공간에 의해 결정되고, 그 빈 공간은 수동적인 죽은 공간이 아니라 기를 불어넣는 곳으로 인식되듯이, 라깡의 시각에서 예술은 바로 이 보이지 않는 빈 공간에 의해, 특히 거기서 나오는 욕동(충동, drives)의 시각적 차원인 응시에 의해 결정된다.

라깡은 플라톤이 예술을 추방한 것은 예술품이 "외양(外樣, appearance)이 아니라, 우리를 위해 외양의 뒤에 이데아(Idea)로서 존재한다는 플라톤의 담화와 경쟁하기" 때문이라고 설명한다(Lacan 1978, 112면). 다시 말해 라깡은 "플라톤이 그림을 공격하는 것은, 그것이 [외양을 규정하는] 자신의 행위와 경쟁하는 것처럼, 그림이 외양을 [제공하면서, 이것은] 외양이라고 말하기 때문"이라고 본다(Lacan 1978, 112면). 라깡에 의하면, 그림은 제시한 외양 뒤에 있는 다른 차원의 실재를 다룬다. 따라서 플라톤은 외양을 규명하고 그 뒤의 진실을 다루는 철학가만의 영역을 예술이 침범한다고 생각해 일종의 경쟁자로 느꼈다는 것이다.

예술의 이런 정의는 이데아의 사본(寫本)인 현실을 다룬다는 죄목으로 플라톤의 공화국에서 추방된 예술에 실재를 다루는 긍정적 차원을 부여했다. 이로써 예술은 부차적 지위에서 으뜸의 차원으로 고양되었다. 이 글에서는 라깡의 예술이론이 주체의 욕망구조를 어떻게 예술과 연결시켜 논의하는지를 살펴보면서 현대예술, 특히 현대회화를 욕동의 구조를 통해 '대상 a(응시)와의 관계에서 조명하기로 한다. 또한 라깡의 예술 개념을 탐구하기에 앞서 라깡의 선구자인 프로이트의 정신분석비평과 예술의 관계를 살핌으로써 라깡의 예술관이 그것과 어떻게 구별되는지를 살펴보기로 한다.

정신분석비평과 예술: 프로이트와 크리스테바

예술 애호가로서 특히 조각을 좋아한 프로이트는 미껠란젤로(B. Michelangelo)의 「모세」(Moses)에 대해 익명으로 글을 발표했다. 십계명이 씌어진 돌판을 겨드랑이에 끼고 모호하게 옆을 바라보는 모세상(像)은 무지한 백성들 때문에 분노하여 돌판을 전해주는 대신 그것을 깨려는 모세의 모습을 형상화한 것이라는 기존의 해석과 달리, 이 조각상이 장식할 무덤의 주인공인 교황 율리우스 2세(Julius II)와 미껠란젤로의 관계에서 나타난 그들의 성격을 중심으로 해석했다. 즉 프로이트는 미껠란젤로의 모세가 백성들의 우상숭배로 인한 분노의 충격으로 겨드랑이에서 떨어지려는 돌판이 깨질 것을 우려하고 분노를 삭인다는 점에서 실제 인물보다 더 우월하고 훌륭한 인간적 모세라고 주장한다(Freud 1955, 233면). 프로이트는 이외에 레오나르도 다빈치(L. Da Vinci)와 미껠란젤로의 역작에 대한 새로운 읽기를 제공함으로써 정신분석과 예술을 친밀한 관계로 발전시켰다.

프로이트는 예술품의 가치를 판정하는 것과 무관하게, 정신분석의 핵심적 기제인 숨어 있는 의미의 발견(해석)에 관심을 가졌다. 프로이트는 『꿈의 해석』에서 꿈에 나타난 퍼즐 같은 그림들의 의미를 전치(轉置)하고 압축(壓縮)하는 방법을 이용하여 해석해낸 것과 똑같은 방식으로 화가들이 그린 실제 그림들의 의미도 해석하였다. 프로이트는 사생아인 다빈치가 약 5세까지

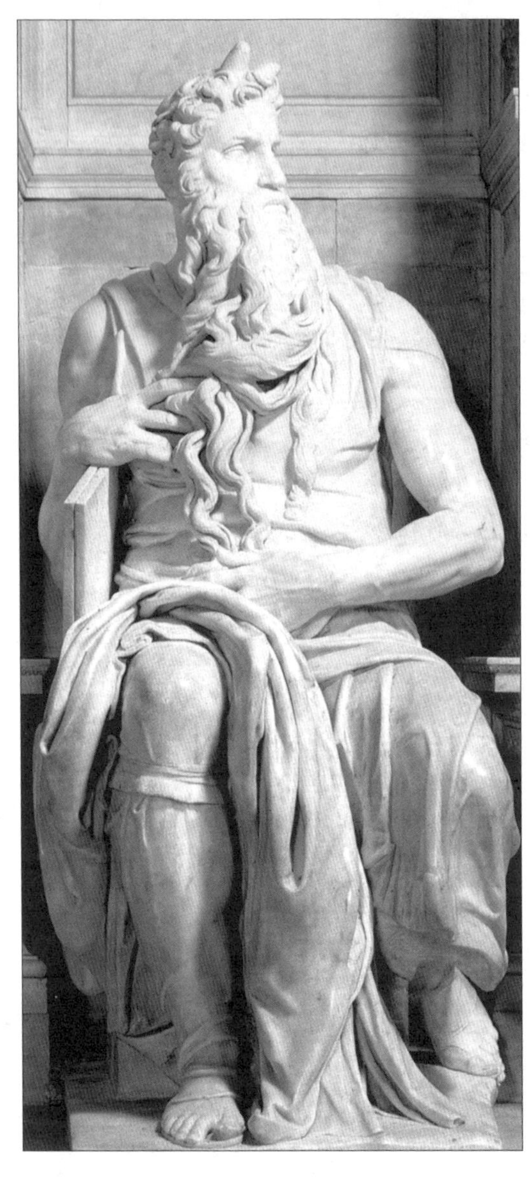

미껠란젤로의 「모세」

'버림받은 시골여인'이었던 어머니의 독점적 사랑을 받으며 자라다가, 정실부인으로부터 아이를 얻지 못한 아버지에 의해 자식으로 인정받은 사실을 기초로 그의 성욕을 설명했다. 프로이트는 다빈치가 유년시절 아버지의 부재로 인해, 일반적으로 아버지와 함께 사는 남자아이의 경우 남성(아버지)과 동일화(동일시)하여 여성을 성의 대상으로 삼는 기본적 과정과 능력을 박탈당했다고 본다. 그 대신 다빈치는 남편에게 줄 사랑을 아들에게 집착적으로 퍼부은 어머니와 동일화하게 되고, 성의 대상을 자기와 같은 소년으로 삼게 됨으로써 '자기 성애적'(auto-erotic) 호모 성향을 발달시키게 되었다.

특히 프로이트는 다빈치 자신이 회고한, 유아시절 한 마리의 독수리(vulture)가 그의 입술을 꼬리로 치고 날아갔다는 장면을 "나중 시기의 단순한 환상"(Freud 1910, 84면)이라고 정의하면서, 독수리 형상의 머리를 한 이집트의 대지의 여신 무트(Mut. 독일어의 어머니 Mutter와도 연관된다고 봄)가 팔루스(phallus)를 가진 여신인 점과 독수리의 꼬리가 팔루스로 해석될 수 있다는 점을 들어 이 환상이 남성 성기를 펠라티오(felllatio)하는 호모의 구순애(□脣愛)적 행위의 환상이라고 보았다(Freud 1957, 86~87, 93~94면). 이런 해석을 강조하기 위해 프로이트는 대부분의 남성 호모들이 유아기 시절에 아버지의 지위를 약화시킬 만큼 강력하고 남성적인 어머니를 두었고 그 어머니에 대한 강한 애정을 갖고 있다는 사실을 지적하였다(Freud 1957, 100면). 결론적으로 프로이트는 이 환상이 "어머니와 자신의 소년시절의 아름다움을 유사하게 갖춘 그의 제자들이"(Freud 1957, 106면) 그의 성애적(sexual) 관심의 대상일 수 있다는 추론과 깊이 연관된다고 보았다. 후대의 이론가들은 프로이트가 원래 솔개(kite)를 의미하는 명칭(nibio)을 독수리로 잘못 번역한 것이라고 지적하면서, 이런 환상의 해석을 바탕으로 다빈치의 성격 형성을 추정하는 프로이트의 이론을 반대해왔다. 그러나 스펙토(J. J. Spector) 같은 예술비평가는 솔개와 독수리가 결국 같은 새임을 강조하면서, 아버지에 대한 거리감과 어머니에 대한 강력한 친화성으로 인해 다빈치의 구순애적 성향이 더욱 강조되었다고 주장한다. 스펙토는 이런 프로이트의 읽기가 모나리자의 미소와 다른 그림에서 성모(聖母) 마리아와 성조모(聖祖母) 안나가 짓고 있는 모호한 미소의 의미를 해석하는 데 결정적임을 주장하면서, "모나리자를 만나는 순간에, 레오나르도는 그의 어머니의 온화한(blissful) 미소의 기억이 떠올랐고 따라서 그의 유년기의 전체적인 행복한 세계가 그에게 다시 복원되었다"라고 해석하였다(Spector 1972, 56면).

다빈치에 대한 프로이트의 접근은 크리스테바(J. Kristeva)가 벨리니(G. Bellini)의 성화(聖畵)들과 다빈치의 성화들에서 예수를 잡고 있는 마리아의 손 모습을 두 예술가의 정신적 성향과 연결하여 해석하는 토대가 되었다. 크리스테바는 프로이트가 다빈치의 성화에서 성모 마리아와 성 안나가 등장하는 것을 다빈치의 두 어머니의 존재와 연결하는 현상에 고무되어, 다빈치의 성화들에서 예수를 잡고 있는 마리아의 손 모습은 주로 아이를 부드럽게 떠받드는 현상임을 지적하였다. 크리스테바는 아이를 떠받드는 이런 "모성적 모습은 그녀의 아기에게 완전히 몰입되어 있었고, 그녀를 존재하게 만드는 것은 그가 되었다"라고 지적하면서(Kristeva 1980, 245면), 다빈치의 의식적 세계에서는 모성적 속성이 억압되고, 그는 부성적 힘의 세계에 도취되어, "무의식적 형태로 있는 쾌락-근심을 회화적 예술을 통해 탐구하는 것보다 과학적 지식을 향해 상승하도록 만들었다"고 주장한다(Kristeva 1980, 245면). 결론적으로 크리스테바는 다빈치의 그림이 모성과 여성의 신체에 대한 전형적인 서구 남성의 시각 구조라고 해석하였다.

크리스테바는 그윽한 어머니의 눈길과 아이가 중심이 되는 다빈치와 대조되는 것으로 벨리니의 성모의 비모성적 형상을 지적한다. 벨리니의 성화에서 성모는 어머니의 모습으로서보다 상체 위에 찬란한 색채를 통해 자신의 아름다움을 드러낸다. 크리스테바는 프로이트처럼 벨리니의 전기적(傳記的) 재료(벨리니만 가족과 떨어져 지내고 어머니의 유언에 그의 이름이 빠진 것)를 통해 그의 어머니가 생모가 아닌 계모일 가능성을 제시하면서, 그의 성화의 어머니는 아기 중심의 어머니가 아니라 자신의 욕망과 정체성을 가지고 주이쌍스(향유, jouissance)를 즐기는 어머니임을 강조한다. 벨리

다빈치의 「성 안나와 함께 있는 성모자」

니의 성모는 아이를 부드럽게 잡는 것 대신에 아이의 몸을 침투하듯이 잡음으로써, 아이를 애욕적으로 자극하는 '유혹하는 어머니'(seducing mother), '소유욕이 강한 어머니'(possessive mother) 혹은 '착취적인 어머니'(appropriating mother)이다. "아기로서의 화가" 벨리니는 자신의 생애에서 부재한 어머니와의 융합을 추구하면서 거의 근친상간적 상태를 상기시킬 정도로 어머니의 주이쌍스의 경계(境界)에 동참하는 것을 보여주는가 하면, 이런 어머니의 목을 누르면서 징벌하는 모습을 보여주기도 한다. 크리스테바는 그림의 색깔과 형태를 결정짓는 것은 바로 이런 억압된 원초적 욕망이 승화되는 과정에서 형성되는 것이라고 본다. 결론적으로 크리스테바는 다빈치의 경우에는 모성적 신체가 고착화된 이미지로 재현되어 주물(呪物, fetish)의 차원에 머무르는 반면에, 벨리니의 모성애는 보편적 시각에서 배제된 여성의 신체가 주이쌍스의 주체로서 다양한 "빛과 색채의 차이들"(Kristeva 1980, 243면)을 통해 드러나는 것으로 구별짓는다. 크리스테바는 이 두 예술가의 차이를 "피렌쩨와 베네찌아"의 차이로 보는데, 피렌쩨의 다빈치가 "형태가 있는 재현 가능한 남자의 숭배"를 특징으로 갖는 반면, 베네찌아의 벨리니는 "재현될 수 없는 빛의 고요함과 진실하고 유사하게 성취된 이미지의 통합"(Kristeva 1980, 243면)을 특징으로 갖는다고 본다.

프로이트와 크리스테바의 예술에 대한 이런 접근은 전형적인 정신분석적 비평의 예로, 예술가의 억압된 리비도(libido)적 욕망에 의거하여 예술가의 '성격유형'을 논의한다. 스피츠(E. H. Spitz)에 의하면, 이런 프로이트적 예술비평이 자아심리이론가인 크리스(E. Kris)의 예술이론으로 이어진 이래로, 예술비평은 일종의 숨바꼭질로 간주되어서, 비평가는 예술가의 자아에 의해 억압되고 승화되는 과정에서 변형되고 왜곡된 예술가의 원래 욕망을 찾는 작업에 몰두하였다(Spitz 1985, 6면). 이런 시각에서 예술은 일종의 증상이면서, 예술이 아니었으면 일반적인 병리현상으로 발전되었을 현상에 대한 치료로 인식되었다(Spitz 1985, 8면). 키블(J. Keble)에 의하면, 예술은 "사람을 실제 광기로부터 보호하는 일종의 안전밸브"이다(Spitz 1985, 29면에서 재인

벨리니의 「성모자」

용). 스피츠는 예술에 대한 이런 프로이트적 접근을 주체할 수 없이 자신을 사로잡는 예술가의 감정의 표출이 예술에 나타난다고 보는 일종의 "낭만적·표현적" 시각이라고 보면서, 프로이트가 다빈치를 설명하면서 만들어낸 용어인 '감정전기'(感情傳記, pathography)의 전통을 형성한다고 보았다. 커스핏(D. Kuspit)은 '감정전기'의 무모성을 지적하면서, 예술가를 병자로 분석하는 정신분석가들이야말로 "예술가 선망"(Artist Envy)이라는 콤플렉스에 빠졌다고 비난하였다.

베르싸니(L. Bersani)는 프로이트가 다빈치의 경우를 순수한 승화의 한 예라고 하다가, "원래의 콤플렉스들의 꽤 투명한 반복" 즉 신경증적 현상을 보여주는 반복의 예라고 말하면서, "사변적 불안정"(speculartive turbulence)을 보인다고 주장한다(Bersani 1986, 108면). 베르싸니는 "정신분석비평이 텍스트 '뒤'에 숨겨진 욕망과 불안 들에 대한 열쇠를 찾는 것을 삼가고, (…) 예술이 생물학상의 피학성과 '거리를 둔 자기성찰'(ironic self-reflections)로 변화시키듯이" 비평도 자신의 형식화적 설계의 실현에 대한 전면적 믿음에 거리를 두는 비판적 자기성찰을 보여야 발전할 수 있다고 주장한다(Bersani 1986, 110~11면). 결론적으로 베르싸니는 "예술의 형성이 성적인 것을 (…) 문화적인 것으로 변화시키는 것이라면, 예술적 자기비판은 형식화(formalizing)의 설계 자체의 문제적 속성을 항상 인식해야" 하고, "예술 안에 이미 존재하는 욕망의 재현적 정체성을 반복할 것이 아니라, 이런 정체성 속의 욕망들의 '왜곡적'(de-forming) 혹은 '탈형식화적'(dis-formulating) 효과들을 말해야 한다"고 주장한다(Bersani 1986, 111면).

라깡의 정신분석적 예술비평: 시선과 응시

라깡은 예술에서 무의식의 그림으로서의 재현보다 재현수단의 '탈형식화' 현상, 즉 재현의 빈곳인 실재가 드러나는 양상을 '대상 a로 접근한다. 라깡은 두 어머니라는 주제로 다빈치를 읽는 작업은 자신의 관심인 "그림과 재현의” 차이문제를 다루지 못했다고 본다. 라깡은 그림 안에서 욕망을 읽는 것은 “꿈그림”(dream painting) 같은 “정신병리적 예술”(psycho-pathological art)에서 행하는 재현의 차원이고, 예술가의 창조행위는 재현이라기보다 욕망의 대상인 응시가 주체의 스크린을 통해 기입되는 그림의 차원이라고 말한다.

라깡은 전지전능하게 여겨지던 어머니와의 결별로 인해 찢어진(cut) 구멍들인 입 · 항문 · 눈 · 귀의 부분 대상인 젖가슴 · 배설물 · 응시 · 목소리 등의 ‘대상 a들 중 시각적(scopic) 차원의 ‘욕망의 대상‘(원인, cause)인 응시(gaze)를 의식의 눈이 보는 시선(eye)과 구별하였다. 라깡에 의하면, 이 응시는 싸르트르(J. P. Sartre)의 응시, 즉 혼자 있을 때 복도에서 들리는 발소리, 사냥할 때 조용한 숲속에서 들리는 듯한 낙엽들의 소리로 예증화된 응시와 다르다. 싸르트르의 응시가 주체를 그 응시하에서 대상(object)으로 만들어 그 주체를 수치스럽고 당황하게 만드는 상상계적 응시라면, 라깡의 응시는 주체로 하여금 욕망의 ‘대상−원인’으로써 결여를 메우게끔 그의 욕망을 활성화시키는 실재적 응시이다. 응시는 주체와 사물의 관계에서 재현과 시선에 의해 “빠지고(slips) 숨겨진(eluded)” 빈곳을 의미하며, 이것은 빛의 역할을 하면서 항상 주체를 바라보고, 주체의 스크린을 통해 하나의 그림을 그려낸다. 라깡은 주체가 응시에 의해 “사진 찍히며”(photo-graphed), 응시에 의해 야기된 그림 자체에서 “내가 무엇이라면, 그것은 항상 내가 이전에 얼룩(stain)과 점(spot)으로 불렀던 스크린의 형태로 존재한다”고 말한다(Lacan 1978, 97면). 라깡은 응시의 기능을 ‘얼룩’의 기능으로도 설명하면서, “얼룩의 기능의 자율성이 인정되고, 응시의 것과 동일화된다면, 우리는 시각적 영역에서 세계 구성의 모든 단계에 이것의 자취 · 실타래 · 흔적을 볼 수 있다”고 말한다(Lacan 1978, 74면). 결론적으로 라깡은 “이 얼룩의 기능과 응시의 기능은 둘 다 응시를 가장 은밀하게 통제하는 것이며, 의식으로써 자기 자체를 상상하는 것에 자족하는 시각 형태의 범위를 초월”하는 것이다(Lacan 1978, 74면).

라깡은 이 의식의 시선과 응시의 차이를 인간의 모방현상에서도 발견한다. 라깡은 인간의 모방 유형에는 (복장도착 같은) 변장(travesty), 위장(camouflage), 위협(intimidation)의 차원이 있는데, 이 행위들은 속이기 위해 이미지를 재생산하는 데에 그 핵심이 있는 것이 아니라 무의식적 기능인 응시의 기능에 호소하는 것이라고 본다. 라깡은 인간의 모방 뒤에 있는 응시의 존재를 속임그림(trompe-l'œil)의 핵심으로 보고 시선의 구조인 유혹(lure)과 구분한다. 라깡은 유혹과 응시의 속임그림의 차이를 설명하기 위해 화가 제우시스(Zeuxis)의 그림과 파라시오스(Parrhasios)의 속임그림을 예로 든다. 제우시스의 경우 그가 그린 포도로 인해 많은 새들이 달려들었던 사실을 언급하면서, 라깡은 이것이 까라바죠(M. M. D. Caravaggio)의 「바쿠스」(Baccus) 에서처럼 포도가 실제와 너무 흡사해서 그렇다고 결론 내리지 말라고 경고한다. 만약에 실제와 같았다면 새들이 속지 않았을 것이며, 새들이 모여든 것은 바로 포도의 유사한 모방이어서가 아니라 "새들에게 포도를 재현하는 것, 기호(sign)에 가까운 것"(Lacan 1978, 112면) 때문이라고 한다. 라깡은 제우시스의 속임그림이 감각적 의식인 시선의 차원에 호소하는 기호를 바탕으로 동물들을 유혹하는 그림이라면, 파라시오스의 그림처럼 사람의 욕망을 유혹하는 그림은 구체적인 기호가 아니라 "하나의 장막"(a veil)만을 그림으로써 동료화가인 제우시스 자신이 그 뒤에 무엇이 있는가를 묻도록 자극하는 그림이라고 한다. 라깡에 의하면, 파라시오스의 그림에서는 시선의 시각이 파악할 수 없는 하나의 장막이 '응시를 잡는 덫'(a trap for gaze)으로 되었다.

시선과 응시의 차이는 제우시스의 자기 그림 비평에서도 발견된다. 로리 애덤즈(L. Adams)에 의하면, 제우시스의 속임그림의 환상적(illusionistic) 기술을 극찬하는 1세기의 비평가 쁠리니(Pliny)의 예찬에도 불구하고 포도를 든 아이를 그린 그림에 새들이 몰려오자, 제우시스는 자기 그림이 실패했다고 말했다. 그러면서 "자신의 '속임그림기법'(illusionism)이 성공하였다면, 그림 속의 아이가 그 새들을 쫓아냈을 것"이라고 했다(Adams 1993, 42면). 이 말은 제우시스가 그림 속의 아이를 살아있는 것으로 느끼게 해줄, 그 아이의 핵인 응시와 관련한 이미지를 창조하는 데에 실패했음을 암시한다.

이 그림의 실패에서 암시되듯이, 인간과 이미지의 관계는 단순히 시선의 차원인 욕구(need)의 차원으로 해석되지 않는다. 응시는 무의식적 차원의 욕동의 구조를 갖고 있어서, 일대일의 이미지로 대변되는 것이 아니라, 욕동이 하나의 대상물을 향해 가지만 그 목표물을 만나지 않고 되돌아오듯이 다양한 대체물을 야기하는 유희의 차원을 가진다.

라깡에 의하면, "오로지 주체만이―인간 주체, 인간의 정수인 욕망의 주체만이―동물과 달리, 이런 [이미지적] '상상계적 포착'(imaginary capture)에 완전히 매여 있지 않다. 그는 그 [포착] 안에 '자신을 기입한다'(maps himself). 어떻게? 그가 ['욕망의 원인'인 응시가 관통하는] 스크린의 기능을 파악해서 그것을 가지고 유희한다면. 그 결과 인간은 그 뒤에 응시가 존재하는 것으로서의 마스크(masque, 스크린)를 가지고 유희하는 법을 안다. 스크린은 여기서 중재의 장소이다."(Lacan 1978, 107면) 이 말은 주체가 스크린 혹은 얼룩으로서 동물처럼 주어진 이미지에 고착되는 것이 아니라, 스크린 뒤의 응시에 의해 빛이 화면 위에서 가물거리며 확산하듯이 주체의 스크린을 통해 이미지를 확산하고 유희하는 것을 의미한다.

라깡은 응시의 효과를 설명하기 위해 발기되지 않은 성기에 하나의 문신(tattoo)으로 존재하던 것이 발기되었을 때 독특한 형상으로 그 모습을 드러내는 현상을 예로 든다. 라깡은 "우리는 여기서, 원근법적 차원에 내재되어 있는 (…) 결여의 기능을 상징하는, '팔루스적 유령'(phallic ghost)의 모습을 상징하는 어떤 것"(Lacan 1978, 88면)을 볼 수 있다고 한다. 다시 말해, 발기되지 않을 때의 문신(얼룩·점)은 "맥동적이고(脈動, pulsatile), 눈부시게 빛을 발하며 확산시키는 기능으로서의 응시"(Lacan 1978, 89면)에 의해 하나의 그림으로 드러나게 된다.

이런 응시-스크린-그림의 관계는 전통적인 원근법적 시각의 관계와 같은 삼각형 구조를 이루지만, 그 역으로 존재한다. 전형적인 원근법의 구조

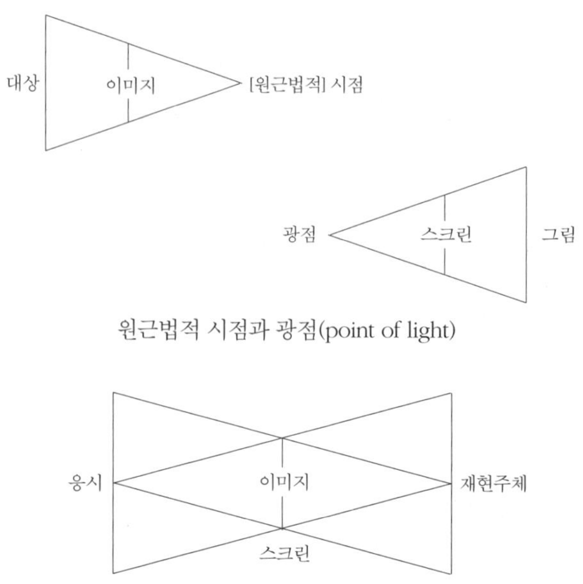

원근법적 시점과 광점(point of light)

응시의 구조에서의 응시-스크린-그림

에서는 주체의 시점이 대상을 바라볼 때 그 중간에 이미지가 결정되어 시점
→이미지→대상의 삼각형 구조를 형성하지만, 응시의 구조에서는 주체의
시점 자리에서 응시가 빛의 역할을 하고, 중간의 이미지 자리에 스크린이
있으며, 마지막으로 투사된 그림이 있는 것으로 설명된다. 이 구조에서 응
시는 주체 밖에서 스크린을 거쳐 주체 안으로 그림을 기입하고, 주체는 "응
시하에서 나를 하나의 그림으로 변화시킨다."(Lacan 1978, 106면)

라깡은 시각적 영역에서 원근법적 구조와 응시의 욕망구조의 두 삼각형
이 엇갈리게 맞물려 하나의 재현적 세계를 창조한다고 본다. 이런 과정의
결과로 생성되는 실제의 그림에는 어떤 것이 '부재'하게 마련인데, 라깡은
"그림이 욕망과의 관계로 들어오는 한, 중앙의 스크린의 자리는 표시되며,
이것은 바로 그림 앞에서 내가 원근법적 차원의 주체로서 사라지게 만드는
그것"이라고 말한다(Lacan 1978, 108면). 그림에서 원근법적 주체를 사라지게
만드는 그 스크린은 진정한 실재적 주체의 위치이자 바로 그 뒤에 응시가

676

홀바인의 「대사들」

있는 지점으로, 일반적인 재현의 체계에서 부재로, 혹은 빈곳으로 드러난다. 이런 맥락에서 라깡은 그림이 재현의 영역에 머무르지 않으며, 그 목표와 효과가 재현 이상의 차원에서 재현될 수 없는 것과 연루되는 것이라고본다. 다시 말해, 그림은 아리스토텔레스(Aristoteles)가 주장하는 것처럼 현실의 모방이 아니라, 바로 재현이 실패하는 빈곳에서 결여의 주체가 응시로인해 그 빈곳을 맴도는 일환으로 생겨난 것이다. 이런 그림 안에서 원근법적 주체가 사라지는 것에 대한 예는 홀바인(H. Holbein)의 그림에서 찾을 수있다.

라깡은 홀바인의 「대사들」(Ambassadors)의 '왜곡된 형상'은 원근법적 시

라깡과 미술비평 677

각에 충실하여 그림 앞에서 볼 때가 아니라 그것으로부터 약간 비켜나서 볼 때에만 해골 모양으로 그 모습을 드러낸다는 것을 상기시킨다. 라깡은 이 그림에 대해 "[역사적으로 처음] 주체가 등장하고 원근법적 시각이 탐구의 대상이던 [데까르뜨적] 시대의 한 중심에서 홀바인이 우리를 위해 단순히 ——정확히 말해서 기본적 욕동(drives)의 체계를 통한 욕망(desire)의 전체적 조직의 중심이 되는, '거세의 마이너스 파이(−ϕ)가 이미지로 구현된 형태'(imaged embodiment of the minus-phi[(−ϕ) of castration])로서의—— '소멸된 주체'(annihilated subject)가 드러나도록 만들었다"고 말한다(Lacan 1978, 88면). 여기서 소멸된 주체는 결여의 주체로서, 그 결여의 흔적인 '대상 a는 오징어뼈같이 생긴 '왜곡된 형상'으로 이미지화되어 있으며, 이 욕망의 대상이 확산된 이미지인 해골은 그림 왼쪽 상단의 구석으로 밀려난 예수상이 말해주듯이(원화 참조 바람), 신앙보다 과학에 의존하며 외양상 화려하고 권력을 누리는 것으로 보이는 그림 속 주인공들의 의식에서 배제된 실재적 차원을 보여준다. 이런 맥락에서 그림 속에서 응시를 구현한 그 '왜곡된 형상'의 '얼룩'은 '시각적 차원에서 [실재와의] 조우 지점(tychic point)'이 발견되는 곳이다. 라깡은 "이 그림은 모든 그림이 그렇듯이, 응시를 위한 덫"이라고 한다(Lacan 1978, 89면).

홀바인 시대의 또다른 대표작, 벨라스께스(D. Velázquez)의 「궁정의 시녀들」(Las Meninas)에서도 '응시를 위한 덫'을 발견할 수 있다. 이 그림은 푸꼬(M. P. Foucault)가 『사물의 질서』(Foucault 1973)에서 사물간의 유비(類比)와 유사성이 고전시대 인식의 에삐스떼메(épistémè)임을 지적하는 그림이다. 푸꼬는 화가·모델·관람자의 시선을 중심으로 유사성과 원근법으로 이어지는 수많은 선들과 구조상으로 서로 병립되는 관계들을 거울에 나타난 모델의 이미지와 연관시켜 언급하면서, 이 시대의 에삐스떼메에서는 인간이 주체가 아니라 재현의 대상이었음을 지적한다. 푸꼬는 고전시대 이후 현대의 과학·경제학·언어학에서 드디어 인간이 탐구의 중심이 되는 근대적 에삐스떼메를 설명하는 작업을 진전시키기 위해 이 그림에 대한 논의를 맺

벨라스께스의 「궁정의 시녀들」

으면서, 이 그림에 "중요한 빈 공간"(an essential void)이 있음을 지적한다. "이것[그림이라는 재현]이 동시에 어루만지고 우리 앞에 펼쳐놓아 보이는 이 확산[된 이미지]의 중앙에, 모든 방향에서 강력하게 암시된 상태의 중요한 빈 공간이 있다. 이것[그림]의 토대인——이것이 닮은[모방하는] 사람, 그 사람의 눈에는 이것[그림]은 단지 [자신의] 유사성(resemblance)에 지나지 않는——그 사람의 사라짐이 있다."(Foucault 1973, 16면)

푸꼬의 이 진술은 다른 사람은 다 재현되었어도 정작 모델인 필립 4세 부부만, 아무도 신경 쓰지 않는 벽거울에 비쳐져 있을 뿐, 제외되어 있음을 말하는 것이다. 푸꼬는 고전시대의 재현의 에삐스떼메에서 군주적 주체는 주인이 아니고 재현의 대상임을 이 빈 공간을 통해 지적한다. 푸꼬가 지적한 이 그림의 '토대'가 된다는 그 주체의 사라짐, 즉 빈 공간은 라깡의 이론틀 안에서는 단지 재현의 차원이 아니라 존재론적 차원에서 '욕망의 원인'으로서 바로 재현되지 못하여 '사라지는' 주체의 핵이 되는 '대상 a 혹은 '물자체'라는 빈곳과 연결된다. 다시 말해, 모든 재현은 타자(상징계)의 본질적 결여로 반드시 빈 공간 혹은 부재를 드러내며, 화가는 자신의 응시에 의해 이 빈 공간을 구현하는 작업을 하는 것이다.

「궁정의 시녀들」에서 "응시를 위한 덫"을 읽는 시도는 슈나이더만(S. Schneiderman)에게서도 보인다. 슈나이더만은 이 그림에서 화가의 캔버스의 뒷면에 해골같이 보이는 세 덩어리의 얼룩에서 빈 공간을 읽는다. 이 얼룩은 시선의 차원에서 보면 단순한 회색의 그림자이다. 슈나이더만은 이 그림에서 재현된 공간만 보는 것은 의식의 시선 밖에 있는 응시가 관람자를 바라보는 것을 파악하지 못한 것이기 때문에 그림을 제대로 이해하지 못한 것이라 본다. 슈나이더만은 이 그림의 얼룩(응시)들이야말로, 원래 재현된 "그림의 구조를 결정하고 그것들을 조직하는 통제요소"라고 주장한다 (Schneiderman 1988, 23면). 슈나이더만의 읽기는 라깡의 응시 개념을 기초로 이루어졌다. 이 그림의 얼룩은 "응시를 위한 덫"으로, 그리고 응시의 "그림화된 이미지"로 볼 수 있다. '응시의 덫'을 응시라고 말한 엄밀성의 부족에도 불구하고, 슈나이더만의 읽기는 실질적 주체(모델)가 사라진 이 그림의 구조가 재현의 주무대인 캔버스가 아닌 그 뒷면에 유령같이 거뭇거뭇 얼룩으로만 드러나는 것으로 해석할 때 그 구조가 반복되고 있음을 보여준다.

「궁정의 시녀들」 읽기의 초점이 푸꼬와 슈나이더만에서 다르게 나타나는 것은 응시가 자극하는 각 주체의 욕망이 다르기 때문이다. 라깡은 한 그림에 응시가 여러 요소로 드러난다고 한다. 라깡은 예술에서 응시의 사회적 차원을 논의하면서, 이것이 야기하는 '공동체적' 요소를 지적하기 위해 레판토(Lepanto) 해전을 비롯하여 다양한 종류의 전투그림들이 전시된 '도제스 궁전'(Doge's Palace)의 홀을 방문하라고 청중들에게 권유한다. 라깡은

"관람자들은 이 광대한 구조물에서 무엇을 보는가. 그들은 관람자가 없을 때 이 방에서 곰곰이 바라보는 그 사람들[대중들, les peuples]의 응시를 볼 것이다. 그림 뒤에 존재하는 것은 그들의 응시이다. 예컨대, 우리는 뒤에 항상 '많은 응시들'(lots of gazes)이 있다고 말할 수 있다"고 한다(Lacan 1978, 113면). 이 말은 그림이 바라보는 모든(수의 제한 없는) 사람에게 열린 공간이자 그들의 응시를 위해 존재하는 열린 구조의 공간이라는 뜻이다.

예술에서 응시(물자체)와 현대예술

라깡의 시각에서 예술가는 그림에서 "주체로서, 응시로서" 자신을 보이며(Lacan 1978, 100~101면), "인간 주체가 핵심부에 응시를 가진 어떤 것을 작동시키면서 자신을 그림으로 만드는" 존재이다(Lacan 1978, 100면). 이것을 응시의 또다른 개념인 "물자체"로 설명하면, 응시는 바로 욕망의 대상으로서 '잃어버린 대상'(lost object)인 '물자체'가 된다. 따라서 예술은 관람자에게 '응시의 덫'을 제공하여 그의 '물자체'에 대한 추구를 활성화하는 미끼를 던지는 것이다. 다시 말해, 예술은 상징계에 의해 배제된 '물자체' 혹은 응시를 위한 덫을 통해 지금까지 의식하지 못한 새로운 세계를 생각하도록 유도하는 것이다.

16세기 홀바인의 그림에도 '응시를 위한 덫'이 존재하듯이, 현대예술은 전통적 인식방법에 도전함으로써 '응시를 위한 덫'을 더 넓고 다양하게 제시한다. 라깡은 현대의 모더니즘에 이르러 모던건축의 예술가들이 자기만의 서명(signature)인 작품을 만들었다고 주장하는 그런 시대에도 그림 뒤에 응시가 존재한다는 것을 이렇게 말한다. "말로(A. Malraux)가 모던(the modern)으로 구분하는 시대, 이른바 그가 말하는 '비교할 수 없는 괴물'(the incomparable monster)이 지배하는 시대에 의해 어떤 새로운 것이 소개된 것은 아니다. 응시는 항상 뒤에 있었다."(Lacan 1978, 113면)

응시가 존재하는 한, 하이데거의 꽃병이 빈곳을 감싸면서 생겨나듯이, 예술가의 '꽃병'은 재현 바깥의 빈곳인 '물자체' 즉 실재에 의해 결정되고 창조된다. 예를 들어, 마그리뜨(R. Magritte)의 그림들이 의식 혹은 시선의 차원 너머에 있는, 재현될 수 없는 실재의 빈곳에 기초한 '무로부터의 창조'라는 것은 기도(M. M. Gedo)의 글 「광기에 대한 사유들: 르네 마그리뜨의 예술」에서도 발견된다. 기도는 마그리뜨의 어린시절 어머니가 야밤에 다리 위에서 몸을 던져 자살한 것을 근거로 그의 예술이 "그의 어머니로부터의 정신적 결별이 영원히 해소될 수 없는 상태"(Gedo 1994, 202면) 위에 기초한 것으로 본다. 라깡의 '물자체'가 어머니와 연관이 있음을 상기할 때, 어머니로 대변되는 주체의 '물자체'가 마그리뜨의 예술세계를 결정짓고 있으며, 그의 예술은 이 실재와의 '어긋난 조우'(missed encounter)로 생긴 '물자체'를 꿈이 아닌 그림을 통해 맴도는 과정의 산물이다. 마그리뜨의 예술은 바로 의식의 빈곳인 '물자체'를 재현해보려는 끊임없는 예술적 의식의 결과이다.

마그리뜨는 「강간」(Le Viol)에서 사람의 얼굴을 그리면서, 두 눈 대신 여성의 젖가슴을, 코 대신 배꼽을, 입 대신 여성의 성기를 그렸다. 이 그림은 상반된 것이 공존한다는 무의식적 차원을 인식하고, 의식과 무의식의 뫼비우스(Möbius)적 관계를 보여준다는 점에서 재현체계의 빈곳을 다룬다. 스피츠는 마그리뜨의 이런 방법을 로선버그(A. Rothenberg)가 이름 붙인 "야누스적 사고"라고 언급하면서, "마그리뜨의 경우에, (…) 무의식적 요소들이 의식적 의지가 통제하는 만큼 [그의 예술의] 형태적 선택들을 통제하였다"고 지적한다(Spitz 1985, 90면).

기도는 한 남자가 공허한 하얀 책상 위를 뚫어지게 바라보는 그림인 마그리뜨의 「광기를 사유하는 사람」(Person Meditating on Madness)을 자신이 "그의 초현실주의 스타일의 발생에 대한 회화(繪畫)적인 진술"이라고 주장하는 것은 "마그리뜨의 예술이, 자신의 감정이 우울증이나 광증으로 진전되지 않도록 이런 탐구를 필요로 한 탐구자에 의해 이루어진, 광기의 속성에 대한 하나의 끊임없는 사유로서 가장 잘 정의될 수 있기 때문이다"라고 말한다(Gedo 1994, 177면). 광기는 이성적 담론을 초월하여 실재를 넘나드는 점에서 브르똥을 비롯하여 많은 예술가들의 관심이 되었고, 제도화된 사유가 가져다주지 못하는 세계에 대한 새로운 인식을 고무하는 것으로 믿어졌다. 이런 점에서 마그리뜨의 그 그림은 바로 예술가 자신의 자화상이 될 수 있다.

예술과 광기의 친화적 관계에 대한 논의는 예술의 '낭만적·표현적' 차원을 대변하는 입장이다. 이와 반대로 플라톤처럼 이데아의 교육을 위해 방해가 된다고 예술을 희생시키는 입장도 있다. 바디우는 인간의 역사에서 예술과 철학적 사유의 두 영역이 서로 적대하는 관계를 교훈주의(Didacticism)·낭만주의(Romanticism)·고전주의(Classicism)로 설명한다. 교훈주의는 플라톤 이래로 예술이 철학 혹은 이성의 사유에 봉사해야 한다고 주장한다. 낭만주의는 예술만이 진리를 구현할 수 있고, "예술이 진리의 실질적 몸"(art is the real body of the true)이라는 믿음하에, "철학은 동떨어지고 알 수 없는 [하느님] **아버지**"라면, "예술은 구원하고 위로해주는 고난받는 **아들**[예수]"(Badiou 2000, 53면)이라는 예술지상주의를 견지한다. 반면에 고전주의는 이 두 입장을 중재해주는 것으로, 아리스토텔레스의 카타르시스이론이 그 모델이 된다. 고전주의는 예술이 원래 이성적 사유를 가장하지 않으므로 플라톤의 의심에서 해방되거니와, 오히려 영혼의 감정들을 다루는 영역이라고 주장한다. 바디우는 오늘날 고전주의 모델이 정신분석과 "욕망이론"에서 발견되며, 특히 라깡의 이론을 이 모델로 본다.

바디우가 보는 라깡의 예술론은 이렇다. "예술작품은 그 형태적 꾸밈새에서 잃어버린 대상의 말로 표현할 수 없는 [실재계에 속하므로 의식이 포착할 수 없어 눈이 부시도록] 섬광을 발하는 요소를 사라지게 하여[일반인의 시야에 상상력을 통해 포착되게 한 결과], 그럼으로써 과감한 관객 및 예술애호가들의 응시나 듣기를 유혹한다. 예술작품은 독특하고 일탈적인 형태화를 통해서 실재에 의한 상징계[의 한계]를 파헤치고 상징계의 창고인 타자와 욕망의 원인인 대상 *a*의 '외/친밀적 관계'(extimacy, exterior와 inimate의 합성어. 뫼비우스적 관계)를 보여주기 때문에, 일종의 전환(a transfer)을 전달한

다. 따라서 이것의 궁극적 효과는 상상계적이다."(Badiou 2000, 58면)

바디우는 예술이 응시와 실재에 의해 결정되며, 시선이 담을 수 없는 섬광의 응시를 예술이 중재해준다는 라깡의 개념이 예술과 철학의 갈등관계를 중재해주지 못한다고 본다. 왜냐하면 이런 고전주의적 입장은 예술이 "치료적 기능을 가지되, 인식하는 혹은 [은폐된 진리를] 누설하는 기능을 갖지 않고 (…) 이론으로부터가 아니라 (이 단어의 넓은 의미에서) 윤리학으로부터 [입장을] 취하기" 때문이다(Badiou 2000, 54면). 즉 라깡의 예술론은 예술을 사고(thought)의 속성에서 분리시키기 때문에 바디우는 이것을 보완하는 제4의 모델을 제시한다. 이 새모델은 "진리의 생산자"로서의 "예술은 하나의 사고이며 그것의 작품들은 (효과가 아니라) 실재이다"라는 입장이다 (Badiou 2000, 60면).

바디우는 들뢰즈(G. Deleuze)의 예술론이 "이데아의 감각적 형태"로 바라보는 자세에도 불구하고 지나치게 감각성에 치우쳐 철학과 예술의 중재자로서 이상적이지 않다고 보듯이, 라깡의 예술이론도 부족하다고 본다. 바디우는 철학과 예술의 범주를 이미 명확하게 설정해놓고 그것의 상호연관성을 간과하고 있기 때문에, 특히 라깡이 말하는 예술에 의한 실재와 상징계의 외/친밀적 관계에 대한 회화적 구현을 상상계적 차원으로만 파악하고 있기 때문에, 라깡의 예술론이 상상계적인 것에 불만을 느끼는 것이다. 라깡에 대한 바디우의 불만족은 라깡이 이런 세 범주를 언급하지만, 그것이 각 요소마다 외/친밀적(뫼비우스적) 관계를 가지면서, 동시에 세 요소가 다 함께 걸려 있는 보로메오의 매듭(nœuds borroméens)을 형성하고 있는 점을 간과하고 있는 데서 기인한다. 라깡의 이론에서 조이스(J. Joyce)의 예술작품이 '증상'(symtôme)으로 논의되고, 이런 증상은 이 세 차원 모두에 걸려 있는 '내재적이고 독자적인' 제4의 차원인 것을 생각하면(바디우의 제4의 모델은 예술이 진리에 내재적이면서 독특한 형식이라 봄), 라깡의 예술론에서 예술의 효과가 상상계적 차원에 머무른다는 오해는 풀리게 된다.

라깡의 예술론이 바디우가 말하는 사고로서의 예술을 잘 설명하고 있는 예는 라깡적 비평가들에 의해 예시된다. 바이스만(G. Wajcman)은 현대에 이르러 사회 전반은 물론 예술 자체에서도 너무나 많은 담론과 논쟁적인 (상징계적) 이론들이 존재한다는 것을 지적하면서, 이제는 "논쟁을 그만두고 소변기(pissotière!, 뒤샹의 「샘」)를 다시 가져오자"(원래 게르츠J. Gerz의 말)고 권유한다(Wajcman 2000, 70면). 이 말은 "언어적인 비평이 아니라 응시의 실천을 위한 초대를 의미한다."(Wajcman 2000, 70면) 그는 「샘」(Fountain)과 같은 작품은 물건 하나를 주제로 삼은 점에서 단순하지만, 그렇기 때문에 다른 많은 것을 보게 만든다고 본다. 바이스만의 표현을 빌리면, 이런 예술작품은 관람자가 보기 위해 있는 것이 아니라 관람자를 모호하게 바라봄으로써, 그로 하여금 보게 만드는 것이다. 바이스만은 이 응시가 부추기는 세계를 언급하면서, "예술작품들은 그것이 쌍안경이건 확대경이건 텔레렌즈(telelens)이건 스캐너이건, 어떠한 시각적 도구도 너로 하여금 보는 방법을 모르는 그 무엇을 보게 만드는" 것이라고 한다(Wajcman 2000, 74면). 결론적으로, 바이스만은 "예술작품의 임무는 너[관람자]로 하여금 보게 만드는 것, 즉 '그 자체로'(by ifself) '그 자체 이상'(more than itself)을 보게 만드는 것"이라고 한다. 여기서 이 말이 바로 "네 안에 있는 너 이상의 어떤 것"(something in you more than yourself)이라는 '대상 a 혹은 '물자체'의 공식적 표현이라는 것을 고려할 때, 예술의 목적은 재현의 빈곳인 실재 차원의 '물자체'의 구현임을 볼 수 있다.

현대예술 중에서, 특히 1960년대 후반의 '개념예술'(conceptual art)의 기초가 되었다는 뒤샹(M. Duchamp)이나 마그리뜨의 개념으로서의 예술, 이론으로서의 예술도 응시, 즉 '물자체'에 의해 야기되어, 재현의 빈곳인 실재가 그 예술의 토대가 되었다는 것을 보여준다. 마그리뜨의 「이미지의 배반(이것은 파이프가 아니다)」(The Betrayal of Images[This is not a Pipe])은 이미지가 사물과 갖는 관계는 물론, 사물을 지시해주는 언어와 그림이라는 재현수단을 존재론적으로 생각하게 만드는 이론으로서의 예술이다. 이 그림은 사물·이미지·언어의 전통적 경계의 빈 공간(틈새)에 대한 인식이 있기 때문에 창조되었다는 점에서, 그림은 재현의 빈곳인 '물자체'를 에워싸며 창조된다는 라깡의 예술론을 예증해준다.

이런 예는 뒤샹의 작품에서도 발견된다. 뒤샹의 1915년 작품인 「부러진 팔보다 우수하여」(In Advance of a Broken Arm)는 일상생활용품인 부삽을 하나 세워놓은 작품이며, 「자전거 바퀴」(Bycle Wheel)는 자전거 바퀴 하나만을 받침대 위에 올려놓은 작품이다. 「샘」을 비롯해 이 작품들은 지금까지 생활용품에 지나지 않던 것들이 예술가의 '이것은 예술이다'라는 판단으로 새로운 이름을 받고, "새롭게 창조된 세계(예술가의 세계)"(Adams 1993, 189면)에 진입하게 됨으로써 단순한 기성제품(ready-made)에서 예술품으로 된다. 로리 애덤즈는 이런 물건이 예술품이 되는 과정을 어린아이가 자라며 수많은 물건들 가운데서 처음으로 인식하고 이름을 주는 과정으로 보았다. 드 뒤브(T. de Duve)는 뒤샹의 이런 작품을 분석하면서, 예술가들이 이 물품들을 선택하여 의미를 주는 순간에 이것들은 물품에서 독특한 아우라를 가진 일종의 예술품으로 전환되고, 고유한 고유명사의 주인공으로서 예술품의 반열에 든다고 본다. 드 뒤브는 「샘」과 같은 작품에서 느껴지는, 전통적인 인식 개념과 어긋남으로써 오는 충격은 일반적인 예술품의 숭고함이 주는 충격의 감정과 다를 바 없는 것으로 판단한다. 이런 맥락에서 뒤샹의 여러 작품들도 예술과 비예술, 일반 감정과 예술적 감정을 분리하는 상징계적 행위의 모호성, 즉 재현의 빈곳을 생각한다는 점에서 '물자체'에 토대를 둔 작품이라고 볼 수 있다.

결론

지금까지 라깡의 예술이론에서 응시와 '물자체'에 대한 논의를 중심으로 예술은 '응시를 위한 덫'을 구현하여, 재현의 빈곳인 '물자체'에 의해 결정되고 창조되는 공간임을 논의하였다. 또한 이러한 예술 개념은 바디우가 말하는 상상계적 차원에 국한되는 것이 아니라 재현의 상징계와 이미지의 상상계 그리고 응시의 실재가 서로 '외/친밀적' 관계를 함께 아우르는 일종의 증상으로서, 각 예술작품이 세 영역에 의해 상호결정되는 하나의 독특한 증상임을 논의하였다.

따라서 이런 실재와의 접목을 가능하게 하는, 증상에 대한 라깡의 예술론은 의식의 검열을 피할 목적으로 무의식적 욕동들이 왜곡된 현상으로 나타나는 프로이트적 증상 개념과 달리, 우리의 시선을 응시의 차원으로 승화시키는 행위임을 강조한다. 이런 맥락에서 보면 프로이트의 승화(sublimation) 개념과 라깡의 승화 개념은 한 차원에서 또다른 차원으로 전환시킨다는 근본적 기제에서는 같지만 적용대상에서 다르게 되는 것이다. 프로이트적 승화가 욕동의 목표를 성(性)적인 것에서 성적이지 않은, 사회적으로 수용할 만한 것으로 바꾸는 것이라면, 라깡적 승화는 일반적 대상물을 '물자체'의 차원으로 승화시켜 '숭고한 대상물'(sublime object)로 바꾸는 것이다. 라깡의 시각에서 예술은 예술 대상물을 실재의 '물자체'의 차원으로 고양시키는 승화행위이다. 이런 예술행위는 다른 문화적 행위, 즉 파악될 수 없는 '물자체'를 지식과 인식의 틀 안에 고착시켜서 상징계적 차원으로 제한시키는 체계들을 보완하는 행위이다. 이런 개념은 쌔뮤얼즈(R. Samuels)의 견해에서도 강조된다. "승화는 원래의 물자체의 부재 혹은 빈곳을 드러내 보이는 것이다. (…) 따라서 예술가는 실재적인 것을 다시 나타나게 하는 것이 아니라, [일반 상징계적 담론이] 실재를 상징화하는 과정에서 남겨진[배제된] 구멍 혹은 빈곳을 보여주는 것이다."(Samuels 1998, 86면)

물자체의 차원으로 승화된 예술 대상물(이미지)에 대한 라깡의 논의는 성화(聖畵)의 성상들(icons)과 응시의 연관성에 대한 언급을 보면 명확해진다. 라깡에 의하면, 이런 접근 불가능한 실재의 신의 이미지들인 "성상들은 (…) 우리를 그들의 응시 안에 사로잡는 효과를 의심의 여지없이 갖고 있다. (…) 성상을 가치있게 하는 요소는 이것이 재현하는 신이 또한 그것을 바라보고 있다는 점이다. 이것은 신을 즐겁게 하도록 의도되었다."(Lacan 1978, 113면) 즉 성상 예술가들에 의해 창조된 이미지는 이미지인 상상계적 차원에서 머무르는 것이 아니라, 도달할 수 없는 신이라는 실재적 존재를 즐겁게 할 정도로 살아있는 것이다.

라깡의 이 진술이 예술의 이미지를 종교적으로 언급한 것이라면, 베이컨(F. Bacon)이라는 현대화가의 「3부작」(Triptych)에 대한 들뢰즈의 설명은 일반 주체의 입장에서 그림의 효과를 설명한다. 이 그림은 위는 검고 밑은 회색으로 된 배경에 추상화적으로 사람의 성교 장면 같은 것이 커다란 '얼룩'처럼 길게 누워 있고, 그 회색 배경으로 그 '얼룩'의 그림자가 비쳐져 있다. 들뢰즈는 이 그림을 다음과 같이 설명한다.

> 육체가 노력하며, 정확히, 혹은 바로 빠져나가려고 한다. 나의 육체를 빠져나가려는 것은 내가 아니라, (⋯) 나의 육체이다. (⋯) 베이컨에서 이 발작들의 전체적 연속은 이런 유형으로, 사랑·구토·배설물, 항상 육체가 그 기관들의 하나를 통해 빠져나가 편편이 채색된 [그림자] 영역으로 합류하려 한다. (⋯) 베이컨은 그림자가 육체만큼이나 존재적이라 말한다. 그러나 그 그림자는 육체를 빠져나가야 이 존재를 획득할 수 있다.
>
> (Adams 1996, 118면에서 재인용)

이런 들뢰즈의 묘사는 라깡의 욕동의 기관들을 연상한다. 파빈 애덤즈(P. Adams)는 이 그림을 라깡의 시각으로 읽으면서 이렇게 말한다. "그 구멍들을 통해 빠져나가는 것은 **리비도**이다. 육체는 그 자체를 짜내 빠져나가며, 자신을 비워버린다. 스며나오는 것은 라멜르(lamelle), 욕동의 기관이다."
(Adams 1996, 118면에서 재인용)

앞서 언급한 성상의 이미지가 신을 불러일으키는 실재적 효과를 가진다면, 베이컨의 예술 대상물은 '대상 a로 승화되어, 우리의 의식에서 망각되었으나 우리의 토대가 되는 욕동, 라멜르를 연상시키는 숭고한[섬뜩한] 효과를 가진다. 이와같이 성공한 예술의 이미지는 우리를 실재의 차원으로 승화시켜주는 효과를 갖는 것이다.

그러나 라깡의 예술론 논의을 맺는 싯점에서 빼놓지 않고 언급해야 할 사실은 예술이라는 승화행위의 "위안적인 아폴론적 효과"이다(Lacan 1978, 101면). 모든 예술이 그러하듯 승화행위는 숭고함의 충격, 혹은 처음으로 새로운 세계에 노출됨으로써 오는 흥분과, 의식에서 사라진 라멜르 같은 생명기관의 이미지화된 모습을 보는 데서 오는 섬뜩함의 효과만을 가져오는 것이 아니다. 라깡에 의하면, 예술의 아폴론적인 기능은 우리의 시선으로는 감당할 수 없는 '물자체'를 우리가 수용할 수 있는 이미지로 구현해주는 예술의 속성에 내재되어 있다.

라깡은 마띠쓰(M. Matisse)가 그림 그리는 장면을 방영한 영상물을 언급하면서, 슬로모션으로 보여주는 마띠쓰의 붓놀림이 캔버스에 가기 전에 멈추는 순간을 가장 숭고한 순간이라 했다. 라깡은 화가의 붓놀림이 숙고 끝에 온다는 메를로뽕띠(M. Merleau–Ponty)의 생각과 반대로, 화가는 붓놀림(brushstroke)을 선택적 의지에 의해서가 아니라 응시에 사로잡혀서 행한다고 보았다. 라깡은 화가가 붓놀림을 화폭에 넣기 전에 순간적으로 멈추는 것은 바로 이 엄청난 실재의 '응시를 놓는'(lay down the gaze) 순간이라고 본다. 라깡은 새가 그림을 그린다면 자기 몸의 일부인 깃털을 희생하며 그리겠지만, 동물과 다른 인간은 자기의 핵심인 "응시를 놓음"으로써 그림을 그리는 것이며, 따라서 이것을 "주권적 행위"(a sovereign act)라고 지칭한다(Lacan 1978, 114면). 왜냐하면, 이로 인해 "이것[응시]은 물질적인 어떤 것으로 바뀌고, 이 주권(sovereignty)으로 인해 다른 곳으로부터 오는 것을 (…) 낡고, 배제되고, 기능하지 못하게"(Lacan 1978, 114면) 할 것이기 때문이다. 이 말은 화가의 몸짓이 정지하는 순간에 우리의 시선으로서는 감당할 수 없는 응시의 무서운 힘이 화가의 라깡적 승화행위에 의해 우리의 시선이 감당할 만한 이미지로 전환된다는 말이다.

라깡은 이 순간에 대한 설명 뒤에 "화가의 붓놀림은 그 안에서 한 움직임이 완료되었다(terminated)는 사실을 잊지 말자"고 특별히 다짐한다(Lacan 1978, 114면). 왜냐하면, "'이 완료적 순간'(this terminal moment)이 제스처(a gesture)와 행위(an act)의 차이를 만들기 때문이다. 붓놀림이 화가의 캔버스에 적용되는 것은 이 제스처에 의해서”이다(Lacan 1978, 115면). 라깡은 “응시와 대화를 구축하는 것은 창조주로서의 화가”이며(Lacan 1978, 112면), 이 과정을 거쳐 움직임이 완료된 제스처는 시각적 차원의 일회적 행동과 달리 어떤 여운을 계속 주고, “느낌(impression) 혹은 표현주의(impressionism)라는 용어가 암시하듯이, 그림이 우리로 하여금 다른 어떤 움직임보다 제스처와 더 유사한 것으로 느끼게 만드는” 이유라고 본다(Lacan 1978, 115면). 라깡은 이것을 그림에서 여전히 “응시가 어떤 세례 형태로, ‘욕망의 세례’(a descent of desire)로 작동하기 때문”이라고 밝힌다(Lacan 1978, 115면).

여운을 남기는 화가의 붓놀림의 제스처는 관람자의 응시에 의해 완결된다. 라깡은 이런 제스처를 종료하고 동결시켜 의미를 부여하는 것을 ‘사악한 눈’(evil eye)으로 설명한다. 라깡은 응시가 야기할 섬뜩한 위력을 지적하기 위해, 성 아우구스투스(Augustus)가 어머니의 젖을 먹는 아기동생을 질투하여 그의 몸을 산산조각낼 것처럼 공격적인 시선으로 보던 ‘사악한 눈’을 언급한다. 라깡은 이 ‘사악한 눈’이 바로 소의 젖을 말릴 수 있고, 상대편의 몸을 조각조각 찢을 수 있는 힘을 가진다고 본다. 이런 ‘사악한 눈’의 질투는 “대상 a, 바로 그가 [아슬아슬하게] 매달려 있는 분리된 a가 다른 사람에게는 즐거움을 주는 소유물이라는 생각”이 야기될 때 생긴다(Lacan, 1978, 116면). 화가의 붓놀림(gesture)은 관람자의 이런 ‘사악한 눈’에 의해 “고착되어 종료되는” 과정을 거치게 된다. 따라서 라깡은 “우리가 그림의 기능에 길들여지고, 그것의 문명적인 놀라운 위력을 파악하려면 [‘사악한 눈’에서처럼] 응시로 인해 [공격적이고] 필사적이 된 시선의 이런 차원을 다루어야 한다”고 지적하면서, 예술의 기능이 관람자의 응시로 인해 공격적으로 된 욕망의 시선을 길들이고 순화시키는 ‘아폴론적인’ 기능도 갖고 있다고 본다(Lacan 1978, 116면).

라깡은 그림을 응시를 위한 덫이라고 했다가, 바로 이 아폴론적인 그림의 기능으로 인해 그림이 응시의 덫이라기보다 관람자로 하여금 무기를 내려

놓듯 응시를 놓으라는 요구를 한다는 모순적 발언을 한다. 그러나 라깡은 자신이 '응시의 길들이기'를 말한 뒤에 "표현주의가 처해 있는 상황은 응시에 대한 아주 직접적인 호소에 의한 것이라는 정정 사실을 지적하였다"고 확인한다(Lacan 1978, 109면). 결국 라깡은 이런 아폴론적 예술의 기능과 표현주의에서처럼 응시로의 직접적 호소의 문제를 속임그림에 의거하여 해결한다. 라깡은 "대상 a 주위로 한 전투가 일어나며, 속임그림은 그 전투의 혼"이라고 말하면서(Lacan 1978, 112면), 응시에 대한 방어의 역할을 속임그림과 접목시킨다. 예술가의 그림은 파라시오스의 그림에서 제우시스가 '사악한 눈'으로 그림을 종료시킬 수 없어 파라시오스에게 그림 뒤의 것을 물어야 하는 것처럼, 관람자가 그림 뒤의 것을 생각하게 유도함으로써 '사악한 눈'이 만들어낼 상상계적 의미를 초월하여 실재적 차원으로 승화시킬 수 있다. 바로 이런 맥락에서 라깡은 예술의 창조자를 플라톤의 경쟁자로 병행시키는 것이다.

이렇게 해서 라깡의 예술론은 재현의 빈곳을 맴도는 항상 새로운 세계의 창조행위로서의 예술과, 응시로 인해 질투의 '사악한 눈'을 가진 주체의 시선을 "순하게 만들고 문명화시키는" 아폴론적 기능 모두를 수행하는 것으로 논의를 전개한다. 예술작품에서 이 이론의 적용 가능성을 뒤샹의 작품과 '사악한 눈'의 관계로 설명하면서 이 글을 맺고자 한다. 라깡은 원시시대의 부적은 바로 여행자가 방문지역 사람들의 '사악한 눈'으로부터 자신을 보호하기 위해 지녔던 것이라고 한다. 마그리뜨의 「부정한 눈」(The False Mirror)은 눈 하나를 그려놓고 그 외눈의 검은 눈동자를 배경으로 파아란 하늘을 그려놓은 그림이다. 이 그림은 하늘과 눈의 존재론적 위상을 생각하게 만드는 그림이면서도, 그 눈 하나가 따로 떨어져, '대상 a'와 라멜르를 연상시키는 섬뜩한 효과를 준다. 애덤즈에 의하면, 이런 '동떨어진 눈'(detached eye) 혹은 외눈은 초현실주의의 주요 모티프였을 뿐만 아니라, "이집트 예술에서 사악한 눈의 위험을 예방하고 마귀를 쫓아내는" 부적과 같은 것으로서 낯익은 것이라고 한다(Adams 1993, 54면). 결론적으로, 현대의 예술은 관람자의

'사악한 눈'을 순화시키기 위해 창조된 고차원적인 예술적 부적이며, 더 본질적으로는 바이스만의 표현대로 실재의 "입 벌린 상처"(gaping wounds)를 구현하는 창조적 행위라 할 수 있겠다.

참고문헌

Adams, Laurie Schneider (1993) *Art and Psychoanalysis*. New York: IconEditions, an imprint of Harper Collins Publishers.

Adams, Parveen (1996) *The Emptiness of the Image*. London: Routledge.

Alemán, Jorge (1997) "Lacan: the End". *Lacanian Ink* 11(1997 Fall).

Badiou, Alain (2000) "Art and Philosophy". *Lacanian Ink* 17(2000 Fall).

Bersani, Leo (1986) *The Freudian Body: Psychoanalysis and Art*. New York: Columbia University Press.

Cheng, François (1994) *Empty and Full: The Language of Chinese Painting*. Kohn, Michael H. trans. Boston: Shambhala.

De Duve, Thierry (1999) "Five Remarks on Aesthetic Judgment". *Umbra(a): Aesthetics & Sublimation*. Buffalo, New York: State University of New York.

Evans, Dylan (1996) *An Introductory Dictionary of Lacanian Psychoanalysis*. London: Routledge.

Foucault, Michel (1973) *The Order of Things: an Archaeology of the Human Sciences*. New York: Vantage Books.

Freud, Sigmund (1955) "The Moses of Michelangelo". *The Standard Edition of the Complete Psychological Works of Sigmund Freud*. Vol. 13. (1914년 발표)

———(1957) "Leonardo Da Vinci and a Memory of His Childhood". *The Standard Edition of the Complete Psychological Works of Sigmund Freud*. Vol. 11. (1910년 발표)

Gedo, Mary Mathews (1994) *Looking at Art from the Inside Out: The Psychoiconographic Approach to Modern Art*. New York: Cambridge University Press.

Kristeva, Julia (1980) *Desire in Language: A Semiotic Approach to Literature an Art*. New York: Columbia University Press.

Kuspit, Donald (1991) "Artist Envy". *Re-Visions: New Perspectives of Art Criticism*. Smagula, Howard/Cliffs, Englewood ed. New Jersey: Prentice Hall.

Lacan, Jacques (1978) *The Four Fundamental Concepts of Psychoanalysis*. New York: W. W. Norton.

Samuels, Robert (1998) *Hitchcock's Bi-textuality: Lacan, Feminism, and Queer Theory*. Buffalo, New York: State University of New York.

Schneiderman, Stuart (1988) "Art According to Lacan". *Newsletter of the Freudian Field*. Vol. 2, No. 1(1988 Spring).

Spector, Jack J. (1972) *The Aesthetics of Freud: A Study in Psychoanalysis and Art*. New York: McGraw-Hill Book Company.

Spitz, Ellen Handler (1985) *Art and Psyche: a Study in Psychoanalysis and Aestherics*. New Haven: Yale University Press.

Wajcman, Gérard (2000) "The Work-of-the-Art". *Lacanian Ink* 17(2000 Fall).

Žižek, Slavoj (2001) "Il n'y a pas de rapport religieux". *Lacanian Ink* 18(2001 Spring).

슈워츠(Murray M. Schwartz) 620

스미스(Lisa Smith) 612

스쿠라(Meredith Skura) 613, 617

스타이너(George Steiner) 592

스토커(Bram Stoker) 216

스펙토(Jack J. Spector) 667

스피노자(Benedictus de Spinoza) 106,
174, 357, 382, 392, 416, 425~28,
430, 433, 434, 438, 441, 443, 459

스피츠(Ellen Handler Spitz) 670

싸드(Marquis de Sade) 178, 179, 181~
87, 189, 190, 336

싸르트르(Jean-Paul Sartre) 362, 399,
468, 673

쌀레끌(Renata Salecl) 556, 578

쌔뮤얼즈(Robert Samuels) 687

쌩어(Margaret Sanger) 574

쌩쥐스뜨(Louis Antoine Léon de Saint-
Just) 567

쏘리씨오(Carolin Sorisio) 573

쏘머스(Christina Hoff Sommers) 576

쏘쒸르(Ferdinand de Saussure) 59, 87,
90, 91, 105, 229, 230, 235, 247,
447, 505, 508, 510, 514

씨걸(Hanna Segal) 271

씨겔(Deborah L. Siegel) 573

씩수(Hélène Cixous) 575, 586

아도르노(Theodor Wiesengrund Ador-
no) 259, 345

아리베(Michel Arrivé) 230, 234

아리스토텔레스(Aristoteles) 677

아리스토파네스(Aristophanēs) 436

아발(D. S. Avalle) 244

아브라함(Abraham) 323

아우구스티누스(Aurelius Augustinus)
225

아킬레우스(Achilleus) 333, 590

안나 O(Anna O) 33, 36, 40

안나 프로이트(Anna Freud) 34, 63, 64

안티고네(Antigone) 304, 310, 311, 338,
344, 569, 591~94

알뛰쎄르(Louis Althusser) 22, 23, 25, 65,
328, 354~74, 376~88, 393, 394,
401, 581, 639, 640

알레만(Jorge Alemán) 664

알베르 쎄세에(Albert Sechehaye) 231,
232

알베르띠(Leon Battista Alberti) 466

앨런(Woody Allen) 561

야콥슨(Roman Jakobson) 87, 92~95,
231, 263

에테오클레스(Eteocles) 595

오디쎄우스(Odysseus) 323

오웰(George Orwell) 392

오이디푸스(Oedipus) 45, 189, 338, 340,
341, 592~94

오질비(Bertrand Ogilvie) 358

오토(Otto) 95

울프(Naomi Wolf) 572, 576

월터(Natasha Walter) 576

웨버(Samuel Weber) 399, 405, 512

윈니콧(Donald Woods Winnicott) 98,
263

윌(David Will) 274

윌든(Anthony Wilden) 610

융(Jung, Carl Gustav) 24

이글턴(Terry Eagleton) 609

이리가라이(Luce Irigaray) 576, 586

434, 450, 475, 492, 508, 511, 513~
16, 535, 548, 560, 574, 577, 584,
596, 598, 608, 609, 618, 623, 663

프루스뜨(Marcel Proust) 453

프리던(Betty Friedan) 575

플라톤(Platon) 30, 293, 424, 425, 533

플리쓰(Wilhelm Fließ) 34, 41, 95, 115,
193

핑크(Bruce Fink) 395, 628

하르트만(Heinz Hartmann) 34, 63

하버마스(Jürgen Habermas) 259, 397

하이데거(Martin Heidegger) 86, 146,
147, 206, 218, 225, 290, 346, 424,
516, 664

하이만(Paula Heimann) 271

한스(Hans) 214

헤겔(Georg Wilhelm Friedrich Hegel)
69, 74, 77, 123, 145, 148, 310, 548,
555, 561, 563

헤니씨(Rosemary Hennessy) 600

헤이우드(Lelie Heywood) 576

호메로스(Homeros) 590, 591

홀런드(Norman Holland) 611, 622

홀바인(Hans Holbein) 677

홉즈(Thomas Hobbes) 459, 460

후썰(Edmund Husserl) 128, 149, 150,
154, 176, 225, 313, 468, 516

훅스(bell hooks) 577, 598

휘트(Robert Whytt) 30

히치콕(Alfred Hitchcock) 26, 559~61

히포크라테스(Hippocrates) 29, 30, 32,
114

글쓴이 소개

김상환(金上煥)　　　서울대 철학과 교수

맹정현(孟廷炫)　　　빠리 8대학 정신분석학과 박사과정 수료

민승기(閔勝基)　　　경희대 영문과 겸임교수

서동욱(徐東煜)　　　서강대 철학과 교수

신명아(申明娥)　　　경희대 영어과 교수

어도선(魚道善)　　　고려대 영어교육과 교수

이만우(李晚雨)　　　국회입법조사처 입법조사관(보건의료 담당), 성공회대 외
　　　　　　　　　　래교수(사회심리학), 경희대 비폭력연구소 연구원

이수연(李秀連)　　　한국여성개발원 연구위원

주은우(朱恩佑)　　　중앙대 사회학과 교수

진태원(陳泰元)　　　서울대 철학과 강사.

최용호(崔龍鎬)　　　한국외국어대 불어과 교수

홍준기(洪準基)　　　홍준기정신분석연구소 소장

라깡의 재탄생

초판 1쇄 발행 / 2002년 5월 30일
초판 10쇄 발행 / 2022년 9월 1일

엮은이 / 김상환 · 홍준기
펴낸이 / 강일우
편집 / 강일우 · 김종곤 · 서정은 · 김경태 · 박지홍
펴낸곳 / (주)창비
등록 / 1986년 8월 5일 제85호
주소 / 10881 경기도 파주시 회동길 184
전화 / 031-955-3333
팩시밀리 / 영업 031-955-3399 편집 031-955-3400
홈페이지 / www.changbi.com
전자우편 / human@changbi.com

ⓒ 김상환 · 홍준기 외 2002
ISBN 978-89-364-8313-5 03160